**徐国栋**，别号东海闲人。1961年出生于湖南省益阳市。西南政法学院学士（1982）、中国政法大学硕士（1987）、中国社会科学院研究生院博士（1991）。先后任教于江西大学、中南政法学院，目前为厦门大学法学院教授、罗马法研究所所长。先后访学于意大利罗马二大（1995-1997，2010）、美国哥伦比亚大学（2002-2003）、意大利米兰大学（2013）。研究对象为罗马私法、罗马公法、罗马国际法、罗马商法。

# 《国家哲学社会科学成果文库》
# 出版说明

  为充分发挥哲学社会科学研究优秀成果和优秀人才的示范带动作用，促进我国哲学社会科学繁荣发展，全国哲学社会科学规划领导小组决定自 2010 年始，设立《国家哲学社会科学成果文库》，每年评审一次。入选成果经过了同行专家严格评审，代表当前相关领域学术研究的前沿水平，体现我国哲学社会科学界的学术创造力，按照"统一标识、统一封面、统一版式、统一标准"的总体要求组织出版。

全国哲学社会科学规划办公室<br>
2011 年 3 月

国家哲学社会科学成果文库

NATIONAL ACHIEVEMENTS LIBRARY
OF PHILOSOPHY AND SOCIAL SCIENCES

# 罗马公法要论

徐国栋 著

# 为罗马公法的存在及其价值申辩——代序

科学出版社于2007年出版了我的《罗马私法要论——文本与分析》，我为它写的序言表示今后要写《罗马公法要论》和《罗马国际法要论》（现在我要说我还想写《罗马商法要论》），本书是实现《罗马公法要论》写作计划的行动。为了实现这一计划，在相当长的一段时间内，我都把自己的写作控制在罗马公法主题的范围内，以免分散精力，结果累积了本书收录的19篇论文（含"代序言"），有三十多万字。

本书的成立依赖于罗马公法的存在及其价值，但这是一个充满谬误的领域，可以说，由于无知，持错误看法的学者占多数。以下我列举中外4个作者这方面的错误观点并加上我的批驳，以说明即使在当下，对罗马公法的研究也是一个要戴着钢盔才能进去的领域。

第一个在这方面发表错论的是我国的罗马法前辈周枏先生。就罗马公法的价值，他这样说："罗马法的公法部分，包括宗教祭祀及国家的组织、机构等方面的法律制度，是罗马奴隶主统治人民的工具，其阶级性很强，现在当然对我们没有多少研究价值。即使在资本主义国家，学者们传统上也很少涉及罗马的公法。因此，通常所说研究罗马法，就是指研究罗马私法。"[①] 此语可概括为两点：第一，罗马公法没有多少研究价值；第二，西方国家学者很少研究罗马公法。这两点都为不实之词，下面分别批驳。

罗马公法没有研究价值的命题的荒谬性可通过把它转化为现代西方国家的公法没有研究价值的命题得到更充分的展示，因为前者是后者的来源，研究后者必然要研究前者，而研究后者的必要已为它在我国得到如火如荼的研究的现实所证明。为了证明罗马公法与现代西方国家公法之间的连续性，请允许我采用举重明轻的策略以宪法为例说明。现代西方国家的宪法的核心——分

---

[①] 参见周枏：《罗马法原论》（上册），商务印书馆1994年版，第8页。

权与制衡原则——就是以罗马宪法为滥觞。在罗马共和宪法中，首先存在同僚之间的分权，例如最高长官执政官采取双人制，此人对彼人的决定享有否决权，由此限制了独裁的可能并把否决权的术语（Veto，拉丁文的意思不过是"我反对"）和制度流传到了现代法律的诸多运作中。① 其次存在执政官和其他行使积极权力的长官与行使消极权力的保民官之间的分权和制衡。再次存在世俗权力的运用者诸长官与宗教权力的运用者祭司之间的分权和制衡。最后还存在5大宪法机关：人民大会、元老院、长官、保民官、祭司团彼此之间的分权与制衡。② 这种种的分权与制衡保障了民主制度的存活以及阶级力量对比的合理体现。它们多数都流传到现代西方宪法中，例如人民大会制度是现在的全民公决制度的前身，元老院是参议院制度的前身，保民官制度是现代的监察制度的前身，等等。不了解这些制度的来龙去脉，又怎么可能正确理解其意义呢？正因为这样，罗马公法长期以来得到了充分的研究。在我的阅读范围内说话，首先在这一方面开拓的当属中世纪的意大利法学家培那的路卡（Luca da Penne，1310—1390年），为了满足拿波里王国的政治需要，他运用历史——语义分析的方法评注了优士丁尼《法典》关于行政法的最后3卷，开创了欧洲大陆的罗马公法研究。③ 在他之后，法国人布里松（Barnabé Brisson，1531—1592年）完成了其《惩治通奸罪的优流斯法评注》，这是一部研究罗马刑法的拉丁文专著。④ 在他之后，孟德斯鸠（1689—1755年）在其《论法的精神》⑤和《罗马盛衰原因论》中对罗马公法作了比较全面的研究，例如前书第6章第14节和第15节就分别研究"罗马元老院的精神"和"罗马法关于刑罚的规定"；第11章第12、13、14、15、16、17、18、19节分别谈论"罗马君王的政体及其三权的划分"、"对于驱逐国王后的罗马国家的总看法"、"罗马如何在共和国极盛时期突然失去了自由"、"罗马共和国的立法权"、"罗马共和国的司法权"、"罗马各领地的政府"等公法问

---

① See Mitchelle Franklin, Problems Relating to the Influence of the Roman Idea of the Veto Power in the History of Law, 22 *Tul. L. Rev.* 443 (1947).

② 参见〔意〕皮兰杰罗·卡塔兰诺：《分权与人民的权力》，方新军译，载《河南省政法管理干部学院学报》2005年第1期。

③ Cfr. Domenico Maffei, Gli Inizi dell'Umanesimo Giuridico, Giuffrè, Milano, 1956, p.7.

④ Cfr. B. Brisson, Opera Minora, Varii Argumenti, 4, Lugduni Batavorum apud Joann. Arnold Langerak, 1747, pp.183ss.

⑤ 关于此书的全部介绍，参见张雁深的译本上册中译者所写的《孟德斯鸠和他的著作》，商务印书馆1963年版，第13页及以下。

题。人们普遍认为孟德斯鸠是三权分立理论的创始人,上述节的标题告诉我们他是以罗马公法为原料进行此等创造的。为了不过于啰嗦,我不再介绍此书其他关于罗马公法的内容。后书中研究了罗马公法中的监察官制度和十中杀一的刑罚制度。① 在孟德斯鸠之后有卢梭(1712—1778 年),他的《社会契约论》的后半部分差不多是一部罗马公法的专著。② 它采用罗马宪法 5 机关说,承认在人民大会、元老院、长官之外保民官和祭司团作为宪法机关的存在,对罗马宪法作了比较正确的解释,对后世产生了深远影响。③ 可以说,通过其崇拜者(这其中有罗伯斯庇尔)实施的法国革命,该书体现的研究成果中的一些转化为了现代西方宪政制度。在卢梭之后有德国人 Johann Wilhelm Hoffmann,他于 1732 年出版了《惩治通奸罪的优流斯法评注》单卷本④,像布里松的上述同名著作一样,这是一部研究罗马刑法的专著,不过篇幅大到有近 300 页,其研究可谓深入。在霍夫曼之后是德莱希格(Sigismundus-Fridericus Dresig, 1700—1742 年),他在 1737 年出版了《罗马公诉罪之刑罚的消灭时效评注》拉丁文小册子。⑤ 这是一个微观的深入研究,尽管只有 40 页。在德莱希格之后是海内修(Johannes Gottlieb Heinecius, 1681—1741 年),他于 1741 年出版了《优流斯法与帕比流斯和波培乌斯法评注》,这是一部研究罗马人口—婚姻法的达 800 多页的拉丁文大书⑥,作者才力甚巨。在海内修之后是李希特(Johannes Gottfried Richter, 1763—1829 年),他于 1744 年出版了《关于选举舞弊的优流斯法评注》拉丁文小册子⑦,其研究不可谓不细。在李希特之后是邦雅曼·贡斯当(Benjamin Constant, 1767—1830 年),他写作了《古代人的自由与现代人的自由之比较》一文,从批评的角度研究罗马公法,得出了这种公法扼杀个人自由的结论。⑧ 1853 年,威廉·伊勒(Wil-

---

① 参见〔法〕孟德斯鸠:《罗马盛衰原因论》,婉容译,商务印书馆 1995 年版,第 46 页、第 18 页。
② 何兆武译,商务印书馆 1996 年版。
③ 参见〔意〕皮兰杰罗·卡塔兰诺:《分权与人民的权力》,方新军译,载《河南省政法管理干部学院学报》2005 年第 1 期。
④ Cfr. Johann Wilhelm Hoffmann, Ad Legem Juliam de Adulteriis Coercendis Liber Singularis, 1732, pp. 65 s.
⑤ Commentatio de praecipitatione, Romanorum poena publica. —Lipsiae, Langenheim, 1737.
⑥ Ad Legem Juliam et Papiam Poppaeam commentarius quo multa juris auctorumque, ex typographia Balleoniana, Venecia, 1741.
⑦ Ad legem Juliam de ambitu commentatio, Langenheim, 1744.
⑧ 李强的中译文,载刘军宁主编:《公共论丛·自由与社群》,生活·读书·新知三联书店 1998 年版,第 306 页及以次。

helm Ihne）出版了《罗马宪法史研究》（Researches Into the History of the Roman Constitution），证明了英语世界中的罗马宪法研究的存在。再之后就是艾森洛尔（Ch. F. M. Eisenlohr），他在1858年出版了《共和时期的向人民申诉》专著（Die Provocatio ad populum zur Zeit der Republik）。同年，他又出版了《向人民申诉：从罗马刑法史和刑事诉讼史的角度》（Die provocatio ad populum；ein Beitrag zur Geschichte des römischen Strafrechts und Strafverfahrens）。接下来是蒙森（Theodor Mommsen），他开始以专著的形式研究罗马公法，于1887年出版了《罗马公法》，他把国王的谕令权，然后是共和制的长官的谕令权，最后是皇帝的谕令权看做中心因素，以谕令权的概念为轴心解释罗马宪法的全部发展以及各种各样的机关之间的关系[1]，此书成为罗马公法研究的经典。接着他乘胜追击，于1885年完成了5卷本的《罗马帝国的行省》，研究帝政时期的地方行政法；还于1888年完成了《罗马刑法》。与蒙森同时，德国人格特林（K. W. Göttling）于1840年完成了《罗马宪法史》（Geschichte der römischen Staatsverfassung）。1895年，法国人奥古斯特·布歇—雷克雷尔克（Auguste Bouché-Leclercq）完成了《奥古斯都的人口法》（Les Lois Démographiques D'Auguste），开拓了罗马公法研究的新领域。1900年，意大利人科拉多·巴拉巴噶留（Corrado Barabagalio）完成了《罗马人的一种非常手段》[2]，研究罗马的紧急状态法，该书的副题就是"罗马公法史研究"；1901年，法国人F. 吉拉尔完成了《罗马司法机关史》（Histoire de l'organisation Iudiciaire des Romains）多卷本，同年，约翰·格兰鲁德（John E. Granrud）完成了《罗马宪法史：从公元前753年到公元前44年》（Roman Constitutional History, 753—44 B. C.）。到1920年，意大利人埃米留·科斯塔（Emilio Costa）完成了《罗马公法史》（Storia del diritto romano pubblico）。他左右开弓，还于1925年出版了《罗马私法史：从起源到优士丁尼法典编纂》（Storia del diritto romano privato：dalle origini alle compilazioni giustinianee），这两本书的并立表明当时的人们已把罗马公法和私法当作两个不同的研究领域分别开掘。到了1972—1975年，意大利法学家弗朗切斯科·德·马尔蒂诺的6卷本的

---

[1] 参见〔意〕阿尔多·贝特鲁奇：《罗马宪法与欧洲现代宪政》，徐国栋译，载《法学》1998年第4期。

[2] Corrado Barabagalio, Una Misura Eccezionale dei Romani, Ermanno Loescer, Roma, 1900.

《罗马宪法史》（那波里）问世，罗马公法的研究达到巅峰。① 与这一巨著并列的，还有也是意大利人的萨尔瓦多勒·托恩德（Salvatore Tondo）的《罗马宪法史略》（米兰，1981，1993年）。以上讲的都是罗马宪法研究通论方面的著作，在罗马宪法的专门方面做研究的，我手头就有一本利莉·罗斯·泰勒（Lily Ross Taylor）的《罗马人的投票大会》（Roman Voting Assembles，The University of Michigan Press，1990）。2003年，安德鲁·威廉·林托特（Andrew William Lintott）出版了《罗马共和国宪法》（The constitution of the Roman Republic）。2010年，安布罗色·泰（Ambrose Tighe）的《罗马宪法的发展》（The Development of the Roman Constitution）也问世了。同年，奥地利学者娜塔莎·克里斯蒂亚娜·诺依曼（Natascha Christiana Neumann）的《罗马共和国的紧急状态》（Der Ausnahmezustand in der Römischen Republik②）在维也纳答辩通过。由于罗马法的研究已形成公法和私法并立的格局，罗马法学者们存在分工，一些学者专门研究公法，并不专门研究私法，例如，我认识的罗马一大教授皮兰杰罗·卡塔兰诺（Pierangelo Catalano）、萨萨里大学教授乔万尼·罗布兰诺（Giovanni Lobrano）、比萨大学的阿尔多·贝特鲁奇教授（Aldo Petrucci）都是罗马公法的专家。由此导致了罗马法教学的分工：在必修课的范围内，它被分为"罗马法初阶"和"罗马法史"两门课讲。"罗马法初阶"是大学一年级新生的课程，研究罗马私法。"罗马法史"主要以讲授公法为主。③

以上事实证明，不存在西方国家学者很少研究罗马公法的情况。周先生于1931—1934年在比利时鲁汶大学学习法律，如果说他对1934年后的欧洲罗马公法研究不了解可以理解，那么，对1931年前的这方面不了解就很难说得过去了。从上述可知，在1931年前，已有蒙森的巨著（有吉拉尔的法译本）、格特林的专著，尤其是法语的吉拉尔的专著存世，周先生对它们完全无知，无知无畏，因此讲出了本序言专门批驳的话。

第二个在这方面发表错论的是对外经贸大学法学院的梅夏英教授。他在其《当代财产权的公法与私法定位分析》一文中发表了大量关于罗马公法的

---

① 此书的第一卷已有薛军的中译本。参见〔意〕德·马尔蒂诺：《罗马政制史》，薛军译，北京大学出版社2009年版。第二卷的中译本将在2014年春面世。
② On http://othes.univie.ac.at/13636/，2013年3月14日访问。
③ 参见徐国栋：《中外罗马法教学比较中的罗马法史课程》，载《西南民族学院学报》2004年第11期。

错误观点。其一，罗马公法不存在。梅教授说："从罗马法律规范体系看，不难发现公法的内容为数极少，关于公法的制定、实施以及诉讼程序的规定几乎无书面资料，而大量的是私法的具体操作规范"。① 其二，由于公法是限权法，罗马统治者不愿限制自己的权力，所以不愿搞公法。② 其三，西塞罗以后的罗马无宪法。梅夏英教授这么说："西塞罗之后的罗马法学家几乎只字不提宪制问题，他们几乎都是身居要职的宫廷大臣，其地位多半是皇帝钦定的。为皇帝效劳的法学家们去讨论宪政的问题，这似乎是多余的费心"。③ 其四，罗马帝国的皇权无限。梅教授这么说："罗马帝国时期的皇权是近乎绝对和无限的，不受任何最高的成文法的约束。"④ 其五，《十二表法》不规定公法，"最早的罗马法典《十二铜表法》便将行政法、宪法法规以及公共宗教仪式等拒之于该法典之外"。⑤ 对于"其一"和"其五"，我的批驳是不是罗马公法无书面材料，而是梅教授对这样的材料视而不见，并且喜欢在未穷尽全部考察对象时下全称判断。试问，《十二表法》的第九表不是公法又是什么法？连否定罗马公法的存在及其价值的周枏先生也给它加了一个"公法"的标题呢！⑥ 接着问，《十二表法》的头三表不是民事诉讼的规定又是什么呢？难道现代人不认为民事诉讼法是公法吗？再问，第十表规定的是殡葬管理，这方面的法属不属于行政法？还问，第十表第4条"死刑案件由杀亲罪审判官主持"是否属于公法性的刑事诉讼法？对于"其二"，我的批驳是：公元69年制定的《韦斯巴芗谕令权法》（Lex de imperio Vespasiani）是不是限权法？答案是肯定的。梅教授把"罗马统治者"看做一个人，岂不知这样的统治者既有皇帝，也有元老院，后者连做梦都想着限制前者的权力呢！《韦斯巴芗谕令权法》就是这样的梦想实现的结果。"其四"涉及"元首不受法律约束"的古老论题，我在本书中的《帝政分权时期的罗马立宪君主制》一文中证明，他们在所有方面都受法律约束，在遗嘱形式方面为了国家的财政利益除外，

---

① 参见梅夏英：《当代财产权的公法与私法定位分析》，载《人大法律评论》2001年第1辑，第218页。
② 同上书，第217页。
③ 同上书，第220页及以次。
④ 同上书，第222页。
⑤ 同上书，第216页。
⑥ 参见周枏：《罗马法原论》（下册），商务印书馆1994年版，第940页。

但他们仍自愿放弃了这样的凌驾于法律之上的特权。

第三个在这方面发表错论的是法国著名的比较法权威勒内·达维德。实际上，他是以错误观点影响梅夏英教授的人，因为后者的许多观点都来自他。他说："罗马没有我们所理解的宪法和行政法。刑法也只在私法周围发展，因此它基本上是有关私人的事务，刑法实际上并未成为公法部分，从未达到私法那样的发达程度。"① 看来这位比较法大家没有读过蒙森关于罗马公法和罗马刑法以及关于罗马的行省制度的著作，尽管它们都有法文译本。本书的前面两部分的内容可批驳他关于罗马无宪法和行政法的错误观点。至于他关于罗马刑法服务于民法的观点，不正好说明重民轻刑的西方传统吗？当代的不少刑法学者，也认为刑法是民法的助法呢！②

第四个在这方面发表错论的是法国学者菲利普·雷诺（Philippe Raynaud）。他认为，将立宪主义的存在归功于古代或中世纪的世界，归功于它们通过诉诸法和正义的规则来对权力施加制度限制的方式，这是不合适的。相应的，立宪主义的概念应当严格地限制于近代国家限制权力的法律理论中，因为古代或中世纪的立宪主义在近代的主权概念和近代中央集权国家出现以后已经过时了。③ 此语还是承认古代、中世纪的宪政的存在的，只是说它们过时了。是否真的过时？大家可以自己评判。

最近读日本学者佐藤笃士的文章《罗马法学在日本的作用》，发现日本人对于罗马公法的存在和价值没有中国同行那样的疑问。佐藤教授认为，在日本，存在以罗马私法史为中心点的学派和以罗马公法史为中心点的学派，前者受德国影响，后者受意大利影响。法西斯时期，德国排斥罗马法，罗马法的研究重心遂转到了意大利。该国作为罗马法的故地，彼时正有建立新罗马帝国的抱负，罗马公法当然是建立这样的帝国的法律工具，所以学者们投入此等法之研究中，产生了一批成果。意大利人的倾向影响到日本，表现为产

---

① 参见〔法〕勒内·达维德：《当代主要法律体系》，漆竹生译，上海译文出版社1984年版，第74页。

② 刑法学者兼罗马法学者黄风在他翻译的彼德罗·彭梵得的《罗马法教科书》的译后记中如是说。该书由中国政法大学出版社1992年出版。边沁也说，刑法典主要由惩罚性的法律构成，包括全部民法的命令性内容。参见边沁：《道德与立法原理导论》，时殷弘译，商务印书馆2000年版，第375页。

③ 参见 Diego Quaglioni：《西方法律传统中中世纪和近代早期的立宪主义》，李中原译，载《宪政的源与流：中西比较的视野》国际研讨会论文册，2012年11月，长沙，第226页。

生了一些研究罗马公法的作品，例如船田享二于1931发表的《西塞罗的国家论与奥古斯都政体》（京城大学文学会，《法政论丛》第1部第4册），1935年发表的《恺撒的独裁政治的形式》（《公法杂志》》，第1卷第8号）；1936年的《关于韦斯巴芗的主权的法律》［（1—2），《公法杂志》，第2卷第8、9号］，1941年发表的《罗马独裁官制史考察》（《京城帝国大学法学会论集》》第12册第3·4号），1943年发表的《关于元首的立法权的古典法律学者的理论》（《京城帝国大学法学会论集》第7册〈国家研究〉第1卷》，以及他的学位论文《罗马元首政治的起源与本质》。① 另外，1943年他还发表了《罗马法》第1卷（公法·法源）。看来，罗马公法在日本的命运比在中国好。

然而，《优士丁尼法典》编纂成果确实是私法的内容多，公法的内容较少（但不是没有，例如《法典》最后3卷的内容），所以，对于罗马公法的研究者来说，文学原始文献比法律原始文献更有帮助。这是就文本的作者的而言。就文本的读者而言，日耳曼人征服西罗马帝国后实行属人法，也就是说，在私法方面，罗马人和日耳曼人各用自己的法，这样，罗马私法得以幸存，但在公法方面，一律适用日耳曼法，这样，罗马公法被逐出法庭，进入故纸堆，渐渐被忽视，原始文献也逐渐凋零。由于这两方面的原因，研究罗马公法也更难，更挑战人的耐心和知识面。要感谢上帝的是，我终于完成了本书，它构成中国第一个系统研究罗马公法的著作。

本书分为罗马宪法、罗马行政法、罗马财税法、罗马刑法、罗马诉讼法、罗马社会法6个部分。

在罗马宪法部分，我首先在《罗马混合宪法的希腊起源及其演进》一文中研究了宪法一词在西文中的起源和流变，证明最早的宪法用语 πολιτεία 是基于希腊人的宪政经验确立的，它代表了一种"主体际关系"的宪法观。往后的宪法用语一直循着希腊思想的线索演变。西塞罗把 πολιτεία 拉丁化，同时把相应的宪法观念客观化为对公共事务的处理规则。西塞罗还基于当时的修辞学和医学的成就打造了 rei publicae status 和 rei publicae constitutio 两个表示宪法的词汇并把它们的配词设定为可以互换。但他对综合王制宪法、贵族制宪法和民主制宪法之优的混合宪法特别青睐并以 constitutio 一词名之。我其

---

① 参见〔日〕伊藤笃士：《罗马法学在日本的作用》，尹春海译，未刊稿。

次在《论平民的 5 次撤离与消极权的产生》对罗马平民的撤离运动进行温和反抗权分析,得出了罗马的阶级斗争的双方都具有理性精神、善于妥协,从而避免了决裂的结论,并将此作为罗马强大的原因之一。第三,我在《罗马共和混合宪法诸元论》一文中从新的角度阐述了共和罗马的混合宪法,分为机关混合宪法论、功能混合宪法论、状态混合宪法论三个板块,以往的混合宪法理论只包括机关混合宪法板块。功能混合宪法论界分罗马宪法上的积极权力和消极权力并研究它们各自的功能。状态混合宪法论研究平时状态和紧急状态两者中的宪法机关运作。第四,我在《帝政分权时期的立宪君主制》一文中,以对 Quod principi placuit, legis habet vigorem 的正确翻译为起点,还原了帝政分权时期元首与元老院分权、共治的宪政局面,批驳了罗马无宪法论以及私法巨人、公法矮子论,揭示了某些英语世界的作家故意误译上述拉丁短语以彰显英国宪政优越论的阴谋,展示了短语作者乌尔比安的思想体系中的宪政倾向,批驳了长期流行于国内外学界的罗马君主不受法律约束论。第五,我在《〈韦斯巴芗谕令权法〉研究》一文中,研究了保存至今最完整的一个罗马宪法文本,得出了在元首制时期,尽管君权扩张不已,但仍遵守君权民授的社会契约论框架的结论。

上述 5 篇文章,第一篇讲宪法的起源和类型;第二篇、第三篇和第四篇虚实结合地讲共和时期的罗马宪法;第五篇讲帝政时期的罗马宪法,它们共同构成对罗马宪法主题的一个较完整的涵摄。

在罗马行政法部分,我先通过《罗马职官的一身多任问题——Praetor 的实与名研究》一文研究了作为一个罗马行政机关的 Praetor 的各个职掌,基本的观察是,Praetor 最初是一种兼具行政、司法和军事职能的官职,只是到了帝政时期,Praetor 才慢慢地转变为专业的司法官。最后的结论是,对 Praetor 一词的翻译,应依据其在不同时期的不同职能进行,不能通译为裁判官,最好的翻译是副执政官。这一关于罗马职官法的研究不经意地触碰到了古罗马精兵简政的行政体制以及由此造成的职官名称难译问题,因为一个职官的职能太多,就一个方面的职能译出官名就要牺牲其其他职能,现代语言中却没有能表征其全部职能的官名,这样的翻译困境倒折射出现代的官僚泛滥境况。

其次,我在《行省制度的确立与罗马法》一文中研究了罗马的行省制度,力图揭示该制度表征帝国行政组织的意义。该文以西西里行省为解剖对象,分析了行省制与同盟制的差别，尤其是罗马人对西西里行省的治理方式。继而介绍了罗马行省制度的发展及其终结的原因。最后介绍了行省制度的确立对罗马公法和私法的影响，包括混合宪法的终结、官员薪给制的确立、新罪名和新型法院的产生、财税制度的转型、万民法的产生、意大利法与行省法二元制的形成，等等。

再次，我以《行省→省（郡）→总督区→军区——罗马帝国行政区划的变迁及其意义》一文以 Provincia 为中心探讨了罗马帝国行政区划的变迁，揭示了该词从表示第一级行政单位到表示第三级行政单位的变迁，由此阐明了罗马帝国从帝国到单一国的转变。同时揭示了罗马帝国的盛衰。最多时拥有 55 个行省，为"盛"。省变成郡，再变成军区，为衰。最后落得被土耳其人攻灭的命运，但罗马帝国的行政区划制度仍对包括中国在内的现代国家产生了广泛的影响。

最后，我在《罗马公共卫生法初探》一文中研究了罗马的公共卫生法律经验。在共和晚期和帝政初期的罗马，在每平方公里 6 万人的人口密度条件下，维持了 265 年无瘟疫的记录。这要归结于那时的罗马有较好的公共卫生设施和相应的立法。卫生软设施有专门的卫生官员，硬设施有水道、公共浴场和下水道。卫生立法有水道立法、浴场立法、下水道立法、工厂排污立法、殡葬卫生立法以及医疗卫生立法。在赞美罗马人的卫生措施之余，本文也指出，罗马人没有 40 天隔离制，对瘟疫的原因只有神学的解释，造成了面对外来瘟疫手足无措的局面。而且，罗马人的卫生设施还有不入户、污水与小固体废物混排、污水不经处理直排的缺陷。

在罗马财税法部分，我首先以《罗马人的税赋——从起源到戴克里先时代》一文分析了罗马人承受的公共负担的类型，他们承担的直接税和间接税，以及罗马法中对国税和地税的划分，最后得出罗马人的税负不重的结论，进而探讨罗马国库收入的税外来源，最后质疑了邦雅曼·贡斯当提出的罗马人螺丝钉论。然后以《皇库、纳库、检举——罗马帝国皇库的收入研究》一文分析了元首制时期罗马公共财政的国库与皇库的二元制，皇库收入的种类，纳库所依赖的检举制度，由此揭示罗马税法与当代税法的不同：向皇库缴纳财产不仅是履行公民义务的方式，而且是调节人们的道德倾向、鼓励守法的手段。最后以《论罗马的包税制》一文研究了古罗马臭名昭著的包税制度。

认为它包括历史和法律两个方面。它起源于雅典，后传入古罗马并在那里积极运作。在这两个地方，它都是共和思想的产物，但它在古罗马的实施效果由于殖民地的适用环境、实施者的低下阶级成员身份等因素受到不利影响，导致它最终被限制和废除。但它留给我们一些有价值的制度，例如公务承包制、两合公司、债券发行制度，以及协调国家征税权与纳税人财产权的体制等。

在罗马刑法部分，我首先以《〈惩治通奸罪的优流斯法〉研究》一文还原了一个帝政初期的罗马刑法的文本。在本文之前，人们看过经还原的《十二表法》，本文带给读者一个还原的罗马刑法文本，对于观察近2000年前的罗马刑事立法技术很有帮助。我并以还原的文本为据对它展开了逐条评注，证明该法是几个西方刑事诉讼和刑法制度的源头：就程序方面而言，它创立了限期羁押嫌疑人制度、限制性的拷打制度，体现了人权保护的观念；就实体方面而言，它第一次把刑罚法定化并创立了追诉时效制度，并首次把流放列为法定刑。其次，我以《论〈惩治通奸罪的优流斯法〉秉承的追诉时效制度及其近现代流变》一文证明，追诉时效制度起源于雅典，与大赦制度具有亲缘关系，具有宗教色彩，以捐弃前嫌、团结社会为目的。它被奥古斯都在其反通奸立法中发展为一个具有技术性的制度，尔后被推广到其他法律领域。在近代，追诉时效制度被世俗化，主要以自然惩罚论作为其理论基础。时效期间被安排得与罪行的轻重相适应。近代人还新创了行刑时效制度，并围绕着追诉时效的客体进行了不断深入的讨论，它们都值得我国借鉴。最后，我以《罗马刑法中的死刑及其控制》一文研究了罗马刑法和宪法对判处公民死刑案件的申诉控制，揭示了罗马立法者保障公民权和人权的理念，证明罗马法是较早限制死刑的立法，并分析了不少滥用死刑者遭到制裁的案例。

在罗马诉讼法部分，我首先在《论罗马法中的公益诉讼》一文研究了罗马法中的公益诉讼制度群，包括对民众诉权、民众令状、人民控告和检举4项制度的研究，认为它们作为一个整体是现代的公益诉讼制度的起源。它们的递嬗，展现了罗马诉讼法从民众主义到国家主义的发展史。民众诉权的名称透露出其阶级性，它被设定为低下阶级的成员运用的诉权，包括侵犯坟墓之诉、倒泼与投掷之诉、放置物与悬挂物之诉、追究在人们经常往来的地方携带猛兽之诉、追究破坏告示牌者之诉5种类型，它们分为两组，公益因素递增。民众令状主要适用于利用公用物的诉求，它与最早的环保法具有关联。到了非常诉讼时期，它与民众诉权合流，成为统一的制度。人民控告是从属于常设刑事法庭制度的诉讼发动程序，它适用于重罪，具有一定的道德风险。最初，研究者把它与民众诉权混为一谈，通过德国学者卡尔·格奥尔格·布农斯的努力才把两者分开，由此，民众诉权被认为主要涉及民事诉讼，人民控告适用于刑事诉讼。检举制度由人民控告发展而来，但它从属于纠问主义的非常诉讼时期的罗马刑事诉讼，由于此时罗马国家职能的加强，检举人尽管开启诉讼，但不具有原告资格，只起告密者的作用，以保障法定的国库收入不至于流失。

其次，我以《罗马破产法初论》一文研究了罗马破产法从远古时期到商业时代的发展，分析了从财产拍卖制度到财产零卖制度，再到财产让与制度的进化。把罗马的破产分为普通破产和特殊破产，揭示了罗马破产法中一些影响了现代破产法的制度，从而得出了罗马破产法是欧美现代破产法的先祖的结论。

在罗马社会法部分，我以《作为福利国家实践的〈格拉古小麦法〉及其后继者研究》一文以公元前123年盖尤斯·格拉古制定的小麦法为中心研究了古罗马的平价或免费粮食供应制度，探讨了该法的受益人的范围、罗马国库由此承受的负担、低价小麦的领取对受益人的生活的意义、为了实施小麦法罗马国家应打造的软硬件配套设施、该法的后继者、对该法的合道德性的争论等问题，力图证明积极国家不是近代才有的，在上古时期就有。而且古罗马为现代的福利国家观念提供了思想基础。

对罗马社会法研究的纳入让本书与国外的罗马公法著作不同。要言之，国外的罗马公法研究基本上是罗马宪法研究，按宪法是国家管控社会生活的一般工具的宪法观，所有的公法制度都可以收纳在宪法的标题下，所以，独立于宪法的罗马刑法研究也是不多的，独立的财税法研究就更罕见了，我的"小化"宪法的罗马公法架构体系已经让本书特立独行，社会保障法的纳入则加重了本书的个性，因为这个法的分支通常被认为是社会法，也就是说公私法结合部，但它既然包含公法的要素，把它纳入不至于过分挑战人们的公法观。

本书的另一特性还在于其填补空白性，因为时下的中国缺研究罗马公法的著作，把本书推出来可解急需，尤其是"消毒"的急需，上面介绍的关于罗马公法的谬见流传广，影响大，例如，我就是通过孟勤国教授的引述得知梅夏英教授的错误言论的，可见前者就是后者言论的中毒者。当然，本书对于读者的好处是干货多，铺陈性文字少，当得起《要论》的书名。

本书的第三个特性是以评注的方式研究罗马公法，《〈韦斯巴芗谕令权法〉研究》、《〈惩治通奸罪的优流斯法〉研究》两文都采取这种方法，目的是减少研究者的主观性，让读者和我一起面对某个罗马公法，监督我的分析。

本书的最后一个特性是把研究罗马公法与研究其现代运用结合起来，这样一来可以服务于现实，二来可以证明古罗马公法并未死亡，而是存活在现代的法律制度中。

所幸的是，本书包含的诸文在发表后已引起学界的注意，例如，2012年4月在郑州大学开边沁法律思想研讨会，同会的吉林大学博士生李燕涛就对我说在关注我的罗马公法系列论文。2013年4月在北大做罗马宪法的讲座，《北大法律评论》的主编岳林也说凡是我的研究罗马公法的作品他都看。2013年5月在大连海事大学法学院讲座，该院的顾荣新博士希望从我的电脑里获得所有我研究罗马公法的文章。另外，在法学界之外，这些论文也引起了罗马史研究者的关注，例如，在南开大学历史系和东北师大历史系就是如此。受这些文章的吸引，两校都有硕士生来考我的博士生。他们的热烈回应让我感到了自己工作的价值。

下一步就是做我的《罗马国际法要论》了，我对此工作充满期待。

是为序。

徐国栋
2012年5月24日于胡里山炮台之侧
2013年6月4日重写于胡里山炮台之侧

# 目　录

## 宪　法　论

罗马混合宪法的希腊起源及其演进 …………………………………（ 3 ）
论平民的五次撤离与消极权的产生 …………………………………（ 28 ）
罗马共和混合宪法诸元论 ……………………………………………（ 44 ）
帝政分权时期的罗马立宪君主制 ……………………………………（ 68 ）
《韦斯巴芗谕令权法》研究 …………………………………………（ 93 ）

## 行　政　法　论

罗马职官的一身多任问题
　　——Praetor 的实与名研究 ……………………………………（121）
行省制度的确立与罗马法 ……………………………………………（137）
行省→省（郡）→总督区→军区
　　——罗马帝国行政区划的变迁及其意义 ……………………（159）
罗马公共卫生法初探 …………………………………………………（186）

## 财　税　法　论

罗马人的税赋
　　——从起源到戴克里先时代 …………………………………（215）
皇库·纳库·检举
　　——罗马帝国皇库的收入研究 ………………………………（230）
论罗马的包税制 ………………………………………………………（248）

## 刑 法 论

《惩治通奸罪的优流斯法》研究 ………………………………………… (267)

论《惩治通奸罪的优流斯法》秉承的追诉时效制度及其近现代流变 …… (321)

罗马刑法中的死刑及其控制 ……………………………………………… (350)

## 诉 讼 法 论

论罗马法中的公益诉讼 …………………………………………………… (369)

罗马破产法初论 …………………………………………………………… (395)

## 社 会 法 论

作为福利国家实践的《格拉古小麦法》及其后继者研究 ……………… (419)

法律索引 …………………………………………………………………… (445)

人名索引 …………………………………………………………………… (449)

专名索引 …………………………………………………………………… (459)

后记 ………………………………………………………………………… (487)

# Contents

### A. Studies on Constitutional Law

On its Greek Origin of Roman Mixed Constitution and its Evolution ········· ( 3 )
On the Five Secessions of Roman Commons and the Come-into-being of
    Negative Power ················································································ ( 28 )
On the Various Elements of Mixed Constitution in Roman Republic ········· ( 44 )
On Roman Constitutional Monarchy in the Era of Principate ················· ( 68 )
A Research on *Lex de Imperio Vespasiani* ··········································· ( 93 )

### B. Studies on Administrative Law

On the Roman Phenomenon of One Official in Charge of Several Functions of the
    State: Take Praetor as an Example ················································· (121)
On the Establishment of Provincial System and Roman Law ················· (137)
From Province to County (Eparcy), and to Exarchate, and to Themes—the
    Change of Roman Empire's Administration Division and its Implications
    ······································································································· (159)
A Study on The Roman Public Sanitation Law ······································· (186)

### C. Studies on Tax Law

The Taxes Charged on Roman People: From the Foundation of Rome to the
    Reign of Diocletianus ······································································ (215)
*Fiscus*, *Confiscatio*, *Delatio*: A Study on the Revenue of Roman Imperial Treasury
    ······································································································· (230)

On The Roman Regime of Tax-Farming ·················· (248)

### D. Studies on Criminal Law

A Study on the *Lex Iulia de adulteriis coercendis* ·················· (267)

On the System of Time Limits for Prosecution: Its Origin from *Lex Iulia de adulteriis coercendis* and its Evolution in Modern Times ·················· (321)

On Capital Punishments in Roman Criminal the Law and Limitation to it
·················· (350)

### E. Studies on Procedural Law

On the Litigations for Public Interests in Roman Law ·················· (369)

A Preliminary Study on Roman Bankruptcy Law ·················· (395)

### F. Studies on Social Law

A Study on the *Lex Sempronia frumentaria* as a Practice of Welfare State and its Successors ·················· (419)

Index of Laws ·················· (445)

Index of Names of Persons ·················· (449)

Index of Important Things ·················· (459)

Epilogue ·················· (487)

# 宪 法 论

# 罗马混合宪法的希腊起源及其演进

## 一、宪法一词的希腊语起源

### （一）地中海诸人民的宪法实践

尽管西方的各个种族在远古时期都有群的生活经历，但在可利用的文献的范围内说话，最早探讨宪法现象的只有希腊人，基此，研究宪法一词的希腊语起源有其理由，而且有其必要，因为我国学者对宪法一词的起源的探讨都只从拉丁词 constitutio 着手。①

公元前 9 世纪的荷马可能是谈论宪法现象的第一个希腊作家，他在其史诗《伊利亚特》第 2 章中详细地描述了迈锡尼人的宪法组织：王、长老议事团、战士大会以及联系三者的传令官②，显然这是一个斯巴达式的宪法结构。接下来的著名宪法谈论者应该是希罗多德（公元前 484—公元前 424 年），他在其《历史》中借波斯人欧塔涅斯和美伽比佐斯的口说出了世上有独裁、民主、寡头三种政体以及它们各自的利弊。③ 此语伟哉！最早从权力掌控者的角度探讨了宪法的类型，往后至今的人们不能脱离这个框架谈论宪法。另外还有斯特拉波（公元前 63/64—公元 24 年），他在其《地理学》中描述了一些

---

① 有这一缺陷的宪法一词起源论研究，例见胡锦光、臧宝清：《"宪法"词义探源》，载《浙江社会科学》1999 年第 4 期；王广辉：《宪法为根本法之演进》，载《法学研究》2000 年第 2 期；张晋生、秦洁：《从宪法的起源看宪法的本质》，载《理论界》2006 年第 6 期；王定华：《古代宪法概念变迁之中西比较》，载《华中师范大学研究生学报》2007 年第 4 期。

② 参见〔意〕加塔诺·莫斯卡：《统治阶级（政治科学原理）》，贾鹤鹏译，译林出版社 2002 年版，第 412 页注释 1。另参见〔古希腊〕荷马：《伊利亚特》，罗念生、王焕生译，人民文学出版社 1997 年版，第 30 页及以次。

③ 参见〔古希腊〕希罗多德：《希罗多德历史》（上册），王以铸译，商务印书馆 1959 年版，第 231 页及以次。

国家的宪法，例如斯巴达的宪法①、Tarsus②的宪法③、加拉太④的宪法。

按今人的研究，诸多的希腊城邦各有其宪法，它们可大别为寡头制的、混合制的和民主制的三种类型，前者采用的城邦较多，有塞萨利亚诸城市（如 Larisa、Penestae、Pharsalus、Pherae）、Malians、Opuntians Locrians、忒拜、Megara、Sicyon、科林斯，中者采用的国家只有斯巴达和克里特岛上的诸城市，后者采用的有雅典。⑤ 以下分述三种类型的宪法。要说明的是，下面要谈及的希腊城邦都有很长的历史，其间可能采用过各种各样的宪法，只是因为它们曾采用过寡头制的宪法，就把它们列为这种宪法的载体，这并不意味着它们仅仅是这种宪法的载体。

寡头制是少数人统治多数人的体制或富人统治的体制。⑥ 从另外的角度看，它是不受法律约束的贵族制。这种宪法在采用它的希腊城邦有不同的表现。例如，在塞萨利亚诸城市，主要的公职，尤其是军事领导人的职务，长期由一些贵族家族垄断，尽管在这些城市名义上都有一部自由的宪法。⑦ 在 Malians，是重装步兵构成特权阶级，长官必须从这一阶级的现役者中选出。⑧ 希腊人从公元前7世纪初采用重装步兵，也就是利用密集战斗队伍作战，取代过去的个人决斗式的战争，这样，战争的群众基础更广泛，更与训练有关。而重装步兵由类似中等阶级的人员组成，所以，重装步兵制要求打破贵族对政权的垄断，对中产阶级开放政治职位。⑨ 但如果这些重装步兵排斥其他阶级参政，他们自己也构成寡头。Opuntians Locrians 实行千人寡头制，他们从100个最有名望和富有的家族选出，这些家族都是土地贵族。⑩ 忒拜是一个可与雅

---

① 第8卷第5章。See The Geography of Strabo published in Vol. IV of the Loeb Classical Library edition, 1927, p. 366.
② 处在现在的土耳其境内的一个古代城邦。
③ See Anonymous, Tarsus in the Bible Encyclopedia, On http：//www.bible-history.com/isbe/T/TAR-SUS/，2011年3月9日访问。
④ 处在现在的土耳其境内的一个古代城邦。
⑤ See A. H. J. Greenidge, *A Handbook of Greek Constitutional History*, London：MacMillan and Co. Limited, 1911.
⑥ Ibid., p. 60.
⑦ Ibid., p. 63.
⑧ Ibid., p. 64.
⑨ 参见〔英〕A. 安德鲁斯：《希腊僭主》，钟嵩译，商务印书馆1997年版，第29页及以次。
⑩ See A. H. J. Greenidge, *A Handbook of Greek Constitutional History*, London：MacMillan and Co. Limited, 1911, p. 65.

典抗衡的大邦，为了维持自己的盟主地位，其宪法受外在环境的影响很大，有时实行寡头制，有时实行民主制。① Megara 的情形与忒拜相若，该邦处在雅典和斯巴达之间，前者影响它搞民主制，后者影响它搞寡头制。② Sicyon 一度实行过的寡头制是种族性的，即作为后来者的多利安人对早来的亚该亚人的统治。③ 科林斯的宪法经过亚里士多德记载，形成《科林斯政制》一书。④ 在驱逐僭主西普塞利德斯（Cypselides）之后，科林斯的宪法是把全体公民划分为八个部落（phyle），定其中一个部落为贵族，其余为平民。公共事务由贵族部落和平民的一个部落承担。前者对于公共事务享有先决权，后者享有补充决定权。前者拒绝的法案后者就无法讨论了。⑤

由上可见，在希腊，寡头制有各种形式，有出身、财富形成的寡头，有军制形成的寡头，也有种族形成的寡头，还有混合性的寡头，但它们都是少数人的统治。

混合制的首先有斯巴达的宪法。据说这一宪法出自莱库古（公元前800？—公元前730年）的手笔，波利比阿（公元前204—公元前122年）说他是第一个制定宪法的人。⑥ 莱库古把全国分为三个阶级：斯巴达人、伯里阿卡人、黑劳士人，后者为农奴，中者为中等阶级，行工商，前者为统治阶级，只练习担任公职与担任公职，不务其他营生。政治上实行双王制，两者权威相等。有选举产生的元老院，共有 28 名元老，终身任职。另有斯巴达人全体大会。最后有一个尔发院（监察院），包含 5 人，选举产生，任期 1 年。⑦ 斯巴达的宪法是不成文的。混合制的其次有克里特的宪法。首先要说的是，克里特与斯巴达不同，它是一个岛而非一个城邦，包含 43 个独立的城市，其中

---

① See A. H. J. Greenidge, *A Handbook of Greek Constitutional History*, London: MacMillan and Co. Limited, 1911, pp. 67s.

② Ibid., p. 69.

③ Ibid., p. 71.

④ 参见〔英〕A. 安德鲁斯：《希腊僭主》，钟嵩译，商务印书馆1997年版，第52页。

⑤ See Heinrich Lutz, The Conrinthian Constitution after the Fall of Cypselides, In *The Classical Review*, Vol. 10, No. 9 (1896), p. 419.

⑥ See Polybius, *The Rise of the Roman Empire*, Translated by Ian Scott-Kivert, England: Penguin Books, 1979, p. 303.

⑦ 参见〔美〕威廉·邓宁：《政治学说史》（上卷），谢义伟译，吉林出版集团有限责任公司2009年版，第5页。

重要者有三：Gnossus、Gortyn、Cydonia①，中者有格尔蒂的通译，因为它是《格尔蒂法典》②的属主。它们的宪法彼此相似，因此统称为克里特宪法。它们的宪法又与斯巴达的宪法类似，但更具有寡头性。阶级划分与斯巴达相类。宪法机关是长官、元老院和人民。最高长官有10人，他们被称为哥斯漠（Cosmin），行使曾有过的王的职能，包括审理重要的民事案件。他们仅从贵族氏族选出，任期1年，而产生他们的贵族氏族则由人民选出。以这样的方式，贵族诸氏族轮流执政。元老院由人民从有充任哥斯漠成员经历者选出。任期无限制，为终身制，但可辞职。元老院与哥斯漠共同审理刑事案件。人民由自由人阶级的成员构成，他们以公民大会的形式参政。此等大会具有选举功能，同时批准长官和元老院的决定。③

民主制的是雅典的宪法。雅典早先的宪法是贵族制的。公元前594年梭伦进行的宪法改革并未完全改变这种体制，只是缓和了它。只是在公元前506年，克利斯提尼（Kleisthenes，公元前506年雅典的首席执政官）才建立了民主制的宪法，他由此被称为"民主之父"。克利斯提尼宪法的基本结构是公民大会、500人议事会和10将军委员会的三分制。前者是最高权力机关，中者是执行机关，后者是军事机关。为了形成后二者，克利斯提尼把整个雅典分为3个区域：雅典城及其近郊、内陆中央地带、沿海地带。每个区域分为10个部分，名为"三分区"。3个区域中各抽一个三分区共3个三分区合成为一个部落，它们构成选举单位，在这个意义上被称为德莫（demos）。每个选区选出50名代表，10个选区选出的500名代表为公民大会准备议案、议题、管理财政、外交事务。在公民大会闭会期间处理城邦的大部分日常事务。每个部落还选出一个将军统帅本部落召集的公民军，并组成十将军委员会统率全军。④从公元前443年起，伯里克利进一步加强了上述宪法的民主色彩：一切行政官职都对所有等级的公民开放，每个公民通过抽签选举的方式担任国家

---

① See A. H. J. Greenidge, *A Handbook of Greek Constitutional History*, London: MacMillan and Co. Limited, 1911, p. 116.
② 参见《古史新译——第二卷格尔蒂法典》，郝际陶译，高等教育出版社1992年版。
③ 参见〔古希腊〕亚里士多德：《政治学》，吴寿彭译，商务印书馆1965年版，第94页及以次。See Also A. H. J. Greenidge, *A Handbook of Greek Constitutional History*, London: MacMillan and Co. Limited, 1911, pp. 119ss.
④ 参见何勤华、张海滨主编：《西方宪法史》，北京大学出版社2006年版，第63页。

官职。公民大会被设定为城邦的最高权力机关,每隔10天召开一次,20岁以上的男性公民都可参加。① 对于参会者予以补贴,以保证升斗小民不因"民主"耽误生计,从而保证此等民主的可持续性。正如伯里克利在阵亡将士葬礼上的演说中所说的:"我们的制度之所以被称之为民主政治,因为政权是在全体公民手中"。②

至此介绍完了希腊人的宪法经验。迦太基人不属于希腊人,是腓尼基人,他们的宪法也值得介绍,这一是因为他们的宪法与希腊人的宪法声气相通,二是因为他们的宪法在希腊人作比较宪法研究时也是研究对象。迦太基的宪法与斯巴达的宪法相类,也有王、元老院、公民大会。③ 王有两位,他们并非世系任职,而是根据才能选举产生。元老院由104人构成,其职掌类似于斯巴达的尔发院。公民大会讨论王与元老院提交议决的事项,也可自行讨论未经他们提交的事项。④

(二) 宪法术语的形成及希腊世界作家们的宪法理论

在上述地中海地区宪法经验的基础上,产生了希腊文的表示宪法的术语 πολιτεία(转写为拉丁字母形式为 Politeia)。该词有"公民身份"、"公民权"、"公民的生活"、"政府"、"行政"、"政策"、"宪法"、"民主"、"国家"的意思。⑤ 色诺芬(公元前430—公元前354年)的《斯巴达的宪法》的书名即为 Lakedaimonion politeia。⑥ 柏拉图(公元前427—公元前347年)的被我们称为《理想国》的著作的希腊文名称就是 πολιτεία,西塞罗把它转换为 res publica 后(参见下文)该书才有了其名称被翻译为"理想国"的可能。有意思的是,这部专门讨论 πολιτεία 的书中仅4次使用了这个术语。3次(544、424E、449)用来表示宪法或政治体制,1次(424)用来表示国家。

---

① 参见何勤华、张海滨主编:《西方宪法史》,北京大学出版社2006年版,第64页。
② 参见〔古希腊〕修昔底德:《伯罗奔尼撒战争史》(上册),谢德风译,商务印书馆1985年版,第130页。
③ See Polybius, *The Rise of the Roman Empire*, Translated by Ian Scott-Kivert, England: Penguin Books, 1979, p. 345.
④ 参见〔古希腊〕亚里士多德:《政治学》,吴寿彭译,商务印书馆1965年版,第98页及以次。
⑤ See Karl Feyerabend, *Pocket Greek Dictionary*, Classical Greek-English, Langenscheidt KG, Berlin and Munich, w/y, p. 312.
⑥ Cfr. Senofonte (A cura di Guido D'Alessandro), Costituzione degli Spartani, Oscar Mondadori, Milano, 2009, p. V.

在544中，柏拉图用该词描述5种宪法，即靠对光荣的爱运作的政体，斯巴达是其典型。寡头政治（oligarchy）指富人统治穷人的政体。平民政治（democracy）是寡头政治的对立物，人们高唱自由，其结果等于无政府。僭主政治（tyranny），即根据一个人的任性所为的政治①，外加世袭君主制。② 尽管对πολιτεία一词的使用不多，但柏拉图的宪法理论研究达到了空前的水平，尽管如此，这种理论不过是希腊有关思想长期累计的结果。在其《政治家篇》中，柏拉图进一步把上述政体理论精致化，引入了行使最高权力的人的多少和是否受法律约束两个参数，从而演绎出6种政体：

|  | 受法律约束的 | 不受法律约束的 |
|---|---|---|
| 一个人行使最高权 | 立宪君主政体 | 专制政体 |
| 少数人行使最高权 | 贵族政体 | 寡头政体 |
| 多数人行使最高权 | 立宪平民政体（民主） | 极端平民政体（也即民主）。|

在其《法律篇》中，柏拉图提出只有两种母制：君主制和民主制，其他体制都由它们派生出来。③

作为学生，亚里士多德（公元前384—公元前322年）在柏拉图的基础上更深入地研究了πολιτεία的实在法表现形式。他写过一本《各国宪法》，其中研究了158国的政治制度，既有希腊人的，也有所谓野蛮人的。④ 这本书已失传，我们现在有的《雅典政制》⑤ 不过是该书的一部分，前面提到的《科林斯政制》也当是其中的一部分，不过我们现在已不拥有它了。幸运的是，亚里士多德的比较宪法研究成果很多地保留在其《政治学》一书中。该书使用πολιτεία一词约102次。⑥ 对它们进行分类，可知亚里士多德在如下含意上使用该词：

---

① 参见〔古希腊〕柏拉图：《理想国》，郭斌和、张竹明译，商务印书馆1986年版，第314页。
② 同上书，第313页。
③ 参见〔古希腊〕柏拉图：《法律篇》，张智仁、何勤华译，上海人民出版社2001年版，第94页。
④ 参见〔美〕威廉·邓宁：《政治学说史》（上卷），谢义伟译，吉林出版集团有限责任公司2009年版，第26页。
⑤ 参见〔古希腊〕亚里士多德：《雅典政制》，日知、力野译，商务印书馆1973年版。
⑥ 根据〔古希腊〕亚里士多德：《政治学》，吴寿彭译，商务印书馆1965年版，第479—480页中"题旨"中的πολιτεία条统计。

（1）宪法或政体。亚里士多德有时用此词指主权在多数人的宪法，有时指一种理想的宪法，有时指可以通过改进民主制度实现的宪法。① 一言以蔽之，他理解的宪法是主权在民的体制，理由很简单，希腊文中的 πολιτεία 由 πολιτμς（公民）而来，所以，只有公民才可能是宪法主体。而亚里士多德把公民分为全称公民和偏称公民，后者是儿童和已过兵役年龄的老人，前者是可参加司法事务和治权机构的人们。② 这番说明完全以雅典的民主制为背景，把宪法与主权在民的体制挂钩，但排斥儿童和老人作为宪法主体。在专制国家，即使是可称之为士兵的成年男子，只被当做臣民而非公民，在这个意义上，这些国家是没有宪法的。但亚里士多德承认宪法的变态形式，基此，他也用 πολιτεία 指寡头和民主的混合政体。③ 但他认为人口太多的民族国家，由于人们不能互相熟悉，难以适用立宪政体。④ 在这个意义上可以判定他认为宪法是小国寡民的产物。有意思的是，西德尼（Algernon Sydney）也这么看。⑤

（2）城邦。即公民团体和国土。前者是人的因素，后者是物的因素。就前者，亚里士多德认为规模不能过大，否则难以实现民主。就后者，亚里士多德认为应该靠海，有健康的环境和充分的水源，等等。⑥

（3）政府。即宪法框架下政策的执行机关。亚里士多德尤其讲到此等政府负有教育公民的职责。⑦

不难看出，亚里士多德的宪法观念与现代人的宪法观念不同。首先，他理解的宪法又比现代人理解的宪法小，它不包括非城邦制国家的宪法，而一些现代人认为，凡有国家的地方就有宪法，不论这些国家的类型为何。⑧ 这种

---

① 参见〔美〕威廉·邓宁：《政治学说史》（上卷），谢义伟译，吉林出版集团有限责任公司2009年版，第37页。
② 参见〔古希腊〕亚里士多德：《政治学》，吴寿彭译，商务印书馆1965年版，第111页。
③ Véase Alejandro Guzmán Brito, El Vocavulario Histórico Para La Idea De Constitución Política, En-Rev. estud. hist. -juríd. [online]. 2002, n. 24, pp. 267—313.
④ 参见〔古希腊〕亚里士多德：《政治学》，吴寿彭译，商务印书馆1965年版，第111页。
⑤ See Gaillard Hunt, The Virginia Declaration of Rights and Cardinal Bellarmine, In *The Catholic Historical Review*, Vol. 3, No. 3 (1917), p. 283.
⑥ 参见〔古希腊〕亚里士多德：《政治学》，吴寿彭译，商务印书馆1965年版，第358页，第375页。
⑦ 同上书，第358页、第402页及以次。
⑧ 参见《宪法》，上海社会科学院法学研究所编译，知识出版社1982年版，第1页。

差异主要因为包括亚里士多德在内的希腊的宪法理论家都出自实行民主制的雅典,他们自然以民主为宪法的正宗。其次,亚里士多德理解的宪法的主体(至少是积极主体)的范围比现代宪法的主体小,前者只包括亚里士多德所谓的全称公民,后者则包括本国的全体公民。最后,从另外的角度看,亚里士多德理解的宪法的外延比现代人理解的要大①,因为对包括他在内的希腊人来说,宪法就是国民生活的全部,正因为这样,今人对于斯巴达宪法的解读是该城邦的生活方式和现行立法②,在普鲁塔克和色诺芬对斯巴达宪法的描述中③,我们经常可看到现代人不以为宪法的东西,例如婚姻制度、青年的教育方式等,而对于现代人,宪法只是国民生活的一部分④,或曰法律的部分中之至高者。

## 二、πολιτεία 的拉丁化

（一）从 πολιτεία 到 Politia

从学术的角度看,罗马人都是希腊人的学生,在宪法问题上也是如此。通说认为,西塞罗（公元前 106—公元前 43 年）在其《论感悟》（De Divinatione,公元前 44 年）中把柏拉图的书名 πολιτεία 转写为拉丁词 Politia。⑤ 从此,Politia 成为拉丁语中的一个希腊源的词汇保留两个含意,其一是"国家的机构";其二是柏拉图的那本著作的标题。⑥ 但 πολιτεία 转化为 Politia 可能发生得更早一些,因为老伽图（公元前 234—公元前 149 年）曾用这个词描述迦太基的宪法,说:在这个地方,有的人希望宪法包括三个部分:人民、贵族和王权（Quidam hoc loco volunt tres partes politiae comprehensas, populi,

---

① See A. H. J. Greenidge, *A Handbook of Greek Constitutional History*, London: MacMillan and Co. Limited, 1911, p. 6.
② Cfr. Senofonte (A cura di Guido D'Alessandro), Costituzione degli Spartani, Oscar Mondadori, 2009, Milano, p. V.
③ 参见〔古希腊〕普鲁塔克,黄宏熙主编:《希腊罗马名人传·吕库古传》（上册）,吴彭鹏译,商务印书馆 1990 年版。Cfr. Senofonte (A cura di Guido D'Alessandro), Costituzione degli Spartani, Oscar Mondadori, Milano, 2009.
④ See A. H. J. Greenidge, *A Handbook of Greek Constitutional History*, London: MacMillan and Co. Limited, 1911, p. 4.
⑤ "你要看苏格拉底在柏拉图的《Politia》中说了什么"。1, 29, 60.
⑥ 参见谢大任主编:《拉丁语汉语词典》,商务印书馆 1988 年版,第 423 页。

optimatum, regiae potestatis)。① 而老伽图的生存年代比西塞罗早，但包含上述句子的老伽图的《起源》并未完整保留下来，此句为后人按自己时代的术语转述的可能也是存在的。无论如何，Politia 既出，便不死亡，后人不断使用之。例如，卡西约多路斯（Flavius Magnus Aurelius Cassiodorus，约公元485—580年）在其《杂录》（Variae）9，2中，就用这个词描述根据灰鹤群的生活秩序提炼的人类生活规则，其辞曰："灰鹤开始采用一种道德的和谐，它们中没有谁追求第一，因为它们没有不平等的野心。它们相互警卫，守望相助，相互牧养。这样，任何恐惧都被驱走，而一切都作公用。飞行的顺序也是公平地轮流的：最后的变成最先的，而最先的变成最后的，并不拒绝处在较后的地位。这样，没有王，它们服从这样的社会共同体，没有主子要服从，没有恐惧来压迫，它们自愿地服务于自由，相互尊重，互相保卫，作家们观察这种自然的道德，把其中的某些记载为宪法，确认它们是同胞之爱的生活的基础"。② 这是一个关于以鸟为鉴定人类宪法的描述。③ 后人有用 Politia 这个词描述教会的组织的④，甚至有用它描述写作的基本规则的⑤，等等。但在弗朗西斯·培根（1561—1626年）的作品中，还是用这个词表示宪法。⑥

（二）西塞罗用来表示宪法的诸拉丁词汇

还是在其《论感悟》中，西塞罗把柏拉图的书名 πολιτεία 意译为拉丁词

---

① Cfr. P. Virgilli Maronis Opera cum Integris Commentariis Servii, Philargyrii, Pierii, accedunt Scaligeri et Linden-brogii; notae ad Culicem, Cirin, Catalecta, ad Cod. Ms. Regium Parisiensem recensuit Pancratius Masvicius, Tomo I, Leovardae, 1717, p. 648.

② 拉丁文本采自 http://monumenta.ch/latein/text.php?tabelle=Cassiodorus&rumpfid=Cassiodorus,%20Variae,%2009&domain=&lang=0&links=&inframe=1&hide_apparatus=1&PHPSESSID=d50aa7dfb8375b58150d3f0236c403fc，2011年3月7日访问。

③ 请比较内加对人类社会的黄金时代的描述："其时，人们遵循自然法则，平均分享自然的恩赐，实行公有制。没有人能超过别人，或者被别人超过。人们和睦相处，一切平均分配。强者还没有开始欺凌弱者，贪心的人还没有把东西藏在一边以便囤积起来据为己有，竟至断绝他人的活路。每个人对别人如同对自己一样关心，武器还没有使用，手上还没有粘上人血，人们将仇恨还只是指向野兽（但杀人还是有的，但只在出于恐惧或受到挑衅才会这样做）"。参见〔古罗马〕塞涅卡：《幸福而短促的人生——塞涅卡道德书简》，赵又春、张建军译，上海三联书店1989年版，第211—212页。

④ Cfr. Richard Mocket, Michael Andrew Screech, Dotrina et Politia Anglicae: An Anglican Summa, 1617.

⑤ Politiae Litterariae Angeli Decembrii, 1540.

⑥ 培根在其《新工具·格言·自然和人类王国的解释》中说："事实上，除非人类已致力研究宗教和神学数个世纪，而且民事宪法（尤其是君主制的）与这种新潮、与当代构成逆反……"。On http://www.Thelatinlibrary.com/bacon/bacon.liber1.shtml，2011年3月12日访问。

res publica："从我家中的老鼠最近咬坏了我的柏拉图的《Politia》的事实出发，我应为罗马的国事（res publica）焦虑"。此句中，西塞罗以开玩笑的方式把希腊风的词 politia 与地道的拉丁词 res publica 等同。① 而且，他还在《论法律》第 2 卷中罗列柏拉图的部分著作，说他先写了 De re publica，后写了 De legibus。② 显然，柏拉图的前一本书就是 Politeia，后一本书就是《法律篇》。这样，πολιτεία 一词的多个义项中的"国家"义项被设定为等于拉丁文中 res publica 一词中的相当于国家的义项，由此产生了 πολιτεία 一词的"宪法"义项由什么拉丁词表达的问题。西塞罗用多个拉丁词完成这一使命。用得最多的是 status rei publicae（"国事的体制"或"宪法"）。在其《论共和国》中，他多次用这个词组，谓：当全部事务的最高权力为一人掌握时，我们称此人为独裁国王，我们称这样的宪法为王政。接下来讲了与王政并行的贵族制和民主制。③ 不难看出，在希腊人在 πολιτεία 的名头下讲的 3 种政体，西塞罗都放在 status 的名头下讲，这两个词等值。另外，西塞罗还用 forma rei publicae（《论共和国》1，34，53④、conformatio rei publicae（《论共和国》1，45，69⑤）、constitutio rei publicae（《论共和国》2，21，37⑥）、forma civitatis（《论共和国》2，23，43⑦）、genus rei publicae（《论共和国》2，23，43⑧，

---

① 2，27，58。这种等同或可证明他的 De Re publica 与柏拉图的 πολιτεία 的对应关系。
② 参见〔古罗马〕西塞罗：《论共和国·论法律》，王焕生译，中国政法大学出版社 1997 年版，第 221 页。
③ 参见〔古罗马〕西塞罗：《论共和国》，王焕生译，世纪出版集团、上海人民出版社 2006 年版，第 79 页。
④ 其辞曰："这些问题以及一些类似的其他问题是那些最为称赞这种国家宪法的人经常争辩的"。译文借鉴王焕生的译文而不尽相同（同上书，第 93 页）。请注意，这里的"问题"是多数人统治还是少数人统治的问题。
⑤ 其辞曰："这种情况在这种联合的、适当混合的宪法条件下几乎不可能发生……"。译文借鉴王焕生的译文而不尽相同（同上书，第 118 页）。请注意，这里出现了著名的"混合宪法"的术语。
⑥ 其辞曰："这种宪法首先具有巨大的公平性"。译文借鉴王焕生的译文而不尽相同（同上书，第 118 页）。请注意，本段终于用 constitutio 一词表征宪法，但它特指混合宪法。
⑦ 其辞曰："这样的宪法很容易改变，因为很容易由于一个人的过失陷入危机，导致毁灭"。译文借鉴王焕生的译文而不尽相同（同上书，第 168 页）。请注意，这里的"这样的宪法"指君主制的宪法。
⑧ 其辞曰："若是我要对各种单纯的宪法进行评估的话……"。译文借鉴王焕生的译文而不尽相同（同上书，第 170 页）。

2，26，47①；《论法律》3，5，12②）、genus civitatis（《论共和国》2、23、43③）等词表达宪法。④ 我们可注意到，西塞罗也用现代人用来表达宪法的词 constitutio 表达宪法⑤，但这种用法处在少数地位。

在宪法方面，西塞罗基本的构词规律是：res publica 或 civitas 是中心词，加上表示状态、形式、结构等的配词构成表示宪法的词组。对上述中心词和配词进行分析，可还原西塞罗心中的宪法概念。

就中心词中的 res publica 而言，publica 是 populus（人民）的形容词，所以，res publica 就是"人民之物"的意思，这是一个客体主义的转变，亚里士多德的"一群人"意义上的宪法概念转变成了"一堆事"意义上的宪法概念。然而，在拉丁文中，populus 的含义与我们现代人理解的人民的含义不一样，它被用来指称"步兵的队列"或"武装者的集合"。⑥ 后来演变为指"具体地出席人民大会的人们的集合，这是一种在其自己赋予的组织化的形式中表达其意志的人的集合"。⑦ 这样的"人民"，就是出席人民大会的全体成员，即全权的公民。所以，"人民"不是一个全民的概念，而是"全民"中的具有完全的民事和军事的权利义务者的概念，也就是亚里士多德的全称公民的概念。因此，"人民"并不等于全部人口，它不包括妇女和儿童。⑧ 建立在这样的人民概念基础上的宪法是男权主义的。从形下的角度看，人民之物就是

---

① 其辞曰："这种宪法确实很好，但它又容易变坏"。译文借鉴王焕生的译文而不尽相同（〔古罗马〕西塞罗：《论共和国》，世纪出版集团、上海人民出版社 2006 年版，第 175 页）。请注意，这里的"这种宪法"，指君主制的宪法。
② 其辞曰："国家是靠官职和履职者维持的，其构成属于宪法"。译文借鉴王焕生的译文而不尽相同（同上书，第 187 页）。
③ 其辞曰："事实上，王政的宪法不仅不应受指责，而且它还远远优于其他各种单纯的宪法……"。译文借鉴王焕生的译文而不尽相同（同上书，第 170 页）。
④ 行文至此，我不禁要批评智利伟大的罗马法学者 Alejandro Guzmán Brito 给我写作本文很大启发的文章 El Vocavulario Histórico Para La Idea De Constitución Política. 它非常了不起地指出了拉丁文中 Status 一词的宪法含意，但它忽视了还有许多的拉丁词也表达宪法的意思。
⑤ 智利学者布里托认为，西塞罗用该词表示混合宪法，也就是君主、贵族、民主的混合制，因而可以翻译为"构成"。Véase Alejandro Guzmán Brito, El Vocavulario Histórico Para La Idea De Constitución Política, En Rev. estud. hist. -juríd. ［online］. 2002, n. 24, pp. 267–313.
⑥ Cfr. Pierangelo Catalano, Populus Romanus Quirites, Giappichelli, Torino, 1974, pp. 108s.
⑦ Cfr. Riccardo Orestano, Il problema delle persone giuridiche in diritto romano, Giapichelli, Torino, 1968, pp. 214ss.
⑧ Cfr. Pierangelo Catalano, Populus Romanus Quirites, Giappichelli, Torino, 1974, p. 114.

有别于私人财产和地方政府财产的罗马国家财产。① 从形上的角度看，西塞罗说人民"是法律、审判、战争、和平、缔约、每个公民的权利和财富的主人"。② 所以，人民之物就是法律、审判、战争、和平、缔约、每个公民的权利和财富等，一言以蔽之，是国务。

就中心词中的civitas而言，它是公民（civis）一词的抽象名词，用来表示公民整体或公民的组织方式，前者表示一个城市的人的成分，有别于其物的成分，例如房子、街道、城墙等，后者用来表示公民的划分（例如按财产划分为5个阶级）以及各部分的相互关系（例如各种公民大会）。所以，Civitas的表达维持了亚里士多德宪法概念的主体际关系属性。

就配词而言，status是身份、状态的意思，constitutio是体制、结构、体格的意思，这两个词比较接近，它们在修辞学中作为同义词使用，都表示案件的争议点。昆体良（Marcus Fabius Quintilianus，约公元35年—约公元95年）在其《演说术阶梯》3，6中说："我们称之为status的，一些人称之为constitutio……"。③ 此语揭示了status与constitutio为同义词。此语中的"一些人"包括西塞罗。他在其《论寻找》（De Inventione）中使用constitutio 91次，都用来指称希腊修辞学家贺马高拉斯（Hermagoras，公元前1世纪）用status指称的事情。例如，贺马高拉斯认为有事实、定义、性质、程序4种status④，西塞罗相应地认为有事实、定义、性质、程序4种constitutio。⑤ 可见，constitutio是对相当于status的希腊词的翻译。不过，在《论寻找》之后的作品中，西塞罗就仍使用status的术语了。⑥ 晚一些的伊西多勒（Isidore，约公元560—636年）在其著名的《词源》一书中也说："在演说家中，status被说成

---

① 参见徐国栋：《罗马私法要论——文本与分析》，科学出版社2007年版，第123页。
② 参见〔古罗马〕西塞罗：《论共和国》，王焕生译，世纪出版集团、上海人民出版社2006年版，第87页。
③ Cfr. Rino Faranda e Piero Peccheiura, L'Institutione Oratoria di Marco Fabio Quintiliano, UTET, Vol. I, 1968, p. 359.
④ 参见袁影、崔淑珍：《修辞学"争议点"理论的认知解析与应用》，载《外国语言文学》（季刊）2009年第2期。
⑤ 参见〔古罗马〕西塞罗：《西塞罗全集·修辞学卷》，王晓朝译，人民出版社2007年版，第148页。
⑥ 参见同上书，注释1。

是那些构成（consistit）案件的事情，即 constitutio。希腊人从争点出发说 στασισ。① 拉丁人说 status，不仅从破坏相对人的论点的争论的角度，而且也从由双方当事人构成的案件的角度，这样，status 变得由控告和辩护构成。"② 此语不仅揭示了 status 与 constitutio 为同义词，而且揭示了两者间的差别。希腊人把 status 理解为反驳之道，拉丁人却把对应的拉丁词 constitutio 理解为案件的当事人构成以及他们彼此间的攻防，由此在 constitutio 的内涵中加入了复数的对立主体的因素。伊西多勒的话更为这种分析提供了佐证，它告诉我们，constitutio 并非 constituere（放、安排、创建）的名词③，而是 consistere 的名词，该词由 con 和 sistere 两个部分构成，前者是表示"共同"的前缀，后者是"安顿"、"建造"、"维持"的意思。④ 两个部分的意思结合起来，consistere 是"共同安顿"、"共同建造"的意思，由此，通过把 status 替换为 constitutio，刑事诉讼的"多主体互动"的意义得以彰显。当西塞罗用 constitutio 表示特定类型的宪法的时候，他似乎强调的是宪法主体的多元性以及它们彼此间的对抗性。"多元性"，体现为代表精英阶级的王政因素和贵族因素，以及代表普罗大众的民主因素。两者并非总是和谐一致，而是在对抗中斗而不破，在这一过程中妥协平衡，求得国家的发展。在这方面，共和时期罗马平民与贵族的斗争与融合提供了实例。

当然，西塞罗这样使用 constitutio 一词，或许受到了希腊名医希波克拉底（Hippocrates，公元前 460—公元前 377 年）的体质学说的影响。希波克拉底在其《论人性》一书第四章中创立了著名的体质说。谓：人的身体内有血液、黏液、黄胆、黑胆，它们构成了人的体质，这些元素在人体内配合得当，人就健康。若某一元素过多或过少，人就闹病。⑤ 希波克拉底把这里的体质称为

---

① 这是一个与拉丁词 Status 等值的希腊词。
② Cfr. Isidori Hispalensis Episcopi Etymologiarum Sive Originum, 2, 5, 1, On http://www.Thelatinlibrary.com/isidore/2.shtml, 2011 年 6 月 12 日访问。
③ 在英语词源辞典中，都把 constitution 认定为 constituere 的名词。参见《在线词源词典》constitution 条, On http://www.etymonline.com/index.php?search=constitution&searchmode=none, 2011 年 3 月 30 日访问。
④ 参见谢大任主编：《拉丁语汉语词典》，商务印书馆 1988 年版，第 509 页。
⑤ 参见〔意〕卡斯蒂廖尼：《医学史》（上册），程之范主译，广西师范大学出版社 2003 年版，第 120 页。

"构成"（constitutio）①，该词与"争议点"（constitutio）一词同形，两个词描述的对象也同理：人体包括 4 种体液，刑事案件包括 4 种争议点。4 种体液配合得好的人就强壮，相应地，4 种争议点运用得好的刑事案件就能得到成功的辩护。所以，用同一个词描绘两种现象，并不为过。无论如何，西塞罗利用这个置换的机会让辩护理论染上了医学的色彩，把捞人之道与医人之理打通了。

回到对配词的分析上来。forma 是形式的意思，conformatio 也是这个意思，这两个词比较接近。genus 是种类的意思。这 5 个词的共同特点是表示某个东西的"属性"，它们依赖"某个东西"获得自己在特定时空条件下的含意。从纯粹的语义空间来看，上述国务或公民团体的组织方式可以是无限的，但西塞罗基于希腊人的宪法理论把此等组织方式限定为王制、贵族制和民主制 3 种（没有像柏拉图那样分为 6 种）。所以，就其纯粹的形态而言，宪法只有王制宪法、贵族制宪法和民主制宪法 3 种。但 3 种宪法存在混合的可能，西塞罗偏好综合 3 种宪法之优的混合宪法②并以 constitutio 一词名之。这样，西塞罗就把综合性很强的希腊词 πολιτεία 解分了：在希腊语中，它既是国家，又是宪法。经过西塞罗的处理，国家（res publica）还是国家，但宪法（status）不是国家本身，而只是国家的一种"身位"或属性。

西塞罗为何要弃 politia 一词不用而造如此多的新词表示宪法？可能的回答一：为避免让人对 politia 一词与拉丁文中的固有词 impolitia 一词的关系发生错误联想。in（在后接辅音时变化为 im）是拉丁文中表示否定的前缀，原则上，某个词加上它后就成了被加者的反义词，但 impolitia 并非 politia 的反义词，而是 polite 的反义词，该词的含意是"仔细地"、"细心地"③。impolitia 因此是"疏忽"、"粗心"的意思。④ 奥鲁斯·杰流斯（约 125—180 年）在其

---

① 不知此处的"构成"的希腊语形式如何，也不知其拉丁语形式如何，但知其法语形式是 constitueé。我由此推测，希波克拉底的有关著作的拉丁译文中也用 constitutio 表达"构成"。Voir Operes Completes d'Hippoctrate: Traduction Nouvelle avec le text, Tome VI, Elibron Classics, p. 39.
② 其辞曰："最好是一个国家既包含某种可以说是卓越的、王政制的因素，同时把一些事情分出托付给杰出的人们的权威，把一些事情留给民众协商，按他们的意愿决定"。参见〔古罗马〕西塞罗：《论共和国》，王焕生译，世纪出版集团、上海人民出版社 2006 年版，第 118 页。
③ 参见谢大任主编：《拉丁语汉语词典》，商务印书馆 1988 年版，第 423 页。
④ 同上书，第 273 页。

《阿提卡之夜》中用此语特指骑士未照顾好其马匹的情形。① 可能的回答二：把希腊术语本土化。在学术上，罗马人是希腊人的学生，许多术语都借自希腊语。但罗马人对于希腊词并非一概搬用，有时进行拉丁化的处理，例如，逻辑学上的"种"这个术语，希腊文是 eidos，罗马人就把它改写为拉丁文中的 species，甚至 forma，有时，改写的目的仅仅是为了变格的方便。② 无论如何，西塞罗的"造词"避免了拉丁文中表示宪法的语词像希腊文中的 πολιτεία 一样过分多义的局面，例如，如上表达宪法意思的拉丁诸词汇完全没有"城邦"的意思，尤其没有"城市"的意思，也没有"政府"的意思。

（三）其他罗马法学家对西塞罗的跟进

或问，用 status 表示宪法是否西塞罗的个例？答曰否！至少有两个晚于西塞罗的拉丁作家也用这个词表示宪法。首先是 2 世纪的彭波尼。他在其被收录在 D.1，2，2，24 中的一个文本记载了罗马历史上的一场政变：共和时期，被委托制定《十二表法》的十人委员会在完成立法任务后由于尝到了权力的滋味不愿交出权力，其中的阿庇尤斯·克劳丢斯更是霸占民女维吉尼娅，引起民变，十人委员会被赶下台。说到这里，彭波尼用一句话作为总结：这样，其宪法得以恢复（Ita rursus res publica suum statum recepit）。③ 其次是 2—3 世纪的乌尔比安（公元170—228 年）。他在其被收录在 D.1，1，1，2 中的一个文本中说："公法是有关罗马宪法的法律；私法是涉及个人利益的法律：事实上，有的事情涉及公共利益；有的事情涉及私人利益。"这一文本的引用率极高④，因为它被认为作者在其中第一个提出了公私法的划分以及此等划分的利益说标准，但它在人们不了解拉丁文中表示宪法的术语的条件下一直被误译，

---

① See *The Attic Nights of Aulus Gellius*, Translated into English by W. Beloe, Vol. I, London, 1795, p. 265.

② 参见〔古罗马〕西塞罗：《地方论》6，30，徐国栋译，载《南京大学法律评论》2008 年春秋号，第 8 页。

③ 彭波尼的文本参见〔古罗马〕优士丁尼：《学说汇纂》（第一卷），罗智敏译，中国政法大学出版社 2008 年版，第 38 页及以次。可惜译者未能正确理解 rei publicae status 这一短语的宪法含义，译作了"这样，共和国又重新恢复了原有的状态"。

④ 例见《中华法学大辞典·法理学卷》，中国检察出版社 1997 年版，第 639 页；尹田：《中国海域物权制度研究》，中国法制出版社 2004 年版，第 36 页；曹平、高桂林、侯佳儒：《中国经济法基础理论新探索》，中国法制出版社 2005 年版，第 196 页。

其中的第一句话通常被译作"公法是涉及罗马［公共］事务状态的法"。① 实际上，乌尔比安的表达与彭波尼的表达的唯一不同是后者用 rei publicae status 表示宪法，乌尔比安用 rei romanae status 表示宪法，publicus 是"人民"的形容词，romanus 是"罗马人民"的形容词，两者基本等值，不过前者更宽泛，后者更具体而已。② 所以，乌尔比安的上述著名文本讲的是宪法与私法之分，不过，他把宪法等同于公法，反映他理解的宪法比现代人理解的宪法大，由此，宪法不是公法的一部，而是公法之全部。

富有意味的是，只相隔了不到 250 年，西塞罗的 constitutio 的宪法用法已被放弃，乌尔比安在用 status 表示宪法的同时，把 constitutio 用于表示"规则"、"允许"、"制度"。前者的实例是 D. 47，1，1pr.（乌尔比安：《萨宾评注》第 41 卷）："市民法的规则（civilis constitutio）是继承人和其他相续人不对罚金之诉承担责任……"和 D. 47，2，16（保罗：《萨宾评注》第 7 卷）："家父不得对家子提起盗窃之诉，因为这不是法的规则（iuris constitutio）……"。中者的实例是 D. 15，1，7，3（乌尔比安：《告示评注》第 29 卷）："……被监护人、家子和奴隶都可拥有特有产，在这种情形，一切事情都取决于主人的允许（domini constitutione）……"。后者的实例是 D. 1，5，4，1（佛罗伦丁：《法学阶梯》第 9 卷）："奴隶制是万民法上的制度（constitutio iuris gentium）……"。可谓天翻地覆慨而慷。

Constitutio 作为规则的含义一直延续到 16 世纪的雨果·多诺，他给 Constitutio 下的定义是规则式的："Constitutio 是命令、允许或禁止任何人为某事。如果是命令或允许，针对的是正当的事情，禁止的是相反的事情"。③

（四）托马斯·阿奎那及其同事用来表示宪法的拉丁术语

在乌尔比安之后过了差不多有 1000 年，才产生继续探讨 πολιτεία 在当时的适当拉丁语形式的作家。托马斯·阿奎那（1225—1274 年）和阿尔维尔尼亚（Pedrus de alvernia，约 1240—1304 年）相继用拉丁语完成了对亚里士多

---

① 参见〔古罗马〕优士丁尼：《学说汇纂》（第一卷），罗智敏译，中国政法大学出版社 2008 年版，第 7 页。

② 在写完此段后，查阅意大利的《法律百科全书》的"国家的宪法"词条，惊喜地发现作者 Carlo Ghisalberti 也认为罗马人以 rei romanae status 一语表示宪法。Cfr. Erancesco Calasso（Direzione e coordinamento），Enciclopedia del Diritto, XI, Giuffrè, Milano, 1962, p. 133.

③ Cfr. Hugonis Donelli, Opera omnia, Tomus Primus I, Roma, Typis Josephi Salviuggi, 1828, p. 26.

德的《政治学》的评注，前者评到第 3 卷，后者接续直到评完。他们依据的《政治学》已在 1260 年由比利时神父梅尔贝克（William de Moerbeke，约 1215—1286 年）译成了拉丁文。① 有意思的是，这个译者放弃了西塞罗对 πολιτεία 一词的拉丁化努力成果，而仅把该词翻译为 politia，这当然是一种简单化的选择。所以，圣托马斯和阿尔维尔尼亚在工作时，就遇到了如何用当时的人们熟悉的拉丁词解释比较古奥的 politia 一词的问题。两个评注者有相近而不同的处理。容分述之。

阿奎那用 3 个词表达亚里士多德的 πολιτεία。首先是 ordinatio civitatis，他在其对亚里士多德《政治学》第 3 卷第 1 章关于对 πολιτεία 的说明的评注中这样说："被说成 politia 的不是别的，只是城邦的 ordinatio，它关乎所有处在城邦中的长官，但主要关乎统治其他长官的高级长官。由此推论，由于城邦的公民团体，即公民在城邦中所处的地位，完全由统治城邦的人构成，这样的地位安排就是 politia 本身"（Et dicit quod politia nihil est aliud quam ordinatio civitatis quantum ad omnes principatus qui sunt in civitate, sed praecipue quantum ad maximum principatum, qui dominatur omnibus aliis principatibus. Et hoc ideo, quia politeuma civitatis id est positio ordinis in civitate, tota consistit in eo qui dominatur civitati; et talis impositio ordinis est ipsa politia）。② 本段讲的是统治者以及产生他们的统治阶级构成宪法的内容。其次是 ordo civitatis（秩序、阶级）。在同一评注的另外两个地方，阿奎那又说："politia 不过是城邦居民的阶级划分"（politia nihil aliud est quam ordo inhabitantium civitatem）③；"politia 不过是作为城邦统治阶级理解的公民团体，必须根据统治者的差异区分各种城邦"（politia nihil est aliud quam politeuma, quod significat ordinem dominantium in civitate. Necesse est quod distinguantur politiae secundum diversitatem dominantium）。④ 第三是 regimen。阿奎那在谈到亚里士多德析分的 6 种宪法时，用 regimen 表

---

① Véase Alejandro Guzmán Brito, El Vocavulario Histórico Para La Idea De Constitución Política, En-Rev. estud. hist. -juríd. [online]. 2002, n. 24, pp. 267—313.
② See Roberto Busa SJ and associates, Corpus Thomisticum Index Thomisticum, On http://www.corpusthomisti-cum.org/it/index.age, 2011 年 3 月 27 日访问。
③ 同上。
④ 同上。

示宪法。说："城邦的 ordinatio 有 6 种……如果城邦由少数人统治,他们是因为美德被选出来的,因此来照管多数人的福利,这样的 regimen 称为贵族制"。① 在这个上下文中,ordinatio 与 regimen 被设定为同义词,共同表示亚里士多德意义上的宪法。阿奎那更在一个地方说,"Politia 即城邦的 regimen"。②

阿奎那在自己的独立著作《神学大全》中,完全以 regimen 一词表达亚里士多德说到过的 6 种宪法。③

对比前文介绍的亚里士多德的宪法理论,显然可见,阿奎那把自己的宪法理论建立在阶级论的基础上,强调宪法是关于统治者和统治阶级的规则体系,这实际上是张扬少数人对多数人的统治,把贵族制或寡头制的宪法理论作为宪法理论的全部。尽管这样的宪法理解符合希腊许多城邦的实践,但这种实践从来不为生活在雅典民主制氛围中的亚里士多德张扬。阿奎那使用的表示宪法的 3 个词 ordo civitatis、ordinatio civitatis、regimen 彼此具有关联。ordo 在这里是阶级的意思,ordinatio 在这里是阶级秩序的意思,是对 ordo 的抽象化。regimen 的本义是"舵",引申为"统治者"、"领导"④,所以,亚里士多德概括的 6 种宪法形式,在阿奎那看来不过是统治者不同造成的区分。所以,他就干脆把它们的区分以 regimen 名,使其宪法理论具有很强的控制论色彩。一言以蔽之,阿奎那撕下了曾笼罩在宪法概念上的民主面纱,把宪法描述为不会让所有人都愉快的阶级统治关系,这种改造也许反映了阿奎那所处时代的政治现实,毕竟,雅典民主已不复存在了。

阿尔维尔尼亚用来诠释亚里士多德的 politia 一词的拉丁词汇与阿奎那差不多,不过增加了 res publica 一词。说,res publica 就是城邦的 ordinatio。⑤ 这是对西塞罗的成果的拙劣继承。说"继承",是因为译者像西塞罗一样使用了 res publica 一语。说"拙劣",是因为译者没有理解西塞罗的宪法表达,放弃

---

① Véase Alejandro Guzmán Brito, El Vocavulario Histórico Para La Idea De Constitución Política, En-Rev. estud. hist. -juríd. [online]. 2002, n. 24, pp. 267—313.
② See Roberto Busa SJ and associates, Corpus Thomisticum Index Thomisticum, On http://www.corpusthomisti-cum.org/it/index.age, 2011 年 3 月 27 日访问。
③ See St. Thomas Aquinas, *Summa Theologiae*, A Concise Translation (Edited by Timothy McDermott), Christian Classics, USA, 1989, p. 290.
④ 参见谢大任主编:《拉丁语汉语词典》,商务印书馆 1988 年版,第 469 页。
⑤ Véase Alejandro Guzmán Brito, El Vocavulario Histórico Para La Idea De Constitución Política, En-Rev. estud. hist. -juríd. [online]. 2002, n. 24, pp. 267—313.

了配词只用中心词表达宪法。阿尔维尔尼亚另外增加了 ordo principatuum（长官的等级）一词表达宪法（Politia enim est ordoprincipatuum in civitate）①，但它无甚新意，不过是阿奎那的 ordinatiocivitatis 之表达的简写版。

最后，新创的表示宪法的词汇中，只有 regimen 一词得到了传承。证据是阿奎那的学生路加的托罗梅奥（Tolomeo de Lucca，约1227年—约1327年）于1298年写出了 De regimini principis（《论长官的统治》）的著作，这是对阿奎那的未完成著作《论王国》的补全。在1261年之后，维特尔博的乔万尼（Giovanni da Viterbo，13世纪）写出了 De regimine civitatis（《论城邦的统治》）的著作。1285年左右，科罗那（Egidio Romano Colonna，约1274—1316年）写出了 De regimine principis（《论长官的统治》）的著作。②巴托鲁斯（1314—1357年）也写出了 Tractatus de regimine civitatis（《论城邦的统治》）。这些著作的宪法性如何？我们不妨用巴托鲁斯的上述著作为例说明。它开宗明义地说有6种体制，前3种体制分别是民主制、贵族制、君主制，后3种体制是前3种体制的腐败版，它们分别是暴民制、寡头制和暴君制。③读者一望可知，巴托鲁斯完全是在 regimen 的名头下谈论亚里士多德在 πολιτεία 的名头下谈论的问题，如果亚里士多德的谈论是宪法性的，他的谈论也是如此。不过，以他为代表的13—14世纪法学家已习惯用 regimen 一词表达宪法了。在这个意义上，法国革命要变革的所谓"旧制度"（l'ancien régime）应该是"旧宪法"④，这是一个阿奎那式的阶级结构的概念。用西耶斯（Emmanuel Abbe Sieyes，1748—1836年）的话来讲，这种宪法反映的是贵族阶级和僧侣阶级的统治和第三等级的被统治。⑤确实，那场革命就是宪法的更换或统治阶级的更换，用亚里士多德的术语说话，旧宪法是君主制的，甚至是暴君制的，新宪法是民主制的。第三等级成为统治阶级，贵族阶级被消灭，僧侣阶级被

---

① See Roberto Busa SJ and associates, Corpus Thomisticum Index Thomisticum, On http://www.corpusthomisti-cum.org/it/index.age, 2011年3月27日访问。

② Véase Alejandro Guzmán Brito, El Vocavulario Histórico Para La Idea De Constitución Política, En *Rev. estud. hist. -juríd.* [online]. 2002, n. 24, pp. 267—313.

③ See Treatise on City Government according to Bartolus of Sassoferrato, Transtated in English by Steve Lane, On http://www.fordham.edu/halsall/source/bartolus.html, 2011年3月26日访问。

④ 参见〔法〕托克维尔：《旧制度与大革命》，冯棠译，商务印书馆1992年版。

⑤ 参见〔法〕西耶斯：《论特权·第三等级是什么》，冯棠译，商务印书馆1991年版。

剥夺政权。

或问，为何阿奎那以后的作者要弃 status 而用 regimen？或许因为前者已逐渐被人用来表示"国家"。14 世纪，佛罗伦萨历史学家乔万尼·维兰尼（Giovanni Villani，1275—1348 年）开始用 status 一词的现代形式 stato 指一种形式的王国。① 16 世纪，也是佛罗伦萨人的马基雅维里（1469—1527 年）在其《君主论》中进一步在主体的意义上使用 stato 的术语。他写道："从古至今，统治人类的一切国家（stato），一切政权，不是共和国就是君主国"。② 从此，status 被用来表示国家，作为国家要素之一的宪法当然得用其他的术语表示了。stato 与 civitas 不同，前者的公民数目没有限制，因此，公民团体的维持不靠他们间的彼此认识，而是靠他们从属于同一个地缘政治共同体的事实。Stato 对 civitas 的取代是宪法发展史上的一个重大事件，如果说亚里士多德意义上的宪法是以熟人间的关系为基础的，那么，16 世纪后的宪法就是以陌生人间的关系为基础了。

### 三、πολιτεία 的民族语言化

到目前为止我谈论的都是 πολιτεία 的拉丁化，这种谈论以拉丁语被作为西方世界的国际学术语言为基础。但到了 17 世纪后半叶，拉丁语失去了这种地位。③ 人们开始用民族语言撰写学术著作。这也正是一个 civitas（小国寡民的城邦）消亡和 stato（民族性的领土国家）兴起的时期。在这样的背景下，πολιτεία 不再在拉丁语中被以各种形式翻译，而是直接转化为各民族语言中的相应词汇。它们有法语中的基本法（Lois Fondamentales），法语、西班牙语、意大利语中的政治法（Loi politique, derecho politico, diritto politico），法语、英语和其他众多语言中的宪法（Constitution），德语中的 Verfassung 等。容分述之。

基本法。1576 年，在法国出现了基本法的表达，它并非用来指一部成文法，而是指由古代习惯、具有根本性质的王法、三级会议（états généraux）和巴黎高等法院就君主制政府的非常中心的主题宣告的原则构成的一个整体。

---

① 参见沈汉：《西方国家形态史》，甘肃人民出版社 1993 年版，第 123 页。
② 参见〔意〕马基雅维里：《君主论》，潘汉典译，商务印书馆 1985 年版，第 3 页。
③ 笛卡尔（1596—1650 年）、培根（1561—1626 年）、斯宾诺莎（1632—1677 年）、牛顿（1624—1727 年）都曾用拉丁文写作。在他们之后，似乎就无人这么做了。

其内容比较层次混杂，既包括王位继承规则，也包括长子继承制规则。① 基本法的名称的确立脱离了围绕着希腊词 πολιτεία 打造宪法词汇的欧洲传统，宣告了宪法词汇民族国家化的藁矢，但它与希腊宪法传统仍保持精神上的联系，因为亚里士多德早就表达过宪法是高于其他法律的法律的意思。② 基本法的名称张扬了亚里士多德的这一理念，同时回归了宪法理解的西塞罗式的客体主义路径，换言之，把宪法理解为对一些事情的处理而非对一些人的组织的路径，不过，把"一些事情"具体化为房子的地基与其他部分的关系。它在产生之后得到广泛运用。从立法来看，德国法学家耶律内克（Georg Jellinek，1851—1911 年）认为，自从《威斯特伐利亚和约》（1648 年）签订以来，德国的国家法中就有了基本法的概念。③ 从学说来看，费扬（Etienne Feuillant）于 1818 年出版了其《在其与政治的关系中考虑的基本法》，作者把基本法与政治法等同，是调整政府活动的法。④ 1827 年出版的伏尔泰的《哲学辞典》设有"基本法"词条，伏尔泰幽默地把播种麦子的人是想拥有面包、播种亚麻和大麻的人是想得到麻布的现象说成基本法。同时把基本法比喻成房子的基础，并强调此等法的不可修改或废除的性质。⑤ 该词最突出的运用是 1945 年波恩《基本法》（Grundgesetz）。

政治法。进入民族国家时代后，人们也使用政治法的概念，最著名的使用者是卢梭，他于 1762 年出版的《社会契约论》一书的副标题就是"政治法原理"（Principes du droit politique⑥）。另一个同样著名的使用者是孟德斯鸠（1689—1755 年），在其《论法的精神》中，他 41 次使用该词。他认为政治

---

① Véase Alejandro Guzmán Brito, El Vocavulario Histórico Para La Idea De Constitución Política, En-Rev. estud. hist. -juríd.［online］. 2002, n. 24, pp. 267—313.
② 参见〔古希腊〕亚里士多德：《政治学》，吴寿彭译，商务印书馆 1965 年版，第 129 页；第 178 页。
③ 参见〔德〕卡尔·施米特：《宪法学说》，刘锋译，世纪出版集团、上海人民出版社 2005 年版，第 55 页注释 10。
④ Voir Etienne Feuillant, Des Lois Fondamentales considérées dans leurs rapports politiques, Paris, Imprimerie de le Normant, 1818, p. 7.
⑤ Voir Voltaire, Dictionnaire Philosophique, Tome Neuvieme, Paris, Menard et Desenne, 1827, p. 202.
⑥ 对卢梭书名中的 droit politique 到底意指政治法还是政治权利，《社会契约论》的众多英译者们的认识不一，由此导致了他们对该词的不同译法。意大利学者 Giovanni Incorvati 研究了这些译法的差异后得出了"政治法"的译法正确的结论，并认为这样的政治法是确保尊重其他基本权利的法。Cfr. Giovanni Incorvati, Du contrat social, ou principes des droit politique,《让－雅克·卢梭，1762 年的〈社会契约论〉。民主"原则"》国际会议论文（2010 年 9 月 20—21 日，萨萨里）。

法有两种，一种是一般的，涉及所有社会都导源其中的人类智慧。另一种是特殊的，其调整对象是每个特殊的社会。① 后种政治法颇有 πολιτεία 的味道，但比后者狭隘得多，因为在它之旁，还有警察法等公法部门。所以，它只能是公法的特定分支，有人认为它是第二个社会契约，用来规定人们的政府形式。② 这种意义上的政治法与宪法同义，所以，1821 年的两西西里王国的根本大法，干脆被命名为政治宪法（costituzione politica）。③

政治法概念的出现标志着现代宪法理论与社会契约论的显性结合，希腊、罗马的宪法理论至少不明确其社会契约论基础。按因卢梭著名的这种理论，社会契约有两个。其一是结合契约，据此人们结束彼此孤立的状态组成共同体。其二为统治契约，即结合为团体的人民把统治权转让给统治者的契约。这个契约被理解为宪法。

从表面上看，政治法的用语也背离了围绕着希腊词 πολιτεία 打造宪法词汇的欧洲传统，实质上并非如此，因此"政治"（πολιτικα）一词与 πολιτεία 一词同根，可以认为政治法是对 πολιτεία 的繁复式现代转述。

宪法（constitution）。这个先被西塞罗用来表示混合宪法的词在他之后变成了表示皇帝敕令的术语。在优士丁尼《学说汇纂》中，使用 constitutio 一词 268 次，除了前文已提到的 4 个例外，都是这个意思。为何如此？只要把 constitutio 的动词设想成 consistere 便可得解。Constitutio 尽管是以皇帝的名义发布的，但实际上，它是皇帝的御前会议（consistorium）制作的。Consistorium 的名词来自动词 consistere，后者便是"共同安顿"、"共同建造"的动作，前者表示为这些动作的地方（在拉丁文中，orium 的后缀表示场所）。确实，御前会议主要由卸任长官或现任长官构成。④ 所有的法律、敕答和审理，在皇帝尚未为决定的情形，都由书记官（Scrinia）在财务官等长官的指导下起草方案，

---

① 参见〔法〕孟德斯鸠：《论法的精神》（上册），张雁深译，商务印书馆 1963 年版，第 173 页，译文有改动。

② Voir M. A. Macarel, Elemens de droit politique, Bruxelles, Libraririe de Jurisprudence de H. Tarlier, 1834, p. 4.

③ Cfr. Costituzione Politica del Regno delle Due Sicilie, Napoli, 1821.

④ Cfr. Giovanni Cicogna, Consilium Principis, Consistorium, Fratelli Bocca Editori, Torino, 1902, p. 265.

然后在这个会议上形成草案①，7 读通过，所得者即为 constitutio。所以，Constitutio 一词本身，还颇有群言堂、立法民主的色彩，它是由集体领导班子"共同建造"的，因此，constitution 一词以另外的方式表达了西塞罗的混合宪法的旨趣。有意思的是，这个词在现代成了最通行的表示宪法的词汇。这一实践开始于瑞士法学家瓦特尔（Emeric de Vattel，1714—1767 年），1758 年，他在其《万民法或自然法原理》一书中写下了这样的话："决定公共权力应该如何行使的根本规则，构成国家的宪法（constitution de l'Etat）"。② 此语用 constitution 一词表达了现代宪法观念，结束了用该词表示皇帝敕令的时代，把该词与城邦体制和统治阶级问题脱钩，强调这种法的控权性质，具有强烈的时代精神，所以，很快转化为其他民族语言（意大利语、西班牙语、葡萄牙语、斯堪的纳维亚诸语言等）中的相应表达。

体制法（Verfassung）。这是德语中表示宪法的词汇。它是一个不完全表达，是对 Verfassungrecht 的略写，雷勇先生把这个被略写者译为"国家组织的法律结构"。③ 所以，Verfassung 本身只有"体制"的意思，并无"法"的意思。卡尔·施米特（Carl Schimitt，1888—1985 年）说："一切事物——每个人和每件东西、每家企业和每个社团——都以某种方式处于 Verfassung 中，一切可能的事物都能具有一种 Verfassung……Verfassung 一词可将国家本身描述成一个政治统一体，或者一种特殊的、具体的国家存在类型和形式。"④ 在本文所涉知识的范围内不难理解，施米特对 Verfassung 的用法融合了其希腊—罗马文化教养。他无非说 Verfassung 有三种含义。其一是相当于 Regimen 的含义，说的是万物皆有其体制；其二是相当于 πολιτεία 的国家的含义；其三是相当于 πολιτεία 的特定类型的宪法的含义。综合这些理解，可以把 Verfassung 翻译成体制法。在用 Verfassung 表示宪法的同时，德国人差不多把 Kon-

---

① Cfr. Giovanni Cicogna, Consilium Principis, Consistorium, Fratelli Bocca Editori, Torino, 1902, p. 253.
② Voir Emeric de Vattel, Le droit des gens, ou principes de la loi naturelle, Tome I, Londres, 1758, p. 31.
③ 参见〔德〕米歇尔·施托莱斯：《德国公法史（1800—1914）——国家法学说和行政学》，雷勇译，法律出版社 2007 年版，第 393 页。
④ 参见〔德〕卡尔·施米特：《宪法学说》，刘锋译，世纪出版集团、上海人民出版社 2005 年版，第 1 页。

stitution 专用于表达体质①，而在荷兰语、挪威语、瑞典语中，这个词是用来表示宪法的。

当然，还有宪章（Charter）、国家法（Staatsrecht）等专用于表示某个宪法文件或宪法与行政法的总体的词汇，不及备述。还要说明的是，上述用语并不互相排斥，例如，法国人可能兼用基本法、政治法和宪法，德国人除了用 Verfassung，偶尔也用用 Konstitution 甚至 Constitution。

### 四、结论

综上所述可见，最早的宪法用语 πολιτεία 是基于希腊人的宪政经验确立的，它代表了一种"主体际关系"的宪法观，同时浸透了民主思想。不民主的宪法被称作宪法，与死人被称作"人"、假币被称作"币"的道理相同。往后的宪法用语一直循着希腊思想的线索演变。西塞罗把 πολιτεία 拉丁化的同时，基本上把相应的宪法观念客观化了，打造了 rei publicae status 的表示宪法的术语，由此，他把宪法理解为公共事务的处理形态，王政、寡头、民主各为形态之一。另一方面，西塞罗基于当时的医学和修辞学的成就打造了 rei publicae constitutio 的表示宪法的词汇，它保留了希腊人的"主体际关系"的宪法观并强调宪法主体的多元性以及它们间关系的对抗性，暗含矛盾是宪政的基本现实并且是宪政进步的动力的命题。如果这一说明为真，则 constitutio 的动词形式应该是 consistere 而非 constituere，consistere 是多元共振的，正是它的这种意味让西塞罗用它专门表达自己钟爱、波利比阿高度评价②的混合宪法。这并非偶然的选择，因为各宪法要素混合得好的国家与各种体液配合得好的人的状况是一样的，两者都可以 constitutio 描述。但这种用法不过是昙花一现。在西塞罗身后一千多年，constitutio 远远离开了宪法的园地，成为一个几乎专门表示皇帝敕令的名词，但它仍保持与 consistere 的关联，以及与西塞罗的混合宪法观念的关联。直到 1758 年，瓦特尔才恢复了该词的宪法含义。从此，该词几乎专用于表示宪法。当然，在医学领域，它还被用来描述人的各种体质。

---

① 参见维基百科 Konstitution 条，On http：//de. wikipedia. org/wiki/Konstitution，2011 年 3 月 29 日访问。

② See Polybius, *The Rise of the Roman Empire*, Translated by Ian Scott-Kivert, England：Penguin Books, 1979, p. 303. 谓：最好的宪法应包括王政、贵族和民主三种元素。

然而，在瓦特尔完成上述工作前，人们用其他术语表示宪法。其中有些乍看起来与宪法漠不相关，例如 ordinatio civitatis、ordo civitatis、regimen、政治法；有些一望而知是对宪法的另样说法，例如基本法、体制法、宪章、国家法。它们的创立体现了创立者对宪法的理解，例如，创立 ordinatio civitatis 和 ordo civitatis 的托马斯·阿奎那部分地回到了亚里士多德对宪法的"主体际关系"理解，不过剔除其民主色彩，把宪法理解为规定统治阶级与被统治阶级关系的。令人遗憾的是，我国的宪法史研究者少有注意到那些乍看起来与宪法漠不相关的宪法表达在宪政思想史上的存在及其意义，总把眼睛盯在 constitutio 上，事实上，该词在 1758 年之前，只偶尔地用于表示宪法，而且只表示特定类型的宪法，如果只看它而看不到其他表示宪法的词汇，意味着只能进行断续而非绵延的宪法思想史研究。如果本文能对这样的研究者的缺陷起到弥补的作用，作为作者的我就感到十分幸福了。当然，在我国已发生的宪法到底仅仅是资产阶级革命的产物还是自古就有的争鸣①中，如果本文能给自古就有论者提供一些支持，我就感到百分幸福了。尽管古代的宪法以小国寡民的城邦制为基础，以阶级宪法为特征，现代宪法以民族—领土国家为基础，以全民性为特征，但不能否认后者来自前者，两者间的连续性是明显的。

---

① 这一争鸣发生在上个世纪 80 年代，赖元晋的《关于宪法起源的探讨》[载《武汉大学学报（人文科学版）》1981 年第 2 期] 一文持自古就有说，陈守诚、崔卓兰的《宪法是资产阶级在资产阶级革命时期开始搞起来的——与赖元晋同志商榷》[载《武汉大学学报（人文科学版）》1982 年第 1 期] 持宪法资产阶级革命成果说。后来赖元晋又就陈守诚、崔卓兰的批评提出了反批评 [赖元晋：《研究宪法起源应重视历史主义原则——答陈守城、崔卓兰同志》，载《武汉大学学报（人文科学版）》1982 年第 2 期]。

# 论平民的五次撤离与消极权的产生

## 一、当代非暴力不合作运动概览

按通说,非暴力不合作运动的开创者是印度人甘地,他坚信印度人占多数的英属印度没有印度人的合作就要垮台,历史证明了他的这一判断是正确的,英国人最终屈服于印度人柔软的抵抗。美国人马丁·路德·金继承了非暴力不合作运动路线,南非人纳尔逊·曼德拉又继之。甘地利用这一运动赢得了印度的独立;马丁·路德·金利用这一运动赢得了美国黑人的民权;曼德拉利用这一运动赢得了南非种族隔离政策的破灭。

以上是三个最出名的非暴力不合作运动实例,除它们之外,近百年以来的更多的实例被记载在国际非暴力冲突中心(the International Center on Nonviolent Conflict)主席阿克曼(Peter Ackerman)与杜瓦尔(Jack DuVall)合著的《一种更强大的力量——非暴力抗争一百年》[①]一书中,它讲到了1905年的彼得格勒工人针对在位沙皇的和平请愿与罢工、甘地领导的印度独立运动、1989年以来的波兰的团结工会运动、1923年鲁尔区的矿工和铁路工人们抗击入侵的法国和比利时士兵的运动、丹麦公民于1944年夏天以抵抗和不合作方式让他们的城市陷入瘫痪状态,迫使德国占领者结束宵禁和封锁的运动;1944年萨尔瓦多的学生、医生和商人们为反对独裁者马丁内斯(Maximiliano Hernández Martínez)进行的公民罢工行动、20世纪80年代智利人和阿根廷人抵抗军人独裁政府压迫的运动、1960—1961年的马丁·路德·金领导的民权运动、1985—1986年南非的反对种族隔离政策的运动、1986年菲律宾马尼拉

---

① 由刘荻、张大军、任星辉、范冠萍译成中文,连载于《知传行学术通讯》。

的反对独裁者马科斯的运动、1987—1988 年以色列和被占领土上的运动、1989 年东欧的民主运动、1989 年蒙古的民主运动。① 其中最有意味的是 1944 年萨尔瓦多的让整个城市"死掉"的抗议独裁者马丁内斯的"垂臂罢工"（huelga de brazos caidos）运动。这个西班牙语词本来的意思是不离开工厂的罢工，与离开工厂的罢工相对②，但萨尔瓦多人赋予这个词新的含义，那就是大家什么都不做，呆在家里不上街，让政府找不到镇压对象。③ 萨尔瓦多的垂臂罢工运动开创了抵抗权运用的新形式，最终逼迫马丁内斯流亡危地马拉。其他的非暴力不合作运动可以是作为的（例如游行、罢工），也可以是不作为的（例如像甘地那样不买英国人提供的官盐），但这些活动都是上街的，1944 年萨尔瓦多抵抗运动的参加者不上街，这样就"关闭"了整个城市。

在尼泊尔倒有真正的关闭运动，它专指政党（通常是反对党）组织支持者将某城市所有交通切断，禁止政府、公司、银行、商店、酒店、学校等运行的做法。④ 一经"关闭"，街上阒无一人，如同死城。这样的"关闭"显然与萨尔瓦多的垂臂罢工运动运动具有关联，但"关闭"具有暴力因素，例如，非支持者上街的汽车可能遭到"关闭"者的打砸。所以，尼泊尔的关闭运动与非暴力不合作运动相似而已。

上述实例足以证明非暴力不合作运动在近百年以来的流行以及成功，它们证明了道义的力量高于强暴的力量的道理。

非暴力不合作运动让人在不流血的情况下完成国家—社会改变，开创了相较于暴力革命的低成本社会革新模式，故学界对此十分注意。这一运动的思想来源和历史先例成为一个重要的问题。胡长明就把伯夷、叔齐兄弟不食周粟、饿死首阳山的做法看做非暴力不合作。⑤ 这种在中国文献传统中寻找非

---

① See Peter Ackerman, Jack DuVall, *A Force More Powerful: A Century of Nonviolent Conflict*, Palgrave Macmillan, 2002.
② Véase La voce de huelga laboral, Sobre http://es.wikipedia.org/wiki/Huelga_ laboral, 2013 年 3 月 25 日访问。
③ 参见 See Peter Ackerman, Jack DuVall 著：《一种更强大的力量——非暴力抗争一百年——1944 年的萨尔瓦多：推翻军事独裁》（八），刘荻、张大军、任星辉、范冠萍译，载《知传行学术通讯》2012 年第 3 期，第 59 页及以次。
④ 参见张松：《尼泊尔"运动季节"各大城市将被无限期"关闭"》，On http://www.chinatibetnews.com/xizang/2010-04/30/content_ 455350. htm, 2013 年 3 月 24 日访问。
⑤ 参见胡长明：《说说毛泽东对商纣王的评价》，载《社会科学论坛》2010 年第 2 期，第 143 页。

暴力不合作运动先例的做法值得赞许，但胡先生对于这一运动的误解也属显然：非暴力不合作运动应是大规模的群体行为，不能是一个人两个人的行为；另外，进行非暴力不合作运动的目的是为了求生甚至更好的生，像伯夷、叔齐那样求死，就不合这种运动的宗旨了。这样旨趣的运动还是在西方历史上容易找到。但人们惯于在很短的时间链条上进行寻找，例如，阿克曼和杜瓦尔找到了1905年的彼得格勒工人的和平请愿与罢工，但更多的人仅把非暴力不合作运动的发源定在甘地身上，把甘地这样做的思想根源定位于印度教的非暴力、自制、宽容、以德报怨思想。① 这种做法无视了在甘地之前的非暴力不合作运动先例——罗马平民在共和建立后200多年的时间内进行的5次撤离运动。也许甘地在打造自己的非暴力不合作运动时没有受到或受到了罗马人经验的影响，但这两种可能都不重要，重要的是把古罗马人的类似经验钩沉出来作为全面理解非暴力不合作运动的资料，昭示从事这种运动需要的理性精神和怨道。

### 二、罗马贵族与平民的阶级关系及其冲突

#### （一）论平民

在拉丁语中，平民是Plebs，它来源于动词Plere，为"吃饱"、"填满"之意。② 从词源来看，平民是在经济上依赖于贵族、枵腹待饱的一个阶级，是一个相对于贵族的低下阶级。

关于平民的起源，有"人为设立两个阶级说"、"种族说"、"社会经济条件说"、"征服说"等诸种学说。按"人为设立两个阶级说"，第一任王罗慕鲁斯把100名元老的后代定为贵族，除此以外的人都是平民。③ "种族说"为德国学者宾得（Julius Binder）所持，认为被征服的拉丁人是平民，征服者萨宾人是贵族。法国学者皮噶尼奥尔（A. Piganiol）则认为萨宾人是平民，贵族

---

① 参见朱明忠：《甘地的非暴力主义及其影响》，载《南亚研究》2002年第2期，第38页及以次。又见王钊：《试分析甘地非暴力不合作思想的形成及其实践》，载《沧州师范专科学校学报》2008年第1期，第88页。
② Cfr. Livio, Storia di Roma, I-III, A cura di Guido Vitali, Oscar Mondadori, Bologna, 1988, p. 21.
③ 参见〔古罗马〕李维著，〔意〕斯奇巴尼选编：《自建城以来》（第一至十卷选段），王焕生译，中国政法大学出版社2009年版，第17页。

是来自阿尔巴的入侵者。① 按"社会经济条件说",贵族是富人,平民是穷人。"征服说"是著名的罗马史专家尼布尔的说法。按此说,罗马平民起源于王政时代,主要由被征服地区的移民组成,到王政后期基本形成一个特定等级。还是按尼布尔的说法,罗慕鲁斯由于提倡平等,没有平民与贵族之分,到图流斯·奥斯提流斯(Tullius Hostilius,公元前672—公元前641年)为王时,把被征服的人民移入罗马,授予平民市民权,他们构成平民。安库斯·马尔求斯(Ancus Marcius,公元前614—公元前616年)为王时,继续这一做法。② 这种说法与下面要提到的普鲁塔克的说法冲突,但为许多历史学家所持。

但平民也分为阶层(Classis)。李维说:10个保民官每个阶层选两个③,可能是按财产划分的5个阶级。我们知道,罗马的第六任王塞尔维尤斯·图流斯按财产为把罗马市民分成5个等级,财产在10万阿斯以上者被列为第一等级;在7.5万至10万阿斯之间者为第二等级;在5万至7.5万阿斯之间者为第三等级;在2.5万至5万阿斯之间者为第四等级;在1.1万至2.5万阿斯之间者为第五等级。④ 由此看来,平民中有富而不贵者,也有既贫且贱者,但他们有共同的阶级属性,也有不同的利益诉求,所以,每个阶层都需要有自己的代表。而且,身份高的平民与身份低的平民能够团结起来,更见罗马平民领袖的组织能力。

(二)论贵族

贵族的拉丁语形式是 Patricius,其词根为 Pater,含义为"父亲"、"元老"。普鲁塔克记录了对 Patricius 一词含义的3种解释:其一,元老的后代;其二,合法子女,即能说出自己父亲名字的人。在罗马建城初期,汹涌的移民中能说出自己父亲名字的人不多;其三,由庇护(Patronage)一词演变而来,曾有一个叫做巴特农(Patron)的人保护并捍卫穷苦人,他死后,其名字成了护贫行为的类称。但普鲁塔克自己相信第三说,认为贵族是像父亲一样

---

① 参见胡玉娟:《罗马平民问题的由来及研究状况》,载《史学月刊》2002年第3期。
② 参见胡玉娟:《平民起源问题初探》,载《世界历史》2001年第1期。
③ 参见〔古罗马〕李维著,〔意〕斯奇巴尼选编:《自建城以来》(第一至十卷选段),王焕生译,中国政法大学出版社2009年版,第111页。
④ Cfr. Storia del diritto romano, Edizione Simone, Napoli, 1993, pp. 58—59.

保护低贱者的重要和有影响公民。① 事实上，这种说法也可与关于平民起源的征服说兼容。被强制移民到罗马的被征服者当然是贫贱者，需要贵族的保护。

但贵族的保护是一种应然的状态，实然的状态是贵族的凌迫。共和初期，一方面，贵族垄断了政治和经济权力，并歧视平民。从政治上看，所有的官职只能由贵族担任。从经济上看，罗马的公地（Ager publicus）是共同体的财产，但贵族可以任意占有公地，平民不享有占有公地的权利。② 另外，平民与贵族不得通婚。按贵族的侮辱性说法，"如果贵族与平民通婚，所生的子女就会是 Ipsa discors，这是一种混杂的具有双重性格的怪物，一半是英雄或贵族的；另一半是野蛮的平民的"。③ 另一方面，平民要承担各种义务，例如纳税、服兵役，平民经营工商业为国家提供了大量税收，并自备武器当兵，成为罗马军队的不可替代的核心。④

贵族对平民的凌迫必定引起后者的反抗，由此爆发了持续两个世纪的平民与贵族的斗争。斗争目标包括两个方面：（1）实现法律上的平等，消除平民参与国家政治和社会生活的障碍，尤其是担任国家公职的障碍和与贵族通婚的障碍；（2）取消贵族的经济特权，允许平民参加对公地的分配，并废除债务奴隶制。⑤

这些要求通过平民的 5 次撤离最终得到了满足。自公元前 6 世纪以来，平民的人数已超过贵族。⑥ 这种人口优势使平民在斗争中居于有利地位，有可能采用非暴力不合作的手段。

（三）贵族利用高利贷对平民压迫的实例

如前所述，废除债务奴隶制是平民斗争的目标之一，此乃因为贵族作为先来者具有资源优势，他们利用高利贷盘剥平民，李维的《罗马史》留下了不少血迹斑斑的实例，兹举两例。

---

① 参见〔古罗马〕普鲁塔克著：《希腊罗马名人传·罗慕洛传》（上册），黄宏熙主编，商务印书馆 1990 年版，第 53 页。
② 参见〔德〕缪勒利尔《家族论》，王礼锡、胡冬野译，商务印书馆 1935 年版，第 247—249 页。
③ 参见〔意〕维科：《新科学》，朱光潜译，人民文学出版社 1986 年版，第 282 页。
④ 参见沈汉：《西方国家形态史》，甘肃人民出版社 1993 年版，第 18 页。
⑤ Cfr. Livio, Storia di Roma, I-III, A cura di Guido Vitali, Oscar Mondadori, Bologna, 1988, pp. 97ss.
⑥ Cfr. Salvatore Tondo, Profilo di storia costituzionale romana, prima parte, Giuffrè, Milano, 1981, pp. 64—65.

实例一。公元前387年许的一天,一个因为军功很受尊敬的百人队长由于负债被拖过道路,吸引了一大群人去看,挤满了集议场,他的手被铁链捆住。他高声叫嚷反对贵族的专横和高利贷的残酷,以及人民的悲惨生活和他遭受的耻辱。他喊道:"如果我应该看到一个我的罗马市民战友沦为奴隶,被拖进监狱,仿佛高卢人成了胜利者,我曾经用这双手拯救了卡皮托尔山也没有用吗?"此时,当着全体人民的面,他的解放者,罗马人民之父马尔库斯·曼流斯对债权人偿付了这位曾恳求神和人酬劳他的百人队长负欠的全部债务,并解脱了其镣铐。①

实例二。公元前326年,一个叫普布利乌斯的少年因父亲欠债沦为帕皮利乌斯的债奴。尽管普布利乌斯的年龄和长相只能引起人们的怜悯,但是它们却使帕皮利乌斯欲火中烧,干出了伤风败俗的勾当。他认为普布利乌斯的年龄和姿色可以补偿他的贷款利息,于是先用猥亵的言语勾引这个少年,然后开始威胁恐吓他,并不断提醒他所处的地位。最后,当他看到这个少年向往自由更甚于满足他眼下的处境时,便下令剥光少年的衣服,用鞭子死命地抽打一顿,然后抛到了大街上。备受摧残的少年向人们诉说高利贷者的淫欲和残忍,群众愤怒了,一部分出于对少年的怜悯,一部分是联想到了他们自己和他们的孩子的处境。人们冲进集议场,又从集议场上成群结队地涌向库里亚会场。突如其来的骚乱迫使执政官召开元老院会议。当元老们来到库里亚会场时,人们跪倒在每一个元老面前,把少年那鲜血淋漓的背脊亮给他们看。就在这一天,债务奴役的锁链由于一个人的肆虐而被打碎了。执政官受命向人民宣布,除了尚未受到惩罚的真正的罪犯外,对任何人都不得以枷锁禁闭。所欠债务应以债务人的财产而不是以其人身作抵偿。就这样,遭受债务奴役的人被释放了,并且禁止今后再搞债务奴役。②

上述实例尽管以皆大欢喜结局,仍反映了贵族债务盘剥的残酷性,它们都发生在下文将论及的5次撤离运动中的前3次撤离运动之后,可以想象,在第一次撤离运动前的债务关系更加残酷。

---

① Cfr. Livio, Storia di Roma, IV-VI, A cura di Guido Vitali, Oscar Mondadori, Bologna, 1988, pp. 355ss.
② 参见巫宝三主编:《古代希腊、罗马经济思想资料选辑》,商务印书馆1990年版,第257页及以次。

### 三、罗马平民的五次撤离

(一) 第一次撤离

发生公元前494年12月16日。其背景是这样的：公元前495年，战争危急，国家征兵，那些有当兵义务的人不肯应征入伍。执政官普布流斯·塞尔维流斯乃暂停债务监禁的施行，下令释放因债务入狱的人，又禁止再行逮捕。于是农人纷纷入伍，助战获胜。他们努力造成和平，自战场归来以后，和平却又把他们带回牢狱和枷锁。第二执政官阿庇尤斯·克劳丢斯严峻无情地执行债务监禁，造成人民的痛苦。①

次年战争又起，新执政官奥鲁斯·维尔吉纽斯（Aulus Virginius）和提图斯·维都修斯（Titus Vetusius）再次征兵，平民拒绝。曼纽斯·瓦雷流斯（Manius Valerius）被选举为独裁官，平民服从之，一因为敬畏独裁官，二因为人们相信瓦雷流斯有同情心。平民助战获胜。战争归来后，独裁官把变法建议提交给元老院，元老院顽强反抗，使他的建议受挫。②

于是，部分平民在埃斯奎流斯山上，部分平民在阿文丁山上开黑会，谋划对抗执政官的不确定措施。③ 当时有杀死执政官之议。④ 最后，暴力反抗论被排除，平民的抵抗采用了撤离的和平的方式。武装的平民撤离到了圣山（离罗马城5公里），威胁要在那里建立新城。其领导人为盖尤斯·西奇纽斯·贝鲁图斯（Gaius Sicinius Belutus），他后来成为第一任保民官之一。⑤ 平民在圣山建筑了营地，安静地在那里呆了十几天。罗马城里的人惊慌起来：罗马失去了军事力量的大部分，在城市里，每个活动都停止了，成了一个平民与贵族彼此畏惧的国家：平民害怕贵族把他们的愤怒发泄到城内的平民身上，贵族担心留在城市的平民也到圣山上加入他们同伴的队伍。⑥ 贵族们害怕

---

① 参见〔德〕特奥多尔·蒙森：《罗马史》（第2卷），李稼年译，商务印书馆2005年版，第25页。
② 同上。
③ Cfr. Livio, Storia di Roma, I-III, A cura di Guido Vitali, Oscar Mondadori, Bologna, 1988, p. 263.
④ 参见〔古罗马〕李维著，〔意〕斯奇巴尼选编：《自建城以来》（第一至十卷选段），王焕生译，中国政法大学出版社2009年版，第85页。
⑤ Cfr. Catalano y Lobrano, 2500 Aniversario de la Secesion de la Plebe en el Monte Sacro, Apuntes, Morelia, Agosto de 2006, pag. 2.
⑥ 参见〔古罗马〕李维著，〔意〕斯奇巴尼选编：《自建城以来》（第一至十卷选段），王焕生译，中国政法大学出版社2009年版，第85页。

平民建立起一个独立的国家,于是进行谈判,元老院做出让步,接受平民的请愿:停止适用债务的监禁,加强提升农民命运的殖民地的基础,赦免被军事誓约约束的市民,还允许平民选出自己的官吏保民官,承认他们的人身不可侵犯。① 平民们在次年才回到罗马。公元前493年,通过贵族与平民的《神圣约法》(Lege sacratae),设立了神圣不可侵犯的保民官,他们有权否决包括执政官在内的任何官吏的行为,如果有必要,他们可以停止任何法律的实施。② 由此也开辟了罗马法的反高利贷传统。在当时的罗马,高利贷问题的确是一个政治问题和宪法问题。当今,12月16日也成了一个纪念日,至今罗马市政府每年开会纪念之。我参加过两次。最近一次参加是2010年12月16日。当日罗马下雪,感叹在气候更寒冷的2504年前的今日,平民抛开温暖的家到一个什么都没有的荒地住十几天的果决和不易。

第一次撤离的和平解决导致了协和神殿之建立于集议场,成为罗马重要的公共建筑,元老院经常在此庙中开会。

(二)第二次撤离

发生在公元前448年,其目的是终结第二十人委员会的紧急状态,恢复保民官职权和向人民的申诉权

我们知道,公元前451年,在平民的压力下,罗马共和国成立了十人委员会起草成文法。是年,罗马进入非常状态,形成十人独裁,对他们的决定不得上诉,取消了保民官。阿庇尤斯·克劳丢斯(Appius Claudius)担任委员会的主席。委员会在一年内制定了《十二表法》,完成了习惯法的成文化。为了补充,还要增加两表,罗马共和国于公元前450年设立了第二十人委员会。阿庇尤斯·克劳丢斯仍然是这个委员会的首领。

其时,他爱恋着一个漂亮的平民姑娘维吉尼娅(Virginia),其父亲路求斯·维尔吉钮斯(Lucius Virginius)在Algidus山③上指挥着一个百人团。维吉尼娅已许配给前保民官路求斯·伊其流斯(Lucius Icilius)。阿庇尤斯·克劳丢斯曾尝试引诱维吉尼娅,但遭拒绝。于是他派自己的门客马尔库斯·克劳丢斯(Marcus Claudius)诬陷维吉尼娅是阿庇尤斯·克劳丢斯的奴隶的女

---

① 参见〔俄〕科瓦略夫:《古代罗马史》,王以铸译,上海书店出版社2007年版,第85页。
② 参见〔美〕J. E. 斯温:《世界文化史》,沈炼之译,开明书店1947年版,第138页及以次。
③ 位于罗马东南方向约20公里。

儿，后被盗走进了维尔吉钮斯的家。维吉尼娅的辩护人说，女孩的父亲两天后就回罗马，应等待他回来后再审判。在此前，应给予维吉尼娅临时的自由。但阿庇尤斯·克劳丢斯争辩道，维吉尼娅处在家父权下，不能给予临时的自由，应处在主人的占有下，只要声称的父亲回来时能让她出庭就行了。法官按这一意见作出了判决。维吉尼娅的未婚夫提出了抗议。听说了这事的维吉尼娅的父亲立刻飞奔回罗马，找到了自己的女儿，哭道：孩子，能使你自由的路只有这条了，说完将短剑刺入自己的爱女的胸膛。①

  这件事很快传遍罗马，不但留在罗马的平民而且在战场上的平民都一起蜂起，抗议阿庇尤斯·克劳丢斯的专横。平民全体撤出了罗马城，占领了阿文丁山，选举了保民官。② 元老院派来代表谈判，平民提出的要求是："首先，他们要求恢复保民官权力和申诉权；其次，不得伤害召唤军队和平民通过撤离争取自由的人"。③ 在得知平民的要求后，元老院委托路求斯·瓦雷流斯（Lucius Valerius）和马尔库斯·奥拉求斯（Marcus Horatius）作出答复。平民方面，在维尔吉钮斯的建议下，在占领阿文丁山的平民中选举出了 10 个军事保民官，另外，在萨宾那地方的军队得知这一消息后，也选举了 10 个军事保民官。这样，总共有 20 个军事保民官。他们又选举马尔库斯·奥比尤斯（Marcus Oppius）和塞斯图斯·曼流斯（Sestus Manlius）为最高司令官。④ 但十人委员会仍拒绝在完成立法任务前辞职。得到这一消息的平民遂从阿文丁山移到圣山，因为阿文丁山离罗马城很近，圣山离罗马城较远，撤离到圣山，是为了表明平民抛弃罗马城的决心（非经恢复保民官的权力，不会回复协和），动摇元老院的抗拒心。他们沿着罗门塔纳路（当时叫 Ficulense 路）行进到圣山扎营，学习其前辈的克制，秋毫无犯（尽管这么多人需要吃喝和其他生活资料）。所有走得动的平民都跟随，他们的妻子子女亦如是，边走边抱怨他们离开的这个城市既不能保障人的自由，也不能保障人的贞操。此等撤离的结果是罗马空城，集议场上除了几个老者，空空如也。元老院感到极大

---

① Cfr. Livio, Storia di Roma, I-III, A cura di Guido Vitali, Oscar Mondadori, Bologna, 1988, p. 483.
② Ibid., p. 487.
③ 参见〔古罗马〕李维著，〔意〕斯奇巴尼选编：《自建城以来》（第一至十卷选段），王焕生译，中国政法大学出版社 2009 年版，第 123 页。
④ Cfr. Livio, Storia di Roma, I-III, A cura di Guido Vitali, Oscar Mondadori, Bologna, 1988, p. 489.

的压力。十人委员会不得不宣布自己从属于元老院的权力。这样，路求斯·瓦雷流斯和马尔库斯·奥拉求斯到平民的营地谈判，他们的职责之一是召回平民，之二是保障十人委员会的生命安全（平民威胁要烧死他们）。经元老院商议，决定十人委员会尽快解职，由大祭司昆图斯·福流斯（Quintus Furius）选任保民官，免予追究任何撤离行为的责任。平民回罗马后，在阿文丁山上召开的民会上任命了10名保民官。平民赢得了胜利。路求斯·瓦雷流斯和马尔库斯·奥拉求斯被选为执政官，颁布了《关于保民官权力的瓦雷流斯与奥拉求斯法》（Lex Valeria Horatia de tribunicia potestate），该法除了确认保民官的权力外，还禁止设立不受申诉权限制的长官，违者人人可得而诛之并不受惩罚。①"不受申诉权限制的长官"显然说的就是十人委员会。

（三）第三次撤离

发生在公元前445年。是年，保民官盖尤斯·卡努雷尤斯（Gaius Canuleius）提议允许贵族与平民通婚，同时允许从平民中产生执政官，遭到贵族的反对。保民官的应对是在大敌当前的情况下反对征兵，而执政官在保民官行使否决权的情况下不能通过元老院做任何事情，只好在私家开会。盖尤斯·克劳丢斯（Gaius Claudius）主张武装执政官对抗保民官，但昆克求斯·辛辛那图斯（Quinctius Cincinnatus）和昆克求斯·卡皮托利努斯（Quinctius Capitolinus）都反对流血，并反对违反保民官神圣不可侵犯的誓言，折中的结果是允许设立军事保民官，他们既可从贵族，也可从平民选出，但选出的3个此等保民官都是贵族。② 同时，允许平民与贵族通婚。这些成果体现在《关于贵族与平民结婚的卡努勒尤斯法》（Lex Canuleia de Conubio Patrum et Plebis）中。③

李维的《罗马史》未提到此法的颁布是平民撤离的成果，但普布流斯·安纽斯·弗洛鲁斯（Publius Annius Florus，公元2世纪）的《李维〈历史〉700年战争提要两卷本》（Epitome de T. Livio Bellorum omnium annorum DCC

---

① 参见〔意〕德·马尔蒂诺：《罗马政制史》（第一卷），薛军译，北京大学出版社2009年版，第232页。
② See Livy, The History of Rome, II, Books III, and VI, Translated into English by B. O. Foster, Harvard University Press, William Heinemann Ltd., 1922, p. 277.
③ 参见〔古罗马〕李维著，〔意〕斯奇巴尼选编：《自建城以来》（第一至十卷选段），王焕生译，中国政法大学出版社2009年版，第137页。

Libri duo）中提到了这次撤离。说平民在卡努勒尤斯的带领下撤到了雅尼库鲁斯（Ianiculus）山。① 此山在罗马西部，为当代罗马城第二高的山（第一高的是马里奥山），又称梵蒂冈山，在安库斯·马尔求斯王时期并入罗马。该山为了不被敌人占领，用墙圈围，并用桥把它与罗马城连接起来，但它不构成罗马的七山之一。② 此次撤离的方式（是全民撤离还是军队撤离？）不详。

（四）第四次撤离

发生在公元前342年。时值罗马人刚战胜萨漠尼安人，战后，Suessula人和加普亚人要求罗马人派军驻屯保护他们。元老院授权马尔库斯·瓦雷流斯（Marcus Valerius）组织一支驻屯军，瓦雷流斯召来的雇佣军大多是穷人和无家可归受债务压迫的人。加普亚（Capua）的富裕和堕落生活方式很快腐蚀了罗马军队的道德和爱国精神，他们图谋当加普亚的主人。当选的执政官盖尤斯·马尔求斯·鲁提鲁斯（Gaius Marcius Rutilus）发现了这一阴谋，他把拟叛乱部队调到夏营后开始清理兵变分子，有些被他复员，有些被他调离，其他的成员都被他扣在罗马。他们感到自己的密谋被发现了，于是他们逃离大部队，释放所有正在田野工作的人和奴隶监狱中的人，尽力武装他们，向罗马进军。共有2万人。③

平民的阴谋者抓住了盖尤斯·曼流斯（Gaius Manlius，公元前379年的军事保民官）作为自己的领袖。他们开到城外4英里的地方扎下营地。他们与由马尔库斯·瓦雷流斯·科尔乌斯（Marcus Valerius Corvus，专门为这次兵变任命的独裁官）统帅的来镇压的军队开到战场，两军互相致意，士兵们混在一起，开始流泪握手、拥抱。④ 叛军们好像在亲戚朋友中一样，带着呻吟和涕泣承认他们错了，但他们说所有一切事情发生的原因是他们在罗马所欠的债务。独裁官了解到这一点后，不敢承担流血内战的责任，他劝元老院免除这些人的债务。他夸大战争的困难，不相信自己能战胜这样一支破釜沉舟的军队。而且他担心自己军队的忠诚，他们与叛军是亲戚朋友不说，他们自己也

---

① Cfr. Publius Annius Florus, Epitome de T. Livio Bellorum omnium annorum DCC Libri duo, Su https://www.thelatinlibrary.com/florus1.html#17, 2013年3月21日访问。
② See the Entry of Janiculum, On http://en.wikipedia.org/wiki/Janiculum, 2013年3月21日访问。
③ 参见〔古罗马〕阿庇安：《罗马史》（上册），谢德风译，商务印书馆1979年版，第37页。
④ See Livy, The History of Rome, III, Books V, VI and VII, Translated into English by B. O. Foster, Harvard University Press, William Heinemann Ltd., 1924, p. 513.

受沉重的债务压迫。他说，如果他战败，危险会大大地增加；如果他战胜，这个胜利本身对于国家就是最可悲的，因为它是公民自相残杀的结果。元老院被他的论据感动，下令取消全体罗马人的债务，同时赦免了叛军的罪过。叛军于是放下武器，回到了罗马。①

独裁官马尔库斯·瓦雷流斯·科尔乌斯和元老院的上述行为可以从西塞罗在其《论法律》中的如下论述得解："……对待人民的方式，其中第一位的、最重要的是不得使用暴力。要知道，没有什么比在一个有秩序的、法制完备的国家采用暴力实现某件事情对国家更有害，更有悖于法制，更缺乏公民性和人道性了。法律要求服从否决，这是最好的行动方式，因为宁可好事遇阻碍，也不要对坏事让步。"② 看来，独裁官和元老院都受制于对内非暴力原则，把兵变看做对债务法在内的一些政策的否决，逆来顺受之。

这次撤离的成果是，保民官路求斯·格努求斯（Lucius Genucius）向平民提议立法禁止放债，违者以公犯论，受破廉耻的宣告，这些构成《关于放债的格努求斯法》（Lex Genucia de feneratione）的内容；另一些平民会决议禁止有人在10年内担任同一官职；禁止一人在同一年内担任两种官职；可以选举两个平民出身的执政官。③ 这样的规定可能是为了防止贵族垄断官职，因为平民缺乏政治经验，硬碰硬选不过贵族。对于这样的结果，李维评论说，如果这些都是对平民的让步，那么，兵变的力量可不小。④

（五）第五次撤离

发生在公元前287年，时值马尔库斯·克劳丢斯·马尔切鲁斯（Marcus Claudius Marcellus）和盖尤斯·瑙求斯·鲁提鲁斯（Gaius Nautius Rutilus）担任执政官。撤离的原因可能是没收的萨宾人的土地不分配给平民，只分给贵族，因为公元前290年，罗马人战胜萨宾人，没收了他们的大片土地；也可能是终战后回到农村的低下阶级成员无法偿付债务。不满的平民撤离到了阿文丁山。为了解决问题，罗马共和国任命昆图斯·沃尔滕修斯（Quintus

---

① 参见〔古罗马〕阿庇安：《罗马史》（上册），谢德风译，商务印书馆1979年版，第38页。
② 参见〔古罗马〕西塞罗：《论共和国》，王焕生译，中国政法大学出版社1997年版，第190页。
③ 参见〔古罗马〕李维著，〔意〕斯奇巴尼选编：《自建城以来》（第一至十卷选段），王焕生译，中国政法大学出版社2009年版，第305页。
④ See Livy, The History of Rome, III, Books V, VI and VII, Translated into English by B. O. Foster, Harvard University Press, William Heinemann Ltd., 1924, p. 513.

Hortensius）为独裁官。他如何解决危机的具体过程不清楚，但其活动的结果是清楚的：颁布了《关于平民会决议的沃尔滕修斯法》（Lex Hortensia de plebiscitiis），承认平民会决议具有约束所有的罗马市民的法律的效力①，它标志着贵族与平民间二百余年斗争的结束以及他们间平等的最终实现。惜乎此次撤离的方式不详。

**四、结论**

综上所述，平民撤离的经济原因有高利贷压迫和公地分配不公，政治原因有设立平民自己的长官、对他们开放既有的公职、开放通婚。五次撤离中的第一次、第四次和第五次关乎前者，占多数，只有和第二次和第三次撤离的目关乎后者，占少数，由此可以说，平民与贵族的斗争以经济斗争为主，以政治斗争为辅。

第一次撤离是武装撤离；第二次撤离是武装撤离带动的全民撤离，造成了空城的效果，这其间包含罢工、罢市的因素，有点像萨尔瓦多的"垂臂罢工"和尼泊尔的"关闭"；第四次撤离也是武装撤离，与第一次撤离不同的是它带有兵变和密谋的因素。第三次和第五次撤离的方式不详。

第一次、第二次、第三次撤离都是撤到山上，显然撤离者具有防卫的考虑，尤其是第三次撤离到达的雅尼库鲁斯山有工事。当然，撤到山上还有昭示分裂的意思，因为罗马作为七丘之城，以前的每个丘都曾代表一个族群的驻地。

五次平民撤离的共同特点是非暴力不合作。就非暴力而言，在平民方面，第一次撤离前就有人提出过刺杀执政官的主张，但终被放弃。在贵族方面，除了第三次撤离时盖尤斯·克劳丢斯提出镇压；第四次撤离时元老院决定镇压而放弃之，没有人提出对抗性的主张，而是尽量妥协。就不合作而言，表现为平民拒绝履行军人誓言服从贵族执政官的指挥、罢工、罢市等行为。此外还有游行示威的抗议行为。② 五次撤离都没有流一滴血，平民们也无流血的

---

① Cfr. La voce di Secessio plebis, Su http：//it.wikipedia.org/wiki/Secessio_plebis, 2013年3月21日访问。

② 第二次撤离运动中平民从阿文丁山移往圣山的5公里行走，难道不可以看做一场政治示威么？而且他们还边走边喊了"保卫自由"、"保卫贞操"的口号呢！

打算（第四次撤离例外），面对这样的对手，罗马贵族选择了谈判和妥协，这样，撤离造成了协和的结果。在贵族与平民的"拔河"中，双方都是理性的，有同胞之情的，因而最后都维持了团结，避免了分裂。具有讽刺意味的是，美国南方蓄奴州脱离联邦的行动也用 Secession（撤离）这个字描述，但南北两方最后以血战原野告终，这样的结果反衬出罗马平民和贵族双方的政治智慧。这样的非暴力不合作运动以及与之对应的理性和同胞之情，构成罗马强大的原因。一些希腊人震撼于罗马的快速崛起，勉力研究罗马强盛的原因，主要把它归结在共和罗马采用的混合宪法上[①]，殊不知还有更重要的原因，那就是非暴力不合作抗争方法的使用，它造成了斗而不破、整合社会分裂，进而实现阶级分权的效果。非暴力不合作抗争方法的成功运作一取决于运用者的强大组织能力，如果平民一盘散沙，各行其是，这种方法也运用不起来。我们看到，尽管罗马平民内部财产差别巨大，由此导致利益诉求的差异巨大，但他们总能完成自我组织，所以，应该说第一次撤离的组织者盖尤斯·西奇纽斯·贝鲁图斯具有超凡的组织能力。非暴力不合作抗争方法的成功运作二取决于被抗争者的正义感，他们应能超越自己的阶级利益看到国家整体利益，从而看到对方诉求中的合理性并屈从之。如果他们一味地崇拜武力、嗜杀成性，即使抗争者组织得再好，其抗争也不会有用。所以，甘地把各种派别的印度人（印度教徒、锡克教徒、穆斯林、耆那教徒、基督教徒等等）组织成一个整体向英国人施压诚然不凡，英国人最终在武力可用的情况下弃而不用，向更加强大的力量——正义——低头，也非常不俗。如果甘地面对的是日本人，其结果可能是大屠杀！所以，非暴力不合作运动实际上是文明者之间的博弈。

五次平民撤离都有明确的诉求，因此，每次都带来积极的法律成果。第一次撤离带来的是《神圣约法》，据此设立了保民官；第二次撤离带来了《关于保民官权力的瓦雷流斯与奥拉求斯法》；第三次撤离带来了《关于贵族与平民结婚的卡努勒尤斯法》；第四次撤离带来了《关于放债的格努求斯法》；第五次撤离带来了《关于平民会决议的沃尔滕修斯法》。可以说，撤离

---

[①] See Polybius, *The Rise of the Roman Empire*, Translated by Ian Scott-Kivert, England: Penguin Books, 1979, p. 303. 谓：最好的宪法应包括王政、贵族和民主三种元素。

运动就是法律战，其最终的结果也表现为法律。这些法律多数是宪法性的，例如《神圣约法》、《关于保民官权力的瓦雷流斯与奥拉求斯法》、《关于平民会决议的沃尔滕修斯法》等，它们的颁布改变了罗马的宪法结构：设立了新的行使消极权力①的职官、使一部分市民制定的法律对全体市民有效，等等。而这样的改变是有利于罗马国家的团结和强大的。

20 世纪以来，非暴力不合作运动相较于武装斗争已成为越来越重要的社会分裂克服方式，在这种背景下，人类一方面需要和平理性的抗争者，另一方面需要理性、有同胞之情、自我克制的被抗争者，如此才能在低成本的条件下实现社会的转型与进步。要说明的是，共和罗马成功完成了这样的转型，在第一次撤离前，它是一个阶级分裂、对立的国家，在第五次撤离即最后一次撤离后，它成为一个团结的国家，贵族与平民的阶级对立趋于消失，基本实现了阶级平等。平民的精英上升，先是与贵族中的精英混合成贵族派（Optimates）。相应地，贵族中的落魄者下降，与平民中的落魄者混合形成民众派（Populares）。进而，贵族与平民中的成功者形成高尚者（Honestiores）阶级，与两个古老阶级中的失败者构成的卑贱者（Humiliores）阶级形成对立。② 新的贵族不再使用 Patricius 的名称，而采用 Nobilitas 的名号。③ 在新形成的民众派中可能包括贵族，例如出身贵族的恺撒就是民众派的领袖之一。这样，原来的两个阶级就被捏碎了，作为原料糅合，形成新阶级。此等新阶级之间也有矛盾，例如贵族派和民众派之间就是如此，但它们间的斗争再未激化到贵族与平民斗争那样的程度。

顺便指出，对于罗马平民的撤离运动，还可以做很多其他的法律解读。例如，意大利学者朱塞佩·格罗索认为，撤离即罢工，尽管两者有所不同，但其瘫痪一个社会的功能相同。④ 显然，格罗索对于平民撤离的关注不限于其军队撤离的方面，而关注其全民撤离的方面。意大利学者皮兰杰罗·卡塔兰

---

① 参见〔意〕皮兰杰罗·卡塔兰诺：《一个被遗忘的概念：消极权力》，徐涤宇译，载徐国栋主编：《罗马法与现代民法》（第 3 卷），中国法制出版社 2002 年版，第 230 页及以次。

② Véase Ramon Teja, Honestiores y Humiliores en el bajo imperio: Hacia la cinfiguracion en clases sociales de una division juridica, En Memorias de Historia Antigua, 1977, I, pag. 115.

③ 参见徐国栋：《罗马法与现代意识形态》，北京大学出版社 2008 年版，第 91 页。

④ Cfr. Giuseppe Grosso, Il diritto di sciopero e l'intercessio dei tribune della plebe, In Rivista Italiana per le scienze giuridiche, Giuffrè, Milano, 1953, p. 6.

诺认为，撤离是以流亡的方式行使抵抗权。因为按社会契约论的观点，统治的合法性来源于被统治者的同意，如果失去了此等同意，被统治者可以选择流亡（Exilium）。撤离是流亡的集体形式，表达了被统治者对统治者的抵抗。[1] 这种解读显得勉强，因为流亡者并不指望流亡的制造者回心转意，往往一去不回，而罗马平民进行撤离仅为施压，"去"的目的是为了回来，尽管能否回来并不确定。所以，还是不把平民的撤离解释成流亡为好。

---

[1] Cfr. Pierangelo Catalano, Tribunato e resistenza, Paravia, Torino, 1971, pp. 19ss.

# 罗马共和混合宪法诸元论

对罗马混合宪法的理论解析包括三部分。其一，机关混合宪法论，讲共和罗马主要宪法机关承担的角色及其相互制衡；其二，功能混合宪法论，讲共和罗马宪法中包括的积极权力和消极权力及其行使者；其三，状态混合宪法论。以下分述。

## 上篇：机关混合宪法论

机关混合宪法是把不同的宪法角色赋予不同的宪法机关的制度安排。

### 一、波利比阿对罗马共和宪法混合性的描述

柏拉图和亚里士多德在自己的著作中都涉及混合宪法[①]，但更专业的混合宪法论者是波利比阿（约公元前204—公元前122年）。他的《历史》一书叙述了公元前220—公元前146年间地中海世界的历史，叙述了罗马霸权在地中海世界崛起的过程。该书着力探求罗马勃兴并迅速征服邻近诸国的原因，十分推崇罗马的政治制度。波利比阿把罗马共和国的兴起归结于其优越的君主、寡头和民主的混合政体。所谓君主指一人乾纲独断，在罗马共和国中有执政官作为体现，他们在一些日常事物的处理上可以独断专行。寡头指少数精英对大众的统治，在罗马共和国中有元老院作为体现。民主指大多数人按少数

---

[①] 关于柏拉图的混合宪法理论，参见〔古希腊〕柏拉图：《政治家篇》，载王晓朝译：《柏拉图全集》（第3卷），人民出版社2003年版，第141页。关于亚里士多德的混合宪法理论，参见〔古希腊〕亚里士多德：《政治学》，吴寿彭译，商务印书馆1965年版，第66页。两位大师的混合宪法指一些宪政母基的混合，例如君主制因素与民主制因素的混合。

服从多数进行决策，在罗马共和国中有公民大会作为体现。①

## 二、西塞罗对罗马共和宪法混合性的描述

很可能是受波利比阿的影响，西塞罗（公元前106年—公元前43年）在其《论共和国》中说："最好是一个国家既包含某种可以说是卓越的、王政制的因素，同时把一些事情分出托付给杰出的人们的权威，把一些事情留给民众协商，按他们的意愿决定。"②

关于王政的好，西塞罗说，单个人的统治是最好的统治，只要这些掌权人是公正的。③ 国王的称号有如父亲，他像关心自己的孩子一样关心自己的国民。④ 然而，尽管波斯人居鲁士是一个非常公正、明智的皇帝，但我认为这样的宪法仍不值得追求，因为它仅由一个人的意志和权力管理。⑤ 所以，王政尽管最优越，但混合制比它更好⑥，因为国家很容易因为一个人的过失而陷入严重危机。人民不能享受自由。⑦

关于贵族制的好，西塞罗说：因为美德只存在于少数人身上，并且只有少数人能够认识和评鉴它，因此只有殷实富裕的人，甚至只有出身于名门望族的人才是最优秀的。⑧ 对于贵族制的不好，西塞罗说：甚至一个完全处于派别集团权力之下的体制也根本不能称之有宪法。雅典在伯罗奔尼撒战争后，由30人委员会非法统治，哪还有什么雅典人民的宪法可言？⑨

关于民主制，西塞罗没有正面讲过民主的好话，只从保留个人自由的角度讲过保留一定的民主的必要。关于民主的不好，他讲得挺多，其辞曰：尽管雅典一切事情均由人民讨论和决定，但由于他们没有一定的地位等级，他

---

① 参见晏绍祥：《波利比阿论古典罗马共和国政治》，载《古代文明》2009年第3期，第32页。
② 参见〔古罗马〕西塞罗：《论共和国》，王焕生译，世纪出版集团、上海人民出版社2006年版，第118页。
③ 参见〔古罗马〕西塞罗：《论法律·论共和国》，王焕生译，中国政法大学出版社1997年版，第54页。
④ 同上书，第49页。
⑤ 同上书，第42页，译文有改动。
⑥ 同上书，第60页。
⑦ 同上书，第84页。
⑧ 同上书，第47页。
⑨ 同上书，第127页，译文有改动。

们的城邦没有保持住自己的荣耀。① 在罗马，塔克文被逐后，人民因自由过度而陷入惊人的疯狂，当时许多无辜的人遭放逐，许多人的财产被劫夺。② 过分的自由，无论对于人民来说，或是对于个人来说，都会转变成过分的奴隶状态。③ 一言以蔽之，他认为三种政体形式中，最糟糕的是民主制。④

西塞罗的上述混合宪法理论是对罗马共和宪政实践的总结。下面让我们看一看这种实践。

### 三、执政官的权力及其制衡

执政官制度是共和中的王政。西塞罗说，在塔克文被逐后，罗马人民对国王这一名称心怀强烈的憎恨⑤，遂设执政官取王政之利而去其弊。首批执政官之一瓦雷流斯（P. Valerius Putitus，死于公元前503年，别名普布利科拉）因应这种形势，把带斧头的法西斯去掉了斧头。⑥ 作为罗马的最高行政长官，执政官由百人团会议选举，相当于现在的全民直选的总统（只是妇女和老人未投票）。享有谕令权。谕令权是长官发号施令的权力。大长官享有此权。谕令权分为民事的和军事的，有如下列：（1）发号施令权；（2）强制权，又称纪律权，是通过罚款、扣押等手段让人服从的权力；（3）民刑案件管辖权；（4）统兵权；（5）公民大会召集权；（6）占卜权。⑦ 在如上权力中，强制权的自由裁量度最大，最需要控制，所以，公元前509年，罗马人民颁布了《瓦雷流斯申诉法》控制这一权力。它规定，受鞭打和处死的强制措施罗马公民，可向人民申诉（Provocatio ad Populum）。⑧

执政官有两人，为集体元首，互相制约，对同僚的决定有否决权。执政

---

① 参见〔古罗马〕西塞罗：《论法律·论共和国》，王焕生译，中国政法大学出版社1997年版，第42页。
② 同上书，第55页。
③ 同上书，第59页。
④ 同上书，第7页。译本序言。
⑤ 同上书，第88页。
⑥ 同上书，第90页。
⑦ See William F. Allen, The Lex Curiata de Imperio, In Transactions of the American Philological Association, Vol. 19 (1888), p. 6. 有的作者把谕令权分为最大的、纯粹的和混合的。参见〔美〕哈罗德·伯尔曼：《法律与革命》，贺卫方等译，中国大百科全书出版社1993年版，第353页。
⑧ 参见〔意〕朱塞佩·格罗索：《罗马法史》，黄风译，中国政法大学出版社1998年版，第153页。

官的权力受任期（只有1年，不得马上连任，第一任和第二任必须间隔2年，因此人们可以执政官的名字纪年）、选举以及同僚的限制，一位执政官的决定须另一位执政官同意才行。执政官的权力还受保民官的否决权的限制，此点在本文的中篇展开。同时，也受元老院的卸任后行省确定权限制。执政官卸任后都要担任行省总督，罗马的众多行省肥瘦不一，安定与动荡不一，同样担任总督，实益差别挺大，所以执政官在任时要考虑元老院的意志，以免卸任后被安排一个很不如人意的行省。①

**四、元老院的权力及其制衡**

元老院是贵族制的共和形式。在共和时期，由于铁打的元老院流水的长官规律，元老院已变成国家最高权力机关，故西塞罗说：元老院使国家处于这样的状态，人民虽然享有自由，但只有很少的事情通过人民，绝大部分事情由元老院决议、法规和习俗决定，公民大会的决议只有得到元老们的赞同才能生效。② 而埃皮鲁斯的国王的使节认为元老院是众王之会。③ 元老院的重要尤其因为其稳定性而增长，因为其他长官都是年度任职，而元老却是终身任职。

元老院的权力有：第一，法案批准权。以前是在公民大会通过法律后对之确认，公元前339年的《关于元老批准的普布里流斯和菲罗法》（Lex Publilia Philonis de auctoritate patrum）之后，元老院对法案的批准改为在公民大会通过它之前，并且表现为对长官提案的确认。这样，元老院的权力增大了。第二，建议权。即对长官以元老院决议的方式发布意见，尽管从理论上看，此等意见对长官无约束力，但长官们很少背离它们而予以执行，元老院通过分配行省权控制执政官，另外通过拨款权完成此等控制。④ 慢慢地，元老院决议成为一种法律渊源，元老院的建议权变成了立法权。第三，外交权。元老院可以建议宣战或媾和、订立和约和盟约。第四，延长任期权，对于任期已

---

① See Frank Frost Abbott, *Roman Politics*, Marshall Jones Company, Boston, 1923, p. 78.
② 参见〔古罗马〕西塞罗：《论法律·论共和国》，王焕生译，中国政法大学出版社1997年版，第91页。
③ 参见施治生、郭方主编：《古代民主与共和制度》，中国社会科学出版社1998年版，第250页及以下。Cfr. Aldo Schiavone（a cura di）, Storia del Diritto Romano, Giappichelli, Torino, 2001, p. 55.
④ Cfr. Aldo Schiavone（a cura di）, Storia del Diritto Romano, Giappichelli, Torino, 2001, p. 54.

满的长官元老院可延长他们的任职期间。① 第五，宣布紧急状态权。此点在本文下篇细讲。第六，拨款权。元老院掌管国库，发行货币。公共工程的建设开支由元老院拨给，上任前的行省总督也要从元老院领取大量的活动经费。

对元老院权力的制衡措施有：其一，保民官的插话权（Intercessio），此点在本文的中篇详论；其二，监察官的排除权，如果元老有不法或不道德行为，监察官可以根据自己的考绩本（nota censoria）把他们驱逐出元老院。②

**五、公民大会的权力及其制衡**

罗马的公民大会分为百人团大会、部落大会和平民部落大会。

（一）百人团大会

共和时期的百人团大会是王政时期的遗产。第六任王塞尔维尤斯·图流斯（于公元前578—公元前535年在位③）创建了百人团大会（音译为森都利亚大会）。这是以百人团制度为基础的军事民主制。而百人团制度的基础是重装步兵制度。希腊人从约公元前650年采用重装步兵，也就是利用密集战斗队伍作战，取代过去的个人决斗式的战争。重装步兵制度传到罗马，故有图流斯改革。重装的"重"，说的是装备，包括头盔、胸甲、护胫、盾牌、矛。④ 这些全部由士兵自备，这意味着非富人难以当兵。事实上，重装步兵都由类似中等阶级的人员组成。⑤

百人团是军团制度下的作战单位，理论上由100人构成，实际为60—80人。罗马军团由10个大队组成，每个大队有6个百人团，首领为百夫长。两个百人团构成一个中队。3个中队构成一个大队。每个中队有10个小队，每个小队有8人，头领是十夫长，相当于现代的班长。⑥ 百人团相当于现代军队

---

① Federico del Giudice e Sergio Beltrani, *Nuovo Dizionario Giuridico Romano*, Edizione Simone, Napoli, 1995, p. 475.
② 参见〔意〕阿尔多·贝特鲁奇：《罗马宪法与欧洲现代宪政》，徐国栋译，载《法学》1998年第4期。
③ 参见杨共乐：《罗马史纲要》，东方出版社1994年版，第43页。
④ See Paul Erdkamp (edited by), *A Companion to the Roman Army*, Wiley-Blackwell, 2011, p. 29.
⑤ 参见〔英〕A. 安德鲁斯：《希腊僭主》，钟嵩译，商务印书馆1997年版，第29页及以次。
⑥ See Paul Erdkamp (edited by), *A Companion to the Roman Army*, Wiley-Blackwell, 2011, p. 136.

中的排,中队相当于连,大队相当于营,小队相当于班。把排作为选举单位,不大不小,适合探求群体意志。其他的单位要么太大,要么太小。

图流斯对百人团大会的组织方式如下:

(1) 创设国势调查(Census)制度。命令所有的罗马人都进行登记并用银估价自己的财产,按习惯宣誓保证所报各项均属真实,全部财产均按最高价格估价,并呈报他们的父亲系何人,自己的年龄,自己的妻子和子女的名字,每人的籍贯隶属罗马城中的哪个部落或乡间的哪个区,对虚报者进行惩罚。① 在对人口和财产状况充分了解的基础上,图流斯不分贵族和平民,统统把他们以财产为标准分成 5 个等级,由此解决一些平民的富而不贵问题。

(2) 按不同的等级分配兵役义务。

最有地位的人被组织为 12 个骑兵百人团,国库拨给每人 1 万阿斯用于购买马匹,富有的寡妇每人要每年纳税款 2000 阿斯供骑兵饲养马匹之用;

拥有价值在 10 万阿斯以上的财产者被列为第一等级,他们组成 80 个百人团,年轻的 40 个,年老的也是 40 个,前者用以守城,后者用以驰骋疆场。这一等级外加 6 个优先百人团(Sex suffragia)、2 个工匠百人团充当工兵

财产在 7.5 万至 10 万阿斯之间者为第二等级,提供 20 个百人团。

财产在 5 万至 7.5 万之间者为第三等级,提供 20 个百人团。

财产在 2.5 万至 5 万阿斯之间者为第四等级,提供 20 个百人团。

财产在 1.1 万至 2.5 万阿斯之间者为第五等级,提供 30 个百人团。

这一等级外加由号手和鼓手组成的 2 个百人团;未进入等级者称无产者,免除兵役和赋税,他们只象征性地组成一个百人团以维持其体面。

这样,罗马共有 193 个百人团。②

(3) 百人团会议的议会职能。百人团大会以百人团为单位投票,一切重要的法律和官员人选都在这个大会上决定,王的选举、宣战、媾和等事务也是如此。

在百人团大会的表决程序中,各等级依次投票,首先被召集投票的是骑兵百人团和第一等级的百人团,它们享有 98 个投票权,而多数票为 97 票,

---

① 参见巫宝三主编:《古代希腊、罗马经济思想史资料选辑》,厉以平、郭小凌译,商务印书馆 1990 年版,第 234—236 页。

② See Paul Erdkamp (edited by), *A Companion to the Roman Army*, Wiley-Blackwell, 2011, p.29.

所以，一旦它们就国家大事取得一致，就可对被讨论的事情作出决定，其余等级的百人团无须再投票。只有在上述两个阶级意见不一致的情况下，其他等级的百人团才有投票的机会。显然，按这样的制度，国家大事的决定权被垄断于富有阶级之手，较穷的阶级基本上成了政治上的闲人。

（二）部落大会

共和时期，在原有的3个族群性部落①的基础上发展出35个地域性部落，此种部落据说也是塞尔维尤斯·图流斯创立的，最初的目的不是为了投票，而是为了进行国势调查、征兵和征税。②

部落成为投票单位的时间不甚清楚，大概在公元前492年到公元前471年。在第一个时间，所谓的马喜阿斯（Gaius Marcius Coriolanus）受过部落大会的审判；在第二个时间，保民官的选举从库里亚大会改为在部落大会进行。③

部落的总数也在变化中，从公元前471—公元前387年，部落的总数是21个。公元前387年，被征服的维爱被合并于罗马，在其土地上建立了4个新部落。公元前358年、公元前332年、公元前318年、公元前299年、公元前241年，都设立过新部落。④到公元前241年，部落的总数才达到35个。⑤无论总数是多少，都必须是奇数，因为若为偶数，投票决不出胜负。⑥

部落是个地域单位，其成员按居住地而非按财产多寡确定，因而更非军事化、更平等（富人穷人都是一票）、更有现代色彩，因为它更接近现代的选区。要言之，部落大会取得与百人团大会比肩的地位，意味着由单纯的军事民主制发展为军事民主制与民事民主制并存。人们可从罗马的部落大会中找到更多的现代民主制的起源。

---

① 它们是蒂迭斯（Tities）、拉姆勒斯（Ramnes）、路切勒斯（Luceres），它们各具不同的种族来源：蒂迭斯部落为萨宾人；拉姆勒斯部落为拉丁人；路切勒斯部落则由各种种族来源的人构成。参见〔美〕摩尔根：《古代社会》（下册），杨东莼等译，商务印书馆1977年版，第310页。

② See Lily Ross Taylor, *Roman Voting Assemblies, From the Hannibalic War to the Dictatorship of Caesar*, The University of Michigan Press, 1990, p. 59.

③ Ibid., p. 60.

④ See Paul Erdkamp (edited by), *A Companion to the Roman Army*, Wiley-Blackwell, 2011, p. 30.

⑤ 参见陈可风：《罗马共和时期的国家制度》，东北师范大学博士学位论文，2004年，第92页。

⑥ See Lily Ross Taylor, *Roman Voting Assemblies, From the Hannibalic War to the Dictatorship of Caesar*, The University of Michigan Press, 1990, p. 60.

共和罗马的部落分为 4 个城市部落和 31 个乡村部落。前者贱而后者贵。前者吸纳不少解放自由人和私生子，后者成员多地主。罗马人以好农夫为好公民的信念也导致这种落差。

部落会分为选举会和立法会，前者在固定的时间举行，例如，在苏拉之后是 7 月，其间以娱乐活动——例如角斗表演——吸引人们参会。但立法会可在执政官、裁判官或保民官决定的期日举行，参会者主要是在罗马的居民。《埃流斯和富菲流斯法》禁止在选举会后马上开立法会。①

部落成员可能不少已移居意大利各地，但每个部落在罗马都有总部，候选人的拉票工作主要针对这些总部。② 各部落的总部很可能在弗拉米纽斯竞技场。③

像百人团会议一样，部落会议也两次投票，分别代表个人和代表单位。④

相较于百人团会议投票程序的特点是投票前有抽签程序确定哪些部落先投票，因为 18 票为多数票，18 个部落投出结果后，其他部落就不用投了。先投票的部落是敌是友，对于事主非常重要，故为了保证公平，设立了抽签程序。签的总数不超过 35 个，每个签上写着每个部落的略缩名称，为木质，所有的签被放入一个大水罐，每个签的重量相等，根据签浮上来的先后定投票部落的先后。⑤

（三）平民部落大会

平民部落大会可以看做部落大会的一个分部。最初，平民以库里亚大会选举保民官。公元前 471 年，颁布了《关于平民保民官的普布里流斯·沃勒罗法》（Lex Publilia Voleronis de Tribunis Plebis）。它规定：允许通过部落民众会议而不是库里亚会议来选举平民保民官，对平民营造官的选举亦如此。贵族能通过其门客的投票在民众会议中来操纵保民官的选举，但此法通过部落划分的选举严重削弱了贵族的影响。从公元前 271 年平民会决议具有约束全

---

① See Lily Ross Taylor, *Roman Voting Assemblies*, *From the Hannibalic War to the Dictatorship of Caesar*, The University of Michigan Press, 1990, p. 68.
② Ibid.
③ Ibid., p. 69.
④ 参见陈可风：《罗马共和时期的国家制度》，东北师范大学博士学位论文，2004 年，第 100 页。
⑤ See Lily Ross Taylor, *Roman Voting Assemblies*, *From the Hannibalic War to the Dictatorship of Caesar*, The University of Michigan Press, 1990, pp. 71ss.

体公民的效力后，分化出不分阶级、全体公民都能参加的部落大会，不过原来的平民会议继续存在。部落大会与平民大会的区别在于前者既有贵族，也有平民参加，后者只有平民参加。前者由有谕令权和占卜权的长官主持，后者由平民的长官主持（保民官和平民营造官）。前者选举财务官、贵族营造官、部分军团的大队长和一些低级长官，后者只选举平民的长官。[①] 由于罗马公民多数都是平民，所以两者的区分只是法律上的，实际意义不大。

（四）其他宪法机关对于公民大会权力的制衡

首先，长官制约公民大会的权力，因为只有他们可以召集开会，并以占卜权的行使中断正在进行的会议。而且，只有他们可以提出法案，相对于这一权力，公民大会不过是投票机器。其次，元老院也制约公民大会的权力，因为如前所述，大会要讨论或表决的法案要通过元老院的审查后才能上会。再次，不同的公民大会彼此间构成制衡。例如，部落会议更多代表了平民的利益，百人团大会则更多代表贵族利益。这样，长官可以挑选在哪个大会上票决自己的法案，以求得最有利的结果。

两个公民大会有点类似于现代议会的上下两院，不同在于它们各自立法，不似现在的一法要通过两院。两个议会有所分工。一种说法认为百人团会议主要制定公法，部落会议主要制定私法[②]，但可找到的例外太多。

**六、混合宪法的现代形式：美国宪政**

很少有人把混合宪法理论用来分析现代国家的宪法[③]，在我看来，这种理论用于分析美国宪法挺合适。美国总统、两院、人民构成三个宪法机关。前者是王政因素，中者是贵族因素（参议院的贵族色彩更浓，相当于百人团大会，众议院的平民色彩更浓，相当于部落会议），后者是民主因素。但这三者的整体被统称为美国的民主，严格说来并不如此，因为民主只是混合宪法的一部分而非全部。在整体上被描述为民主的宪政体制中却包含王政与寡头的

---

[①] 参见陈可风：《罗马共和时期的国家制度》，东北师范大学博士学位论文，2004年，第98页。
[②] Cfr. Mario Talamanca (sotto la direzione di), Lineamenti di Storia del Diritto Romano, Giuffrè, Milano, 1989, p. 403.
[③] 崔之元是一个例外，他写了《"混合宪法"与对中国政治的三重分析》，载《战略与管理》1998年第3期。

因素，这可能让那些绝对的民主主义者意外。

还有最高法院塞不进罗马式混合宪法的框子里去，我认为它起了保民官的作用，是消极的权力的代表。

全民直选总统是公民大会的替代，由此解决了人多召集不了公民大会的问题。直选的过程，就是开全体公民大会的过程。罗马人解决不了的这个问题，现代人通过新技术解决了。

## 中篇：功能混合宪法论

功能混合宪法是把国家权力分为积极性的和消极性的，两种权力彼此制约的制度安排。在共和罗马，执政官以及其他长官、元老院、公民大会为积极的权力的行使者，保民官为消极权的行使者，但他们也行使积极的权力。

**一、积极的权力与消极的权力区分论**

罗马人并无消极权的概念，只有这方面的实践。消极权的概念是后人总结他们这方面的实践打造的。

卢梭似乎是消极权力（Droit Negatif）概念的第一打造人，他一般用这一概念特指政府和人民的否决权，也用来指"可以禁止一切事情"的保民官制。他说：保民官的权限才最大；因为他虽不能做任何事情，却可以禁止一切事情……"①。此语属于片面的深刻，因为保民官同时也是积极的权力的行使者，不是一个光说"不"的职官。

费希特（1762—1814 年）认为斯达巴的"监察委员"类似于罗马的保民官制，他认为该制度体现了绝对的、消极的权力，可以对抗行政权（甚至包括立法代表大会）之绝对的、积极的权力。②诸君可见，积极权与消极权的对位法在费希特的手里出现了。

当代意大利罗马法学者皮兰杰罗·卡塔兰诺阐述消极权概念最力，至少

---

① 参见〔意〕皮兰杰罗·卡塔兰诺：《一个被遗忘的概念：消极权》，徐涤宇译，载徐国栋主编：《罗马法与现代民法》（第 3 卷），中国法制出版社 2002 年版。

② 参见同上。

在中国发表了两篇文章（徐涤宇、方新军各翻译一篇①）阐述这一问题。他认为消极权是人民主权的"消极"方面，是人民在撤离、罢工中直接行使的人民权力。但是，人民也可间接地行使消极权：通过类似于卢梭式的保民官制的机构。②

消极权的直接行使方式有：流亡（在社会契约论的框架下）、撤离、抵抗、罢工。间接行使方式有：通过人民选举的机构行使。③

从罗马人民的宪政经验来看，平民先是直接行使消极权，主要采取撤离方式，通过撤离争来了间接行使消极权的机关保民官。

**二、平民的撤离与保民官的产生**

（一）革命时代的阶级斗争的特色

保民官产生于罗马共和历史上的革命时代。革命时代指建立共和以后罗马平民与贵族为争夺经济资源和政治资源进行激烈的阶级斗争的200余年期间。法国学者雅克·埃吕尔（Jacques Ellul，1912—1994年）认为革命的含义有三：其一，改变取得财产的方式；其二，改变权力关系；其三，根本地改变意识形态。④ 平民革命把这三种含义一网打尽。平民是罗马社会的经济从属者以及由此而来的政治从属者，被革命的贵族是经济资源和政治资源的独占者。平民只以撤离罗马的方式表达自己对贵族的独占的反抗。总共完成5次撤离（公元前494年、公元前449年、公元前445年、公元前342年、公元前287年）。他们先后撤离到了圣山、阿文丁山、雅尼库鲁斯山。由于平民已成为罗马军队的主体，平民最有力的斗争武器是战场罢工，即在大敌当前之际脱离罗马。当然，他们还有罢市、游行、"关闭"等抵抗行为。可以认为，罗马平民的这种斗争方式是最现代的温和反抗权的萌芽和非暴力不合作反抗运动的先祖。无论平民受

---

① 参见〔意〕皮兰杰罗·卡塔兰诺：《分权与人民的权力》，方新军译，载《河南政法干部管理学院学报》2005年第1期。以及同一作者：《一个被遗忘的概念：消极权》，徐涤宇译，载徐国栋主编：《罗马法与现代民法》（第3卷），中国法制出版社2002年版。

② 参见〔意〕皮兰杰罗·卡塔兰诺：《一个被遗忘的概念：消极权》，徐涤宇译，载徐国栋主编：《罗马法与现代民法》（第3卷），中国法制出版社2002年版。

③ 参见同上。

④ Cfr. Luigi Labruna, Nemici non più cittadini e altri testi di storia costituzionale Romana, Jovene, Napoli, 1995, pp. 6s.

到怎样的歧视，他们毕竟是罗马城邦的成员，因而没有采取爆炸性的斗争手段。与平民的温和反抗相对应，罗马的贵族也富于妥协精神，最后都满足了平民的要求，逐步达成了两个阶级的平等。

(二) 平民的第一次撤离导致设立保民官

第一次撤离发生在公元前494年12月16日。其背景是大敌当前，债务磨人，平民拒绝征兵，贵族甜言蜜语，平民被骗出征，战后贵族翻脸不认。于是，武装的平民撤离到了圣山，威胁要在那里建立新城。平民在圣山建筑了营地，安静地在那里呆了十几天。① 贵族们害怕平民建立起一个独立的国家，于是进行谈判，元老院作出让步，接受平民的意愿：停止适用债务监禁法，加强提升农民命运的殖民地的基础，赦免被军事誓约约束的市民，还允许平民选出自己的官吏保民官10人，每个阶级5人，制定《神圣约法》承认他们的人身不可侵犯。②

三、保民官的权力

设立保民官后，他们被授予参与元老院讨论的权力（intercessio），为此，在元老院的大门口安置了保民官的木质座椅，这样他们可以跟随元老院会议的进程，从而运用他们的参与权，此等权力是以他们的帮助权（auxilium）为基础的。③ 公元前449年，通过《关于保民官权力的瓦雷流斯法》，保民官在元老院会场获得了座位，他们可以行使否决权。最终，保民官取得了召集元老院会议并提出议案的权力。④ 由此完成了保民官权力的性质从消极到积极的转变。所以，保民官的座椅是保民官的权力的象征。

这种权力有如下列：

(一) 否决权

(1) 对执政官的否决权。首先，保民官可以阻止他们征兵，但不能阻止

---

① 参见〔古罗马〕李维著，〔意〕斯奇巴尼选编：《自建城以来》（第一至十卷选段），王焕生译，中国政法大学出版社2009年版，第85页。

② 参见〔俄〕科瓦略夫：《古代罗马史》，王以铸译，上海书店出版社2007年版，第85页。也参见〔古罗马〕李维著，〔意〕斯奇巴尼选编：《自建城以来》（第一至十卷选段），王焕生译，中国政法大学出版社2009年版，第111页。

③ 参见〔德〕特奥多尔·蒙森：《罗马史》（第二卷），李稼年译，商务印书馆1994年版，第2章。

④ See Oskar Seyffert, Dictionary of Classical Antiquities, 1894, edited by Henry Nettleship and J. E. Sandys, translated by various hands, p. 652.

已经开始的战争。其次，保民官可以阻止执政官征税。再次，保民官可以阻止执政官举行选举官员的公民大会。并阻止执政官在此等大会上掌控的其他活动。最后，保民官可以阻止把法案交给公民大会讨论。①（2）对裁判官的否决权。保民官的座椅在大会场内的左侧，与过去的裁判官法庭相对。坐在这个位置上的保民官监督裁判官的活动，遭遇不公的当事人可以求诸保民官，他们由此承担了上诉审的角色。另外，对执政官的否决权基本上适用于对裁判官的情形。这方面的案例有保民官森普罗纽斯·布雷索（G. Sempronius Bleso）控告裁判官福尔维尤斯（GN. Fulvius）案，因为他在阿普利亚的战事中几乎丧失全部军队。②（3）对低级长官候选人的否决权。保民官可行使否决权阻止任命所有城邦中的低级官吏：营造官、财务官、死刑三吏（tresviri capitales）。

（二）强制权

强制权包括因前任或者现任执政官因其在任期间所犯罪行而对其进行逮捕、看守、可能提起罚金之诉或极刑之诉的权力。如果保民官没有强制权，他的否决权就毫无结果。

1. 对执政官的强制权。这方面有如下案例：（1）保民官昆图斯·康西丢斯（Quintus Considius）和提图斯·格伦求斯（Titus Genuncius）针对执政官提图斯·梅内纽斯（Titus Menenius），因为他在对维爱的战争中摧毁了Cremera这个地方，实际的原因是他反对土地法，而土地法总是平民向贵族争取经济权利的形式。由于元老院的求情，本应判死刑的他被判罚款2000阿斯。③（2）保民官盖尤斯·瑙求斯（Gaius Nautius）和路求斯·切蒂丘斯（Lucius Cedicius）针对执政官斯普流斯·塞尔维流斯（Spurius Servilius），理由是他在针对埃特鲁斯人的雅尼库鲁斯山（Janiculus）战役中的过错，他被判死刑。④（3）保民官马尔库斯·兑流斯（Marcus Duillius）和格内乌斯·希求斯（Gnaeus Siccius）针对阿庇尤斯·克劳丢斯（Appius Claudius），因为后者反

---

① Cfr. F. Fabbrini, Tribuni plebis, In Antonio Azara e Ernesto Eula, ed., Nuovissimo digesto italiano, Vol. XIX, Torino, UTET, 1975, pp. 790s.
② See *The History of Rome by Titus Livius*, Vol. III, translated by George Baker, London, 1814, p. 351.
③ Cfr. Livio, Storia di Roma, I-III, A cura di Guido Vitali, Oscar Mondadori, Bologna, 1988, p. 329.
④ Ibid., p. 331.

对土地法。① （4）保民官卡尔维尤斯（C. Calvius）针对罗密流斯·罗库斯·瓦提坎努斯（Romilius Rocus Vaticanus，公元前455年的执政官，公元前451年十人委员会的成员）和维都流斯·齐古流斯（C. Veturius Cicurius），前者被罚款1万阿斯，后者被罚款1.5万阿斯，原因不明。②

2. 处罚违反《神圣约法》（leges sacratae）者的权力。保民官可以直接处罚违犯了神圣约法的人，把他们扔下塔尔贝雅（Tarpea）悬崖③或者处以财产献祭刑，受此等处罚者没有申诉权。这个权力的行使例有 Caeso Quinctius 案。事主是下文要谈到的著名独裁官辛辛那图斯的儿子。保民官盖尤斯·阿尔撒提出法案指定5人制定约束执政官的法律，切索·昆克求斯（Caeso Quinctius）对此不满，毒打保民官，保民官奥鲁斯·维尔吉纽斯对他提出控告，把他抓住送牢，判处罚款。他在提出担保人（10个，每人交3000阿斯）后被释，逃到埃特鲁斯生活。④

3. 判处罚金权。保民官对平民和贵族都可以判以罚金。他们收取的罚款由财务官交付国库。这个权力的行使案例有：保民官马尔库斯·马尔求斯·塞尔莫（Marcus Marcius Sermo）及其同僚昆图斯·马尔求斯·希拉（Quintus Marcius Scilla）提议制定一个法律，对于不去分配给他们的行省的长官处以罚金。⑤

（三）起诉权

保民官可以对任何犯有带公共性质罪行的市民提出起诉。根据《神圣约法》，保民官可以对任何伤害平民的市民提起死刑之诉，对此诉讼可以在百人团会议中向"民众申诉"（provocatio ad populum）。⑥

---

① Cfr. Livio, Storia di Roma, I-III, A cura di Guido Vitali, Oscar Mondadori, Bologna, 1988, p. 351.
② Cfr. Livio, Storia di Roma, I-III, A cura di Guido Vitali, Oscar Mondadori, Bologna, 1988, p. 441. Cfr. Roberto Pesaresi, Studi sul processo penale in età repubblicana: Dal tribunali rivoluzionari alla difesa della legalità democratica, Jovene, Napoli, 2005, p. 46.
③ 卡皮托尔山上的一处悬崖。在《十二表法》的时代有30米高，可以摔死人。
④ Cfr. Roberto Pesaresi, Studi sul processo penale in età repubblicana: Dal tribunali rivoluzionari alla difesa della legalità democratica, Jovene, Napoli, 2005, p. 38. 参见〔古罗马〕李维著，〔意〕斯奇巴尼选编：《自建城以来》（第一至十卷选段），王焕生译，中国政法大学出版社2009年版，第103页。
⑤ See Titus Livius, The History of Rome, Book 42, Evan T. Sage, and Alfred C. Schlesinger, Ed., p. 351.
⑥ Cfr. F. Fabbrini, Tribuni plebis, In Antonio Azara e Ernesto Eula, ed., Nuovissimo digesto italiano, Vol. XIX, Torino, UTET, 1975, p. 794.

### (四) 平民部落大会召集权

保民官可以召集平民部落大会，贵族不能参加此等会议。《关于平民会决议的沃尔滕修斯法》之后，平民部落大会决议具有法律效力，保民官因此可以提出法案，由平民在平民部落大会中表决。到公元前27年，罗马共有564件法律，其中的286件是平民部落大会决议，164件是百人团会议制定的，其中包括影响深远的《阿奎流斯法》，另外有114件制定主体不详。[1] 这些立法主要反映了他们作为积极权力的行使者的角色。

### (五) 人身不可侵犯权

《神圣约法》规定，凡侵犯了平民保民官、平民营造官和十人平民法官团的人，将被作为牺牲祭献给朱庇特神，他的家产将被拍卖，其家屋被摧毁，上建一个神庙，例如自由女神或智慧女神庙。[2]

## 四、保民官其他行权案例

在颁布《十二表法》之前，保民官曾经多次对贵族头面人物因其违反了保民官的人身不得侵犯的法律将他们处死。保民官特别对一些曾担任长官的人，因其违反职责，尤其是军事指挥中的过错将其处以死刑。他们的权力被称为最高强制权（summa coercendi potestas）。这是奇异的阶级分权，过去的统治阶级的头面人物的身家性命由此被置于过去的被统治阶级的官员之手。李维的《罗马史》头3卷充斥了这方面的案例。兹举三例。

案例一。保民官格内奥·马尔求斯（Gneo Marcius）针对马喜阿斯（Gaius Marcius Coriolanus）。后者是公元前5世纪罗马的著名将领，曾率领罗马军征服沃尔喜人的城市Corioli，得到Coriolanus（意为"Corioli的征服者"）的绰号。在平民第一次撤离取得权力不久，罗马发生饥荒。有粮食从西西里运来，元老院讨论此等粮食的分配问题。斯人主张只分给贵族，如果分配给平民，必须满足把赢得的权力交回的条件。此论引起平民的愤怒，保民官

---

[1] 根据意大利罗马法学家 Feliciano Serrao 的统计，Cfr. Feliciano Serrao, Classi, partiti e legge nella repubblica romana, Pacini Editore, 1974, p. 198.

[2] 参见〔意〕朱塞佩·格罗索：《罗马法史》，黄风译，中国政法大学出版社1998年版，第71页及以次。

Gneo Marcius 控告 Gaius Marcius Coriolanus，让他在部落大会受到审判。Gaius Marcius Coriolanus 后来亡命于沃尔喜人，率其军队攻打罗马，被其母亲和妻子劝退，因此被沃尔喜人处决。①

案例二。保民官路求斯·维尔吉钮斯（Lucius Virgilius）针对阿庇尤斯·克劳丢斯（Appius Claudius）。前者是被后者爱恋的平民姑娘维吉尼娅的父亲，后者是第二十人委员会的首领。阿庇尤斯为了霸占维尔吉钮斯的女儿，诬称她是自己奴隶的女儿，因此应属于他。为了避免女儿受辱，维尔吉钮斯从前线赶回，当街杀死自己的女儿，从而引发民变，最后发展为平民的第二次撤离运动，导致第二十人委员会的垮台和保民官制度的恢复。维尔吉钮斯当选为保民官，由他出面清算阿庇尤斯的罪行。阿庇尤斯向人民的申诉权被否认，被投入监狱，在审判日前自杀。②

案例三。公元前196年，保民官阿提纽斯·拉贝奥（G. Atinius Labeo）曾强迫监察官昆图斯·梅特鲁斯（Quintus Metellus，公元前210年—公元前116年）跳塔尔贝雅崖，被其同事阻止。③ 梅特鲁斯担任监察官时把结婚当做市民的义务，禁止放荡行为，昆图斯·梅特鲁斯可能有这方面的行为被梅特鲁斯逐出元老院，他为了报复要将梅特鲁斯置于死地。由于保民官神圣不可侵犯，梅特鲁斯不能抵抗拉贝奥的攻击。尽管他被另外的保民官救下，但他的财产被献给神，并且被拉贝奥在脖子上套上绳子猛拉至耳朵出血。④

## 下篇：状态混合宪法论

状态混合宪法是把一个国家的宪政状态分为平时状态和紧急状态，在紧急状态中停止平时状态中公民享有的基本权利的制度安排。

---

① Cfr. Livio, Storia di Roma, I-III, A cura di Guido Vitali, Oscar Mondadori, Bologna, 1988, p. 283.
② Cfr. Livio, Storia di Roma, I-III, A cura di Guido Vitali, Oscar Mondadori, Bologna, 1988, pp. 503ss.
③ Cfr. Enrico Cocchia, Tribunato della Plebe e la sua autorità Giudiziaria sopratutto nel rapporto colla procedura civile, Napoli, 1917, p. 190.
④ See *The Natural History of Pliny*, Translated by John Bostock, Vol. II, London, 1856, pp. 193s.

### 一、罗马人关于紧急状态的一般理论

西塞罗说：战争期间不得对行使职权的官员的决定提出申诉，战争指挥官发布的一切命令都是合法的、有效的。① 此语表达了战争期间公民权利克减的观念。

西塞罗又说，枪炮作响法无声（Inter arma enim silent leges）②，这一法谚揭示了法与武装力量在一定情况下的相克关系。这些论述是独裁官制度的理论基础，因为它们只关涉战时状态长官非常行为的合法性问题，而独裁官制度基本上为战争状态而设。

对于作为处理内乱措施的元老院最后决议，罗马人也有其基础理论。例如，元老院对于卡提林纳党人的处分理由就是：国事罪犯被剥夺罗马市民权，因而不享有对人民的申诉权，这就是人民公敌理论。③

西塞罗还说：Salus Populi Suprema Lex esto（人民的福祉对于他们即最高法律）。④ 此语中的"他们"，指非常状态下的长官。此语中包含两种法的观念。低级法（平时法）服从高级法（人民的利益）。两种法的这种关系构成紧急状态。

### 二、紧急状态的类型

（一）任命独裁官应付的紧急状态

1. 独裁官制度概述

公元前 500 年第一次有独裁官的可信记载，最后一任独裁官出现于公元前 216 年或公元前 210 年。⑤ 因此，独裁官制度在罗马宪法史上只存在于共和时期，而且只存在了约 284—290 年的期间。

---

① 参见〔古罗马〕西塞罗：《论共和国·论法律》，王焕生译，中国政法大学出版社 1997 年版，第 256 页。
② Cfr. M. Tulli Ciceronis Pro T. Annio Milone Oratio4，11，Su http：//www.thelatinlibrary.com/cicero/milo.shtml，2013 年 4 月 6 日访问。
③ Cfr. Francesco De Martino, Storia della Costituzione Romana, Vol. III, Jovene, Napoli, 1972, p. 163.
④ 参见〔古罗马〕西塞罗：《论法律》，王焕生译，世纪出版集团、上海人民出版社 2006 年版，第 183 页。
⑤ Cfr. Giovanni Sartori, La Voce di Dittatura, In Francesco Calasso（Direzione e coordinamento），Enciclopedia del Diritto, XIII, Giuffrè, Milano, 1964, p. 358.

独裁官享有大谕令权（Imperium maius），也就是完全的军事谕令权和民事谕令权。独裁官由执政官应元老院的请求任命，请求者通常指出中意者的名字，任命者采纳之。独裁官尽管享有大谕令权，但不得废除宪法，顶多可以停止平时长官的职权。最重要的职权是担任军事统帅。任期不得超过 6 个月。①

按卡尔·施米特（1888—1985 年）的两分法，共和罗马的独裁属于委任式独裁，换言之，不是君主式独裁。也有人说它是宪政式独裁。② 更有人说它是危机政府。③ 它实行独任制而非同僚制，把两个执政官的权力集于独裁官一身，但任期只有执政官的一半。

2. 任命独裁官的案例

其一，辛辛那图斯（Lucius Quinctius Cincinnatus，公元前 519—公元前 439 年）的独裁。公元前 458 年，萨宾人与埃魁人进攻罗马，到了城边，蹂躏了土地，罗马任命辛辛那图斯为独裁官，使节找到他时，他正在耕地。听到任命后，他换上长袍。第二天早晨，他来到集议场，任命路求斯·塔克文为骑兵长官。同时宣布停止审案，命令关闭全城商铺，禁止任何人从事私人事情。他命令所有符合应征年龄的人全副武装地带上 5 天干粮和 12 根长杆，太阳落山前到战神广场集合。他命令超过兵役年龄的人为邻居应征者烤制食物。罗马人最终战胜敌人。元老院授予辛辛那图斯凯旋式荣誉。辛辛那图斯的独裁官任期为半年，但他在 16 天后就卸任了，回去耕田。④

其二，费边·马克西姆斯（Fabius Maximus，公元前 280—公元前 203 年）的独裁。公元前 216 年，汉尼拔侵入意大利，罗马在特拉西梅诺战役中失败，执政官普尤斯·弗拉米纽斯阵亡。费边被任命为独裁官。他采取跟随但不交战的战术，意图消耗敌人战力，由于伏击汉尼拔不成功，被免职。⑤

以上是两个独裁官的例子。据统计，共和罗马共任命过 96 个独裁官（他

---

① Cfr. Giovanni Sartori, La Voce di Dittatura, In Francesco Calasso（Direzione e coordinamento）, Enciclopedia del Diritto, XIII, Giuffrè, Milano, 1964, p. 358.

② Ibid., p. 359.

③ Ibid.

④ 参见〔古罗马〕李维著，〔意〕斯奇巴尼选编：《自建城以来》（第一至十卷选段），王焕生译，中国政法大学出版社 2009 年版，第 107 页及以次。

⑤ 参见〔日〕盐野七生：《罗马人的故事 III：汉尼拔战记》，张惠君译，台湾三民书局 1998 年版，第 123 页及以次。

们中有两次或更多次担任此任者)。最早者是公元前501年(或公元前498年)任职的Titus Lartius Flavus,最后任职的是公元前44年的恺撒(实际上,恺撒担任的是终身独裁官,这是另一种独裁,正常意义上的独裁是"例外",而这样的独裁是"常态")。他们中,因为战争任命的有57人次,因为内乱任命的有4人次,两种类型共计61次,占任命独裁官原因的多数。① 由此可以说,独裁官主要是为了应对外敌任命的,偶尔为应对内乱任命。

在恺撒死后(公元前44年),其部将安东尼(Marcus Antonius)提议了《关于永久废除独裁制的安东纽斯法》(Lex Antonia de dictatura in perpetuum tollenda),元老院通过之。该法的目的是废除独裁制,犯此罪者被判处死刑,并没收其财产。这是一个否定独裁制度的合宪性的法律。② 之所以否定独裁,可能因为独裁官是经同意的临时僭主,僭主是长久的独裁官的希腊——罗马观念。③ 安东尼虽是恺撒的亲信,却不见得赞成其主公的所作所为,他在恺撒被刺后赦免了密谋者就是一个例证。

(二) 以元老院最后决议应付的紧急状态

1. 元老院最后决议概述

元老院最后决议是元老院把自己能行使的一切权力都交给它委托的长官行使,以提高应付紧急情势需要的效率的决议。此等授权包括征募军队、发动战争、以任何方法迫使同盟者和市民承担其义务、在国内和战场上的无限的行政权和军事指挥权等。④

从实际操作来看,元老院最后决议是政治斗争的工具,但戴上了关于共和国遭受的致命危险的权威性法律意见的面具,它召唤长官履行其职责,让长官从承受的权力限制中解放出来,不必遵守法律规定去打击所谓的共和国

---

① 参见维基百科"罗马独裁官列表"词条,On http://zh.wikipedia.org/wiki/%E7%BD%97%E9%A9%AC%E7%8B%AC%E8%A3%81%E5%AE%98%E5%88%97%E8%A1%A8,2013年4月6日访问。
② Cfr. Francesca Reduzzi Merola, Il giudizio di costituzionalità nell'esperienza greco-romana, su http://www.unipa.it/~dipstdir/pub/annali/2007-2008/Merola.pdf,2013年4月5日访问。
③ See Andreas Kalyvas, The Tyranny of Dictatorship when the Greek Tyrant Met the Roman Dictator, In *Political Theory*, Vol. 35 number 4 (2007), p. 412.
④ 参见〔古罗马〕撒路斯提乌斯:《喀提林阴谋·朱古达战争》,王以铸、崔妙因译,商务印书馆1995年版,第117页。

的敌人。① 这样，阶级或宗派的敌人被转化为外敌，他们被剥夺了向人民的申诉权，此等申诉权只属于市民而不属于敌人。②

2. 元老院最后决议案例

确有其事的有 14 个元老院最后决议，下面介绍 3 例：

（1）公元前 121 年，针对盖尤斯·格拉古和 Fulvius Flaccus 的元老院最后决议。格拉古进行多项改革，其中包括把司法权从元老阶级转移到骑士阶级手中，无偿剥夺权贵超额占有的公地，等等，引起了激烈的阶级矛盾，不得不组织卫队保护自己。他临死前的一天，与平民安提拉斯对视，其党人以为格拉古的怒目是行动的讯号，于是抽剑把安提拉斯杀死。这样他处于道义上的不利地位，执政官命令部队在卡皮托尔山集中。元老院召集格拉古来元老院议事地答辩。格拉古不来。在这种情况下，元老院发布最后决议：让执政官 L. 欧皮缪斯不要让宪法蒙受损害（Uti L. Opimius consul videret ne quid respublica detrimenti caperet）。欧皮缪斯根据这个决议号召元老和骑士武装起来。③ 格拉古及其党人也武装起来，跑往阿文丁山（这是属于平民的山，并且是多次平民撤离运动的根据地），希望占据这个山冈与元老院议和（所以，这是一次未成功的撤离）。他们从城中跑过的时候，允诺解放奴隶，但无人听他们的。他们占据戴安娜神庙设防。他们派出的使者被执政官逮捕，执政官的军队进攻格拉古党人。格拉古逃亡，在将被逮捕时让其奴隶把他杀死。④ 欧皮缪斯另外杀死了约 3000 名格拉古党人。⑤ 因为违反《瓦雷流斯申诉法》（公元前 509 年）和《波尔求斯法》（颁布于公元前 154 年，规定对不遵守申诉权规定的长官处死刑），欧皮缪斯事后受到审判。他并不否认自己违法，但说自己的行为是根据元老院决议为了国家利益实施的。他被开释，这意味着国家利益可以为不法行为开脱。⑥

---

① Cfr. Luigi Labruna, Nemici non più cittadini e altri testi di storia costituzionale Romana, Jovene, Napoli, 1995, p. 12.

② Ibid., p. 13.

③ See Th. N. Mitchell, Cicero and the Senatus Consultum Ultimum, In *Historia*: *Zeitschrift für Alte Geschichite*, Bd. 20, H. 1 (1971), p. 47.

④ 参见〔古罗马〕阿庇安：《罗马史》（下卷），谢德风译，商务印书馆 1976 年版，第 24 页及以次。

⑤ See Th. N. Mitchell, Cicero and the Senatus Consultum Ultimum, In *Historia*: *Zeitschrift für Alte Geschichite*, Bd. 20, H. 1 (1971), p. 48.

⑥ Ibid.

(2) 公元前 48 年，针对路福斯（Marcus Caelius Rufus）的元老院最后决议。路福斯于事发之年担任外事裁判官，作为民众派，他提出一个法律，规定免除承租人一年的租金，进而取消债务。为何提出免除租金？乃为了减轻穷人的痛苦。公元前 3 世纪开始，外来人口大量移入罗马，罗马人口的数字在公元前 174 年是 25.8 万人，公元前 86 年是 91 万人，增长了 3 倍多。于是，原来的住房不够，结果，投资城市房产取得租金成为当时的最安全的理财方式。人们开始修建高层建筑解决住房危机，开头是两层，底层开店，上层住人，后来发展到 6 层或 7 层。这也跟建房用的土地紧缺有关，大部分土地属于罗马人民，因此是不可流通物。由于实行房添地原则，不承认独立于土地所有权的楼层所有权，所以只得用租赁的方式解决分别利用问题，出租公寓楼已成了高贵的罗马公民的职业之一。在西塞罗在约公元前 77 年与特伦齐娅结婚时，他每年可从出租公寓获得 8 万塞斯特斯的租金，此等租金数与他从乡村地产获得的租金数大体相当。但公寓房质量差、租金高，导致了租户的反抗。① 路福斯的法案体现了此等反抗要求，但不幸引发骚动，内事裁判官 Gaius Trebonius 被赶下台。元老院发布了一个最后决议，授权执政官 Publius Servilius Vatia Isauricus 保卫城邦。路福斯被免除职务，并因为其行为被驱逐出元老院，他提议的法律都被废除。他还想在集议场为自己辩护，但被抛下宣讲坛。他的象牙座椅被摧毁。② 在这个个案中，元老院最后决议反对的人没有丧命，是个进步。

(3) 公元前 47 年，针对特雷贝流斯（Lucius Trebellius）和多拉贝拉（Publius Cornelius Dolabela）的元老院最后决议。Dolabela 出身贵族，公元前 48 年被属于平民的 GN. Lentulus Vatia 收养，由此取得保民官任职资格。于公元前 47 年当选为保民官。在这个位置上，他试图修改宪法，内容之一是继承路福斯的路线，废除所有的债务（Tabulae Novae）以及部分租金。这一主张直接对抗元老院的意志，他们决定在恺撒（其时在埃及的亚历山大）回来前不进行任何改革。另一保民官 Lucius Trebellius 否决了他的法案。两个保民官间发生了严

---

① 参见〔苏联〕谢·勒·乌特琴科：《恺撒评传》，王以铸译，中国社会科学出版社 1986 年版，第 316 页及以次。
② See The Entry of Marco Celio Rufo, On http：//it. wikipedia. org/wiki/Marco_ Celio_ Rufo, 2013 年 4 月 5 日访问。

重冲突，由此造成民众的骚动。Dolabela 占据了集议场，打算以武力通过其法案。元老院通过了其最后决议，委托恺撒的前部将安东尼干预两个保民官之间的争执，恢复秩序。在安东尼进城时，Dolabela 在集议场筑垒，以图可以票决其法案。安东尼攻入集议场，随后发生了大屠杀，两造损失甚多，Lucius Trebellius 被杀，法案未获通过，由此引起的骚动持续到恺撒返回罗马。但 Dolabela 幸存，直到公元前 43 年才死去。[①] 领袖未死，是这次元老院最后决议的特点。

对于以上 14 例元老院最后决议可作如下小结：

（1）元老院最后决议制度始于公元前 121 年，弥补了独裁官制度消灭后的空当，终于公元前 40 年，只存在了 81 年。

（2）元老院最后决议制度始于平民与贵族的阶级斗争，是贵族反击平民的工具。这一特色维持始终。

（3）元老院最后决议针对的人往往自己有一些违法行为，例如，小格拉古的党人先行杀害安提拉斯、允诺解放奴隶壮大自己、多拉贝拉占据集议场并筑垒，等等。

3. 元老院最后决议的违宪问题

首先要说明的是，违宪审查观念并非美国人的创造，希腊罗马有之。

第一例元老院最后决议导致的小格拉古及其党人被杀案经历了违宪审查。公元前 120 年，保民官 Publius Decius Subulo 控告欧皮缪斯未经审判杀害罗马公民，盖尤斯·帕皮里乌斯·卡尔博（Gaius Papirius Carbo）为欧皮缪斯辩护。欧皮缪斯不否认自己杀人，但说自己为了国家的安全做得完全合法。[②] 德丘斯·苏布洛（Decius Subulo）则认为元老院决议本身违法。[③] 不难看出，元老院最后决议违反《森普罗纽斯市民死刑法》，该法从未被废除或修改。[④] 同

---

① See The Entry of Publio Cornelio Dolabella, On http：//it. wikipedia. org/wiki/Publio_ Cornelio_ Dolabella, 2013 年 4 月 6 日访问。

② 参见〔古罗马〕西塞罗：《论演说家》，王焕生译，中国政法大学出版社 2003 年版，第 287 页。

③ 同上书，第 303 页。

④ Cfr. Luigi Labruna, Nemici non più cittadini e altri testi di storia costituzionale Romana, Jovene, Napoli, 1995, p. 15. Véase Antonio de Puente y Franco y Jose Francisco Diaz, Historia de Leys, Plebiscitos y Senadoconsultas mas notables, Desde la Fundacion de la Roma hasta Justiniano, Imprenta de D. Vicente de Lalama, Madrid, 1840, pag. 145.

时违反了《瓦雷流斯申诉法》和《波尔求斯法》。① 而且，元老院最后决议的基础是国家进入战争状态，但元老院并无宣战权，它只能建议战争，宣战决定要百人团大会作出。② 而且，元老院也无剥夺罗马人公民权的权力，宣布紧急状态时元老院僭夺了这些权力。③ 最后，元老院最后决议的文字过于简短，例如，"让执政官们看到宪法不受任何损害"；又如，"让执政官 L. 欧皮缪斯不要让宪法蒙受损害"，其中没有对执政官的具体授权及其限制措施，很容易被滥用。确实，欧皮缪斯就大开杀戒，杀了3000多格拉古党人。

从双方辩论的理路来看，显然，保民官 Decius Subulo 认为除了实在法外无法，用意大利法学家路易吉·拉布鲁纳的话来说，叛乱的公民还是公民，也享受公民身份意味的权利，包括向人民的申诉权。但这样的思维否认了平时状态和紧急状态之别，姑且不说它的是非如何，只看现今没有国家无紧急状态法，就可见其对错了，并可见辩论双方之输赢了。而按欧皮缪斯的理论，实在法之上有高级法，那就是"国家的安全"。此论给予了不同于平时状态的紧急状态的存在空间，符合有史以来的历史现实。但是，紧急状态存在滥用的风险，罗马宪法史为我们提供了这方面的太多实例。所以，如果说紧急状态法是一种恶，那是一种不得不容忍、同时也不得不高度防范的恶。

### 三、小结

独裁官制度与元老院最后决议制度两者间有时间上的接续关系，前者亡而后者生，后者替代前者④，两者无并存的时期。

独裁官制度主要用于应付外患。⑤ 元老院最后决议制度主要用于应付内乱，因为当这一制度形成时，罗马的军力已足够强大，无须因为外敌入侵宣

---

① See Th. N. Mitchell, Cicero and the Senatus Consultum Ultimum, In *Historia*: *Zeitschrift für Alte Geschichite*, Bd. 20, H. 1 (1971), p. 48.
② 参见〔古罗马〕李维著，〔意〕斯奇巴尼选编：《自建城以来》（第一至十卷选段），王焕生译，中国政法大学出版社2009年版，第227页注释2。
③ Cfr. Luigi Labruna, Nemici non più cittadini e altri testi di storia costituzionale Romana, Jovene, Napoli, 1995, p. 18.
④ Voir P. Willems, Le Sénat de la République Romaine, sa composition et ses attributions, Typogr. \ Phie de Ch. Peeters, Imprimeur-Éditeur, Louvain, 1883, p. 248.
⑤ 西塞罗说，独裁官制度运用于严重战争和公民纷争。参见〔古罗马〕西塞罗：《论共和国·论法律》，王焕生译，中国政法大学出版社1997年版，第258页。

布紧急状态了。

罗马的紧急状态制度对后世产生了深远的影响。就独裁官制度而言，它开启了专政理论，也是后世的动员制度的先驱。然而，无产阶级专政理论把非常状态当作了平时状态，违背了独裁制度因事而设的事理之性质，无甚道理，与我国台湾地区从1949年5月20日开始戒严到1987年解严，共戒严38年56天的做法不分轩轾。

就元老院最后决议制度而言，它开启了紧急状态制度，但后世的这一制度也用来应付自然灾害带来的困境，比罗马人的相应制度的运用范围广。

## 末篇：总结论

罗马共和混合宪法诸元有哪些？执政官、元老院、公民大会各为一元；积极权和消极权各为一元；平时状态和紧急状态各为一元，以上七元各自发挥作用，构成了共和罗马的宪政。这种宪政是罗马强盛的原因，让它从亚平宁半岛中部的一个小邦扩张为以地中海为内海的大帝国。

以往的混合宪法理论只注意执政官、元老院、公民大会三元，我的混合宪法理论看到的"元"更多。宪法就是一个国家的体质，阴阳寒热各种元素都要有，少一样就要得病，我以为当代宪法中最少的一味是消极权。这是阶级分权的结果，罗马贵族能让作为低下阶级的平民设立自己的官职并允许他们享有对贵族长官的强制权，可谓气量宏大。有消极的权力，构成拉丁宪政的特点。

罗马共和宪法为现代西方宪政提供了最多的启示：分权制衡制度（尽管分权的方式不一样，司法权从未独立为一权，一直由各种长官兼领。公民大会为立法机关，执政官和元老院共同构成行政机关）、积极权力与消极权力区分制度、平时状态和紧急状态区分制度。相反，帝政时期的宪法对后世影响要小得多。

至此还可以说，罗马公法不存在论可以休矣！[①] 宪政英国起源论可以休矣！

---

① 国内的周枏、梅夏英，国外的勒内·达维德等人持此论。

# 帝政分权时期的罗马立宪君主制

## 一、引言

2000 年之前，我在教学中经常遇到一些学生对 Quod principi placuit, legis habet vigorem 这一拉丁短语作"君主喜好之事具有法律的效力"的翻译，我每遇则纠，学生则如此自辩：大家都这么理解此语，这种少对多的局面让我气急败坏地在我的优士丁尼《法学阶梯》中译本的这一短语的译文下加了一个注，其辞曰："这一句话经常被一些对罗马法极为无知的作者翻译成"君主所喜好之事就是法律"。在拉丁文中，动词 Placere 有"决定"、"喜欢"等意思。在这一段落中，它显然是"决定"的意思。上述错误翻译歪曲了罗马法的社会契约论基础。所谓社会契约论，就是关于权力来自人民的授权的理论。事实上，紧接着这句话，优士丁尼就说到元首的权力是通过王权法由人民授予的，这是社会契约论思想的表述。[①] 正如薛军所言，采用另一种译法的人可能并非对罗马法无知，而是具有扩张皇帝或国王的立法权的目的[②]。确实，在近代民族国家兴起的过程中，一些学者和政治家确实运用过此语为扩张君权张目，以对抗封建主、教会甚至笼罩在数个民族国家之上的神圣罗马帝国的权力。

## 二、针对 Quod principi placuit, legis habet vigorem 的翻译战

对 Quod principi placuit, legis habet vigorem 的译法五花八门，原因有二。

---

[①] 参见〔古罗马〕优士丁尼：《法学阶梯》（第二版），徐国栋译，中国政法大学出版社 2005 年版，第 17 页注释 26。

[②] 参见薛军：《罗马公法与现代欧洲宪政》，载《第 4 届罗马法、中国法与民法法典化国际研讨会论文集》（下），2009 年 10 月，北京，第 699 页及注释 1。

其一，其中的关键词 Placere 具有歧义性。上述拉丁短语中的 Placuit 一词为 placere 的直陈式过去未完成时主动态第三人称，有"喜欢"、"认为好"、"被批准"、"决定"的意思。① 如果不考虑上下文，以"喜欢"或"决定"翻译此词，都不为错。其二，对上述拉丁短语的翻译具有很大的解释性，译者基于自己的考虑经常故意按自己的愿望翻译这一短语。所以，在各种语言中，对于同一短语产生不同的译法，也就并不奇怪了。下面我考察在几种语言中对这一短语的分歧译法。

（1）意大利语。意大利语作为拉丁语的直接继承人，把 placere 转化为 piacere 并把其双关的含义单一化，只保留了"使……喜欢"的含义。在这种背景下，如果一味地把拉丁词转化为同形的意大利语词，不免误译。所以有如下译法：译法一：君主喜欢的事情具有法律的效力（ciò che piace al principe ha valore di legge）。② 译法二："元首命令之事也具有法律效力"（Ma anche quel che il principe ha ordinato ha valore di legge③）。译法三：君主认为好并批准的事情具有法律的效力（ciò che al principe parve bene e approvò ha vigore di legge④）。3 种译法，把 Placere 的 3 种含义一网打尽。第三种译法为骑墙之说，不具有典型的分析价值。

（2）西班牙语。译法一："让元首喜欢的事情具有法律的效力"（Lo que plugo al Principe tiene vigore de ley⑤）。译法二："君主的意志具有法律的效力"（La volontad del principe tiene fuerza de ley⑥）。在西班牙文中，Placere 只有"让……喜欢"的意思，没有"决定"的意思⑦。译法一的译者直接取 Placere 的西班牙文同形词 Placere 翻译前者，但丢掉了拉丁文中的同形词的一半

---

① 参见谢大任主编：《拉丁语汉语词典》，商务印书馆 1988 年版，第 420 页。
② 参见阿奎那的《神学大全》的意大利语译本，On http://www.thomasinternational.org/it/projects/step/treatiseonlaw/delege090_1.htm, 2009 年 11 月 12 日访问。
③ Cfr. Enzo Nardi, Istituzioni di Diritto Romano, B, Testi 2, Milano, Giuffrè, 1986, p. 11.
④ Cfr. Iustiniani Augusti Digesta seu Pandectae, Testo e traduzione (a cura di Sandro Schipani) I, Milano, Giuffrè, 2005, p. 98.
⑤ Véase El Digesto de Justiniano, Libro I, Pontificia Universidad Catolica del Peru' Fondo Editorial, Lima, 1990, pag. 77.
⑥ Véase Pedro Gómez de la Serna, D. Justiniani Institutionum Libri IV, Madrid, 1856, pag. 20.
⑦ 参见北京外国语学院西班牙语系《新西汉词典》组编：《新西汉词典》，商务印书馆 1982 年版，第 861 页。

含义。

（3）英语。译法一：麦基文的《古今宪政》中的译文：国王喜欢的就是法律①，但这也许是麦基文的著作的中译者的译文。译法二：艾伦·沃森译为："皇帝做出的决定有法律的效力"（A decision given by the empeor has the force of a statute②）。此外，莫伊尔译为："皇帝决定之事有法律效力"（What the emperor determines has the force of statute）。③ 贝格译为：皇帝决定的事情具有法律的效力（What the emperor ordained has the force of a statute）。④ 库伯译为："元首的命令也具有法律的效力"（The Ordinance of Prince hath also the force of a Law）。⑤ J. M. 凯利译为"皇帝的决定具有法律的效力"。⑥ 译法三：桑达尔斯译为"君主看来好的事情具有法律的效力"（That seems good to the emperor has also the force of a law）。⑦ 奇怪的是，尽管英语世界有篡改乌尔比安文本证明自己的法系优越的天然倾向，但多数译者都采"决定论"的正确译法。

（4）中文。译法一："君主喜欢的东西就具有法律效力"。⑧ 译法三："皇帝的决定也具有法律效力"⑨。译法三："君主认为好的就具有法律的效力"。⑩ 中译文像意大利译文一样，把 Placere 一词的 3 种含义完全用尽。

由上可见，对我讨论的拉丁短语，在意大利语、英语、汉语中都有 3 种译法，一种是"决定"论，一种是"喜欢"论，第三种是"认为好"论。只有西班牙语是个例外，没有"认为好"论。必须指出的是，在我考察的诸译

---

① 参见〔美〕C. H. 麦基文：《宪政古今》，翟小波译，贵州人民出版社 2004 年版，第 46 页。
② See The Digest of Justinian, Vol. 1, edited by Mommsen and Alan Watson, University of Pennsylvania Press, Philadelphia, 1985, p. 14.
③ See *The Institute of Justinian*, Translated by J. B. Moyle, Oxford at the Clarendon Press, 1906, p. 5
④ See Adolf Berger, *Encyclopedic Dictionary of Roman Law*, Philadelphia：The American Philosophical Society, 1991, p. 410.
⑤ See *The Institute of Justinian*, Translated by Thomas Cooper, Halsted & Voorhies, New York：Law Publishers, 1804, p. 9.
⑥ 参见〔爱尔兰〕J. M. 凯利：《西方法律思想简史》，王笑红译，法律出版社 2005 年版，第 65 页。
⑦ See *The Institute of Justinian*, Translated by Thomas Collett Sandars, London：Longmans, Green, and Co., 1865, p. 82.
⑧ 参见〔意〕桑德罗·斯奇巴尼选编：《民法大全选译·正义与法》，黄风译，中国政法大学出版社 1992 年版，第 66 页。
⑨ 参见〔古罗马〕查士丁尼：《法学总论》，张启泰译，商务印书馆 1989 年版，第 8 页。
⑩ 参见〔古罗马〕优士丁尼：《学说汇纂》（第一卷），罗智敏译，中国政法大学出版社 2008 年版，第 85 页。

法中，以持"决定"论者为最多，看来，犯错误的是少数人，多数人通常都走正确之路。

### 三、对 Quod principi placuit，legis habet vigorem 所处片段的文本分析

我讨论的拉丁短语处于 I.1，2，6，我们必须在这一片段的范围内甚至更大的范围内理解研究的拉丁短语的含义，该片段的全文如下。

但元首决定之事也有法律的效力，因为人民已通过颁布关于其谕令权的王权法，把自己的一切谕令权和权力授予给他和其个人。因此，皇帝以书信规定的任何事情，或在审理中决定的任何事情，或以告示命令的任何事情，显然就是法律。这些就是叫做敕令的法律。显然，这些规定中某些是针对人的具体情况的，也不被取作先例，因为元首无意如此。事实上，由于某人的功劳而容许他的东西、或如果裁决处某人刑罚、或如果不作为先例地救济某人，都不超出该人。然而，其他决定，在它们具有普遍性的情况下，毫无疑问，约束所有的人。①

此段出自乌尔比安：《法学阶梯》第 1 卷，载于 D.1，4，1pr.—2，其辞曰：

  Pr. 元首决定的事情就具有法律的效力，因为人民根据已通过的有关君主权力的王权法将一切谕令权和权力授予了他。1. 因而，皇帝通过书信或签署文件加以确定的东西，或者在无须调查情况下直接作出的裁决，或者采用告示规定的东西，均属法律，我们通常把它们称为敕令。2. 自然，这其中一些东西是针对个人的，不被引以为例。因此，君主因某人功绩而允予的东西或对某人处以的特定刑罚，或例外地向某人施以的救济，均不适用于该人之外。②

对比两个文本，显然可见，乌尔比安的是蓝本，优士丁尼的是摹本，两者除了有一些文字差异，并无实质区别。但按著名罗马法学者弗里茨·舒尔

---

① 参见〔古罗马〕优士丁尼：《法学阶梯》（第二版），徐国栋译，中国政法大学出版社 2005 年版，第 17 页及以次。
② 参见〔意〕桑德罗·斯奇巴尼选编：《民法大全选译·正义与法》，黄风译，中国政法大学出版社 1992 年版，第 66 页及以次，译文有改动。

兹的研究，乌尔比安的上述文本经过了添加。首先，从语法上看，乌尔比安不可能用 regia 一词，也不可能采用 ei et in eum 式的表达，因为这些都是拜占庭式的，而乌尔比安离进入拜占庭时代还早呢！其次，从制度背景来看，乌尔比安不可能说按关于谕令权的法律把一切权力授予了皇帝，因为《韦斯巴芗谕令权法》仅授予经严格限制的权力给皇帝。① 尽管不能完全恢复乌尔比安的文本被添加前的形态，舒尔兹认为他大致只可能写出下列文字：

> 元首决定的事情具有法律的地位，因为通过移转谕令权的法律，人民已授予他这样的权力。②

尽管复原的文本剔掉了经添加的文本中包含的一些细节，两者的根本意思无别，因此，研究乌尔比安为何写出上述文本，对理解优士丁尼的文本，实乃要务。

在《学说汇纂》收录其著作的38位法学家中，乌尔比安（Domitius Ulpianus，约公元170—228年③）非常幸运，给后人留下了最多的生平资料，埃流斯·兰普里丢斯（Aelius Lampridius）的《亚历山大·塞维鲁斯传》、卡修斯·迪奥（Cassius Dio）的《罗马史》、艾罗迪亚鲁斯（Herodianus）的《从马尔库斯·奥勒留时代开始的帝国史》都有关于他的活动的记载，所以，无论是吉本的《罗马帝国衰亡史》还是盐野七生的《罗马人的故事》，都可以花相当篇幅叙述他的个人故事。我们由此知道，乌尔比安生于今日黎巴嫩境内的港市提洛斯，为希腊裔，是帕比尼安的学生。他生活在一个君主制逐步由温和走向专制的时期，历经马尔库斯·奥勒留（公元161—180年）、康茂德（公元180—192年）、赛埔提谬斯·塞维鲁斯（公元193—211年）、卡拉卡拉（公元211—217年）、马克利努斯（公元217—218年）、荷拉迦巴尔（公元218—222年）、亚历山大·塞维鲁斯（公元222—235年）7朝。在乌尔比安经历的7帝中，在位最长的是赛埔提谬斯·塞维鲁斯，达18年（马尔

---

① See Fritz Schulz, Bracton on Kingship, In *The English History Review*, Vol. 60, No. 237 (May 1945), p. 154.
② Ibid. 有意思的是，约翰. M. 凯利也只引用剔除了添加的这一乌尔比安文本。参见〔爱尔兰〕J. M. 凯利：《西方法律思想简史》，王笑红译，法律出版社2005年版，第65页及以次。
③ 关于乌尔比安的死亡时间，学界有争议，一说认为乌尔比安死于223年夏天。See Robert L. Cleve, Cassius Dio and Ulpian, On http://www.severusalexander.com/cleve.htm, 2009年11月6日访问。

库斯·奥勒留在位 19 年,更长,但他当政时乌尔比安尚在孩提,故不列入比较对象),最短的是马克利努斯,只有 1 年。这 7 帝,只有马尔库斯·奥勒留和赛埔提谬斯·塞维鲁斯死在床上,其余皆死于刀斧。乌尔比安本人及其老师帕比尼安也死于刀斧,这些足以说明乌尔比安所处时代的动荡了!我们知道,在马尔库斯·奥勒留之前,实行补选制,帝位并不当然传给在位皇帝的子女,而是传给贤能者,但最终,马尔库斯·奥勒留的儿子康茂德继承了地位,原因众说纷纭,这里不是讨论它们的地方。要言之,无论是被迫还是故意,马尔库斯·奥勒留都开创了父死子继的先例,罗马的帝制变得更加地道,皇权得到加强。在以上 7 帝中,只有荷拉迦巴尔来自叙利亚,其他都来自罗马帝国内部。但在他们之后,帝国就落入了出身野蛮人的皇帝之手,陷入瓦解。① 可以说,乌尔比安生活在一个皇权加强、帝国陷入没落的时期。在他之前,是属于黄金时代的安东尼王朝,在他成年后,面临的是一个开启罗马帝国衰落之路的塞维鲁斯王朝。在他服务的亚历山大·塞维鲁斯之后,就是军人皇帝时代了。②

尽管乌尔比安著述丰富,留有著作至少 23 种,其中有的是长达 83 卷的煌煌大著③,但他同样热衷政治。在赛埔提谬斯·塞维鲁斯时期担任过帕比尼安主持的法院(Auditorium)④ 的陪席法官(Assessor)以及元首君主顾问委员会的成员。在卡拉卡拉时期担任过文书官,负责起草敕答。在亚历山大·塞维鲁斯时期,他先是担任供粮官,然后是元首顾问委员会的主席和禁卫军长官。这是一个军事职位,他上任后削减了荷拉迦巴尔赋予禁卫军的特权,引起他们的敌意,最后被杀害于宫廷。⑤ 然而,在他死前,有过一段受宠的时光,他与亚历山大·塞维鲁斯保持亦师亦友的关系,朝着贤君的方向指导后

---

① 参见〔英〕吉本:《罗马帝国衰亡史》(上册),黄宜思、黄雨石译,商务印书馆 1997 年版,第 133 页及以次。

② 参见〔日〕盐野七生:《罗马人的故事 XII:迷途帝国》,郑维欣译,台湾三民书局 2006 年版,第 121 页。

③ 参见〔意〕桑德罗·斯奇巴尼选编:《民法大全选译·法律行为》,徐国栋译,中国政法大学出版社 1998 年版,第 161 页及以次。

④ 关于 Auditorium 的含义,Cfr. Giovanni Cicogna, Consilium Principis, Consistorium, Fratelli Bocca Editori, Torino, 1902, p. 426.

⑤ See Encyclopae dia Britannica Eleventh Edition, the Entey of Ulpian.

者的行为，由此社会安定，元老院的尊严、自由和权威得到恢复。① 他们不仅可像在马尔库斯·奥勒留时期一样可以在皇帝面前坐下，而且还被吸收参加元首顾问委员会起草法律。皇帝与元老院恢复了"两人二脚"的关系。② 按这种关系，元老院是立法机关，皇帝提出的法案非得到其通过，只是临时法，皇帝死后自动废除，不能成为具有长期效力的国策，因此，皇帝必须与元老院保持良好关系，才能避免自己人亡政息。所以，在乌尔比安的调教下，亚历山大对元老院保持谦恭态度，就不是什么奇怪的事情了。③

在这样的文本产生背景下，乌尔比安是否可能写出"君主喜欢的事情具有法律的效力"的句子呢？答案是可能性很小甚至没有，理由如下：

首先，乌尔比安的思想使他不可能写出"喜欢论"式的句子。乌尔比安的政治理想显然不是绝对君主制，他希望通过建立皇帝与元老院的共治来维护国家的安定。所以，他不可能以"君主喜欢之事即为法"的言辞完全张扬君主的任性。请注意，在我们讨论的文本中，关键句子 Quod principi placuit, legis habet vigorem 一语的主语是元首，这是奥古斯都为减缓人们对帝制的敌意而沿用的共和时期就有的一个术语，是"第一元老"的意思。④ 所以，奥古斯都开创的这种帝制是罗马帝制的第一个阶段，史家谓之帝政分权时期，有别于戴克里先创立的多米纳特制或帝政专权时期，"多米纳特"是"主人"的意思，在这个时期，皇帝大权独揽，不存在分权者。请注意，乌尔比安所处的历史时期属于元首制，所以，从大的政治环境来说，乌尔比安也不大可能提出君主独裁的政治主张。无妨说，尽管他经过了那么多的杀戮，但仍然希望罗马的政体是元首制。乌尔比安张扬君主的任性之不可能，还有一个证据，在 Quod principi placuit, legis habet vigorem 一语所出的同一部乌尔比安《法学阶梯》中，他用另外的言辞复述了这一拉丁短语的意思："凡皇帝借助于书信或通过审案决定的任何事情，或通过告示规定的事情，被看做是法律"

---

① 参见〔英〕吉本：《罗马帝国衰亡史》（上册），黄宜思、黄雨石译，商务印书馆1997年版，第128页及以次。
② 参见〔日〕盐野七生：《罗马人的故事XII：迷途帝国》，郑维欣译，台湾三民书局2006年版，第73页。
③ 同上书，第70页及以次。
④ Cfr la voce di Princeps senatus, On http：//en.wikipedia.org/wiki/Princeps_senatus, 2009年11月6日访问。

(D. 1. 4, 1, 1, Quodcumque igitur imperator per epistulam constituit vel cognoscens decrevit, vel edicto praecepit, legem esse constat. haec sunt quas volgo constitutiones appellamus)。此语中,除了以"决定"(Decernere)的动词取代双关的动词 Placere,其他的意思无异,而该词不会导致误解了。由此可见,我们讨论的乌尔比安的短语,只能是"元首决定之事具有法律的效力"的意思。

其次,乌尔比安的法律体系观使他不可能写出"喜欢"说式的句子。乌尔比安在罗马法律思想史上占据若干个第一。首先,他是第一个提出自然法、万民法和市民法的三分法的法学家。① 众所周知,自然法首先被用作评判市民法和万民法都承认的奴隶制的正当性的依据,当然,这种法可很容易地用来反对皇帝立法的专断,至少在涉及奴隶制的范围内可以这么说。其次,乌尔比安通常还被认为②是第一个提出了划分公私法的标准的法学家。我们知道,这种划分客观上具有限制公权力的操作者干预私法事项的功用。

最后,乌尔比安对 Placuit 一词全部都是在"决定"而非"喜欢"的意义上使用的。证明这一断言是困难的工作,因为乌尔比安为优士丁尼的《学说汇纂》提供了 2462 个片段,占约 1/3③,要一一考察乌尔比安在这些片段中对 Placuit 一词的用法,工作量相当大。但世界上怕就怕认真二字,用笨功夫——查检出它们并观察其含义是研究乌尔比安对该词用法的有效方法。《学说汇纂》全书使用 Placuit 一词 357 处,其中属于乌尔比安的 82 处。它们是: D. 1, 9, 7, 1; D, 2, 14, 12; D. 2, 14, 52, 1; D. 2, 15, 9, 1; D. 3, 5, 44, 2; D. 4, 3, 7, 6; D. 4, 3, 33; D. 4, 4, 3, 2; D. 5, 1, 50, 1; D. 5, 2, 27pr. ; D. 5, 2, 27, 3; D. 5, 3, 18, 2; D. 5, 4, 6pr. ; D. 7, 1, 7, 1; D. 7, 1, 9, 4; D. 8, 5, 8, 7; D. 9, 2, 27, 21; D. 9, 4, 21, 1; D. 10, 3, 7, 5; D. 11, 1, 16, 1; D. 11, 8, 1, 3; D. 12, 1, 26; D. 12, 2, 11, 1; D. 12, 6, 23, 1; D. 12, 6, 25; D. 12, 6, 26, 4; D. 12, 6, 26, 13;

---

① See James Crawford Ledlie, Ulpian, In *Journal of the Society of Comparative Legislation*, New Series, Vol. 5, No. 1 (1903), p. 22.

② 这样说,是因为西塞罗提出过公法的定义,但他没有提出相应的私法的定义。参见徐国栋:《民法哲学》,中国法制出版社 2009 年版,第 29 页。

③ See James Crawford Ledlie, Ulpian, In *Journal of the Society of Comparative Legislation*, New Series, Vol. 5, No. 1 (1903), p. 21.

D. 14，1，4，2；D. 14，3，5，4；D. 17，2，63，3；D. 18，1，7pr.；D. 19，1，17，6；D. 19，2，13，3；D. 19，2，19，1；D. 21，1，31，20；D. 23，3，34；D. 24，2，11，2；D. 23，3，34；D. 27，2，1，3；D. 27，3，1，3；D. 27，3，5；D. 27，9，3，5；D. 28，1，21，1；D. 29，2，6，1；D. 30，47，3；D. 33，8，8，3；D. 33，8，8，5；D. 35，1，7pr.；D. 35，1，19pr.；D. 36，3，1，13；D. 38，2，14，4；D. 38，9，1，12；D. 38，16，3，10；D. 38，17，1，1；D. 38，17，1，6；D. 39，1，1，12；D. 39，3，3pr.；D. 39，3，6，1；D. 40，1，1；D. 40，5，24，7；D. 40，5，46，3；D. 41，2，13，8；D. 41，2，13，9；D. 42，5，24，2；D. 43，13，1，4；D. 43，17，3，3；D. 43，19，5，1；D. 43，23，1，7；D. 43，29，3，7；D. 45，3，7，1；D. 46，1，8，7；D. 46，4，8，2；D. 46，7，5，4；D. 43，7，13pr.；D. 47，2，36，1；D. 47，10，5，6；D. 47，10，17，2；D. 48，1，8，3；D. 48，1，9pr.；D. 49，15，21，1；D. 50，1，6，2；D. 50，4，3，10；D. 50，16，17。从它们的含义来看，它们都是"决定"、"商定"、"认为"、"认为正确"的意思。尤其用来表示法学家就某一问题表达的看法或作出的决定。《学说汇纂》收录的其他法学家的用法也是如此，因此可以说，作为法律术语的 Placuit 一词根本没有"喜欢"的用法。

令人意想不到的是，贝格的《罗马法百科全书词典》设有 Placuit 条目，谓：该词用来表达特定法学家的观点。Placuit principi 指某个皇帝的决定或立法。该条目彻底排除了作为法律术语的 Placere 一词有"喜欢"的意思，是在一个铁案上再加了一个铅封。

但也有一个人们认为有利于"喜欢说"的证据：乌尔比安说过疑似无限扩张君权的话。下面我介绍它们并作出批驳：

确实，根据优士丁尼的《学说汇纂》的报道（D. 1，3，31），乌尔比安在其《优流斯和波培乌斯法评注》第 13 卷中说："元首免受法律约束。事实上，就算元首的妻子并非免受法律约束，但元首通常分给她自己享有的那些特权"（Princeps legibus solutus est：augusta autem licet legibus soluta non est, principes tamen eadem illi privilegia tribuunt, quae ipsi habent）。吉本把此语过度解释为"法学家说皇帝已经从民法的限制中解放出来，可以随心所欲地处置其臣民的生命和财产,也可以把帝国作为其私有财产处理"。① 但根据弗里茨·舒尔兹的考订,乌尔比安在这个上下文中能说的只可能是"元首免受该法约束"(Princeps lege solutus est),也就是免受《优流斯和波培乌斯法》的一个部分的约束,这个法律是公元前18年奥古斯都颁布的《关于等级结婚的优流斯法》和公元9年的《关于婚姻的帕皮尤斯和波培乌斯法》(Lex Papia Poppaea Nuptialis)的合称,两者都鼓励结婚,打击独身或婚而不育者,所以法学家们把它们放在一起作为评注对象。乌尔比安在《优流斯和波培乌斯法评注》第13卷中谈论的是根据《关于婚姻的帕皮尤斯和波培乌斯法》产生的落空遗产份额(Caduca ex lege Papia),也就是因为独身或婚而不育被剥夺继承能力者不能继承的遗产份额,此等份额应该归皇库(Fiscus)。按这种解释,乌尔比安说的是元首如果婚而不育(上下文中已排除元首独身的可能)并不丧失继承能力。但《学说汇纂》的编订者把 Lege 篡改成 Legibus,把单数改成复数,以此达到张扬君权的目的。②

那么,乌尔比安为何要保留元首在上述情形中的继承能力呢? 因为罗马人有指定皇帝为自己的遗产受赠人的习惯。③ 历史上以此等身份得遗产最多者为奥古斯都和提贝留斯。奥古斯都在其《行述》中说明自己20年来从友人、知己遗产的所得超过14亿塞斯特斯。④ 这些友人中就包括了诗人维吉尔,他把自己1/4的遗产给了皇帝,还有诗人贺拉斯(Quintus Horatius Flaccus,公元前65—公元前8年);还有其挚友阿格里帕,而文学艺术的著名保护人梅切纳斯把自己的全部遗产都遗赠给了奥古斯都;公元前5年的执政官秦纳指定奥古斯都为自己唯一的继承人⑤;法学家卡皮托把提贝留斯皇帝列为自己的继

---

① 参见〔英〕吉本:《罗马帝国衰亡史》(上册),黄宜思、黄雨石译,商务印书馆1997年版,第107页。
② See Fritz Schulz, Bracton on Kingship, In *The English History Review*, Vol. 60. No. 237 (May 1945), p. 158.
③ See Robert Samuel Rogers, The Roman Emperors as Heirs and Legatees, In *Transactions and Proceedings of the American Philological Association*, Vol. 48 (1947), Johns Hopkins University Press, pp. 144s.
④ 参见〔日〕盐野七生:《罗马人的故事 VI:罗马和平》,张丽君译,台湾三民书局1998年版,第316页。
⑤ See Robert Samuel Rogers, The Roman Emperors as Heirs and Legatees, In *Transactions and Proceedings of the American Philological Association*, Vol. 48 (1947), Johns Hopkins University Press, p. 142.

承人。① 这些遗产是皇库的资产来源之一。皇库并非皇帝的私产，而是托付给他的在他控制下的为了公共目的的财产，皇帝有权利且也有道德上的义务仅为公共福利使用皇库的岁入。② 考虑到皇库对私人遗产的极大依赖，以及皇库在满足公共财政需要中的地位，因为元首不生育就剥夺他取得这方面遗产的权利能力，不是对他的惩罚，而是对国家的惩罚，所以，乌尔比安为皇帝在这方面设立了一个豁免权，这个跟现代法为国家元首设立的诉讼豁免权道理差不多。基此可以认为，把 Princeps legibus solutus est 当做证明皇权不受法律约束的论据，不能成立。

顺便指出，在优士丁尼《法学阶梯》中［I.2, 17, 8（7）］还有另一个张扬君权不受法律限制的片段，有如下列：

> 在同一演说中他还表示：自己不接受因不和而把元首作为继承人遗留下的遗产，也不批准非法订立，由于这一原因把他指定为继承人的遗嘱，也不接受根据单纯的口头指定的继承人名义，也不根据任何缺少法之权威的文件取得某物。在此之后，被尊为神的塞维鲁和安东尼努斯很经常地批复："尽管事实上"，他们说，"我们不受法律约束，但我们根据法律生活"。

弗里茨·舒尔兹认为这一片段也经过了篡改③，因为上述片段提到的塞维鲁斯和安东尼努斯被收录在优士丁尼《法典》中的被援引的片段并无张扬君权之意，亚历山大·塞维鲁斯的敕令有如下列：

> 经常有敕令规定，皇帝也不能根据形式有缺陷的遗嘱要求遗产，事实上，就算谕令权法豁免皇帝遵守市民法的程式，但没有什么比依据市民法生活更加符合自己的谕令权了（C.6, 23, 3, 亚历山大皇帝致安提过努斯，232 年）。④

以上是优士丁尼《法学阶梯》2, 17, 8（7）援引的塞维鲁斯的文本，

---

① Ibid., p. 144.
② See Adolf Berger, *Encyclopedic Dictionary of Roman Law*. Philadelphia: The American Philosophical Society, 1991, p. 473.
③ See Fritz Schulz, Bracton on Kingship, In *The English History Review*, Vol. 60, No. 237（May 1945）, p. 159.
④ Cfr. Codex Iustinianus, Weidmann, Berlin, 1954, pp. 253s.

被援引的安东尼努斯的文本不见于优士丁尼《法典》，根据弗里茨·舒尔兹的考证，他的说法应跟塞维鲁斯的说法差不多，可能是这样：

> 就算谕令权法豁免朕遵守市民法的程式，但朕依据市民法生活。①

C.6，23，3 如同乌尔比安的《优流斯和波培乌斯法评注》第13卷一样，在一个非常狭窄的语境——遵守市民法规定的程式的语境——谈论君主的守法义务，告诉我们，谕令权法豁免皇帝遵守市民法的程式取得遗产的义务，换言之，即便遗嘱订立得有形式缺陷，例如证人没有签名或盖印于遗嘱之上，皇帝也可根据它们取得遗产，其他人则不可以。该法的考虑有二，其一，具有较高或同样谕令权的长官不得受裁判官强制（D.4，8，4。保罗：《告示评注》第13卷），因此，如果皇帝因为指定他为受遗赠人的遗嘱的缺陷出现在法院，局面将是尴尬的，所以干脆豁免他这方面的义务。这样的规定由此开创了现代国家元首司法豁免权的滥觞。显然，我们并不因为现代国家元首享有这样的豁免权就认为他们高踞于法律之上。其二，充盈皇库的需要。《优流斯和波培乌斯法》是以剥夺继承权的方式打击独身和婚而不育的，但这样的打击课加于皇帝有时就不妥。理由一，有些皇帝冲龄即位，例如，乌尔比安的主要服务对象亚历山大·塞维鲁斯13岁即位，他们未达到法定婚龄，但要为皇库接受广大民众的遗赠。理由二，为贪图安逸的婚而不育者才值得打击，实在生不出来的也这样打击，就陷入客观归罪了。5贤帝中的前4个，即内尔瓦、图拉真、阿德里亚努斯、安东尼努斯·皮尤斯都无子②，只有马尔库斯·奥勒留有子，前4者当都属于这种情况，他们应可为皇库接受遗赠。对这两种情形中的皇帝实行豁免，才可让皇库多多有进账，以满足公共开支。但有些较真的皇帝认为这样的权宜之计破坏了法治的尊严，遂主动放弃这样的特权，因为自己以谕令权让民众守法，自己守法，则是符合自己的谕令权的，完全采用的是"相如虽渴，不饮盗泉之水"的理路。但优士丁尼《法学阶梯》的编者为了扩张皇权的需要，把这个片段从皇帝——遗嘱法的语境推

---

① See Fritz Schulz, Bracton on Kingship, In *The English History Review*, Vol. 60, No. 237 (May 1945), p. 159.

② 参见〔日〕盐野七生：《罗马人的故事 VIII：危机与克服》，郑维欣译，台湾三民书局 2002 年版，第 218 页。

广到皇帝———一切法的语境，虚构出"我们不受法律约束……"这样的句子，但凑巧编订优士丁尼《法典》的是另一批人，两个编者队伍没有协调，结果形成转述与原始文本的不一致，穿帮大矣！两个文本对比，反而证明罗马皇帝的豁免权很小，而且皇帝们自愿放弃。吉本们依据这些经篡改的文本所做的妄言可以休矣！

尽管在乌尔比安的时代，君主不可能超越于法律之上，但他们的权力肯定比共和时期执政官的权力大得多。有人这样比较共和时期和帝政时期法与权的大小：在共和时期，罗马的法律与其说是国家的法令，不如说是法学家的创造。恺撒上台后，使法律受制于中央集权的政府的需要。法学家的地位由此降低，尽管他们可以达到政权的极高位置，但不少被谋杀[①]，乌尔比安本人就是如此，因为此时的法学已同君主制紧密联系起来。[②] 所以，无妨说乌尔比安的 Quod principi placuit, legis habet vigorem 具有强化贤君的皇权，为敕令的直接法律效力张目的倾向，换言之，免除敕令的经过元老院批准的程序，使其具有直接的法律效力。

在 1 世纪的元首制时期，皇帝的决定还不能直接生效，皇帝必须本人或通过代表到元老院发表演说（Oratio），其内容为一个法案，元老院批准的，才成为法律，严格说来是成为元老院决议。这样，皇帝不过是提案人，元老院才是真正的立法机关。从理论上讲，元老院完全可以驳回皇帝的提案。这种分权制衡的格局，使把元首制时期叫做帝政分权时期不冤。皇帝的立法以元老院决议的方式作出，乃因为他是第一元老！当然，分权还体现在另外的方面：其他高级长官也可提议制定某个元老院决议，也就是说，法案提出权是皇帝与其他长官分享的。直到阿德里亚努斯皇帝时代（公元 117—138 年），才罢黜了高级长官向元老院提出法案的权力，这一权力由皇帝独揽，皇权加强了。非独此也，元老院对皇帝法案的通过不经讨论，成为一个橡皮图章，对法案的批准流于形式。从此，"元首的演说"成为一个取代"元老院决议"的法律术语，后一术语只用来指早期的元老院决议。"元首的演说"存在的时

---

[①] See Ronald Syme, Lawers in Government: The Case of Ulpian, In *Proceedings of the American Philosophical Society*, Vol. 116, No. 5 (Oct. 13, 1972), p. 406.

[②] 参见〔英〕吉本：《罗马帝国衰亡史》（上册），黄宜思、黄雨石译，商务印书馆 1997 年版，第 107 页。

间不长，历史上只留下了 14 个重要的元首演说，它们绝大多数出自安东尼王朝的两个"贤帝"阿德里亚努斯（2 个）和马尔库斯·奥勒留（8 个）。他们被称为贤皇帝的重要原因是他们尊重元老院。到了 2 世纪早期，产生了"元首敕令"（Constitutiones principum）的术语取代"元首的演说"的术语①。所以，161 年左右的盖尤斯《法学阶梯》1，4—5 把元首的敕令与元老院决议作为并列的两种法律渊源，并断言后者具有无可置疑的法律效力。相反，元老院决议是否有法律效力是有争议的。② 为何争议？不难理解。过去，元首的敕令采取元老院决议的形式，现在，前者独立于后者了，后者又以皇帝为唯一的提案人，现在皇帝已不可能做出这样的提案，那还要元老院决议作甚？当然，由于有一些早期的元老院决议仍然是活法，所以宜保留元老院决议的名目，至于新的元老院决议，就不可能再有了。根据齐云博士的统计，罗马法史上共有 130 多个元老院决议，其中最晚的《关于夫妻间赠予的安东尼努斯元老院决议》（Senatusconsultum ad orationem Antonini de donationibus inter virum et uxorem）于 206 年（这正在乌尔比安的盛年期中）制定③，此后，元老院决议作为一个立法品种就功能性灭绝了。④ 元首敕令则抛开元老院决议的外衣直接成为法律渊源，生生不息。这种现实需要理论说明，尽管盖尤斯在 161 年许就提供了这样的说明，但稍晚的乌尔比安仍处在一个"元首的演说"和"元首的敕令"并存的过渡时期，195 年，他服务的赛埔提谬斯·塞维鲁斯颁布过一个禁止监护人和保佐人转让或抵押被保护人的土地的"演说"；在 206 年，他服务的赛埔提谬斯·塞维鲁斯和卡拉卡拉还颁布过一个关于夫妻间赠予的"演说"⑤，因此，敕令的独立地位还要强调，故乌尔比安以 Quod princi-pi placuit, legis habet vigorem 的文句重申了盖尤斯的说明。应该说，他的重申是有效的，在乌尔比安死后，"元首的演说"再不见于史书记载，敕令的独立

---

① See Adolf Berger, *Encyclopedic Dictionary of Roman Law*. Philadelphia：The American Philosophical Society，1991，p. 611；p. 410.
② 参见〔古罗马〕盖尤斯：《法学阶梯》，黄风译，中国政法大学出版社 1996 年版，第 2 页。
③ 参见齐云：《罗马的元老院决议》，未刊稿。
④ 这是赛埔提谬斯·塞维鲁斯皇帝特别尊重元老院的结果。在乌尔比安辅佐亚历山大·塞维鲁斯的时期，不曾颁布过一个元老院决议。
⑤ See Adolf Berger, *Encyclopedic Dictionary of Roman Law*. Philadelphia：The American Philosophical Society，1991，p. 611.

地位终于确立。乌尔比安对于这一成果，宣力至巨。

敕令的独立地位之取得还与亚历山大·塞维鲁斯对元首顾问委员会的改革相连。从第一任元首奥古斯都开始，每个皇帝都设立自己的元首顾问委员会，其职责相当于内阁，其成员主要是元老，后来逐渐吸收骑士参加。到了亚历山大·塞维鲁斯，在他未亲政的时期，元首顾问委员会也由 16 个杰出的元老组成。① 但他亲政后，其顾问委员会采取了非元老化倾向，其成员达到 70 人，其中 20 个是最博学的法学家，50 个是精于言辞的智者。选择的标准是与皇帝本人的友谊、可能成员的社会地位，尤其是他们的法学家资格。② 其中包括的法学家有乌尔比安、保罗等。他们构成一个法案准备机构。贤帝塞维鲁斯非经与他们协商，绝不颁布任何敕令。在委员会开会时，会问到每个人的意见并把他之所言记下来，但在任何人发言前，都给他时间咨询并思考，以便他不至于被迫就极重大的问题信口开河。委员会以多数为决定，要求的多数程度与通过元老院决议要求的多数程度同。③ 这样准备好的法案到了元老院尽管只盖一个章，但不影响其合理性。看来，塞维鲁斯表面上尊重元老院，采取了一些赋予其尊荣的措施，但骨子里是瞧不起这个机构的，实际上是把元首顾问委员会搞成了真正的元老院取代那个具有元老院名称的机构，于是发生了立法权由议会向内阁的转移。对此，法国学者爱德华·屈克辛辣地说："元老院绝对不能独立作为抵抗皇帝意志的工具，其权威是虚拟的，其作用仅限于登录皇帝的敕令"。④

但这样的元首顾问委员会的立法程序无任何任性可言，对此有实例可证。塞维鲁曾想用不同的服色把每个皇帝班子区分开来，并用服色把奴隶区分开来，但乌尔比安和保罗或许是按上述程序阻止了他的这一想法，理由是遇到

---

① Voir Edouardo Cuq, Le Conseil des Empereurs d'Auguste à Diocletien, Ernest Thorin Editeur, Paris, 1886, p. 345. 令人遗憾的是，日本学者盐野七生错误地把塞维鲁斯亲政前的元首顾问委员会建制等同于他整个在位期间的元首顾问委员会建制。参见〔日〕盐野七生：《罗马人的故事 XII：迷途帝国》，郑维欣译，台湾三民书局 2006 年版，第 73 页。

② Cfr. Giovanni Cicogna, Consilium Principis, Consistorium, Fratelli Bocca Editori, Torino, 1902, p. 105.

③ See Aelius Lampridius, The Life of Severus Alexander, 18, Translated by David Magie, On http://www.severusalexander.com/historia.htm, 2009 年 11 月 5 日访问。

④ Voir Edouardo Cuq, Le Conseil des Empereurs d'Auguste à Diocletien, Ernest Thorin Editeur, Paris, 1886, p. 347.

爱吵架的人，这样的安排会引起喧嚷。最后，塞维鲁斯作出妥协，只决定用宽紫带把罗马骑士与元老区分开来。① 所以，皇权的扩张并不意味着皇帝的任性的扩张。塞维鲁斯似乎为自己的可能的任性自我设定了一个限制工具。

**四、对经添加的优士丁尼《法学阶梯》有关文本的分析**

现在我们回到乌尔比安的文本的摹本——优士丁尼《法学阶梯》1，2，6，这是一个经添加的文本，但添加并不导致文本价值的完全丧失，正犹如伪书并非毫无价值，倒是可以把它看做优士丁尼的一个反映当时社情的文本。

  但元首决定之事也有法律的效力，因为人民已通过颁布关于其谕令权的王权法，把自己的一切谕令权和权力授予给他和其个人。因此，皇帝以书信规定的任何事情，或在审理中决定的任何事情，或以告示命令的任何事情，显然就是法律。这些就是叫做敕令的法律。显然，这些规定中某些是针对人的具体情况的，也不被取作先例，因为元首无意如此。事实上，由于某人的功劳而容许他的东西、或如果裁决处某人刑罚、或如果不作为先例地救济某人，都不超出该人。然而，其他决定，在它们具有普遍性的情况下，毫无疑问，约束所有的人。②

本段中的关键术语是《关于谕令权的王权法》，对它的解释将左右对元首权力大小的研判。关于这一法律，学界讨论颇多，意大利罗马宪法专家德·马尔蒂诺告诉我们有人对此持否定说，理由是在古代，根本不需要承认王的权力，甚至在形式上也不需要，因为谕令权是官员行使的③，但通说认为，它是存在于起自王政时期，存续于共和时期，保存至帝政时期的罗马政治习俗中的一系列授予王、长官和皇帝谕令权的法律。④ 这一习俗的最早创始

---

  ① See Aelius Lampridius, *The Life of Severus Alexander*, 27, Translated by David Magie, On http：//www.severusalexander.com/historia.htm, 2009 年 11 月 5 日访问。

  ② 参见〔古罗马〕优士丁尼：《法学阶梯》（第二版），徐国栋译，中国政法大学出版社 2005 年版，第 17 页及以次。以下本书援引的所有优士丁尼《法学阶梯》的片段，都出自此书。以下不再另行说明。

  ③ 参见〔意〕德·马尔蒂诺：《罗马政制史》（第一卷），薛军译，北京大学出版社 2009 年版，第 118 页。

  ④ See Adolf Berger, *Encyclopedic Dictionary of Roman Law*. Philadelphia：The American Philosophical Society, 1991, p. 550.

人是罗马的第二任王努马（Numa Pomfilius），他被库里亚大会授予王的职权后，提议此等库里亚大会投票确认他自己的权力，形成确立王权的库里亚法。他的后任图流斯·奥斯提流斯（Tullius Hostilius，公元前672—公元前641）、安库斯·马尔求斯（Ancus Marcius，公元前614—公元前616年）、塔克文·普里斯库斯（Tarquinius Priscus），塞尔维尤斯·图流斯（Servius Tullius）和高傲者塔克文（Tarquinius Superbus）尔后采用同样的程序确权。① 谕令权是长官发号施令的权力。大长官享有此权。谕令权分为民事的和军事的，前者是在意大利的范围内的一般的执行权和行政权，后者是主持百人团会议的权力，以及行省管理权。② 凭这种权力可以生杀予夺，所以需要采用严格的程序确定其范围。到了共和时期，大长官经百人团会议选出后，也要根据谕令权法确权。所谓大长官，就是有谕令权的长官，包括执政官、裁判官、监察官、独裁官等，与部落会议选出的无须确权的小长官并立。③ 到了元首制时期，对元首谕令权的批准权由民会转到元老院，但长期没有采取明示的方法确认元首的权力，对于此等权力，元首和元老院心照不宣而已，尽管如此，也有学者认为，"公民议会为第一位皇帝奥古斯都制定了一个王权法"④，这样的意见猜测性很强。所以，韦斯巴芗皇帝不满这种不明确的局面，于在位期间（公元69年）制定了《韦斯巴芗谕令权法》（Lex de imperio Vespasiani），其中明确规定皇帝的权力有以下8项：（1）外交权；（2）法案提出权；（3）召集临时的元老院会议通过法案权；（4）长官候选人推荐权；（5）城界外推权，也就是扩大罗马城的范围的权力。这不仅具有城市建设的意义，而且有政治意义，因为一些长官——例如保民官——的权威以城界为界限，外推城界等于扩张此等长官的管辖权范围；（6）为国家利益便宜行事权；（7）免受法律

---

① Voir Baudouin Stasse, La loi curiate des magistrats, In Revue Internationale des droits de l'Antiquité, LII（2005），p. 380. 也参见〔古罗马〕西塞罗：《论共和国》，王焕生译，世纪出版集团、上海人民出版社2006年版，第151页、第157页、第159页、第161页、第161页。

② See William F. Allen, The Lex Curiata de Imperio, In *Transactions of the American Philological Association*, Vol. 19（1888），p. 6. 有的作者把谕令权分为最大的、纯粹的和混合的。参见〔美〕哈罗德·伯尔曼：《法律与革命》，贺卫方等译，中国大百科全书出版社1993年版，第353页。

③ Cfr. Aulo Gellio, Notti Attiche, Traduzione Italiana di Luigi Rusca, Volume Secondo, BUR, Milano, 2001，p. 923.

④ 参见〔爱尔兰〕J. M. 凯利：《西方法律思想简史》，王笑红译，法律出版社2005年版，第66页。

约束权和前任政治权力继承权；（8）既往作为被追认合法权，外加违法豁免权、免交罚款权、免受控告权。① 该法是一个重要的罗马宪法文件，揭明了皇权与民权的传袭关系，从它自然可得出君权民授的结论。它对于皇帝享有的权力采取了明示主义，换言之，未经授予的权力不得行使。尽管安排了一些便宜行事条款和脱困之道——甚至包括现代的豁免权制度——但根本不能使人得出君权无限以至于其喜欢之事都可成为法律的结论。

现在我们面对的并非上述文本在韦斯巴芗时代的适用情况，而是它在优士丁尼时代的有效性。遗憾的是，优士丁尼并未像韦斯巴芗一样制定一部类似的宪法文件，但他对于谕令权授予法是承认并重视的。在其法典编纂中 4 次提到这一法律（它们是 I.1，2，6；C.6，23，3，为乌尔比安服务的元首亚历山大·塞维鲁斯发布的一个敕令；D.1，4，1pr. 等），这证明优士丁尼继续承认谕令权法的存在和效力，本文研究的优士丁尼文本属于其中的一次。在这 4 次提及中，除了一次采用 Lex imperii 的共和时期名称，其他 3 次都采用 Lex Regia 的王政时期名称，以适应拜占庭人对王权性质的理解。② 至此就可以理解，舒尔兹为何认为乌尔比安不可能写出"王权法"之类的文字，却又肯认他关于有一个授予元首权力的法律之说明了。

而且，在优士丁尼时期，也存在被称之为御前会议（Consistorium）的类似于元首顾问委员会的机构构成对皇权的制约。此等机构与以前的元首顾问委员会主要由元老和骑士组成不同，它主要由卸任长官或现任长官构成。③ 所有的法律、敕答和审理，在皇帝尚未为决定的情形，都由书记官（Scrinia）在财务官等长官的指导下起草方案，然后在此等御前会议上形成草案。④ 在这样的程序制约下，如果不能说皇帝的任性不是没有，那么也很少有自己的空间。

---

① 参见〔日〕盐野七生：《罗马人的故事 VIII：危机与克服》，郑维欣译，台湾三民书局 2002 年版，第 220 页及以次。See also Fred B. R. Hellems, Lex de imperio Vespasiani, A Consideration of Some of the Constitutional Aspects of the Principate at Rome, Chicago: Scott, Foresman and Company, 1902, pp. 5ss.

② See Adolf Berger, *Encyclopedic Dictionary of Roman Law*. Philadelphia: The American Philosophical Society, 1991, p. 551.

③ Cfr. Giovanni Cicogna, Consilium Principis, Consistorium, Fratelli Bocca Editori, Torino, 1902, p. 265.

④ Ibid., p. 253.

非独此也，优士丁尼的文本本身还从两个途径排除了君主的任性成为法律。其一是方式法定主义的途径；其二是普遍性的途径。容分述之。

先说其一。在优士丁尼的文本中，只承认敕答（"皇帝以书信决定的任何事情"，是皇帝对于人民或官吏就法律上的疑问所作的批复，效力及于全国，在皇帝敕令中占很大比例）、敕裁（"皇帝在审理中决定的任何事情"，即皇帝在非常诉讼案件的初审或再审中所为之裁判，原则上其效力仅及于本案当事人，但裁决如涉及法律问题，全国法官均当援用）、敕谕（"皇帝以告示命令的任何事情"，它是对全体人民所发的通令，效力及于全国）具有法律效力，换言之，皇帝的任何其他决定，不得成为法律。这样，一些皇帝非经深思熟虑决定的事情，就不至于成为法律或恶法了。至于所谓的训示（Mandata，是皇帝在官吏就职之时对其作出的指示，其效力本仅及于接受训示的官吏，后因同级官吏有统一的训令，故实际上个别的训令都有广泛的拘束力，内容多为行政性的），尽管被一些罗马法学者认为是敕令的一种[1]，但由于缺乏充分的普遍性，优士丁尼的文本并未把它看做法律，而且，法学家也不把它包括在皇帝敕令中，而是把它们作为特别类型的皇帝规范。[2]

次说其二，优士丁尼的文本把君主对个人的赏罚或救济与具有普遍性的法律区分开来，也就是把命令与法律区分开来。命令是针对个人的处置，只适用一次。法律是针对不确定的多数人的处置，可反复适用。法律的普遍性是对立法者的个人任性的约束，也是对法律适用上的平等的保障。这里不妨以乌尔比安服务的亚历山大·塞维鲁斯的例子说明问题，因为优士丁尼的这一文本完全采自乌尔比安的《法学阶梯》。塞维鲁斯特别痛恨盗窃犯，他命令判处盗贼不得出现于城市，如果发现他们还在，行省总督应流放他们。[3] 这是塞维鲁斯把自己个人的好恶掺杂在司法中，违反了以罚金处罚窃贼的常法。[4] 另外，一个叫维尔科纽斯·图利努斯（Verconius Turinus）的人经常散布关于

---

[1] 参见周枏：《罗马法原论》（上册），商务印书馆1984年版，第52页。

[2] See Adolf Berger, *Encyclopedic Dictionary of Roman Law*. Philadelphia: The American Philosophical Society, 1991, p. 574.

[3] See Aelius Lampridius, The Life of Severus Alexander, 15, Translated by David Magie, On http://www.severusalexander.com/historia.htm, 2009年11月5日访问。

[4] 参见〔古罗马〕优士丁尼：《法学阶梯》（第二版），徐国栋译，中国政法大学出版社2005年版，第423页。

塞维鲁斯的谣言，塞维鲁斯遂命令起诉他，定罪后把他绑在柱子上烧稻草和湿木把他熏死，理由是"出卖烟的人应受烟之罚"。① 这样的处置过于残暴，过于背离常法，因此不能作为法律看待。

当然，元老院的批准是最后的消除任性的途径，尽管这一途径不见于优士丁尼的文本自身。在皇帝死后，元老院要对其制定的敕令进行总的审查，发现有任性因素的，不予确认。这样也阻遏了皇帝的任性成为法律。

### 五、对 Quod principi placuit，legis habet vigorem 的运用和滥用

对如上如此强调运用各种手段限制君主立法权的文本，历代学者有正确运用它的，也有滥用它的。容分述之。

运用者很多，略举数例如下：

（1）索尔兹伯里的约翰（约1115—1180年）。斯人为英国政治学家，他于1159年写成的《论政府原理》在整个西方被认为是有关政府本质问题的最权威著作，他主张君权应受控制。② 为此，他"……引用了优士丁尼《学说汇纂》中一段关于由罗马人民把权力交给皇帝的著名的话，并且论证说，君主因而是人民的代表或'代理人'"③。显然，约翰引用的就是乌尔比安的文本，他从中看到的并非君权无限说，而是君权民授说。这当然是正确的理解。

（2）布拉克顿（1210—1268年）。这位英国公法传统的开创者之一把乌尔比安的片段解释为国王除了依法行事外不能做任何事情，他可以立法改变法律的事实与这一原则并不冲突，因为已依法授予他立法权。④ 他认为，并非依国王意志决定的任何事情都有法律效力，只有经他的权贵同伴的建议，在审慎考虑和讨论后，由国王授权正当地确立的事情才是如此。⑤

（3）巴托鲁斯（1314—1357年）。他对乌尔比安片段的理解是：百姓一

---

① See Aelius Lampridius, The Life of Severus Alexander, 36, Translated by David Magie, On http：//www. severusalexander. com/historia. htm, 2009年11月5日访问。
② 参见〔美〕哈罗德·伯尔曼：《法律与革命》，贺卫方等译，中国大百科全书出版社1993年版，第338页。
③ 同上书，第347页。
④ See Brian Tierney, Bracton on Government, In *Speculum*, Vol. 38 (2), 1963, p. 298.
⑤ 参见〔美〕C. H. 麦基文：《宪政古今》，翟小波译，贵州人民出版社2004年版，第58页。See also Brian Tierney, Bracton on Government, In *Speculum*, Vol. 38 (2), 1963, p. 298.

般总是把他们的主权的行使权授予选举产生的统治者或行政长官群体,但政府不能制定任何与全体百姓一致同意的规章制度相悖的规章制度,未经百姓的授权,则不能为任何立法。①

(4)麦基文(C. H. MacIlwain,1871—1968年)。在其《古今宪政》一书中,麦基文首先表示自己在研读宪政史的过程中,为罗马共和宪法的影响和意义打动。② 其次,他认为,罗马宪政的真正本质在于这一古老且深刻的原则:人民,只有整个人民才是法律权力的最终渊源。支撑罗马国家的根本学说及真正的指导精神,是宪政主义,而非专制主义。即使在公元6世纪,优士丁尼的委托人也不能从法律渊源中抹掉该宪政主义。③ 所以,在他看来,罗马法学核心的政治原则,不像人们常说的那样是君主专制主义,而是这样的学说:人民是国家全部合法政治权力的最终来源。④ 但麦基文是自相矛盾的,他在其小册子的第三部分讲了上述赞扬罗马宪政的话,到了第四部分,他就开始说罗马专制主义了,他在比较了优士丁尼的蓝本 quod principi placuit, legis habet vigorem, cum lege regia, quae de imperio eius lata est, populus ei et in eum omne suum imperium et potestatem concessit 与布拉克顿在其拉丁文著作《英格兰的法律与习惯》中对优士丁尼上述句子的改写版 nec obstat quod dicitur quod principi placet legis habet vigorem, quia sequitur in fine legis cum lege regia quae de imperio eius lata est⑤ 后,说优士丁尼说的是"君主意志具有法律效力,因为人民用王权法把全部权力都授予了国王",而布拉克顿说的是"君主意志依据已制定的王权法具有法律效力"。由于前者的理由是"因为人民用王权法把全部权力都授予了国王"(Cum lege regia, quae de imperio eius lata est, populus ei et in eum omne suum imperium et potestatem concessit),后者的理由是"依据已制定的王权法"(cum lege regia quae de imperio eius lata est),

---

① 参见〔英〕昆廷·斯金纳:《近代政治思想的基础》(下),奚瑞森、亚方译,商务印书馆2002年版,第185页。See also J. Neville Figgis, Bartolus and the Development of European Political Ideas, In *Transactions of the Royal Historical Society*, Vol. 19 (1905), p. 156.
② 参见〔美〕C. H. 麦基文:《宪政古今》,翟小波译,贵州人民出版社2004年版,第34页。
③ 同上书,第46页。
④ 同上书,第50页。
⑤ 译文为"也不能阻止说元首决定之事具有法律的效力,但要遵守法律的限制,因为关于谕令权的王权法让他如此"。

因此，优士丁尼的话是专制主义的，布拉克顿的话是宪政主义的。① 但麦基文遇到了克星，白里安·提尔内（Brian Tierney）认为他的这一分析错了，原因很简单，麦基文没有认真地读布拉克顿的文本才这么说，因为布拉克顿的文本与优士丁尼的文本一样，是抄后者，两者间没有麦基文想象的区别。② 读者读了两者的译文后不难自己得出这样的结论。令人扼腕叹息的是，麦基文的流毒如此之广的英国宪政优越论的基础竟如此脆弱，脆弱到基于错误以及由于消除错误产生的虚无，但它还是使一些崇拜者继续受害！顺便指出，麦基文的错误还在于：认定乌尔比安的文本讲到的元首的权力不包括审判权③，实际上，该文本本身中有的"审理"，就是指的元首的审判立法。

不幸的是，麦基文批驳的认为罗马非宪政的观点以及他自相矛盾的言论中不利于罗马宪政说的观点，借助于他的名著《古今宪政》传播，容易被人当做麦基文本人的观点。

（5）约翰．M. 凯利（John M. Kelly，1931—1991 年）。他把乌尔比安的片段译为"皇帝的决定具有法律的效力"，认为乌尔比安对这一片段的解释本质上是民主主义的，表明了官方感到有必要以人民意志来解释自己权力的心理。④

（6）佩里·安德森（Perry Anderson，1938—今）。他把乌尔比安的文本译作"君主的意愿具有法律的效力"，认为它代表了中央集权制，而这种体制是文艺复兴时期全体西方君主们梦寐以求的政体理想。⑤ 因为君主们借助它，可以摆脱教会和封建贵族的约束，一展自己的抱负。

滥用者太多，如前所述，二十多年来，我都在与这样的滥用做斗争。这里只略举最近遇到的数例如下：

（1）布莱克斯通（1723—1780 年）。在其《英国法释义》中，他就君权的大小说："罗马法的规定与我们的法律简直有天差地别的不同，一方面是法

---

① 参见〔美〕C. H. 麦基文：《宪政古今》，翟小波译，贵州人民出版社 2004 年版，第 59 页。
② See Brian Tierney, Bracton on Government, In *Speculum*, Vol. 38（2），1963, p.297.
③ 参见〔美〕C. H. 麦基文：《宪政古今》，翟小波译，贵州人民出版社 2004 年版，第 71 页。
④ 参见〔爱尔兰〕J. M. 凯利：《西方法律思想简史》，王笑红译，法律出版社 2005 年版，第 66 页。
⑤ 参见〔英〕佩里·安德森：《绝对主义国家的系谱》，刘北成、龚晓庄译，上海人民出版社 2001 年版，第 26 页。

律的权威大于国王的权力,而另一方面(如同一位罗马法学家曾表达过的),则是国王的权力凌驾于法律之上"① 这位罗马法学家显然就是乌尔比安,他"曾表达过的",指的是 D.1,4,1pr.。实际上,罗马的君权与英国的君权并无不同,都是法律之下的。但布莱克斯通不知是出于无知还是出于故意歪曲,开创了丑化罗马宪法、美化英国宪法的传统。② 这让我联想到意大利学者打造了拉丁人民的团体主义与日耳曼民族的个人主义的对立作为回击。③ 看来,这两个不同文化集团的学者不断地互相埋汰。

(2)爱德华·吉本(1737—1794 年)。对于乌尔比安生存的塞维鲁斯王朝,他这样描述:"法学家和史学家异口同声地说,皇权的占有并非来自代表们的委托,而是由于元老院已无可挽回地放弃了自己的权力;还说皇帝已经从民法的限制中解放出来。他可以随心所欲地处置他的臣民的生命和财产,也可以把帝国作为他私有的财产任意处理。"④ 此语中的"法学家"显然包括乌尔比安。它尽管未直接援引乌尔比安的文本,但显然是基于对此等文本的无知或曲解得出了上述推论。

(3)G. H. 萨拜因(1800—1961 年)。他援引麦基文的上述著作,把乌尔比安的片段译作"他所喜爱的都具有法律效力"。一方面,他认为此语是皇帝立法权的依据,因为是君权民授,另一方面,他有认为这种授权是永久性的,因而其喜好就成为法律。⑤ 在后者的范围内,萨拜因滥用了乌尔比安的文本。

(4)阿列克斯·托克维尔(1805—1859 年)。他认为,罗马法曾处处使公民社会臻于完善,又到处力求毁坏政治社会,因为罗马法是一个非常文明

---

① 参见〔英〕威廉·布莱克斯通:《英国法释义》(第一卷),游云庭、缪苗译,上海人民出版社 2006 年版,第 267 页。
② 对罗马法的丑化还有纳粹的所为,他们说罗马法是个人主义的,日耳曼法是团体主义的。对这种丑化的批驳,参见〔意〕德·马尔蒂诺:《罗马法与个人主义》,薛军译,载徐国栋主编:《罗马法与现代民法》(第 6 卷),中国人民大学出版社 2004 年版,第 2 页及以次。
③ 意大利学者乔万尼·罗布兰诺则因袭罗马法传统国家的老调,说北方盎格鲁撒克逊人的法律文化是个人主义的,罗马法律传统是团体主义的。参见〔意〕乔万尼·罗布兰诺:《水的利用与地中海法:历史一体系角度的简释及新法的塑造》,齐云译,载徐国栋主编:《罗马法与现代民法》(第 6 卷),厦门大学出版社 2008 年版,第 80 页及以次。
④ 参见〔英〕吉本:《罗马帝国衰亡史》(上册),黄宜思、黄雨石译,商务印书馆 1997 年版,第 107 页。
⑤ 参见〔美〕G. H. 萨拜因:《政治学说史》(上册),盛葵阳、崔妙因译,商务印书馆 1986 年版,第 253 页。

然而非常奴化的民族的作品。① 此语也未提到乌尔比安的片段,但其"罗马法为私法的巨人,公法的矮子"的判断显然基于对此等片段的误读做出。

(5) 程汉大。他对乌尔比安的片段采用麦基文的著作的中译者的译文,把此语翻译为"国王所好即具人民立法之效力"② 或"国王喜欢的就是法律"③,并秉承布莱克斯通和托克维尔的话语传统,从对这一被误译的片段出发,得出罗马法"公法矮子,私法巨人"的结论,进而得出罗马—大陆法天生与专制主义有一定亲和力,普通法注定与专制主义格格不入;大陆法制度首先关注的是主权者的特权,普通法首先关注的是个人权利的破坏国际团结的结论。④ 至于麦基文对乌尔比安片段的正面评价,程汉大一字不引。

### 六、结论

乌尔比安留给我们的是一个涉及古今宪政的关键文本。一方面,它表征了乌尔比安所处时代的罗马宪政状况,这是一种立宪君主制,即君主的地位和实际权限根据宪法或宪法性文件的规定设置的体制,严格说来是二元君主制,即存在君主和议会(元老院或元首顾问委员会)两个互相制约的权力中心的政体形式。另一方面,它也反映了此前罗马的宪政状况,并预示后世的欧洲宪政状况。对待这一文本的态度,隐含着现代宪政的创始人问题。有的学者,基于故意或无知,通过把乌尔比安文本中的 Placuit 一语曲解成"喜欢"达到了把 13 世纪的英国说成是现代宪法的源头的目的,进而达到了丑化罗马法、美化英国法的目的。这种观点影响中国,毛泽东就认为宪法是资产阶级的创造,言下之意是古罗马无宪法。由此,对乌尔比安文本的解释已不单纯是一个语言问题,而是一个文化优劣问题。罗马传统所属的国家也铸造了自己的武器对抗这种攻击。现在,我开始理解为何一些意大利的罗马法学者排斥英语、英国学者了,也许是这些学者的前辈用这种语言做过一些伤天害理的事情。本文通过考察乌尔比安文本的产生环境证明了它绝不可能是张

---

① 参见〔法〕托克维尔:《旧制度与大革命》,冯棠译,商务印书馆1992年版,第244页。
② 参见〔美〕C. H. 麦基文:《宪政古今》,翟小波译,贵州人民出版社2004年版,第34页。
③ 同上书,第46页。
④ 参见程汉大:《从普通法历史看英国人的法律智慧》,载全国外国法制史研究会第22届年会论文集:《大陆法系及其对中国的影响》,2009年9月,沈阳,第752页及以次。

扬君权无限的，由此使罗马宪法已然存在的事实得到证明。最近，薛军教授翻译的德·马尔蒂诺的《罗马政制史》（正确的译法是"罗马宪法史"）第1卷出版，将进一步证明这一方面。由此，我们在享受或争取享受现代宪政带来的安全时，会更加感念罗马人留给我们的这方面遗产。在有分权与制衡的地方，就有宪政。自有公共权力产生以来，伴随着此等权力被滥用的可能，人类的宪政思考就开始了，所以，把宪政史的起点定得早于13世纪是非常自然的，甚至要早于罗马达于希腊，事实上，亚里士多德就写过研究当时诸城邦的宪法的专著《雅典政制》。相反，宪法起于13世纪英国说不可理喻，因为它不能回答此前的人类面对不可避免的权力滥用现象无反应的问题。最后要说的是，"君主喜欢之事具有法律的效力"的错译在我国流毒多年，我与之斗争二十多年，本文是对它的大清算，希望此文之后，谬种不再流传。

# 《韦斯巴芗谕令权法》研究

**一、该法的发现过程及其对于罗马公法研究的意义**

1347 年，爱好收藏古董的公证人科拉·迪·李恩佐（Cola di Rienzo，1313—1354 年）在罗马的圣乔万尼拉特兰诺大教堂发现了刻有《韦斯巴芗谕令权法》（Lex de Imperio Vespasiani）的铜表，它长 164 厘米，宽 113 厘米，厚 4.5 厘米。同年 5 月，他发起了一场革命，短暂地建立了罗马共和国，自任为保民官，力图恢复古罗马共和国的荣光并统一当时破碎的意大利。李恩佐用他收藏的记载了一部罗马宪法的铜表作为向其同胞做演讲的道具，以唤起他们对光荣的过去的骄傲。① 李恩佐领导的罗马共和国于 1350 年终结，他自己于 1354 年被罗马的暴民杀害，但他留下了《韦斯巴芗谕令权法》的发现作为其遗产。我们知道，自 1070 年代起，在波伦那大学开始教授罗马法，形成了罗马法的复兴，但那里教授的主要是罗马私法。被作为主要研究对象的优士丁尼《学说汇纂》《法典》和《法学阶梯》的内容也以私法为主。并非当时的人们有意排斥罗马公法研究，而是因为流传下来的罗马公法文本很少，人们无研究对象。《韦斯巴芗谕令权法》的发现无疑为罗马公法研究提供了素材，为刺激未来的罗马公法研究提供了可能。

李恩佐死后，刻有《韦斯巴芗谕令权法》的铜表又被保存在圣乔万尼拉特兰诺大教堂。1576 年，根据教皇格里高利十三世的命令，它被移往卡皮托尔山展出，以此把它还给罗马人民，该铜表如今保存在卡皮托尔山博

---

① Cfr. Mariano Malavolta, Sulla clausola discrezionale della c. d. lex de imperio Vespasiani, Su http://www. monetaecivilta. it/storia/lex_ de_ imperio. pdf, 2012 年 10 月 28 日访问。

物馆的 Fauno 厅。① 由于它是罗马宪法史上最重要的碑铭证据，引起了学者广泛的研究。撇开较古的研究成果不谈，这里只说 20 世纪至今的研究成果。它们有如下列：1902 年，美国学者赫勒姆斯（Fred Burton Ranney Hellems）发表了《〈韦斯巴芗谕令权法〉：对元首制时期罗马宪法的一些方面的思考》②；1915 年，意大利学者甘塔内利（L. Cantarelli）完成了《〈韦斯巴芗谕令权法〉》③；1936 年，英国学者拉斯特（H. Last）也写作了《〈韦斯巴芗谕令权法〉》④；2006 年，西班牙学者耶稣斯·佩雷斯·洛佩斯（Xesus Perez Lopez）出版了《罗马元首之权力：韦斯巴芗谕令权法》一书（El Poder del Principe en Roma. La Lex de Imperio Vespasiano, Tirant lo Blanch, Valencia），作者研究了韦斯巴芗的个人经历作为理解他制定的《韦斯巴芗谕令权法》的背景，然后逐条评注了该法的 8 个条文和制裁部分；2008 年 11 月 20—22 日，显然是为了纪念韦斯巴芗诞生 2000 周年，意大利学者举行了《韦斯巴芗谕令权法与弗拉维王朝时期的罗马》国际研讨会，会议成果结集为同名的论文集于次年出版，该书包含 19 篇论文，分别涉及《韦斯巴芗谕令权法》的经历及其主要内容，尤其聚焦于元首的权力问题，并有论文对佚失的《韦斯巴芗谕令权法》的内容进行了推测。这些成果对于推进元首制时期的罗马宪法研究具有重要意义。其他这方面的成果还有不少，这里不再列举，它们都会出现在本文的注释中。

但在我国，尚无一篇中文文献专门研究这一如此重要的罗马宪法文本。韦斯巴芗是我国学界对 Vespasianus 的通译⑤，2012 年 10 月 7 日，我以"韦斯巴芗"为关键词在中国知网进行题名检索，所得结果为零，故得出这一结论。本文力图填补这一空白。在方法论上，我打算采用文本评注的方法，以此力图减少主观性，为读者提供一个真实的元首制时期的罗马的宪法文本以及我对它的解释。当然，为了实现上述目的，首先要把待评注的文本翻译为中文。

---

① Cfr. Dario Mantovani, Lex《Regia》de Imperio Vespasiani. Il Vagum Imperium e la legge costante, In Luigi Capogrossi Colognesi, Elena Tassi Scandone（a cura di）, La Lex de Imperio Vespasiani e la Roma dei Flavi（Atti del Covegno, 20-22 novembre 2008）, L'Erma di Bretschnerder, 2009, Roma, p. 125.

② See Fred Burton Ranney Hellems, Lex de imperio Vespasiani, A Consideration of Some of The Constitutional Aspects of The Principate at Rome, Chicago, Scott, Foresman and Company, 1902.

③ Cfr. L. Cantarelli, Lex de imperio Vespasiani, In Studi Romani e Bizantini, Roma, 1915.

④ In John Bagnelli Bury, Stanley Arthur Cook（Edited by）, *Cambridge Ancient History: The Imperial Peace, A. D. 70-192*, Cambridge University Press, 1936.

⑤ 参见《世界历史词典》编辑委员会：《世界历史辞典》，上海辞书出版社 1985 年版，第 53 页。

所以，本文是翻译与写作的混合。

## 二、该法的文本及其译文

该法可能颁布于从公元69年12月22日到70年1月初之间的期间①，共8条，外加一个制裁，依据艾伦·切斯特·约翰逊（Allan Chester Johnson），保罗·科尔曼－诺顿（Paul Coleman-Norton），弗兰克·卡德－博内（Frank Card Bourne）的英译本②以及艾蕾娜·塔西·斯坎多内（Elena Tassi Scandone）的意大利文译本③并参考李可波诺（Salvatore Riccobono）整理的拉丁文本翻译如下④：

第1条：……他可合法地与他希望的当事方订立条约，如同神君奥古斯都、提贝留斯·优流斯·恺撒·奥古斯都、提贝留斯·克劳丢斯·恺撒·奥古斯都·日耳曼尼库斯合法做过的。（foedusue cum quibus uolet facere liceat ita, uti licuit diuo Aug（usto）, ∣ Ti. Iulio Caesari Aug（usto）, Tiberioque Claudio Caesari Aug（usto）Germanico）

第2条：他可合法地召集元老院会议并在其中发表或取消演说，通过上述演说或退席作成元老院决议，正如神君奥古斯都、提贝留斯·优流斯·恺撒·奥古斯都、提贝留斯·克劳丢斯·恺撒·奥古斯都·日耳曼尼库斯合法做过的。（utique ei senatum habere, relationem facere, remittere, ∣ senatus consulta per relationem discessionemque facere liceat ∣ ita, uti licuit diuo Aug（usto）, Ti. Iulio Caesari Aug（usto）, Ti. Claudio Caesari ∣ Augusto Germanico）

第3条：在根据他的意志和权威委托、命令在他出席的情况下召开元老院会议时，所有的程序将被维持并遵守，完全如同此等元老院会议是依法召集并举行的。（utique cum ex uoluntate auctoritateue iussu mandatuue eius ∣ prae-

---

① Cfr. Gianfranco Purpura, Sulla tavola perduta della Lex de auctoritate Vespasiani, In Minima Epigraphica et Papyrologica, II, 1999, 2, L'Erma di Bretschnerder, Roma, pp. 261—295.

② See Johnson, Coleman-Norton & Bourne, *Ancient Roman Statutes*, Austin, 1961, pp. 149—150, n. 183.

③ Cfr Elena Tassi Scandone, La lex de imperio Vespasiani Diritto e potere nella Roma dei Flavi, Su / SpacesStore/f681de33-ebfb-4dee-ab74-a0ef083df4fb/prof. ssa_elena_tassi-la_lex_de_imperio_vespasiani1. pdf, 2012年11月22日访问。

④ 所附拉丁原文中，（ ）内的文字是对省略处的补充。∣号表示铜表中的分行处。

senteue eo senatus habebitur, omnium rerum ius perinde | habeatur seruetur, ac si e lege senatus edictus esset habereturque;)

**第 4 条**：寻求长官权力、谕令权或对公物的掌管的人，他推荐于元老院和罗马人民的，他所推荐的人选以及他已给予支持的人选，应在民会中受到特别考虑。(utique quos magistratum potestatem imperium curationemue | cuius rei petentes senatui populoque Romano commendauerit | quibusque suffragationem suam dederit promiserit, eorum | comitis quibusque extra ordinem ratio habeatur)

**第 5 条**：只要他认为是为了国家，他可合法地前推并扩展城界的范围，如同提贝留斯·克劳丢斯·恺撒·奥古斯都·日耳曼尼库斯合法做过的。(utique ei fines pomerii proferre promouere, cum ex re publica | censebit esse, liceat ita, uti licuit Ti. Claudio Caesari Aug（usto）| Germanico)

**第 6 条**：无论何事，只要他认为符合国家的需要，神的和人的威权、公私事务，他都有权利和权力去做并实施之，如同神君奥古斯都、提贝留斯·优流斯·恺撒·奥古斯都、提贝留斯·克劳丢斯·恺撒·奥古斯都·日耳曼尼库斯合法做过的。(utique quaecunque ex usu rei publicae maiestateque diuinarum | humanarum publicarum priuatarumque rerum esse | censebit, ei agere facere ius potestasque sit, ita uti diuo Aug（usto）, Tiberioque Iulio Caesari Aug（usto）, | Tiberioque Claudio Caesari | Aug（usto）Germanico fuit)

**第 7 条**：无论什么法律或平民会决议，只要有记载神君奥古斯都或提贝留斯·优流斯·恺撒·奥古斯都、提贝留斯·克劳丢斯·恺撒·奥古斯都·日耳曼尼库斯免受其约束，恺撒·韦斯巴芗皇帝也免受其约束。无论何事，如果神君奥古斯都或提贝留斯·优流斯·恺撒·奥古斯都、提贝留斯·克劳丢斯·恺撒·奥古斯都·日耳曼尼库斯依据民会制定的法律可以做，则恺撒·韦斯巴芗·奥古斯都皇帝也可合法地做所有这些事情。(utique quibus legibus plebeiue scitis scriptum fuit, ne diuus Aug（ustus）, | Tiberiusue Iulius Caesar Aug（ustus）, Tiberiusque Claudius Caesar Aug（ustus）| Germanicus tenerentur, iis legibus plebisque scitis imp（erator）Caesar | Vespasianus solutus sit; quaeque ex quaque lege rogatione | diuum Aug（ustum）, Tiberiumue Iulium Caesarem Aug（ustum）, Tiberiumue | Claudium Caesarem Aug（ustum）Germanicum facere oportuit, | ea omnia imp（eratori）Caesari Vespasiano Aug（usto）facere liceat)

**第8条**：在本民决法通过前，恺撒·韦斯巴芗·奥古斯都皇帝做过、签署过、命令过的任何事情，或任何人依据他的命令或委任做过的任何事情，它们都应合法和有效，如同是根据人民或平民的命令所做的。（utique quae ante hanc legem rogatam acta gesta ∣ decreta imperata ab imperatore Caesare Vespasiano Aug（usto）∣ iussu mandatuue eius a quoque sunt, ea perinde iusta rataq（ue）∣ sint, ac si populi plebisue iussu acta essent）

**制裁**：如果任何人由于本法做了任何违反法律、平民会决议、元老院决议的事情，或如果他没有做依据法律、平民会决议、元老院决议他应该做的事情，他不构成对法的诈欺，也不承担向人民缴纳罚款的责任，任何人不得因这些行为被起诉或受判处，也不允许任何人就此等行为起诉。（Si quis huiusce legis ergo aduersus leges rogationes plebisue scita ∣ senatusue consulta fecit fecerit, siue quod eum ex lege rogatione ∣ plebisue scito s（enatus）ue c（onsulto）facere oportebit, non fecerit huius legis ∣ ergo, id ei ne fraudi esto, neue quit ob eam rem populo dare debeto, ∣ neue cui de ea re actio neue iudicatio esto, neue quis de ea re apud ∣ [s] e agi sinito）

### 三、李恩佐留给我们的铜表包含的《韦斯巴芗谕令权法》是否完整问题

对此问题的回答当然是否定的，因为显然，第1条肯定残缺。而且按罗马人颁布法律的惯例，《韦斯巴芗谕令权法》应有一个序言[①]，而李恩佐发现的铜表中无此等序言。这些缺项都是部分性的，要命的是有些学者认为该法留给我们的文本存在整体性的缺项，意大利学者 Marta Sordi 就认为还有至少一块铜表流失掉了，持有这种看法的还有简弗朗科·普尔普拉、克里斯特·布农。玛尔塔·索尔蒂（Marta Sordi）认为流失的铜表应与找到的这块并列放置而非重叠放置，因为在后者的左缘有一凹处并有放螺栓的空间。[②] 肯定残缺一整块铜表的理由有如下列：（1）无名罗马人在其《编年史》中记载的李恩佐的一个演说；（2）注释法学家奥多弗雷多·德纳里（Odofredo Denari）的

---

① Cfr. Gianfranco Purpura, Sulla tavola perduta della Lex de auctoritate Vespasiani, In Minima Epigraphica et Papyrologica, II, 1999, 2, L'Erma di Bretschnerder, Roma, p. 265.

② Cfr. M. Sordi, Cola di Rienzo e le clausole mancanti della 'Lex de imperio Vespasiani', In Studi Volterra, II, Milano, 1971, p. 305 e nt. 8.

所见；(3) 既有规范的残缺性；(4) 从其他罗马宪法文件出发得出的逻辑推论。容分述之。

其一，李恩佐于 1347 年在一个罗马人的会议上发表演说，提到罗马人民授予韦斯巴芗如下权力：(1) 同意与他愿望的人民订立的盟约；(2) 扩大或缩小罗马和意大利的花园；(3) 如其所愿增加或减少给农民的土地；(4) 把一个人推到统帅的位置也可把他拉下来；(5) 毁灭城市也可恢复之；(6) 废掉河床并将河流移往别处；(7) 依其决定征税或免税。然而，上述 7 项权力除了第 1 项和第 2 项（"有权扩大或缩小罗马和意大利的花园"被理解为第 5 条的中世纪式表达）外，都不曾出现于找到的铜表中，由此可自然得出其他项权力被规定于另一铜表的结论。所以，李恩佐除了保有流传给我们的铜表，还应保有另一铜表，可惜它并未流传给我们。①

其二，意大利著名注释法学家奥多弗雷多·德纳里（？—1265 年）于 1236 年在圣乔万尼拉特兰诺大教堂看到两块刻有《韦斯巴芗谕令权法》的铜表并把它们误认为是《十二表法》的最后两表。② 当然，也有学者对这一论据提出反对，例如，Gianfranco Purpura 就指出，作为法学家的奥多弗雷多·德纳里看不出他遇到的两块铜表的内容是不可思议的。③

其三，按共和时期的术语，谕令权包括军事权，而在《韦斯巴芗谕令权法》中，无论是在找到的铜表上还是在下文要讲到的现代学者对佚失的铜表所载内容的还原上，都找不到关于军事权的规定，这就可以假定佚失的铜表上包含关于这一权力的规定。④

玛尔塔·索尔蒂推测的残缺铜表包含的规定有：(1) 土地分配权（ius agris dandis adsignandis）；(2) 统帅设立与罢黜权（ius regibus creandis vel deponendis）；(3) 设立殖民地、建立城市及毁灭城市权；(4) 台伯河的河岸和

---

① Cfr. M. Sordi, Cola di Rienzo e le clausole mancanti della 'Lex de imperio Vespasiani', In Scritti di storia Romana, Vita e Pensiero, Milano, 2002, pp. 224s.
② Ibid., p. 230.
③ Cfr. Gianfranco Purpura, Sulla tavola perduta della Lex de auctoritate Vespasiani, In Minima Epigraphica et Papyrologica, II, 1999, 2, L'Erma di Bretschnerder, Roma, pp. 261—295.
④ Cfr. Dario Mantovani, Lex《Regia》de Imperio Vespasiani. Il Vagum Imperium e la legge costante, In Luigi Capogrossi Colognesi, Elena Tassi Scandone (a cura di), La Lex de Imperio Vespasiani e la Roma dei Flavi (Atti del Covegno, 20-22 novembre 2008), L'Erma di Bretschnerder, 2009, Roma, p. 135.

河床的定界权①；此后的内容就是找到的那块铜表上的了。所以，佚失的是第一表，留存下来的是最后一表。它包含"制裁"也是它为最后一表的证据，因为这是民会立法最后一部分的内容。

上列四种权力大多可望文生义，只有第四项权力除外，克里斯特·布农对之进行了研究，认为它关涉的并不是台伯河河床和河岸管理官（Curatores alvei et riparum Tiberis）的划界权，据此可以确定台伯河沿岸的土地哪些属于国家，哪些属于私人，而是关涉授予皇帝兴建包括改变河道的大型工程的权力。在韦斯巴芗之前，已有一些皇帝享有并行使此等权力，例如恺撒让台伯河改道的计划、提贝留斯改变 Clanis 河的水道，Nar 河和台伯河的流向的做法、克劳丢斯在台伯河口建立运河的做法、图密善（Domitianus）改变 Volturnus 河的水流的做法，韦斯巴芗不过是依循先例行事而已。②

但 Dario Mantovani 认为，佚失的那块铜表里可能包含的是保民官特权，也就是人身不可侵犯权和对所有长官之行为的否决权。③ 当然，这种说法以被找到的铜表中未包含保民官特权为前提，而日本学者盐野七生认为，其第 2 条和第 7 条规定的就是保民官特权。④

正因为包含本法的第一块铜表佚失，本法的《韦斯巴芗谕令权法》的名称出自后人之手，这一冠名割断了本法与盖尤斯《法学阶梯》⑤ 和优士丁尼《法学阶梯》⑥ 以及诸多其他文献中提到的授予罗马最高领导人权力的王权法

---

① Cfr. M. Sordi, Cola di Rienzo e le clausole mancanti della 'Lex de imperio Vespasiani', In Studi Volterra, II, Milano, 1971, pp. 307ss. 但 Gianfranco Purpura 认为本权力不仅涉及台伯河，而且涉及意大利的一切水道，故主张应名之为水道走向确定权。Cfr. Gianfranco Purpura, Sulla tavola perduta della Lex de auctoritate Vespasiani, In Minima Epigraphica et Papyrologica, II, 1999, 2, L'Erma di Bretschnerder, Roma, pp. 265ss.

② See Christer Bruun, Cola di Rienzo and The Lost Clause on Changing the Course of Rivers in the Lex de Imperio Vepasiani, In F. Reduzzi Merola（ed.）, Atti del Convegno sulle Acque（Cassino-Napoli 2008）.

③ Cfr. Dario Mantovani, Lex《Regia》de Imperio Vespasiani. Il Vagum Imperium e la legge costante, In Luigi Capogrossi Colognesi, Elena Tassi Scandone（a cura di）, La Lex de Imperio Vespasiani e la Roma dei Flavi（Atti del Covegno, 20-22 novembre 2008）, L'Erma di Bretschnerder, 2009, Roma, p. 135.

④ 参见〔日〕盐野七生：《罗马人的故事 VIII：危机与克服》，郑维欣译，台湾三民书局 2002 年版，第 221 页。

⑤ 参见〔古罗马〕盖尤斯：《法学阶梯》，黄风译，中国政法大学出版社 1996 年版，第 2 页，译文有改动。其辞曰："因为皇帝本人根据法律取得谕令权"。

⑥ 参见〔古罗马〕优士丁尼：《法学阶梯》（第二版），徐国栋译，中国政法大学出版社 2005 年版，第 17 页。其辞曰："因为人民通过颁布关于其谕令权的王权法，把自己的一切谕令权和权力授予他及其个人"。

（Lex regia）的关联，为一些学者不满。读者可看到，本文援引的达流·曼托瓦尼（Dario Mantovani）的论文就把本法的名称改为《关于韦斯巴芗谕令权的王权法》，本文援引的简弗朗科·普尔普拉的论文把本法的名称改为《韦斯巴芗权威法》，李可波诺把它译成《被说成关于韦斯巴芗谕令权的法律》（Lex quae dicitur de imperio Vespasiani）。[1] 做了这样的解释性重命名后，本法就不再是罗马宪法史上的一个个例，而成了每个皇帝都要经受的一个授权程序的见证。

**四、韦斯巴芗其人其治**

要想理解《韦斯巴芗谕令权法》的规定，不了解韦斯巴芗的人生经历是不成的。

韦斯巴芗（Titus Flavius Vespasianus）于公元9年出生于罗马以北的小城列提（Rieti），也就是说未出生在罗马，这构成他的皇帝之路的第一道障碍。第二道障碍是他属于骑士阶级。众所周知，这是罗马的第二等阶级，不甚高贵。成年后，他加入军队，36年在色雷斯担任军团司令官，后来担任昔兰尼加和克里特行省的财务官。38年当上营造官。在卡里古拉为帝时期担任过裁判官。在克劳丢斯为帝时期担任日耳曼军团的副将。43年，参加不列颠战役并立有战功。51年，担任备位执政官。63年，担任阿非利加行省的总督。67年，被尼禄启用镇压犹太人起义。68年，率军攻陷耶路撒冷。韦斯巴芗至此的历史都是作为军人出现的。

就在耶路撒冷陷落的这一年，尼禄的暴政引发了民变。是年6月9日，尼禄自杀，恺撒开创的优流斯—克劳丢斯王朝覆灭，引发了一年四帝的混乱局面。先是伽尔巴（Servius Sulpicius Galba）被西班牙军团推举为皇帝，但莱茵军团的士兵不服，于69年1月2日推举下日耳曼军团司令维特流斯（Aulus Germanicus Vitelius Augustus）为帝。69年1月15日，伽尔巴在罗马被杀，禁卫军推举奥托（M. Salvius Otho）为帝，形成一国两帝局面，内战再度降临罗马，支持奥托的多瑙河军团与支持维特流斯的莱茵河军团相斗，于69年4月16日会战于贝德里亚克，奥托军败，在当皇帝3个月后自杀，维特流斯被元老院确认为唯一的

---

[1] Cfr. S. Riccobono, Fontes iuris Romani antejustiniani, I, Firenze, 1941, pp. 154—156, n. 15.

皇帝，但他治国无方，引来群雄逐鹿。其中有韦斯巴芗及其党人当时的叙利亚总督穆恰努斯（Gaius Licinius Mucianus）和埃及总督亚历山大（Tiberius Iulius Alexandrus）。三人于 69 年 6 月底在现今的贝鲁特商定，穆恰努斯率兵往意大利夺取政权；韦斯巴芗前往埃及待机而动，避免在当上皇帝前手染同胞的鲜血。他于 69 年 7 月 1 日被埃及的罗马军队拥立为帝；韦斯巴芗的儿子提图斯（Titus）则继续完成犹太战役的余下部分，亚历山大协助之。穆恰努斯的军队与维特流斯的军队举行了第二次贝德里亚克会战，后者战败，残部于 69 年 12 月 15 日投降。但 12 月 22 日，仍在罗马爆发了巷战，维特流斯被杀。数日后，穆恰努斯进入罗马。① 所以，《韦斯巴芗谕令权法》是在韦斯巴芗不在罗马的情况下由其盟友穆恰努斯筹划制定的。70 年 11 月中旬，韦斯巴芗从埃及回到罗马，才真正统治其国家。② 从其军队占领罗马到他回到罗马，整整 10 个月的期间都是穆恰努斯代理他当皇帝。在代理期间，穆恰努斯召开了元老院会议，让韦斯巴芗及其儿子提图斯担任 70 年的执政官，并派兵镇压日耳曼裔高卢人的叛乱，并对受内战之害的个人和城镇进行赔偿，重建了在内战中被焚毁的卡皮托尔山上的朱庇特神庙，最后说到但最重要的是，在 69 年 12 月 22 日罗马的巷战日到 70 年 1 月初之间的某天，举行元老院会议通过了《韦斯巴芗谕令权法》，确认了韦斯巴芗地位的合法性及其权力的范围。

韦斯巴芗在担任皇帝 10 年后于 79 年去世。其子提图斯即位。提图斯后由其弟弟图密善即位。三个族名弗拉维的皇帝构成弗拉维王朝，它是对优流斯—克劳丢斯王朝的取代，取代它的是五贤帝时代。韦斯巴芗在位期间，国泰民安，由此证明一个低下阶级出身的人也可以当罗马皇帝，而且可以当得很好。③

韦斯巴芗有两件遗迹让我们经常想到他。第一是罗马斗兽场，这是他在位时期开建的，现在是罗马的象征；第二是小便税。他是开征此税的皇帝之一。韦斯巴芗向收集公厕中的尿液、用来去除羊毛油分的纤维业者收取这种小便税，税率不详。④ 此举导致一些欧洲国家的公共小便处以"韦斯巴芗"名之。

---

① 参见〔日〕盐野七生：《罗马人的故事 VIII：危机与克服》，郑维欣译，台湾三民书局 2002 年版，第 219 页。
② 同上书，第 214 页。
③ 韦斯巴芗的生平资料，全部参见同上书，第 67—113 页、第 203—257 页。
④ 参见〔日〕盐野七生：《罗马人的故事 VIII：危机与克服》，郑维欣译，台湾三民书局 2002 年版，第 256 页。

### 五、对《韦斯巴芗谕令权法》残存部分的逐条评注

本节撇开佚失的那块铜表中记载的《韦斯巴芗谕令权法》的条款不谈，因为如果这样做，有太多的不确定性，只分析流传给我们的那块铜表中包含的条款，以求获得对一个元首制时期的宪法文本的较深入认识。

（一）对各条文属性的整体描述

第二块铜表原文并无条文的序数编号，每个意思转折用拉丁词 Utique（意思为"如同"）表示，这是元老院决议的格式，Utique 是个关系代词，它们跟随的主句在佚失的第一块铜表中，是"元老院决定"（Senatu placuit），每项决定的文字以 Utique 开头，故今人以每个 Utique 后面的文字为一条，把它们按序数标号，一共 8 条。其中，第 1、2、5、6、7 条在确权的同时，指出优流斯—克劳丢斯王朝的数个或某个皇帝也曾享有此等权力，被后世学者称为"有先例条款"。① 学者认为韦斯巴芗是在运用先例制度为自己确权。优流斯—克劳丢斯王朝曾有奥古斯都、提贝留斯、克劳丢斯、卡里古拉、尼禄五位皇帝，最后两位未被提到，因为他们遭受了记录抹杀刑。② 以"数个"方式被作为先例提到的，有奥古斯都、提贝留斯（采用全称提贝留斯·优流斯·恺撒·奥古斯都）、克劳丢斯（采用全称提贝留斯·克劳丢斯·恺撒·奥古斯都·日耳曼尼库斯），分别出现于第 1 条、第 2 条、第 6 条、第 7 条中；被以"某个"方式作为先例提到的只有克劳丢斯，只出现于第 5 条中。第 3、4、8 条确定韦斯巴芗皇帝的权力却不援引优流斯—克劳丢斯王朝皇帝们的先例，被后世学者称为"无先例条款"。③

对以上分析存在争议。首先，第 3、4、8 条是否无先例是个问题，论者证明优流斯—克劳丢斯王朝的皇帝们也享有过它们规定的权力，《韦斯巴芗谕令权

---

① Cfr. Gianfranco Purpura, Sulla tavola perduta della Lex de auctoritate Vespasiani, In Minima Epigraphica et Papyrologica, II, 1999, 2, L'Erma di Bretschnerder, Roma, pp. 261—295.
② Véase Xesus Perez Lopez, El Poder del Princepe en Roma. La Lex de Imperio Vespasiano, Tirant lo Blanch, Valencia, 2006, pag. 293.
③ Cfr. Dario Mantovani, Lex《Regia》de Imperio Vespasiani. Il Vagum Imperium e la legge costante, In Luigi Capogrossi Colognesi, Elena Tassi Scandone (a cura di), La Lex de Imperio Vespasiani e la Roma dei Flavi (Atti del Covegno, 20-22 novembre 2008), L'Erma di Bretschnerder, 2009, Roma, p. 147.

法》之所以不援引前朝的先例，是打算把它们打造成效果条款。① 其次，从形式上看援引了前朝皇帝拥有有关权力的先例的第 6 条和第 7 条是否真的无先例，遭到简弗朗科·普尔普拉的质疑，他认为它们是无先例的，因为第 6 条是空白委任状，优流斯—克劳丢斯王朝的皇帝们未曾以这种方式被授予过权力，因为如果真的授予过他们这样的绝对的权力，等于正式取消了他们力图保持的共和的外表。所以，韦斯巴芗妄称这两条有先例，是为自己抛弃共和的外衣虚列论据。②

（二）逐条评注

**第 1 条评注**。首先要说的是，本条并不完全。从本条的残存部分来看，它规定的是皇帝的战争与和平权以及相应的订立同盟权，总体上可称为外交权。在订立和约的情形，皇帝要对条约条款的起草承担完全责任，当然，他在这样做时要受到其元首顾问委员会的支持。③ 按蒙森的见解，奥古斯都曾被根据一个特别法授予这一权力，他的继任者后来也被认为享有此权。④ 在共和时期，此权属于元老院，统帅在外缔约，是否有效要最终取决于元老院批准，元老院不批准的，要把订约的统帅捆起来交给敌人。⑤ 现在皇帝直接享有此权了，但不排除皇帝在行使此权时与元老院进行协商。⑥ 比较共和时期和元首制时期外交权的行使，可发现元老院的外交权在元首制时期被架空了。

**第 2 条评注**。本条规定的是皇帝召集、主持元老院会议并在其中提出法案的权力，属于保民官特权。按卡修斯·迪奥的记载，元老院曾于公元前 23 年通过决议授予奥古斯都终身保民官头衔，授予他在他愿望的任何时间参加每次元老院会议的特权，即使他不担任执政官时也不例外。⑦ 在奥古斯都之

---

① Cfr. Dario Mantovani, Lex 《Regia》 de Imperio Vespasiani. Il Vagum Imperium e la legge costante, In Luigi Capogrossi Colognesi, Elena Tassi Scandone (a cura di), La Lex de Imperio Vespasiani e la Roma dei Flavi (Atti del Covegno, 20-22 novembre 2008), L'Erma di Bretschnerder, 2009, Roma, p. 147.

② Cfr. Gianfranco Purpura, Sulla tavola perduta della Lex de auctoritate Vespasiani, In Minima Epigraphica et Papyrologica, II, 1999, 2, L'Erma di Bretschnerder, Roma, pp. 261—295.

③ Véase M. Pilar Rivero Gracia, Imperator Populi Romani, Una Aproximacion al Poder Republicano, Institucion 《Fernando el Catolico》 (CSIC), Excma. Disputacion de Zaragoza, Zaragoza, 2006, pag. 156.

④ Véase Xesus Perez Lopez, El Poder del Princepe en Roma. La Lex de Imperio Vespasiano, Tirant lo Blanch, Valencia, 2006, pag. 295.

⑤ 参见徐国栋：《罗马法与现代意识形态》，北京大学出版社 2008 年版，第 247 页。

⑥ Véase Xesus Perez Lopez, El Poder del Princepe en Roma. La Lex de Imperio Vespasiano, Tirant lo Blanch, Valencia, 2006, pag. 305.

⑦ See Cassius Dio, *The Roman History*: *The Reign of Augustus*, Translated into English by Ian Scott-Kilvert, Penguin Books, 1987, p. 154.

后，提贝留斯勤政，热衷于参加一切元老院会议并解决有关问题。① 事实上，元老院作为一个长官的咨询机构不能自行开会，必须由长官召集之。在共和时期，能为此等召集的是执政官。共和晚期，保民官也获得了召集元老院会议的权力。② 所以，卡修斯·迪奥把奥古斯都召集元老院开会的权力与保民官特权挂钩，并说明他不担任执政官时也有此权，意思是说他可以不以执政官的身份，而是以终身保民官的身份召集元老院开会。由于元老院会议的消极性，它只能就长官提出的问题进行讨论和表决，本身并无动议权，所以，谁拥有了元老院会议召集权，谁就拥有了橡皮图章使用权。对于长官提出的动议，无疑议的，直接付诸表决，此时采用退席表决（per discessionem）的方式，也就是同意报告人提出的法案的元老离席站到此等报告人身边表示支持，这是用脚投票。③ 如果对提出的法案有争议，则先进行讨论，然后采用经逐一征询意见（per singulorum sententia exquisitas）的方式表决。表决通过后形成元老院决议。此等决议是对民会立法的取代，因为罗马人民的数目增长到了必须以间接民主取代直接民主的程度（I.1,2,5）。④ 这样的转折实际上赋予了元老院代议机构的职能，承担起立法权——主要是私法方面的。但在本条的框架内，实际的立法者是皇帝，他通过与元老院协商完成立法活动，他的演说就是元老院决议的内容。这样，元老院对于其立法权还有制衡的作用。所以，蒙森把元首制时期的皇帝—元老院共治体制称为双头制（Diarchia），是有道理的。⑤ 不过，把这种体制叫做两头半制，可能更确切，因为自奥古斯都以降，每个皇帝都设有自己的元首顾问委员会，他们由皇帝的友人、部分元老和法学家组成，其功能之一是为皇帝准备法案，所以，皇帝在元老院发表的演说，大都是这个班子起草的。从这个意义上说，皇帝提出的法案并非个人决定，而是集体智慧的结晶。在元首制时期，元首顾问委员会还处在隐而不显的地位，但到了多米纳特时期，皇帝直接享有立法权，通过颁布敕令

---

① 参见〔日〕盐野七生：《罗马人的故事VII：恶名昭著的皇帝》，彭士晃译，台湾三民书局 2002 年版，第 131 页。
② 参见陈可风：《罗马共和时期的国家制度》，东北师范大学博士学位论文，2004 年，第 87 页。
③ Cfr. Aulo Gellio, Notti Attiche, Traduzione Italiana di Luigi Rusca, Volume Secondo, BUR, Milano, 2001, p. 1017.
④ 参见徐国栋：《优士丁尼〈法学阶梯〉评注》，北京大学出版社 2011 年版，第 43 页。
⑤ Cfr. Theodor Mommsen, Disegno del diritto pubblico romano, CELUC, Milano, 1973, p. 400.

行使此等权力。这个时候,倒是元老院在立法权行使问题上处在隐而不显的地位了,元首顾问委员会成为取代它的机构,它负责为皇帝起草敕令,在其内部,七读通过才能以皇帝的名义颁行。

本条提到奥古斯都、提贝留斯、克劳丢斯三个皇帝都行使过本条赋予的权力,确实如此,但这三个皇帝都处在民会仍存在的时期,所以,他们有时通过民会立法,有时通过元老院立法。例如,奥古斯都的《关于等级结婚的优流斯法》和《关于私诉的优流斯法》就是通过民会制定的①,而其他大量的"优流斯法"就可能是通过元老院制定的了。克劳丢斯皇帝也是如此,他通过民会制定了《关于妇女监护的克劳丢斯法》②,他也通过元老院制定了几个元老院决议,其中有名者有《关于与奴隶同居的克劳丢斯元老院决议》,禁止自由妇女与奴隶结合。③ 按塔拉曼卡的研究,罗马统治者对于不同的法律门类通过不同的立法机关制定,民法一般走元老院决议的途径,而公法则走民会的途径。④

那么,本条中的"取消演说"何解?按照蒙森的为众人接受的解释,是皇帝驳回或迟延谈论其他人提出的法案的权力,可以理解为皇帝对有关法案的否决权。⑤ 按瓦罗的记载,可以在元老院演说的长官还有独裁官、执政官、裁判官、平民保民官、摄政、市长官⑥,如果他们提出法案于元老院而皇帝又不赞成,可以驳回之。

**第 3 条评注**。本条规定皇帝通过他人召开元老院会议并通过法律的权力,是对第 2 条规定的引申,因为该条规定了皇帝可亲自召集元老院会议。本条涵盖两种情形:其一,皇帝本人出席元老院会议,但由别人根据他的意志主持;其二,皇帝本人不出席元老院会议,别人根据他的安排主持此等会议。本条的第一种适用让皇帝退居二线,让他的政治代理人第一线活动,提出法案,避免了

---

① See George Mousourakis, *The Historical and Institutional Context of Roman Law*, Ashgate Publishing, 2003, p. 250.

② Ibid., p. 251.

③ 参见徐国栋:《罗马私法要论——文本与分析》,科学出版社 2007 年版,第 76 页。

④ Cfr. Mario Talamanca (sotto la direzione di), Lineamenti di Storia del Diritto Romano, Giuffrè, Milano, 1989, p. 407.

⑤ Véase Xesus Perez Lopez, El Poder del Princepe en Roma. La Lex de Imperio Vespasiano, Tirant lo Blanch, Valencia, 2006, pag. 312.

⑥ Voir Nicolet Claude, La Tabula Siarensis, la lex de imperio Vespasiani, et le jus relationis de l'empereur au Sénat, In Mélanges de L'Ecole Française de Rome. Antiquité T. 100, N. 2, 1988, p. 834.

一些攻击，在提出一些触犯众人利益的法案的时候，尤其容易发生这种情况。①本条的第二种适用是为了维持穆恰努斯在公元70年1月初召开的元老院会议的效力设立的，如前所述，在该次元老院会议上通过了作为本文讨论对象和韦斯巴芗统治合法性依据的《韦斯巴芗谕令权法》，其时，韦斯巴芗本人并不在罗马，更谈不上召开元老院会议。所以，《韦斯巴芗谕令权法》的程序合法性存在问题，通过制定本条就把这一问题解决了。②这是面向过去对本条作出的解释，从面向未来的角度也可将本条解释为可以委托他人召集元老院会议并通过法律，这就可以把皇帝从事务性工作中解放出来集中精力执行重大任务。这样的安排在皇帝作为全军统帅出征在外的情况下，可以保证立法工作和其他工作不断。

**第4条评注**。本条规定了皇帝的官吏推荐权。首先把长官分为3类。第一是有权力（Potestas）的长官；第二是有谕令权的长官；第三是掌管公物的长官。日本学者盐野七生认为前者包括裁判官、监察官、执政官等官职，中者包括皇帝行省的总督、元老院行省的总督；后者包括税务官员。③总之，第一种官吏是罗马城内的官；第二种官吏是督理行省的官；第三种官吏是管理国家财产的官。此说可堪参考。

本条其次列举了决定官吏人选的宪法机构：元老院和罗马人民，皇帝有权向它们推荐自己中意的任职人选。罗马人民以民会的方式体现其作为宪法机关的存在。民会包括百人团会议和部落会议，它们在共和时期享有立法权、长官任命权和审判权。前者制定的为民决法（Lex rogata），通常是公法，后者制定为平民会决议，通常是私法。但到了帝政时期，由于罗马市民的人数极度扩张，召开民会已困难，但仍然在改革的基础上召开。改革的内容之一是去掉民会的审判功能。④之二是改革百人团会议的组织。1947年发现的提

---

① 奥古斯都在元老院经常受到攻击甚至漫骂，其继子提贝留斯愤懑不解，奥古斯都回答说，比起这些人把剑刺向我们来，他们骂我们更好。〔日〕盐野七生：《罗马人的故事Ⅵ：罗马和平》，张丽君译，台湾三民书局1998年版，第82页。

② Véase Xesus Perez Lopez, El Poder del Princepe en Roma. La Lex de Imperio Vespasiano, Tirant lo Blanch, Valencia, 2006, pag. 120.

③ 参见〔日〕盐野七生：《罗马人的故事Ⅷ：危机与克服》，郑维欣译，台湾三民书局2002年版，第220页。

④ Cfr. Mario Talamanca (sotto la direzione di), Lineamenti di Storia del Diritto Romano, Giuffrè, Milano, 1989, p. 403.

贝留斯时期（19年）的《赫巴铜表》告诉我们，那个时候只有15个百人团了，它们由元老和骑士组成，其使命是选举执政官和裁判官①，这样，相对于塞尔维尤斯·图流斯时期有193个百人团，百人团的阶级构成甚至包括无产者的情况，百人团会议的规模更小，更容易组织。之三是改革投票方式，对于居住在意大利的殖民地的百人团长，允许他们通讯投票，也就是把封好的选票在民会召开日那天寄到罗马。② 通过上述改革，民会维持下来，它负责选举高级长官，偶尔也通过法律，在内尔瓦（公元35—98年）皇帝时期（公元96年和98年），民会最后一次发挥了其选举功能，颁布了皇帝提议的《土地法》。③ 在那以后，民会再未召开过，它已经被民众在公众场合（例如竞技场）的欢呼或喝倒彩取代。要指出的是，本法颁布在提贝留斯皇帝之后，内尔瓦皇帝之前，所以，本条关于民会选举皇帝推荐的人选为长官的规定，并非虚言。

本条再次提到了皇帝向元老院荐人的两种方式：推荐、给予支持。

推荐的做法来自公元前44年的《安东纽斯候选人法》（Lex Antonia de candidatis），该法允许当时的独裁官恺撒推荐一半官员，其方式是恺撒写条子给部落会议，其辞曰：我向你们推荐此人和彼人，希望根据你们的投票让他们获得有关的职位。④ 这样的权力为后来的皇帝们继承，通过本条，韦斯巴芗希望自己能继续享有这样的权力。

"给予支持"的做法来自共和时期，其内容是恩主公开表示对特定候选人的偏爱，此等恩主的门客因此有义务投该候选人的票。⑤ 到了帝政时期，给予支持的方式包括有影响力的支持者带着候选人访问选民的部落等。⑥ 可以认

---

① 参见〔意〕格罗索：《罗马法史》，黄风译，中国政法大学出版社1994年版，第325页及以次。
② Cfr. Suetonius, Divus Augustus, Su https://www.thelatinlibrary.com/suetonius/suet.aug.html, 2012年11月4日访问。
③ Cfr. Mario Talamanca (sotto la direzione di), Lineamenti di Storia del Diritto Romano, Giuffrè, Milano, 1989, p. 409.
④ Cfr. Suetonius, Divus Iulius, Su https://www.thelatinlibrary.com/suetonius/suet.caesar.html, 2012年10月30日访问。
⑤ Véase Xesus Perez Lopez, El Poder del Princepe en Roma. La Lex de Imperio Vespasiano, Tirant lo Blanch, Valencia, 2006, pag. 328s.
⑥ See B. M. Levick, Imperial Control of the Elections under the Early Principate: Commendatio, Suffragatio, and "Nominatio", In Historia: Zeitschrift für Alte Geschichite, Bd. 16, H. 2 (Apr., 1986), p. 211.

为，推荐是用言辞或文字的方式支持候选人，有约束力，给予支持是用行为的方式支持候选人，约束力比较含糊。

本条最后提到了"特别考虑"。意思是对于韦斯巴芗推荐的官员人选，民会要不拘一格地考虑。具体而言，是不受任职条件的限制。此等任职条件至少有三。其一，担任特定官职的资历限制，例如，必须先担任财务官才能担任营造官，担任了营造官才能担任裁判官，担任了裁判官才能担任执政官，担任了执政官才能担任行省总督，担任了行省总督才能担任监察官。其二，担任特定官职的年龄限制。例如，担任营造官的年龄资格是 37 岁，担任裁判官的年龄资格是 40 岁，担任执政官的年龄资格是 43 岁。其三，担任不同官职的时间间隔限制，例如，这一时间间隔是 2 年。① 但对于皇帝推荐的候选人，可以打破这些陈规任命之。②

本条属于无先例条款，因为它未援引任何皇帝曾享有这方面权力的先例，但它实际上是有先例条款，因为自恺撒以来，奥古斯都、提贝留斯、克劳丢斯等皇帝都行使过本条规定的权力。③

**第 5 条评注**。本条规定了皇帝的城界外推权。城界是用排列的石柱表示的罗马城的界限，也是一些长官权力的界限，例如保民官的权威以及其他长官的谕令权以城界为界限，外推城界等于扩张此等长官的管辖权范围。④ 而且是否出生在罗马城界内是区隔两种身份的事实，出生在城界内的，谓之世家；出生在城界外的，谓之寄寓者（Inquilinus），被人作为乡巴佬瞧不起。⑤ 所以，扩大城界包括的范围等于扩大世家的范围，非常类似于现在中国的郊区人口因为城市扩张"农转非"的情形，被转者喜不自胜也！更有甚者，罗马

---

① 参见陈可风：《罗马共和时期的国家制度》，东北师范大学博士学位论文，2004 年，第 53 页。
② Cfr. Dario Mantovani, Lex《Regia》de Imperio Vespasiani. Il Vagum Imperium e la legge costante, In Luigi Capogrossi Colognesi, Elena Tassi Scandone (a cura di), La Lex de Imperio Vespasiani e la Roma dei Flavi (Atti del Covegno, 20-22 novembre 2008), L'Erma di Bretschnerder, 2009, Roma, p. 150.
③ See B. M. Levick, Imperial Control of the Elections under the Early Principate: Commendatio, Suffragatio, and "Nominatio", In *Historia: Zeitschrift für Alte Geschichite*, Bd. 16, H. 2 (Apr., 1986), p. 212.
④ See M. T. Boatwright, The Pomerial Extension of Augustus, In *Historia: Zeitschrift für Alte Geschichite*, Vol. 20, No. 2/3 (Ist Qtr., 1986), p. 15.
⑤ 参见〔古罗马〕阿庇安：《罗马史》（下卷），谢德风译，商务印书馆1976年版，第 105 页。富有意味的是，现代罗马人继承了这一观念，我的教母 Teresa Concotelli 就以自己出生在罗马城界内自豪，瞧不起我的出生在城界外的教父 Eugenio Concotelli。

城界还是界定某个罗马市民能否享受以"面包和马戏"名之的罗马国家社会福利的，只有城界内的罗马市民能享有此等福利，形成首都人特权，所以，扩大城界包罗的范围，等于扩大面包和马戏的享有者的范围，自然是惠民之举，受人欢迎，有如此作为的皇帝将被授以金环。①

本条属于有先例条款，与其他有先例条款同时援引奥古斯都、提贝留斯和克劳丢斯作为先例不同，本条只援引克劳丢斯作为先例。事实上，克劳丢斯确实于公元 49 年行使过此等权力，他为了表征其不列颠战役的成果而这样做，暗示他已扩大罗马帝国的领土，因为只有扩大过罗马帝国在意大利的领土的元首才能外推城界。② 所以，城界外推权具有帝国主义或扩张主义色彩。当然，城界外推还有再造罗马的含义，因为第一个城界是罗慕鲁斯定的，罗慕鲁斯是罗马城的缔造者。如果有人外推了城界，他当然是罗马的第二个缔造者了。③ 所以，韦斯巴芗通过本条宣示自己具有城界外推权具有宣传目的，暗示自己将获得军事胜利并扩大罗马帝国的版图。果然，韦斯巴芗最终行使了本条赋予的权力，于 75 年外推了罗马的城界，以昭示他在犹太战争中的胜利。④

**第 6 条评注**。本条规定的是皇帝的自由裁量权条款。⑤ 此等自由裁量权涉及四个对象，神的和人的威权、公共利益和私人利益，它们共同构成国家的需要。⑥ 那么，什么是神的威权？威权（Maiestas）一词来自 maius（较大的），故神的威权表示神对人的统治关系。⑦ 与神的威权相随的是人的威权。这里的"人"并非一般的人，而是指罗马人民。西塞罗如此定义它：威权是市民团体的地位和尊严。⑧ 如果说神的威权是一个涉及人与神之间关系的概

---

① Véase Xesus Perez Lopez, El Poder del Princepe en Roma. La Lex de Imperio Vespasiano, Tirant lo Blanch, Valencia, 2006, pag. 340.

② See M. T. Boatwright, The Pomerial Extension of Augustus, In *Historia: Zeitschrift für Alte Geschichite*, Vol. 20, No. 2/3 (Ist Qtr., 1986), p. 19.

③ Ibid., p. 20.

④ Ibid., p. 14; p. 20.

⑤ Cfr. Mariano Malavolta, Sulla clausola discrezionale della c. d. lex de imperio Vespasiani, Su http://www.monetaecivilta.it/storia/lex_ de_ imperio.pdf, 2012 年 10 月 28 日访问。

⑥ Cfr. Filippo Gallo, Princeps e ius praetorium, In Rivista di Diritto Romano, I, 2001, Su http://www.ledonline.it/rivistadidirittoromano/allegati/dirittoromano0102 gallo. pdf, 2012 年 10 月 31 日访问。

⑦ See D. E. Le Sage, "Maiestas" and Related Aspects of "Gloria" in Otfrid, Notker, and the Old High German "Isidor", In *The Modern Language Review*, Vol. 67, No. 2 (Apr., 1972), p. 341.

⑧ 参见〔古罗马〕西塞罗：《论演说家》，王焕生译，中国政法大学出版社 2003 年版，第 329 页，译文有改动。

念,那么,人的威权主要是一个涉及罗马人民与其他人民关系的概念,当然,罗马人民内部的成员也可能损害罗马人民的威权。

冒犯神的威权的行为例如有:不守诺言、偷移界石,因为诺言由信义女神确保遵守;界石的位置也有有关的神保证。冒犯罗马人民的威严的行为有:没有元首的命令杀死人质、武装聚会占据要地或神庙、为叛乱目的聚会、杀害或教唆杀害罗马人民的长官,给敌人通风报信、煽动兵变等。①

什么是公共事务?我们知道,在拉丁语中,公共的(Publicus)是人民(Populus)一词的形容词,因此,公共事务就是人民的事务。西塞罗就此说:"如果人民保有其权利,便没有什么比这更美好、更自由、更幸福的了,因为他们是法律、审判、战争、和平、缔约、每个公民的权利和财富的主人。……只有这样的体制才堪称 res publica,即人民的事务"。② 由此可见,"公共的事务"就是法律、审判、战争、和平、缔约、每个公民的权利和财富等。要说明的是,Res Publica 一词在拉丁语中还有国家财产的意思③,那就是国有的土地、森林等有体物了。按照上述西塞罗对 Res Publica 一词的解读,它不是指人民的有体物,而是指属于人民的无体物。

弄清了什么是公共事务,私人事务为何就清楚了,因为在本条中,用公私事务一词涵盖所有的人事,那么,不是公共事务的,都是私人事务。当然,私人所有权、私人间的合同肯定属此。

至此可见,本条授予皇帝的权力相当广泛,从神事到人事,从公事到私事,只要符合国家的需要,他都可以干预,这样,他的干预权就几乎无所不包了。无怪乎人们说本条是自由裁量权条款,也就是少有限制的赋权条款。

本条规定的皇帝行使自由裁量权的手段有 Ius 和 Potestas。什么是 ius?众所周知,该词是权利、法院的意思。④ 什么是 Potestas?保罗认为该词表示一种支配关系,官员的谕令权、父亲对子女的权力、主人对奴隶的权力,都在它的涵摄下(D.50,16,215)。可否将 Ius 理解为权利,将 Potesatas 理解为

---

① 《〈学说汇纂〉第48卷(罗马刑事法)》,薛军译,中国政法大学出版社2005年版,第45页。
② 参见〔古罗马〕西塞罗:《论共和国·论法律》,王焕生译,中国政法大学出版社1997年版,第45页。
③ 参见徐国栋:《罗马私法要论——文本与分析》,科学出版社2007年版,第123页。
④ 参见谢大任主编:《拉丁语汉语词典》,商务印书馆1988年版,第312页。

权力呢？答曰不能，因为这两个词用"和"连在一起后有独特的含义，指由公法授予的某种权力，被授权者由此取得一种法律地位。① 当然，运用这种法律地位，皇帝可以对从宗教到世俗、从公到私的一切事务进行调整。

由于本条赋予皇帝的权力过于广泛，就它的性质，学界广有争论，形成以下数说。首先有紧急状态下权力说，谓本条规定的是皇帝在紧急状态下的权力，其他条款规定的是皇帝在正常状况下的权力；为马尔蒂诺所持。② 其次有敕令发布权说，谓本条赋予皇帝就如上广泛事务制定法律的权力。为蒙森所持。③ 还有兜底条款说，谓前面条款具体授予了皇帝这个那个权力，惟恐遗漏，设立本条，进行不确定授权。④ 等等，诸说各有其道理，各有论者的主观性，综合考虑它们才比较全面。正因为对本条的理解不同，对它的翻译也是五花八门，马拉沃尔塔（Mariano Malavolta）对它们——列举，读者可以参看。⑤

**第 7 条评注**。本条规定皇帝的两项权力，首先规定皇帝的免受法律约束权；其次规定皇帝的前任政治权力继承权。前者属于消极的权力，后者属于积极的权力，两者颇为不同，按理应分条规定，但本法将两者捏在一条，理由似乎只能从两者有共同的参照系找到：前者从奥古斯都、提贝留斯、克劳丢斯从免受约束的法律出发建言；后者从这三个皇帝根据民会制定的法律有权做的事情出发建言。⑥

本条第 1 款规定优流斯—克劳丢斯王朝的三个皇帝不受其约束的法律，开创弗拉维王朝的韦斯巴芗皇帝也不受其约束，完全采取萧规曹随的合理化方式，并未凭空提出皇帝不受法律约束的一般命题，反言之，奥古斯都、提贝留斯、克劳丢斯要遵守的法律，韦斯巴芗也要遵守。由此，君主处在法律

---

① Véase Rafael Domingo, "Ius Ratumque" y "Ius Potestasque" (Una contribucion al estudio del concepto de "ius"), Sobre http：//dspace. unav. es/dspace/bitstream /10171/12755/1/PD_ 25-2_ 03. pdf, 2012 年 11 月 1 日访问。
② Cfr. Francesco de Martino, Storia della Costituzione Romana, Vol. IV, Jovene, Napoli, 1972, p. 502.
③ Voir Theodor Mommsen, Le droit public romain, Tomo V, Traduit du Frederic Girard, 1896, Paris, Libraires Thorin et Fils, p. 189.
④ Véase Xesus Perez Lopez, El Poder del Princepe en Roma. La Lex de Imperio Vespasiano, Tirant lo Blanch, Valencia, 2006, pag. 358.
⑤ Cfr. Mariano Malavolta, Sulla clausola discrezionale della c. d. lex de imperio Vespasiani, Suhttp：// www. monetaecivilta. it/storia/lex_ de_ imperio. pdf, 2012 年 10 月 28 日访问。
⑥ Véase Xesus Perez Lopez, El Poder del Princepe en Roma. La Lex de Imperio Vespasiano, Tirant lo Blanch, Valencia, 2006, pag. 413.

之下，法律有明文相反规定的除外。从第 1 款的文义来看，似乎难以得出别的解释，所以，英国学者布农特（P. A. Brunt）主张本款规定了君主一般地不受法律约束的原则①，此论让我感到奇怪。

那么，韦斯巴芗之前的君主到底免受哪些法律约束？从罗马人的实践来看，君主免受特定的民事法律的约束外，还免受一定的刑法约束。② 具体而言，君主不受约束的民事法律有婚姻法、收养法、继承法和遗赠法。他们免受约束的刑事法律包括墓葬法和选举舞弊法。③ 就婚姻法、继承法和遗赠法而言，公元前 18 年奥古斯都颁布的《关于等级结婚的优流斯法》和公元 9 年的《关于婚姻的帕皮尤斯和波培乌斯法》（Lex Papia Poppaea Nuptialis）规定，独身者和婚而不育者丧失继承能力，他人遗给他们的遗产构成落空遗产份额（Caduca ex lege Papia）归皇库（Fiscus）继承。但罗马人有指定皇帝为自己的遗产受赠人的习惯④，而许多皇帝不生育，如果因此剥夺他取得这方面遗产的权利能力，皇库将遭受损失，所以，法律为皇帝在这方面设立了一个豁免权。就收养法而言，按照罗马法的规定，自权收养人必须自己无子，但奥古斯都尽管自己有孩子，还是收养了提贝留斯。⑤ 而且，他还要求已有儿子的提贝留斯自权人收养日耳曼尼库斯。⑥ 这种对收养法的践踏出于政治考虑：收养这种场合被作为一种选择政治继承人的方式看待而非作为弥补无子缺憾的手段看待。就墓葬法而言，《十二表法》第 10 表第 1 条以来的罗马法规定不得在罗马城内埋葬或火化尸体，这样规定是为了公共卫生的考虑⑦，但皇帝及其家人可以被埋葬在罗马城内，并以这种方式受到纪念。⑧ 就选举法而言，普通人要受不当影响选举罪（Ambitus）的约束，但皇帝根据本法第 4 条的规定享有官吏推荐权，

---

① See P. A. Brunt, Lex de Imperio Vespasiani, In *The Journal of Roman Studies*, Vol. 67 (1977), p. 109.
② Ibid., p. 108. note 66.
③ Véase Xesus Perez Lopez, El Poder del Princepe en Roma. La Lex de Imperio Vespasiano, Tirant lo Blanch, Valencia, 2006, pag. 424.
④ See Robert Samuel Rogers, The Roman Emperors as Heirs and Legatees, In *Transactions and Proceedings of the American Philological Association*, Vol. 48 (1947), Johns Hopkins University Press, pp. 144s.
⑤ 参见徐国栋：《优士丁尼〈法学阶梯〉评注》，北京大学出版社 2011 年版，第 98 页。
⑥ 参见〔日〕盐野七生：《罗马人的故事 VII：恶名昭著的皇帝》，彭士晃译，台湾三民书局 2002 年版，第 10 页。
⑦ 本书援引的《十二表法》条文，统统出自徐国栋、〔意〕阿尔多·贝特鲁奇、〔意〕纪慰民译：《十二表法新译本》，载《河北法学》2005 年第 11 期。
⑧ 例如，奥古斯都及其家人就可在罗马城内的战神广场下葬。该陵寝于公元前 28 年开始兴建。参见张楠：《〈赫巴铜表〉译注》，载《古代文明》2012 年第 3 期，第 11 页。

自然要以某种方式影响选举，所以他们不在不当影响选举罪的适用对象之内。①

本条第 2 款规定了皇帝的前任政治权力继承权，它是一个不确定规定，等于说，凡是奥古斯都、提贝留斯、克劳丢斯依据民会制定的法律可以做的，我韦斯巴芗都可以做，至于上述三个皇帝依据民会制定的法律做了什么，本款并未指出，只能任凭读者的历史知识和想象，由于此等不确定性，它与本法第 6 条有重复之嫌，因为韦斯巴芗的前任也是就宗教和世俗事务、公私事务展开行动，本款再赋予韦斯巴芗以对前任政治权力的继承权，就等于重复规定了。但要指出的是，本款并非允许韦斯巴芗做他们做过的任何事情，只允许韦斯巴芗做他们依据民会制定的法律允许他们做的事情，这似乎暗示民会在这三个皇帝就职时分别制定了一个类似于《韦斯巴芗谕令权法》的法律完成像公元 70 年 1 月初的元老院对韦斯巴芗一样的授权程序。事实上，撇开民会授权的程序情节不谈，在韦斯巴芗之前，每个罗马皇帝都会在就任时获得授权的，以提贝留斯为例，他于公元 14 年 9 月 17 日被元老院授予全军最高指挥权、保民官特权，以及奥古斯都享有过的为保卫罗马所需之一切权力。② 确实，这个元老院决议很类似于《韦斯巴芗谕令权法》，其第三项授权为概括性的，很类似于本款的授权方式。

**第 8 条评注**。本条是溯及力条款，也称过渡条款，旨在追认韦斯巴芗称帝到公元 69 年 7 月 1 日前韦斯巴芗及其党人做的事情的法律效力。③ 在这一期间前，韦斯巴芗及其党人的行为按照规制他们当时的宪法角色的法律定性。那时，韦斯巴芗是征犹大军的司令；穆恰努斯是叙利亚的总督；亚历山大是埃及总督。在这一期间之后，他们就是以叛逆者的角色进行活动了，因为维特流斯是取得了元老院合法授权的皇帝。韦斯巴芗取代维特流斯后，必须在自己的元老院授权文件中增加这一条确认自己及其党人在"叛逆期"行为的合法性。此等行为，无非是韦斯巴芗在埃及的行为，穆恰努斯在意大利的内战行为，以及提图斯和亚历山大继续犹太战争的行为。其中，穆恰努斯的政治行动最多，如前所述，他召开了元老院会议，让韦斯巴芗及其儿子提图斯

---

① Véase Xesus Perez Lopez, El Poder del Princepe en Roma. La Lex de Imperio Vespasiano, Tirant lo Blanch, Valencia, 2006, pag. 424.

② 参见〔日〕盐野七生：《罗马人的故事 VII：恶名昭著的皇帝》，彭士晃译，台湾三民书局 2002 年版，第 21 页。

③ Véase Xesus Perez Lopez, El Poder del Princepe en Roma. La Lex de Imperio Vespasiano, Tirant lo Blanch, Valencia, 2006, pag. 106.

担任公元 70 年的执政官，并派兵镇压日耳曼裔高卢人的叛乱，并对受内战之害的个人和城镇进行赔偿，重建了在内战中被焚毁的卡皮托尔山上的朱庇特神庙。按照本条，这些行为视为依据人民和平民的命令实施，合法有效，反言之，尽管其中有忤逆之处和残暴之处（例如在首都罗马发动巷战），后人不得以其不合法为由攻击之。所以，也可称本条为胜利者条款，揭示了胜利者无非的历史真理。其设立也表明了本法的策划者穆恰努斯的行事的滴水不漏，他不打算留下任何空子让人钻。非独此也，本条还确定了韦斯巴芗的谕令权起始日（Dies imperii）。显然，这个日子并非元老院通过《韦斯巴芗谕令权法》的日子，而是他被在埃及的罗马军队推举为皇帝的日子。

本条把本法称为民决法，等于说本法不是一个元老院决议（尽管如前所述，本法采取了元老院决议的格式），而是民会通过的法律，这样就提高了本法的合法性，因为元老院的立法权以私法为范围，本法属于公法中的宪法，应由民会通过。我在对第 4 条的评注中已证明民会在韦斯巴芗时期仍然存在并运作，所以，本条把本法宣称为民决法，应符合事实。后人把本法名之为《韦斯巴芗谕令权法》而非《关于韦斯巴芗谕令权的元老院决议》，表达了他们对于本法是一个民会制定的法律而非单纯的元老院决议的认识。通说认为本法最初是公元 70 年 1 月初由元老院通过的一个决议，但后来此等决议得到了民会的通过，成为民决法。[1]

如果上述证明成立，则本法还要追认韦斯巴芗及其党人在第二个过渡期中的行为的法律效力，也就是从记载本法内容的元老院决议通过日到本法被民会通过日之间的期间，这可能是一个多月的期间。[2]

**制裁评注**。本部分的标题以大于各条文字号约两倍的字号铸造，表明了立法者对本部分的重视。

与前面各条都以 Utique 开头不同，本部分以"如果"开头，表明它不受 Senatu placuit 的主句管辖，而是开启了一个新的部分。

本部分首先反映了罗马的公法文本的结构。此等法律应包括前言（Praescriptio）、法案（Rogatio）、制裁（Sanctio）三个部分。前言应包括提出法案的长官的名字；法案包括法律的全部内容；制裁通常包括如下五项内容。其

---

[1] Voir Lesuisse Léon, La Clause transitoire de la《Lex de imperio Vespasiani》, In Revue belge de philologie et d'histoire, Tomo 40, fasc. 1, 1962, p. 61.

[2] Ibid., p. 70.

一，规定长官或元老的适用所涉法律并不得阻碍之的誓言；其二，规定对故意不适用所涉法律的长官、元老、法官的罚金；其三，禁止废除或破毁所涉法律或在元老院提出讨论此等可能性；其四，规定为遵守新法而违反旧法的人免责；其五，规定不能形之于民决法的法或神法的规定无效。① 本部分只包括制裁的第四项内容。富有意味的是，本部分的内容与制裁一语的最初意思相合。马尔西安在其《规则集》第 4 卷中说："制裁（Sanctus）一词源于马鞭草（Sagmina），它是罗马人的使者为使任何人都不能伤害他们而经常携带的那种草。"② 看来，有了本部分第四项内容意义上的制裁，行为人就可以不受伤害了。正因为本部分体现了罗马公法中的制裁的这种含义，盐野七生把这里的 Sanctio 翻译成"免于罚则之认可"。③ 此举并非无理，但这种译法仅适合于本部分，否则就阉割了作为罗马公法文件最后一部分的"制裁"的丰富含义。

如前所述，本法的序言部分和法案的前半部分已佚失，但法案的第二部分和制裁部分得到保留。但为何在制裁部分省略该部分应有的 1、2、3、5 项内容？我认为，这种省略可归之于制定《韦斯巴芗谕令权法》的匆忙。当然，也可归之于本法的性质，例如，本法是根本大法，不存在由某个长官、元老、法官适用的问题，所以也无必要规定对他们不适用本法的罚金。

本部分分为三个单元。第一个单元从积极的角度规定了遵守本法的人违反先前的法律、平民会决议、元老院决议的情形；第二个单元从消极的角度规定了遵守本法的人未履行先前的法律、平民会决议、元老院决议课加的义务的情形；第三个单元规定了上述作为或不作为的法律效果：不构成违法、不缴纳罚款、任何人不得起诉或判处他、也不允许任何人对他起诉。所列事项中的"罚款"让我想到这些被实际上违反的法律、平民会决议的制裁部分包括了对违反者罚款的规定。

质言之，本部分规定的还是新旧法的交替问题。④ 从这个意义上说，它是另一个过渡条款。

---

① Cfr. Carla Masi Doria, La strutture della lex publica, Su http：//www.federica.unina.it/giurisprudenza/storia-del-diritto-romano/struttura-lex-publica/，2012 年 11 月 3 日访问。
② D. 1, 8, 8, 1. 参见〔意〕桑德罗·斯奇巴尼选编：《民法大全选译·物与物权》，范怀俊译，中国政法大学出版社 1993 年版，第 8 页。
③ 参见〔日〕盐野七生：《罗马人的故事 VIII：危机与克服》，郑维欣译，台湾三民书局 2002 年版，第 222 页。
④ 参见同上。

### 六、结论

《韦斯巴芗谕令权法》是一个难得的保存得比较完好的元首制时期的罗马宪法文本,它被译成中文并受到评注,是对本书代序中批驳的罗马公法不存在论或虽存在但无价值论的一个否证,它同时是对自努马王以来罗马人民以法律文件对最高行政长官进行授权、从而昭显政治权力的民授性的宪法传统的一个立证。就其内容而言,它是一个明确皇帝权限的法律,其基本的理路是萧规曹随,凡是优流斯—克劳丢斯王朝的三位未被判处记录抹杀刑的皇帝曾享有的权力,作为弗拉维王朝的开创者的韦斯巴芗皇帝也要享有,这样就保持了政治权力分配的连续性,在两个王朝之间完成一个衔接,并让卑贱的弗拉维王朝的第一个皇帝取得血统高贵的优流斯—克劳丢斯王朝的皇帝一样的尊荣。要强调的是,授权者是元老院,被授权者是皇帝,在权力量守恒的条件下,皇帝的权力多一点,元老院的权力就少一点,所以,本法调整的是皇帝与元老院的权力分配关系。元老院并非民选产生,所以不能把它看做人民的代议机关,这样造就了元首制时期的罗马宪法与当代宪法的极大不同:后者首先调整国家与人民的关系,其次调整国家机关彼此间的关系,前者缺乏调整国家与人民的关系的部分,并把丰富的国家机关彼此间的关系简化为皇帝与元老院之间的关系。由此出发评断,前者不符合现代宪法的条件,但它在另一个方面与现代宪法相通,那就是宪法的限权性。尽管本法的有些条款赋予了皇帝无所不包的权力,但皇帝并非法本身,而是一个宪法机关,它被置于法律之下,而非凌驾于法律之上,所以,说元首制时期罗马的宪政体制是立宪君主制,是符合事实的。这种体制当然强于绝对君主制。这种立宪君主制是共和宪政的延续,因为本法规定的皇帝权力林林总总,但实际上可把它们类聚为保民官特权、前执政官大权、最高裁判权等共和时期的长官享有过的权力。

然而,这部宪法是对西塞罗和波利比阿极为推崇、并被誉为罗马力量来源的三元混合宪法传统的背离,这种传统中的"三元"是民会、执政官和元老院,但在韦斯巴芗的时代,民会已奄奄一息,元老院尽管大限将至,仍维持运作,与皇帝形成共治,蒙森把本法的体制描述为双头制,是确当的。人民被虚化了,愈加成为臣民,元老院正在被虚化,它在本法第 6 条授予的自由裁量权的压迫下如此，但本法毕竟是一部元首制时期的宪法，它预示着多米纳特制时期彻底架空元老院、集权于皇帝的宪法。尽管如此，无论君权如何扩张，人们始终记得隐含在三头制或双头制下面的一"头"，即确认了这种或那种权力分配体制的宪法，在罗马法史上，即使到了君权最扩张的时代，它也作为一种制衡力量与君权形成对立。在我看来，有一部宪法限制权力并被认真执行，总比没有这样的宪法或虽有但不适用好。

附：载有《韦斯巴芗谕令权法》的第二块铜表的照片：

# 行政法论

# 罗马职官的一身多任问题

## ——Praetor 的实与名研究

### 一、对 Praetor 一词的诸种译法

长期以来，我国学界认为罗马公法没有研究价值①，根本谈不上有罗马公法研究。近年来，经过同行们的努力，罗马公法研究得到了发展，正在走向深入。深入的途径之一是展开对罗马的职官制度的研究，在这方面，有陈可风先生的《罗马共和宪政研究》②等著作、论文作为先驱。它们尽管有开拓之功，全面之美，但亦有不够专精之憾。本文拟针对罗马职官制度中的Praetor 一职展开专题研究，探讨其在不同时期的职能，由此探讨根据此等不同的职能翻译 Praetor 之官名的可能，以求实现我国罗马公法研究中之职官研究的点面结合、博精相映。

在我的阅读范围内，迄今 Praetor 一词有以下译法：

（1）最高裁判官。这是统编罗马法教材采用的对该词的译法。③"最高"，可能来自 Maximus，因为 Praetor Maximus 不过是独裁官的别名，显然不是指我们现在谈论的 Praetor。"最高"的修饰语后来被拿掉，我以为有两个原因。第一，原文没有这个修饰，硬加不妥；第二，"最高"的用语会让人想象还有"中级"、"初级"等审级，这一制度在 Praetor 大行其时的时代恰恰没有。

（2）大法官。周枏先生在其《罗马法原论》中如此翻译 Praetor 一词④，

---

① 这方面的代表性的观点，参见周枏：《罗马法原论》（上册），商务印书馆1984年版，第8页。
② 法律出版社2004年版。
③ 参见《罗马法编写组》：《罗马法》，群众出版社1983年版，第34页。
④ 参见周枏：《罗马法原论》（上册），商务印书馆1984年版，第31页。

当然，还有很多的人这样做。其不妥在于 Praetor 的职司不限于司法。

（3）法务官。在其著名的《罗马人的故事》中，日本作家盐野七生采用这种译法。① 这也是日本通行的译法，它影响了我国台湾地区，盐野七生上述著作的台湾译本也采用同样的译法。在日本、台湾两个法域中分别有法务省和法务部，它们都是司法行政机构而非审判机构，而古罗马的 Praetor 负有审判职能，因此，把 Praetor 译为法务官并不妥当。

（4）裁判官。这是民国时期的罗马法学者就采用的对 Praetor 一词的译法，1990 年后留学意大利的中国罗马法学者采为通译。它去掉了"最高"的修饰语，避免了审级制度联想；另外，叫"裁判官"而不叫"法官"，意在揭明古代审判活动与现代审判活动的区别。这些都是此译的优点，但它同样存在对 Praetor 活动范围的以偏概全描述的谬误。

（5）执法官。这是罗马史学界对 Praetor 一词的另一种译法。② 它同样存在以偏概全的毛病。非独此也，罗马的长官都有或多或少的执法权，这点只要看一下关于诸长官职责的《学说汇纂》第 1 卷第 10—22 题就知道了。所以，把 Praetor 翻译为执法官，不足以把 Praetor 与其他长官区分开来。

（6）行政长官。陈可风先生采用这种译法。③ 事实上，这是流行于中国的罗马史学界的一种通译。④ 这种译法的采用者看到了 Praetor 的职责不仅包括司法，而且包括军事和民政的方面，并力图在对 Praetor 的翻译中体现这一方面，用心可嘉，但行政长官的用语过泛，无以与其他行政长官如执政官相区别，因而不是一个好的译法。

（7）执政官。这是《新英汉辞典》的译法。⑤ 这是一个乍一看觉得大错，琢磨良久后觉得古风的译法。何以觉得大错？因为如果 Praetor 是执政官，那 Consul 是什么？这种译法的使用者显然无法回答这一问题。何以觉得古风？在执政官被称为 Consul 之前，它可是被称为 Praetor 的呢！（参见后文对《十

---

① 参见〔日〕盐野七生：《罗马人的故事 I：罗马不是一天造成的》，徐幸娟译，台湾三民书局 1998 年版，第 147 页。
② 参见宫秀华：《论罗马共和时期的行省总督制》，载《北方论丛》2001 年第 4 期。
③ 参见陈可风：《罗马共和宪政研究》，法律出版社 2004 年版，第 70 页。
④ 参见〔古罗马〕塔西陀：《编年史》（下册），王以铸、崔妙因译，商务印书馆 1981 年版，第 424 页。
⑤ 参见《新英汉字典》编写组：《新英汉字典》，上海辞书出版社 1974 年版，第 1030 页。

二表法》第三表第 5 条的分析）而且，即使在 Praetor 与 Consul 并用以后，Praetor 还是被叫做小执政官，以示两种官员的地位相类。可能基于此理，丘汉平先生的《罗马法》把一般的 Praetor 译为执政官或裁判官（同时把 Consul 译为总裁），但把 Praetor peregrinus 译为外务执政官。①

（8）副执政。② 这是一个繁体字的维基百科全书的 Praetor 词条采用的半个译法。③ 之所以称"半个"，乃因为作者同时采用裁判官和副执政两个译法。把裁判官罗列为待解释对象，以副执政解释之。副执政的译名意味着执政官有什么职能，Praetor 也有，不过处在辅助地位。而执政官有民政、军事、司法职能，三位一体，Praetor 亦有此等三位一体。"副执政"是我目前见到的对 Praetor 一词的最佳译法，但该译法只适合于一般的而非专业化的 Praetor，早期的而非后期的 Praetor。理由后文将述及。

对前几个译名，可以作这样的分析。第一，它们分为法律视角和行政视角两类，两种视角分别看到了 Praetor 活动的两个主要方面，但都不全面。法律视角的译法容易导致罗马司法专业化的误解，实际上，长期以来，罗马的司法并不专业化，所有的行政长官几乎都有司法职能。行政视角的译法又过于宽泛，不足以揭示 Praetor 的工作范围。第二，它们分为正确的译法和错误的译法，除了"执政官"的译法，其他译法都近乎正确，但这种错误的译法也多少揭示了 Praetor 职务与执政官职务的关联，为最好的译法"副执政官"开辟了道路。

## 二、Praetor 的历史起源和发展

公元前 451 年的《十二表法》第三表第 5 条中就有关于 praetor 的规定，其辞曰："双方有权达成和解，如果未达成和解，受判处者要受 60 天的羁押。

---

① 参见丘汉平：《罗马法》，中国方正出版社 2004 年版，第 19、21 页。
② 参见维基百科繁体字中文版上的"裁判官"词条，载 http：//203. 208. 35. 101/search？q = cache：ajn2cBGgrXQJ：zh. wikipedia. org/wiki/% E8% A3% 81% E5% 88% A4% E5% AE% 98 + praetor% 2Btutela&hl = zh-CN&ct = clnk&cd = 14&gl = cn&lr = lang_ de ǀ lang_ fr ǀ lang_ zh-TW ǀ lang_ zh-CN ǀ lang_ pt ǀ lang_ es ǀ lang_ it ǀ lang_ en&st = usg = ALhdy28YxKYyRJQ_ V9BswFyxMzNwwy2TQA，2008 年 6 月 8 日访问。
③ 〔美〕威尔·杜兰的《恺撒与基督》（东方出版社 2003 年版）的无名氏译者也采用了这种译法，参见该书第 34 页。

在此期间，他应在三个连续的集市日被牵至大会场 praetor 面前，并被当众宣布所判定的金额。在第三个集市日，对其实行死刑，或把他卖于台伯河对岸的外邦。"① 通说认为，公元前 366 年才设立 Praetor②，早于此时的《十二表法》中应不该出现 praetor 的字样。而且，在《十二表法》的时代，执政官兼理司法，他们应是在大会场主持对债务人处置的官员。所以，《十二表法》中出现的这个 Praetor，很可能就是执政官，在那个时期，执政官就是被叫做 Praetor 的。

回到关于 Praetor 之起源的通说上来。公元前 366 年颁布了《李其钮斯和塞克斯求斯法》，它允许平民担任执政官，打破了这一公职只能由贵族担任的传统。这一法律的提议人之一塞克斯求斯为平民，他自己就担任了是年的执政官。贵族顿感特权的失落，为求得某种平衡，当时的独裁官设立了 Praetor 新职。③ 这个官职在那时是只能由贵族担任的。④ 直到公元前 322 年才可由平民担任。⑤ Praetor 是执政官的下级，但享有谕令权，属于大长官，由 6 个侍从官保护，可以坐象牙椅，穿紫红色长袍。他也由百人团大会选举产生，与执政官一同宣誓就职，说同样的誓言，因此被称为同僚执政官（collega consulibus）。他有如下三权：第一，民事权，Praetor 协助执政官管理政务；第二，军事权，Praetor 可以独自或与执政官一起率军队作战；第三，司法权，Praetor 负责营造官负责的公共市场司法以外的司法活动。⑥

关于 Praetor 的词源，西塞罗在其《论法律》第 3 卷中作了很好的说明：

"国王的权力应由两人履行，我们根据他们'走在前面'（Praeire）、'审判'（iudicare）、'协商'（consulere）称其为 Praetor、审判官（iudice）、执政官（consules）。战时他们拥有最高权力，不服从任何人，人

---

① 参见《〈十二表法〉新译本》，徐国栋、〔意〕阿尔多·贝特鲁奇、〔意〕纪慰民译，载《河北法学》2005 年第 11 期。
② 参见丘汉平：《罗马法》，中国方正出版社 2004 年版，第 19 页。
③ 参见〔意〕格罗索：《罗马法史》，黄风译，中国政法大学出版社 1994 年版，第 91 页及以次。
④ Cfr. S. Riccobono, Diritto Pubblico Romano, Manfredi, Palermo, 1978, p.47.
⑤ 参见〔日〕盐野七生：《罗马人的故事 I：罗马不是一天造成的》，徐幸娟译，台湾三民书局 1998 年版，第 147 页。
⑥ 参见陈可风：《罗马共和宪政研究》，法律出版社 2004 年版，第 70 页及以次。

民的福祉对于他们即最高法律"。①

此语有味，它讲的是共和时期的集体元首制的来历、其职能以及其名称来历。罗马人在以共和取代王政后，基于最后一任王高傲者塔克文滥权的教训，采用同僚制的、互相享有否决权的两名执政官取代国王，使最高权力受到制衡。那么，这两人要承担什么职责呢？西塞罗认为有三。其一，带兵打仗，这是"走在前面"的含义；其二，解决纠纷，这是"审判"的含义；其三，与元老院配合治国，这是"协商"的含义。这3个职能都可以作为新生的集体元首的命名依据，在不可能兼用它们的情况下，只能行举重明轻之道。孰轻孰重，依时不同。共和初期，兵连祸结，兵事为最重，故取此职命名上述集体元首。他们遂被称为 Praetor。所谓的 Praetor，不过是走在前面的人或头人，就是将军呀！西塞罗明确告诉我们，后来被人们叫做执政官的长官，早先是被人叫做 Praetor 的。这就可以明白为何公元前451年的《十二表法》第三表第5条中会出现 Praetor 的字样，这个 Praetor，不是我们说的裁判官，而是执政官。台湾学者邢义田明白此点，故把这个 Praetor 译为执政。② 这也就可以明白《新英汉词典》把 Praetor 译为执政官并非全然无理，它采用的是这个词在"裁判官"的译法之前的译法呢！后来，罗马共和国进入平和时期，肉食者遂偃武兴文，改变对共和制集体元首的关注点，从武力之运用到政治协商，于是，在一个我不知道的时间（但肯定在公元前366年颁布的《李其纽斯和塞克斯求斯法》之前，在公元前451年的《十二表法》之后），改把 Praetor 叫做协商官（Consules），这还是采用的以偏概全的命名思路，但一个聪明的译者弥补了拉丁命名者的欠虑，把 Consules 译为执政官。这下，军事、审判、政治协商，全有了！但 Praetor 这个词也不能废呀！于是，在公元前366年的平民与贵族之争中，它被捡起来用于命名一个新设的官职。无论是从词源来看还是从职责分工来看，设立 Praetor 都是把所谓的执政官由2人变成3人的一个举措，这样不过是回到了由3位军事保民官治国的传统。确实，公元前444年，3名行使执政官权力的军事保民官取代了2名执政官管理国家以

---

① 参见〔古罗马〕西塞罗：《论共和国·论法律》，王焕生译，中国政法大学出版社1997年版，第257页。

② 参见邢义田：《罗马十二表法》，载《大陆杂志》1989年第3期，第136页。

容纳平民行使执政官权力（尽管他们无执政官的名分），是年以后，行使执政官权力的军事保民官与执政官交替执政，由元老院决定来年采用何种模式。①把 Praetor 增列为小执政官的原因与以军事保民官治国取代执政官治国的原因都是一样的：容纳平民对最高权力的分享。但 Praetor 的地位稍在执政官之下，所以我认为把 Praetor 译为副执政官是确当的。具有讽刺意味的是，这个新设的官职处于名实不符的状态，他的主要职责是司法，但也可以召集元老院会议②，他的官名却是军事意义上的统帅（Praetor）。这种悖论为以后 Praetor 演化为大区长官或禁卫军术语的词素埋下了伏笔。

公元前 242 年，这是在第一次布匿战争（公元前 264—公元前 241 年）结束的前一年，Praetor 的发展进入了新阶段，是年，元老院设立了 Praetor peregrinus。显然，第一次布匿战争与 Praetor peregrinus 的设立具有密切关联。那么，是布匿战争的什么后果刺激了罗马元老院设立这一官职？简言之，通过这次战争，罗马战胜迦太基，取得了地中海的制海权，夺取了西西里作为自己的第一个行省（实际上是海外殖民地）。罗马由此完成了对意大利的征服后改走海上路线，着手开始完成对地中海沿岸世界的征服，把这个海最终变成"我们的海"。正如罗马人在征服加普亚的战争进行期间就修建通往此地的大道，他们也在征服更多的行省或海外殖民地之前准备有关的治理机关：Praetor peregrinus，他是处理在罗马的外邦人（即殖民地人民）之间的纠纷的。至于罗马市民与外邦人之间的案件，《十二表法》第二表第 2 条已规定由罗马的执法官处理，直到过了很长的时间，Praetor peregrinus 才也管辖这类案件。③

Praetor peregrinus 以审理涉外案件闻名，它的产生把过去单纯的 Praetor 变成了 Praetor urbanus，形成 Praetor urbanus 与 Praetor peregrinus 的对立。两种 Praetor 的关系如何？Praetor peregrinus 是否具有 Praetor urbanus 军事权和民政管理权？答案是肯定的，因为第一，有在第二次布匿战争期间（公元前 215—公元前 198 年）选举的 Praetor peregrinus 在罗马以外领兵打仗的报道④；

---

① 参见〔意〕格罗索：《罗马法史》，黄风译，中国政法大学出版社 1994 年版，第 88 页。
② 参见〔日〕盐野七生：《罗马人的故事 V：恺撒时代（卢比孔之后）》，黄红杏译，台湾三民书局 1998 年版，第 333 页。
③ See David Daube, The Peregrine Praetor, In *The Journal of Roman Studies*, Vol. 41, Parts 1 and 2, (1951), p. 66.
④ Ibid.

第二，Praetor peregrinus 还负责维持罗马的治安，因为在设立它前，负责这方面工作的死刑三吏本来归 Praetor 管的，现在归他管了①；第三，Praetor urbanus 不时兼任 Praetor peregrinus②，两者应该同职同权。如果是这样，不排除 Praetor peregrinus 是殖民事务长官的可能。所以，丘汉平先生不把 Praetor peregrinus 译为"外事裁判官"，而是译为"外务执政官"，甚切。但如果他在"执政官"前加上一个"副"字，则更切矣！

第一次布匿战争开启的 Praetor 与殖民地的关联进一步发展。公元前 241 年，罗马把第一次布匿战争的战利品西西里设为行省。增选一个 Praetor 为该省的最高统治者。这个 Praetor，据说是 Praetor peregrinus。③ 这很可能，至少有一个证据强有力地证明两者的关联。盖尤斯评注的行省告示就是这样的 Praetor 发布的调整罗马人与行省民之间争讼的一般标准。④ 如此，Praetor peregrinus 不过是把在国内已做的外事工作做到了国外而已。他下辖财务官等事务官，因此，在行省，他并非孤家寡人。Praetor 每年由百人团大会选出，派往各个行省。⑤ 无疑，这里的 Praetor 就是后世所称的行省总督，其职掌不专在司法，而恢复为西塞罗所言的兼掌军事、审判、政治协商的角色。就军事而言，每个 Praetor 都有对两个军团（每个军团包括约 5000 名军人）的绝对指挥权。⑥ 它也旁证了他是与在罗马本土的 Praetor 同样的角色，因为这样的 Praetor 在一年的任期满后，可作为 Propraetor（前副执政官）去行省当总督。公元前 227 年，罗马设立了撒丁和科西嘉行省，仍增选 Praetor 治理。由于该省由两个岛组成，每岛派一个 Praetor。他们是为了这个安排专门选出的。⑦

作为第二次布匿战争的战利品，罗马于公元前 197 年建立了远西班牙和

---

① 参见陈可风：《罗马共和宪政研究》，法律出版社 2004 年版，第 88 页。
② See David Daube, The Peregrine Praetor, In *The Journal of Roman Studies*, Vol. 41, Parts 1 and 2, (1951), p. 66.
③ 参见宫秀华：《论罗马共和时期的行省总督制》，载《北方论丛》2001 年第 4 期，第 108 页。
④ Cfr. Federico del Giudice e Sergio Beltrani, Nuovo Dizionario Giuridico Romano, Napoli: Edizione Simone, 1995, p. 183.
⑤ 参见〔日〕盐野七生：《罗马人的故事 II：汉尼拔战记》，张惠君译，台湾三民书局 1998 年版，第 54 页。
⑥ 参见〔日〕盐野七生：《罗马人的故事 V：恺撒时代（卢比孔之后）》，黄红杏译，台湾三民书局 1998 年版，第 265 页。
⑦ 参见宫秀华：《罗马行省建立的历史动因》，载《东北师范大学学报（哲学社会科学版）》2001 年第 4 期，第 51 页。

近西班牙两个行省，并为其任命了 Praetor，当然它还是行省总督的意思。

尔后，由于行省的增加很快，增选 Praetor 担任其最高长官不敷使用。于是，罗马人在公元前 3 世纪的萨漠尼安战争中创下的一个先例得到了适用：延长任满的执政官和 Praetor 的任期，让他们到各行省担任总督。执政官如此为的，称为 Proconsul；Praetor 如此为的，称为 Propraetor。这种体制最早运用于设立马其顿行省（公元前 146 年）和阿非利加行省（公元前 146 年）之时，后来成为永久性的制度。① 公元前 81 年的《关于行省管理的科尔内流斯法》（Lex Cornelia de provinciis ordinandis）把它立法化。规定，praetor 在罗马服务 1 年后，可以 Propraetor 的身份管理行省，其原来享有的谕令权也相应地延长。前执政官（proconsul）也按照同样的情形来适用此法。② 恺撒为了解决同样的问题，干脆把 Praetor 的人数从苏拉时代的 8 人增加到 16 人。这样，有更多的前 Praetor 可以派往各行省担任其最高长官。③

进入元首制时期后，奥古斯都对行省制度进行改革，将之分为皇帝行省和元老院行省，前者为需要军事防卫的行省，其最高长官称 Propraetor；后者是不需要军事防卫的行省，其最高长官称 proconsul。④ 由于是需要军事防卫的行省的最高长官，praetor 的统帅性格此时表现出来。尽管如此，皇帝行省的最高领导人还有 Procurator（事务经管人）的名称，这是 Procurator Augusti（奥古斯都的事务经管人）的简称，事实上，小普林尼（Gaius Plinius Carcilius Secundus，公元 61 或 62—约 113 年）就担任过 112 年的比提尼亚行省的 Procurator。⑤ Procurator 这个词很好地揭示了此等领导人与罗马皇帝的关系，把 praetor 的"名"与行省总督的"实"的距离拉开了一些。直到戴克里先（公元 284—305 年在位）在公元 293 年进行四头制改革，把仍称为 Provincia（行省）的行政区划降格为"县"，把整个帝国分为 101 个这样的县；在县

---

① 参见杨共乐：《论共和末叶至帝国初期罗马对行省的治理》，载《北京师范大学学报（人文社会科学版）》2001 年第 1 期，第 77 页。

② 参见黄风、程波、齐云：《罗马的法律大全》，未刊稿。

③ 参见〔日〕盐野七生：《罗马人的故事 V：恺撒时代（卢比孔之后）》，黄红杏译，台湾三民书局 1998 年版，第 265 页。

④ 参见宫秀华、刘琳琳：《奥古斯都行省改革政策论析》，载《东北师范大学学报（哲学社会科学版）》2007 年第 6 期，第 26 页。

⑤ 参见《世界历史词典》编辑委员会：《世界历史辞典》，上海辞书出版社 1985 年版，第 677 页。

上设"行政区"（diocesi）；在行政区上设大区（Prefectus）。不再分元老院行省和皇帝行省①，"县"长改称 praeses 等。该词由"前"（prae）和"坐"（ses）两个词素组成，意思是"主持会议的人"或"主席"，其复数形式是"Praesides"，一望而知是现代的"会议主席"、"总统"一词的先祖。praeses 与 praetor 兼有一个 prae 的词素，但一个是"坐在前面"，一个是"走在前面"或"冲在前面"，在这一对比中，名称变更者的偃武修文之心纤毫毕现。

但按倒葫芦起来瓢，戴克里先的改革无非把过去的省长降为县长，在他们原来的位置上放上所谓的大区长官（Praefectus praetorio），在这个官名中，还是有一个军事色彩很强的 praetorio。Praefectus 是 Praeficere 的过去分词，这个动词是"使之面对"的意思，Praefectus 和 praetorio 加起来，是使之作为 praetor 面对的意思。看来，praetor 只愿把自己保留在省级干部的命名中，并且宁愿自己的军事含义被优先考虑。

Praetor 一词的含义继续由文到武摆动。这点可由帝政时代的罗马在现在的罗马第一大学附近留下的一处叫做禁卫军兵营的古迹（Castra praetoriana）见证。在 Castra praetoriana 这个词中，praetoriana 从其派生的 praetorium 成为禁卫军人的意思了，Praetor 完成了从统帅到士兵的转变，但离不了一个"武"字。如果我们一味地把 Praetor 理解为裁判官，我们会得出"裁判官兵营"的不可解的翻译呢！而且，按照罗马宪法，只有当过 Praetor 的人才能担任军事保民官②，这也证明了罗马职官的文武兼备性。

### 三、Praetor 向专业官吏方向的摆动

尽管如此，三位一体的 Praetor 也有机会让自己的含义向文的方向摆动甚至定格在那里。这是个自然的过程的结果。公元前 171 年，西班牙人向罗马元老院控告好几任西班牙 praetor 犯有搜刮钱财罪（repetundae），元老院遂指定是年的西班牙 praetor 卡努雷尤斯（L. Canuleius）建立法庭对此等控告进

---

① 参见〔日〕盐野七生：《罗马人的故事 VIIII：最后一搏》，郑维欣译，台湾三民书局 2000 年版，第 57 页。
② 参见〔日〕盐野七生：《罗马人的故事 IX：贤君的世纪》，林韩菁译，台湾三民书局 2003 年版，第 9 页。

行调查。① 由此开设立专门的刑事法庭处理专门名目的公罪之风,换言之,颁布一个关于特定刑事罪名的法律,就相应地设立一个专门处理这种罪的法庭,与现代民刑庭合一,刑庭什么类型的刑事案件都审的法院格局不同。当然,每个这样的刑事法庭都由一名专门的 praetor 主持,praetor 由此成为专门法庭的庭长。共和晚期的公罪有:搜刮钱财、选举舞弊、国事、贪污、伪造、刺杀和投毒,前者由公元前 149 年颁布的《关于搜刮钱财罪的卡尔布尔纽斯法》(Lex Calpurnia de pecuniis repetundis)确定并由此设立了一个惩治如题罪名的常设刑事法庭;第二者由颁布于公元前 70 年的《关于选举舞弊罪的奥勒流斯法》(Lex Aurelia de ambitu)确定;第三者由颁布于公元前 81 年的《关于国事罪的科尔内流斯法》(Lex Cornelia maiestatis)确定并设立了一个相应的刑事法庭;第四者在共和早期就被列为犯罪,到西塞罗的时代设立了专门的常设刑事法庭,但授权为如此设立的法律不详②,尽管公元前 8 年的《关于贪污罪和渎神罪的优流斯法》(Lex Iulia de peculatu et sacrilegiis)也涉及这一主题;第五者由公元前 81 年的《关于伪造罪的科尔内流斯法》(Lex Cornelia de falsariis)确定;后者由同年的《关于刺杀和投毒罪的科尔内流斯法》(Lex Cornelia de sicarris et veneficis)确定。据说,早些时候的 6 名 praetor 中的 4 名分别主持一个上述法庭。③ 后来苏拉又增加了两个这样的专门刑事法庭,由此增加了两名 Praetor。④

Praetor 负责的刑事案件在集议场露天审理⑤,尽管 praetor 可以坐在象征他身份的象牙椅上,意大利的强烈阳光肯定把他烤得黧黑。和他一起构成刑事法庭的陪审员通常有 50—75 人。⑥ 最多时(在米罗案件中)达到 360 人,

---

① See David Daube, The Peregrine Praetor, In *The Journal of Roman Studies*, Vol. 41, Parts 1 and 2, (1951), p. 68.
② See William Smith, *A Dictionary of Greek and Roman Antiquities*, London: John Murray, 1875, p. 881.
③ See The Entry of Praetor, On http://en.wikipedia.org/wiki/Praetor#cite_ note-16#cite_ note-16, 2008 年 6 月 10 日访问。
④ See William Smith, *A Dictionary of Greek and Roman Antiquities*, London: John Murray, 1875, p. 957.
⑤ 相反的说法,参见〔日〕盐野七生:《罗马人的故事 VIII:危机与克服》,郑维欣译,台湾三民书局 2002 年版,第 350 页。
⑥ 但在克鲁恩求斯一案中,陪审员的人数只有 32 人。参见李文胜:《后苏拉时代谋杀与投毒罪刑事诉讼模式探微——以西塞罗为克鲁恩求斯辩护为中心》,载徐国栋主编:《罗马法与现代民法》(第 7 卷),厦门大学出版社 2010 年版,第 52 页。

他们都听取证据，但在审判的最后一天，以抽签选定其中的 81 人听取两造律师的辩护。此后，每造排除 15 人，剩下的 51 人作出裁决，这样，受贿者就不大可能在为决定者的队伍中。① 在 Praetor 和陪审员决定是否有诉因前以及在有诉因的情况下选择控告人前，有一个预备程序。正式的程序并非由公诉人开启，原告的证人通常被授权进行控告。如果有理由认为他与被告有通谋，或如果有更有力的申请人到场，原告的位置可能被移转给另一个人。如果他愿意，控告人可以有自己的助理。被告可以自己出庭，也可以由律师代表出庭，律师可以有几个助手。② 控告人发言后是被告的答辩，然后双方提出证据，对证人进行交叉盘问，最后双方的律师有针对性地对陪审团的陪审员们作出最后陈述。Praetor 不给这样的陪审团指示，但他可以在审判过程中作出评论。例如问"谁得到了好处？"最后陈述之后是陪审团为裁定，以其的多数决定事实问题即有罪无罪问题，他们在作出裁决前不许协商。如果他们认为被告无罪，就在书板上写 A，为 Absolvo 的缩写，意思是"我开释"；如果认为有罪，则写上 C，为 Condemnatio 的缩写，意思是"定罪"；如果案情不明，则写上 NL，为 Non lique 的缩写，意思是"问题不清楚"。③ Praetor 接到陪审团的裁决后，如果说的是无罪，当然立即开释被告。④ 如果得到有罪裁决，他应按图索骥在设立有关法庭的法律上找相应的制裁并实施之。所有这些，都说明他的角色相当消极，与英美法系的法官角色相似。人皆说古罗马法与英美法颇相似⑤，这里就提供了一个证明。尽管如此，Praetor 作出的判决不可上诉，是终局性的。⑥

Praetor 除了上述法庭审判活动外，还从事一些类似公证人的活动，例如在去剧场或戏院的途中赋予解放行为法律效力。⑦ 而且还可以换位兼做律师，

---

① See H. J. Haskell, *This was Cicero*, New York: Alfred A. Knopf, 1942, pp. 69s.
② Ibid., p. 70.
③ 参见〔古罗马〕西塞罗：《论共和国·论法律》，王焕生译，中国政法大学出版社 1997 年版，第 273 页。
④ See H. J. Haskell, *This was Cicero*, New York: Alfred A. Knopf, 1942, p. 72.
⑤ 参见〔法〕勒内·达维德：《英国法和法国法》，贺卫方等译，中国政法大学 1984 年印行，第 26 页。
⑥ 参见〔美〕威格摩尔：《世界法系概览》（上册），何勤华等译，上海人民出版社 2004 年版，第 329 页。
⑦ I. 1, 5, 2。参见〔古罗马〕优士丁尼：《法学阶梯》（第二版），徐国栋译，中国政法大学出版社 2005 年版，第 27 页。

公元前 66 年的 Praetor 西塞罗主掌搜刮钱财罪刑事法庭，但他在任内大做律师，成功地为克鲁恩求斯作了辩护，并为封丹钮斯（M. Fundanius）辩护，为被控国事罪的科尔内流斯（Publius Cornelius）辩护。① 小普林尼担任 90 年或 91 年的 Praetor 时，可能还被指定管理军库。② 看来，成为刑事法庭的庭长后，Praetor 仅仅只是向专职法官的方向作了一个摆动，但并非十足的专业法官。

尽管如此，专业刑事法庭庭长的角色承担开启了 Praetor 含义向专业官吏方向的进一步摆动，接下来的动作是奥古斯都（公元前 27—公元 14 年在位）于公元前 23 年设立了国库（aerarium）Praetor③，他是从卸任的 Praetor 中通过抽签挑选人担任此任的。但中签者有可能不适任，所以这个办法不能行之久远。果然，克劳丢斯皇帝（公元 41—54 年在位）后来就废除了此制，还有关权力于本来就管理国库的财务官。事实上，在公元前 23 年前，奥古斯都的国库也是由财务官管理的，元首改制是因为当时的财务官为报私仇过分无情地拍卖穷人的财产④；内尔瓦皇帝（公元 96—98 年在位）步奥古斯都后尘，设立了皇库（fiscus）praetor。⑤ 这两者的职掌恐怕不是司法，而是发挥 praetor 一词包含的民政管理功能，各司其职，管理两种形式的公库。⑥ 不过，法律事务还是有的，I. 2，6，14 提到了皇库与私人之间的诉讼⑦，I. 3，1，5 和 I. 3，11，1 提到了皇库的继承权，在这些情形⑧，皇库 praetor 应作为法定代表人料理这些

---

① 参见李文胜：《后苏拉时代谋杀与投毒罪刑事诉讼模式探微——以西塞罗为克鲁恩求斯辩护为中心》，载徐国栋主编：《罗马法与现代民法》（第 7 卷），厦门大学出版社 2010 年版，第 47 页及以次。也参见肖俊：《西塞罗时期选举贿赂罪的立法与审判——以〈为穆列纳辩护〉为中心的分析》，载徐国栋主编：《罗马法与现代民法》（第 7 卷），厦门大学出版社 2010 年版，第 64 页及以次。
② See R. H. Harte, The Praetorship of the Younger Pliny, In *The Journal of Roman Studies*, Vol. 25, (1935), p. 54.
③ See A. H. M. Jones, The Aerarium and the Fiscus, In *The Journal of Roman Studies*, Vol. 40, Parts 1 and 2, (1950), p. 24.
④ 参见〔古罗马〕塔西陀：《编年史》（下册），王以铸、崔妙因译，商务印书馆 1981 年版，第 425 页。
⑤ See A. H. M. Jones, The Aerarium and the Fiscus, In *The Journal of Roman Studies*, Vol. 40, Parts 1 and 2, (1950), p. 22.
⑥ See Cassius Dio, *The Roman History: The Reign of Augustus*, Translated by Ian Scott-Kilvert, Penguin Books, London, 1987, p. 127.
⑦ 参见〔古罗马〕优士丁尼：《法学阶梯》（第二版），徐国栋译，中国政法大学出版社 2005 年版，第 155 页。
⑧ 同上书，第 279、337 页。

法律事务吧！但他已不是法官而是一方当事人了。

优士丁尼《法学阶梯》告诉我们，在奥古斯都手里，遗产信托制度实现了合法化①，但由执政官审理有关纠纷，到了克劳丢斯皇帝手里，就任命了两位信托 praetor 专门做此事。马尔库斯·奥勒留皇帝（公元 161—180 年在位）则设立了监护 praetor 审理监护职务豁免纠纷以及就谁更适合被任命为监护人发生的争议。② 自由身份（liberalium causarum）Praetor③ 也是在奥古斯都元首制时期设立的，其职掌是确定人的身份到底是奴隶还是自由人。后三种 praetor 都是专业法官，与前两种迥然不同，尽管两者都是专业性的职务。无论如何，两者都是 Praetor 的含义向专业官吏方向的摆动的明证。

**四、结论和推论**

至此的研究证明，Praetor 是一个产生于共和时期，延续使用到帝政时期的官名，它的意思由于处在不同的时代、与不同的词结合而不同。该词的原始意义是一种武官，为"统帅"之意；但该词最为我们熟知的意义是一种文官，即裁判官。在历史的长河中，该词的含义在文武两端之间游走，或偏向此端，或偏向彼端；或取两端之混合意为己身之内涵。这种一个职官的内涵游动不已的现象与现代特定职官名的内涵（例如大法官、最高检察长）非常"一端化"（即要么是文官，要么是武官）以及稳定现象形成对照。两者不同的原因为何？我认为主要有两个原因。容分述之：

原因一，精兵简政的治国方略。无论是共和时期还是元首制时期的罗马，都实行精兵简政，简到国家元首（执政官）不通过任何中介性的官员直接统治公民个人的程度，官员一身数任，少数的官员治理相对庞大的人口，与现代官员数目大量增长，以至于基本可以做到一官一责，依责命名的形势不同。兹举数例说明此点。其一，官民比超大之例。依据共和时期的罗马宪法，罗马的常设官僚（不考虑独裁官和骑兵长官等非常官僚）只有 36—57 人，其中执政官 2 人，Praetor 2 人（后增加到 6 人），营造官 2 人（后增加到 4 人），

---

① 参见〔古罗马〕优士丁尼：《法学阶梯》（第二版），徐国栋译，中国政法大学出版社 2005 年版，第 279、255 页。
② 参见周枏：《罗马法原论》（上册），商务印书馆 1984 年版，第 246 页。
③ 同上书，第 219 页。

财务官 2 人（后增加到 8 人），监察官 1 人，保民官 2 人（后增加到 10 人），另外有低级官吏 26 人①。在上列数据中，36 是根据特定职官最初的任职人数计算出的；57 是根据特定职官任职者的高峰任职人数计算出的，无论是哪个数，相对于共和时期意大利最大峰值的人口数 600—700 万（其中奴隶 200—300 万）② 都是极小之数，官民比是 36∶6000000（20 万分之一左右）或 57∶7000000（10 万分之一左右）；即使在"官"这一项中加上最大峰值为 600 的元老；官民比也是很小的。元首制时期基本保留共和时期的职官体系，而整个帝国的人口为 5500 万到 6000 万③，这个时期官民比显然也是很低的。顺便指出，苏拉之后，罗马的长官有 70 人④，虽然数目有增加，还是不多。其二，行省总督不通过任何中介性的官员直接统治行省民之例。罗马帝国时期的莫埃西亚行省基本与现代的保加利亚共和国重合，治理这么大的一个地域，罗马委派的官吏只有一个行省总督，外加一个副手。所以对于罗马的行省治理而言，"没有官僚体系"是对这种治理的通常描述，研究者设想行省总督只能通过与地方精英"交朋友"进行此等治理。⑤ 在现代，设想一个省长带着一个秘书上任治理一个省，没有市、县政府等中间环节，人们会觉得疯狂！而罗马人就是这样治理一个不小的共和国和一个广袤的帝国的，他们的实践被我们看做疯狂，这就是 Praetor 一词难译的根源所在，它根本就是一种我们陌生的治理模式的依附物，我们生生地要通过翻译把它纳入我们熟悉的治理模式，如此不发生曲解才怪！其三，克劳丢斯皇帝启用自己的被释奴隶充当自己的秘书班子之例。由于当上皇帝并无国家提供的官员班子可以辅佐秘书事务，克劳丢斯皇帝只好任用一批自己的解放自由人充当秘书班子，分为书信股

---

① 罗马的常设职官人数根据陈可风先生的论述计算出。参见陈可风：《罗马共和宪政研究》，法律出版社 2004 年版，第 66 页及以后。

② Cfr. K. R. Bradley, Approvvigionamento e Allevamento di Schiavi a Roma, In Moses Finley（A cura di）, La Schiavitù nel Mondo Antico, Laterza, Roma-Bari, 1990, p. 59.

③ See Walter Scheidel, Human Mobility in Roman Italy, I: The Free Population, In *The Journal of Roman Studies*, Vol. 94, (2004), p. 2.

④ See Lily Ross Taylor, *Roman Voting Assemblies*, *From the Hannibalic War to the Dictatorship of Caesar*, The University of Michigan Press, 1990, p. 1.

⑤ Cfr. Alexander L. Smyshliaev, Vinculum offcii i doveri e le obbligazioni del praeses romano nell'epoca di Principato, 2007 年 10 月 25—30 日在保加利亚的索菲亚·博罗维兹召开的"第 5 届'罗马法与现代性'——债的发生根据——国际研讨会"论文。

(Ab epistulis，对寄给皇帝的信进行整理)、会计股（A rationibus，负责财务事宜）、文书股（A libelis，接受来自全国各地的请愿和陈情文件等）、笔记股（Subscriptio，负责把皇帝对于请愿所做的答复转为文字）、审理股（A cognitionibus，负责司法）、学术股（A studiis，负责起草皇帝的一些文件）等几大部门。① 这一掌故揭示罗马的精兵简政到了当局者要靠自己的私人行政的程度！

事实上，我们现代人熟知的层级分明、官口众多、官责分明的治理模式，是从戴克里先开创的帝政专制时期启用的，戴克里先实行四头政治，把罗马帝国分为东西两个部分，每部分设正帝和副帝各一名，帝国有了正副4名皇帝。每个皇帝的辖区细分为行政区（Diocesi）和县（Provincia）两级，每级各设行政官员，如此才官口大为膨胀，罗马才成为与现代国家相类的行政国家。②

原因二，"旋转门"式的罗马官僚转任制度造成职官名的含义文武兼备。"旋转门"是一个美国的政治学术语，用来描述官员与学者之间灵便的互通，由此保障了理论界与实务的方便互通。我借用这一术语描述罗马共和——元首制时期的官僚从文官到武官的灵便的互通。罗马的政治人物都是自从军开始自己的公职生涯的，从17岁起花10年的时间在军中积累经验和资历，取得大队长的职务后才有可能担任长官从政，因为按罗马人的观念，政治家不懂军事就无法推动政事。这样的长官达到职位的巅峰后也可外放为负有军务责任的行省总督。③ 所以，"上马击狂胡，下马草军书"，能文能武是罗马政治家的特质，典型的例子是恺撒，他既可以典数个军团征服高卢，型构现代欧洲政治地图，也可以写文风刚健的《高卢战记》等美文，成拉丁散文的一代宗师。在这种理想笼罩下，罗马人缺乏把一个职官名赋予完全的文官特性或武官特性的冲动，故Praetor一词的含义长期处在亦文亦武、时文时武的状态。可惜的是，伽利艾努斯皇帝（公元253—268年）颁布法令，禁止元老典

---

① 参见〔日〕盐野七生：《罗马人的故事Ⅶ：恶名昭著的皇帝》，彭士晁译，台湾三民书局2002年版，第303页及以次。
② 参见〔日〕盐野七生：《罗马人的故事ⅩⅢ：最后一搏》，郑维欣译，台湾三民书局2006年版，第59、68页。
③ 参见〔日〕盐野七生：《罗马人的故事Ⅻ：迷途帝国》，郑维欣译，台湾三民书局2006年版，第235页。

军，开文官武官隔绝之先河①，戴克里先继之，把文官武将的职业生涯完全分开②，导致军职人员素养的劣化和文职人员素养的柔化，但由此奠定了现代人文武完全分开的职官观，运用它来看产生在文武不分时代产生的 Praetor，自然感到不顺眼。

时至今日，文武互通的官僚制度未见恢复的痕迹，但过细分工、一官一责、以责名官的制度则在大部制改革的名目下有所松动，过去的铁道部和民航总局乃至于邮电部都可以合到运输部的大名目下，"合"的理由与罗马人的理由一致：精兵简政，由此，我们在感到 Praetor 一词的难译之余，也感到造成这种难译的罗马公法的对于现代人的积极价值。

回到对 Praetor 一词的翻译上来。显然，把所有的 Praetor 都翻译成裁判官肯定是错误的，我主张根据 Praetor 一词在特定时空中包含的意思翻译该词。首先，我不主张把 Praetor urbanus 翻译为裁判官，主张把它翻译为副执政官，把 Praetor peregrinus 翻译为殖民地事务副执政官。其次，我主张把罗马行省制度早期执掌某个行省的 Praetor 循实责名地翻译为行省总督。再次，我主张把处在专业官吏化时期的 Praetor 翻译为作为职官名称后缀的"长"，例如，执掌某个专门刑事法庭的 Praetor 就译作"庭长"；管理国库的，就译为"国库长"，依此类推；至于负责信托事务的、负责监护事务的、负责自由身份案件审理的 Praetor，可以保留"裁判官"的译名。如此需要对过去的文献进行清理，把过去的"裁判官告示"改称"副执政官告示"，以此类推。

---

① 参见〔日〕盐野七生：《罗马人的故事 XII：迷途帝国》，郑维欣译，台湾三民书局 2006 年版，第 234 页。

② 同上书，第 64 页。

# 行省制度的确立与罗马法

## 一、西西里行省的设立及其治理

(一)西西里行省的设立

公元前 265 年,罗马征服了除了波河流域的意大利领土,成了意大利的主人。次年即公元前 264 年,即爆发了第一次布匿战争(公元前 264—公元前 241 年),通过这次战争,罗马战胜迦太基,取得了地中海的制海权,夺取了地中海第一大岛西西里,把自己的领土扩张到了天然边界以外,由此产生了对这一海外领地的治理模式选择问题。罗马人面临两个选择项。第一是曾适用于意大利被征服领土的同盟制;第二是迦太基人和叙拉古人留下的模式。容分述之。

同盟制的历史可追溯到公元前 366 年,是年罗马开始征服意大利。大而言之,先后征服了萨谟尼安人、埃尔尼基人、埃特鲁斯人、翁布里人、阿拉特里人、费伦塔尼人、维洛里人、阿纳尼人、萨宾人、卢坎尼亚人、马尔西人、马鲁奇尼人、彼利尼人、维斯提奈人、皮琴蒂尼人、塞农人、波伊人、塔兰托人、康帕尼亚人、皮切尼人、雅皮吉人、沃尔喜人等人民。罗马与这些人民订立平等的或不平等的同盟条约,把他们变成自己的保护国。不平等条约的内容为互不侵犯、不给侵略者假道之便,在发生自卫战时以全部兵力互相援助等。不平等条约的内容为同盟国有义务与罗马并肩作战,但无权为自己作战。有义务为罗马提供兵员(或者可能的话派遣战舰),以"保卫罗马人民的崇高威望"。罗马在盟国享有驻军权和征收人质权。同盟国彼此之间不得订立联盟条约,不得互战,在发生纠纷时由罗马仲裁。在其他方面各同盟国保留自己的自治,由此逐渐形成了罗马与诸同盟国构成的联邦。① 简言之，同盟者模式不要求同盟者向罗马纳税，只要求他们在战时提供兵员，出于军事考虑的成分多。

为了理解迦太基人和叙拉古人留下的模式，必须说清楚第一次布匿战争前西西里的政治形势。

西西里本来是希腊诸城邦的殖民处所，不同的希腊城邦在西西里留下了自己的殖民地。到第一次布匿战争前，西西里有70多个城邦。② 科林斯的殖民地叙拉古为其中大者。在雅典远征西西里失败后，迦太基人侵入西西里，经过长年的征战，占据了西西里的西半部——这一部分恰恰与罗马人征服了的意大利半岛隔海相望，故威胁罗马联邦的安全，东半部则仍在希腊人手中（占全岛面积的1/4③）。迦太基人在西西里驻军④，严厉地对待这些征服地人民，要他们每年纳什一税，征他们的人口服役陆军，并严格控制其外交关系及贸易。相对地，迦太基也给予他们军事保护，许其地方自治，并使其经济安定。⑤ 而在希腊人的叙拉古王国，实行从塞琉古王国学来的土地国有制和什一税制度，由此，全部土地视为属于国王，国王以此等土地所有权为依据向其臣民征收收成的1/10或1/5作为维持国家机器的费用。此等机器包括军队，在西西里，人们广泛使用雇佣军，本地人无兵役义务。⑥ 简言之，从军事的角度看，迦太基—希耶罗（这是第一次布匿战争时期叙拉古国王的名字）体制是交税不当兵的体制，与之对应的同盟者体制的特征是当兵不交税。这种区别意义重大，从某种意义上可以这么说，迦太基—希耶罗体制是奴隶制，因为按古代世界人们的观念，直接税是暴政的工具，只向那些低下阶级的成员和非市民征收。⑦ 而当兵，在那个时代，与其说是义务，不如说是权利。所

---

① 参见〔意〕路易吉·萨尔瓦托雷利：《意大利简史——从起源到当代》，沈珩、祝本雄译，商务印书馆1998年版，第19页及以次。
② 参见〔美〕腾尼·弗兰克：《罗马帝国主义》，宫秀华译，上海三联书店2008年版，第110页，注释20。
③ See H. H. Scullard, *A History of the Roman World*, 753 to 146 BC, London and New York, Routledge, 1980, p. 180.
④ 参见〔美〕腾尼·弗兰克：《罗马帝国主义》，宫秀华译，上海三联书店2008年版，第103页。
⑤ 参见〔美〕威尔·杜兰：《恺撒与基督》，东方出版社2003年版，第50页。
⑥ 参见腾尼·弗兰克：《罗马帝国主义》，宫秀华译，上海三联书店2008年版，第95页。
⑦ See Thomas A. J. MacGinn, *Prostitution, Sexuality, and Law in Ancient Rome*, New York, Oxford: Oxford University Press, 1998, p. 252.

以，采用同盟制还是迦太基—希耶罗制来对待西西里人，是把被征服者当做友人还是贱人对待的大问题。

罗马人在处理这个问题上经过了犹豫。选择同盟制，是"义"，罗马仍是令人尊敬的盟主，为同盟者承担责任而不取利。选择迦太基—希耶罗制，是"利"，罗马可从西西里取得巨额收入，但付出的代价是给人一个追逐利益、剥削殖民地人民的形象。选择上的犹豫体现在公元前241年征服西西里后，只派一名财务官治理①，到公元前227年才派出一名裁判官治理上，这15年的时间当是罗马人的考虑时间。在此期间，曾一度打算把同盟制推广到西西里，最终，罗马人经不住利益的诱惑，转而采用后者。② 当然，罗马人弥补第一次布匿战争的巨大开销的需要，也是他们采用迦太基—希耶罗制的重要原因。③ 这场战争历时近24年，使罗马濒临破产，罗马银币降低成色83%。④ 这是一个巨大的改变，用后世的马基雅维里的话来说，是从争取伙伴但保留威权的扩张模式向争取直接的属民的扩张方式的转变⑤，从此，罗马人的海外行政与意大利行政有别。⑥ 在后者，被征服者是没有选举权的罗马市民，在前者，被征服者是臣民，他们本身就是罗马国家的战利品，其土地全部被没收，成为罗马的公地，他们由土地所有人变成罗马国家的佃户。他们不能在本省本市之外取得合法的财产权，甚至不能缔结合法的婚姻。⑦ 一句话，他们从一等公民变成了现在的等外人。

但上述只是针对西西里曾经被迦太基人统治的部分（占全岛的一半）而言的，它被罗马人改变为利利贝乌姆（Lilybaeum）行省，以与迦太基隔海相望的利利贝乌姆城（现今的马尔萨拉城）为都城。这种处遇存在例外。希耶罗领导的叙拉古及其3个附属城市麦撒纳、陶罗美纳、奈图姆由于在第一次

---

① Cfr. Giacomo Maganaro, Per una storia della Sicilia Romana, In Aufstieg und Niedergang der römischen Welt, Vol. II, No. 2, p. 444.
② 参见〔美〕腾尼·弗兰克：《罗马帝国主义》，宫秀华译，上海三联书店2008年版，第94页。
③ Cfr. Massimo Guidetti, Storia del Mediterraneo nell'antichità: 9. -1. secolo a. C, Editoriale Jaca Book, 2004, p. 323. 但罗马人的统治还是比迦太基人要轻柔，因为前者只征税，后者征税之外，还要征兵。
④ 参见〔美〕威尔·杜兰：《恺撒与基督》，东方出版社2003年版，第57页。
⑤ 参见〔意〕马基维利：《李维罗马史疏义》，吕健忠译，台湾左岸文化2003年版，第141页。
⑥ 参见〔德〕特奥多尔·蒙森：《罗马史》（第三卷），李稼年译，商务印书馆1994年版，第54页。
⑦ 同上书，第55页。

布匿战争中支持罗马成为同盟者。① 这样来看，罗马人在西西里实行的是双轨制，也有适用同盟制的空间（占全岛的另一半）。但此制维持的时间不长，就叙拉古而言，希耶罗于公元前 215 年死后，叙拉古反叛了罗马并公元前 211 年失败。公元前 210 年，通过执政官瓦雷流斯·雷文努斯（Valerius Laevinus, 公元前 215 年的执政官）进入罗马的管理体制，成为叙拉古行省，以叙拉古为首都，另派一名总督治理②。叙拉古及其附属城市成为适用迦太基—希耶罗制的地方，换言之，其人民也要交税。③ 公元前 213 年，利利贝乌姆行省与叙拉古行省合并，成为西西里行省。④

顺便指出，西西里行省包括马耳他诸岛（Meltes、Gozo、Gaulus、Comono、Cominotto、Filfola）。它们在第二次布匿战争中被罗马从迦太基人手里夺得，归属于西西里行省，享受同盟城市或自由的免税城市的地位。每个城市都有自己的宪法，有自己的双执政官等机构进行治理。⑤

盖尤斯说：起源是一切事物的最重要的部分（D.1, 2, 1），在行省问题上也是如此。在以后设立的罗马行省中，都保留纳税城市和免税城市的区分。⑥ 后者是同盟制的残留。所以，即使在行省制中，也有少许同盟制的因素。

（二）西西里行省的治理

作为第一个行省，西西里被罗马人按以下方式治理：

（1）设立一个总督（Praetor）⑦ 为西西里行省的最高统治者负责司法和军事。前文已述，在征服西西里 15 年后的公元前 227 年，罗马人完成此举。总

---

① 参见〔美〕腾尼·弗兰克：《罗马帝国主义》，宫秀华译，上海三联书店 2008 年版，第 94 页。
② Cfr. P. Pietro Serafini, Compendio della storia di Sicilia, Vol. I, Stamperia di Francesco Lao, Palermo, 1840, p.86.
③ See H. H. Scullard, A History of the Roman World, 753 to 146 BC, Routledege, London and New York, 1980, p.180.
④ See History, The City of Siracusa, On http://www.regione.sicilia.it/turismo/web_turismo/sicilia/uk/localita/storia.asp?id=492, 2011 年 4 月 29 日访问。
⑤ See Thomas Ashby and G. McN. Rushforth, Roman Malta, In The Journal of Roman Studies, Vol. 5 (1915), p.24.
⑥ 参见陈其：《罗马行省制度概况》，载《历史教学》1988 年第 6 期。
⑦ Praetor 在法学界被译为裁判官，在史学界被译为行政长官。两者都说的是他在罗马时的职责。到了行省，只好把这个词译为总督了。事实上，在"总督"的统一中文名称下是不同的拉丁文名称，Praetor 是其中之一。

督有一些副官（Legatus）协助他工作，他们有 10 人之数，构成总督的顾问委员会①，另有行政官员、秘书、医生、轻装兵（Accensi）、占卜师、文告宣读官（Preconi）、侍从官、基层军官（Praefecti，他们有 3 人，分别为联盟军指挥官、营地指挥官和工兵队长）等相随。② 但他不能带妻子赴任，公元前 215 年的《奥皮乌斯法》（Lex Oppia）确立了这一禁令，目的在于防止女人干政，因为女性的特点，平时会有一些主意影响丈夫的判断，战时会以恐惧施加同样的影响。从经验的角度看，行省总督滥用职权遭到起诉的，多半与其夫人有关。③ 行省总督也不能与本地妇女结婚④，这一禁令是对总督不能带妻子赴任的规定的逻辑延伸，既然不能带妻子赴任，允许赴任者在当地娶妻，则禁止携妻赴任的规定将形同虚设。由于需要的工作的连续性，总督的任期不像罗马的长官一样是 1 年，而是更长，甚至 3—5 年⑤，无一定之规，根据具体情况而定。

就其司法功能而言，总督没有固定的法院。他及其属员依次住在利利贝乌姆城、帕诺尔姆斯（今西西里首府巴勒莫）、墨西拿和叙拉古。他们所在的地方就称之为集议场（Forum，该词现代人用来表示法院了），人称行政区（Diocesi，后来发展为司法行政区 Conventus），以便于农民起诉，这样的安排不会让他们为起诉离开自己的田园太远⑥，这样就开创了巡回审判制度。西西里人只有义务就在自己的审判区出庭提供担保，并无义务就在其他审判区出庭受审提供担保，这是为了避免他们支出过多的诉讼成本。⑦ 总督只审理罗马人说的公诉案件，即可以导致死刑的案件，以及法律允许他审理的其他案件，

---

① Cfr. Francesco De Martino, Storia della Costituzione Romana, Vol. II, Jovene, Napoli, 1973, p. 328.
② Cfr. Niccolò Palmeri, Compendio della storia di Sicilia, Vol. I, Stamperia Francesco Spampintato, Palermo, 1834, p. 284. See Erwin J. Urch, Procedure in the Courts of the Roman Provincial Governors, In *The Classical Journal*, Vol. 25, No. 2, (Nov., 1929), p. 96.
③ 参见〔日〕盐野七生：《罗马人的故事 VII：恶名昭著的皇帝》，彭士晃译，台湾三民书局 2002 年版，第 133 页及以次。
④ 参见〔意〕桑德罗·斯奇巴尼选编：《婚姻·家庭和遗产继承》，费安玲译，中国政法大学出版社 2001 年版，第 39 页。
⑤ 一般是颁布专门的法律延长总督的任期。
⑥ Cfr. Niccolò Palmeri, Compendio della storia di Sicilia, Vol. I, Stamperia Francesco Spampintato, Palermo, 1834, p. 284.
⑦ See W. T. Arnold, *The Roman System of Provincial Administration*, Oxford, B. H. Blackwell, 1951, p. 61.

非死刑案件由罗马征服前就有的地方机构审理。① 此乃因为总督的谕令权是军事性的②，行省持续地处在军管法状态③，故总督享有生杀权（ius gladii）④，故在共和时期，居住海外的罗马市民不享有向人民的申诉权。⑤ 刑事审理的程序分为事实审和法律审两个阶段，前者由陪审团负责，他们决定被告是有罪还是无罪。此等陪审团由总督任意选定在司法行政区附近居住的罗马市民中任意选定的人组成或从总督编订的一个陪审员名单中抽签挑选的人组成，后者由作为法官的总督或其替手与陪审团共同完成，法官参与陪审团的合议并作出判决。⑥ 控告人由被害人或其亲戚、朋友担当，他们可以得到律师的帮助。被告也可得到辩护人。原告和被告双方都可以就陪审团的成员提出异议，如果此等异议成立，则可以替换他们认可的陪审员。审判过程中可能有证人作证。对总督的刑事判决不得上诉。但在帝政时期，可以上诉到皇帝。

在民事方面，并非一切案件都由总督审理，有许多途径分其劳。首先，其副官、财务官或基层军官可受其委托审理一些案件。其次，同盟的自由城市审理自己的案件。再次，也有一些案件依据自治市法审理，例如，西西里的小城比迪斯（Bidis）的人民就可自己解决遗赠案件。⑦ 最后，只有大额（标的大约在 15000 塞斯特斯⑧以上）的民事案件由总督审理。⑨ 在罗马市民间的民事诉讼采用程式诉讼程序，区分事实审和法律审，后者由总督进行，

---

① Cfr. Lucio Maggio, Processo criminale e giudici locali nella Sicilia dell' età ciceroniana, In Labeo, 39-2（1993），p. 239.

② See Erwin J. Urch, Procedure in the Courts of the Roman Provincial Governors, In *The Classical Journal*, Vol. 25, No. 2,（Nov., 1929），p. 94.

③ See W. T. Arnold, *The Roman System of Provincial Administration*, Oxford, B. H. Blackwell, 1951, p. 62.

④ See Peter Garnsey, The Criminal Jurisdiction of Governors, In *The Journal of Roman Studies*, Vol. 56（1968），p. 51.

⑤ See Erwin J. Urch, Procedure in the Courts of the Roman Provincial Governors, In *The Classical Journal*, Vol. 25, No. 2,（Nov., 1929），p. 97.

⑥ Cfr. Bernardo Santalucia, Diritto e processo penale nell'antica Roma, Giuffrè, Milano, 1998, pp. 187s. See Erwin J. Urch, Procedure in the Courts of the Roman Provincial Governors, In *The Classical Journal*, Vol. 25, No. 2,（Nov., 1929），p. 96.

⑦ See W. T. Arnold, *The Roman System of Provincial Administration*, Oxford, B. H. Blackwell, 1951, p. 61.

⑧ 古罗马铜币，重 25 克。

⑨ See W. T. Arnold, *The Roman System of Provincial Administration*, Oxford, B. H. Blackwell, 1951, p. 62.

他为此要发放程式书状并任命法官或判还官（Recuperatoress①），法官或判还官负责前者。判决的执行通过授权占有（Missio in possessionem）被告的财产实施，这是属于总督或其替手（例如财务官）的权利。② 判决不得上诉，但案件可在新任总督就职后第二次审理，但上诉人要交两倍于标的的保证金。③

由于负有司法职能，行省总督被任命时以告示形式发布行省告示阐明其司法政策和程序规则，内容采自罗马裁判官的告示、行省法、前任总督的告示。在民法方面，采自内事裁判官告示的为多。④ 这样的告示成了把罗马法传播到行省、并将罗马法与行省各城市的固有法协调起来的一个渠道。

就其军事功能而言，由于西西里行省十分平静，除了在汉尼拔战争期间曾驻军2个军团外⑤，平时并不驻军。⑥ 总督的军事功能恐怕主要体现在他是西西里海上武装力量的指挥官上。为了维护西西里的海上安全，必要的时候，为了罗马人的利益出征远洋，为此建立海军。总督确定战船的数目，西西里的每个大城都要建造、供应并武装一条船，同时支付它的一切费用。即使是免税的西西里城市，也不得豁免这一负担。该船以建造城市命名，舰长由该城指定的人担任。总督担任整个舰队的最高指挥官。财务官、总督和副官也可指挥舰队，但西西里人没有这个资格。⑦

（2）把西西里的城市分为3个类别治理。第一类是同盟城市（Civitates foederatae）及非同盟的免税和自由城市（Civitates sine foedere immunes ac liberae），其中的同盟城市有3个，它们是：麦撒纳、陶罗美纳、奈图姆。它们维持自己的独立，无须向罗马交税。非同盟的免税和自由城市有5个，它们是：森图利派、哈莱萨、塞杰斯塔、哈利塞、帕诺尔姆斯，它们因为在第一

---

① 为解决契约当事人之间的纠纷选择的仲裁人。
② See A. H. J. Greenidge, *Legal Procedure of Cicero's Time*, Oxford, Kessinger Publishing, 2004, p. 132.
③ See W. T. Arnold, *The Roman System of Provincial Administration*, Oxford, B. H. Blackwell, 1951, p. 62.
④ See Erwin J. Urch, Procedure in the Courts of the Roman Provincial Governors, In *The Classical Journal*, Vol. 25, No. 2, (Nov., 1929), p. 94.
⑤ 参见〔日〕盐野七生：《罗马人的故事Ⅱ：汉尼拔战记》，张惠君译，台湾三民书局1998年版，第168、229页。
⑥ 参见〔日〕盐野七生：《罗马人的故事Ⅵ：罗马和平》，张丽君译，台湾三民书局1998年版，第96页。
⑦ Cfr. Niccolò Palmeri, Compendio della storia di Sicilia, Vol. I, Stamperia Francesco Spampintato, Palermo, 1834, p. 288.

次布匿战争中率先向罗马表示诚意获得了这一奖赏。① 这类城市的土地无须承担什一税。这种特权并非依据条约，而是依据罗马国家的单方行为。免税特权并非绝对的，也并非一种属人特权，而是涉及土地的，所以非免税城市的人耕种免税城市的土地，他要交税，相应地，免税城市的人如果耕种另一城市的并非属于他的土地，也要交税。这些城市的人民尽管不要交税，但要承担按固定的价格把一定数量的小麦卖给罗马的义务。② 第二类是作为罗马人民的公地的城市（Civitates censoriae），有26个，叙拉古、利利贝乌姆等城市属此。第三类是要交什一税的城市（Civitates documanae），有34个。③

（3）派财务官负责税收并实行包税制。西西里有两名财务官。一名在利利贝乌姆，另一名在叙拉古。他们通过国库官（Tribuni dell'erario）收税。在他们之下，有书记员、会计、侍从官等配合其工作。④ 为了解决罗马的粮食供应问题，西西里人的什一税以实物的形式缴纳。西西里农民还有义务把自己收成的另外1/10的小麦卖给罗马，卖价是法律固定的3塞斯特斯一莫迪⑤，而市场价格可能是15塞斯特斯一莫迪（modius）。而且法定的低价并不全付，为保证货币成色（Buona moneta）扣除一部分，为公库（Cerarium）扣除一部分，并且要为法院秘书（Cancelliere）的特权支付两个1/15。另外，农民还要被迫出售总督规定数目的小麦并自费将它们运到指定的地点，价格是4塞斯特斯一莫迪。当然，农民也可选择不卖小麦，而是交此等数量的小麦在指定的交付地的卖价，此等虚拟的小麦谓之"估价"（Estimato）。再另外，农民还要为自己的每头牲口为使用公共牧场支付一笔税。最后，西西里人还要为进出这个岛的所有食品支付5%的关税。总之，西西里人沦为行省人后负担很重。两个什一税、法定价的小麦、以交钱代替交物的小麦加起来，要占到总产量的几乎1/4。⑥ 西西里人曾还要付旅行税，尤其是在携带尸体的情况

---

① 参见〔美〕腾尼·弗兰克：《罗马帝国主义》，宫秀华译，上海三联书店2008年版，第94、97页。
② Cfr. Francesco De Martino, Storia della Costituzione Romana, Vol. II, Jovene, Napoli, 1973, p. 334.
③ Ibid.
④ Cfr. Niccolò Palmeri, Compendio della storia di Sicilia, Vol. I, Stamperia Francesco Spampintato, Palermo, 1834, p. 285.
⑤ 1莫迪等于8.75升。
⑥ Cfr. Niccolò Palmeri, Compendio della storia di Sicilia, Vol. I, Stamperia Francesco Spampintato, Palermo, 1834, pp. 287s.

下，但这种税后来被废除了。① 上述税收带来的进项可以说明罗马人为何在西西里之后要热心地经营行省了。

上述各种税赋的征收通过包税人为之。在罗马人征服西西里之前，迦太基人和希耶罗都通过包税人征税，如此减少了征税的成本，但增加了纳税人的负担，因为他们在满足国家的财政要求之外还要满足包税人的利润要求。在盖尤斯·韦雷斯（Gaius Verres，约公元前120—公元前43年）担任西西里总督期间（公元前73—公元前71年），西西里的包税公司的董事长（Promagister）是维布尤斯（L. Vibius）、维求斯（P. Vettius）、塞尔维流斯（P. Servilius）、安提斯丘斯（C. Antistius）。卡尔皮纳求斯（L. Carpinatius）是他们的总负责人（magister）。卡努雷尤斯（L. Canuleius）则负责征收叙拉古的港口税。② 意大利学者文森特·斯克拉姆查（Vicent Scramuzza）认为，西西里划分为6个征税区，有两个包税公司运作。

（4）制定行省法。行省法是每个行省的宪法，它在西西里设省以后许多年才达成。公元前131年，在第一次奴隶战争后，执政官鲁皮流斯（P. Rupilius）提议制定了《鲁皮流斯法》（Lex Rupilia）作为西西里的行省法，它不是一个法律或平民会决议，而是一个告示。由元老院委托的10个元老拟定。它根据罗马人的习惯调整西西里不同城市之间的关系，确定它们之间的权利义务。采取的是分而治之的原则。并确定了不同市籍的人之间发生诉讼时的法官选任规则和准据法采用规则。如果同城的两个西西里人互诉，由西西里籍的法官根据两造的本城法作出判决。如果不同城的两个西西里人间发生诉讼，总督抽签定法官。如果一个公民与一个城市发生诉讼，由另一个没有利害关系的城市的元老院裁决案件。如果一个罗马人起诉一个西西里人，由西西里法官为裁决。如果一个西西里人起诉一个罗马人，则由罗马法官为裁决。③ 总之，采用有利于被告原则。当然，行省法还规定本省土地的地位、各个城市的税负、每个城市享有的免税待遇和其他特权、城市行政区划的重组、审判

---

① See Alexander Adam, *Roman Antiquities: or an Account of the Manners and Customs of Romans*, Philadelphia: Mathew Carey, 1807, p. 71.

② See Vicent Scramuzza, Publican Societies in Sicily in 73-71 BC., In Classical Philology, Vol. 32 (1937), No, 2, p. 152.

③ Cfr. Niccolò Palmeri, Compendio della storia di Sicilia, Vol. I, Stamperia Francesco Spampintato, Palermo, 1834, p. 286.

区的重组、乡村的重组等事项。①

综上所述，相较于同盟制，行省制严厉得多。它是罗马人直接治理被征服领土的方式，但它又包含很多间接治理的因素。征服者派来治理偌大的西西里的公务人员数目是很少的。

## 二、罗马行省制度的发展

(一) 西西里行省后罗马行省的数目及其分合

自西西里行省设立后，罗马有首设的行省如下（按设立的年代先后顺序排列）：

科西嘉和撒丁（Corsica et Sardinia，公元前238年）、近西班牙（Hispania Citerior，公元前197年，后来以其领土为主组建为塔拉科——Tarraconensis——行省）、远西班牙（Hispania Ulterior，公元前197年）、马其顿（Macedonia，公元前146年）、埃皮鲁斯（Epirus，公元前148年）、阿非力加（Africa，公元前146年）、亚细亚（Asia，公元前133年）、以纳尔波为首府的高卢（Gallia Narbonensis，公元前121年）、山南高卢（Gallia Cisalpina，公元前81年）、克里特与昔兰尼加（Creta et Cyrenaica，公元前74年）、科尔杜埃勒（Corduene，公元前66年）、比提尼亚（Bithynia，公元前64年）、西里西亚与塞浦路斯（Cilicia et Cyprus，公元前64年）、叙利亚（Syria，公元前64年）、伊利里库姆（Illyricum，公元前59年）、埃及（Aegyptus，公元前30年）、莫埃西亚（Moesia，公元前29年）、上日耳曼（Germania Superior，公元前27年）、下日耳曼（Germania Inferior，公元前27年）、加拉太（Galatia，公元前25年）、长发高卢（Gallia Comata，公元前22年）、诺里肯（Noricum，公元前15年）、阿尔卑斯山麓（Alpes Poeninae，公元前14年）、大日耳曼（Germania magna）、雷齐亚（Raetia，公元前15年）、滨海阿尔卑斯（Alpees Maritimae，公元前14年）、犹太（Judaea，公元6年）、卡巴多恰（Capppadocia，公元17年）、以汀吉斯为首府的毛里塔尼亚（Mauritania Tingitana，公元40年）、以恺撒利亚为首府的毛里塔尼亚（Mauritania Caesariensis，公元44

---

① Cfr. Francesco De Martino, Storia della Costituzione Romana, Vol. II, Jovene, Napoli, 1973, p. 329.

年)、不列颠(Britannia,公元 43 年)、利奇亚与庞弗利亚(Lycia et Pamphylia,公元 43 年)、色雷斯(Thracia,公元 46 年)、西阿尔卑斯(Alpes Cottiae,公元 58 年)、科马杰内(Commagene,公元 72 年)、阿拉伯(Arabia,公元 105 年)、达契亚(Dacia,公元 106 年)、亚美尼亚(Armenia,公元 115 年)、亚述(Assyria,公元 115 年)、美索不达米亚(Mesopotamia,公元 115 年)、三达契亚(Tre Daciae,公元 166 年)、奥斯罗埃勒(Osroene,公元 214 年),加上西西里,共 42 个。

但如下首设的行省发生了分立:从马其顿行省分出亚该亚(Achaea)行省(公元前 27 年);长发高卢行省分裂为亚奎塔尼亚高卢(Gallia Aquitania,公元前 51 年)、比利时高卢(Gallia Belgica,公元前 51 年)、卢古都南西斯高卢(Gallia Lugdunensis,公元前 51 年)3 个行省;远西班牙行省分裂为贝提卡(Baetica)和卢西塔尼亚(Lusitania)两个行省;伊利里库姆行省分裂为达尔马提亚(Dalmatia,公元前 59 年)、潘诺尼亚(Pannonia,公元 10 年)两个行省;莫埃西亚分裂为上莫埃西亚和下莫埃西亚两个行省;叙利亚分裂为"天上的"(Coeles)叙利亚和腓尼基(Phoenenicia)叙利亚两个行省;从阿非力加行省分出了努米底亚(Numidia)行省(公元 197 年);不列颠行省分裂为上不列颠和下不列颠两个行省;潘诺尼亚行省分裂为上潘诺尼亚和下潘诺尼亚两个行省;三达契亚行省分裂为上达契亚、下达契亚和以波罗利苏姆为都城的达契亚三个行省。同时,也有个别首设的行省发生了合并,例如,科马杰内合并于叙利亚,这样,加上西西里,罗马前前后后有过 55 个行省。① 每个省的名字都意味着一场大战②,或意味着一个覆巢之下、安有完卵的故事。③ 结果,空前绝后地形成了一个横跨欧亚非 3 洲、环绕地中海的大帝国,地中海成为罗马人的内海。到安东尼王朝(公元 98—192 年)时期,罗马帝国的宽度是 2000 英里(约合 3200 公里)以上,长度是 3000 英里(约合 4800

---

① 上述行省数目及行省的分合,根据维基百科 Roman province 词条整理,On http://en.wikipedia.org/wiki/ Roman_ province,2010 年 7 月 20 日访问。

② 例如,罗马的第一批行省西西里、科西嘉和萨丁、远西班牙、近西班牙、阿非利加等都是布匿战争的战利品。

③ 例如,巴尔特纽斯(Parthenius)是比提尼亚的尼切阿的希腊语法学家和诗人,在第三次米特拉达悌战争(公元前 74 年—公元前 66 年)中,他被罗马执政官秦纳俘获并于公元前 72 年带到罗马,成为奴隶。

公里）以上，人口有1.2亿，其中罗马公民有694.5万人。用爱德华·吉本（1737—1794年）的话来说，是有史以来在一个统一政府统治下组成的人口最为众多的社会①，当然他采用的只是西欧的标准。造就了所谓的"罗马和平"，即强权下的和平。和平总是和平，无论它是哪种类型的，都有利于减少杀戮和对生产力的戕害，促进地方的繁荣。无论如何，这样的罗马帝国与差不多同时期的东方的汉帝国共同构成世界的两极，维持了世界的稳定。②

值得注意的是，行省的地位并非一成不变，例如，山南高卢行省由于为恺撒征服山北高卢提供后勤支援，于公元前43年停止作为行省，而成为意大利的一部分，换言之，由殖民地升级为宗主国的一部分。③ 当然也有反方向的改变，即由罗马的同盟国变成行省。由于反水如此的，对此有前文讲到的叙拉古之例。但也有因为"赠与"如此的，例如亚细亚行省，它曾是一个作为罗马同盟者的帕加马王国，其国王阿塔罗斯三世（Attalus III，约公元前170—公元前133年）是罗马人的朋友，在其去世时把自己的整个王国都遗赠给了罗马，罗马人以它为基础于公元前133年建立了亚细亚行省。④ 还有因为"死亡"如此的，例如加拉太行省，它曾经是罗马的一个仆从国，在其末代国王Amyntas于公元前25年去世后，被奥古斯都以和平的方式吞并为罗马的一个行省。⑤ 这些案例告诉我们，行省并非都是征服的产物。

从时间来看，罗马的第一个行省设立于公元前227年，最后一个行省设立于214年，此后再未设过新的行省，所以，罗马人的行省设立史有441年。214年是个非常具有标志性的年份，在它之前的212年，行省出身的皇帝安东尼努斯颁布了通常以卡拉卡拉敕令为人所知的法律，授予帝国境内的一切自

---

① 参见〔英〕吉本：《罗马帝国衰亡史》（上册），黄宜思、黄雨石译，商务印书馆1997年版，第26、41页。关于罗马帝国的人口，Scheidel 估计在6000万到1亿之间。See Fertility Control in the Classical World, In *Journal of Population Research*, Vol. 21, No. 1, 2004, p. 5.

② See Edwin G. Pulleyblank, Review: The Roman Empire as Known to Han China, In *Journal of the American Oriental Society*, Vol. 119. No. 1 (1999), p. 71.

③ See Alan K. Bowman, Edward Champlin, Andrew Lintott, *The Cambridge Ancient History: The Augustan Empire*, 43 B. C. -A. D. 69, Cambridge University Press, 1996, p. 403.

④ 参见〔古罗马〕普鲁塔克：《希腊罗马名人传·格拉古传》（三），席代岳译，吉林出版集团有限责任公司2009年版，第1483页。

⑤ 参见〔日〕盐野七生：《罗马人的故事VI：罗马和平》，张丽君译，台湾三民书局1998年版，第87页及以次。

由人罗马市民权①，这意味着抹杀宗主国罗马与殖民地行省的区别，赋予被征服者以征服者相同的身份，由此，行省的设立不再有必要。非独此也，在它之后17年的231年，亚历山大·塞维鲁斯皇帝（公元222—235年）实施了一次对萨桑王国（即波斯王国）的不成功的远征，他在4年后死去，结束了塞维鲁斯王朝，开始了罗马的军人无政府主义时代，从此，罗马帝国成为所谓的野蛮人的征服对象，再无力征服他国，罗马帝国转入守势，作为统治被征服地制度的行省制度由此寿终正寝。以后，省的术语仍然使用，但已无被征服地的含义，取得了行政管理单位的含义。由此，甚至意大利本身也被分为17个省。② 从此，此省非彼省，两种省劳燕分飞。

（二）行省的分类而治

在不同的历史时期，行省按不同的标准进行分类以进行治理。在共和末期的公元前81年，苏拉提议制定了《关于行省管理的科尔内流斯法》（Lex Cornelia de provinciis ordinandis）规定行省的管理，废弃过去曾实行的为新设的行省专门选举裁判官的制度，规定担任总督的执政官和裁判官必须先在罗马任职，在一年的任期届满后以前执政官（Proconsul）或前裁判官（Propraetor）的身份管理行省③，由此开创了前执政官行省和前裁判官行省的区分。前者需要军事防卫，由卸任执政官担任总督，他们享有的谕令权较大；后者平静无事，由卸任裁判官担任总督，他们享有的谕令权较小。例如阿非利加、小亚细亚曾是前执政官行省，西西里、科西嘉与撒丁、山南高卢、伊里里库姆、近西班牙和远西班牙都曾是前裁判官行省。

在元首制时期，奥古斯都对行省制度进行改革，于公元前27年把行省分为4类：元老院行省、皇帝行省、特别行省和领地省（Praefectus）。元老院行省是不需要军事防卫的行省，相当于共和时期的前裁判官行省，皇帝行省是需要军事防卫的行省。④ 皇帝行省总督的任期长，达3年，元老院行省总督的

---

① 参见徐国栋：《罗马私法要论——文本与分析》，科学出版社2007年版，第36页。
② See J. B. Bury, *History of the Later Roman Empire*, London: Macmillan & Co., Ltd., 1923, p. 339.
③ Véase Antonio de Puente y Franco y Jose Francisco Diaz, Historia de Leys, Plebiscitos y Senadoconsultas mas notables, Desde la Fundacion de la Roma hasta Justiniano, Imprenta de D. Vicente de Lalama, Madrid, 1840, pag. 40.
④ Cfr. Mario Talamanca (sotto la direzione di), Lineamenti di Storia del Diritto Romano, Giuffrè, Milano, 1989, pp. 487s.

任期只有 1 年，以便有更多的元老有担任总督的机会。① 属于皇帝的有如下行省：亚奎塔尼亚高卢、比利时高卢、卢古都南西斯高卢、科尔杜埃勒、加拉太、长发高卢、雷齐亚、远西班牙、犹太、滨海阿尔卑斯、卡巴多恰、伊利里库姆、以汀吉斯为首府的毛里塔尼亚、以恺撒利亚为首府的毛里塔尼亚、诺里肯、不列颠、利奇亚与庞弗利亚、色雷斯、阿尔卑斯山麓、西阿尔卑斯、埃皮鲁斯、大日耳曼、莫埃西亚、阿拉伯、下达契亚、以波罗利苏姆为都城的达契亚、叙利亚、努米底亚、美索不达米亚。共计 29 个，其他行省都是元老院行省，它们中有亚该亚、阿非利加、亚细亚等。元老院行省的总督由元老阶级中的曾担任过执政官或裁判官的人担任，大的皇帝行省也是如此选任总督。特别行省只有埃及，它被看做奥古斯都的私人财产由他委派代理人（Procurator）治理。领地省是一些小的、未设军团基地的行省，它们由皇帝从骑士阶级的成员中选任代理人治理。犹太和阿尔卑斯山麓都曾是领地行省。元老院行省与皇帝行省的划分具有财政目的。前种行省的岁入归国库（Aerarium），后种行省的岁入归皇库（Fiscus）。所以，行省的二元制对应于公库的二元制。

（三）恢复或建立行省议会

在罗马人到来前，许多行省就有自己的议会。征服后，罗马人先是解散这些议会，例如在西西里、马其顿和希腊就这么做过②，在奥古斯都后，允许此等议会为宗教目的存在，此等宗教目的掩盖着政治目的，因为行省议会是皇帝崇拜的中心。此等崇拜的高级祭司由特定省最重要的人物担任，他经一定数目的最重要城市的代表选举产生，任期 1 年，通常是解职的自治市官员或骑士阶级的成员。一旦就任，享受免税待遇。行省议会一年召开一次，在举行宗教庆典后重新开会进行一些世俗活动。它们包括讨论神庙的维护、通过账目、议决为某人立像或授予其他荣典的建议。然后投票感谢即将卸任的总督，或更重要的是，议决对即将卸任的总督的投诉，投诉通过一个专门的使团提交给元老院或皇帝。此等投诉不经总督同意即可为之，皇帝的回复会

---

① 参见〔日〕盐野七生：《罗马人的故事 XI：结局的开始》，郑维欣译，台湾三民书局 2005 年版，第 26 页。

② 参见宫秀华、刘琳琳：《奥古斯都行省改革政策论析》，载《东北师范大学学报（哲学社会科学版）》2007 年第 6 期，第 27 页。

直达行省议会。所以，无妨认为行省议会是控制总督行为的一个工具，同时也是行省改善自身地位的一个工具。① 故罗马人在一些被征服前没有议会的行省也设立这样的议会。

（四）建立罗马人的殖民地

现代用语中的殖民地指曾有完整主权，经过征服后主权受限的国家。第一次布匿战争后的西西里符合这样的殖民地定义。但罗马法意义上的殖民地指母邦输出自己的多余人口建立的新共同体。此处讲的就是这种意义上的殖民地。罗马人征服西西里后，长期不设殖民地，只零星地移民到那里，因为罗马人一度认为自己的殖民地不能设在意大利之外。但公元前122年，保民官鲁布流斯（C. Rubrius）首次提出法案在迦太基的废墟上设立的阿非利加行省建立罗马人的殖民地②，从此开启了罗马在行省建立殖民地的体制。在加拉太行省，至少建立了13个罗马人的殖民地。③ 海外殖民地有军事殖民地（为防卫目的设在战略要地）、老兵殖民地（用于安置退伍军人）、平民殖民地（用于安置失业贫民）、自发侨民殖民地（即侨居海外的罗马人自发的形成的殖民地）等类型。殖民地的管理体制模仿罗马，有双执政官、元老院等机构之设。它们的存在，造成了罗马城市与非罗马城市之分，它们当然处在更优越的地位，其市民享有罗马市民的特权。④ 例如，如受重罪控告，只能送他们去罗马受审。由于罗马人殖民地的存在，行省不再是纯粹的外邦，与罗马形成了我中有你、你中有我的命运共同体局面，有利于实现罗马与行省法律地位上的同化。

（五）授予行省精英人士罗马市民权

以上是把罗马市民输入到行省的途径，另外的途径是在行省人口中培养罗马市民，授予其为罗马做出过贡献的精英分子罗马市民权。恺撒在高卢时开始实施这一方略。到克劳丢斯皇帝时，实施规模更大。所以，一些行省人从未到过罗马，却拥有罗马市民权，享受这种身份带来的特权，也承担相应

---

① See W. T. Arnold, *The Roman System of Provincial Administration*, Oxford, B. H. Blackwell, 1951, p. 225.
② See Wilhelm Ihne, *History of Rome*, Vol. IV, Longmans Green and Co., 1882, p. 456.
③ See Ben Witherington, *Grace in Galatai*, Continuum International Publishing Group, 2004, p. 3.
④ 参见肖丽：《论罗马海外殖民地的建立及其历史功用——兼论共和向帝制转变时期的罗马化问题》，东北师范大学硕士学位论文，2010年，第17页及以次。

的责任，尼禄时期的圣保罗就是如此。① 这种政策的高潮是 212 年的安东尼努斯敕令，它授予帝国境内的一切自由人罗马市民权，把行省人的地位与罗马市民同化，从而消除了行省制度的存在基础。在此之后，罗马人再未设立过殖民地意义上的行省。

### （六）建立全帝国统一的宗教

恺撒认为有必要确立全帝国统一的宗教，为此，他规定罗马的主神为最高神朱庇特、朱庇特的妻子朱诺以及智慧女神三神，并把祭祀这三神的日子定为罗马帝国全境的国定假日。这三神本来就是希腊—罗马地区人们信奉的，所以，除了信仰一神教的犹太人，对于其他行省的人民推广起来没有什么困难。② 这样的安排，至少抹杀了宗主国与行省在宗教上的差别，实现了一定程度的意识形态的统一。

### 三、行省制度的确立对罗马法的影响

#### （一）对公法的影响

（1）宪法方面。行省制度的建立结束了罗马的城邦时代，开启了其帝国主义时代，这将导致罗马宪法的变革。城邦（Civitas）是公民的团体，以直接民主的方式进行治理，市民大会是这种民主的表现形式。城邦的规模不能过大，最好公民间能彼此认识。③ 在走上帝国主义道路前，罗马采用混合制的宪法，即综合王政、贵族制和民主制三者之优的宪法，执政官为王政因素的体现、元老院为贵族制的体现、市民大会或百人团会议是民主制的体现。④ 与城邦相对应的是帝国（Imperium），即把其他国家民族纳入旗下的霸权国家。⑤ 帝国与谕令权是一个词，完全是一个军事指挥的概念，它与民主的兼容性至少没有城邦一语与民主的兼容性大。从帝国一词派生了帝国主义一词，它指

---

① See Harry Tajra, *The Trial of St. Paul, A Juridical Exegesis of the Second Half of the Apotles*, J. C. B. Mohr, 1989.
② 参见〔日〕盐野七生：《罗马人的故事 V：恺撒时代（卢比孔之后）》，黄红杏译，台湾三民书局 1998 年版，第 274 页。
③ 参见〔古希腊〕亚里士多德：《政治学》，吴寿彭译，商务印书馆 1965 年版，第 111 页。
④ 参见〔古罗马〕西塞罗：《论共和国》，王焕生译，世纪出版集团、上海人民出版社 2006 年版，第 118 页。
⑤ 参见〔日〕盐野七生：《罗马人的故事 XIII：最后一搏》，郑维欣译，台湾三民书局 2006 年版，第 23 页。

压迫、剥削其他人民的国家行为方式。① 罗马尽管自建城以来就征战不息,但在征服西西里前,对于被征服的人民采用同盟制,在政治上不压迫(保留其政权和自治)、在经济上不剥削(不向其征税),所以并未实施帝国主义政策。但征服西西里、建立行省制度后,罗马人在理论上直接治理被征服人民,取消其政府和自治,在经济上则对行省人民征收苛捐杂税、敲骨吸髓,完全走上了帝国主义道路。由于剧烈的领土扩张和移民罗马市民于行省政策的广泛推行,罗马已丧失了实施直接民主的条件,市民大会停止召开,到了提贝留斯(公元14—37年在位)皇帝时期,把过去的长官由民会选举改为由元老院选举②,元老院的权力增长了,它甚至取得了颁布法律的权力。由此,过去的三角式混合宪法演变为帝政初期的皇帝——元老院二元制宪法结构。最终发展为皇帝一人说了算的宪法结构,总督的军事谕令权后来成了早期帝国皇帝拥有的权威的原型。③ 由此,历代皇帝留给我们的多是戎装像,他们由于自认为有别于东方式的君主不能戴王冠,但戴市民冠,这是给在战场上救了战友命的军人的奖品,也是军人的东西。④ 当然,这样的变迁并非从西西里设省以后马上表现出来,但它是行省制度的逻辑结果。

(2)行政法方面。行省制度的建立催生了官员薪给制。在此之前,罗马实行官员无给制,人们为官是为了荣誉,不是为了钱财,所以不仅没有工资,而且要拿出自己的钱来兴办公益事业。在这样的体制下,经常发生为官一任、家财耗尽的事情。建立行省制度后,罗马的卸任裁判官和执政官可以到行省任职,这往往成了他们弥补在罗马落下的亏空的机会,于是大肆盘剥行省人民,造成"官灾",西西里总督韦雷斯对西西里人民的搜刮就是一个例子。⑤这样也影响罗马的长治久安,罗马国家除了想出搜刮钱财罪的制约方法外,

---

① 弗兰克对帝国主义的理解类似于单边主义,指一种不考虑他国利益与感情的行事态度。参见〔美〕腾尼·弗兰克:《罗马帝国主义》,宫秀华译,上海三联书店2008年版,第1页。
② 参见〔古罗马〕塔西陀:《编年史》(上册),王以铸、崔妙因译,商务印书馆1983年版,第16页。
③ See Erwin J. Urch, Procedure in the Courts of the Roman Provincial Governors, In *The Classical Journal*, Vol. 25, No. 2, (Nov., 1929), p. 94.
④ 参见〔日〕盐野七生:《罗马人的故事 VI:罗马和平》,张丽君译,台湾三民书局1998年版,第26页。
⑤ 关于韦雷斯的搜刮钱财以及西塞罗对他的控告,参见蒋军洲:《由私向公的搜刮钱财罪诉讼程序及西塞罗的革新》,载徐国栋主编:《罗马法与现代民法》(第7卷),厦门大学出版社2010年版,第110页及以次。

还想出高薪养廉的方法。奥古斯都开始实行此制,把行省总督分为3级,分别给他们10万、20万、30万塞斯特斯的年薪。[①] 这样的高薪阻遏了总督们枉法的冲动,并为罗马国内官员采用薪给制提供了样板,促成了西方的官僚制度从荣誉制到薪给制甚至养廉制的转变。

(3)刑法方面。行省制度的建立催生了新的罪名搜刮钱财罪以及常设刑事法庭制度。公元前171年,西班牙人向罗马元老院控告好几任西班牙总督犯有搜刮钱财罪(Repetundae),元老院遂指定是年的西班牙总督卡努雷尤斯(L. Canuleius)建立法庭对此等控告进行调查。[②] 由此开设立专门的刑事法庭处理专门名目的公罪之风,换言之,颁布一个关于特定刑事罪名的法律,就相应地设立一个专门处理这种罪的法庭,与现代民刑庭合一、刑庭什么类型的刑事案件都审的法院格局不同。当然,每个这样的刑事法庭都由一名专门的裁判官主持,裁判官由此成为专门法庭的庭长。这样的常设刑事法庭实行人民控告(Accusa publica),又称为公诉,是允许任何市民就犯罪提出控诉的制度。常设刑事法庭制度后来被非常诉讼制度依附的综合法院取代。

(4)财税法方面。行省制度的确立让罗马的财税制度具有了寄生性,形成了意大利与行省的二元体制,基本的原则是意大利免直接税,谓之意大利权。对行省征直接税。罗马在自然边界外扩张后,催生了统一意大利的意识,罗马人开始把意大利人从过去的盟友看成是自己人,整个意大利成为相对于广大行省的宗主国。公元前167年,罗马征服了马其顿,得到大量战利品,意大利人民从此不要再交战争税[③],这种免税状况一直维持了差不多二百年,直到奥古斯都于公元6年以《关于1/20的遗产税的优流斯法》(Lex Iulia de vicesima hereditatum)开征5%的遗产税。从元老院行省收的税称为"薪"(Stipendium),从皇帝行省征的税称为战争税(Tributum)。由于帝国太大,按帝国的边境线收取关税收益太少,于是,罗马人把帝国分为9个关税区,即使货物在帝国境内流通,只要越过特定关税区,也要收取关税。这9个关

---

[①] 参见宫秀华、刘琳琳:《奥古斯都行省改革政策论析》,载《东北师范大学学报(哲学社会科学版)》2007年第6期,第26页。

[②] See David Daube, The Peregrine Praetor, In *The Journal of Roman Studies*, Vol. 41, Parts 1 and 2, (1951), p. 68.

[③] Véase Antonio Mateo, Manceps, Redemptor, Publicanus: Contribucion al studio de los contratistas publicos en Roma, Universidad Cantabria, Santander, 1999, pag. 96.

税区是：不列颠、伊利里库姆（涵盖达尔马提亚、上潘诺尼亚、下潘诺尼亚、上莫埃西亚、下莫埃西亚、达契亚、诺里肯、雷齐亚等8个行省）、高卢（涵盖以纳尔波为首府的高卢、比利时高卢、亚奎塔尼亚高卢、卢古都南西斯高卢等4个行省）、西班牙（涵盖贝提卡、卢西塔尼亚、塔拉科3个行省）、阿非利加、埃及、亚细亚、西西里、意大利。①

（二）对私法的影响

（1）行省制度的建立催生了市民法与万民法的二元制。在采用同盟制的时期，罗马对被征服人民实行同化政策，授予他们拉丁权，也就是能享有罗马私权但不能享有罗马公权的法律地位，所以不存在罗马人与拉丁人的法律冲突问题。实行行省制后，行省民并不获得拉丁权，是外邦人，在他们与罗马人发生民事纠纷时就有了法律冲突问题，必须用万民法解决，于是万民法应运而生。前文提到的《鲁皮流斯法》提供了这方面的实例，它包含不少冲突规则，可以视为较早的国际私法。众所周知，公元前242年设立外事裁判官后万民法获得了特别的发展，这个时间只早于征服西西里的时间1年，两个时间如此接近不是偶然的，它暗示了行省制度与万民法的关联。

（2）行省制度的建立造成了罗马—意大利法与行省法的双轨制。在这种条件下，不存在统一适用于全帝国的法律，通常是先在意大利以某个法律确立一项优良制度，然后用另外的法律推广到行省。例如，公元前210年的《阿梯流斯法》创立了官选监护人制度，规定裁判官和保民官为在罗马的无任何监护人者指定一个官选监护人，在晚一些的时间，《关于监护的优流斯和提求斯法》把这一恩惠推广到行省，规定行省总督为同样的指定。由于这种双轨制的存在，迟至533年的优士丁尼《法学阶梯》在叙事时大体上采用罗马法与行省法的双轨制。② 打破这种体制的第一个立法大概是101年的《阿尔蒂库勒尤斯元老院决议》（Senatusconsultum Articuleianum），它修改了关于遗产信托的规则，规定：如果受委托解放被继承人的奴隶的人拒绝履行该委托义务，裁判官可以决定对有关的奴隶实行解放。该决议在行

---

① Voir R. Cagnt, Le Portorium chez les Romain, E. Thorin Editeur, Paris, 1880, pp. 29ss.
② I. 1, 20pr.。参见徐国栋：《优士丁尼〈法学阶梯〉评注》，北京大学出版社2011年版，第128页。

省亦可适用。① 该法一经生效就适用于全帝国，没有先意大利后行省的过程。

（3）行省制度的建立造成了意大利土地和行省土地的双轨制。意大利土地是私人所有权的客体，行省土地为罗马国家所有，私人只有使用权。由此可以说，行省制度的建立促进了罗马人的国家所有权观念的形成。由于意大利的土地价值更大，曾被定性为要式移转物，要用要式买卖或拟诉弃权的方式移转，行省土地不过是略式移转物，以简约加要式口约的方式移转即可。直到优士丁尼时代，才把两种土地的区别废除。②

（4）行省制度的建立造成了取得时效与长期占有的双轨制。取得时效是从《十二表法》就开始有的用时间的流逝涤清法律行为形式要件缺陷的制度，时效期间的经过导致占有人取得占有物的所有权。行省土地由于不许设立私人所有权，无此等取得时效制度的适用空间，于是适用长期占有制度，它不导致占有人在时效期间经过后取得占有物的所有权，而只是取得对抗原所有人的抗辩。直到优士丁尼时代，由于取消了意大利土地和行省土地法律地位的差别，取得时效和长期占有两个制度才合并，形成今天我们熟悉的取得时效制度。③

（5）行省制度的建立催生了古代的跨国公司制度。行省税长期以来由包税公司代征，这样的公司的总部设在罗马，其负责人称为总部董事长（Magister），以便于赢得与罗马国家订立的包税合同并在罗马发行公司的股票和债券。为了征税，它们又在各个行省设有分部，其负责人称为分部董事长（Promagister）。这样就形成了古代的跨国公司。

**四、结论**

行省（Provincia）一词来源于战胜（Vincere），指因战胜取得的意大利以

---

① Véase Antonio de Puente y Franco y Jose Francisco Diaz, Historia de Leys, Plebiscitos y Senadoconsultas mas notables, Desde la Fundacion de la Roma hasta Justiniano, Imprenta de D. Vicente de Lalama, Madrid, 1840, pag. 189.
② I. 2, 1, 40。参见徐国栋：《优士丁尼〈法学阶梯〉评注》，北京大学出版社2011年版，第191页。
③ I. 2, 6。参见徐国栋：《优士丁尼时效法研究——优士丁尼〈法学阶梯〉第2卷第6题"取得时效和长期占有"评注》，载《河北法学》2011年第1期。

外的土地。这些地区上的一切人和物,都成为罗马人民的财产。① 所以,罗马史意义上的行省主要跟征服有关,相当于现代用语中的"殖民地",日本人称为"管辖地"。从第一次布匿战争获胜到安东尼努斯敕令的颁布,罗马人建立了一个空前的地中海帝国。这一过程改变了地中海世界的政治和文化,也改变了罗马人自身,他们开始实行帝国主义政策并享受由此得来的掠夺物。为了摆脱孤独并获得力量,他们把整个意大利人都同化于自己,形成更大的宗主国团体与最多时达 55 个的行省形成对立,由此形成意大利与行省两大法域,两者的法律文化彼此交流,最后形成吸收了万民法合理因素的新市民法恩惠后人。罗马对行省的统治是四两拨千斤式的,尽管这种统治被描述为直接统治,但总督带到行省的官员数量相当有限,驻军也相当有限,实际上,罗马人赋予了 3 种行省城市相当大的自治,并逐渐消除意大利—行省关系的剥削性,日益地把行省宗主国化,马尔库斯·奥勒留皇帝时期(公元 161—180 年)修建的神君阿德里亚努斯神殿(Templum divus Hadriani)是这一政策的一个体现,它有当时存在的 38 个行省之代表性的浮雕像②,安东尼努斯敕令是这一政策的高潮。正因为这样,在行省制度存在的 441 年中,很少发生某个行省的独立运动③,从整体上看,从最多有 55 个行省的罗马帝国还原为意大利本土外加西西里和撒丁与科西嘉的政治体的过程不是独立运动的结果,而是野蛮人入侵的结果。相形之下,英国和法国建立过的与罗马人相若的殖民帝国却是独立运动摧毁的。用日本学者盐野七生的话来说,如果甘地生在罗马帝国,他早就进入帝国的中央领导层了,根本不会去领导一个殖民地的独立运动。④ 这样的对比,证明了罗马人的政治智慧。

---

① 参见杨共乐:《论共和末叶至帝国初期罗马对行省的治理》,载《北京师范大学学报(人文社会科学版)》2001 年第 2 期,第 76 页注释 1。

② 参见〔日〕盐野七生:《罗马人的故事 IX:贤君的世纪》,林韩菁译,台湾三民书局 2003 年版,第 395 页。值得注意的是,在法国首都巴黎,有具有类似理念的协和广场,其中有象征法国 8 个最大城市的雕像。

③ 在我的阅读范围内可以找到的独立运动只有高卢帝国(Imperium galliarum,260—274 年,领土最大时包括高卢、日耳曼、不列颠、西班牙)。参见〔日〕盐野七生:《罗马人的故事 XII:迷途帝国》,郑维欣译,台湾三民书局 2006 年版,第 224 页及以次。

④ 参见〔日〕盐野七生:《罗马人的故事:关于罗马人的二十个问题》,郑维欣译,台湾三民书局 2003 年版,第 69 页。

特别值得一提的是行省制度是沟通罗马法与英国法的桥梁。英国曾是罗马的不列颠行省，罗马人把它划分为若干司法行政区实行巡回审判，后来的普通法就是通过这样的途径形成的，很难说这不是罗马人留下的遗产，尽管不少英国法学者讳言这一点，而强调普通法的原创性，对于他们，除了说爱国主义情绪压倒了对真理的热爱，还能说什么呢？

# 行省→省（郡）→总督区→军区

## ——罗马帝国行政区划的变迁及其意义

### 一、行省与省、帝国与单一国

前文已证明，行省是征服者治理被征服地区的一种制度安排，其特征是把征服者与被征服者区别对待，赋予前者特权，使后者处于从属地位。中外的行省莫不符合这一行省定义。

中国的行省起于元代的"行中书省"制，来自金朝的行尚书省，是中央政府派遣到被征服地区的临时机构。金代的"尚书省"是设在国都的执行皇帝命令的机构。"行尚书省"，指在国都之外，非尚书省，但执行尚书省职责的机构。金代总共设过34处行省。元代在征服中国北方的过程中学得了金朝的行尚书省制度，作为战时措施，以行中书省作为管辖新征服地的行政机构。时间长了，这个机构管辖的地域范围也挂上了中书省的名称，简称为行省或省。① 首先把古罗马的Provincia翻译为"行省"的中国学者，大概也是因为看出了两者间的共性而这样做的。

周启迪认为罗马的行省制度借用自波斯。波斯的行省制度是大流士（公元前550—公元前486年）创立的，他把其征服地分为20个行省，波斯不在其列。它处在免税地位，行省因为是被征服地都要纳税。② 罗马—意大利与最多时高达55个行省间也是征服者与被征服者的关系，前者免税，后者要承担

---

① 参见杨清华：《金朝行省制度研究》，吉林大学博士学位论文，2009年，第4、7页。
② 参见周启迪：《试论波斯帝国的行省与总督》，载《北京师范大学学报》1995年第3期，第74页及以次。

行省税。

省是行省的简称。实际上，这个"简化"来得很有意味，因为明朝代元后，继承了元朝的行省制度。共有12个行省，不过改称承宣布政使司而已，由于辖区不变，人们习惯上仍称此等承宣布政使司为行省。清朝把承宣布政使司的名称废掉，恢复行省的名称，简称为省，发展为18省。① 此时的省，并非在征服中为处理政事而设，而是既有政区的治理单位，并无中央机构的派出机构的含义，所以，这个"行"字去掉得十分自然。民国替清，保留省的行政区划，"省"字前不复有"行"字。例如，1946年的《中华民国宪法》第11章规定了地方制度，分地方为省、县两级。条文中只用"省"字。② 如此，"省"被客体化，过去是治理机构的名称，现在是被治理地域的名称。1949年，中华人民共和国在中国大陆地区取代中华民国，仍然保留省的行政建制。这里的"省"，也并非中央派出的治理机构，而是第一层次的治理客体，下面辖地区、县市、乡等行政层次。

富有意味的是，从"行省"到"省"的变迁也发生在一些仍然保持"省"的行政建制的罗马帝国旧地，例如法国和意大利等，在这些国家，省都是二级行政单位，因为在省以上都有大区的行政建制。这些省显然都不是被征服地，而是一个主权国家的行政单位。行省与省之别，在于前者是"他人"，后者是"自己人"。由此可见，在当今世界，无论中外，省都是本国的一部分，而非被征服地，换言之，在省之上，没有一个享有特权的宗主国存在。

那么，这一转变是如何完成的？这是本文的主题。本文拟研究罗马帝国把被征服地从作为"行省"对待到作为"省"对待的过程，并认为完成这一转变的环节是戴克里先—君士坦丁改革。通过这一改革，罗马由一个帝国转化为一个单一国。在这里，帝国是"作为宗主国对殖民地、自治领等附属地实施殖民统治的政治实体"③ 的意思。帝国的特征为：（1）以统治民族为主体

---

① 参见吕建中：《中国古代的行省制度》，载《青海师专学报（社会科学）》2002年第3期，第34页及以次。
② 参见吴庚等编纂：《月旦六法全书》，台湾元照出版公司2000年版，第7页。
③ 参见潘兴明：《英帝国向英联邦转型探析——基于二战后丘吉尔政府非殖民化政策的历史考察》，载《史学月刊》2011年第2期，第83页。

对其他民族进行统治；（2）以宗主国为核心展开与外界的接触和交往；（3）统治民族的宗教成为全帝国的宗教。[①] 单一国是一个基本能与帝国对反的概念。说它构成帝国的对反，乃因为在单一国的框架内，各构成行政区划单位是平等的，不存在宗主国、统治民族。说"基本"，乃因为单一国的严格对反概念是复合国（有联邦制和邦联制两种形式）而非帝国，单一国与帝国是按照两种不同的分类标准分出的结果，但两者在构成国家的行政单位彼此间的关系上具有可通约性。"帝国"一词的对反概念是城邦。如果"帝国"是"帝国主义"的实践结果，那么，为"帝国主义"找到一个对反概念同样是困难的或不可能的。

## 二、戴克里先的行省重组

### （一）四头制

戴克里先（Gaius Aurelius Valerius Diocletianus，公元244—311年）的行省重组是其公元293年5月1日开始采用的四头制（Tetharchia）的一部分。按此制，戴克里先把罗马帝国分为四个部分，帝国设两个皇帝，两个副帝，他们各治理帝国的一部。

公元286年，戴克里先把他的战友马克西米利安（Marcus Aurelius Valerius Maximilianus，公元250—310年）封为恺撒，让他负责高卢和日耳曼的军事行动。同年底，他将马克西米利安晋升为奥古斯都，取得副帝的地位。294年，戴克里先和马克西米利安分别指定自己的恺撒，让他们充当自己的副手和继承人。戴克里先选择了盖尤斯·噶勒流斯·瓦雷流斯（Gaius Galerius Valerius），马克西米利安选择了君士坦求斯·克罗鲁斯（Constantius Chlorus，君士坦丁皇帝的父亲）。两个奥古斯都分别把自己的女儿嫁给两个恺撒，形成亲缘—政治联盟。[②] 戴克里先负责管理帝国的东部，马克西米利安负责管理帝国的西部。在他们内部，再在奥古斯都与恺撒之间进行分工。噶勒流斯分得了巴尔干地区，取 Simium（现在塞尔维亚的斯雷姆斯卡米特洛维查）为都城，剩下小亚细亚、叙利亚、巴勒斯坦、埃及给戴克里先，取 Nicomedia（现

---

[①] 参见彭树智：《论帝国的历史、文明和文明交往》，载《西北大学学报（哲学社会科学版）》2000年第3期，第26页及以次。

[②] Cfr. Aldo Petrucci, Corso del diritto pubblico romano, Giappichelli, Torino, 2012, p. 163.

在土耳其的 Izmit）为都城；君士坦求斯·克鲁罗斯分得了高卢、西班牙和不列颠，取 Augusta Treverorum（现在德国的特里尔）为都城，剩下意大利和阿非利加归马克西米利安，取 Mediolanum（现在的米兰）为都城。①

人们通常认为戴克里先是绝对君主制的始作俑者，那他为何作出上述看来是分权的改革呢？答曰是为了防卫的需要，实际上是按承包的方式把帝国分为四块让4个人承担防卫的职责。戴克里先与其他3位同僚的地位并不平等，而是居于大皇帝（Senior Augustus）地位。②

（二）行省的重组

在四头制的框架下，公元297年，戴克里先把所有的行省都划归皇帝管辖，取消了皇帝行省与元老院行省的区分。然后将原先的50多个行省划分为12个行政区（Diocesis），它们是：东方行政区、黑海行政区、亚细亚行政区、色雷斯和下美西亚行政区、马其顿和亚该亚行政区（又称莫埃西亚行政区）、潘诺尼亚和诺里肯行政区、意大利行政区、维也纳即南部高卢行政区、高卢行政区、不列颠行政区、西班牙行政区、阿非利加行政区。③ 290年以后，戴克里先把帝国分为101个省。有如下列。

东方行政区包括17个省，它们是：上利比亚、下利比亚、特巴伊斯、约维亚埃及、赫库里亚埃及、（新）阿拉伯、阿拉伯、黎巴嫩的奥古斯塔、巴勒斯坦、**腓尼基叙利亚、天上的叙利亚、幼发拉底的奥古斯塔、西里西亚、依扫利亚**、塞浦路斯、**美索不达米亚、奥斯罗埃勒**。

黑海行政区包括7个省。它们是：**比提尼亚、卡巴多恰、加拉太**、帕弗拉戈尼亚、迪奥斯本都、泊勒莫尼亚库斯本都、小亚美尼亚。

亚细亚行政区包括9个省。它们是：**（利奇亚与）庞弗利亚**、第一弗里几亚、第二弗里几亚、**亚细亚**、李迪亚、卡利亚、英苏勒、皮西迪亚、赫勒斯滂。

色雷斯和下美西亚行政区包括6个省。它们是：欧罗巴、罗道普、**色雷**

---

① Cfr. Aldo Petrucci, Corso del diritto pubblico romano, Giappichelli, Torino, 2012, p. 164.
② 参见〔日〕盐野七生：《罗马人的故事 VIIII：最后一搏》，郑维欣译，台湾三民书局2000年版，第22页。
③ 参见官君策：《浅述罗马帝国后期戴克里先行省改革》，东北师范大学硕士学位论文，2006年，第13页及以次。

斯、赫米蒙杜斯、席提亚、**下莫埃西亚**。

马其顿和亚该亚行政区包括 11 个省。它们是：地中海边的达契亚、滨河的达契亚、**上莫埃西亚**、达尔达尼亚、马其顿、塞萨利亚、亚该亚、普雷瓦利斯、新埃皮鲁斯、老埃皮鲁斯、克里特。

潘诺尼亚行政区包括 7 个省。它们是：**下潘诺尼亚**、萨文西斯、**达尔马提亚**、瓦雷利亚、**上潘诺尼亚**、沿河的诺里肯、地中海边的诺里肯。

不列颠行政区包括 4 个省。它们是：第一不列颠、第二不列颠、恺撒的马克西姆、恺撒的弗拉维亚。

高卢行政区包括 8 个省。它们是：第一比利时、第二比利时、第一日耳曼、第二日耳曼、塞广尼亚、第一卢古都南西斯、第二卢古都南西斯、阿尔卑斯山麓。

维也纳行政区包括 7 个省。它们是：维也纳、第一纳尔波、第二纳尔波、诺维姆波普利、第一亚奎坦尼亚、第二亚奎坦尼亚、**海滨阿尔卑斯**。

意大利行政区包括 12 个省。它们是：威内齐亚和伊斯特里亚、艾米利亚和利古里亚、弗拉米尼亚和皮切努姆、图霞和翁布里亚、拉丁姆和康帕尼亚、阿普利亚和卡拉布里亚、卢坎尼亚、**西西里**、撒丁、科西嘉、**西阿尔卑斯**、雷齐亚。

西班牙行政区包括 6 个省。它们是：**贝提卡、卢西塔尼亚**、迦太基、噶勒恰、**塔拉科**（＝近西班牙）、**以汀吉斯为首府的毛里塔尼亚**。

阿非利加行政区包括 7 个省。它们是：择乌吉他那、比查切纳、特里波里、以西尔塔为首府的努米底亚、军人的努米底亚、以恺撒利亚为首府的毛里塔尼亚、毛里塔尼亚/图布苏克齐塔纳。①

对比戴克里先之前的行省名称清单，省的总数从 55 个增加到 101 个，差不多增加了一倍。基本的思路是拆分所有的行省，将其大小均等化，西西里除外（因为它太小，不足以分成两个省②）。但仍然有不少小省按照原来的名称保留下来，凡是其名称被我用黑体的，皆属是。它们是：**阿拉伯、腓尼基叙利亚、天上的叙利亚、西里西亚、美索不达米亚、奥斯罗埃勒、比提尼亚、**

---

① See Roger Rees, *Diocletian and Tetharchy*, Edinburgh University Press, 2004, pp. 171ss.
② 参见官君策：《浅述罗马帝国后期戴克里先行省改革》，东北师范大学硕士学位论文，2006 年，第 18 页。

**卡巴多恰、加拉太、（利奇亚与）庞弗利亚、亚细亚、色雷斯、下莫埃西亚、上莫埃西亚、下潘诺尼亚、达尔马提亚、上潘诺尼亚、海滨阿尔卑斯、西西里、西阿尔卑斯、雷齐亚、贝提卡、卢西塔尼亚、塔拉科、以汀吉斯为首府的毛里塔尼亚**，共计 25 个，占总数的 25% 弱。另外，不少省的名称保留了旧的省份名称中的一定词素，从而揭示了新省与旧省之间的沿袭关系。凡被我写为楷体的省皆属是。它们是：约维亚埃及、赫库里亚埃及、（新）阿拉伯、小亚美尼亚、地中海边的达契亚、滨河的达契亚、新埃皮鲁斯、老埃皮鲁斯、沿河的诺里肯、地中海边的诺里肯、第一不列颠、第二不列颠、第一比利时、第二比利时、第一日耳曼、第二日耳曼、第一卢古都南西斯、第二卢古都南西斯、第一纳尔波、第二纳尔波、第一亚奎坦尼亚、第二亚奎坦尼亚、撒丁、科西嘉、以西尔塔为首府的努米底亚、军人的努米底亚、以恺撒利亚为首府的毛里塔尼亚、毛里塔尼亚/图布苏克齐塔纳、塞浦路斯。总计 29 个，占总数的 28.7% 强。可以看出，拆分旧省的基本方式是把这个省一分数块，各块各带旧省的名称，彼此间以不同的序数区分之。例如第一不列颠、第二不列颠。当然，也有新省各带旧省的名称，彼此间以"新"、"旧"或表明地理位置的形容词区分开的，例如新埃皮鲁斯和老埃皮鲁斯。总之，新省与旧省在名称上的关联揭示了它们间的沿革关系。

可以看出，在戴克里先的行政区划清单中，包括了意大利行政区，从此，意大利丧失特权地位，与行省平身。罗马也丧失首都地位，与阿纳托利的安条克（Antioch）、埃及的亚历山大等特大城市平身。①

（三）新的省的治理

戴克里先改革后的"省"实际上已成为"县"，所以，日本学者盐野七生把这一改革后的 Provincia 都译为"县"。② 这样的"县"的首长分为 3 个类型。其一，镇守使（Praeses provinciae）；其二，同执政官（Proconsul）；其三，指导官（Corrector）。③ 镇守使的级别最低，但多数的省长属于这一级别。同执政官的级别较高，只有 3 个省长有这个地位。指导官的等级最高，享有

---

① 参见〔日〕盐野七生：《罗马人的故事 VIIII：最后一搏》，郑维欣译，台湾三民书局 2000 年版，第 55 页。
② 同上书，第 59 页。
③ 参见〔俄〕科瓦略夫：《古代罗马史》，王以铸译，上海书店出版社 2007 年版，第 813 页。

"大名鼎鼎的人"（Vir clarissimus）荣誉称号，该称号由以下人专用：（1）执政官和贵族；（2）禁卫军队长，包括罗马城和君士坦丁堡的司令官；（3）骑兵和步兵总司令；（4）皇宫中负有侍奉皇帝的神圣职责的七位大臣。① 此等级别的人当省长的只有5个省。

每个省长的行政班子在成书于公元400年至420年的《罗马帝国百官志》（Notitia Dignitatum）中有记载（它还记载了罗马帝国所有的政府部门和机构的职官）。以康帕尼亚省为例，有如下列：来自意大利大区行政班子的首席官、副首席官（Cornicularium）、两个会计、一个主助理、一个日记官（Commentariensem）、一个档案官、一个助理、数个秘书和其他卫兵。② 不难看出，作为一个县政府，这个班子十分精兵简政。

但这只是民事行政班子，康帕尼亚省另有军事班子。该省包括现在的拿波里、萨勒尔诺等大城市，而且包括当时罗马帝国的军港之一米塞努姆（Misenum），所以，这里驻屯有米塞努姆舰队，该舰队的长官为司令（Praefectus），他统帅600名士兵。③ 军政分离是戴克里先改革的另一特点，它打破了此前罗马官员的文武兼修体制，实现了两者的分流，其目的无非为了防止手握大权的行省总督称兵造反，对抗中央（有如韦斯巴芗、穆恰努斯和亚历山大所做过的）。分流后，武官欲反，没有文官的后勤保障不成，如此形成两者间的牵制。

省一级下的机构，在西部帝国和埃及是区（Pagus）。区要么是由区长（Praepositus）直接统治，要么指派最近的城市统治。Praepositus通常从大城市的市议员（Curiales）召集，其地位同于城市的议长（Curator），具有对于一个城市的一个区的行政权，并对省长负责。④

一般的城市处在区的地位。罗马帝国是个高度城市化的国家，包括2000

---

① 参见〔英〕吉本：《罗马帝国衰亡史》（上册），黄宜思、黄雨石译，商务印书馆1997年版，第388页。
② See William Fairley, Notitia Dignitatum or Register of Dignitaries, In *Translations and Reprints from Original Sources of European History*, Vol. Ⅵ：4（Philadelphia：University of Pennsylvania Press, n. d.）, On http：//www.fordham.edu/halsall/source/notitiadignitatum.asp, 2013年12月14日访问。
③ Cfr. Flavius Vegetius Renatus, P. Flavii Vegeti Renati Epitoma rei militaris, Walter de Gruyter, 1995, p. 236.
④ See Alan Bowman et altri（Edited by）, *The Cambridge Ancient History*, Volume XII, Cambridge University Press, 2005, p. 291.

多个城市,其中,意大利约有 400 个,在伊比利亚与高卢之间有 400 多个,在北非有 250 个,在日耳曼与不列颠之间有 100 个,在诺里肯、潘诺尼亚和伊利里库姆之间有 100 个,在小亚细亚和阿纳托利有 300 个,在希腊和小多瑙河地区有 50 个,在叙利亚、巴勒斯坦和埃及有 500 多个。[1] 城市通常实行自治。每个城市都有自己的议会(Curia),其议员称为 Curiales。他们一般有 100 名成员,经市民选举产生,由 2 个或 4 个长官领导,一般要有 10 万塞斯特斯的财产。[2] 另外,还要求是自由人且在本地出生。[3] 当然,Curiales 的术语还包括进入议员等级的人。Curiales 的首领是他们选出的议长(Curator)。[4] 议会负责管理城市,例如授予或剥夺所在城市的语法教师的特权。[5] 他们的主要任务是代帝国征税,这意味着包税制已被废除。所收的包括土地税和人头税。如果收不上来,则议员们要以自己的财产代缴。这意味着破产。所以,他们中的不少逃离自己的职位,因为此等职位已成为他们的沉重负担。为了防止这种结果,戴克里先强制他们守在自己的职位上,并要求议员们的儿子承袭父亲的职位。[6] 但他们也享有一些特权,例如,作为高贵者同罪轻罚的特权。[7] 又如,如果他们是私生子,则享有国家予以准正的特权。[8]

在市议会之外,还有市民保卫人(Defensor civitatis)管理城市。[9] 市民保卫人首先于 364 年在伊利里库姆城设立,后来推行到全帝国。他们由大区长官选任,后来发展为由社区的高贵成员选任。他们可以是帝国的前官员,甚

---

[1] Cfr. Giulio Castelli, La caduta dell'impero romano e la fine del mondo antico, Su http://www.cadutaimperoromano.it/la-struttura-dellimpero.html,2013 年 12 月 14 日访问。

[2] 参见王振霞:《早期罗马帝国城市库里亚等级探析》,载《聊城大学学报(社会科学版)》2008 年第 6 期,第 77 页。

[3] See Jinyu Liu, *Collegia Centonariorum*: *The Guilds of Textile Dealers in the Roman West*, BRILL, 2009, p. 285.

[4] See Michael Kollikowski, Late Roman Spainand Its Cities, JHU Press, 2004, p. 45.

[5] See *The Civil Law including The Twelve Tables*, *The Institutes of Gaius*, *The Rules of Ulpian*, *The Opinions of Paulus*, *The Enactments of Justinian*, *and The Constitution of Leo*, Translated and edited by S. P. Scott, Cincinnati, The General Trust Company, 1932, Vol. XV, pp. 148s.

[6] 参见〔苏联〕狄雅科夫、科瓦略夫主编:《古代世界史》(古代罗马部分),祝璜、文运译,高等教育出版社 1959 年版,第 301 页。

[7] See Paul Brooks Duff, *Who Rides the Beasts?*: *Prophetic Rivalry and the Rhetoric of Crisis in the Churches of the Apocalypse*, Oxford University Press, Oxford, New York, 2001, pp. 18ss.

[8] 参见徐国栋:《优士丁尼〈法学阶梯〉评注》,北京大学出版社 2011 年版,第 88 页。

[9] Cfr. Aldo Petrucci, Lezioni del diritto pubblico romano, II, Edizione il Campano-Arnus Univeresity Books, Pisa, 2011, p. 184.

至元老亦可,但不得是任职城市的元老阶级成员。① 优士丁尼的第 15 号新律规定:市民保卫人宣誓就职,任期 2 年,他们承担遗嘱、赠予等文书的登记、配合其他官员收税、镇压骚乱、行使法官的职责,尤其在法官不在的情况下如此、协助省长处理政务、监督省的所有官员、负责把自己收到的投诉转给省长。他们自己配有两名副官和一定的工作人员。他们对于不超过 300 金币的案件享有管辖权。对他们的判决可上诉到省长。他们还可审理轻微的刑事案件,为此享有一定的强制措施权。② 此外,市民保卫人还管理邮政和公共水道、商品的进出口、确保征税正当进行、向小业主征税、负责法律文书的发放。③

对于城市中的手艺人来说,行会是他们的管理者。从 1 世纪到 3 世纪,弗里几亚省被碑铭资料提到的行会有 79 个。在李迪亚省的 Thyateira 城,被碑铭资料提到的职业和宗教团体就有 27 个。④ 行会保证产品质量。其领导人规定产品的行业保护价,意图避免恶性价格竞争造成的行业整体损失。就运输商行会而言,还为其成员提供辅助服务并监督其成员的行为。⑤

在西部帝国,部分农村属于城市的附属,因而从属于城市的管理。独立于城市的农村由村落(Vicus)构成,其首长为村长(Vici magistri),负责礼拜和庆典。也可能承担一些征税工作。⑥ 村落似乎没有专门的国家官吏管理,因为《罗马帝国百官志》不包括专门管理农村地区的职官,原因在于罗马人并无可与希腊人的 Kome⑦ 观念比拟的乡村共同体概念,他们习惯于把省分为城市和大地产。对于乡村,也模仿城市的方式自治。⑧

---

① See Adolf Berger, *Encyclopedic Dictionary of Roman Law*, Philadelphia: The American Philosophical Society, 1991, p. 428.

② See *The Civil Law including The Twelve Tables*, *The Institutes of Gaius*, *The Rules of Ulpian*, *The Opinions of Paulus*, *The Enactments of Justinian*, *and The Constitution of Leo*, Translated and edited by S. P. Scott, Cincinnati, The General Trust Company, 1932, Vol. XVI, pp. 80s.

③ Cfr. Aldo Petrucci, Lezioni del diritto pubblico romano, II, Edizione il Campano-Arnus Univeresity Books, Pisa, 2011, p. 184.

④ See Ilias N. Arnaoutoglou, Roman Law and Collegia in Minor Asia, In Revue Internationale des droits de l'Antiquité XLIX (2002), p. 29.

⑤ See David Kessler and Peter Temin, The Organization of the Grain Trade in the Early Roman Empire, In *Economy History Review*, Vol. 60 (2007), No. 2, pp. 326s.

⑥ See the entry of pagus, Onhttp://en.wikipedia.org/wiki/Pagus, 2013 年 12 月 15 日访问。

⑦ 希腊文,指村镇。

⑧ See Leslie Dossey, *Peasants and Empire in North Africa*, University of California Press, 2010, p. 103.

在埃及以外的东部帝国，似乎在省与村之间缺乏区的中间环节。证据一是在 8 世纪末 9 世纪初拜占庭帝国颁布的《农业法》中没有提到村以上的管理机构，地方政府（即省政府）通过巡回法官和税收官吏来控制农村居民。① 尽管这种情况出现得晚于戴克里先的行省改革，但由于拜占庭帝国与罗马帝国一脉相承，可以认为前者的做法是后者的相应做法的延续。证据二是优士丁尼时期的拜占庭地理学家耶罗克勒斯（Hierocles）所著的研究拜占庭帝国地理的《全舆志》（Synecdemus），它记录了当时罗马帝国保有的郡（相当于省）和每个郡包含的城市的名字，也没有涉及省与城市之间的中介性行政单位。

### 三、君士坦丁的进一步改革

（一）四头制的改造

戴克里先的个人魅力决定了他能有效地驾驭四头制，与其他三个君主分权统治整个国家，但并非每个后继者都有这样的个人魅力，在此等情形，四帝之间的权力争夺必将发生，帝国内部又将陷入混乱不堪局面。② 果然，戴克里先于公元 305 年退位后，很快爆发了内战。起因是 306 年 7 月 25 日正帝君士坦求斯·克罗鲁斯死于不列颠前线，不列颠的军团的官兵推举其子君士坦丁为皇帝而非副帝，这就打破了戴克里先开创的四头制。③ 次年，马克西米利安的儿子马克森求斯（Marcus Aurelius Valerius Maxentius，公元 278—312 年，306—312 年在位）在罗马称帝，由此开始了 18 年的混乱时期，其间出现了 6 个皇帝，最终，君士坦丁剪除对手，当上了罗马帝国唯一的皇帝，此举宣告了四头制的终结。

为了解决四头制的弊端，君士坦丁皇帝（公元 272—337 年、306—337 年在位）于 318 年将它改造为 4 个行政片的体制，将此等行政片改名为大区，其首长为大区长官，采用过去的禁卫军长官（Praefectus praetorio）的名称。

---

① 参见陈志强：《拜占庭帝国史》，商务印书馆 2003 年版，第 225 页。
② 参见戴妍雨：《罗马人的新统治——戴克里先"四帝共治制"》，载《文史博览》2011 年第 7 期，第 11 页。
③ 参见〔日〕盐野七生：《罗马人的故事 VIIII：最后一搏》，郑维欣译，台湾三民书局 2000 年版，第 127 页。

禁卫军是皇帝的卫队，设立于公元前 2 世纪，由 9 个大队构成，每个大队有精选的 1000 人。他们的军饷是普通的军团兵的两倍。在帝政时期，他们经常是皇帝人选的决定者。① 经常是哪个有意者出价更高，禁卫军就把帝位给他。为了防止禁卫军如此作乱，君士坦丁于 312 年废除了禁卫军制度。② 于是，Praefectus praetorio 由于具有了新的意义而应被译为大区长官。他们显然相当于过去的皇帝或副帝的角色，具有广泛的军事和民事权力。4 个大区分别是：东方大区、伊利里库姆大区、意大利大区、高卢大区。③ 按厄内斯特·斯坦（Ernest Stein）的说法，各个大区像一个独立的国家一样自主，由此，整个帝国成为 4 个大区的联邦。由于这是君士坦丁宪法的核心，有人把这样的宪法称之为大区宪法。④

此外，君士坦丁还建立了第二首都新罗马（后称君士坦丁堡），该城成为东方政府的永久所在地。在西方，罗马不再是皇帝的办公地点，这个地点改成米兰，后来改成拉文纳。

君士坦丁在戴克里先改革的基础上调整了行政区的设置。分为埃及行政区、东方行政区、黑海行政区、亚细亚行政区、色雷斯行政区、达契亚行政区、马其顿行政区、罗马城以南的意大利行政区、供粮意大利行政区⑤、阿非利加行政区、七省行政区、西班牙行政区、不列颠行政区。数目增加了一个。⑥

其中，埃及行政区、东方行政区、黑海行政区、亚细亚行政区、色雷斯行政区属于东方大区；达契亚行政区、马其顿行政区属于伊利里库姆大区；罗马城以南的意大利行政区、供粮意大利行政区、阿非利加行政区属于意大

---

① Cfr. Aldo Petrucci, Corso del diritto pubblico romano, Giappichelli, Torino, 2012, p. 126.
② 参见袁波：《试析君士坦丁的军事改革》，载《辽宁师范大学学报（社会科学版）》2012 年第 3 期，第 566 页。
③ Cfr. la voce di Provincia romana, Su http：//it. wikipedia. org/wiki/Provincia_ romana, 2013 年 12 月 8 日访问。
④ Cfr. Francesco De Martino, Storia della Costituzione Romana, Vol. V, Jovene, Napoli, 1975, p. 130.
⑤ 如此命名，乃因为这个行政区的人民有义务向宫廷、帝国的行政人员和军队供应粮食、葡萄酒和木材。Cfr. La voce di Italia Annonaria（diocesi）, Su http：//it. wikipedia. org/wiki/Italia_ Annonaria_（diocesi）, 2013 年 12 月 8 日访问。
⑥ Cfr. la voce di Provincia romana, Su http：//it. wikipedia. org/wiki/Provincia_ romana, 2013 年 12 月 8 日访问。

利大区；七省行政区、西班牙行政区、不列颠行政区属于高卢大区。① 具有讽刺意味的是，阿非利加行政区与两个意大利行政区之间隔着一个地中海，却被划在一个大区。只能从运用海军力量便利的角度解释这种安排。

其中，东方大区和伊利里库姆大区属于帝国的东部；意大利大区和高卢大区属于帝国的西部。② 尽管从当今的地理学来看，博斯普鲁斯海峡是亚洲和欧洲的界线，也是东西方的界线，所以，整个的伊利里库姆大区都属于西方。东方大区中的色雷斯行政区也属于西方。

(二) 新的省级建制

埃及行政区包括9个省。它们是：第一埃及、第二埃及、第一奥古斯塔、第二奥古斯塔、埃及的阿尔卡迪亚、上特巴伊斯、下特巴伊斯、上利比亚、下利比亚。

东方行政区包括15个省。它们是：第一西里西亚、第二西里西亚、依扫利亚、塞浦路斯、叙利亚、宜人的叙利亚、幼发拉底叙利亚、奥斯罗埃勒、美索不达米亚、腓尼基、黎巴嫩腓尼基、第一巴勒斯坦、第二巴勒斯坦、宜人的巴勒斯坦、阿拉伯。

黑海行政区包括10个省。它们是：比提尼亚、第一加拉太、宜人的第二加拉太、帕弗拉戈尼亚、第一卡巴多恰、第二卡巴多恰、赫勒诺本都、泊勒莫尼亚库斯本都、第一亚美尼亚、第二亚美尼亚。

亚细亚行政区包括11个省。它们是：亚细亚、赫勒斯滂、庞菲利亚、卡利亚、李迪亚、李奇亚、李考尼亚、皮西迪亚、巴卡齐亚那弗里几亚、宜人的弗里几亚、英苏勒。

色雷斯行政区包括6个省。它们是：欧罗巴、色雷斯、赫米蒙杜斯、罗道普、梅西亚、席提亚。

达契亚行政区包括5个省。它们是：地中海边的达契亚、第一莫埃西亚、普雷瓦利斯、达尔达尼亚、滨河的达契亚。

马其顿行政区包括7个省。它们是：第一马其顿、宜人的第二马其顿、塞萨利亚、老埃皮鲁斯、新埃皮鲁斯、亚该亚、克里特。

---

① Cfr. la voce di Provincia romana, Su http：//it.wikipedia.org/wiki/Provincia_romana, 2013年12月8日访问。

② 同上。

以上为帝国的东方部分的行政区划。下面是帝国的西方部分的行政区划。

罗马城以南的意大利行政区包括 9 个省。它们是：康帕尼亚、托斯堪尼亚和翁布里亚、罗马城以南的皮切努姆、阿普利亚和卡拉布里亚、布鲁齐亚和卢坎尼亚、萨姆钮姆、瓦雷利亚、西西里、撒丁和科西嘉。

供粮意大利行政区包括 15 个省。它们是：威内齐亚和伊斯特里亚、科奇厄、利古里亚、艾米利亚、弗拉米尼亚和供粮的皮切努姆、西阿尔卑斯、第一雷齐亚、第二雷齐亚、达尔马提亚、地中海边的诺里肯、滨河的诺里肯、第一潘诺尼亚、第二潘诺尼亚、萨维亚、滨河的瓦雷利亚。

阿非利加行政区包括 6 个省。它们是：执政官级别的阿非利加、比查切纳、以塞提夫为首府的毛里塔尼亚、以恺撒利亚为首府的毛里塔尼亚、努米底亚、特里波里。

七省行政区包括的省不止 7 个，而是 16 个。它们是：第一卢古都南西斯、第二卢古都南西斯、第三卢古都南西斯、第一比利时、第二比利时、第一日耳曼、第二日耳曼、阿尔卑斯山麓、大塞广尼亚、维也纳、滨海阿尔卑斯、第一阿奎塔尼亚、第二阿奎塔尼亚、诺维姆波普拉纳、第一纳尔波、第二纳尔波。

西班牙行政区包括 7 个省。它们是：贝提卡、巴雷阿里、迦太基、塔拉科、噶勒恰、卢西塔尼亚、以汀吉斯为首府的毛里塔尼亚。

不列颠行政区包括 5 个省。它们是：恺撒的马克西姆、第一不列颠、第二不列颠、恺撒的弗拉维亚、瓦雷利亚。

以上共计 121 个省。①

4 世纪，行政区划改革几次，过去的行省和地区被打散重新组合，伊利里库姆大区被废除并改革，在东方与西方之间易手数次。最终，在狄奥多西一世去世（395 年）后，帝国永久分为东西两部的格局完成。

（三）与戴克里先的省建制的比较

相较于戴克里先的省建制，君士坦丁的省建制具有如下变动：

（1）把埃及从东方行政区独立，设定为单独的行政区，并吸收过去的东

---

① Cfr. la voce di Provincia romana, Su http：//it. wikipedia. org/wiki/Provincia_ romana, 2013 年 12 月 8 日访问。

方行政区的一些省份。过去的东方行政区包括的省份部分处在非洲,部分处在亚洲,两者相距遥远,把它们放在一个行政区显然不合理。新的东方行政区就只包括在亚洲的省份了。当然,还有亚细亚行政区包罗处在小亚细亚半岛上的亚洲省份。

(2)把达契亚行政区从过去的马其顿和亚该亚行政区独立出来,并把达契亚的省份进一步细分,从过去的两个省发展为5个省。当然,下莫埃西亚乃从过去的色雷斯和下美西亚行政区划拨而来。上莫埃西亚和达尔达尼亚乃从过去的马其顿和亚该亚行政区划拨而来。

(3)废止潘诺尼亚行政区,将其原有的省份划入供粮意大利行政区。这样,这个意大利行政区就超越了意大利的自然北部界限阿尔卑斯山,涵盖现今属于瑞士、法国、塞尔维亚等国的土地。

(4)废止了高卢行政区和维也纳行政区,同时新设七省行政区,将过去属于高卢行政区的省份划入七省行政区。

(5)保留了黑海行政区,但把其省份进一步细分,例如,卡巴多恰被分为两个,加拉太、亚美尼亚也是如此。

以上变动,可能出于防卫的需要,也可能出于重划地盘的考虑。例如,达契亚行政区曾属于东方帝国的伊利里库姆大区,于384年一度被狄奥多西一世移归西方帝国。①

(四)小结

从戴克里先开始,到君士坦丁完成的行省改革具有深远的意义。此等意义之最重要的方面是把Provincia从殖民地改造成了帝国的有机部分。在这场改革前,帝国的领土先大别为意大利和行省两个类别,前者享有特权地位。在行省中,又分为皇帝行省和元老院行省。在此之旁,还有自由市(例如雅典、斯巴达)、同盟国(例如亚美尼亚)、自治市(被罗马人征服但被授予自治权的城市)、殖民地(罗马人移居形成的城市)等行政单位。② 可以说,对于罗马人来说,行省是统治的基层单位,而这样的行省的幅员相当于一个中

---

① See The Entry of Diocese of Dacia, On http://en.wikipedia.org/wiki/Diocese_of_Dacia, 2013年12月19日访问。

② 参见〔日〕盐野七生:《罗马人的故事VIIII:最后一搏》,郑维欣译,台湾三民书局2000年版,第60页。

等大小的欧洲国家，例如莫埃西亚就相当于今天的保加利亚。基层的治理只能委诸当地人的自治。改革后，形成了东方和西方、大区、行政区、省、区（市）、村的六级行政体系，行政实现了一元化，不复有自由市、同盟国、自治市、殖民地等体制外行政当局，也不复有意大利这样的特权性的行政区，罗马帝国被整合成了一个单一国，实现了罗马帝国国民的平等。这是一个伟大的创举，所以，说戴克里先是新帝国的奠基人①，是不错的。相比之下，英国和法国作为殖民大国，在世界各地有众多的殖民地，却从未完成宗主国与殖民地的戴克里先—君士坦丁式整合，所以，它们的殖民帝国一旦遭遇变故，就发生独立分子造成的分崩离析，远远不如罗马帝国来得稳固。罗马帝国的崩解主要出于蛮族入侵，却很少遭受独立运动的困扰。

　　从 Provincia 的角度言，以前它们是罗马人的基层行政单位，尽管幅员辽阔，现在它们成了相当于"县"的中间性的行政单位。在它们之上，有大区和行政区两级。在它们之下，有区（市）和村两级。这样，没有"脚"的行省变成了有"脚"的省。如果说，过去的中央权力只贯彻到省一级，现在则可以贯彻到区（市）和村这一级，由此让罗马帝国成为一个中央集权的单一制国家。这样，前戴克里先时代罗马帝国意大利与行省两个法域的立法格局被打破，皇帝敕令一出，就在全帝国具有法律效力。② 而以前，在意大利有效的法律要推广到行省，必须经过专门的立法程序。现在，一些法律因为意大利与行省关系的含义改变而改变，例如关于搜刮钱财的法律，这本来是一个维持宗主国与殖民地之间良好关系的法律，当宗主国与殖民地一体化后，它的意义就要改变了，会变成打击一般的腐败的法律。

　　但行政层次的增多必然导致官僚机构的膨胀，例如，四个大区的设立会导致该级别的行政人员增加 3 倍。官僚机构的膨胀又会导致税收的增加，由此老百姓的负担增加，但这可能是国家单一化的必要代价。而且，情况再糟也不会糟过现代国家，因为戴克里先—君士坦丁创立的行政体系与现代国家的相应体系最接近，如果现代民族国家的人民能承受这样的官僚体系的负担，罗马帝国的人民也能。

---

　　① 参见〔英〕吉本：《罗马帝国衰亡史》（上册），黄宜思、黄雨石译，商务印书馆 1997 年版，第 204 页。
　　② 参见王振霞：《3 世纪罗马帝国政治体制的改革》，载《历史教学》2009 年第 2 期，第 51 页。

### (五) 戴克里先—君士坦丁行政体制下的新上诉法院体系

上诉制度以法院有层级之别为基础，戴克里先—君士坦丁打造的多级别行政区体制提供了这一基础，因为法院体系与行政区划体系通常是一致的。在戴克里先—君士坦丁改革前，对行省总督的刑事判决只能到罗马上诉，这点可从尼禄皇帝时期的圣保罗到罗马上诉的故事得到证明①，因为那时的行省总督就是刑事案件的初审法官。戴克里先—君士坦丁改革后，省在地方的范围内降为第三级的行政单位，这将导致上诉体制的改革。

戴克里先—君士坦丁改革后的法院分为如下 5 个：区、省、行政区、大区、皇帝。就民事案件而言，第一级法院是执法两人团（Duuumviri iure dicundo），他们审理小案；第二级法院是省长和助审官（Iudex pedaneus），前者审理 300 金币以上的案件，后者审理此数以下的案件；第三级法院是行政区区长（Vicarius），他既审理上诉案件，也审理一审案件；第四级法院是大区长官，他们通常只审理上诉案件；第五级法院是皇帝，他通常只审理上诉案件。② 因此，一审当事人不服判决的，可于宣判后 2 日或 3 日内上诉于上级法官或皇帝。上诉以两次为限，三审判决为终局性的。③ 当然，在优士丁尼废除行政区一级后，这一审级也取消了，罗马的诉讼法由五级三审制演变为四级三审制。

刑事案件的上诉程序基本同于民事案件的相应程序。④ 不过，并非所有的刑事判决都可上诉。按优士丁尼的规定，针对杀人、通奸、投毒、巫术、强奸罪的判决，基于无可辩驳的证据并基于被告的口供的，不得上诉。针对其他犯罪和证据情形的判决可以上诉。⑤

### 四、君士坦丁之后罗马帝国行政区划的变迁

#### (一) 狄奥多西一世时期的罗马省份以及东部省的郡化

狄奥多西一世（公元 379—395 年在位）于公元 395 年死时，帝国仍有

---

① See Harry Tajra, *The Trial of St. Paul, A Juridical Exegesis of the Second Half of the Apotles*, J. C. B. Mohr, 1989.
② 参见周枏：《罗马法原论》（下册），商务印书馆 1994 年版，第 916 页及以次。
③ 同上，第 923 页。
④ Cfr. Francesco Calasso (Direzione e coordinamento), Enciclopedia del Diritto, II, Giuffrè, Milano, 1958, p. 710.
⑤ Cfr. Federico Pergami, L'appello nella legislazione del tardo impero, Giuffrè, Milano, 2000, pp. 314s.

116个省。这是在君士坦丁留下的省的名单中进行如下处理的结果。

（1）合并。合并上特巴伊斯、下特巴伊斯两个省，形成特巴伊斯省。合并第一奥古斯塔、第二奥古斯塔两个省，形成奥古斯塔省。合并第一埃及、第二埃及两个省，形成埃及省。合并第一卢古都西斯、第二卢古都西斯、第三卢古都西斯三个省，形成卢古都西斯省。

（2）裁撤。撤掉亚细亚、赫勒斯滂、梅西亚、亚该亚、老埃皮鲁斯、科奇厄、执政官级别的阿非利加、滨海阿尔卑斯8个省。

（3）新增。新增科西嘉一个省，该省以前与撒丁合为一省，现分开。①

狄奥多西一世是最后一个同时统治东西两个罗马帝国的皇帝。作为东罗马帝国的皇帝，他以希腊文的郡（Eparchy）取代拉丁词 Provincia 称呼东部的省份。所以，过去的省也就转化成了郡。这倒比较名副其实，因为在国人的地理观念中，省的级别比郡高。

狄奥多西一世死后，把帝国的两个部分分别给自己的两个儿子阿卡丢（东部帝国，公元377—408年）与和诺留（西部帝国，公元384—423年），帝国正式分裂，从此成为两个帝国。在计算各自的省份时，要分开计算了。不幸的是，公元476年，西罗马帝国覆灭于日耳曼人之手。对于罗马人来说，西部的省份不复存在。

（二）优士丁尼的军政合一改革以及光复旧地行动

优士丁尼（公元483—565年、公元526—565年在位）于公元526年即位时，仅仅是东罗马帝国的皇帝，因为西部帝国于476年已覆灭。所以，君士坦丁时期的西部49个省绝大部分已不再属于他。而且，既有的东部的省也由于外敌入侵逐渐丧失。首先是汪达尔人对北非的入侵导致所有的阿非利加6个省的丧失。② 其次，波斯的入侵导致了处在东方的叙利亚省的丧失。③ 这样，罗马帝国已失去50多个省。所以，优士丁尼登位时，只剩下半壁河山。

这半壁河山包括的郡以及每个郡包含的城市的名字被当时的地理学家耶

---

① See R. Shepherd William, *Historical Atlas*, New York: Henry Holt and Company, 1923, The Roman Empire about 395, On http://en.wikipedia.org/wiki/File: Roman_empire_395.jpg, 2013年12月18日访问。

② 关于汪达尔人对北非的入侵，参见〔英〕吉本：《罗马帝国衰亡史》（下册），黄宜思、黄雨石译，商务印书馆1997年版，第66页及以下。

③ Cfr. la voce di Belisario, Su http://it.wikipedia.org/wiki/Belisario, 2013年12月8日访问。

罗克勒斯以《全舆志》记录下来。根据该书，拜占庭帝国有64个郡。它们是：（1）欧罗巴的色雷斯；（2）罗道普；（3）色雷斯；（4）赫米蒙杜斯；（5）梅西亚；（6）席提亚；（7）伊利里库姆；（8）马其顿；（9）塞萨利亚；（10）亚该亚；（11）克里特；（12）老埃皮鲁斯；（13）新埃皮鲁斯；（14）地中海边的达契亚；（15）滨河的达契亚；（16）达达尼尔；（17）普雷瓦利斯；（18）镇守使级别的梅西亚①；（19）潘诺尼亚；（20）亚细亚；（21）赫勒斯滂；（22）弗里几亚；（23）李迪亚；（24）皮西迪亚；（25）李考尼亚；（26）宜人的弗里几亚；（27）庞菲利亚；（28）李奇亚；（29）英苏勒；（30）卡利亚；（31）第一本都；（32）和诺留（Honorias）②；（33）帕弗拉虢尼亚；（34）加拉太；（35）宜人的加拉太；（36）第一卡巴多恰；（37）第二卡巴多恰；（38）赫勒诺本都；（39）泊勒莫尼亚库斯本都；（40）第一亚美尼亚；（41）第二亚美尼亚；（42）第一西里西亚；（43）第二西里西亚；（44）塞浦路斯岛；（45）依扫利亚；（46）第一叙利亚；（47）第二叙利亚；（48）幼发拉底；（49）奥斯罗埃勒；（50）美索不达米亚；（51）腓尼基；（52）黎巴嫩腓尼基；（53）执政官级别的巴勒斯坦；（54）第二巴勒斯坦；（55）第三巴勒斯坦；（56）阿拉伯；（57）埃及；（58）第一奥古斯塔；（59）第二奥古斯塔；（60）阿尔卡迪亚；（61）近特巴伊斯；（62）上特巴伊斯；（63）上利比亚；（64）下利比亚。③

将这些郡的名字与君士坦丁时期的省份的名字进行比较，可发现优士丁尼采取收复失地行动前的罗马帝国已全部失去了罗马城以南的意大利行政区包括的9个省、阿非利加行政区包括的6个省、七省行政区的包括的16个省、西班牙行政区包括的7个省、不列颠行政区的5个省。

供粮意大利行政区的15个省只保留潘诺尼亚。埃及行政区的9个省只保留埃及、上特巴伊斯、下特巴伊斯、上利比亚、下利比亚5个省。达契亚行

---

① Cfr. Hierocles, Hieroclis Synecdemvs et notitiae graecae episcopatvvm: Accedvnt Nili Doxapatrii Notitia patriarchatvvm et locorvm nomina immvtata, Berlolini, 1866, p. 17.
② 该省由狄奥多西一世新立，包括比提尼亚省的一部分和帕弗拉虢尼亚省，以他的小儿子和诺留的名字命名。See The Entry of Honorias, On http://en.wikipedia.org/wiki/Honorias, 2013年12月11日访问。
③ Cfr. Hierocles, Hieroclis Synecdemvs et notitiae graecae episcopatvvm: Accedvnt Nili Doxapatrii Notitia patriarchatvvm et locorvm nomina immvtata, Berlolini, 1866, pp. 1ss.

政区失去了第一莫埃西亚省。

由此可见，优士丁尼并非丧失所有在西部帝国的领土，西方的达契亚行政区基本保留下来，同样属于西方的供粮意大利行政区保留了潘诺尼亚省。而且，也并非所有的东方省都留在优士丁尼手中，例如，埃及行政区的省份就丢了一小半给汪达尔人。这些构成优士丁尼进行收复故地行动和行省重组的基础。

就收复故地行动，优士丁尼派出部队先后发动了汪达尔战争、哥特战争和波斯战争。作为这些军事行动的成果，其部将贝利撒留（Flavius Belisarius，约公元500—565年）恢复了北非行省、撒丁行省和科西嘉行省。[①] 公元533年，贝利撒留在战胜了汪达尔人后，建立了阿非利加大区（曾经叫利比亚大区），它包括撒丁、科西嘉并涵盖以汀吉斯为首府的毛里塔尼亚的一部分。[②] 在西部，贝利撒留还光复了利古里亚省、皮切努姆省。在东部，贝利撒留光复了被波斯占据的叙利亚省。[③] 由此，拜占庭帝国的领土几乎扩大了一倍。地中海重新成为帝国的内海。帝国重新横跨欧亚非三洲。[④] 大功告成以后，公元554年8月3日，优士丁尼颁布《国事诏书》（Sanctio pragmatica），宣布在意大利恢复旧制。[⑤]

就行省重组而言，优士丁尼继承了戴克里先开创的新的行省体制，但四个大区的建制对他已没有意义，只保留了东方大区和伊利里库姆大区、新设了利比亚大区。[⑥] 利比亚大区是优士丁尼消灭了汪达尔人、收复了阿非利加以后设立的。[⑦] 它似乎是过去的意大利大区的缩减形式，因为按照旧制，意大利和阿非利加属于同一个大区，现在意大利尚未收复，仅仅收复了阿非利加，

---

① Cfr. la voce di Belisario, Su http://it.wikipedia.org/wiki/Belisario, 2013年12月8日访问。
② See Averil Cameron et altri (Edited by), *The Cambridge Ancient History*, Volume XIV, Cambridge University Press, 2008, p. 560.
③ Cfr. la voce di Belisario, Su http://it.wikipedia.org/wiki/Belisario, 2013年12月8日访问。
④ 参见陈志强:《拜占庭帝国史》，商务印书馆2003年版，第159页。
⑤ 参见〔意〕桑德罗·斯奇巴尼:《罗马法系及其内部关联·拉丁语及其他语言·体系的内部交流》，娄爱华译，载《第一届拉丁法律术语译名统一国际研讨会》论文册，2008年，厦门，第15页。
⑥ Tanta敕令，24.中译文参见〔古罗马〕优士丁尼:《关于〈学说汇纂〉的批准》，陈虹译，载梁慧星主编:《民商法论丛》（第10卷），法律出版社1998年版，第837页。
⑦ 同上，中译文参见〔古罗马〕优士丁尼:《关于〈学说汇纂〉的批准》，陈虹译，载梁慧星主编:《民商法论丛》（第10卷），法律出版社1998年版，第837页。

恢复意大利大区的名称不妥，于是只好把这一大区的一半用利比亚大区名之了。不过，很快它被阿非利加大区的名称取代。

接下来，优士丁尼废除了行政区的中间层次，这样，行省与皇帝之间就只有大区一个中间环节了。① 这反映了大区作为一个税收单位地位的提高以及简化行政层次的要求。②

再次，优士丁尼还在公元535—536年，把小省合并为大省。公元535年，他把赫勒诺本都与泊勒莫尼亚库斯本都合并为一省，把和诺留省与帕弗拉戈尼亚省合并形成新的帕弗拉戈尼亚省。③ 但把亚美尼亚从3个省变为4个省。④

最后，在几个省，优士丁尼集中民事权力与军事权力于一人，于公元535年把皮西迪亚的军事伯爵与总督合为一人。把李考尼亚省、依扫利亚省的民事和军事官员合并。⑤ 对于第一卡巴多恰、第一加拉太、巴卡齐亚那弗里几亚，他也这么做了。⑥ 改革的目的是避免民事当局与军事当局的冲突。这预示着未来的军区制。⑦

（三）莫里斯皇帝创立总督制

7世纪末，拜占庭帝国在迦太基和拉文纳实行总督区（Exarchate）制。这两个地方是拜占庭在本土以外的据点和重要贸易港口。前者是帝国对非洲的统治中心，后者是对意大利的统治中心。由于强敌环伺，对这两个地方，拜占庭实行军政合一的总督制，不同于优士丁尼时期在大面上实行的军政分

---

① See James Allan Stuart Evans, *Emperor Justinian and The Byzantine Empire*, Greenwood Publishing Group, 2005, p. 5.
② See Michael Mass (edited by), *The Cambridge Company to the Justinian Age*, Cambridge University Press, 2005, p. 50.
③ See Michael F. Hendy, *Studies in the Byzantine Monetary Economy*, C. 300-1450, Cambridge University Press, 2008, p. 178.
④ See Averil Cameron et altri (Edited by), *The Cambridge Ancient History*, Volume XIV, Cambridge University Press, 2008, p. 574.
⑤ See Michael F. Hendy, *Studies in the Byzantine Monetary Economy*, C. 300-1450, Cambridge University Press, 2008, p. 178.
⑥ See Averil Cameron et altri (Edited by), *The Cambridge Ancient History*, Volume XIV, Cambridge University Press, 2008, p. 574.
⑦ 参见陈志强、吕丽蓉：《普罗科比及其〈秘史〉》，载［东罗马］普罗科比：《秘史》，吴舒屏、吕丽蓉译，上海三联书店2007年版，第12页。

离的统治体制。①

迦太基总督区由莫里斯（Maurice，公元582—602年在位）皇帝于公元585—590年设立，它是拜占庭人的一块军事飞地，周围为柏柏尔人环绕。总督由皇帝任命，拥有不受限制的军事和民事权力，是拜占庭帝国的代表并执行该帝国的政策。所有的文官都要听命于总督。总督权力很大，可能威胁皇帝的权力，迦太基总督老伊拉克略（Hecralius）曾推翻福卡斯（Phocas，公元602—610年在位）皇帝并取而代之。迦太基总督区受到阿拉伯人的围攻，于公元697—698年陷落。②

拉文纳总督区处在意大利。在和诺留皇帝时期的公元402年，拉文纳成为西罗马帝国的首都。这种地位一直延续到公元476年西罗马帝国灭亡。尔后，它成为奥多亚克（Flavius Odoacer，公元433—493年）的首都，以及西哥特王国的首都。但在公元540年，拉文纳被贝利撒留收复，成为行省总督的驻跸地。公元568年，伦巴第人入侵，造成了拜占庭帝国在意大利的领土的碎片化。公元580年，提贝留斯一世（公元578—582年在位）把这些土地重组为5个郡（Eparchy）。它们是：供粮的北意大利郡、卡拉布里亚郡、艾米利亚郡、利古里亚郡、罗马城郡（Urbicaria）。到了公元650年，在君斯坦斯二世（公元641—668年）的统治下，上述郡被组织为如下公爵领地：罗马公爵领地、威内托公爵领地、卡拉布里亚公爵领地、拿波里公爵领地、佩鲁贾公爵领地、朋大波里斯公爵领地、卢坎尼亚公爵领地等。它们多是一些海岸城市，因为伦巴第人在内陆占优势。③ Dux在罗马帝国是统帅的意思，现在变成了封建味十足的公爵。

拜占庭政府任命的公爵经常被赋予法官（Iudex）的头衔。④ 从7—9世纪，此等职位逐渐变成世袭的。按优士丁尼在哥特战争胜利后颁布的《国是诏书》，省长应在省的大佬中选出，省的大佬们利用这一规定，让省长的位子始终在自

---

① 参见陈志强：《拜占庭军区制和农兵》，载《历史研究》1996年第5期，第115页。
② See The Entry of Exarchate of Carthage of Encyclopaedia Britannica, On http://www.britannica.com/EBchecked/topic/97417/Exarchate-of-Carthage/，2013年12月13日访问。
③ See The Entry of Exarchate of Ravenna, On http://en.wikipedia.org/wiki/Exarchate_of_Ravenna, 2013年12月11日访问。
④ Cfr. P. S. Leicht, Storia del diritto italiano, il diritto pubblico, Giuffrè, Milano, 1972, p.50.

己的亲戚朋友间流转，世袭制由此成。① 这样，行省制度转化为封建制度。

东哥特人征服西班牙后，设立公爵和伯爵领地，尽量与罗马的省的地域范围一致。②

（四）伊拉克略一世创立军区制

在外敌入侵的压力下，伊拉克略一世（公元610—641年在位）逐步建立军区制（Themes），先是在亚洲属地上实行，建立了亚美尼亚和奥普西金两个军区。③ 然后推广到全帝国。它是按军区、师、团、营等军事序列建立帝国各级行政区域的体制。④ 是国家给予小农世袭土地换取他们服兵役并缴纳税款的制度。⑤

军区化以后的帝国军区有如下列：阿纳托利军区⑥、亚美尼亚军区⑦、色雷切修鲁姆军区（指以前称小亚细亚的地区）⑧、奥普西金军区⑨、奥博提马图姆军区⑩、布切拉流鲁姆军区⑪、帕弗拉虢尼亚军区、卡尔迪亚（Chaldia）军区、美索不达米亚军区、科洛内阿军区、塞巴斯特阿军区、李堪杜斯（Lycandus）军区、塞琉西亚军区、齐比雷奥塔鲁姆军区、塞浦路斯军区、萨姆斯岛军区、爱琴海军区。共计17个军区。

以上为东方的军区。下面是西方的军区：

色雷斯军区⑫、马其顿军区、斯特里莫尼斯军区、塞萨利亚军区、希腊的欧罗巴军区、伯罗奔尼撒军区、切法雷尼亚军区、尼科波利斯军区、迪拉求姆军区、西西里军区、隆巴迪军区、科尔索尼斯军区，共计12个军区。

---

① Cfr. P. S. Leicht, Storia del diritto italiano, il diritto pubblico, Giuffrè, Milano, 1972, p. 51.
② See Stanley G. Payne, *A History of Spain and Portugal*, Volume 1, On http://libro.uca.edu/payne1/payne1.htm, 2013年12月14日访问。
③ 参见陈志强：《拜占庭帝国史》，商务印书馆2003年版，第175页。
④ 参见陈志强：《拜占庭军区制和农兵》，载《历史研究》1996年第5期，第114页。
⑤ 参见杨朗：《再造帝国的尝试》，载《群文天地》2011年第12期，第200页。
⑥ Cfr. Constantine VII Porphyrogenitus, De thematibus et de administrando imperio: accedit Hieroclis Synecdemus cum andurii et Wesselingii commentariis, Bonnae, E. Weber, 1840, p. 13.
⑦ Ibid., p. 17.
⑧ Ibid., p. 22.
⑨ Ibid., p. 24.
⑩ Ibid., p. 26.
⑪ Ibid., p. 27.
⑫ Cfr. Constantine VII Porphyrogenitus, De thematibus et de administrando imperio: accedit Hieroclis Synecdemus cum andurii et Wesselingii commentariis, Bonnae, E. Weber, 1840, p. 44.

东西共计 29 个军区，显然可见，帝国的幅员比君士坦丁时期小多了。其中一些军区仍保留省名，例如亚美尼亚、帕弗拉虢尼亚、美索不达米亚、塞浦路斯、色雷斯、马其顿、塞萨利亚、西西里等，可以想象过去的省与现在的军区地域上的切合。

军区以下的行政区划（以约公元 902—936 年的色雷斯军区为例）依次为：师（Tourna）、团（Droungos）、营（Bandon）、队（Kentarchia）、班（Kontoubernion）。整个色雷斯军区有军人 9600 名，军长称 Strategos，他领导 4 个师，每个师有兵 2400 名，师长称 Tourmarches。他领导 6 个团，每团 400 人，团长称 Droungarios。他领导两个营，每个营 200 人，营长称 Count。他领导两个队，每队 100 人，队长称 Kentarches。他领导 10 个班，每班 10 人，班长称 Dekarchos。①

实行军区制后，以上军、师、团、营、队、班的军事建制取代了省、地区、村庄的行政管理体制。这些军事建制内的士兵的薪酬以农田支付（以田代饷），他们成为农兵，平时经营田产，自给自足，自备兵器装备。在 15 年的服役期间，其土地不可剥夺，且免税。除役后成为士兵的私有财产，可以继承、转让。兵役可以自己承担，也可以以供养士兵的方式由他人承担。② 由此，拜占庭帝国的行政区划实现了军事化。此等军区制维持了约 500 年后终结。之后，拜占庭沦为地中海东岸的一个小国，苟延残喘直到 1453 年 5 月 29 日被土耳其人攻灭。③ 罗马史和罗马行政区划史画上句号。

**五、罗马的行政区划制度对后世的影响**

（一）对天主教的教区制度的影响

在罗马帝国内孕育和成长的天主教会基本采用戴克里先造就的行政区划建立自己的教区体系。说"基本"，就是不采用大区一级。每省为一教区，主教设在省会城市。东西方裂教后，在东方，逐渐把教区缩小，并用行政区

---

① 参见陈志强：《拜占庭学研究》，人民出版社 2001 年版，第 56 页。See also The Entry of Theme, On http://en.wikipedia.org/wiki/Theme_ (Byzantine_ district)，2013 年 12 月 19 日访问。
② 参见陈志强：《拜占庭学研究》，人民出版社 2001 年版，第 56 页及以次。
③ 同上书，第 66 页。

(Diocesis) 的术语来指称教区，每个教区设一名主教。① 至今如此。

(二) 对一些帝国旧地的行政区划制度的影响

(1) 法国。由于教区制度保留了罗马帝国给高卢地方留下的行政区划，法国的行政区划分基本维持罗马人留下来的体制。全国国土分为 21 个大区和科西嘉地方行政区。大区下分为 96 个省。设省的标准是所有的公民一天内能到达专区政府所在地。② 省以下分为区，每个区再分为县。要说明的是，法国是先有省，然后有大区，以解决跨省合作问题。但大区毕竟是罗马人留下来的选项。非独此也，也许因为法国人感到了用殖民气味很强的 Provincia 一词表达现在作为单一制国家行政区划单位的"省"的不合适，近来改用 Department 表示。③

(2) 意大利。统一后的意大利的行政区划分学法国，把全国领土分为大区、省和市。全意共有 20 个大区、95 个省和 8088 个市（镇）。由于幅员偏小，意大利的大区相当于戴克里先—君士坦丁改革后的省，所以，前者的大区许多带着后者的省的名字，例如利古里亚、康帕尼亚。④

(3) 西班牙。西班牙的行政区划分为 17 个自治区和两个自治市。自治区之下分为 50 个省。像法国一样，也是先有省，然后有自治区。⑤

(4) 希腊。希腊自 1829 年从奥斯曼帝国独立后，其领土分为大区和郡。在 1886 年以前，有 59 个郡。⑥ 从 2011 年开始，希腊采用管理区（相当于大区）、大区（相当于郡）、自治市的三级行政区划。⑦

(5) 塞浦路斯。塞浦路斯全国分为 6 个郡，郡下设自治区。⑧ 但可能由于国土狭小，郡上无大区之设。

---

① See The Entry of Eparchy, On http：//en. wikipedia. org/wiki/Eparchy，2013 年 12 月 10 日访问。
② 参见刘君德等：《中外行政区划比较研究》，华东师范大学出版社 2002 年版，第 88、91 页。
③ 同上书，第 92 页。
④ 参见维基百科"意大利行政区划"词条，载 http：//zh. wikipedia. org/wiki/%E6%84%8F%E5%A4%A7%E5%88%A9%E8%A1%8C%E6%94%BF%E5%8D%80%E5%8A%83，2013 年 12 月 20 日访问。
⑤ 参见维基百科"西班牙行政区划"词条，载 http：//zh. wikipedia. org/wiki/%E8%A5%BF%E7%8F%AD%E7%89%99%E8%A1%8C%E6%94%BF%E5%8D%80%E5%8A%83。
⑥ See the entry of Eparchy, Onhttp：//en. wikipedia. org/wiki/Eparchy，2013 年 12 月 10 日访问。
⑦ 参见维基百科"希腊行政区划"词条，载 http：//zh. wikipedia. org/wiki/%E5%B8%8C%E8%85%8A%E8%A1%8C%E6%94%BF%E5%8C%BA%E5%88%92，2013 年 12 月 19 日访问。
⑧ 参见维基百科"塞浦路斯的行政区划"词条，载 http：//zh. wikipedia. org/wiki/%E5%A1%9E%E6%B5%A6%E8%B7%AF%E6%96%AF%E8%A1%8C%E6%94%BF%E5%8C%BA%E5%88%92，2013 年 12 月 10 日访问。

（6）阿尔及利亚。阿尔及利亚全国分为48个省，省下设县。县下设市。①

（三）拜占庭的军区制对沙俄的哥萨克制度的影响

沙俄时期，组建了11个哥萨克军区。它们是：顿河、库班、捷列克、阿斯特拉罕、乌拉尔、奥伦堡、西伯利亚、斜米列契、外贝加尔、阿穆尔和乌苏里军区。② 各军区的哥萨克都是农兵。对此，小说《静静的顿河》有很好的描述。由于俄国学习拜占庭文化甚多，不难设想其军区制学自拜占庭。

（四）罗马的行政区划制度对我国的影响

我国的省的级别比戴克里先—君士坦丁改革后罗马的省高。我们尽管也采用军区制度，但它没有农兵制的内容③，所以，此军区非彼军区也。但我国采用军区与省的双轨制，由此实现武官与文官的分流。这点与戴克里先改革的精神是相同的。而且，我国一度在上个世纪50年代采用大区制，在省以上设华北、东北、西北、中南、西南、华东等大区。这样的体制有罗马的痕迹。但后来为了减少行政层次的考虑，我国于1954年撤销了大区的建制，但其遗迹犹存，例如按大区命名的政法大学：华东政法大学、西南政法大学、西北政法大学。

六、结论

本文写的是一部罗马帝国行政振兴史，同时又是一部罗马帝国的行政衰亡史。罗马从亚平宁半岛中部的一个小城邦出发，征服了整个地中海盆地，形成了一个包括55个行省的横跨欧亚非三洲的大帝国。55个行省与罗马和意大利形成宗主国与殖民地的关系。此为罗马帝国行政振兴的第一阶段。在此阶段，帝国与行省是主奴关系，帝国中央的行政力到行省一级为止。为了解决帝国的整合问题，戴克里先发起行省改革，君士坦丁继之，旨在打消宗主国与殖民地的界限，取消罗马和意大利的特权地位，赋予各省平等的权利，

---

① 参见维基百科"阿尔及利亚的行政区划"词条，载http：//zh.wikipedia.org/wiki/%E9%98%BF%E5%B0%94%E5%8F%8A%E5%88%A9%E4%BA%9A%E8%A1%8C%E6%94%BF%E5%8C%BA%E5%88%92，2013年12月19日访问。

② 参见维基百科"哥萨克"词条，载http：//zh.wikipedia.org/wiki/%E5%93%A5%E8%96%A9%E5%85%8B，2013年12月20日访问。

③ 我国类似于农兵制的是分别在新疆、黑龙江、内蒙古等边疆省区设立或设立过的生产建设兵团，但它们不具有军区的名称。更早的八旗制也是农兵制，但很难说此制受到了拜占庭的影响。

并把大省划为小省，在省之上设大区和行政区的层级，在省下设区（市）、村的层级，形成了中央以下的六级行政体系，并具有了121个省的规模。此时，罗马帝国的行政振兴达到巅峰时期。但过了巅峰就是下坡路，在君士坦丁之后，由于蛮族入侵等原因，帝国陷入了衰落。首先于公元476年基本失去帝国的西部，由于优士丁尼的收复故土，帝国不得不在海外领土实行总督区制。总督军政大权同握，由此坐大，实际独立，只维持名义上的对拜占庭帝国的臣服。然后实行军区制，把整个帝国搞成一个大碉堡，把剩下来的各省（郡）搞成一个个小碉堡，把行政建制军事化，最后仍难免帝国的覆灭。至此，结束了罗马帝国的行政衰亡史。历史反复证明，超级大国弥不有终，罗马帝国并未构成例外。在目睹毁灭迦太基时，罗马人的统帅西庇阿流泪了，因为他预见到未来的罗马也有这一天。这一天果然在1453年5月29日到来了。

尽管如此，罗马帝国仍留下了丰富的行政管理遗产，其行政体系几乎全部为基督教会继承，转化为教区管理体系。罗马帝国死了，其影子基督教帝国却存活下来，信哉斯言！通过教会的中介，在现代民族国家勃兴时，罗马帝国的行政区划系统又以某种形式在其旧地如法国、意大利、西班牙、希腊、塞浦路斯、阿尔及利亚等国复活。其军区制对沙俄时代的哥萨克军区制度也有影响。甚至其军区与政区分开的理念、文官与武官分流的理念、省以上设大区的理念，对遥远的中国也有影响。此等影响证明了罗马人的行政管理经验的价值。

本文又是一个阅读罗马法原始文献的地理便览。优士丁尼《法典》收录不少皇帝给大区长官的敕答①，不懂帝国晚期的行政区划，就看不懂此等大区长官为何等人物。另外，在《学说汇纂》和《法学阶梯》中，经常在不同的意义上使用Provincia一词。有时指戴克里先之前的行省，例如在谈到罗马帝国的不同法域时如此。② 有时又指戴克里先之后的省，例如在谈到取得时效中

---

① 例如C.6,,41,1,1。优士丁尼皇帝致大区长官梅纳。但如果他们中的任何人被命令做某种由法律禁止、或在其他方面有缺陷、或甚至是不可能的事情，即使他们不管遗嘱人的指令，不会有任何人承受罚金。参见〔意〕桑德罗·斯奇巴尼选编：《民法大全选译·法律行为》，徐国栋译，中国政法大学出版社1998年版，第92页。

② 例如I.1,20pr.。如果某人完全无任何监护人，在罗马城，由内事裁判官和平民保民官的多数依据《阿梯流斯法》为他指定一个监护人；而在行省，则由行省总督根据《优流斯和提斯法》为他指定一个监护人。参见〔古罗马〕优士丁尼：《法学阶梯》（第二版），中国政法大学出版社2005年版，第77页及以次。

的占有期间的计算、被指定的官选监护人申请豁免的期限时如此。① 经常是此省非彼省，需要了解有关文献的产生年代才能确定其所指何种省。

富有意味的是，戴克里先—君士坦丁打造的新罗马帝国是中央集权的国家，一旦这样的中央权力崩溃，接下来的就是封建时代。于是，罗马政区的军事领导人 Dux、Comes 变成公爵、伯爵等独霸一方，与中央权力抗衡。确实，在西方，封建的特征之一就是中央权力的不振。②

---

① 例如 I. 2, 6pr. 和 I. 1, 25, 16。参见徐国栋：《优士丁尼〈法学阶梯〉评注》，北京大学出版社 2011 年版，第 213、155 页。
② 参见徐家玲：《论 4 至 6 世纪拜占庭帝国的经济复苏与转轨》，载《历史教学》2000 年第 4 期，第 21 页。

# 罗马公共卫生法初探

## 一、切题文献概览

尽管意大利学者马西米利亚诺·卡尔蒂尼（Massimiliano Cardini）在1909年就出版了《古罗马的公共卫生：截止到帝政时代》一书并开拓了一个新领域①，但对罗马的卫生保障法（Diritto e salubritas）②的研究成为热点，还是近二十年来的事情，并且是环境法勃兴的结果。目前，这方面的研究积累了不少文献。例如，斯特凡·文克（Stefan Winkle）：《古罗马的卫生与生态条件以及由此所采取的城市卫生措施》，载《汉堡医学杂志》1984年第6期和第8期；亚历克斯·斯考比（Alex Scobie）：《罗马世界的贫民区、卫生与死亡率》，载《Klio：历史研究季刊》1986年第2期，第399页及以次；保罗·菲德利（Paolo Fedeli）：《被破坏的大自然：生态与罗马世界》，巴勒莫，1990年；古德伦·弗格勒（Gudrun Vögler）：《生态希腊人与绿色罗马人?》，杜塞尔多夫/苏黎世，1997年；希尔维奥·潘切拉（Silvio Panciera）：《罗马的城市净化：组织与责任人》，载哈维尔·杜普雷—拉文托斯（Xavier Dupré—Raventós）、约瑟普·安东·雷莫拉（Josep Anton Remolá）主编：《城市垃圾：罗马城的废物处理》，罗马，2000年，第95页及以次；埃德瓦多·鲁伊兹·费尔南德斯（Eduardo Ruiz Fernández）：《论古罗马的健康与卫生》，载《孔普卢顿罗马法研讨会文集》，2002年，第133页及以次；罗伯

---

① Massimiliano Cardini, L'igiene pubblica di Roma antica: fino all'età imperiale, Prato, Giachetti, 1909.
② 这是意大利的罗马法杂志《Index, Quaderni camerti di studi romanistici》第34卷（2006年）中设立的一个栏目。

特·贝顿（Robert Bedon）、埃拉·赫尔蒙（Ella Hermon）主编：《罗马帝国的观念、实践与环境问题》，利摩日，2005 年；埃拉·赫尔蒙主编：《罗马帝国对水的综合管理·2006 年 10 月拉瓦尔大学国际研讨会文集》，罗马，2008 年；恩佐·纳尔蒂：《污染与罗马》，载《蒂托·卡尔纳奇尼（Tito Carnacini）纪念文集》（第 3 卷），米兰，1984 年，第 755 页及以次；劳拉·索利多罗·玛罗蒂（Laura Solidoro Maruotti）：《环境保护的历史演进·古代世界的经验》，都灵，2009 年[①]；何塞·路易斯·萨莫拉·曼萨诺（Jose Luis Zamora Manzano）：《环境法的罗马先例：水污染、粪水排放系统和不法砍伐树木》，Boadilla del Monte，2003 年；马里奥·菲奥伦蒂尼（Mario Fiorentini）：《罗马的环境法先例》，载《指南》第 34 卷（2006 年），拿波里；玛尔塔·娜塔莉亚·洛佩斯·加尔贝斯（Marta Natalia Lopez Galvez）：《罗马法反映的损害公共空间空气质量的活动》，载《指南》第 34 卷（2006 年）拿波里；弗朗切斯科·法索里诺（Francesco Fasolino）：《公元前 3—公元前 1 世纪的环境保护问题初探》，载《私法理论与历史》第 3 卷（2010 年）；路恰·莫纳哥（Lucia Monaco）：《罗马法对环境问题的反映：在个人的特权与集体的需要之间》，载《私法理论与历史》，第 5 卷（2012 年）；保罗·马达雷纳（Paolo Maddalena）：《环境法学与求诸罗马法学范畴的必要》，载《环境法四月刊》2011 年第 2 期；简·安德雷阿·帕略尼、弗拉维奥·布鲁诺：《环境法：历史以及法律定义》，载 http://www.valutazioneambientale.net/index.php 网站；约勒·法略莉：《古罗马的环境保护?》，李飞译，载《厦门大学学报》（哲学社会科学版）2012 年第 4 期；安德雷阿·迪波尔多：《在告示与学说之间的对健康因素的保护：拉贝奥的角色》，米兰，1988 年；蕾娜塔·卡敏斯卡（Renata Kaminska）：《元首制初期"罗马城管理"的组织》，载《法学笔记本》第 13 卷（2013 年），华沙；特林（А. Е. Телин）：《共和时期罗马的营造官：〈优流斯市政法〉中反映的罗马城管理》，载 V. 德门蒂耶娃主编：《古代和中世纪城市报告：一个泛欧洲的背景》，第一部分，雅罗斯拉夫，2010 年，第 29—31 页。

显然可见，罗马的卫生法研究具有国际性，参与者有意大利人、德国人、

---

[①] 至此文献的目录引用自〔意〕约勒·法略莉：《古罗马的环境保护?》，李飞译，载《厦门大学学报（哲学社会科学版）》2012 年第 4 期，第 132 页。

西班牙人、法国人、波兰人、俄国人等。研究的主题涉及罗马城的卫生保障（其中又包括垃圾处理、上水供应和下水排放等方面）、罗马的生态破坏与环境保护问题两个方面，意在揭开共和晚期、帝政早期的罗马作为特大型城市如何解决公共卫生问题的秘密，以图与今人的这方面经验相比较，并揭示那个时代的罗马面临的生态破坏窘境以及当时人们对环保必要的初步感知，从而证明凡有城市生活的地方就有环保的道理。论者间不乏争鸣，例如，对不法砍伐他人树木的罗马法规定，何塞·路易斯·萨莫拉·曼萨诺认为具有生态保护的意旨，马里奥·菲奥伦蒂尼却认为这不过是保护私人树木所有权的规定，没有人们想象的生态意义。[①] 无论如何，这些文献侧重说明古罗马有类似今天的环保法的法律，都不涉及对罗马的反疾病法的研究。本文则着意开拓这一方面，把对罗马环保法的研究与罗马的反疾病法的研究结合起来，建立罗马公共卫生法的概念并提供相应的支撑性论证。

## 二、共和晚期——帝政初期罗马人的生活环境及其污染问题

罗马的历史悠长，从建城（公元前753年）到君士坦丁堡的陷落（1453年）算，总共有2206年。如果不限定期间，谈论整个这个时期的罗马公共卫生法，我将面临一个不可能的任务。所以，我遵循意大利罗马环境法研究前辈安德雷阿·迪波尔多的先例，把对罗马公共卫生法的研究限定在共和晚期和帝政初期，因为这一时期罗马扩张到了巅峰，人口剧增，公共卫生问题严重，从而催生了不少的公共卫生立法。但在必要的范围内，本文也会涉及东罗马帝国的这方面情况以及法律应对。

为了把研究对象限定在合理的范围内，本文原则上只研究适用于罗马城的公共卫生立法，不涉及行省和自治市的这方面立法。[②]

公元前3世纪开始，外来人口大量移入罗马。这与罗马的拉丁同盟盟主

---

① Cfr. Mario Fiorentini, Precedenti di diritto ambientale a Roma, In Index vol. 34 (2006), Jovene, Napoli, p. 357.

② 在环境方面，除了中央的立法外，罗马还有殖民地和自治市的这方面立法，例如公元前2世纪的 Lex Lucerina。Véase Marta Natalia Lopez Galvez, Actividades perjudiciales para la salubridad del aire de los espacios publicos en el derecho romano, In Index vol. 34 (2006), Jovene, Napoli, p. 405. 又如，77-79年的 Lex Coloniae Genetivae Iuliae. Cfr. Laura Solidoro Maruotti, La tutela dell'ambiente nella sua evoluzione storica. L'esperienza del mondo antico, Torino, Giappichelli, 2009, p. 73.

地位有关。该同盟在公元前493年到公元前492年之间成立,参加同盟的拉丁城邦有30个。① 以当时的罗马执政官斯普流斯·卡修斯(Spurius Cassius)名义签订的同盟条约的内容包括公私法两个方面,从公法方面讲,同盟各方有在战争中互相援助的义务,同时可以平分战利品。同盟军作战时的最高统帅由罗马将军担任。从私法方面讲,同盟国的市民彼此享有交易权和通婚权,以及迁徙自由。② 据此,同盟国的国民可以移居罗马,由此,罗马人口的数字在公元前174年是25.8万人,公元前86年是91万人,增长了3倍多。在同盟者战争前,拉丁人只享有罗马人的民事权利,不享有政治权利,拉丁人对此不满,于公元前91年发动了同盟者战争并借此取得了罗马人的政治权力,战争的爆发使移居罗马的难民更加增多。③ 种种原因造成的共同结果是,到奥古斯都时代,罗马的人口,仅住公寓楼的,就达到了1165050—1677672人之多,加上1797个独立住宅的住户,以每宅平均住20人计,共35950人许,这样,罗马的总人口达到120万许。④ 到了图拉真(公元53—117年)皇帝时期,罗马人口则突破了250万。⑤

那么,这么多的人口居住在多大的土地上呢?在奥古斯都时期,罗马城的面积大约为2千公顷⑥(等于2亿平方米,即20平方公里),大约是每平方公里住6万人。而且在这2000公顷市内土地中,还要剔除不能住人的200公顷土地,它们被用来建造公共建筑、圣所、会堂、仓库、浴场、竞技场、戏院等。⑦ 如此,罗马的人口密度更大,但上述2000公顷说的是市区面积,罗马人由于历年的军事胜利,已不怎么惧怕外敌入侵,所以,人们并不都居住在城区内,有身份的人都是住在乡村的,市中心住的都是贫穷的平民。⑧ 居住

---

① See Coleman Phillipson, *International Law and Custom of Ancient Greece and Rome*, London, Macmillan and Co., 1911, Vol. II, p. 33.
② See H. J. Greenidge, *Roman Public Life*, London·New York, Macmillan and Co. 1901, p. 296.
③ Cfr. Jerome Carcopino, La vita quotidiana a Roma, Laterza, Roma-Bari, 2003, p. 25.
④ Ibid., p. 31.
⑤ 参见〔日〕盐野七生:《罗马人的故事X:条条大道通罗马》,郑维欣译,台湾三民书局2004年版,第140页及以次。
⑥ Cfr. Jerome Carcopino, La vita quotidiana a Roma, Laterza, Roma-Bari, 2003, p. 31.
⑦ Ibid.
⑧ 共和罗马的部落分为4个城市部落和31个乡村部落。前者贱而后者贵。前者吸纳不少解放自由人和私生子,后者成员多地主。罗马人以好农夫为好公民的信念也导致这种落差。

于城外的可能会稀释罗马城区的人口密度。但无论如何,每平方公里 6 万人的人口密度在当今世界也找不到匹敌者。澳门每平方公里 17556 人,人口密度被公认为世界之冠①,但比起当时的罗马,仍然是小巫见大巫。

在这样的人口—面积关系下,按通常的方式建房显然不能解决居者有其屋问题。罗马人开始修建高层建筑公寓楼(Insula)解决住房危机,开头是两层,底层开店,上层住人,后来发展到 7 层或 8 层。过去的农地也被用来为建筑。贺拉斯的诗篇(Carmen)2,15 描述到,耕地被用来盖奢华的大厦。② 大量高楼的密集,加上建筑商填湖建楼,甚至让水中的鱼感到逼仄。③ 如前所述,多数罗马居民居住在公寓楼中。居住在独门独户的 Domus 的罗马居民,只有不到 4 万人,占绝对少数。

当然,罗马城各个地区的人口密度并非完全同一。公元前 7 年,奥古斯都把罗马城按序数分为 14 个行政区。第一区是卡佩拉(Capena)大门区;第二区是切流斯(Caelius)山区;第三区是伊西斯(Isis)和塞拉皮斯(Serapis——区;第四区是和平神庙区;第五区是埃斯奎流斯山区;第六区是高路区;第七区是宽路区;第八区是罗马集议场区;第九区是弗拉米纽斯竞技场区;第十区是帕拉丁山区;第十一区是大竞技场区;第十二区是公共水池区;第十三区是阿文丁山区;第十四区是台伯河对岸区。④ 其中以阿文丁山区和切流斯山区最为拥挤。⑤ 前者是平民区,最早的高层建筑的诞生地。⑥ 后者可能因为靠近市中心又不属于高尚住宅区而吸引了大量的住户。

人口密集带来了污染问题,居住得越拥挤的地方污染越严重。罗马城空气恶臭,曾当过西西里总督的盖尤斯·韦雷斯(公元前 120 年—公元前 43 年)出门要带"口罩",中间衬有干玫瑰花瓣的香囊,以减轻到达呼吸道的

---

① 参见维基百科词条"澳门",On http：//zh. wikipedia. org/wiki/% E6% BE% B3% E9% 96% 80#. E4. BA. BA. E5. 8F. A3. E5. 88. 86. E4. BD. 88,2013 年 11 月 28 日访问。
② Cfr. Horace, Carm, 2, 15-18, On http：//www. thelatinlibrary. com/horace/carm2. shtml. ,2013 年 11 月 17 日访问。
③ Cfr. Horace, Carm, 3, 1, 33ss. On http：//www. thelatinlibrary. com/horace/carm3. shtml. ,2013 年 11 月 17 日访问。
④ Cfr. Jerome Carcopino, La vita quotidiana a Roma, Laterza, Roma-Bari, 2003, p. 22.
⑤ Cfr. Andrea Di Porto, La Tutela della Salubritas fra editto e giurisprudenza, I, Il ruolo di Labeone, Giuffrè, Milano, 1988, p. 1.
⑥ 参见汪洋:《罗马法上的土地制度》,中国法制出版社 2012 年版,第 39 页。

臭气。① 弗伦迪努斯（Sextus Iulius Frontinus，约公元40—103年）也认为罗马城排水管里的水败坏空气，让人难以呼吸。② 塞内加（公元前4—公元65年）为了逃避厨房做饭时排出的烟气出城到罗门塔纳的农庄居住。③

主要的污染源有如下列：

（1）垃圾与生活污水。罗马人的主要的垃圾有用坏的陶器、皮革、动物尸体、粪，以及污水，它们是住宅、厕所的排出物，也可能是某种商业活动的产物，例如洗染店、羊毛厂、皮革厂的产物。④ 建筑垃圾也占有很大的分量，它们是建筑物倒塌或拆除建筑物的结果。垃圾的排放主要靠下水道，它不仅走污水，而且走体积不大的固体垃圾。⑤ 纳污口处在市中心，开口很大，所以是重要的空气污染源。⑥ 但似乎也有专门的固体垃圾排放地之设，例如，第五区的埃斯奎流斯山长期被用作坟地和垃圾场。其中排放低贱人的尸体、动物的尸体、屠场废料和其他垃圾。⑦ 到奥古斯都时期的梅切纳斯（Gaius Cilnius Maecenas，公元前70—8年），才把埃斯奎流斯山转化为宜人的居住区。⑧ 它曾经有的垃圾排放场的功能可能转给什么其他地方承担了。至少用坏陶器类的固体垃圾的排放地是被转给陶器山（Mons testaceus）承担了，它主要收纳双耳瓮（Anfora，也称Testae）的残骸，此等瓮的体积颇大，可以达到一人高，两人合抱不交，作为运送液体（例如油）和固体（例如小麦）货物的容器使用。陶器山邻近河港。⑨ 可能是货物上岸后，容器坏

---

① Cfr. Laura Solidoro Maruotti, La tutela dell'ambiente nella sua evoluzione storica. L'esperienza del mondo antico, Torino, Giappichelli, 2009, p. 85.
② De aquaeductu, 88. See Sextus Julius Frontinus, On the Water-Management of the City of Rome, Translated by R. H. Rodgers, On http://www.uvm.edu/~rrodgers/Frontinus.html, 2013年11月16日访问。
③ Cfr. Andrea Di Porto, La gestione dei rifiuti a Roma fra tarda repubblica e primo impero. Linee di un 'modello'. In Societas-ius. Munuscula di allievi a Feliciano Serrao, 1999, Jovene, Napoli, p. 46.
④ Ibid., pp. 50s.
⑤ Ibid., p. 59.
⑥ Cfr. Andrea Di Porto, La Tutela della Salubritas fra editto e giurisprudenza, I, Il ruolo di Labeone, Giuffrè, Milano, 1988, p. 114.
⑦ Cfr. Laura Solidoro Maruotti, La tutela dell'ambiente nella sua evoluzione storica. L'esperienza del mondo antico, Torino, Giappichelli, 2009, p. 90.
⑧ Ibid.
⑨ Cfr. Andrea Di Porto, La gestione dei rifiuti a Roma fra tarda repubblica e primo impero. Linee di un 'modello'. In Societas-ius. Munuscula di allievi a Feliciano Serrao, 1999, Jovene, Napoli, p. 43.

了的，就丢弃在港口附近，日久形成一座小山，高30多米①，至今犹在。

但如果发生大规模的火灾，由此造成的瓦砾恐怕不是罗马本城可以消纳得了的。众所周知，尼禄统治时期罗马发生大火，第十区、第十一区、第三区全毁，第二区、第四区、第七区、第八区、第九区、第十二区和第十三区半毁。尼禄命令，由此造成的瓦砾由运粮船在回程时运到奥斯提亚的沼泽地带，用来填土造地，不得随意倾倒在其他地方。② 这也算是一种利用建筑垃圾的方式。

（2）居民的便溺。罗马人使用人畜粪便作为肥料，既然如此，在人畜的便溺被用于肥田之前，就有此等肥料的储存和转运问题。住公寓楼的人们有两个选择：要么在自己的居住单元使用马桶，要么使用公厕。如果他们选择了前者，他们须把马桶倒进公共粪坑。在此等粪坑中的内容被庄稼人运走之前，它们会散发出臭气。公厕中的便溺则直接进了下水道。住独门住宅的人，可以出钱建造私人下水道把厕所中的秽物排进公共下水道。如果出不起这个钱，也只能使用马桶，由此也有在马桶内容达到农田前的空气污染问题。

（3）工厂的排放物。罗马主要是个消费城市，所以，石灰和玻璃制造等工厂造成的污染问题不严重，但消费城市也有为消费服务的工厂，它们有洗染店、羊毛加工厂、皮革厂、食品厂、铅管厂等。它们的活动都会造成一定的污染。容分述之。

先说洗染店。罗马人主要穿白色的羊毛织物，具有易脏易油的特点。加上绝大多数罗马人都住在不具有洗衣条件的公寓楼，他们的衣服都是交给洗染店洗。洗染店的活动不仅有洗、染、旧衣翻新，而且包括新衣抛光、精加工、还有剪下的羊毛和粗布的洗染。③ 操作过程如下：用混合着洗涤剂的水处理衣服或布料。所谓的洗涤剂，主要是人或动物的尿液。然后捶打织物，并

---

① Cfr. Andrea Di Porto, La gestione dei rifiuti a Roma fra tarda repubblica e primo impero. Linee di un 'modello'. In Societas-ius. Munuscula di allievi a Feliciano Serrao, 1999, Jovene, Napoli, p. 43.

② 参见〔日〕盐野七生：《罗马人的故事VII：恶名昭著的皇帝》彭士晃译，台湾三民书局2002年版，第464页及以次。

③ Cfr. Andrea Di Porto, La Tutela della Salubritas fra editto e giurisprudenza, I, Il ruolo di Labeone, Giuffrè, Milano, 1988, p. 68.

洗涤，以消除脏污，然后梳理，用硫黄熏、染色，最后是抛光和精加工。[①] 整个的过程都要使用大量的水，并排出同样大量的混杂尿液和其他洗涤剂的污水，它们构成污染源。

其次说羊毛加工厂。羊毛的加工过程如下：剪毛、去油、抛光（使用洗涤剂，主要是尿）、梳理、纺线、染色。[②] 其排污程度与洗染店相若。

再次说皮革厂。无论是民服还是军服，都要使用大量的皮革。而制革要经过去脂、柔化、染色等程序，每个程序都有废弃物产生。所以，皮革厂的污染情况与洗染店差不多，只是更严重。

第四说食品厂。首先要提到的是与皮革厂相关的屠宰厂。不能说罗马人已实现了工厂化屠宰，但屠户是集中在一个区域工作的，也就是在现在的B线地铁金字塔地铁站附近的区域。[③] 屠宰造成的血水和不要的动物内脏、粪便等构成污染源。其次要说到奶酪厂（Tabernae casiariae），在罗马人喜食的奶酪的加工过程中，工厂会向四周排出废气、废水、废热，造成对邻人的损害。[④]

最后说铅管厂（Fornaces plumbi）。罗马人每年生产8万吨以上的铅[⑤]，他们使用铅管作为引水管，由于水道普及，所以铅管使用广泛。[⑥] 而铅在融化过程中，会产生有毒的蒸汽。

（4）死者的遗体。120万人口的城市，按中国目前的死亡率千分之五计算，每年要死6000人。实际上，由于医疗条件相对落后，古代的死亡率远比现代为高，所以，罗马城每天面临的遗体近20具，因此，死者的遗体处理是关系到公共卫生的重大问题。西班牙学者伊西多勒（约公元560—636年）在其《词源》

---

① Cfr. Andrea Di Porto, La Tutela della Salubritas fra editto e giurisprudenza, I, Il ruolo di Labeone, Giuffrè, Milano, 1988, p. 69.

② Ibid., p. 69.

③ 桑德罗·斯奇巴尼教授现在居住的金字塔地铁站附近的区域就是古罗马过去的屠宰区。是他在一次邀请晚餐中告诉了我这个区域的这段历史。

④ D. 8, 5, 8, 5。See Th. Mommsen, A. Watson, *The Digest of Justinian*, Vol. 1, Philadelphia: University of Pennsylvania Press, 1985, pp. 270s.

⑤ 参见无名氏：《古罗马的铅生产》，载《广东微量元素科学》2004年第5期，第11页。

⑥ Cfr. Andrea Di Porto, La gestione dei rifiuti a Roma fra tarda repubblica e primo impero. Linee di un 'modello'. In Societas-ius. Munuscula di allievi a Feliciano Serrao, 1999, Jovene, Napoli, p. 46.

15, 11, 1 中就罗马人最初的葬式这么说：起初，人们都把尸体埋在家里。① 这可能说的是丧家把家人的尸体埋在自家的菜园或耕地里，而不是埋在房间的地面下，因为马尔库斯·奥勒留（公元121—180年）皇帝颁布法律禁止人们在自己的农庄埋葬死者。② 这样，尸体在腐烂过程中产生的气体和液体会在一定程度上污染周围的空气和土地。大概在苏拉统治罗马的时代（公元前82年—公元前79年），埃斯奎流斯山成了平民的坟地，人们在其中倾倒尸体。③

### 三、罗马人的公共卫生措施以及相应的法律

（一）设立专门的卫生官员

在共和时期，罗马设有罗马城道路环卫四吏（Quattuorviri viis in Urbe purgandis）和城外道路环卫二吏（Duoviri viis extra Urbem purgandis），负责维护罗马城和邻近地区的道路。④ 另外，营造官和监察官承担城市的管理。营造官负责公共浴场的维护。监察官负责公共道路的卫生和其他维护。到了元首制时期，卫生保障职能转到保佐人手上，他们是一个团体，由元首任命并对元首负责。他们分为水保佐人（Caratore acquarum）、台伯河河床和河岸暨罗马城下水道保佐人（Curator alvei et riparum Tiberis et cloacarum urbis）、神庙暨公共工程和公共地方保佐人（Curator aedium sacrarum et operum locorumque publicorum）、道路保佐人（Curator viarum）。⑤ 水保佐人以罚款保障水的卫生。⑥ 台伯河河床和河岸暨罗马城下水道保佐人除了负责台伯河的河务外，还负责维护罗马下水道的卫生。⑦ 神庙暨公共工程和公共地方保佐人当然有义务维护

---

① See *The Etymologies of Isidore of Seville*, Translated into English by Stephen A. Barney et altri, Cambridge University Press, 2006, p. 313.
② Véase Enrique Gozalbes Cravioto y Inmaculada García García, La Primera Peste de los Antoninos (165—170). Una Epidemia en la Roma Imperial, In Asclepio. Revista de Historia de la Medicina y de la Ciencia, 2007, vol. LIX, no 1, enero-junio, pag. 12.
③ Cfr. Francesco Casavola, Studi sulle azioni popolari Romane, Fondazione Nuove Proposte Martina Franca, Napoli, 1958, pp. 59s.
④ 参见陈可风：《罗马共和时期的国家制度》，东北师范大学博士学位论文，2004年，第70页。
⑤ See Renata Kaminska, Organizacja "cura urbis" w Rzymiw poczatkach pryncypatu, In Zeszyty Prawnicze, 13.1, Warszawa, 2013, p. 95.
⑥ Cfr. Paolo Fedeli, La natura violata. Ecologia e mondo romano, Sellerio Editore, Palermo, 1990, p. 60.
⑦ Véase Marta Natalia Lopez Galvez, Actividades perjudiciales para la salubridad del aire de los espacios publicos en el derecho romano, In Index vol. 34 (2006), Jovene, Napoli, p. 411.

公共地方的卫生。道路保佐人镇压对公共道路的滥用，批准任何种类的道路施工。每条罗马大道都设立一个这样的保佐人。到了帕比尼安（约公元140—212 年）的时代，又增加了城市保佐人（Curator）负责卫生。当然，市长官也负责城市的卫生。①

（二）建立了完善的水道并有相应的立法

随着罗马城人口的增加，台伯河的水不够满足需要，罗马人只得从城外的地方建立水道取水。从公元前 312 年开始，罗马开始建造水道入城，在共和时期建造 4 条，在帝政时期建造 7 条，共计 11 条，它们是阿庇尤斯水道（建立于公元前 312 年，长 16.5 公里）、老阿纽斯（Anio Vetus）水道（建立于公元前 272—269 年，长 6.3 公里余）、马尔求斯水道（建立于公元前 144—公元前 140 年，长 9.1 公里余）、特普拉水道（建立于公元前 125 年，长 1.7 公里余）、优流斯水道（建立于公元前 33 年，长 2.2 公里余）、韦尔郭（Virgo）水道（建立于公元前 19 年，长 2 公里余）、阿尔西埃提纳（Alsietina）水道（建立于公元前 2 世纪，长 3.2 公里余）、克劳丢斯水道（建立于公元 38—公元 52 年，长 6.8 公里余）、新阿纽斯（Anio novus）水道（建立于公元 38—52 年，长 8.6 公里余）②、图拉真水道（Aqua Traiana，长 57 公里，建立于 109 年，它由图拉真皇帝（Traianus，公元 98—117 年在位）主持修建、安东尼努斯水道（Aqua Antoniniana，长 22 公里，修建于 226 年。③ 11 条水道总长约 500 公里。④

这些水道每日向罗马城供水约 60 万立方米，以罗马有 120 万居民算，每人的日用水量为 0.5 立方米，在古典世界，这已经是一个奢侈的数字了。⑤ 罗马国家在城市街道或路旁设置了许多水槽，整日不间断供给，人们可以免费自由取用。由于没有水龙头之设，无人取水时，水也照流不误，这样的水流

---

① Cfr. Laura Solidoro Maruotti, La tutela dell'ambiente nella sua evoluzione storica. L'esperienza del mondo antico, Torino, Giappichelli, 2009, p. 81.
② See Roger H. Hansen, Water and Wastewater Systems in Imperiale Rome, p. 3, On http：//www.waterhistory.org/histories/rome/rome.pdf, 2013 年 11 月 17 日访问。
③ 参见〔日〕盐野七生：《罗马人的故事 X：条条大道通罗马》，郑维欣译，台湾三民书局 2004 年版，第 140—141 页。
④ 参见吴爱强：《古罗马水道》，载《中国水利》1988 年第 1 期，第 42 页。
⑤ See Roger H. Hansen, *Water and Wastewater Systems in Imperial Rome*, p. 6, On http：//www.waterhistory.org/histories/rome/rome.pdf, 2013 年 11 月 17 日访问。

也有其功能，那就是带动了小型的固体废物的流动。① 居住在独门房屋中的人们，可以申请私人用水特许，在缴纳使用费的前提下从公共引水道接水自用。受理申请的人一般为监察官，在监察官不在的情形则由营造官受理，到了帝政时期则由水道保佐人接受申请后再交由皇帝作出许可。② 除了满足住在公寓楼和独门房屋中的人们的用水需求外，11 条水道还为罗马的大量公共浴场、小便处和公厕供水，保障了城市的卫生。

为了维持水道的正常运作，必须有相应的立法保障。首先有公元前17—11 年的《奥古斯都关于维纳弗鲁姆（Venafrum）水道的告示》（Edictum Augusti de Aquaeductu Venafrano）。维纳弗鲁姆处在康帕尼亚。奥古斯都（公元前63—公元14 年）后来把它变成了罗马人的殖民地。或许由于维纳弗鲁姆缺乏建造和使用水道的经验，奥古斯都用这个告示把罗马人的这方面经验带给他们。主要包含如下规定：（1）水道两边，要求左右各留8 尺空地；（2）为建造和维修水道的需要课加邻近水道的土地法定通行地役权，以便运送建造和维修材料，否认此等通行权的土地所有人要吃官司；（3）损害水道者、偷水者等要受制裁；（4）卖水事务和收费配水事务委托两人团处理，他们根据维纳弗鲁姆议会议员的多数决行动；（5）从水道引水必须在距离水道15 尺以内的地方进行，引水管应安置在地下，此等地下享有公共道路的地位；（6）罚则，对违反本法者由判还官处 10.000 塞斯特斯的罚金。③ 该法规定水道之水以出卖的方式分配，与罗马免费供水不同。看来，首都福利是一种古老的现象。

其次有公元前 11 年颁布的《关于水道的元老院决议》（Senatusconsultum de aquaeductibus），它包含如下规定：（1）水保佐人的人员配备和设备配备。当他们在城外履职时，给他们配备两个侍从官、3 个公共奴隶、一个建筑师、另配相当数量的文员、抄写员、助理、信使等。这些人可以领到工资。水保佐人可以领到书板、纸张等办公用品。（2）禁止私人直接从公共水道接水，而必须从公共水槽取水，水保佐人决定在何处建造此等水槽，并决定哪些人

---

① See Sextus Julius Frontinus, Translated by Clemens Herschel, *The Two Books on the Water Supply of the City of Rome*, Boston, Dana Estes and Company, 1899, pp. 80s.
② Ibid., p. 67.
③ See Johnson, Coleman-Norton & Bourne, *Ancient Roman Statutes*, Austin, 1961, pp. 114s.

可以建造私人水槽，获准建造私人水槽的人从水道取水的管子的直径不得超过5指宽，此等引水管与水道的距离不得超过50尺。(3) 水的供给以取得此等权利的土地所有人仍然占有此等土地为条件，但对洗浴企业的供水以及作为汲水地役权结果的供水除外。(4) 在修理运水设施时，各种材料要尽可能方便地运送，以图少惊扰私人。(5) 水道两侧15尺内不得有树木等植物，如有，要清除之。必须保证水道两侧5尺的空间为空地，违令者处1万塞斯特斯的罚金，其中一半归举报人，另一半入国库，水保佐人承担此等案件的审理。① 另外还规定，对承包商完成的水道工程的检查，由监察官进行，有时由营造官进行，偶尔由财务官进行。它还规定，经证实不法地引公共水道之水灌溉私人土地的，该土地要被没收；主人对其奴隶的这种违法行为即使不知情也要受罚款；任何人不得污染公共用水，违法者将被处1万塞斯特斯的罚金。②

第三有公元前9年颁布的《关于水道的奎茵克求斯法》（Lex Quinctia de aquaeductibus），它规定，以恶意诈欺自己或让人刺穿或弄破、损害把公水运进罗马城的已启用的或将启用的水道、拱门、管道、支管、水槽或积水池，让此等公水不能到达罗马或不能被正常分派的人，要判处向罗马人民支付1万塞斯特斯的罚金。对于非故意做如上事情的人，要修理、重建、更换他损害的东西并拆除他非法添加的东西，直到达到水保佐人的要求；如果水保佐人不在，要达到外事裁判官的要求。这两种官员都有权罚款并征收抵押物；如果奴隶做了如上事情，其主人要被判处1万塞斯特斯的罚金。

在上述运送公水的设备附近的区域，禁止进行建造、圈围、耕种等活动，也不得把任何物带进此等区域，本法允许或要求的用来制造或更换上述运水设施的物除外，对于违反这一禁令的人，比照上列关于破坏运水设施者的实体和程序规则处理。

不得在上述运送公水的设备附近的区域放牧、割草或刈除灌木。水保佐人也不得在此等区域安排植树、种葡萄、种荆棘、种灌木、筑堤、圈篱笆等。③

---

① See Sextus Julius Frontinus, On the Water-Management of the City of Rome, Translated by R. H. Rodgers, On http://www.uvm.edu/~rrodgers/Frontinus.html, 2013年11月16日访问。
② 同上。
③ 同上。

以上为法律关于国家水道的规定。裁判官告示在私人水道方面也有规定。《学说汇纂》第43卷第21题第一节头段（D. 43，21，1pr. 乌尔比安：《告示评注》第70卷）记载了一个裁判官告示，它禁止人们阻止清洁水道。其辞曰：裁判官说："我禁止使用暴力，不许人们为引水而修理、清扫水渠、蓄水池、闸门，只要他既未以暴力、又未以欺瞒、又未以容假，从你以不同于前一年夏天引水的方式引水。"① 这一告示涉及的是汲水役权的享有者与供役地所有人的关系。② 前者去年夏天就从后者的土地汲水，今年夏天又要进行同样的作业，为此，需要修理并清扫有关的引水设施，但供役地所有人担心此等施工会损害自己的财产，因而意图禁止，地役权人遂请求裁判官救济。裁判官以此等告示救济之。此等告示除了保障了供水的继续外，还保障了供水的卫生。

显然，这一告示以原告享有地役权为条件，因为它提到原告去年夏天也从被告土地引了水，但魏努勒尤斯③对这一告示作了扩张解释：去掉了其适用以被告被允许引水的前提，申明："关于修理水渠的令状之发布，并不调查原告是否被允许引水"。他提出的理由很简单，公众用水的权力优于被告的所有权，因为在水渠得不到修理的情况下，每个人都会被剥夺对水的使用，人们将为干渴所杀。④ 这样，即使不享有汲水役权的人从水源土地取水，后者的所有人也必须容忍前者清洁引水设施的活动。

（三）建立了众多的公共浴场并有相应的立法

罗马人的居住空间私人卫生设施少或没有，于是依靠公共的卫生设施解决。⑤ 在第二次布匿战争（公元前218—公元前202年）后罗马人开始建造公共浴场，到公元前33年，至少有170个这样的浴场在罗马运作。两个世纪后，数目突破至950个，多到连历史学家都数不清，索性放弃统计。其中的

---

① 参见〔意〕桑德罗·斯奇巴尼选编：《民法大全选译·债·私犯之债（Ⅱ）和犯罪》，徐国栋译，中国政法大学出版社1998年版，第154页。
② See Cynthia Bannon, *Gardens and Neighbors*, University of Michigan Press, 2009, p. 117.
③ 亚历山大·塞维鲁斯时期的法学家，帕比尼安的学生，前列皇帝的顾问委员会的成员。
④ 参见〔意〕桑德罗·斯奇巴尼选编：《民法大全选译·债·私犯之债（Ⅱ）和犯罪》，徐国栋译，中国政法大学出版社1998年版，第156页。
⑤ Cfr. Andrea Di Porto, *La Tutela della Salubritas fra editto e giurisprudenza*, I, Il ruolo di Labeone, Giuffrè1988, p. 117. 也参见余音：《热爱洗澡这件事》，载《厦门晚报》2013年11月6日，第B10版。

卡拉卡拉浴场可同时容纳 2300 人洗浴。浴场低价对罗马人开放，洗一次花半个阿斯铜币，相当于一个面包加上一杯葡萄酒的价格。而且对于士兵和儿童免费。奴隶同样可以入场。如果奴隶有公务员身份，也是免费入场。① 浴水分为热、温、冷 3 种。经常的沐浴保证了罗马人的个人卫生。罗马人由于气候的原因，很多人患有风湿病，洗浴是治疗此病的良方。罗马名医杰尔苏斯（Aulus Cornelius Celsus）在其《论医药》（De Medicina，8 卷）中提到洗浴可治疗或减缓发烧、肠炎、肝痛、小脓包、眼疾等。奥古斯都的御医安东纽斯·穆萨（Antonius Musa）以冷水浴帮助其东家治好了肝脓肿病。老普林尼（公元 23—79 年）以洗浴治疗其眼病。阿德里亚努斯（公元 76—138 年）皇帝每天在浴池泡几个小时治疗其疾病。② 特别要指出的是，罗马人的浴场并非单纯洗澡的地方，而且也是锻炼身体的地方，在洗浴前人们通常进行一定的体育活动，如玩球、摔跤、练臂力、跳高、做体操、掷铁饼或长矛，出汗后再下水。③ 这样的锻炼更有防病作用。

关于浴场的立法有：C. 11，42，5 规定总督按用水市民的比例确定供应公共浴场的冷水和热水的数量。④ C. 11，42，6pr. 规定水道的水主要用来供应公共浴场的冷水和热水⑤，等等，基本的原则是公共水道的来水要优先给公共浴场使用，因为公众的利益高于私人利益。

（四）建立了良好的下水道并有相应的立法

上水道诚然重要，但下水道亦必不可少。两者是平行设施，相互配合发挥作用，例如，上水道不停放水是为了让下水道的污物能被冲走。⑥

罗马的下水道建设开始于改善市区环境的努力。罗马城的集议场（Forum）地带曾是沼泽地，公元前 600 年，埃特鲁斯王塔克文·普利斯库斯通过

---

① 参见孙振民：《简析古罗马公共浴室财政来源》，载《世纪桥》2010 年第 7 期，第 39 页。
② 参见秦治国：《古罗马洗浴文化研究》，载《上海师范大学学报》2004 年第 5 期，第 109 页。并参见〔古罗马〕苏维托尼乌斯：《罗马十二帝王传》，张竹明等译，商务印书馆 2000 年版，第 149 页。
③ 参见秦治国：《古罗马洗浴文化研究》，载《上海师范大学学报》2004 年第 5 期，第 108 页。
④ See *The Civil Law including The Twelve Tables*，*The Institutes of Gaius*，*The Rules of Ulpian*，*The Opinions of Paulus*，*The Enactments of Justinian*，*and The Constitution of Leo*，Translated and edited by S. P. Scott，Cincinnati，The General Trust Company，1932，Vol. XV，p. 195.
⑤ Ibid.，p. 194.
⑥ Cfr. Andrea Di Porto，La Tutela della Salubritas fra editto e giurisprudenza，I，Il ruolo di Labeone，Giuffrè，Milano，1988，p. 117.

修建大下水道（Cloaca maxima）把水排干，形成了罗马城的中心。① 这个下水道起初是个明渠，到奥古斯都时期被封闭起来，成为地下水道。② 大下水道大得可以在里面行船，把罗马市中心的积水排到台伯河中，由此有效地避免了市区积水造成的蚊虫滋长，达到了防止疟疾的目的。到帝政时期，罗马至少有6条下水道，除了最有名的大下水道外，还有皇帝下水道、埃乌里普斯（Euripus）和共和下水道、战神广场下水道、牛市（Forum Boarium）下水道、大竞技场下水道等。③ 这些下水道的污水都不经处理直排台伯河，构成污染。④

与这些公共下水道相连的有私人下水道（D.43，23，1，3）。⑤ 这是私人在修建房子时埋在地下的污水管，此家的此等水管通过彼家并与该家的污水管连接后通往下一家，以此类推，直到达到公共下水道。

罗马的立法机关似乎重上水道而轻下水道，所以无关于下水道的立法流转给我们，只有裁判官在这方面有所作为，分别针对公共下水道和私人下水道进行了立法。

就公共下水道，裁判官规定："你让人在公共下水道中所做的施工或堆放的物，由此使其使用状况恶化或将变得恶化的，你要恢复原状。就不得进行这样的施工和这样地堆放物，我也要发布令状"（D.43，23，1，15）。⑥ 罗马的下水道的宽敞可能诱使人们在里面堆物甚至搭建，例如，流浪汉在里面搭建棚屋居住。一旦有洪水，此等堆物或搭建会造成行洪不畅，造成水患，所以裁判官要命令行为人恢复原状。

就私人下水道，裁判官规定："我禁止使用暴力，不许你清扫、修理系争

---

① 参见〔日〕盐野七生：《罗马人的故事 I：罗马不是一天造成的》，徐幸娟译，台湾三民书局1998年版，第39页。
② See John N. N. Hopkins, The Cloaca Maxima and the Monumental Manipulation of Water in Archaic Roma, *In Water of Rome*, Number 4, March, 2007, p.2.
③ See Mark Bradley (edited by), *Rome, Pollution and Property: Dirt, Diease, and Hyginne in the Eternal City from Antiquity to Modernity*, Cambridge University Press, 2012, p.83.
④ See Roger H. Hansen, Water and Wastewater Systems in Imperiale Rome, p.7, On http://www.waterhistory.org/histories/rome/rome.pdf, 2013年11月17日访问。
⑤ 参见〔意〕桑德罗·斯奇巴尼选编：《民法大全选译·债·私犯之债（II）和犯罪》，徐国栋译，中国政法大学出版社1998年版，第159页。
⑥ 同上书，第160页。

的、从他人的房子通到你的房子的下水道,对工程的缺陷造成的潜在损害,我将命令提供担保。"① 这一令状授权人们为了清扫下水道而进入邻人的房子并拆开地板。如此可能损害邻人的房屋以及其中的设施,甚至有碍邻人的私生活权,所以,施工人要把因修理下水道的需要而拆除的物恢复原状,为此,他要订立潜在损害的要式口约,承诺对可能造成的损害进行赔偿。② 这是最好的结果,但如果碰到蛮不讲理的邻人,以暴力阻止施工人进入其房舍修理下水道,这个令状即禁止邻人使用暴力,不让下水道得到清扫和修理。③ 那么,裁判官为何要以此等令状干涉对私人房屋所有权的享有?答曰为了公共利益,因为下水道的清扫和修理被认为以公共福利为目的,关系到城市的卫生和安全。因为如果不做修理,下水道的垃圾不仅威胁空气的干净,而且可能造成房屋倒塌。④

(五)工厂排污立法

(1)洗染店排污立法。老普林尼在其《自然史》第35卷第57章报道:公元前220年,制定了《关于洗染店的梅特流斯法》(Lex Metilia Fullonibus dicta),它是由盖尤斯·弗拉米纽斯(C. Flaminius)和埃米流斯(L. Emilius)在担任监察官时提议的,由平民大会通过。⑤ 该法禁止染衣店和洗衣店把从它们的作坊产生的污水排到公共的地方和田野,以罚金制裁违反者。⑥ 另外,乌尔比安在其《告示评注》第53卷中也讨论了洗染店污水致人损害问题(D. 39,3,3pr.)。其辞曰:"特雷巴求斯⑦报道,一个其土地上有泉水的人在靠近泉眼的地方开了一家洗染店,把废水排到其邻人的土地上。他说该人不就其邻人提起的排放雨水诉讼承担责任,但许多权威都认为,如果他以沟

---

① D. 43,23,1pr. 乌尔比安:《告示评注》第71卷。参见〔意〕桑德罗·斯奇巴尼选编:《民法大全选译·债·私犯之债(II)和犯罪》,徐国栋译,中国政法大学出版社1998年版,第158页。
② D. 43,23,1,12。乌尔比安:《告示评注》第71卷。参见同上书,第160页。
③ D. 43,23,1,5。乌尔比安:《告示评注》第71卷。参见同上书,第159页。
④ D. 43,23,1,7。乌尔比安:《告示评注》第71卷。D. 43,23,1,2。乌尔比安:《告示评注》第71卷。参见同上。
⑤ See *The Naturale History of Pliny*, Translated by H. Rackham, Vol. IX, London, 1952, p. 407.
⑥ Cfr. Laura Solidoro Maruotti, La tutela dell'ambiente nella sua evoluzione storica. L'esperienza del mondo antico, Torino, Giappichelli, 2009, p. 61.
⑦ 奥古斯都时期的重要法学家。

渠排废水或在此等水中投放污物，他可受到排放雨水之诉的强制。"① 所谓雨水排放之诉，是调整低地对高地的受水关系的诉权，基本的原则是低地应接受高地自然流下之水，不接受人为流下之水。② 显然，特雷巴求斯的意思是洗染店老板的邻人要容忍污水的排放，但"许多权威"持相反的见解，如果污水自然流下，邻人需要忍受，但如果洗染店老板设立专门的污水管道排污水，则可以"人为流下之水"的名义不予忍受。如此部分地限制了污水的排放，但法学家们一点也未考虑把污水处理干净后再排放的可能，尽管他们试图借着雨水排放之诉的名义限制污水排放，十分聪明，但还是与今人有差距。

另外的反工厂污染措施是搬迁污染企业到人口少的郊区。罗马铭文体诗人马提亚利斯（Marcus Valerius Martialis，公元 38/41—103/104 年）在其一首诗中提到一个规定，它要求把所有有严重污染的企业，包括皮革厂和洗染店搬迁到台伯河对岸的工业郊区。③ 这个规定为后世的罗马立法者沿用。在最为工业化的塞维鲁斯朝，法律规定把工厂集中在特定的地区，并向工厂主征特

---

① See Th. Mommsen, A. Watson, *The Digest of Justinian*, Vol. 3, Philadelphia：University of Pennsylvania Press, 1985, p. 398.
② Cfr. Emilio Costa, Cicerone Giureconsulto, Nicola Zanichelli, Bologna, 1927, p. 114.
③ Cfr. Laura Solidoro Maruotti, La tutela dell'ambiente nella sua evoluzione storica. L'esperienza del mondo antico, Torino, Giappichelli, 2009, p. 61. 作者援引的马提亚利斯的《铭文体诗》第 6 卷第 93 首译文如下：
　可怕的是染料的气味，它比贪心的洗染店老板
　用了很久的坛子的气味更糟，它刚刚散发到街中间
　比公山羊交配后的精液更骚，比狮子的呼吸更臭
　比台伯河对岸的狗口里扯出来的皮更臭
　比坏了的鸡肉与孵了一半的鸡蛋混在一起的味道更糟
　比用二手的坛子装腐烂的鱼露的味道更糟
　当她在去浴室的中间脱去衣服
　她涂上绿色的脱毛药或涂上含醋的白色石膏面膜
　或她三四次以豆粉覆盖自己
　当她想象通过千百次的躲闪自己已得救时，
　当她做了所有这些事情时，染料的气味依然。
根据 Robert J. Baker 的英译本（http://scholar. lib. vt. edu/ejournals/ElAnt/V1N2/baker. html, 2013 年 11 月 18 日访问）译出。Laura Solidoro Maruotti 可能是根据诗中的"比台伯河对岸的狗口里扯出来的皮更臭"一句推论出此等结论，因为是工业区的狗，所以其皮肤更臭。但显然此等推论并不十分有力。另要说明的是，此处的"染料"特指红螺（Murex）的体液，它用来染象征高贵的紫袍，但其气味却很可怕。

别的税，此税一个世纪后才废除。① 《狄奥多西法典》14，6，5. 禁止在一定的地方，例如海滨，设立石灰厂。② 列奥六世（公元 866—912 年）规定不得在城内建玻璃厂，以免火灾。并规定石油厂及商品寄存所、洗羊毛活动必须在城外进行。③ 尽管这里的"城"不是罗马，而是君士坦丁堡，但两者都是罗马帝国的首都，可以看出有关规定的沿革性。

（2）食品厂排污立法。乌尔比安在其《告示评注》第 17 卷（D.8，5，8，5）中记载了一个奶酪厂排烟案并转述了阿里斯托的处理意见：阿里斯托在给切勒流斯·维塔利斯（Cerelius Vitalis）出具的意见中说，我并不认为奶酪厂可以向上方的建筑物排烟，除非设立了承受此等烟害的役权，这种观点得到了承认。他还主张不许高地所有人向低地倾倒水和其他物体。如果发生了此等排烟，高地所有人可起诉低地所有人。④ 看来，工厂不得向邻人排放有害烟雾是规则，但允许设立排烟役权。如果此等役权有偿设立，付出的代价应是排污费。

（六）殡葬卫生立法

在基督教时代之前，罗马人实行土葬与火葬两种处理遗体的方式。关于葬式二元性的原因，有不同的学说。首先是罗马文明混合性说。持论者认为，在有史时期，维拉诺瓦和铁器时代的其他北方部落实行火葬；皮切诺以南的某些部落实行土葬，它们汇入罗马文明后，可能都把自己的习俗带了进来。⑤ 其次是葬式更替说。西塞罗认为，罗马人先实行土葬，从苏拉开始实行火葬，但遗骨仍被撒上泥土。⑥ 再次是葬式因阶级而异说。持论者认为，平民实行土葬，贵族实行火葬。⑦ 到基督教推广后，因为相信复活后参与最后审判的可

---

① Véase Marta Natalia Lopez Galvez, Actividades perjudiciales para la salubridad del aire de los espacios publicos en el derecho romano, In Index vol. 34 (2006), Jovene, Napoli, p. 404.
② Véase Marta Natalia Lopez Galvez, Actividades perjudiciales para la salubridad del aire de los espacios publicos en el derecho romano, In Index vol. 34 (2006), Jovene, Napoli, p. 404.
③ Ibid.
④ See Th. Mommsen, A. Watson, *The Digest of Justinian*, Vol. 1, Philadelphia: University of Pennsylvania Press, 1985, pp. 270s.
⑤ 参见〔意〕路易吉·萨尔瓦托雷利：《意大利简史——从起源到当代》，沈珩、祝本雄译，商务印书馆 1998 年版，第 5 页。
⑥ 参见〔古罗马〕西塞罗《论共和国·论法律》，王焕生译，中国政法大学出版社 1997 年版，第 246 页及以次。
⑦ Cfr. Francesco Casavola, Studi sulle azioni popolari Romane, Fondazione Nuove Proposte Martina Franca, Napoli, 1958, p. 60.

能，火葬被废除。①

罗马人禁止在市区内埋葬或焚化死者，即使在市区外埋葬或焚化，也必须在他人房屋的 60 尺以外进行（《十二表法》第十表第 1 条和第 9 条）。② 对于这一规定，西班牙学者何塞·路易斯·萨莫拉·曼萨诺认为是环保规定③，但意大利学者马里奥·菲奥伦蒂尼认为，这一规定出于宗教的原因，因为一块被祝圣过的土地如果接触了死者，将被污染。④ 无论何种说法为真，这一规定客观上避免了污染。

戴克里先（公元 250—312 年）和马克西米利安（公元 250—310 年）两帝于 290 年有类似的规定。381 年，格拉齐安（Gracianus）、瓦伦丁尼亚努斯（Valentinianus）、狄奥多西（Teodosius）三个皇帝共同发布敕令，命令把所有保存在地上的尸体移往城外，纳入棺材（Sacrofagos）中。⑤

但这一规则存在例外，有些知名人士——例如奥古斯都及其家人——仍然埋在罗马城内，享有这种特权的人，其后代也有同样的特权。⑥ 基督教时代后，一些圣徒被埋在教堂里。阿德里亚努斯本人就被埋在罗马城内的台伯河畔，其陵墓逐渐变为要塞，现在称为天使城堡。

（七）医疗卫生立法

远古时期，罗马人本无像样的医疗，家父兼任家庭成员的医生的角色。一旦有人犯病，靠祈祷医药之神治疗，病人被送到台伯河中的提贝利纳小岛上拜谒此等神祇，他们被期望依靠自身的抵抗力和神力痊愈。⑦ 自公元前 3 世纪后，希腊医生开始在罗马行医，导致了医院在罗马的兴起。公元前 91 年，

---

① 参见〔意〕卡斯蒂廖尼：《医学史》（上册），程之范主译，广西师范大学出版社 2003 年版，第 185 页。
② 参见《〈十二表法〉新译本》，徐国栋、〔意〕阿尔多·贝特鲁奇、〔意〕纪慰民译，载《河北法学》2005 年第 11 期，第 3 页。
③ Véase Jose Luis Zamora Manzano, Precedentes Romanos sobre el Derecho Ambiental: La Contaminacion de Aguas, Canalizacion de las Aguas Fecales yla Tala Ilicita Forestal, Edisofer S. L., 2003, pag. 25.
④ Cfr. Mario Fiorentini, Precedenti di diritto ambientale a Roma, In Index vol. 34 (2006), Jovene, Napoli, p. 357.
⑤ Véase Marta Natalia Lopez Galvez, Actividades perjudiciales para la salubridad del aire de los espacios publicos en el derecho romano, In Index vol. 34 (2006), Jovene, Napoli, p. 403.
⑥ 参见〔古罗马〕西塞罗：《论共和国·论法律》，王焕生译，中国政法大学出版社 1997 年版，第 248 页。
⑦ 参见〔日〕盐野七生：《罗马人的故事 X：条条大道通罗马》，郑维欣译，台湾三民书局 2004 年版，第 171 页及以次。

希腊名医阿斯雷皮阿德斯（Asclepiades）来到罗马，成为罗马官方接受的第一位医生。他与门生给罗马人的形象极佳①，故恺撒采取优待的政策吸引外邦医生来罗马行医，此等政策包括授予外邦医生罗马市民权并豁免他们的公役等②，这导致罗马小型诊所林立，甚至有许多可收容少数住院患者的设施存在。另外，罗马人为军人、宵警团和消防队员设立了医院。到了基督教时代，医院成为一种公共的卫生设施。医生分为研究医生、家庭医生、开业医生与军医。③

罗马人发展了自己的医学。前述杰尔苏斯（公元前25—公元50年）留下了《论医药》的著作。第一卷关于医学史；第二卷关于普通病理学；第三卷关于特别的疾病；第四卷关于身体的各部分；第五卷和第六卷关于药理学；第七卷关于外科学；第八卷关于矫形学。④ 从这一目录就可看出罗马人对医学的研究之细及与现代医学的接近了。真正的医学教育机构从3世纪由亚历山大·塞维鲁斯建立，他是第一个给医学教育特权的皇帝。到阿德里亚努斯时代，建立的学校中已有医学部之类的分支了。⑤ 真正的医学教育机构从3世纪由亚历山大·塞维鲁斯（公元222—235年）建立，他是第一个给医学教育机构特权的皇帝。到阿德里亚努斯时代，建立的学校中已有医学部之类的分支了。

关于医院和医生的立法有：（1）赋予外国医生罗马市民权。凡是在罗马教授医学的人，即使并非出生在罗马，也可得到市民权⑥。（2）赋予医生特权，其内容为免纳一切税⑦，免受监护公役⑧。（3）为每个城市的医生定编。安东尼努斯·皮尤斯（86—161年）皇帝给亚细亚行省的敕答规定：小城市允许有5名医生。中等城市（拥有法院的）允许有7名医生。大城市（行省

---

① 参见宋立波：《希腊医学对罗马的影响》，载《医学与哲学》1991年第7期，第56页。
② 参见徐国栋：《优士丁尼〈法学阶梯〉评注》，北京大学出版社2011年版，第153页。
③ 参见〔日〕盐野七生：《罗马人的故事X：条条大道通罗马》，郑维欣译，台湾三民书局2004年版，第180页。
④ See The Entry of Aulus Cornelius Celsus, On http://en.wikipedia.org/wiki/Aulus_Cornelius_Celsus, 2013年11月29日访问。
⑤ 参见〔意〕卡斯蒂廖尼：《医学史》（上册），程之范主译，广西师范大学出版社2003年版，第189页。
⑥ 同上书，第186—187页。
⑦ 同上。
⑧ 参见徐国栋：《优士丁尼〈法学阶梯〉评注》，北京大学出版社2011年版，第153页。

首府）允许有 10 名医生。此等编制内的医生免监护公役。①（4）保护医院的利益。优士丁尼在 C.1，3，37，5 中规定，在有数所医院的情况下，何所医院受遗赠不能确定时，遗产给公认为最需要的医院，最终的决定权在当地的主教之手。② 医院还有权把拒付诊费的人告上法院。凡此等等规定，达成了罗马人对公共卫生的贡献：把医生从卑微和不稳固的地位中解救出来，把他们提高到社会阶梯之顶，并把公共卫生的高尚责任放到医生手中。③

但罗马法也有制约医生行为的规定。首先，优士丁尼（公元 483—565 年）的第 142 号新律禁止实施阉人手术，违者没收财产并放逐小岛。④ 列奥六世皇帝有类似规定。⑤ 其次，法学家从解释《阿奎流斯法》出发，发展了医生的医疗事故责任规则。无经验而行医，甚至动手术致人死亡，构成医疗过失的，行为人要承担相应的民事责任和刑事责任（I.4，3，7 = D.9，2，8）⑥；医生动手术后忽略护理，导致病人死亡的，也是如此（I.4，3，6 = D.9，2，8pr.）。⑦ 再次，医生必须承担好药物管理责任。他们要对自己的错发药物行为承担事实之诉的责任，例如把毒药当做好药发给病人服用导致其死亡的情形（D.9，2，7，6）⑧。但罗马人的毒药概念很广，包括一切药，既可以用来治病，也可用来杀人（D.48，8，3，2）。⑨ 所以，罗马法关于毒药的规定，实际上是其关于药品管理的规定。最后，《关于侵辱罪的科尔内流斯法》（Lex Cornelia de iniuriis，公元前 82—公元前 79 年颁布）把治死病人当做一种

---

① See *The Digest of Justinian*, Vol. II, edited by Mommsen and Alan Watson, Philadelphia, University of Pennsylvania Press, 1985, p.783.

② See *The Civil Law including The Twelve Tables*, *The Institutes of Gaius*, *The Rules of Ulpian*, *The Opinions of Paulus*, *The Enactments of Justinian*, *and The Constitution of Leo*, Translated and edited by S. P. Scott, Cincinnati, The General Trust Company, 1932, Vol. XII, p.51.

③ 参见〔意〕卡斯蒂廖尼：《医学史》（上册），程之范主译，广西师范大学出版社 2003 年版，第 194 页。

④ See *The Civil Law including The Twelve Tables*, *The Institutes of Gaius*, *The Rules of Ulpian*, *The Opinions of Paulus*, *The Enactments of Justinian*, *and The Constitution of Leo*, Translated and edited by S. P. Scott, Cincinnati, The General Trust Company, 1932, Vol. XVII, p.162.

⑤ Ibid., p.258.

⑥ 参见徐国栋：《优士丁尼〈法学阶梯〉评注》，北京大学出版社 2011 年版，第 481 页。

⑦ 同上。

⑧ Cfr. Iustiniani Augusti Digesta seu Pandectae, Testo e traduzione (a cura di Sandro Schipani) I, Milano, Giuffrè, 2005, p.239.

⑨ See *The Digest of Justinian*, Vol. 4, edited by Mommsen and Alan Watson, Philadelphia, University of Pennsylvania Press, 1985, p.819.

侵辱行为处理,规定有关的医生要放逐或斩首。① 医生的责任不可谓不重。

(八)罗马人的上述卫生措施的实施效果

所有上述措施都旨在保障罗马人的健康,预防疾病,应该说,其实施效果不错。表现为在被考察期间的罗马,很少发生瘟疫。所谓瘟疫,是死亡率高,同时侵染许多人的疾病。在罗马史上,瘟疫不少。杜平认为,在公元前453年、公元前411年、公元前392年、公元前200年分别在罗马发生过瘟疫。② 在这一清单中,应该还加上从164年开始,持续到180年的安东尼瘟疫。卡斯蒂廖尼认为,帝政以后,有5次值得注意的大疫。第一次是79年后发生的康帕尼亚大疫,日死万人。第二次是125年发生的奥罗修斯(Orosius)大瘟疫,在努米底亚境内造成80万人死亡。第三次是安东尼瘟疫。第四次是从251年开始的西普利安大疫,持续至266年。第五次是312年的天花。③ 从罗马采取公共卫生措施的时间来看,是从公元前312年开始建造水道,第二次布匿战争(公元前218—公元前202年)结束后开始建造公共浴场,从公元前3世纪开始有希腊医生在罗马行医,在采取这些措施后的时代,只发生了公元前200年的瘟疫,下一次瘟疫的发生在265年之后,即尼禄大火之后发生在65年的瘟疫。④ 这265年的期间,我们不妨称为罗马的公共卫生时代或无瘟疫时代。从空间的角度看,尽管在这265年的期间,在康帕尼亚、奥罗斯、西普利安发生过大疫,但它们都发生在罗马以外的地方,也许可以归因于这些地方的公共卫生措施不如作为首都的罗马。总之,在一个人口密度每平方公里6万人的城市,保持了265年的无瘟疫时代,算是很大的成绩。

---

① 参见〔意〕卡斯蒂廖尼:《医学史》(上册),程之范主译,广西师范大学出版社2003年版,第181页。

② 参见杜平:《西罗马帝国生态环境恶化的历史考察》,载《内蒙古民族大学学报(社会科学版)》2004年第2期,第18页。但杜平又在另一篇文章中指出,罗马在公元前33年、65年、79年和162年分别发生瘟疫。参见杜平:《古罗马城糟糕的市政管理与腐朽的市民生活》,载《福建师大福清分校学报》1998年第3期,第51页。杜平提供了文献证明的罗马城内瘟疫仅有65年的那次,79年的瘟疫发生在康帕尼亚。

③ 参见〔意〕卡斯蒂廖尼:《医学史》(上册),程之范主译,广西师范大学出版社2003年版,第196页及以次。

④ 其详参见〔古罗马〕塔西陀:《编年史》(下册),王以铸、崔妙因译,商务印书馆1981年版,第575页。

### 四、安东尼瘟疫、优士丁尼瘟疫与罗马公共卫生法的缺陷

但以上成绩的维持取决于罗马城不与城外人进行来往的条件,换言之,即使罗马的公共卫生搞得再好,如果罗马周围地方的公共卫生搞得不好,在后者发生的时疫就会被传到罗马来,罗马城的公共卫生措施的效果就会归零。这就是所谓的短板效应。"罗马周围的地方"是一个很大的范畴,最小解释是包括意大利。意大利的维纳弗鲁姆在奥古斯都时代已修建水道,我们可以推想它的公共卫生水平与罗马相差不大,由此推想意大利其他城市的公共卫生水平也是如此。中等解释是包括罗马帝国,这是一个从东到西 3000 英里、从南到北 2000 英里的广袤空间。① 从北非保留许多罗马水道遗址的情况看,罗马帝国的罗马以外部分的公共卫生水平与罗马相差不大,这种推论尤其可以从它们从未向罗马传播过瘟疫的事实得到印证,当然,意大利也未向罗马传播过瘟疫。最大解释是罗马帝国境外的地方,尤其是温暖的非洲,它们可就向罗马传播过可怕的瘟疫了,其中至少有安东尼瘟疫,它是罗马军团从帝国境外带到罗马城的,造成了可怕的后果。

从公元 162 年开始,马尔库斯·奥勒留皇帝向罗马人的宿敌帕提亚发动了战争,他派自己的共治皇帝路求斯·维鲁斯(公元 130—169 年)为统帅,带领军队先攻占了叙利亚,然后试图收复亚美尼亚和美索不达米亚两个曾经的罗马行省。164 年,安东尼瘟疫发生。这一瘟疫起源于埃塞俄比亚,先传到埃及,然后传到亚细亚,165—166 年传到塞琉西亚(Seleucia),164 年到达亚美尼亚②,而维鲁斯的军队此时正好在疫区作战。官兵感染瘟疫,十去其一。战力不支,罗马帝国只得与帕提亚缔和。罗马军队在撤军的过程中把瘟疫带到帝国的西部,最终带到罗马,维鲁斯自己也因受感染死亡。③ 所以,瘟疫似乎是人类最早面临的全球化问题,在地球的范围内,只要有一个地方公共卫生不行,就会成为瘟疫的策源地,危害地球上的其他人类居住地方。这

---

① 参见〔英〕吉本:《罗马帝国衰亡史》(上册),黄宜思、黄雨石译,商务印书馆 1997 年版,第 26、41 页。
② Véase Enrique Gozalbes Cravioto y Inmaculada García García, La Primera Peste de los Antoninos (165-170). Una Epidemia en la Roma Imperial, In Asclepio. Revista de Historia de la Medicina y de la Ciencia, 2007, vol. LIX, no 1, enero-junio, pag. 9.
③ Ibid., pag. 10s.

种疾病的全球化只有一个东西可以阻拦，那就是强制隔离法。具体而言是 40 天隔离制（Quarantine）。Quarantine 一词来自威尼斯方言，意思是 40 天。在 1348—1359 年的黑死病的灾祸中，威尼斯政府规定船和人在进入威尼斯的海军基地拉古萨（Ragusa，现今克罗地亚的杜布罗夫尼克）前要隔离 40 天，以防止黑死病的传播。但这一制度并非威尼斯人的发明，据说在《旧约》中就有关于隔离制（隔离病人 7 天）的记载。① 克里斯特·布农的研究证明，640 年，高卢爆发瘟疫时，就立法采用了 40 天隔离制，限制人员的自由流动。② 无论如何，马尔库斯·奥勒留时代的罗马人并不知晓 40 天隔离制，由此允许从东方撤回的罗马士兵自由进入帝国的西部甚至罗马，造成了瘟疫的广泛传播。

　　罗马人公共卫生法的第二个缺陷是把瘟疫的发生与公共卫生脱钩，而把它与神罚联系起来，形成所谓的天谴论。正确认识原因是解决问题的第一步，如果对结果的原因认识错误，就谈不上正确的解决了。证明罗马人的这一思想缺陷的例子只能在第二罗马——即君士坦丁堡——寻找，在那里发生了优士丁尼瘟疫。

　　优士丁尼瘟疫是腺鼠疫，于公元 541 年仲夏通过尼罗河口的小城佩鲁修姆（Pelusium）进入拜占庭帝国的土地，横扫北非和中亚地区，于 542 年春夏之交到达君士坦丁堡，蔓延到拜占庭帝国的欧洲部分，最远到达西西里。③ 瘟疫造成了可怕的死亡。据普罗科皮乌斯（Procopius，公元 500—565 年）报道，君士坦丁堡日死 1 万人。④ 到了 544 年，瘟疫结束，这体现在优士丁尼的第 112 号新律（公元 544 年）中。它宣布瘟疫已经结束，各种物价和工资应回复到瘟疫前的水平。而此前这些价格已上涨两到三倍。违者处三倍的罚金归国库。不执行该法的官员判罚黄金 5 磅。最有意思的是，该敕令把瘟疫称

---

①　See the entry of Quarantine, On http://en.wikipedia.org/wiki/Quarantine, 2013 年 11 月 24 日访问。
②　Cfr. Christer Bruun, La Mancanza di Prove di un Effetto Catastrofico della "Peste Antonina" (Dal 166 D. C. In Poi), In l'impatto della "peste antonina", 2012, edi Puglia, p. 138.
③　See Dionysios Stathakopoulus, Crime and Punishment, The Plague in the Byzantine Empire, In L. Little (a c. di), Plague and the End of Antiquity. The Pandemic of 541-750, Cambridge, 2006, pp. 99ss.
④　参见（拜占庭）普罗科皮乌斯：《普罗科皮乌斯战争史》（上卷），王以铸、崔妙音译，商务印书馆 2010 年版，第 185 页。

为"上帝的惩罚"。① 但瘟疫的第二波很快于公元558年2月到7月爆发。571年，瘟疫的第三波到了意大利和高卢。573—574年它又在君士坦丁堡现身。② 最终它导致拜占庭帝国1/3的人口死亡，全世界1亿人丧生，使541年至700年的欧洲人口减少约50%。③

对于此瘟疫，人们普遍持天谴说，按此说，集体性的犯罪导致神用瘟疫形式实施的惩罚。如前所述，优士丁尼的第112号新律采用此说。优士丁尼的同时代人普罗科皮乌斯也认为瘟疫由优士丁尼的犯罪造成。也可归之于破坏偶像的君士坦丁（公元272—337年）皇帝。④

当然，正确的路径是理性主义的瘟疫解释，医圣希波克拉底（公元前460—公元前370年）持此说。他认为，如果很多人在同样的时间得同样的病，那肯定有共同的病因，找到此等病因并消除之，瘟疫即可扑灭。他不相信有神罚性的疾病。⑤ 可惜，希波克拉底的瘟疫原因解释并未为罗马官方采纳，这是光彩照人的罗马公共卫生法的重大缺憾。

### 五、简短的结论

罗马法不等于罗马私法，还包括许多其他分支，例如银行法⑥、体育法⑦以及作为本文研究对象的公共卫生法。此等法并不体现为一个统一的立法文件，而是散布在许多的法律中。与现代的公共卫生法都是行政法不同，罗马的公共卫生法有些是公法性的，例如关于水道的规定，有的是私法性的，例如关于维修私人下水道的规定。有些是立法机关颁布的，例如关于卫生官员

---

① Cfr. Iustiniani Novellae, Weidmannsche Verlagsbuchhandlung GmbH, 1963, p. 524.
② See Dionysios Stathakopoulos, Crime and Punishment, The Plague in the Byzantine Empire, In L. Little (a c. di), Plague and the End of Antiquity. The Pandemic of 541-750, Cambridge University Press, 2006, pp. 99ss.
③ See The Entry of Plague of Justinian, On http://en.wikipedia.org/wiki/Plague_of_Justinian, 2013年11月24日访问。
④ See Dionysios Stathakopoulos, Crime and Punishment, The Plague in the Byzantine Empire, In L. Little (a c. di), Plague and the End of Antiquity. The Pandemic of 541-750, Cambridge University Press, 2006, p. 116.
⑤ Ibid., p. 106.
⑥ 参见〔意〕阿尔多·贝特鲁奇：《罗马银行法探析——兼论商法起源问题》，徐铁英译，载《厦门大学学报（哲学社会科学版）》2013年第2期。
⑦ 参见赵毅：《论古罗马的体育法》，载《体育科学》2013年第2期。

的规定,有的是司法机关颁布的,例如裁判官关于私人水道的规定。有些是关于环境保护的,有些则是关于疾病治疗的。然而,它们达成的公共卫生效用与现代公共卫生法是一致的,所以,不妨称这些混杂的规范为罗马的公共卫生法。意大利学者卡斯蒂廖尼对罗马法的这一分支评价甚高。他认为,卫生法是在罗马被固定成为最值得称道的方向的。我们在罗马看到用明智的法规所控制的卫生组织法。① 此语大哉!

罗马公共卫生法区别于罗马环境法,后者不涉及疾病防治,前者涉及之。但两者有交叉,即都有关于环境保护的成分。两者的目的也是共同的,即达成罗马人民的健康,这是罗马人民的公共利益的一种形态。

在本文考察的共和晚期、帝政初期的期间,罗马的公共卫生在每平方公里6万人的条件下保持了265年无瘟疫的记录,它证明了罗马人的公共卫生措施的成功,但罗马人的此等措施仍存在如下缺陷。

(1)与现代人的居家不同,罗马的上水和下水通常都是非入户性的,所以造成了许多公共卫生问题,例如倒泼与投掷问题。怕麻烦且品德不好的住户惯于把马桶内容或剩饭通过窗户扔下去,危害楼下行人的公共安全,并危害公共卫生。为此,裁判官创立了倒泼与投掷之诉(Actio de effuses et deiectis)解决这一问题。它规定,从建筑物中落下或投掷的物品如果引起自由人死亡,其利害关系人或与他有姻亲或血亲关系的人可以起诉;没有这些人或虽有但他们不愿起诉时转化为民众诉讼,人人可得诉之,胜诉的结果是判处加害人50金币的罚金(D.9,3,5,5.乌尔比安:《告示评注》第23卷)。如果后果只是受伤,只要受害人还活着,诉权就属于他。在他死后1年内,任何其他人都可以起诉。② 如果只是损害了物,授予两倍罚金之诉(D.9,3,1pr.。乌尔比安:《告示评注》第23卷)。③ 所以,还是现代的住宅设计更符合公共卫生的要求。

(2)罗马的污水道与小型固体垃圾共用一个排放通道,导致污水中包含

---

① 参见〔意〕卡斯蒂廖尼:《医学史》(上册),程之范主译,广西师范大学出版社2003年版,第194页。
② Cfr. Feliciano Serrao, Impresa e responsabilità a Roma nell'età commerciale, Pacini Editore, Pisa, 1989, p.134.
③ 其详参见徐国栋:《罗马法中的四大民众发动程序——以民众诉权为中心并兼论中国的公益诉讼》,载《法学研究》2009年第1期。

大量固体废物，在终端出口可能造成污物大量沉积，散发臭气污染空气。

（3）上述污水和固体废物混杂的废物不经任何处理直排台伯河，造成河水的严重污染。①

（4）没有 40 天隔离制阻断外来疫病的入侵，造成了严重的公共卫生灾难。

（5）罗马官方没有理性主义地看待瘟疫原因的态度，采用天谴说，此说不能为采取大规模的公共卫生措施提供支撑。

相比之下，还是现代的公共卫生法比较周密。所以，相较于罗马人，我们取得了长足的进步，但我们必不得忽视罗马人留给我们的有益的公共卫生经验。这是人类历史上第一个特大城市②的这方面经验，那时候，罗马人无先例可循，但他们做得很好。我们做得更好，是因为有他们的先例。这一先例的内容现代人就是通过本文开头列举的文献加以体认的。本文也将成为传导罗马人的经验于今人的媒介之一。此等经验的重要内容包括预防为主的医疗哲学，它有时采用没有治疗的治疗的极端形式，与现代人，尤其是现代中国人遭受的有时是恶意的（为了赚钱的目的）的过度治疗形成强烈对照，也包括以水为中心的健康原因理论。几人能知现代人热衷的 SPA 原来来自"水为健康途"（Salus per aquam）的拉丁格言？看来人们是浸染于罗马人的公共卫生哲学而不自知了。当然，此等水也包括下水。如果说，罗马人对上水的热爱已开始影响国人（尤其是北方的），他们重视下水的态度及其举措对国人的城市建设哲学的影响，则刚刚开始或尚在期望中。

---

① See Roger H. Hansen, *Water and Wastewater Systems in Imperial Rome*, p. 7, On http://www.waterhistory.org/histories/rome/rome.pdf, 2013 年 11 月 17 日访问。

② 处在本文考察期间的汉代长安只有约 50 万居民。

# 财 税 法 论

# 罗马人的税赋

## ——从起源到戴克里先时代

### 一、按今人的观念罗马人没有税

按罗马人的后代现代意大利人的观念，税是一种金钱给付，它是国家所为的对财富的强制提取，它是纳税人承担的单方义务。① 这一定义告诉我们，第一，税以铸币出现为基础，无铸币则无税，所谓的实物税不是税；第二，税以国家的产生为基础。按恩格斯的说法，税的征收出于维持国家机器的目的②；第三，税是强制性的征收，不以征税人与纳税人关系的相互性为基础。按这3个前提衡量，早期罗马有无税收都成问题。

首先，公元前753年罗穆鲁斯建立罗马后长期无铸币，因为在地中海世界，最早铸币的民族开始铸币的时间（公元前6世纪或公元前7世纪）晚于罗马建城的时间③，直到塞尔维尤斯·图流斯（Servius Tullius，公元前579年—公元前535年在位）为王的时期，罗马才有铸币，首先铸在铜块上的是羊的图案。④ 这一说明把罗马的货币史一网收尽：最初的货币可能是牲畜，然后是金属块，最后是铸币，它是把牲畜币与金属块币结合起来的产物：前者作为图案，后者作为基质。至此可以说，讨论图流斯之后的罗马税收比较安全。

---

① Cfr. Federico del Giudice, Nuovo Dizionario Giuridico, Edizione Simone, Napoli, 1998, p. 617.
② 参见〔德〕弗·恩格斯：《家庭、私有制和国家的起源》，载《马克思恩格斯选集》（第4卷），人民出版社1972年版，第125页及以下。
③ 参见〔英〕凯恩斯：《货币论》（上卷），何瑞英译，商务印书馆1993年版，第12页。
④ See *The Natural History of Pliny*, Translated by John Bostock, Vol. VI, London, 1856, p. 89.

即使这样,也发生过反复,戴克里先时期征收过实物税①,显然,持金钱给付说的意大利人要否认这是税。

其次,按一种通行的国家理论,作为主权拥有者的国家只是 16 世纪的产物,这样的国家是"一种抽象的实体,它被组织为一个超主体,凌驾于并区别于其构成分子②",此前的所谓国家不过是人民或共同体而已。③ 两者有何区别?简单讲,按前者,国家包罗人民,所以国家可以对其人民实行一定的强力统治,由此打造了本文开头援引的强制性的税的概念。按后者,人民并不从属于任何其他主体,所以,征税是主权者的自我征收,必须采取交换的方式。由于现代赋税理论以现代的国家理论为基础,讨论 16 世纪以后的欧洲税收比较安全,而这个时候,无论是西罗马帝国还是东罗马帝国,都已灭亡了。

最后,与"其次"相联系,罗马的税并非纳税人的单方义务,而是建立在纳税人与共同体有来有往(do ut des)的前提上,国家要求市民付税,理由是为市民提供了服务。④ 例如,为战争而课税,战争的结果是保护了市民的生命和财产。所以,即使罗马统治者为紧急需要(例如战费)向人民征税,这相当于借款,有能力的话都会还。⑤ 有意思的是,罗马也有国债⑥,它与这种要还的税的界限是模糊的。

由上可见,如果我们按完全现代人的观念去观察罗马的税收,会得到否定论题的结果。这是我们不愿得到的,所以,我们还是要研究罗马人的税,但心中要牢记,它是一种类似于现代人的税又不与之完全同一的东西。

## 二、Vectigal、Tributum、Munus

只要有共同体就有公共开支,就必须向成员征收一定的贡献维持此等开

---

① 参见〔苏联〕狄雅科夫、科瓦略夫主编:《古代世界史》(古代罗马部分),祝璜、文运译,高等教育出版社 1959 年版,第 300 页。
② Cfr. Riccardo Orestano, Il problema delle persone giuridiche in diritto romano, Giapichelli, Torino, 1968,p. 189.
③ 参见徐国栋:《罗马法与现代意识形态》,北京大学出版社 2008 年版,第 231 页及以次。
④ Cfr. Massimiliano Madio, Il tributum: aspetti e funzioni del diritto romano, Manoscritto inedito, p. 2.
⑤ Cfr. Theodor Mommsen, Disegno del diritto pubblico Romano, CELUC, Milano, 1973, p. 59.
⑥ 参见〔日〕盐野七生:《罗马人的故事 II:汉尼拔战记》,张惠君译,台湾三民书局 1998 年版,第 36 页。

支，否则会陷入崩溃。这一说明也适用于罗马，在那里，有 3 项收入支持了公共财政，它们是 Vectigal、Tributum 和 Munus。容分述之。

Vectigal，指所有种类的公共岁入，包括公地、牧场、树林、盐田、湖泊、河流的承租人缴纳的租金和定期给付，以及各种税收，包括关税。用金钱还是实物支付，在所不问。① 上述"公地、牧场、树林、盐田、湖泊、河流"在罗马法中为公共财产（Res publica），它们由监察官出租给竞标成功者使用，承租人要偿付租金，它们构成罗马的公共收入的重要来源。有时候，罗马国家并不通过租赁的途径从公共财产获利，例如，对公共水道就是通过授予私人引水权获得使用费的。通常是监察官收此费，他不在时由营造官收。② 当然，财务官在元老院的指导下，也对公共财产进行管理。③

Tributum，这个词最早指战时对非战士市民征收的实物税，所以不少历史著作干脆把它称为战争税，但该词后来演变为指称税的一般术语。④ 该词来源于"部落"（Tribus）。我们知道，部落是远古罗马的社会组织环节之一，与库里亚（即胞族）、氏族、宗族和家庭并列。⑤ 同时我们也知道，Tribus 一词来自"分配"（Tribuere），分配的既有利好，例如征服的土地，也有负担，例如当兵打仗。看来，部落是一个分配单位。从分配共同体负担的角度言，部落、库里亚和氏族具有募兵区的功能。图流斯时代的罗马军队由 3000 名步兵（分为 30 个百人团）和 300 名骑兵组成，每个部落出 1000 名步兵和 100 名骑兵。这一兵额分摊给每个库里亚和氏族，即每个库里亚出 100 名步兵（一个百人团），10 名骑兵。这一兵额再分摊给各个氏族，每个氏族出 10 名步兵，1 名骑兵。⑥ 被选中当兵的市民就是为共同体提供了"税"（Tributum）

---

① See Adolf Berger, *Encyclopedic Dictionary of Roman Law*, Philadelphia: The American Philosophical Society, 1991, p. 759.

② See Sextus Julius Frontinus, *The Two Books on the Water Supply of the City of Rome*, Translated by Clemens Herschel, Boston, Dana Estes and Company Publisher, 1899, p. 67.

③ Cfr. Massimiliano Madio, Il tributum: aspetti e funzioni del diritto romano, Manoscritto ineditto, p. 1.

④ See Adolf Berger, *Encyclopedic Dictionary of Roman Law*, Philadelphia: The American Philosophical Society, 1991, p. 745.

⑤ 参见〔意〕朱塞佩·格罗索：《罗马法史》，黄风译，中国政法大学出版社 1994 年版，第 28 页。

⑥ 同上书，第 39 页。

了。由于当兵有牺牲的可能,这种税可叫做"血税"。① 当然,当兵并不光是"出血",同时也要出钱,因为军装、武器甚至马匹需要当兵的人自己置备。当时的军队分为骑兵、重装步兵和轻装步兵 3 类,其花费依次递降,所以,只有富有的阶级的成员才能当骑兵或重装步兵。Tributum 与 Tribus 的关联及其实例首先表明,在早期罗马,各个市民对共同体的贡献是通过部落征收的,部落再把它们转给中央政府。② 其次表明,Tributum 的最早形式不是我们现在的金钱贡献意义上的税,而是一种劳役或其他。所以,在金钱贡献意义上的税的概念出现于罗马前,有过一段税与劳役不分的时期。这种体制并不排斥金钱贡献意义上的税,例如,按图流斯改革的安排,富有的寡妇每人要每年纳税款 2000 阿斯供骑兵饲养马匹之用。③ 情况似乎是有力的出力,不能出力的出钱。

  Munus,即公役,来源于 Munire,为修造、设防、造城墙之意,转化为其他公共义务的含义。④ 罗马的公役分为人身公役、财产公役和混合公役 3 种。出体力脑力之"力"的通常是人身公役;只出钱的是财产公役;出力兼出钱的是混合公役。人身公役是维护自己的城邦的公役,例如担任公家的律师,担任接受人口和财产普查结果的行省副总督,担任文书、管理骆驼、担任供粮官以及类似事项,管理公地,购买粮食,管理引水渠,供应赛马,维修公共道路、粮食仓库,烧热公共浴池,分派粮食并承担某些类似于此的义务(D. 50,4,1,1)。担任监护人、保佐人也是其中的一种。财产公役是承担陆路和水路运输(D. 50,4,3)、为军队提供战马和骡子(D. 50,4,21)。混合公役有十夫长和二十夫长这样的职位,通常由富有的市民担任,他首先要出钱招募自己队伍的成员并组织他们,但他尔后可以从集体的其他成员身上捞回损失。

  由此可见,Vectigal 的外延比 Tributum 广,包括后者,可以把该词译为"财政收入"。Munus 与 Vectigal 有关联,因为人身公役导致财政收入应开支

---

  ① 参见〔日〕盐野七生:《罗马人的故事Ⅱ:汉尼拔战记》,张惠君译,台湾三民书局 1998 年版,第 55 页。
  ② Cfr. Massimiliano Madio, Il tributum: aspetti e funzioni del diritto romano, Manoscritto inedito, p. 3.
  ③ Cfr. Storia del diritto romano, Edizione Simone, Napoli, 1993, pp. 58s.
  ④ Véase Antonio Mateo, Manceps, Redemptor, Publicanus: Contribucion al studio de los contratistas publicos en Roma, Universidad Cantabria, Santander, 1999, pag. 27.

的部分未开支,间接地增加了财政收入,而财产公役则积极地增加了公共收入,混合公役则从积极和消极两个方面保障了公共收入。Tributum 与 Munus 的也有关联,它们都是对付出者行为的描述,而 Vectigal 是对收获者行为的描述。这 3 个词共同构成对罗马人被强制接受的公共负担的描述。[①] 我们从它们知道,罗马人承担公共负担的方式有出钱和出力两种,也许后种方式占有更大的比重,不然我们难以解释罗马人的税负那么轻的状况。这也解释了罗马人与现代人的不同。在现代,由于分工的发展与经济的货币化,人们承受公共负担的主要方式是出钱,即缴税,只要承担兵役等少数的出力义务。

### 三、罗马人的直接税

本节的标题隐含两个问题:第一,只谈罗马人的直接税,那么,什么是罗马人?第二,既然谈直接税,罗马人有这个概念吗?

首先回答什么是罗马人的问题。罗马人是具有罗马市民权的自然人,从税法的角度言,罗马人从公元前 168 年开始享有免交直接税的特权,这可能是因为战争赔款、战利品和西班牙银矿收入之获得的结果。[②] 罗马人的对反概念是意大利人和行省人。应该说,罗马人的意大利概念与现代人的意大利概念不一样,比后者小,这个意大利北以卢比孔河为界,不包括现在包括米兰、威尼斯、都灵、热那亚等重要城市的大半个意大利北方[但公元前 45—42 年颁布的《关于山南高卢的鲁布流斯法》(Lex Rubria de Gallia Cisalpina)]规定,公元前 43 年山南高卢停止作为罗马的一个行省,而成为意大利的一部分),南以墨西拿海峡为界,不包括现在属于意大利的西西里、撒丁岛。这里的居民经罗马人征服后被同化,在共和末期被赋予特权地位。公元前 62 年的《关于税负的切其流斯法》(Lex Caecilia de vectigalibus) 免除了意大利的土地税和通行税。该法确立了意大利权 (Ius Italicum),其内容从税法的角度看为豁免缴纳直接税和一定的间接税,所以又被后世学者称为《关于意大利权的

---

① 通过单方允诺 (Pollicitatio),罗马人自愿接受的公共负担很多,为自己家乡捐献图书馆等公共设施,是罗马富有且高尚阶层的习惯做法。
② See H. H. Scullard, *A History of the Roman World*, 753 to 146 BC, London and New York: Routledge, 1980, pp. 356s.

切其流斯法》(Ley Cecilia de derecho de Italia)。① 帝政时期，对于一些在意大利以外的帝国城市，皇帝们也把它们拟制为意大利城市授予意大利权。行省人就是罗马和意大利以外的罗马殖民地的居民。罗马的第一个行省是西西里，最多时罗马帝国有 55 多个行省。罗马与它们的关系是宗主国与殖民地的关系。行省分为元老院行省和皇帝行省，前者的土地属于罗马人民，后者属于皇帝。所以，行省人民所居所种，都是他人土地，为此需要缴纳行省税。这是一种什一税，这个税率乃沿袭罗马第一个行省西西里的叙拉古的前国王希耶罗（Hiero）的旧制②，但只对能产生利润的资产与人力征收，女性、儿童和老人被视为不能产生利润的人力，免征。行省税尤其为国防目的支用。由于它针对土地征收，又称为土地税。③

　　事实上，讲清楚了什么是罗马人，罗马共同体的公共支出的外部来源同时就讲清楚了。除了罗马人贡献的 Vectigal、Tributum 和 Munus 外，对外掠夺收入（包括战争赔款、战利品和行省税等）也用来应付公共支出，罗马人和意大利人之所以免税或后来税负很轻，端赖罗马共同体的战争政策及其成功。212 年安东尼努斯敕令授予帝国境内的全部自由人罗马市民权，意味着免除所有行省民缴纳什一税的义务，必然导致国家岁入骤减，安东尼努斯皇帝不得不把 5% 的遗产税和同样是 5% 的解放奴隶税提高到 10% 以填补亏空，那是后话。④

　　其次回答罗马人是否有直接税的观念的问题。一部拉丁—意大利语词典说 Tributum 是直接税，Vectigal 是间接税⑤，暗示罗马人已区分这两种税并以不同的术语表示之，但更有人说罗马人不知直接税和间接税的概念。⑥ 通说认为，区分直接税和间接税是近代的事情。但罗马人没有区分直接税和间接税

---

① Véase Antonio de Puente y Franco y Jose Francisco Diaz, Historia de Leys, Plebiscitos y Senadoconsultas mas notables, Desde la Fundacion de la Roma hasta Justiniano, Imprenta de D. Vicente de Lalama, Madrid, 1840, pag. 26.
② See H. H. Scullard, *A History of the Roman World*, 753 to 146 BC, London and New York: Routledge, 1980, p. 180.
③ Voir M. Vigie, Vicesima libertatis, Vicesima Hereditatis, Ernest Thorin Editeur, Paris, 1881, p. 20.
④ 参见徐国栋：《罗马私法要论——文本与分析》，科学出版社 2007 年版，第 36 页及以次。
⑤ Cfr. Analisi e classificazione delle forme della lingua latina: Elena de Leo e Edoardo Bona Software di flessione: Enrico Lanfranchi, Programma di interrogazione: I. CO. GE Informatica S. r. l. - Trento, 1997.
⑥ Voir R. Cagnt, Le Portorium chez les Romain, E. Thorin Editeur, Paris, 1880, p. 1.

的理论不说明他们没有这方面的实践，这就发生了按什么样的现代理论框架整理罗马人的征税实践问题，因为即使在现代人间，对直接税和间接税的区分也有不同的看法。一种观点认为，直接税是纳税人自己承担，不可转嫁他人的税，相反的间接税可以转嫁他人承担。但另一种观点认为，直接税是根据事先安排的角色收的税，可以直接向国家确定的债务人征收。间接税不是直接向人征收，而是向处在特定场合的物征收的税。① 两种理解的差别似乎为划分的标准不同，一个采用是否可以转嫁的标准，另一个采用是对人征收还是对事征收的标准。采用不同的标准同一种税的归属不同，按前种观点，遗产税为直接税，按后种观点，它为间接税。② 前种观点为较新，为当前通说，本文采用之。

按这个标准，罗马的第一个直接税是公元前357年设立的解放奴隶税（Vicesima Libertatis），是年，罗马人即将对法利希人（Falisci）开战，但国库空虚，为弥补亏空，执政官曼流斯·卡皮托利努斯（Cn. Manlius Capitolinus）提议制定《关于1/20的解放奴隶税的曼流斯法》（Lex Manlia de vicesima manumissionum），规定对解放奴隶的行为征收相当于被解放奴隶市场价的1/20的税，通常由主人支付，如果奴隶自费赎身，由他支付。③ 该法案得到了元老院批准，准备交部落大会通过。但这个部落大会不合常规。其一，它不包括全体部落成员，只包括其中的军人；其二，它不在罗马召开，而在离罗马50公里多远的苏特流姆（Sutrium）兵营召开，这样让部分人批准对全体罗马人都有效的法律，显然存在程序正当性问题。所以，当时的保民官力图阻止这一法律的通过，规定凡召集批准这一法律的部落大会的人，都处死刑。④ 尽管如此，这一法律仍然获得了通过，并一直适用到戴克里先时期才废止。召集批准这一法律的部落大会的人如何逃脱了保民官的死刑的惩罚？乃因为保民官的权力不得在罗马城以外行使，他对于在罗马50公里以外召集部落大会的人鞭长莫及。无论如何，这一税种设立的曲折过程引人注意的是如

---

① Voir R. Cagnt, Le Portorium chez les Romain, E. Thorin Editeur, Paris, 1880, p. 2.
② Voir M. Vigie, Vicesima libertatis, Vicesima Hereditatis, Ernest Thorin Editeur, Paris, 1881, p. 16.
③ See Adolf Berger, *Encyclopedic Dictionary of Roman Law*, Philadelphia: The American Philosophical Society, 1991, p. 764.
④ Cfr. Livio, Storia di Roma, VII-VIII, A cura di Guido Vitali, Oscar Mondadori, Bologna, 1988, p. 51.

下问题：其一，为何针对解放奴隶的项目开征罗马的第一个直接税？其二，曼流斯·卡皮托利努斯为何要避开百人团会议通过的正当立法程序选择通过部落会议通过这一法律？

第一个问题应这样回答：奴隶制的出现，需要征服性战争和大地产经济的条件，这些条件直到从公元前264—241年的第一次布匿战争开始，罗马采取帝国主义的扩张政策后才得到满足，所以，在更早的公元前357年，有奴隶的都是富人，所以，向解放奴隶的行为征税，承担此税的都是较有承受能力的人，不会引起全体人民的反感。第二个问题我这样回答：因为在部落大会上通过这一法案的可能性大于在百人团会议通过的可能性。在全体由向执政官做过效忠发誓的士兵组成的部落会议上，士兵受到誓言的约束会同意他们或许不喜欢的东西，但在百人团会议上，罗马人会按自己的愿望投票。而他们是不喜欢强制征收的观念的，"直接税本身是违反罗马人的性格的"[①]（当代人也不喜直接税，但他们学会了忍耐[②]），所以，早期的罗马统治者通常不愿向自由市民征收直接税，这似乎受到了亚里士多德在其《经济论》里表达的观念的影响：国家的最好收入是公产的出产，外加间接税。[③]但在公元前357年，执政官出于国库空虚的压力不得不征新税，为了达到目的，他们不得不走自己认为最可行的途径。结果他们成功了。尽管有关法律的通过程序并非十全十美，但它规定的税种一直延续下来，在公元前168年废除罗马人的直接税后继续保留，一直到戴克里先时代。

罗马人承担的第二项直接税是奥古斯都于公元6年以《关于1/20的遗产税的优流斯法》（Lex Iulia de vicesima hereditatum）设立的5%的遗产税，据说此税并非奥古斯都首创，他不过是恢复公元前169年的《沃科纽斯法》（Lex Voconia）的规定。[④]但日本学者盐野七生认为这是奥古斯都煞费苦心的创制。他炮制出此税的如下特点来解销习惯了200年来免税的罗马人的排斥情绪：其一，是偶然交的税，不是每年都交；其二，在继承遗产的幸运期间

---

① 参见〔英〕特威兹穆尔：《奥古斯都》，王以铸译，中国社会科学出版社1988年版，第260页。
② 税收（Tax）一词来自希腊语，意思就是"忍受"。
③ See Michelsen, The Decimal System of the Income Tax and the Budgets of the Anciens, In *Journal of the Statistical Society of London*, Vol. 24, No. 2 (Jun., 1861), p. 235.
④ Voir M. Vigie, Vicesima libertatis, Vicesima Hereditatis, Ernest Thorin Editeur, Paris, 1881, p. 16.

交纳税人不会难受；其三，言明此税专用于安置复员军人，纳税人难以反对；其四，税率是 5%，低于行省居民的 10% 的税率，保全了征服者罗马市民的面子；其五，如果继承人是死者六亲等以内的亲属，则免征①，更加大了此税的偶然性并有增进亲情的正面形象。

为求确保该税的征收，立法把它与遗嘱的开启挂钩，《关于 1/20 的遗产税的优流斯法》规定继承人一般应于继承人死亡后 3—5 日内将遗嘱代交税务处，在税务员前经半数以上的遗嘱见证人验视密封遗嘱的印章，然后启封，当众宣读遗嘱内容，并由税务员笔录遗嘱副本存档，交纳 1/20 的税金，但是留给父亲和孩子的以及金额很小的遗产，免征。②

罗马人的第三项直接税是 1/40 的诉讼税（Quadragesima litium）。据说很早以来法律就规定民事诉讼的原告在其案件的审判地向国库支付诉讼标的 1/40 的金额。但如果后来当事人达成了和解协议，就不收此税，然而卡里古拉为了揽钱，修改了这种体制，规定无论审判的结果如何，都要交此税，这样，此税成了对和解者与撤诉者的罚金。这一税种为伽尔巴所废。③ 原因可能在于尽管表面看它采用谁享受国家的司法服务谁付费的理论，但它打击了伸张正义的行为，鼓励了违法行为，因为正如边沁（Jeremy Bentham，1748—1832 年）所言，那些不得不提出诉讼的人，是受益于司法活动最少而不是最多的人。④

罗马人的第四项直接税是登基税或皇冠金（Aurum coronarium），它是帝国时期的各城邦为庆贺新皇帝加冕或取得重大胜利贡献的皇冠状金子。到亚历山大·塞维鲁斯，才为减轻民众的财税压力废除了此种贡献义务。⑤

最后要说到的是犹太税和贡赋。之所以放到最后说，乃因为它们不是一种普遍的税，而是对部分罗马市民征的税，因为不能说帝国境内的犹太人不是罗马人。犹太税是人头税。该税从公元 67—73 年的第一次犹太战争后开始

---

① 参见〔日〕盐野七生：《罗马人的故事 VI：罗马和平》，张丽君译，台湾三民书局 1998 年版，第 201 页。
② 参见周枏：《罗马法原论》（下册），商务印书馆 1994 年版，第 497 页。
③ Voir R. Cagnt, Le Portorium chez les Romain, E. Thorin Editeur, Paris, 1880, p. 235.
④ 参见〔英〕约翰·穆勒：《政治经济学原理及其在社会哲学上的若干运用》（下卷），胡企林、朱泱译，商务印书馆 1991 年版，第 443 页。
⑤ 参见黄风：《罗马法词典》，法律出版社 2002 年版，第 37 页。

向犹太人征收，实际上是把犹太人必须捐献给耶路撒冷的大神殿的 2 德拉克马（=2 迪纳流斯）改为捐献给罗马的朱庇特神殿而已，韦斯巴芗皇帝（公元 69—79 年在位）试图以此举切断犹太祭司阶级的经济来源，削弱他们反抗罗马的实力。① 罗马设立了叫做犹太税征收代理人（Procurator ad capitularia Iudaeorum）的长官管理这一税种。其所得似乎是韦斯巴芗用来重建在内战中烧毁的朱庇特神庙之用的，但在重建完成后，这一税继续征收。到 361 年左右，才为背教者尤里安废除。② 贡赋（Aurum oblatitum）是帝国时期元老承担的一种特殊税负，据说从登基税发展而来，表面上是一种自愿的贡献，实际上是被迫缴纳，通常 10 年或 5 年缴纳一次。③

### 四、罗马人的间接税

其一为销售税。这是一个类名，下分为拍卖税（Centesima rerum venalium）和销售奴隶税（Quinta Vicesima venalium Mancipiorum）。前者为奥古斯都在内战后所创，是借用埃及制度的产物，在 Epiphane 法老和 Philometor 法老时期，对于销售征收标的物价金 1/20 的税，后来涨到 1/10。但在埃及，此税适用于所有的销售，包括私人间的拍卖，但罗马人首先只把此税适用于拍卖，并把税率降低到了 1%。④ 这样的安排可能是为了减少人民对这种税的反感。所征金额归入军事国库。⑤ 在提贝留斯时期，由于卡巴多恰王国成为罗马的行省，财富输入使减轻罗马人的税负成为可能，此税的税率降为 0.5%。卡里古拉完全废除此税。尼禄时代重新征收。⑥ 后者亦为奥古斯都为维持新设的宵警团（Vigiles）所创，税率是 2%，由买受人支付。⑦

---

① 参见〔日〕盐野七生：《罗马人的故事 IX：贤君的世纪》，林韩菁译，台湾三民书局 2003 年版，第 346 页。

② 参见维基百科 Fiscus Iudaicus 词条，On http：//en.wikipedia.org/wiki/Fiscus_Judaicus，2009 年 6 月 5 日访问。

③ 参见黄风：《罗马法词典》，法律出版社 2002 年版，第 37 页。Voir Fabien Thibault, Les Impots Directs sous Le Bas-Empire Romain, Albert Fontemoing Editeur, Paris, 1900, p.81.

④ Voir M. R. Cagnt, Etude Historique sur les Impots Indicrets chez les Romain Jusqu'aux Invasion des Barbares, Imprimerie Nationale, Paris, 1882, p.227.

⑤ Voir M. Vigie, Vicesima libertatis, Vicesima Hereditatis, Ernest Thorin Editeur, Paris, 1881, p.46.

⑥ Voir M. R. Cagnt, Etude Historique sur les Impots Indicrets chez les Romain Jusqu'aux Invasion des Barbares, Imprimerie Nationale, Paris, 1882, p.229.

⑦ Ibid., p.232.

其二为进出口税（Portorium）。这是一种对通过罗马领土流通的商品课征的运输税，在此等商品通过某些特定的地方时征收。① 这些地方有：罗马帝国的边界或不同行省之间的边界；某些城市的入口；一些路和桥。它是一个泛称，具体包括3种税。首先是关税（Douane），在进口外国商品或出口本国商品时在边境付给国家。税率从1.5%到5%不等，最后趋向于5%的统一税率，但对进口的香料、丝绸和宝石等东方奢侈品，征25%的税②；其次是入市税（Octava），由某个城市在其港口对入境的商品征收，税率如其名称所示，是1/8；最后是通行税（Peages），它是要求旅客为使用道路或通过河流交付的费用。③ 这类税等于中国古代的厘金，妨碍商品流通，弊端不少，所以时废时兴，大体上是财政情况看好时废之，在相反的情形兴之。

其三为小便税（Vectigal Urinae）。据说尼禄首开此税，韦斯巴芗恢复之。罗马城镇的重要地点都有公共厕所，韦斯巴芗向收集尿桶中的尿液、用来去除织物和羊毛油分的洗染业者收取这种小便税，税率不详，理由是使用小便可以产生利润。④ 这种税存在的时间不长。

其四为娼妓税，卡里古拉皇帝于公元40年首开此税，他可能从埃及等国学来这种做法，因为埃及、雅典、科斯、叙拉古早已对娼妓征税。⑤ 此税不仅对妓女开征，而且对拉皮条者开征，甚至对男妓开征。税率是同床（Concubitus）一次的价格。出于方便的考虑，可能以妓女一天的营业额为依据计征。这是一种所得税，在这个意义上可以把它归为直接税。但不排除卖淫者通过提高同床费转嫁此税于淫业消费者的可能，在这个意义上它是间接税。本文采后一选择。此税闻起来臭，吃起来香，对改善帝国财政贡献至巨，所以到了基督教时代也未马上废除，基督教皇帝狄奥多西二世于公元439年不过废除了对拉皮条者开征此税并把他们逐出君士坦丁堡而已⑥，直到公元498年才

---

① Voir R. Cagnt, Le Portorium chez les Romain, E. Thorin Editeur, Paris, 1880, p. 11.
② 参见〔日〕盐野七生：《罗马人的故事 VI：罗马和平》，张丽君译，台湾三民书局1998年版，第198页。
③ Voir R. Cagnt, Le Portorium chez les Romain, E. Thorin Editeur, Paris, 1880, p. 12.
④ 参见〔日〕盐野七生：《罗马人的故事 VIII：危机与克服》，郑维欣译，台湾三民书局2002年版，第256页。
⑤ See A. J. MacGinn. *Prostitution*, *Sexuality*, *and Law in Ancient Rome*. New York, Oxford：Oxford University Press, 1998, p. 249.
⑥ Ibid., p. 255.

由阿纳斯塔修斯（Anastasius，公元430—518）皇帝废除。①

最后有一些缺乏资料展开说明的税。它们有：燃料税，适用于在罗马市内销售的燃料，税率多少，已不可考。② 还有人说共和时期还有过门税、窗户税、圆柱税。帝政时期有过瓦税、烟囱税和烟税。③ 甚至有独身税，就女性而言，有2万塞斯特斯以上资产的，要把资产收益的1%作为独身税交给国家。④ 亚历山大·塞维鲁斯对裤子、亚麻布的生产者、玻璃工、毛皮商、锁匠、银奖、金匠和其他工艺品工人征税，收益用来维持平民使用的公共浴场。⑤ 它们有的是直接税，有的是间接税，已不可考，姑录其名以备忘。

### 五、或有地税乎

1994年后，我国采用了分税制，也就是说，有些税种的收入归中央财政，有些税种的收入归地方财政，有些税种的收入由中央和地方共享。那么，在罗马，是否有这样的分税制？这是个切实的问题，因为随着罗马扩张的成功，领土面积越来越大，行政层次越来越多，到帝政后期，达到中央（帝国）、东方和西方、大区、行政区、省、区（市）7级，自然会提出税收收入的各级分享问题。

应该说，古罗马存在分税制，但这是一个逐步演化的过程的结果。在共和时期，罗马城市的财政并未与国家的财政分开，但人们已有两个市民身份的概念，一个是自己的出生地（Patria），另一个是罗马国家（Res publica），人们对这两个地方都有义务。⑥ 这样的表达开启了罗马市民分别缴纳国税和地税并承担

---

① See A. J. MacGinn. *Prostitution, Sexuality, and Law in Ancient Rome*. New York, Oxford: Oxford University Press, 1998, p. 249.
② 参见〔日〕盐野七生：《罗马人的故事Ⅶ：恶名昭著的皇帝》，彭士晃译，台湾三民书局2002年版，第217页。
③ VerJorge Luis Tonetto. Direito Tributario em Roma, pag. 18, Sobre http://www.sindaf.com.br/Downloads/Arquivo/Artigos/O%20Direito%20Tribut%C3%A1rio%20em%20Roma.pdf. 12. 18. 25，2009年9月10日访问。
④ 参见〔日〕盐野七生：《罗马人的故事Ⅵ：罗马和平》，张丽君译，台湾三民书局1998年版，第133页。
⑤ See Aelius Lampridius. *The Life of Severus Alexander*, XXXII, Translated by David Magie, On http://www.severusalexander.com/historia.htm, 2009年11月5日访问。
⑥ 参见〔古罗马〕西塞罗：《论共和国·论法律》，王焕生译，中国政法大学出版社1997年版，第214页。

其他公共负担的可能。事实上，地税就是根据他们的第一种市民身份缴纳的。

到了帝政时期，城镇具有不同于罗马国家的总体利益的利益的观念产生并变成现实，市成了在罗马国家与个人之间的一级所有权主体（I.2，1，6）①，由此，各个城镇都有自己的金库（Arca publica 或 Arca Municipalis），此等金库区别于国库和皇库，由地方议会管理。② 那么，此等金库靠什么收入保持充盈？答曰主要靠以下收入。首先是两种消费税。其一为食物税（Ansarium promercalium，例如小麦、酒和油），由买受人支付，实际上，是从他支付的食品价金中扣付。它从卡里古拉皇帝开始征收，开头仅适用于意大利，在一度被废后既适用于意大利又适用于行省③。其二为店铺税（Vectigal Foricularii），是对店铺征收的税，课税对象是食品，由商人支付。④ 实际上，进出口税中就包括地税，因为其中的入市税和通行税都是本地征收的，很可能为本地所用。对此有一个证明：罗马市长期不收入市税和通行税，因为国库供给罗马市的各项开支。⑤ 由此可见，国库不供给各项开支的城市，只能靠收取这些税维持自己了。其次靠代收国税的报酬。公元前 47 年，恺撒为了消除包税人的中间盘剥地位，委托亚细亚的城市自己收国税，所收的 1/3 留给税源城市。⑥ 它们当然构成城市自身金库的收入。再次为中央财政的让税。上述娼妓税一直归中央财政，但亚历山大·塞维鲁斯皇帝把此税拨归市财政使用，用于修复剧院、竞技场、半圆形剧场和运动场。⑦ 这一税种至少在一段时间内成为地税。值得注意的是，娼妓税所用的"剧院、竞技场、半圆形剧场和运动场"恰恰是优士丁尼在其《法学阶梯》2，1，6 中列举的市所有权的客体。

---

① 参见〔古罗马〕优士丁尼：《法学阶梯》（第二版），徐国栋译，中国政法大学出版社 2005 年版，第 113 页。

② Voir M. Vigie, Des Douanes dans L'Empire Romain, Paris: Ernest Thorin Editeur, 1884, p. 170. See also William Smith, A Dictionary of Greek and Roman Antiquities, London: John Murray, 1875, p. 119.

③ Voir C. D'aremberg, E. Saglio. Le Dictionnaire des Antiquités Grecques et Romaines (Tomo I), Paris: 1877-1919, p. 280.

④ Voir M. Vigie, Des Douanes dans L'Empire Romain, Paris: Ernest Thorin Editeur, 1884, p. 170.

⑤ Voir Siegfried Laet, Portorium: Estud sur l'organisation douanière chez les Romains, surtout à l'epoque du Haut-Empire, Bruges, 1949, p. 155.

⑥ See Thomas A. J. MacGinn, Prostitution, Sexuality, and Law in Ancient Rome, New York, Oxford: Oxford University Press, 1998, p. 258.

⑦ Ibid., p. 270. See also Aelius Lampridius. The Life of Severus Alexander, XXXII, Translated by David Magie, On http://www.severusalexander.com/historia.htm, 2009 年 11 月 5 日访问。

说明了市以及财政的相对独立性及其税源问题，接下来要说明行省的同样问题。与 Arca Municipalis 的概念相类，有 Arca provinciae 的概念，它是行省的金库，由行省内的自治市捐献而成，主要用于行省的宗教和公共娱乐开支。① Arca provinciae 又称行省皇库，例如亚细亚（Fiscus asiaticus）皇库、高卢皇库（Fiscus gallicus）。② 但英国学者马廷利（H. Mattingly）认为，处在地方的皇库应该不止这两个，每个行省都应该有自己的皇库，应属于皇库的非税收入和税收征集上来后留在本地由行省总督为本地需要支用，余者调中央。③ 行省税是皇库收入的重要来源，从皇库收入的这一使用方式来看，它是一种由行省与中央分享的税。

### 六、结论

单从以金钱缴纳的税种来看，从罗马建城到戴克里先时代之前的期间，罗马人不过承受了 6 种直接税（其中 4 种是普遍的，2 种是特殊的），4 类 7 种间接税，跟当代中国人要交的 6 类 18 种税④相比，不算多，但同样能应付公共开支，原因有四：其一，有掠夺性的外源收入，当代国家多不具有这种收入。其二，有另外的承担方式，也就是说，除了有纳税的承担方式外，还有承担公役的方式。其三，国家活动相对简单，开支因此较少，例如，罗马的官吏都是无薪工作，除了大祭司，国家不为任何官员提供"公馆"。戴克里先实行四头制改革后，上述说明就不适用了，这也是本文把考察对象截断在戴克里先时代之前的原因。其四，有非税收入，尤其是罚没收入。关于这一问题可参看接下来的《皇库·纳库·检举——罗马帝国皇库的收入研究》一文。而现代人承担的税负较多，但承担的公役很少。可以说，罗马人对于公

---

① See Adolf Berger, *Encyclopedic Dictionary of Roman Law*, Philadelphia: The American Philosophical Society, 1991, p. 366.
② Ver Jorge Luis Tonetto. Direito Tributario em Roma, pag. 25, Sobre http://www.sindaf.com.br/Downloads/Arquivo/Artigos/O%20Direito%20Tribut%C3%A1rio%20em%20Roma.pdf. 12. 18. 25, 2009 年 9 月 10 日访问。
③ See H. Mattingly. *Imperial Civil Service of Rome*, Cambridge: Cambridge University Press, 1910, p. 109.
④ 它们是：1. 流转税：增值税、消费税、营业税、关税、车辆购置税等；2. 所得税：企业所得税、个人所得税等；3. 资源类：资源税、城镇土地使用税、土地增值税等；4. 财产税：房产税、城市房地产税等；5. 行为税：印花税、车船税、城市维护建设税等；6. 其他税：农林特产税、耕地占用税、契税等。

共开支的承担有税和役两种方式，以后者为重，现代人基本上只承担税，过去罗马人以役的方式自己承担的公共性工作，现在国家用纳税人的钱请人去做了。

罗马市民经历了二百多年的免税（就直接税而言）时期后进入了奥古斯都带给他们的缴税时代。这个罗马帝国的第一个皇帝维持职业性的常备军并进行各种公共建设（罗马大道、罗马水道等），导致公共开支剧增，他由此成为大税法立法者，许多税都是他开创的。但许多税都是他从外国学来的（这证明罗马人税的观念淡薄）。他开创的税具有专税专用的特点。税额多用百分比表示则是罗马税法的一贯特点。这可以让纳税人一目了然地从知道自己的责任，达到简化征税程序的目的。

现代直接税中的王是所得税，在我们考察的罗马史期间却没有这种税。所得税是民主政治的物质基础，而罗马税法大兴的奥古斯都时期，恰恰是民主制走向衰落的时期。此前存在于共和时期的军事民主制似乎以现代人理解为役的"血税"为基础。

罗马人的轻税状况似乎与一些学者提出的"罗马人螺丝钉论"矛盾，罗斯托夫采夫（Michael Ivanovich Rostovtzeff）把罗马市民描述为"不领薪俸的国家官员"。[1] 贡斯当则说罗马市民"仅仅是机器，它的齿轮与传动装置由法律来规制。……个人以某种方式被国家所吞没，市民被城市所吞没"。[2] 特奥多尔·蒙森认为，罗马人的特色为"强迫一个市民在短暂的一生中无休止地劳动，片刻不得休息。国家至高无上，个人为之献身和牺牲"。[3] 然而，经我们考察，发现罗马市民竟然如此抗税排税，为立一种税要想这样或那样的花招蒙骗他们，他们有那么螺丝钉吗？应全面考察罗马市民的公共负担来回答这个问题，如果想到他们除了纳少的税外还承担大量的役，我们会认可上述作者对罗马人的奉献精神的评价。

---

[1] 参见〔美〕罗斯托夫采夫：《罗马帝国社会经济史》（下册），马雍、厉以宁译，商务印书馆1985年版，第535页。

[2] 参见〔法〕贡斯当：《古代人的自由与现代人的自由之比较》，李强译，载刘军宁主编：《公共论丛·自由与社群》，生活·读书·新知三联书店1998年版，第309页及以次。

[3] 参见〔德〕特奥多尔·蒙森：《罗马史》（第1卷），李稼年译，商务印书馆1994年版，第22、27页及以次。

# 皇库·纳库·检举

## ——罗马帝国皇库的收入研究

### 一、皇库

帝政分权时期罗马公共财政的特点之一是实行国库与皇库的二元制。国库（Aerarium）在共和时期即已存在，延续到帝政时期，转义为元老院掌握的国库。皇库（Fiscus）是奥古斯都在公元前21年创立的。[①] 该词原始的含义是"篮子"，引申为"口袋"。[②] 一言以蔽之，是个容器，要让它充实，必须往里面放东西，当然，让府库充盈的最重要的东西是税收，于是，Fiscus很快发展出以"税"为其基本含义的同根词组，例如，重税主义（Fiscalismo[③]）、税法律师（Fiscaliste）、征税（Fiscalisation，Fiscaliser）、税收制度（Fiscalitè）、税收的（Fiscal），在国库方面（Fiscalement）[④] 等。征收的过程也是监督被稽征人行为的过程，所以，Fiscus的动词形式（Fiscalizar）在葡萄牙语里就是"监督"、"稽查"的意思。[⑤]

原先统一的国库一分为二，跟罗马的行省制度或海外殖民地制度的发展有关。公元前242年，罗马共和国建立了自己的第一个行省西西里行省，尔后，随着罗马的成功扩张，行省的数目不断增长，最多时达到55个。它们

---

[①] 参见何立波：《论罗马帝国的元首私库》，载《绥化学院学报》2006年第2期，第105页。
[②] 参见〔日〕盐野七生：《罗马人的故事Ⅵ：罗马和平》，张丽君译，台湾三民书局1998年版，第175页。
[③] 参见北京外国语学院《意汉词典》编写组编：《意汉词典》，商务印书馆1985年版，第310页。
[④] 参见《法汉词典》编写组：《法汉词典》，上海译文出版社1982年版，第532页。
[⑤] 参见陈用仪主编：《葡汉词典》，商务印书馆2003年版，第505页。

是：西西里、科西嘉和撒丁、近西班牙、贝提卡、卢西塔尼亚、马其顿、亚该亚、埃皮鲁斯、阿非力加、努米底亚、亚细亚、以纳尔波为首府的高卢、山南高卢、克里特与昔兰尼加、科尔杜埃勒、比提尼亚、西里西亚与塞浦路斯、天上的叙利亚、腓尼基叙利亚、伊利里库姆、达尔马提亚、上潘诺尼亚、下潘诺尼亚、埃及、上莫埃西亚、下莫埃西亚、上日耳曼、下日耳曼、加拉太、长发高卢、亚奎塔尼亚高卢、比利时高卢、卢古都南西斯高卢、诺里肯、阿尔卑斯山麓、大日耳曼、雷齐亚、滨海阿尔卑斯、犹太、卡巴多恰、以汀吉斯为首府的毛里塔尼亚、以恺撒利亚为首府的毛里塔尼亚、上不列颠、下不列颠、利奇亚与庞弗利亚、色雷斯、西阿尔卑斯、阿拉伯、上达契亚、下达契亚、以波罗利苏姆为都城的达契亚、亚美尼亚、亚述、美索不达米亚、奥斯罗埃勒。行省人需要缴纳 10% 的行省税作为国防费用。这种税，从元老院行省收的，归国库；从皇帝行省收的，归皇库。① 有学者证明，元老院行省仅有 11 个，它们是亚该亚、亚细亚、比提尼亚·本都、阿非利加、克里特、达尔马提亚、马其顿、撒丁、科西嘉、西西里、塞浦路斯。② 由此看来，元老院行省只占皇帝行省的 1/5 弱，假设每个行省向帝国贡献的税收和非税收入相等，国库的收入只占皇库收入的 1/5 弱，前者穷而后者富，是昭然的事实。这跟当时皇帝的强势地位和元老院的弱势地位正相对应。故 A. H. M. 琼斯说，随着国库的主要财源：亚细亚和埃及归皇帝，国库日益无足轻重，国家开支主要取给于皇库。③ 在这样的背景下，无怪乎先有的 Aerarium 一词逐渐被人遗忘，到 4 世纪，Aerarium 一词仅用来指罗马城的金库。④ 后起的 Fiscus 成了今人熟悉的一个指称国库的词。⑤

皇库后来又发展出犹太皇库（Fiscus Iudaicus），正犹如国库发展出军事国库（Aerarium millitare）。犹太皇库是集中全帝国的犹太人缴纳的人头税的

---

① 参见〔日〕盐野七生：《罗马人的故事 VI：罗马和平》，张丽君译，台湾三民书局 1998 年版，第 175 页。
② 参见何立波：《论罗马帝国的元首私库》，载《绥化学院学报》2006 年第 2 期，第 105 页。
③ See A. H. M. Jones, The Aerarium and the Fiscus, In *The Journal of Roman Studies*, Vol. 40, Parts 1 and 2, (1950), p. 25.
④ Cfr. Riccardo Orestano, Il Problema delle Persone Giuridiche in Diritto Romano, I, Giappichelli, Torino, 1968, p. 239.
⑤ 意大利语是一个例外，国库一词还是用 Aerarium 表示，但用从 Ficus 派生的形容词做 Aerarium 的形容词，由此完成了一个折中。

中央基金。① 关于什么是犹太人的人头税，我在前面的《罗马人的税赋》一文中已述，此处不赘。

两种行省的区分，到戴克里先的行政改革时才废除，这一改革为重新建立统一的国库创造了条件。有人说，在弗拉维王朝时期就完成了这种合一。② 到帝政晚期，皇库更名为皇帝的受赠物金库（Largitiones），由保管神圣赠与的伯爵（Comes Sacrarum Largitionum，实际上就是财政大臣）管理（C.12，23）。

关于皇库的性质，有三种不同的学说。首先是皇帝私人财产说。最早由伟大的罗马学家蒙森所持，主要论据有二。其一，乌尔比安在 D.43，8，2，4 中说："……皇库之物，差不多是元首自己的和私有的……"。③ 其二，在《皇帝史·阿德里亚努斯传》（Historia Augusta Vita Hadriani）中，作者埃流斯·斯巴尔齐亚努斯（Aelius Spartianus）说皇库是私人的，其债务人是私的债务人。④ 我国学者何立波亦采此说，所以他把 Fiscus 译为"元首私库"，理由是 Fiscus 的财产可由皇帝的后人继承并被后世皇帝拍卖。⑤ 但赫尔施菲尔德（O. Hirschfeld）等人持皇库公共财产说，认为皇库并非皇帝的私人财产，而是托付给他的在他控制下的为了公共目的的财产，皇帝有权利且也有道德上的义务仅为公共福利使用皇库的岁入。⑥ 理由如下，其一，一些皇帝主动公布皇库的账目证明皇库财产的公共性，奥古斯都就这么做了。其二，皇帝只指定皇位的继承人为皇库的继承人。其三，珀尔提那克斯（Publius Elvius Pertinax，公元126—193年）皇帝于公元193年把皇库称为"公共的"。⑦ 对于乌

---

① See Adolf Berger, *Encyclopedic Dictionary of Roman Law*, Philadelphia: The American Philosophical Society, 1991, p.473.
② 参见何立波:《论罗马帝国的元首私库》，载《绥化学院学报》2006年第2期，第107页。
③ See Th. Mommsen, A. Watson, *The Digest of Justinian*, Vol.4, University of Pennsylvania Press, Philadelphia, 1985, p.574. 对于裁判官禁止在公共地方为建筑的令状，乌尔比安评注说："我不认为这一告示涉及属于皇库的地方，因为无人可在此等地方做任何事情，也不得阻止任何私人在那里活动。皇库的财产差不多属于皇帝的私产，因此，如果有人在此等财产上进行了建筑，没有任何理由适用这一令状。如果就这一问题发生争议，皇库长官将是法官"。
④ See P. W. Duff, *Personality in Roman Private Law*, New York: Augustus M. Kelly · Publishers, 1971, p.51.
⑤ 参见何立波:《论罗马帝国的元首私库》，载《绥化学院学报》2006年第2期，第105页。
⑥ See Adolf Berger, *Encyclopedic Dictionary of Roman Law*. Philadelphia: The American Philosophical Society, 1991, p.473.
⑦ See P. W. Duff, *Personality in Roman Private Law*, New York: Augustus M. Kelly · Publishers, 1971, p.54.

尔比安的那个片段，赫尔施菲尔德认为其中的"差不多"一语表明皇库并非皇帝私产，而是接近如此。而且，在该片段出现的上下文中，乌尔比安具有缩小公共地方的范围，让大家可以自由进入属于皇库的地方活动的目的。最后是财团法人说，由德国著名的罗马学学者路德维希·米太伊斯（Ludwig Mitteis，1859—1921 年）所持，认为皇库并非由皇帝，亦非由人民所有，而是为它自己所有，皇帝们只能为了公共目的使用皇库财产的事实使它们成为目的性财产。① 彭梵得也采用同样的观点。② 这样的财团法人是一个私人③，所以跟其他私主体之间有诉讼。公元 97 年，内尔瓦皇帝设立专门的裁判官处理皇库与私人之间的诉讼（D.1,2,32）。皇库可以作为原告和被告，可以作为债权人和债务人，具有完全的主体资格。④ 所以，萨维尼在其《当代罗马法体系》中，把 Fiscus 作为法人的例子谈到。⑤ 而且，由于皇库的私人性，它在图拉真时期经常败诉。⑥ 我认为第三说有理，在罗马法学家的文献中，经常提到皇库作为原告或被告参加诉讼，在我国的法人理论中，能否以自己的名义起诉和应诉一度是法人区别于非法人的标志⑦，既然皇库能起诉和应诉，它当然是法人。而且，在罗马法学家的著述中，皇库是权利主体，所以有皇库的权利（Ius fisci）之说。这是皇库作为债权人在为各种理由追索无人继承的遗产或可以取得的私人财产时在诉讼中针对支付不能的债务人的特权地位，它意味着各种好处。⑧ 这些好处有：（1）既判力规则的例外。由于既判力规则，通常一事不再理，但有再审原因（Retractare causa）的除外，皇库在再

---

① See P. W. Duff, *Personality in Roman Private Law*, New York: Augustus M. Kelly · Publishers, 1971, p. 59.
② 参见〔意〕彼德罗·彭梵得：《罗马法教科书》，黄风译，中国政法大学出版社 2005 年修订版，第 42 页。
③ See P. A. Brunt, The "Fiscus" and its Development, In *The Journal Of Roman Studies*, Vol. 56（1966），p. 81.
④ Cfr. Riccardo Orestano, Il Problema delle Persone Giuridiche in Diritto Romano, I, Giappichelli, Torino, 1968, pp. 260s.
⑤ Véase M. F. C. Von Savigny, Sistema Del Derecho Romano Actual, Comares, Granada, 2005, pag338.
⑥ 参见何立波：《论罗马帝国的元首私库》，载《绥化学院学报》2006 年第 2 期，第 106 页。
⑦ 参见中央政法干部学校民法教研室：《中华人民共和国民法基本问题》，法律出版社 1958 年版，第 68 页及以次。
⑧ See Adolf Berger, *Encyclopedic Dictionary of Roman Law*, Philadelphia: The American Philosophical Society, 1991, p. 528.

审原因上享有特权,只要它提出了新证据即可再审,不过只有在从初审判决作出起3年内可以如此。① (2) 法定全产抵押权 (Hypoteca omnium bonorum)。即债权人对订立协议时债务人的全部财产的抵押权,它首先是为担保皇库的合同请求权和税收请求权采用的,不以当事人订立协议为必要。② (3) 单向利息权。皇库可以要求迟延偿付的债务人支付利息,但它自身通常不对其相对人支付利息。③ 毫无疑问,这种特权地位是现代的国家财产神圣不可侵犯原则的滥觞。

作为一个法人,皇库不可能自己走到法庭上去,必须有自己的法定代表人。它是所谓的皇库代理人 (Procuratores fisci,又称 Procuratores Caesaris 或 rationalis),他们收集应属于皇库的财产,代表皇库。④ 但诉讼事宜由皇库律师 (Advocatus fisci) 操作,这是阿德里亚努斯皇帝创立的一种职位,以保护皇库的利益。没有他们的到场,皇库案件不得进行,进行了也无效 (D. 49,14,7;C. 2,9,4)。亚历山大·塞维努斯皇帝要求他们只能为皇库辩护,不得为反对皇库的案件服务 (C. 2,9,1)。但瓦雷里努斯 (Valerinus) 皇帝和尕利埃努斯 (Gallienus) 皇帝允许他们为皇库的相对方提供服务 (C. 2,9,2)。

## 二、纳库

既然皇库是一个纳财之所,它必须有收入才能保持充盈。把外界的财产纳入皇库的活动叫做"纳库",拉丁词是 Confiscatio,它由 Fiscus 加上 con 的前缀名词化而成,是"随皇库"的意思。所以,Confiscatio 必定是在 Fiscus 一词出现以后才出现的词。此前,表达这个意思的拉丁词是 publicatio,它先是把某物转化为罗马人民的国库中的财产的意思⑤;后是没收被定国事罪者的财

---

① See Adolf Berger, *Encyclopedic Dictionary of Roman Law*, Philadelphia: The American Philosophical Society, 1991, p. 683.
② Ibid., p. 490.
③ Ibid., p. 753.
④ 参见〔古罗马〕优士丁尼:《学说汇纂》(第一卷),罗智敏译,中国政法大学出版社2008年版,第255页及以次。
⑤ Véase Antonio Mateo, Manceps, Redemptor, Publicanus: Contribucion al studio de los contratistas publicos en Roma, Universidad Cantabria, Santander, 1999, pag. 15.

产为国家财产的意思。① 当然，Confiscatio 在现代语言中的意思是"没收"，但在这个意思形成之前，它的意思没有这么暴力，不过是"纳入财库"、"贮藏"的意思。② 电子版本的拉丁—意大利语词典也说 Confiscare 是"持有于金库"（Tenere in cassa）、"放进皇库"（incamerare nel tesoro imperiale）的意思。③ 然后才是"没收"的意思，故西班牙哲学家和神学家苏亚雷斯（Francisco Suárez，1458—1617 年）把 Confiscatio 说成是"以某种方式把不法行为人的财产专门归之于皇库"④，换言之，就是没收犯罪人的财产纳入皇库。

皇库的收入分为两个部分，第一部分是税收收入，第二部分是非税收入。容分述之。

税收收入中首先有皇帝行省的行省税，这是一种什一税，只对能产生利润的资产与人力征收，女性、儿童和老人被视为不能产生利润的人力，免征。行省税尤其为国防目的支用。其次是奥古斯都创立的 5% 的遗产税，如果继承人都是死者六亲等以内的亲属，则免征。此税专用于安置复原军人，是上文讲到的是军事国库的资金来源。其三是关税。税率从 1.5% 到 5% 不等，最后趋向于 5% 的统一税率，但对进口的香料、丝绸和宝石等东方奢侈品，征 25% 的税。其四是营业税，税率为 1%。⑤ 最后是登基税或皇冠金，是帝国时期的各城邦为庆贺新皇帝加冕或重大胜利贡献的皇冠状金子。到亚历山大·塞维鲁，才为减轻民众的财税压力废除了此种贡献义务。⑥ 第二部分是非税收入，它种类繁多，容下分述。可以认为，在皇库建立的早期，把这两类收入纳入皇库的行为，都可以 Confiscatio 描述。

皇库的非税收入有如下大类：

---

① See Adolf Berger, *Encyclopedic Dictionary of Roman Law*, Philadelphia: The American Philosophical Society, 1991, p. 661.
② See *Oxford Latin Dictionary*, Oxford at Clarendon, 1968, p. 401.
③ Cfr. Analisi e classificazione delle forme della lingua latina: Elena de Leo e Edoardo Bona Software di flessione: Enrico Lanfranchi, Programma di interrogazione: I. CO. GE Informatica S. r. l. - Trento, 1997.
④ Cfr. Francisci Suarez, Opera Omnia, Tomus duodecimus complectus, Bibliopolam Editorem, Parisiis, 1883, p. 556.
⑤ 参见〔日〕盐野七生：《罗马人的故事 VIII：危机与克服》，郑维欣译，台湾三民书局 2002 年版，第 242 页。
⑥ 参见黄风：《罗马法词典》，法律出版社 2002 年版，第 37 页。

（一）遗产类收入

（1）皇帝作为继承人和受遗赠人得到的遗产。罗马人有指定皇帝为自己的继承人或受遗赠人的习俗。① 历史上以此等身份得遗产最多者为奥古斯都和提贝留斯。奥古斯都在其遗嘱中说明自己 20 年来从友人、知己遗产的所得超过 14 亿塞斯特斯。② 这些友人中就包括了诗人维吉尔，他把自己 1/4 的遗产给了皇帝；还有诗人贺拉斯；还有挚友兼女婿阿格里帕，而文学艺术的著名保护人梅切纳斯把自己的全部遗产都遗赠给了奥古斯都；公元前 5 年的执政官秦纳指定奥古斯都为自己唯一的继承人③；法学家卡皮托把提贝留斯列为自己的相续人。④ 这些遗产是皇库的资产来源之一。但有些皇帝是强迫他人指定自己为遗产继承人，例如卡里古拉。⑤ 克劳丢斯皇帝终结了这种做法，在他前，没有把皇帝列为受遗赠人的遗赠都可以受到检举人的攻击。⑥

（2）落空遗产份额（Bona caduca）。即依遗嘱的相续人根据某些法律不能取得的遗产份额。剥夺遗嘱相续人的消极遗嘱能力的法律有：其一，公元 9 年的《关于婚姻的帕皮尤斯和波培乌斯法》（Lex Papia Poppaea Nuptialis），它规定，下列人不能根据遗嘱以任何方式取得遗产：A. 独身者，男性的年龄在 25 到 60 岁之间，女性的年龄在 20 到 50 岁之间，因此完全失去继承能力。独身者被给予 100 天的时间结婚，结婚后对他（她）们的继承能力剥夺解除。B. 无子女的夫妇，他们丧失一半的继承能力。C. 单亲家庭中的父亲。即有前婚中所生的子女后来未再婚的父亲，其被剥夺继承能力的程度不详。⑦ 其二，公元前 18 年的《等于等级结婚的优流斯法》（Lex Iulia de Maritandis Ordini-

---

① See Robert Samuel Rogers, The Roman Emperors as Heirs and Legatees, In *Transactions and Proceedings of the American Philological Association*, Vol. 48 (1947), Johns Hopkins University Press, pp. 144s.
② 参见〔日〕盐野七生：《罗马人的故事 Ⅵ：罗马和平》，张丽君译，台湾三民书局 1998 年版，第 316 页。
③ See Robert Samuel Rogers, The Roman Emperors as Heirs and Legatees, In *Transactions and Proceedings of the American Philological Association*, Vol. 48 (1947), Johns Hopkins University Press, p. 142.
④ Ibid., p. 144.
⑤ 〔日〕盐野七生：《罗马人的故事 Ⅶ：恶名昭著的皇帝》，彭士晃译，台湾三民书局 2002 年版，第 218 页。
⑥ See H. Steven, *Imperial Inquisitions, Prosecutor and Imformants from Tiberius to Domitian*, Routledge, London, New York, 2001, p. 80.
⑦ Cfr. Pasquale Voci, Istituzioni di Diritto Romano, Giuffrè, Milano, 1994, pp. 574s.

bus)。它规定，订婚者应在 2 年内结婚，否则按独身对待。① 独身者被剥夺继承能力。② 其三，公元 10 年的《希拉努斯元老院决议》（Senatusconsultum Silanianum）。它规定，主人被其奴隶杀害的，在对该奴隶的刑事诉讼结束且犯罪奴隶受到惩罚前，任何人不得开启被害人的遗嘱（D. 29，5，3，18）。如果有人违禁开启遗嘱，任何人都可以民众诉权对抗之。他的遗产份额落空（D. 29，5，25，2）③，但未参与开启遗嘱者的份额不受影响（D. 29，5，27）。④ 其四，课加继承人不配的法律。这是一系列来源各不相同的法律，例如安东尼努斯·皮尤斯皇帝的一个敕令（D. 34，9，3 转述）、塞维鲁斯和安东尼努斯皇帝的一个敕答（D. 34，9，2，1 转述）、《希拉努斯元老院决议》等。它们打造了如下不配事由：继承人过失或故意导致被继承人死亡；不为被继承人报仇；曾控告被继承人为不法交易；曾就被继承人的身份提起过诉讼；曾在被继承人的订立遗嘱活动中有过诈欺行为；等等。⑤

（3）无人继承的遗产（Bona vacantia）。这是无任何遗嘱继承人或法定继承人继承的遗产，处在皇帝行省的，归皇库所有，但皇库也要承担死者遗留的债务。所以，在罗马继承法中，皇库实际上处在最后顺位的继承人的地位。无人继承的遗产与落空遗产份额相关而不同。"相关"，因为两者都为皇库取得；"不同"，其一，前者让皇库取得的是全部，后者只是部分。其二，前者由皇库继承有可能是自然因素造成；后者归皇库继承则完全不涉及自然因素。其三，前者让皇库处在一个独立顺位的继承人的地位，后者让皇库处在一个类似代位继承人的地位。

（4）默示遗产信托的遗产。即遗嘱人用含糊的言辞要求受托人移转遗产给受益人的信托。例如说："我委托你们如实地从事我要求你们做的事，并且

---

① Cfr. Riccardo Astolfi, Il Matrimonio nel Diritto Romano Classico, CEDAM, Padova, 2006, p. 379.
② 参见〔日〕盐野七生：《罗马人的故事 VI：罗马和平》，张丽君译，台湾三民书局 1998 年版，第 133 页。
③ 参见〔意〕桑德罗·斯奇巴尼选编：《婚姻·家庭和遗产继承》，费安玲译，中国政法大学出版社 2001 年版，第 349 页。
④ 参见〔意〕桑德罗·斯奇巴尼选编：《民法大全选译·公法》，张礼洪译，中国政法大学出版社 2000 年版，第 4 页。
⑤ Cfr. Antonio Guarino, Diritto privato romano, Jovene, Napoli, 1994, pp. 480s.

请求你们为了上帝这么做"。① 此语中，信托人要求受托人做什么事，不明确。又如说："我的继承人要把此物和彼物交给盖尤斯和塞尤斯。塞尤斯！我请求你并托付你的信用，把如上所写的所有东西都毫不迟延地交给那个你将亲自对他为交付的人"。② 此语中，被信托的物不明确，而且信托受益人不明确。遗产信托是遗嘱的一种形式，遗嘱是意思表示的证据，按这一标准，默示的遗产信托构不成完整的意思表示，等于赋予受托人便宜行事之权，过于孟浪，而且其含糊设计往往出于规避法律的动机，故出于整肃法治，打击违法的目的，罗马法不承认其效力。安东尼努斯·皮尤斯皇帝规定，默示信托的遗产归皇库所有（D. 49, 14, 3, 4）。

（二）其他类收入

（1）国有财产收入在国家岁入中占有重要地位。

首先是公地的出租收入。公地是罗马的国有土地，随着罗马对意大利的征服，公地的规模日大。罗马人征服武装抵抗他们的人民后往往没收其 1/3 的土地作为罗马的公地③，但有时更多，例如，在征服埃尔尼基人（Hernici）和普雷维尔纳特斯人（Prevernates）后，没收了他们 2/3 的土地。对于波伊人（Boii），则是没收了一半。加普亚人在投靠汉尼拔被罗马人重新征服后，则是被没收了全部。④ 部分公地作为战利品拍卖，所得入国库。剩下的分为三类。其一，正在利用中的好地；其二，由于战争等原因被荒废的好地；其三，野山和林牧地。对于前者，除了把邻近城市处于安全环境的分给穷人，把靠近边境的用来建立殖民地外，其余的仍给被征服的人民耕种，他们从过去的土地所有人转化为罗马国家的一定时期的佃户，向罗马国库支付租金。对于中者和后者，罗马国家则邀请人们以优渥的条件进行占有，只偿付国库 1/10 的谷物和 1/5 的酒和水果作为代价。⑤

---

① 参见〔意〕桑德罗·斯奇巴尼选编：《民法大全选译·公法》，张礼洪译，中国政法大学出版社 2000 年版，第 9 页，译文有改动。

② See *The Digest of Justinian*, Vol. 3, edited by Mommsen and Alan Watson, Philadelphia: University of Pennsylvania Press, 1985, p. 36.

③ 参见〔古罗马〕阿庇安：《罗马史》（上册），谢德风译，商务印书馆 1979 年版，译者序，第 V 页。

④ See William Ramsay, *A Manual of Roman Antiquities*, London and Glasgow: Richard Griffin and Company, 1863, p. 225.

⑤ Ibid., p. 226.

其次是公共牧场的使用费。在意大利的许多地方，尤其在 Samnium① 和卢坎尼亚（Lucania）②，国家拥有广泛的野林和山地牧场，它们可以作为夏季牧场接纳来自炎热的平原地区的牛羊。牧人们有义务向本地的牧场使用费的收取者申报带入的牛羊的数量，此等数量被写在登记簿上，所以这种费叫做"书写"（Scriptura），收费的人叫做"写手"（Scripturarii），这种牧场叫做"写手之地"（Ager Scripturarus）。如果有人带入未经登记的牲畜，将承受包税人课加的责任。平民营造官负责审理违反规定者的案件。③

最后是国有的金、银、铜矿及其他矿山的收入。罗马的矿藏属于国有。④但也有人说，罗马人不懂地上土地所有权与地下矿物权的区别，认为地上土地所有人也是地下矿物的所有人。⑤ 保卢斯·埃米流斯（Paulus Aemilius）征服马其顿后，保留国家对金矿和银矿的垄断，把铁矿和银矿让私人经营，但要求他们向罗马国家交一半的税，而此等税以前是交给马其顿国王的。⑥ 严格说来，罗马人把矿本身与矿坑同等看待，认为两者都属于公地的一部分，由监察官出租之。但也有私人的矿井。⑦ 在元首制时期，皇帝拥有多数金矿和银矿，但锡、铜和铁矿更多为私人拥有。皇帝对于自己拥有的矿，也租给私人开采。⑧ 前文已述，矿藏在法律上属于公地，如果把它租给私人开采，所得即属于公地的出租收入。《狄奥多西法典》中提到罗马国家对含金属的土地的所有人征收金贡、铜贡和铁贡（praestatio auraria, aeraria et ferraria），它们是用金属块支付的税。⑨ 在优士丁尼时代，仍任命矿场经管人（Procuratores metallorum），这些说明国有的矿场仍然存在。

---

① 处在亚平宁半岛中南部的一个地区，曾是被罗马人征服的萨漠尼安人的祖地。
② 意大利南方的一个地区，曾是被罗马人征服的 Lucani 人的祖地。
③ See William Ramsay, *A Manual of Roman Antiquities*, London and Glasgow: Richard Griffin and Company, 1863, p. 234.
④ 参见〔日〕盐野七生：《罗马人的故事 VIII：危机与克服》，郑维欣译，台湾三民书局 2002 年版，第 243 页。
⑤ Cfr. Laura Solidoro Maruotti, La tutela dell'ambiente nella sua evoluzione storica. L'esperienza del mondo antico, Torino, Giappichelli, 2009, p. 46.
⑥ Ibid.
⑦ Cfr. Maria Rosa Cimma, Ricerche sulle società di Publicani, Giuffrè, Milano, 1981, p. 23.
⑧ See J. C. Edmondson, Mining in the Later Roman Empire and Beyond: Continuity or Disruption? In *The Journal of Roman Studies*, Vol. 79 (1989), p. 97.
⑨ Ibid., p. 98.

（2）战争获胜时出售战利品的收入。按战争法，战利品（Praeda，既包括敌人本身，也包括其动产和不动产）是罗马人民的国家财产，不能由私人取得。此等战利品要先集中于最高统帅之手，他对其处分享有一定的自由裁量权，可以按公平的标准分配一部分给战士们，也可把它们纳入皇库。此时，财务官公开出售它们，其收入称 Manubiae，纳入皇库。① 出售的方式颇有军事色彩：把战利品置于矛下出售之，这导致现代拉丁语族语言中的拍卖一词就是"置于矛下"（Subasta，西班牙语）。拍得人称为 Manceps（字面意思是"因举手出标而取得标的物的人"②，后来转义为"承包人"），该词后来演变为指所有被判定中标公共合同的人，这里的公共合同的内容有：在拍卖中取得被流放者的财产、建造并维护公共工程、享用公地、收税。所以，战利品的拍卖开启了罗马以合同方式发包私人管理国有财产的制度。在罗马，战利品收入与税收收入之间呈此消彼长的关系，换言之，战利品取得多，足以应付公共开支，可能导致直接税的取消。例如，公元前167年，罗马征服了马其顿，得到大量战利品，人民从此不要再交直接税达200年③，直到公元6年奥古斯都开征5%的遗产税。战利品收入的如此重要的地位显示了当时罗马财政的掠夺性。

（3）发现财宝收入。阿德里亚努斯规定在皇库土地上发现的财宝应归皇帝一半，后来马尔库斯·奥勒留皇帝规定，发现人在并非自己土地上发现的财宝，都要给皇库一半。④ 所以，发现人完成发现后，要自觉向皇库申报自己的发现，隐藏的，则要把全部宝藏交皇库，还要加倍赔偿（D.49，14，3，11）。

（4）罚金。即强制实施某种不法行为者向皇库缴纳的一定金钱。例如，《十二表法》第十表第1条就规定不得在市区内埋葬尸首，但屡禁不止，阿德里亚努斯皇帝规定，在城里埋葬尸首的人处40金币的罚金，此等金额进皇库（D.47，12，3，5）。又如，对非法开矿者处的罚金（D.39，4，16，11）也归

---

① Cfr. Rossana Ortu, Praeda bellica: La guerra tra economia e diritto dell'Antica Roma, Su http://www.dirittoestoria.it/4/Memorie/Ortu-Praeda-bellica.htm#_ftnref105, 2009年6月23日访问。

② Véase Antonio Mateo, Manceps, Redemptor, Publicanus: Contribucion al studio de los contratistas publicos en Roma, Universidad Cantabria, Santander, 1999, pag. 29.

③ Ibid., pag. 96.

④ Cfr. Riccardo Orestano, Il Problema delle Persone Giuridiche in Diritto Romano, I, Giappichelli, Torino, 1968, p. 253.

皇库，因为罗马的贵重矿藏属于国有。① 当然，合同当事人也可约定，如果一方不履行，应向皇库支付罚金，称为对皇库负欠的罚金（Multa fisco debita）。②

（5）受判处者的财产（Bona damnatorum）。在刑事审判中被剥夺生命、自由或市民权的人的财产要判归皇库所有。据说这是来自托勒密统治下的埃及的做法。③ 共和晚期至帝政初期的刑事立法往往规定没收财产之刑。例如公元前44年的《关于永久废除独裁制的安东纽斯法》除判处犯罪人死刑外，还没收其财产。公元前18年的《惩治通奸罪的优流斯法》（Lex Iulia de adulteriis coercendis）没收奸夫的一半财产，奸妇的一半嫁资以及1/3的非嫁资财产；公元前17年的《关于公暴力和私暴力的优流斯法》（Lex Iulia de vi publica et privata）对私暴力的实施者处没收财产之刑。没收的财产进皇库。以上说的是被定罪者的财产被没收。在诉讼进行中，已被传讯或被当场拿获的犯罪嫌疑人自杀的，其遗产也归皇库（D. 48，21，3pr.），但他们必须犯的是重罪（D. 48，21，3，1）。

### 三、检举

（一）Delatio 的基本含义

本节涉及的是谁来纳库的问题。应该分皇库收入的类型来谈这个问题。皇帝作为继承人和受遗赠人得到的遗产应该由死者的继承人纳库。税收应该是包税人（Publicanus）征收，这其中也包括特别税的征收。受判处者的财产实际上是附带于主刑的没收财产刑，主刑的执行者应该也执行这种刑罚。至于其他的皇库收入的入库，则有赖于皇库代理人，但他需要检举人的帮助，因为这样的皇库收入源通常发生在私人空间，皇库管理人对它们通常难以知晓。非赖检举人之力，这些收入到不了皇库，于是，他们成了把财产带给皇库的人——Delator。

Delator 一词来自动词 Deferre，有"带来、拿来、传达、呈报、宣告"等

---

① 参见〔日〕盐野七生：《罗马人的故事VIII：危机与克服》，郑维欣译，台湾三民书局2002年版，第243页。
② See Adolf Berger, *Encyclopedic Dictionary of Roman Law*, Philadelphia: The American Philosophical Society, 1991, p. 589.
③ See Fergus Millar, The Fiscus in the First Two Centuries, In *The Journal of Roman Studies*, Vol. 53 (1963), p. 36.

意思。① Deferre 的名词是 Delatio，是"告密、提交"的意思。② Delator 是 Deferre 之行为的实施者，为"告密者、控告人"的意思。③ 实际上，与其动词的含义配套，它还有"带来者"的意思。确实，他们是给皇库带来财产的人。

以上是对 Delator 一词的最简单的语义学分析。然而，Delator 的活动范围远远不以为皇库带来财产为限，他们还在刑法的范围内活动——我们不妨把他们为皇库带来财产的活动用现代人的观念说成是税法活动。这方面的检举人的始作俑者，按塔西陀的说法，是比提尼亚行省的财务官切皮尤斯·克里斯皮努斯（Caepius Crispinus），他作为检举人控告其上司犯有国事罪。④ 斯蒂芬·拉特里奇则认为犯罪检举的历史更早，提贝留斯时期的犹大就是一个这样的检举人，他出卖了耶稣，还拿到了 30 银币的检举奖励。⑤ 这一制度最后成为皇帝鼓励告密、消灭政敌的工具，成为一个名声不好的制度。⑥ 塔西陀明确地把它定性为"注定要使共和国的命脉受到折磨的罪恶制度"。⑦ 可能正因为这样，罗马法学家们不关心这样的检举，相反，他们关心的是财产检举。马尔西安留下的罗马法学史上的唯一一部研究检举人制度的专著只谈财产检举人。伽里斯特拉杜斯和保罗留下了《论皇库的权利》的专著，其中提到的检举人也仅仅为财产检举人。所以，以这些先哲的著作为依据写成的本文，也只考虑财产检举人。

在我见到的拉丁语词典中，都把 Delator 一词作两个最基本的释义：控告人和检举者。前者堂堂正正，搞阳谋；后者躲躲闪闪，搞阴谋，两者不可得兼。Delator 不可能同时是这两个意思，只能以该词在不同领域有不同的含义解释。据维哥丽塔（Tullio Spagnuolo Vigorita）的研究，在元首制时期和帝政晚期，

---

① 参见谢大任主编：《拉丁语汉语词典》，商务印书馆 1988 年版，第 155 页。
② See *Oxford Latin Dictionary*, Oxford at Clarendon, 1968, p. 507.
③ 参见谢大任主编：《拉丁语汉语词典》，商务印书馆 1988 年版，第 157 页。
④ 参见〔古罗马〕塔西陀：《编年史》（上册），王以铸、崔妙因译，商务印书馆 1983 年版，第 61 页。
⑤ See H. Steven, *Imperial Inquisitions, Prosecutor and Imformants from Tiberius to Domitian*, Routledge, London, New York, 2001, p. 3.
⑥ See W. W. Flint, The Delatores in the Reign of Tiberius, as Described by Tacitus, In *The Classical Journal*, Vol. 8, No. 1 (Oct., 1912), p. 37.
⑦ 参见〔古罗马〕塔西陀：《编年史》（上册），王以铸、崔妙因译，商务印书馆 1983 年版，第 66 页。

Delator 既可用来指国库或皇库检举人，也可用来指刑事控告人①，但多指前者。② 到帝政晚期，由于皇库程序的改变，检举人不再作为诉讼当事人出现，而是作为告发人或检举人出现。③ 看来，在刑事领域，Delator 是控告人的意思，盐野七生甚至把他们比作现代的检察官。④ 在皇库法领域，Delator 是检举人的意思。

（二）检举制度的运作

（1）检举人的资格要求。妇女不可以为检举，因为她们属于软弱的性别（D. 49, 14, 18pr.），但她们可以为自我检举（D. 49, 14, 16）。⑤ 自我检举令人奇怪，但它有其好处：不能取得遗产的人因为此等检举可取得一半遗产，但以此等财产不曾在其占有下为条件。⑥ 元老等级的人不得为检举（D. 49, 18, 1）；受判处者也不得为检举（D. 49, 18, 2）；被判处矿坑苦役的人也不得为检举，以免他们乱咬（D. 49, 18, 3），但他们在受判处前已开始检举的，可继续之（D. 49, 18, 4）；军人，不论是现役的还是退役的，都不得为检举，因为检举为伤名誉之事，并且他们领到了工资（D. 49, 18, 5—6）。监护人和保佐人不得检举其被监护人和被保佐人（D. 49, 14, 18, 8），这属于有信赖关系者之间的容隐义务；奴隶不可检举其主人（D. 49, 24, 2, 6），如果他这样做了，将受严厉处罚，但重大国事罪的情形除外（C. 10, 11, 6）。自己卖了一个违禁物的人，不得为了免受刑罚检举他的买受人（D. 49, 14, 18, 9）。看来，检举是一个向低下阶级开放的机会，是一种撕下面子找钱的行为。制度设计者很清楚检举制度的价值和负面效应，有限地利用之。同时，制度设计者也本着相如虽渴，不饮盗泉之水的原则禁绝一些诚信关系中的人为检举。

---

① Cfr. Tullio Spagnuolo Vigorita, Exseranda Pernicies, Delatori e Fisco dell'Età di Constantino, Jovene, Napoli, 1984, p. 23.

② Ibid., p. 27.

③ Ibid., p. 28.

④ 参见〔日〕盐野七生：《罗马人的故事 VIII：危机与克服》，郑维欣译，台湾三民书局2002年版，第351页。

⑤ 参见〔意〕桑德罗·斯奇巴尼选编：《民法大全选译·公法》，张礼洪译，中国政法大学出版社2000年版，第26页。

⑥ Cfr. Tullio Spagnuolo Vigorita, Exseranda Pernicies, Delatori e Fisco dell'Età di Constantino, Jovene, Napoli, 1984, p. 170.

（2）检举者在法院中的活动。首先必须弄清检举者在什么法院为检举。公元2世纪下半叶的法学家优流斯·毛里西安（Iulius Mauricianus）在其《优流斯和波培乌斯法评注》中说国库长官（Praefectus aeraii Saturni）负责传唤检举人到庭（D. 49, 14, 15, 4），这是一个在元首制时期设立的管理国库的长官[①]，他可能负责处理元老院行省收入的纳库事项，相当于皇帝行省的皇库代理人。两种公库的运作原理应该相同，因此，对此库的说明也可适用于彼库。毛里西安又说法官负责审查检举人撤销检举的原因（D. 49, 14, 15pr.），这里的法官，应是专门的皇库裁判官（Praetor fiscalis），公元97年由内尔瓦皇帝设立，专门处理皇库与私人之间的诉讼（D. 1, 2, 32）。看来，财产检举案件在元老院行省由国库长官担任原告，由专门的裁判官审理。检举人起一个人民控告人的作用。

检举人要制作起诉书（Libellus inscriptionis），签名后存留于长官处，由此完成对被告的正式检举（Nominis delatio）。非经这一程序，法官不得依职权启动审判，也不得置任何人于被告的地位。[②] 检举者要出庭，如果他拖延出庭，法官可传唤他三次（D. 49, 14, 2, 3; D. 49, 14, 15, 4），如果他仍不出庭，就犯了无故放弃控告罪（Tergiversatio，即完全放弃已提起的诉讼），此时要判定被检举人胜诉（D. 49, 14, 2, 4），检举人要被剥夺提起公诉的权利能力（D. 49, 14, 2, 3），同时要承担皇库因为他不出庭丧失的财产的赔偿责任（D. 49, 14, 15, 4）。[③] 尽管如此，检举人发现自己的检举错误的，如果法院认可这种错误成立，检举人可撤销其检举（D. 49, 14, 15pr.）。[④] 检举人要有出庭担保人（D. 49, 14, 2, 3）。[⑤] 检举者可以是其委托人（Mandator）的代理人，他有义务披露其委托人（D. 49, 14, 2, 5）。这样的安排可能出于这样的原因：其一，委托人身份高尚，不能自己从事只有下层人士才能从事的检举；其二，检举他人获利毕竟不是什么十分光彩的事，委托人出于复仇或赢利想检举某人的，可以通过他人进行，以免弄脏了自己的手。

---

[①] See Adolf Berger, *Encyclopedic Dictionary of Roman Law*. Philadelphia: The American Philosophical Society, 1991, p. 355.
[②] Cfr. Bernardo Santalucia, Diritto e processo penale nell'antica Roma, Giuffrè, Milano, 1998, p. 241.
[③] 参见〔意〕桑德罗·斯奇巴尼选编：《民法大全选译·公法》，张礼洪译，中国政法大学出版社2000年版，第22页。
[④] 同上书，第20页。
[⑤] 同上书，第8、21页。

当然，检举成功后的赢利，应该在检举人及其委托人中分割。无论如何，允许委托检举，使关于检举人的资格要求的规定形同虚设。不披露委托人的检举就是唆使检举，这是要受惩罚的行为，如果有人为之，一旦发现，尽管检举成功，检举人照样从国库拿奖金，而唆使人要把等于这笔奖金的款子交付于国库，等于是他给受他唆使的检举人发了奖金（D.49, 14, 15, 1）。

检举具有让皇库火中取栗的性质，它有如暗器，不用者傻——皇库的1/4以上的收入都通过检举人获得①——用之者不仁，故理想主义一些的当局者君士坦丁皇帝把它说成是"可恶的瘟疫"（Exsecranda pernicies），于312年颁布的告示中禁止之。② 而现实主义的制度设计者对它采取不得不用，但不得多用的限制态度。

在出庭过程中，检举者负举证责任（D.49, 14, 25）。③ 证明的方式是出示有关的文件（D.49, 14, 25）。证明不了主张的事实的，构成诬告，要被反诉或反坐（D.49, 14, 24）。④ 检举人三次为检举但未证明其主张的，不得再为检举，另外还要丧失其一半财产。⑤ 诬告责任也扩及于委托检举人，检举人未能证实检举的，其委托人也要反坐（D.49, 14, 24）。⑥ 这些显然是限制检举制度的道德风险的措施。

（3）对检举者的奖惩。成功的检举人会获得奖励。在财产检举的情形，奖品是被检举者的部分财产。成功的检举导致检举人取得被告1/4甚至一半的财产作为奖励。⑦ 此等奖励可由其继承人继承。⑧ 与对检举者的高额奖励相

---

① 参见〔古罗马〕塔西陀：《编年史》（上册），王以铸、崔妙因译，商务印书馆1983年版，第156页及注释1。
② Tullio Spagnuolo Vigorita, Exseranda Pernicies, Delatori e Fisco dell'Età di Constantino, Jovene, Napoli, 1984, p. 3.
③ 参见〔意〕桑德罗·斯奇巴尼选编：《民法大全选译·公法》，张礼洪译，中国政法大学出版社2000年版，第27页。
④ 同上书，第21、23页。
⑤ Cfr. Rafael Taubenschlag, Il delatore e la sua responsabilità nel diritto dei papiri, In Studi in onore di Vincenzo Arangio-Ruiz, Nel XLV anno del suo insegnamento, Jovene, Napoli, 1955, p. 507.
⑥ 参见〔意〕桑德罗·斯奇巴尼选编：《民法大全选译·公法》，张礼洪译，中国政法大学出版社2000年版，第23页。
⑦ 参见〔日〕盐野七生：《罗马人的故事VII：恶名昭著的皇帝》，彭士晃译，台湾三民书局2002年版，第148页；〔意〕桑德罗·斯奇巴尼选编：《民法大全选译·公法》，张礼洪译，中国政法大学出版社2000年版，第15页。
⑧ 参见〔意〕桑德罗·斯奇巴尼选编：《民法大全选译·公法》，张礼洪译，中国政法大学出版社2000年版，第17页。

应，对他们的处罚也堪称严厉。公元 61 年的《图尔皮流斯元老院决议》（Senatusconsultum Turpilianum）针对不当检举规定了诬告罪（Calumnia）、虚意控告罪（Praevaricatio，即隐瞒真实的罪行）和无故放弃控告罪。对于前者，按《关于诬告者的雷姆缪斯法》（Lex remmiade calumniatoribus）判处反坐，同时剥夺被告提起公诉的能力；对于中者，判处被隐瞒的罪行的实施者同样的刑罚（D. 47, 15, 6）；对于后者，判处破廉耻。[①] 这些都具有打击不负责任的检举者的意图。

（4）对检举行为的时效限制。无人继承的遗产的期间是 4 年（D. 49, 14, 1, 2）。主张被通缉者的财产的诉讼时效是 20 年（D. 49, 14, 1, 3）。已发生的检举对后一个检举来说构成时效的终止（D. 49, 14, 1, 5）。

### 四、结论

从本文中，我们可看到在元首制时期存在的罗马帝国国库与皇库的二元制，皇库的主要收入来源以及检举人在保障皇库收入中所起的作用。与现在中国的国库收入由税收和罚没收入、规费收入构成不同，罗马的皇库有其独特的收入来源：遗产类收入。罗马人对死人财产的这种兴趣可能令我们惊异，表明了两个文化区域的人民观念的不同。这种兴趣由后来的教皇继承，他们的"库"后来也被称为 Fiscus。这种趋向的顶峰是教皇把继承法教会法化。

罗马皇库对受判处者的财产的吸纳也值得关注，由此，纳库不仅意味着进钱，而且意味着道德调节和尊法调节。现代国库这方面的功能较弱。

无论如何，皇库之所得即私人之所失，因此，皇库的收入问题就是公私关系问题。一方面，罗马法采取了公优先于私的立场，确立了皇库的特权，由此奠定了现代民法中惯见的国家财产优先保护原则的起源，另一方面，我们看到，罗马法学家对这种关系采用了相如虽渴、不饮盗泉之水的处理，在很多情形放弃把财产纳入皇库的机会，而把它们保留给私人，皇库律师甚至能为私人服务，所以，皇库也有败诉于私人的。这样的诉讼以现代眼光看是行政诉讼，有时的结果是民告官，告赢了。所有这些，都体现了罗马法学家对法乃善良公正之术的理解。

---

① 参见黄风：《罗马法词典》，法律出版社 2002 年版，第 241 页。

在皇库制度存在的时代，罗马无现代的官僚制度，皇库收入的取得在很大程度上有赖于检举人的积极性，而这种积极性很大程度上又靠从被告财产提存维持，造成了公益效果与牟利动机的矛盾，引起了不小的道德灾难。这迫使罗马统治者对检举制度采取有限利用的态度，在给予他们利益的同时课加严厉的责任，甚至兼有取缔这一制度的实践。在现代文官制度建立后，这种检举制度就无必要维持了。

作为副产品，本文涉及罗马的财团法人制度问题、复仇问题（不为被继承人报仇者不得继承其遗产）和容隐问题（奴隶不可检举其主人，保护人不得检举其被保护人）。就前者而言，在中文文献中，关于罗马法人制度的论述还限于市的地位、军团的地位，还在社团法人的层次徘徊，没有进入到财团法人的层次。实际上，罗马法中不仅有较成熟的社团法人制度，而且还有同样的财团法人制度。就中者和后者而言，罗马法的这方面规定与中国古代法的规定很契合，都是让公共秩序对社会基本道德的维护让步，这证明两种相隔遥远的法律文明有可能存在共性。

# 论罗马的包税制

## 一、包税制的历史方面

### （一）包税制的雅典起源

包税制起源于雅典，按此制，包税人通过竞标取得对某种税（例如关税、旅馆税、销售税）的征收权，代价是预付国家税金，报偿是多收的部分归己。由此，国家免去了维持征税的公务员队伍的成本，而且在每一财政年度的开始就获得了税金。[①] 因为根据前一年留下的征税记录，可以算出今年的可征额。包税制的坏处是让纳税人付得多于预定的税额，不然包税人没有利润可言。另外，如果各个包税人联合起来压低标价，国家财政也会受害。对于包税人来说，包税有风险，但也有利可图，一般可取得12%的利润。风险在于，一旦有人偷逃税，收不到预计的税金，包税人自己要承担这一差额。

包税制之所以产生于雅典，原因在于那里有让一个人长期担任公职不合城邦宪法的原则，按这样的宪法，官员应是能很快互相接任的，通过包税制解决了这样的宪法难题。[②] 在城邦国家，包税制被证明为优越于政府征税制，因为它更有效率、更经济。[③]

雅典制定了法律规定包税人的要求以及他们的义务和特权。个人和公司都可充当包税人，后者更容易敛到要达到征税权一半价值的标金。包税合同1年有效，但征税需要长期的经验，所以，第二年通常也是同一人中标。包税

---

[①] See Gerhard Kittel, Gerhard Friedrich, *Theological Dictionary of the New Testament*, Vol. VIII, Translated by Geoffrey W. Bromiley, Wm. b. Eerdmans Publishing, 1972, p. 89.

[②] Ibid.

[③] See Charles Adams, *For Good and Evil: The Impact of Taxes on the Course of Civilization*, Second Edition, Lanham: Madison Books, 1999, p. 70.

人需要提出保证人。① 包税人的偿付在两个期日进行，在第一个主席团（Prytaneia）② 的任期③内，应支付第一个期次，此后他们才可以收税。其他的偿付在第六个主席团的任期内支付，晚交的，要受破廉耻和监禁。仍然不付的，债务到了第九个主席团的任期翻番，包税人的财产要被扣押，保证人要承担责任。但如果发生战争或瘟疫，雅典人民在作出调查后可除免包税人的债务。包税人被豁免兵役以免其业务被中断。在收税过程中，他们使用雇员和奴隶。如果有逃税的嫌疑，他们可检查船舶，并没收船上未纳税的货物。包税人可以向立法院（Thesmothetai）投诉走私者。如果投诉成功，有关的货物将被没收，逃税人要受惩罚。可向财政委员会（Apodects）提出对包税人的投诉。④ 其他希腊城邦——例如马其顿——的包税立法与雅典大同小异。

雅典的包税制在运作中没有发生什么问题，名声良好，这是因为当时的税率低、包税人企业规模不大，而且有些税，例如关税的缴纳者主要是外国人。⑤

（二）罗马对希腊包税制的继受

罗马王政时期的税收问题属于晦暗的领域，诸罗马公法著作家往往对此沉默或语焉不详。在现有的文献传统中找到的有两种税。其一是关税，据说它是最早的税⑥，所以，在王政时期就应该有了此税，但最初的3个王不知有关税之存在。第四个王安库斯·马尔求斯修造了奥斯提亚港，可能与此同时开始征收关税。⑦ 其二是战争税。⑧ 在塞尔维尤斯·图流斯的改革后，全体罗马市民要根据在国势调查中监察官确定的自己的财产的份额缴纳直接税

---

① See Gerhard Kittel, Gerhard Friedrich, *Theological Dictionary of the New Testament*, Vol. VIII, Translated by Geoffrey W. Bromiley, Wm. b. Eerdmans Publishing, 1972, p. 90.
② 即立法机关的执行机关。
③ 每个任期是1/10年，也就是36天多一点。
④ See Gerhard Kittel, Gerhard Friedrich, *Theological Dictionary of the New Testament*, Vol. VIII, Translated by Geoffrey W. Bromiley, Wm. b. Eerdmans Publishing, 1972, pp. 90s.
⑤ See Charles Adams, *For Good and Evil: The Impact of Taxes on the Course of Civilization*, Second Edition, Lanham: Madison Books, 1999, p. 70.
⑥ Ibid., p. 79.
⑦ Voir M. R. Cagnt, Etude Historique sur les Impots Indicrets chez les Romain Jusqu'aux Invasion des Barbares, Imprimerie Nationale, Paris, 1882, p. 6.
⑧ See H. H. Scullard, *A History of the Roman World*, 753 to 146 BC, London and New York: Routledge, 1980, p. 69.

（Tributum ex censu），税率是千分之一。此等财产主要是土地，所以无妨称这种税为土地税。无子女者和寡妇要交一种类似的税，其税率是每年 2000 阿斯。前者交的用来为士兵发工资，后者交的用来为公马骑兵买马料。① 付不起上述土地税的穷人（他们是低下阶级的成员）要交人头税，由于这个关系，此税又称平民人头税（Capitatio Plebeia）。② 关税是设立官员征收还是包给私人征收，为我不知。但战争税是通过部落征收的，部落再把它们转给中央政府。③ 这意味着部落中有一定的人员负责这种征收。

　　罗马共和时期的税收情况明亮得多。一度停征、由于围困维爱而复征的战争税由国库官（Tribuni aerarii）征收，他们是每个部落选出的承担此任的富有的市民，负责把收到的税款直接付给士兵，为了保证得到此款，士兵对国库官享有扣押权（Pignoris capio）。④ 此时罗马的税看来是政府直接征收，无包税人之设。公元前 167 年，罗马征服了马其顿，得到大量战利品，人民从此不要再交战争税，国库官因此消失，征税的功能改由财务官承担。⑤

　　那么，共和时期从何时开始从直接收税改为间接收税呢？换言之，罗马人是何时从希腊引进包税制的呢？根据李维（Liv. 23，48，10—49）的报道，公元前 214 年已有从监察官竞标税收权的人，瓦雷流斯·马克西姆斯（Valerius Maximus）把他们称为包税人。⑥ 而且，李维在另一个地方（Liv. 25，3，12）也提到，公元前 212 年，元老院开始考虑采用包税制。⑦ 看来，公元前 167 年对马其顿的征服在罗马税制史上是一个重要的事件，一方面，它导致罗马既有的直接征收制部分停用；另一方面，它让罗马人看到了马其顿采用的包税制的好处并起意模仿之。不妨说，从公元前 167 年到公元前 212

---

　　① Voir P. Willems, *Le Droit Public Romain ou Les Institutions Politiques de Rome*, Typographie de CH. Perters, Libraire-Editeur, Louvain, 1883, p. 356.
　　② See Adolf Berger, *Encyclopedic Dictionary of Roman Law*, Philadelphia: The American Philosophical Society, 1991, p. 380.
　　③ Cfr. Massimiliano Madio, *Il tributum: aspetti e funzioni del diritto romano*, 2009 年 6 月 25—30 日在苏兹达利—莫斯科召开的第五届《罗马公法和私法：几个世纪以来欧洲法律发展的经验》国际会议论文，p. 3.
　　④ Véase Antonio Mateo, *Manceps, Redemptor, Publicanus: Contribucion al studio de los contratistas publicos en Roma*, Universidad Cantabria, Santander, 1999, pag. 95.
　　⑤ Ibid., pag. 96.
　　⑥ Cfr. Maria Rosa Cimma, *Ricerche sulle società di Publicani*, Giuffrè, Milano, 1981, p. 48.
　　⑦ See Gerhard Kittel, Gerhard Friedrich, *Theological Dictionary of the New Testament*, Vol. VIII, Translated by Geoffrey W. Bromiley, Wm. b. Eerdmans Publishing, 1972, p. 93.

年,是罗马人采用希腊的包税制的时间。

　　罗马继受希腊的包税制度因为同样的宪法问题:长官的任期通常只有1年,没有设立文官系统掌管国家财产并收税,只能借助于包税人这样做。① 当然,包税制的建立还与罗马的扩张有关——征服马其顿是此等扩张的一部分——正如科瓦略夫所言:"当罗马由城邦变成了世界强国的中心的时候,它的国家机构仍然是城邦的旧机构。在这里几乎没有专门的机构来管理意大利和行省,特别是没有财政的机构,因此要征收租税,最简便的办法就是把这件事情包出去"。②

　　包税人的拉丁文形式为 Publicanus,西班牙学者安托略·马岱奥(Antonio Mateo)认为该词是"人民的"之意③;日本学者盐野七生把该词译为"公务代理人"。④ 两位作者对该词的处理暗示 Publicanus 的为人民服务角色,但美国学者查尔斯·亚当认为,Publicanus 来自 Publicum,该词是"国家财产"、"国家收入"的意思。⑤ Publicanus 不过是利用国家财产的人(quia publico fruuntur)。⑥ 查尔斯·亚当对 Publicanus 一词的这样的处理暗示着他们的经济人角色。

　　Publicanus 是一个类名,根据承包的税种的不同,他们的具体名字不同。承包什一税的,称为 Decumani,但亚细亚人仍然把承包亚细亚行省税的人称为 Publicanus。承包公共牧场使用费(Scriptura)的,称为 Scripturarii。承包关税的,称为 Portitores。⑦ 到这里,我们就可看出把 Publicanus 译为"包税人"不妥,因为他们不仅包税,而且包费,公共牧场使用费显然属于只是使

---

　　① See Gerhard Kittel, Gerhard Friedrich, *Theological Dictionary of the New Testament*, Vol. VIII, Translated by Geoffrey W. Bromiley, Wm. b. Eerdmans Publishing, 1972, p. 93.
　　② 参见〔俄〕科瓦略夫:《古代罗马史》,王以铸译,上海书店出版社2007年版,第300页。
　　③ Véase Antonio Mateo, Manceps, Redemptor, Publicanus: Contribucion al studio de los contratistas publicos en Roma, Universidad Cantabria, Santander, 1999, pag. 15.
　　④ 参见〔日〕盐野七生:《罗马人的故事 II:汉尼拔战记》,张惠君译,台湾三民书局1998年版,第55页。
　　⑤ See William Ramsay, *A Manual of Roman Antiquities*, London and Glasgow: Richard Griffin and Company, 1863, p. 232; p. 238.
　　⑥ D. 39.4, 1, 1。乌尔比安:《告示评注》第55卷。参见〔意〕桑德罗·斯奇巴尼选编:《民法大全选译·公法》,张礼洪译,中国政法大学出版社2000年版,第40页。
　　⑦ See William Ramsay, *A Manual of Roman Antiquities*, London and Glasgow: Richard Griffin and Company, 1863, p. 238.

用者才缴纳的费，而非一切人都要缴纳的税。

在不同的地方，包税人也有不同的名字。在意大利，叫做 Petitor（请求人）或 Pignerator（质权人）。在西西里，在盖尤斯·韦雷斯改变征收方法①后，叫做 Ereptor（抢劫者）和 Possessor（占有人）。② 前一个名字很好地反映了韦雷斯改革的内容。

作为一个类名，Publicanus 与其他分享国家职能的人并列，他们是 Manceps 和 Redemptor。容分述之。

Manceps（承包人）一词指所有被判定中标公共合同的人，这里的公共合同，不仅有罗马国家层面的，也有自治市层面的，它们的内容有：在拍卖中取得被流放者的财产、建造并维护公共工程、享用公地、收税。③ 承包人的概念产生于公元前 2 世纪上半叶罗马国家对公共财产管理的广泛发包中，对此，波利比阿这样记述："在整个意大利，由监察官们发出的、对难计其数的各种公共设施进行修建和修缮的承包合同所提供的工作实际上非常之多，此外，还有数量众多的各种承包：水道、港口、牧场、矿场、土地，一言以蔽之，对罗马国家所有权领域内各种事物的承包。如今，所有这些承包都由人民管理。并且可以说，几乎所有的市民都卷入了这些承包并分享从中产生的收益。"④

Redemptor 也是承包人的意思，指在监察官的发包活动中竞标的人。⑤ 不过，他们承包的不是公共工程，而是公共供应和服务，例如提供军队给养和战具，维护神庙，所以其活动具有中介性，换言之，尽管他的活动不是公共工程本身，但对此等工程之完成具有增益作用。⑥ 当然，包税也是一种中介活

---

① 在韦雷斯当西西里总督前，包税人只能收谷物收成的 1/10，不能多收，多收的，纳税人可要求仲裁。韦雷斯当总督后，赋予包税人充分地祸害当地农民的自由，只有超征 8 倍外，纳税人才可起诉包税人。See R. T. Pritchard, Gaius Verres and the Sicilian Farmers, In *Historia*: *Zeitschrift für Alte Geschichte*, Vol. 20, No. 2/3 (2nd Qtr., 1971), pp. 224ss.
② Cfr. Lauretta Maganzani, Publicani e Debitori d'Imposta, Giappichelli, Torino, 2002, p. 29.
③ Véase Antonio Mateo, Manceps, Redemptor, Publicanus: Contribucion al studio de los contratistas publicos en Roma, Universidad Cantabria, Santander, 1999, pag. 31.
④ 参见〔俄〕烈昂尼德·科凡诺夫：《罗马公法和现代俄罗斯法中的国家承包合同》，曾健龙译，载徐国栋主编：《罗马法与现代民法》（第 7 卷），厦门大学出版社 2010 年版，第 265 页。
⑤ Véase Antonio Mateo, Manceps, Redemptor, Publicanus: Contribucion al studio de los contratistas publicos en Roma, Universidad Cantabria, Santander, 1999, pag. 39.
⑥ Ibid., pag. 181.

动,所以后来出现了税务承包人（Redemptores vectigalium）。①

三者间的区别何在？首先,Manceps 与 Redemptor 不同,前者只承包公共事务,而后者不仅承包公共事务,而且也承包私人事务;前者较早,后者较晚。② 其次,Manceps 与 Publicanus 有关联,后文将指出,Manceps 是代表包税公司与罗马国家签订税务承包合同的人。最后,包税人与 Redemptor 不同,前者只包税,后者承包的范围要广泛得多,包税人只是 Redemptor 的一种,到共和时期,它成为一个专指承包罗马人民的公共收入者的术语。③ 盖尤斯因此说："我们把承包收敛罗马人民的岁入的人叫做包税人……"（D. 50,16,16。盖尤斯：《行省告示评注》第3卷）。当然,岁入不以税收为限,故盖尤斯又说："但那些管理盐场、白垩土矿、金属矿场的人也视为包税人"（D. 39,4,13pr.。盖尤斯：《行省告示评注》第3卷）。④

尽管如此,三者都围绕着国家的需要进行活动,有的是管理国家财产,有的是满足国家的需要,有的是为国家聚敛税收。现代国家对这些活动有两种处理。其一为国家主义的,把这三者的活动都留给国家官吏或通过国有企业实施,这是许多社会主义国家做过的;其二为市场主义的,把三者的多数活动按罗马人的方式交给私人处理,例如美国就是这样,但无论如何,现代国家少有把征税的主权活动委托给私人的。这种独特的安排反映了罗马没有现代意义上的科层制官僚系统的政治现实。

（三）包税制在罗马的衰亡

与包税制在雅典的命运不同,它在罗马史上留下了斑斑劣迹。学者们常把罗马的税制说成是"或多或少有组织的抢劫",把罗马的包税人说成是"一伙抢犯"。⑤ 一位公元前2世纪的罗马作家写道："整个世界都在包税人脚

---

① Véase Antonio Mateo, Manceps, Redemptor, Publicanus: Contribucion al studio de los contratistas publicos en Roma, Universidad Cantabria, Santander, 1999, pag. 182.
② Ibid., pag. 55.
③ Ibid., pag. 183.
④ 令人遗憾的是,张礼洪把这一片段的意思完全译反了,他的译文告诉我们,管理盐场、白垩土矿、金属矿场的人不是包税人。盖尤斯九泉有知,肯定会为此感到愤怒的。参见〔意〕桑德罗·斯奇巴尼选编：《民法大全选译·公法》,张礼洪译,中国政法大学出版社2000年版,第40页。
⑤ See Charles Adams, *For Good and Evil: The Impact of Taxes on the Course of Civilization*, Second Edition, Lanham: Madison Books, 1999, p. 75.

下呻吟"。① 此乃因为，包税人收得越多，他自己得到的就越多，所以他们就钻山打洞地设法多掠夺纳税人。罗马的包税人与雅典的同行不同，雅典的包税人是在自己的土地上收同胞或外国人的税，所以要顾忌自己的形象和同胞之情，而罗马的包税人产生于对外扩张中，他们往往是在外邦的土地上收外邦人的税，所以他们既不要顾忌自己的形象，也无须顾忌同胞之情，下手忒狠。这样，包税制就毁了共和国，毁了行省，并影响罗马帝国的安定。公元前88年，米特拉达悌大帝领导多数亚细亚和希腊城市反对罗马，在起事的第一天，就杀了8万名罗马包税人。米特拉达悌的诉求就是取消包税制并对参与其叛乱的城市实行5年免税。② 苏拉敉平了米特拉达悌的叛乱，但采用了他们的取消包税人的要求，采用一种特别代理人（类似于现代的税警）收税③，从此包税人的权力开始缓慢衰落。公元前47年，恺撒为了消除包税人的中间盘剥地位，委托亚细亚的城市自己收国税，所收的1/3留给税源城市。④ 奥古斯都及其继任者开始限制包税人公司的权力，把他们从国税的包征者变为地税的包征者。⑤ 在提贝留斯时代，此等公司征收直接税的权力可能已被完全取消。尼禄颁布法律限制包税人的权力，其内容为：（1）公布过去被置于密室的关于各种税收的条例；（2）设立1年的除斥期间，超过此等期间的未缴税款不得再为主张；（3）裁判官、行省总督优先审理控告包税人的案件。⑥ 在阿德里亚努斯时代，间接税的征收从罗马包税人商行的手中夺了过来，并在元首代理人的监督下交到地方税吏的手中，但包税制并未完全消亡，许多国家的事业还是包出去的。⑦ 2世纪，包税公司终结。从那时起，皇家官员征收多

---

① See Charles Adams, *For Good and Evil*: *The Impact of Taxes on the Course of Civilization*, Second Edition, Lanham: Madison Books, 1999, p. 87.

② Ibid., p. 91.

③ Ibid.

④ See Thomas A. J. MacGinn, *Prostitution, Sexuality, and Law in Ancient Rome*, New York, Oxford: Oxford University Press, 1998, p. 258.

⑤ See Charles Adams, *For Good and Evil*: *The Impact of Taxes on the Course of Civilization*, Second Edition, Lanham: Madison Books, 1999, p. 100.

⑥ 参见〔古罗马〕塔西陀：《编年史》（下册），王以铸、崔妙因译，商务印书馆1981年版，第445页。

⑦ 参见〔俄〕科瓦略夫：《古代罗马史》，王以铸译，上海书店出版社2007年版，第700页。

数的税，关税被交给一个总包税人。从 2 世纪末开始，关税也开始直接征收。① 但也有人说，从 2 世纪初以来，承收公共岁入（Vectigalia）的人仍然存在，但他们已不承包公共工程。② 尽管有如上种种关于罗马包税制消亡的说辞，但公元 161 年出版的盖尤斯《法学阶梯》仍然提到包税人。到 438 年的《狄奥多西法典》中，仍有包税人之规定（第 4 卷第 13 题）。如果说包税制真的死亡过，它在《狄奥多西法典》中复活了。尔后的阿纳斯塔修斯皇帝为增加国库收入，还把土地税的征收交包税人代办。甚至在优士丁尼《学说汇纂》中还有关于包税人的规定（第 39 卷第 4 题），只是到了优士丁尼《法典》中，包税人才被征税人（Exactor，第 10 卷第 19 题）取代。这种二元制或许说明，包税制到优士丁尼时期还存在，但规模减少了。③

尽管如此，希腊人发明的包税制仍在西方文明中以各种各样的形式存续了 2500 多年，终结于 20 世纪的第一次世界大战期间，但今天，又在一些国家重现。④

## 二、包税制的法律方面

### （一）包税合同的订立

包税合同的当事人有罗马国家和包税人两方。在 2 世纪初，代表国家的是监察官或执政官，他们把征税任务发包给包税人。⑤ 订立合同过程具有公开性，只有在罗马集议场举行的公民大会上，当着罗马人民之面，监察官才能将各种收益发包出去。⑥ 在盖尤斯·格拉古之前，似乎任何人都可以投标，包括拉丁人，史料中，例如在李维的《罗马史》中，就有拉丁人担任包税人的记载。⑦ 但在盖尤斯·格拉古于公元前 123 年颁布了《关于把亚细亚行省的土

---

① See Gerhard Kittel, Gerhard Friedrich, *Theological Dictionary of the New Testament*, Vol. VIII, Translated by Geoffrey W. Bromiley, Wm. b. Eerdmans Publishing, 1972, p. 94.
② Cfr. Maria Rosa Cimma, Ricerche sulle società di Publicani, Giuffrè, Milano, 1981, p. 164.
③ Ibid., p. 163.
④ See Charles Adams, *For Good and Evil: The Impact of Taxes on the Course of Civilization*, Second Edition, Lanham: Madison Books, 1999, p. 71.
⑤ Cfr. Lauretta Maganzani, Publicani e Debitori d'Imposta, Giappichelli, Torino, 2002, p. 257.
⑥ 参见〔俄〕烈·科凡诺夫：《罗马公法与现代俄罗斯法中的国家承包合同》，曾健龙译，载徐国栋主编：《罗马法与现代民法》（第 7 卷），厦门大学出版社 2010 年版，第 272 页。
⑦ 参见科凡诺夫教授于 2007 年 6 月 15 日给我的电邮。

地由监察官出租的森普罗纽斯法》（Lex Sempronia de provincia Asia a censoribus locanda）后，只许骑士阶级的成员担任包税人。[1] 这样，包税合同具有了阶级性，换言之，非骑士阶级的人不得投标。这样的排除有政治上的原因，例如，根据拍卖法（Lex Licitationis），元老阶级的成员被排除参与包税[2]，他们只能从事农业性的活动，这跟罗马的重农、崇农的国策有关。这样的排除也有信用状况不佳的原因和行为能力不够的原因。就前者而言，未完成上一个合同规定的包税任务的包税人不得投标（D. 39, 4, 9, 2。保罗：《意见集》第 5 卷），皇库及国家的债务人也不得投标（D. 39, 4, 9, 3。保罗：《意见集》第 5 卷）；就后者而言，25 岁以下的未成年人不得投标（D. 49, 14, 45, 14。保罗：《意见集》第 5 卷）。

投标的过程贯彻自愿原则，不得强迫新人或老包税人投标（D. 39, 4, 9, 1。保罗：《意见集》第 5 卷）。这一史料透露出担任包税人并非完全利好的信息。他们赚钱虽多，但也面临道德的甚至是生命的危险。所以发生过强迫合同期满的包税人继续包税的事情，以解决找包税人难的问题。阿德里亚努斯皇帝就此事作出敕答，否认了这样做的正当性（D. 49, 14, 3, 6。伽里斯特拉杜斯：《论皇库的权利》第 3 卷）。尽管如此，仍对在前一期包税合同中赚了大钱的人按以前的合同条件包税，只要没有人愿意出标接手他的合同（D. 39, 4, 11, 5。保罗：《意见集》第 5 卷）。

有时投标的过程很有竞争性，在你追我赶的氛围中，投标者提出了高出通常条件的标价的，包税合同并不当然成立，只有在这样的投标人愿意提供担保并且保证人有保证能力的情况下，才成立包税合同（D. 39, 4, 9pr.。保罗：《意见集》第 5 卷）。实际上，任何包税合同都需要保证人（Praedes），他可分享包税的利润。[3]

共和时期的包税合同为期 5 年，这一期限短于雅典的包税合同的期限，

---

[1] 参见〔美〕滕尼·弗兰克：《罗马帝国主义》，宫秀华译，上海三联书店 2008 年版，第 285 页。
[2] Cfr. Maria Rosa Cimma, Ricerche sulle società di Publicani, Giuffrè, Milano, 1981, p. 248.
[3] See Gerhard Kittel, Gerhard Friedrich, *Theological Dictionary of the New Testament*, Vol. VIII, Translated by Geoffrey W. Bromiley, Wm. b. Eerdmans Publishing, 1972, p. 93.

与监察官的任期相同。① 到了元首制时期,合同期减为 3 年。② 征税权可以转包。③ 在合同期内,税款分期支付,一期未付的,尽管包税期未满,仍可撤换包税人。他们还要支付延期付款的利息(D.39,4,10,1。保罗:《意见集》第 5 卷)。

(二)包税人的征税活动

首先,纳税人要向包税人申报纳税对象,例如进口的奴隶,这是关税的课征对象,瞒报的,有关财产将被没收,纳入皇库(D.39,4,16,3。马尔西安:《论检举者》单卷本)。纳税人由于未成年瞒报的,可得原谅(D.39,4,16,9。马尔西安:《论检举者》单卷本)。纳税人一旦做出合法申报,包税人就有义务征税,出于任何原因不征,造成皇库收入流失的,纳税人免责,包税人及其保证人对流失的税款承担责任(D.39,4,16,12。马尔西安:《论检举者》单卷本)。由于海上风暴卸下船货的,此等货物并非课税对象(D.39,4,16,8。马尔西安:《论检举者》单卷本)。

其次,包税人享有征税的强制手段。第一是扣押权(Pignoris capio)。盖尤斯说,监察官法也赋予罗马公共税收的包税人扣押权对付根据某一法律应当纳税的人(Gai.4,28)。④ 扣押只是一种威慑手段,如果纳税人经威慑后纳税,则可赎回质物;反之,则包税人取得此等质物的所有权⑤,因为包税人不得强制性地执行其请求,只能通过扣押债务人的财产或强制他到庭受审达到自己的目的。⑥ 正因为这样,包税人在意大利一度被称为质权人(Pignerator)。⑦ 但如果包税人误为扣押,例如,认为纳税人做了违反税法的事而夺走其家畜,不能对他提起暴力抢夺财物之诉,因为他并无诈欺意图。但如果他

---

① See Charles Adams, *For Good and Evil*: *The Impact of Taxes on the Course of Civilization*, Second Edition, Lanham: Madison Books, 1999, p. 87.
② Véase Esther Pendón Meléndez, Régimen jurídico de la prestación de servicios públicos en derecho romano, Madrid, 2002, pag. 84.
③ See Charles Adams, *For Good and Evil*: *The Impact of Taxes on the Course of Civilization*, Second Edition, Lanham: Madison Books, 1999, p. 93.
④ 参见〔古罗马〕盖尤斯:《法学阶梯》,黄风译,中国政法大学出版社 1996 年版,第 301 页及以次,译文有改动。
⑤ Cfr. Lauretta Maganzani, Publicani e Debitori d'Imposta, Giappichelli, Torino, 2002, p. 257.
⑥ Ibid., p. 39.
⑦ Ibid., p. 29.

圈住纳税人的家畜不牧放它,以至于它被饿死,他也要根据《阿奎流斯法》上的扩用诉权承担责任(D.47,8,2,20。乌尔比安:《告示评注》第56卷)。第二是没收权(Commissum),这种权力主要体现在关税的征收中,适用于非法运载的货物,一经发现,此等货物包税人可没收之,它们归属于皇库。船主参与此等非法运载的,一同没收船舶;船主未参与,非法运载由船长、舵手、船运工、水手造成的,只没收非法货物,船舶还给船主,对这些船员处死刑(D.39,4,11,2。保罗:《意见集》第5卷)。① 那么,运载什么货物属于非法呢?在帝政早期,禁止向敌人(即外国人)出口小麦、盐、磨刀石,这种规定有断绝敌人的食物和武器来源的意思。到帝政晚期,禁运的货物品种还扩张许多(D.39,4,11pr.。保罗:《意见集》第5卷)。② 显然,包税人虽然是私人,却拥有海关进出口执法权。

(三)法律对包税人的滥权行为的控制

由于包税人承包国家公务而谋求自己利益,而且他们面临的征税对象往往是外邦人,他们做出不端之事是必然的。所以,乌尔比安说:"包税人群体的是怎样的莽撞和轻率,无人不晓"(D.39,4,12pr.。乌尔比安:《告示评注》第38卷)。所以,在共和末期,裁判官颁布告示制裁包税人的抢夺财产行为,其辞曰:"包税人或其奴隶以公共收入的名义以暴力抢夺的财产,如果没有返还,我将赋予两倍罚金之诉。如果在一年后提起诉讼,我将赋予单纯价值之诉。同样,如果被主张以侵辱或盗窃造成了损害,我将赋予该诉权。如果不出示与这些事情相关的人,我将赋予对抗主人的诉权,同时不许他们通过损害投偿解脱自己"(D.39,4,1pr. 乌尔比安:《告示评注》第55卷)。这个告示包括以下三层内容。

其一,处理征税活动中直接侵犯纳税人财产权的行为。包税人及其役使人不法运用其扣押权抢夺纳税人财产,受害人在1年内起诉的,被告除了要返还原物外,还要支付相当于原物价值两倍的罚金给原告。这种处罚较轻,因为被告尽管有抢劫之实,却未受到抢犯要承受的4倍罚金的处罚(D.39,4,1,3。乌尔比安:《告示评注》第55卷),这种宽容应与包税人活动的公

---

① Cfr. Lauretta Maganzani, Publicani e Debitori d'Imposta, Giappichelli, Torino, 2002, p. 257.
② Voir Siegfried Laet, Portorium:Estud sur l'organisation douaniere chez les Romains, surtout à l'epoque du Haut-Empire, Bruges, 1949, p. 431.

务性质有关。原告在1年后起诉并胜诉的，只能追回被抢夺物。

其二，处理征税活动中的附带侵权行为。首先有侵犯纳税人人格和财产的行为。在征税中谩骂、殴打纳税人者属是。其次有盗窃行为。包税人及其役使人进入纳税人的处所，见财起意，顺手牵羊者属是。对这两种情形，在1年内起诉的，裁判官仍赋予两倍罚金之诉，在1年后起诉的，只赋予单纯价值之诉。这两种情形中的诉权具有可移转性，既可传给原告的继承人（D.39，4，13，4。盖尤斯：《行省告示评注》第13卷）；在他们已经得利的范围内，也传给被告的继承人（D.39，4，4pr.。保罗：《告示评注》第52卷）。

其三，处理包税人与其役使人的侵权责任分配。包税人的役使人（Familia）是所有参加包税人的征税活动的人，包括以下类型的人：（1）包税人自己的奴隶；（2）此等奴隶的家人；（3）解放自由人（可能是包税人的）；（4）他人的奴隶（D.39，4，1，5。乌尔比安：《告示评注》第55卷）。尽管包税人的工作班子中不乏自由人甚至专业人士，但他们都不直接参与扣押纳税人财产的"讨税"活动，看来，这个活动相当于我们的"城管"的业务范围，是个脏活，专门留给那些身份不高的人（"他人的奴隶"可能是流浪的或逃跑的奴隶，见乌尔比安：《告示评注》第38卷）来干。一旦此等役使人侵权，包税人的第一个选择是出示他们，让原告辨认具体的侵权者，此等出示是损害投偿的一个特别手续，据此，每个被出示的奴隶都要出庭被指认实施的私犯行为。[①] 一旦走损害投偿之路，包税人的责任就解销，被投偿者要当债奴来达成对被害人损失的填补。当然，如果包税人愿意赔偿受害人的实际损失，加害奴隶可以获得宽恕（D.39，4，3，3。乌尔比安：《告示评注》第55卷）。如果包税人拒绝为此等出示，他自己要就其役使人的侵权行为承担责任，并且不得途中变卦，改采损害投偿的解决。这样，包税人就像一个企业的领导人，要就其员工的职务行为承担责任，之所以如此，乃因为他在选任他们时存在过失（D.39，4，3pr.。乌尔比安：《告示评注》第55卷）。

通过裁判官的上述告示，包税人的滥权行为得到控制，他们被要求合理地行使其扣押权、不得在征税过程中侵害纳税人的人格和财产。通过裁判官

---

① Cfr. Lauretta Maganzani, Publicani e Debitori d'Imposta, Giappichelli, Torino, 2002, p.179.

上述告示的文本以及法学家们对它的评注，我们可看出直接的征税活动往往由奴隶身份的人实施，所以，上列两种侵权行为通常都是他们干的。一旦受到控告，包税人要间接（交出加害人承受此等奴隶价值的损失）或直接地（自己赔偿受害人损失）承担责任，由此约束他们选择行为良好的奴隶执行征税任务。

（四）包税合伙—公司的内部组织

从上文可见，包税人的征税活动靠一个兼包奴隶和自由人的团体进行，它称为包税公司或包税合伙（Societas publicanorum）[1]，其内部组组织如下：

Manceps，即承包人，他以自己的名义与代表罗马国家的长官签订包税合同。在他竞标包税合同时包税公司是否应已存在，是一个有争议的问题，不管是肯定论者还是否定论者，都承认承包人竞标时要向负责招标的长官提交一份已有或即将成立的公司的社员的名单，以证明自己确有完成包税任务的能力。因为为了获得征税权需要预交给国家的金额巨大，通常个人承受不起，需要组成公司才能做到这一点。中标后，承包人是包税公司的总裁。当然，按竞标时包税公司尚不存在说，承包人只是公司的创设人。

Magister，即总部董事长，由社员大会选举产生，任期一年。他负责公司的行政事务，监督严格执行与承包人商定的合同条件，就公司的日常运作为普通决定、监督账目、保管通讯、档案和公司簿册中的文件、召集并主持社员大会决定公司的金融活动的良好运作。大会以多数为决定。[2] 称他为总部董事长，乃因为他住在罗马，是各行省的分部董事长的领导。

Promagister，即分部董事长。他们是包税公司派驻各行省的代表，在有业务的行省每省至少设一人，有的行省设更多。显然他们住在行省，负责与行省订立包税合同（Pactio）[3]，代表公司为法律行为，负责保管涉及公司活动的簿册和账簿，定期向罗马汇报经营状况并提交账目。

Decumani，即董事，前文已说过 Decumani 一词指什一税的包税人，但该词在此处有另外的含义，指包税公司中的有影响人物，负责保管协议的文本

---

[1]　在拉丁语族的语言中，Societas 一词兼有公司与合伙之意。
[2]　Véase Esther Pendón Meléndez, Régimen jurídico de la prestación de servicios públicos en derecho romano, Madrid, 2002, pag. 110.
[3]　Cfr. Maria Rosa Cimma, Ricerche sulle società di Publicani, Giuffrè, Milano, 1981, p. 81.

和非常敏感及重要的决定。他们是骑士阶级的最高层人士。总部董事长召集董事开会以通过决定性地影响公司的内部和外部运作的秘密决定,他们的决定对总部董事长有约束力。①

Actor 或 Syndicus,即讼务执行人,Actor 是"原告"的意思;Syndicus 是团体或合伙的代理人(D.3,4,1,1—2),在此处,这两个词指称的是包税公司的诉讼代表,处理公司与第三人之间的诉讼事务和纠纷解决。② 他们的存在意味着包税公司具有法律人格,无须公司的所有成员出庭,他们作为一个整体构成法人,可以由专职机关代理出庭。

Praedes,前文已述,他是保证人,但他不是公司对外债务的担保人,而是向国家担保包税公司将良好组织与运作的人。③ 因为包税合同涉及的金额巨大,承包人订立此等合同时需要提交四个这样的保证人,他们每人就承包人对国家的责任承担全部责任,不享有分别利益④。发包长官要检查保证人的每一财产,以评估其保证能力。必要时承包人自己也兼当保证人。保证人是否为公司的成员,在所不问。

Socii,即社员,他们是单个的包税人,为了承包他们个人承包不起的业务联合在一起。⑤ 他们为公司出资或出劳务,但不担任公司的管理职务。如前所述,元老阶级的成员不得担任社员,受托管理公款的长官亦不得如此。⑥ 社员通过订立合同或因为被承包人列入名单加入公司,每个社员都拥有公司的股份,凭借此等股份,他们享有分得红利的权利⑦,但他们对公司的债务承担无限责任。社员的死亡不导致公司解散。

Adfines,即出资人,其地位低于社员,因为不参与订立合伙合同,也不参与公司的管理,作为报偿,他们也不承担公司经营的风险,也就是以他们的出资额为限对公司债务承担责任,但分享公司的经营利润。他们的出资可

---

① Véase Esther Pendón Meléndez, Régimen jurídico de la prestación de servicios públicos en derecho romano, Madrid, 2002, pag. 120.
② Ibid., pag. 122.
③ Ibid., pag. 132.
④ Cfr. Maria Rosa Cimma, Ricerche sulle società di Publicani, Giuffrè, Milano, 1981, p. 67.
⑤ 参见〔俄〕科瓦略夫:《古代罗马史》,王以铸译,上海书店出版社2007年版,第391页。
⑥ Cfr. Maria Rosa Cimma, Ricerche sulle società di Publicani, Giuffrè, Milano, 1981, p. 87.
⑦ Véase Esther Pendón Meléndez, Régimen jurídico de la prestación de servicios públicos en derecho romano, Madrid, 2002, pag. 134.

理解为一种变例寄托。有时，出资人可以作为公司的领取工资的自由人雇员执行特定的公司业务。包税公司的资本分为社员提供的和出资人提供的两种，后者分为股份流通，有意者既可向公司购买，也可向前出资人购买，换言之，存在此等股份的二级市场，Castor 神庙①附近的罗马集议场是买卖这种股票的场所，那里成为世界上的第一个华尔街。包税公司股票的收益非常好，是当时最好的投资。②

役使人，包括拿工资的雇员和奴隶，但按罗马法，奴隶不属严格意义上的役使人，而是公司的财产。

那么，这个团体是什么性质？首先是否为法人？如果是法人，属于何种法人？让我逐个回答这些问题。

对于第一个问题，答案应该是肯定的，因为包税公司有自己的法律人格，它可以自己的名义出庭起诉和应诉。成员的死亡不导致公司解散。它有自己的决策和执行机关。而且它还有自己独立的财产（Arca communis）。而且它以多数为决定，不似一般的合伙需要全体一致的决定。③ 这些都符合现代法人的要件。

对于第二个问题，学界的答案依据论者的文化背景的不同而有差异。例如，英美学者把法人与公司画等号，证明了包税公司是法人，也就证明了它是公司。而拉丁法族的学者天然地不能区分合伙与公司，从合伙角度理解包税人团体的把它解读为特业合伙；从公司角度理解它的，就把它理解为公司。

鉴于包税公司的资本有两种来源，还是把它定位为有限合伙或两合公司为好，前者为英美法中的名称，后者为大陆法中的对应物，两者名异而实同。

## 三、结论

包税制是国家将征税活动承包给最高的投标者，后者只需事先给付国家

---

① 即双子星神庙（Tempio di Castore e Polluce），也称为卡斯托雷及波鲁切神庙，是为了纪念公元前484年罗马和埃特鲁斯的战役中，由于双胞胎兄弟卡斯托雷及波鲁切的帮助使罗马获胜而建造的。
② See Charles Adams, *For Good and Evil: The Impact of Taxes on the Course of Civilization*, Second Edition, Lanham: Madison Books, 1999, p. 88.
③ See P. W. Duff, *Personality in Roman Private Law*, New York: Augustus M. Kelly · Publishers, 1971, p. 161.

某个定额的租金就可取得税收权的制度，其好处是国家不用官僚制度也可得到税收。① 众所周知，罗马在戴克里先时代之前无现代科层制意义上的官僚制度，是一种简政的体制。简政能得以达成，包税制功不可没。世界上并无绝对的好或坏，如果本文反映出的包税制的弊端远远小于维持一支庞大的征税队伍带来的弊端，即使对于现代国家，包税制仍然是一种可考虑的选择，对于中国这样的官口占世界第一的国家，尤其如此。

富有意味的是，罗马法中的两大"恶人"，包税人和检举者，都与罗马税制有关。但包税制并不必然是恶的，它来自高贵的共和理想：国家为人民之物，人人皆可为国家之官。人人为官可防止官僚制造成的腐败，所以，巴黎公社也把它当做自己的原则之一。基此，包税制在雅典的适用口碑不坏，它在罗马的声名狼藉跟它的外邦适用环境和实际的执法队伍的低下素质有关，从裁判官限制包税人权利的告示可看出，包税制实际上是利用奴隶来"修理"自由人的制度，一旦排除这些不利因素，包税制恢复其在雅典的佳誉是可能的。现在是一个私有化的时代，在美国，有把监狱私有化的尝试。众多国营企业的私有化就不要说了，可否考虑把中国的税务征收私有化呢？我的答案是肯定的，至少可以对某些税种进行试点，例如对新税如此，因为孟德斯鸠这样的否定包税制的一般价值的作家，也承认包税制适用于新税的价值：一种新设的赋税先交给包税人收有好处，因为包税人出于切身利益会想出对付偷税漏税的窍门，国家的征税人员想不出这些窍门。②

从本文还可发现，包税公司在罗马共和国的存在还为今人贡献了许多有益的法律制度，例如法人制度、有限责任制度、证券制度（包括公司债制度）等，所以，包税公司吸引历来的广大研究者注意并贡献诸多的专著，就不是偶然的了。遗憾的是，在我国，对罗马包税制尚未形成专论，但愿本文的问世，可起到填补空白的作用。

---

① 参见马骏：《包税制的兴起和衰落：交易费用与征税合同的选择》，载《经济研究》2003 年第 6 期，第 72 页。
② 参见〔法〕孟德斯鸠：《论法的精神》（上册），张雁深译，商务印书馆 1963 年版，第 225 页。

# 刑 法 论

# 《惩治通奸罪的优流斯法》研究

## 一、序言

公元前18年，奥古斯都运用保民官的权力颁布了《惩治通奸罪的优流斯法》（Lex Iulia de adulteriis coercendis），该法首次把通奸公罪化，着重打击已婚妇女的通奸。由于法案提议者只有奥古斯都的族名优流斯（如果由执政官提出法案，则应有两人的族名），这个法律很可能是平民会决议。奥古斯都为何不通过百人团会议而是通过平民会议通过这一法律遂成为问题。我们知道，百人团会议代表了贵族派的意志，平民会议代表了民众派的意志，所以，尽管在奥古斯都时期，百人团会议还有召开——不然怎么会在公元9年出现了《帕皮尤斯和波培乌斯婚姻法》（Lex Papia Poppaea nuptialis）？——奥古斯都还是选择了平民会作为自己的立法工具，这个法律"修理"贵族派的意图不言自明。这个法律与同年颁布的《关于等级结婚的优流斯法》（Lex Iulia de Maritandis Ordinibus）配套，力图重整罗马的家庭秩序，把国家的完善建立在家庭的完善上。该法有重大研究价值，因为它是许多重要的西方刑事诉讼制度的肇始。正因为这样，它在后世得到了大量的研究，撇开下文将引述的18世纪法国的布里松和德国的霍夫曼的拉丁文研究专著不谈，在当代世界，直接或间接以该法作为博士学位论文选题的也非个别。文献实在太多，本文不能综述。在这一方面，法国学者Philippe Moreau做了一个非常详尽的研究综述，它可在网上免费获得，有兴趣的读者可以参看[1]，由此可知本文所涉主题之水深。

---

[1] Voir Philippe Moreau, Loi Iulia réprimant l'adultère et d'autres délits sexuels, dans *Lepor. Leges Populi Romani*, sous la dir. de Jean-Louis Ferrary et de Philippe Moreau. [**En ligne**]. Paris: IRHT-TELMA, 2007. URL: http://www.cn-telma.fr/lepor/notice432/. Date de mise à jour: 24/02/2013.

奥古斯都是受到过于泛滥的通奸现象的刺激才起意制定《惩治通奸罪的优流斯法》的。就女性通奸泛滥而言，罗马诗人卡图卢斯（Gaius Valerius Catullus，公元前 84—公元前 54 年）在捎给他情人的口信中提供了这方面的证据：

> 祝她同她的情夫们过得快活，
> 她可以同时拥抱三百个人，
> 而不真爱任何一个，不断耗竭
> 他们的元气。[1]

卡图卢斯生活的年代与奥古斯都差不多，他描述的这种性乱现象在奥古斯都时代很普遍。奥古斯都的同时代人贺拉斯的如下诗行更补强了这方面的证据：

> 我们当今的时代罪恶横流，
> 玷污我们的婚床、后代、家园，
> ……
> 趁丈夫宴饮，她马上找到
> 年轻的情人，把非法的欢乐，
> 不加选择地轻率赠人，迫不及待地熄灭了灯火；
>
> 甚至于公然地，不避讳丈夫，
> 她应招而去——不论是大商户
> 或是西班牙来的船长——
> 千金买羞耻的阔气买主。[2]

这是对罗马人的性道德的挽歌，描述一个妻子业余做妓女，而丈夫也无所谓。

文学是生活的镜子，它们反映的奥古斯都时代性道德的社会情况应该是真实可信的。

---

[1] 参见《古罗马诗选》，飞白译，花城出版社 2001 年版，第 46 页及以次。
[2] 同上书，第 137 页。

就男性通奸泛滥而言，奥古斯都的舅舅恺撒就是一个通奸高手。他习惯一边在元老院开会一边给自己的情人们写情书。① 刺杀他的马尔库斯·布鲁图斯就是他的情人塞维利娅的儿子②，由于这种关系，恺撒已在自己的遗嘱中把布鲁图斯列为自己的继承人（替补第一顺位的继承人），但布鲁图斯不知恺撒的此等安排把剑刺向了一个关爱自己的人。③ 在恺撒的凯旋式上，其士兵对统帅开的玩笑也是要围观的妇女警惕这个秃头的男人。④ 最有意思的是，恺撒是个双性恋者，他少年时曾作为比提尼亚国王尼科美得斯（Nicomedes）的情人的故事广为人知。⑤ 据说他偷了 1/3 的元老的妻子⑥，恺撒时代的元老院有 900 人⑦，此数的 1/3 就是 300 人，恺撒的这个开放性后宫比东方君主的对应物规模大得多，他也够辛苦的。但他自己的女人也被人偷，他的死党克洛丢斯（Publius Clodius Pulcher）就在公元前 62 年的丰饶女神节那天化装成女人潜入他家中与其妻子庞培娅幽会，导致庞培娅被恺撒休掉。⑧

然而，《惩治通奸罪的优流斯法》主要打击的是女性的通奸，暴露出该法的男权主义倾向，它的整个视角是家父和丈夫发现女儿或妻子的通奸并打击之，由此把女性工具化地看作为丈夫提供血统无假的继承人的机器。

通奸有两个坏处。其一，它导致法律上的亲子关系与生物学上的亲子关系不一致，按帕比尼安对通奸（Adulterium）一词的词源学研究结论，通奸就是怀上了别人的孩子（D.48，5，6，1）⑨，奸夫家族通过这种方式窃取了戴绿帽子者的财产。正因为这样，无论在拉丁语中还是在现代的拉丁语系的语

---

① 参见〔日〕盐野七生：《罗马人的故事 IV：恺撒时代（卢比孔之前）》，李漫榕、李璧年译，台湾三民书局 1998 年版，第 99 页。
② 同上书，第 120 页。
③ 参见〔日〕盐野七生：《罗马人的故事 V：恺撒时代（卢比孔之后）》，黄红杏译，台湾三民书局 1998 年版，第 330 页。
④ 同上书，第 235 页。
⑤ 参见〔日〕盐野七生：《罗马人的故事 IV：恺撒时代（卢比孔之前）》，李漫榕、李璧年译，台湾三民书局 1998 年版，第 49 页。
⑥ 同上书，第 120 页。
⑦ Véase Jose Francisco Diaz, Historia de Senado romano, Barcelona, 1867, pag. 5.
⑧ 参见〔苏联〕谢·勒·乌特琴科：《恺撒评传》，王以铸译，中国社会科学出版社 1986 年版，第 47 页。
⑨ 参见《〈学说汇纂〉第 48 卷（罗马刑事法）》，薛军译，中国政法大学出版社 2005 年版，第 61 页。

言中,"通奸"一语同时指造假的意思①。其二,它败坏通奸妇女所属的家族的名誉,谁都不会认为自家的妇女与外家的男子通奸是一件体面的事情。② 甚至有人认为奥古斯都的《惩治通奸罪的优流斯法》开创了侵犯名誉的犯罪。③ 所以,William Smith 认为,罗马人用 adulterium 一词如同我们用 Adulteration 一词,用一个好东西由于被掺杂了价值较低的东西被搞坏了的意思。④ 无论如何,奥古斯都把通奸入罪化,这就等于把通奸行为的犯罪客体不仅定性为私人利益,而且定性为公共利益,具有维护罗马人的纯粹血统的意思。一旦血统混杂,罗马就衰落了,这正是一些人给出的罗马帝国衰亡的原因之一。⑤

然而,现代国家少有把通奸入罪的,大都把通奸交给道德、民事法律、行政法律处理,我国就是如此,刑法只处罚与军人配偶通奸的罪行(我国《刑法》第259条),称破坏军婚罪。奥古斯都的法律对通奸采取与现代法如此不同的立场,在我看来,除了有道德观念不同的原因外,还有通奸概念不同的原因。现代刑法中的通奸指已婚者与非其配偶的已婚或未婚的异性之间自愿性交的行为。⑥ 相奸者双方都已婚的,谓之通奸。相奸者一方未婚的,谓之私奸,前者破坏两个家庭,后者只破坏一个,所以前者的危害大于后者。奥古斯都的通奸法涵盖上述两种通奸,前者称 Adulterium(通奸),后者称 Stuprus(奸淫),不同的是,它还涵盖拉皮条的行为、娈童行为和男当女角行为、发现通奸后接受好处隐瞒的行为、乱伦行为等。所以,奥古斯都的通奸概念比现代人同一概念含义要广,涉及到整个社会的性道德,无疑,奥古斯都的这一立法关注的是社会风气重整。

许多古代人民中都有通奸罪⑦,例如,按希腊城邦罗克里(Locri)于公

---

① 参见北京外国语学院《意汉词典》编写组编:《意汉词典》,商务印书馆1985年版,第19页;陈用仪主编:《葡汉词典》,商务印书馆2003年版,第34页。
② See Jill Harries, *Law and Crime in the Roman World*, Cambridge University Press, 2007, p. 96.
③ Véase Patricia Panero Oria, Ius occidendi et ius accusandi en la Lex Iulia de adulteriis coercendis, Tirant Lo Blanch, 2001.
④ See William Smith, *A Dictionary of Greek and Roman Antiquities*, London, John Murray, 1875, p. 17.
⑤ See Eric D. Nelson, *The Complete Idiot's Guide to the Roman Empire*, Alpha, 2002.
⑥ 参见唐东楚:《现代社会中通奸行为的"非罪化"》,载《河南公安高等学校学报》2003年第1期,第42页。
⑦ Cfr. G. B. C. Moraglia, Il reato di adulterio: studio storico-giuridico-sociologico, Forli, 1905, pp. 9ss.

元前 660 年请扎雷乌科（Zaleuco）制定的法律，通奸者要受挖掉一只眼的刑罚。① 另外，克里特的《格尔蒂法典》（于公元前 500 年制定，据说是欧洲第一部法典）也以罚款惩罚诱奸和通奸行为。② 但在罗马，奥古斯都是把通奸入罪的第一人，而罗马法对后世的许多法律体系产生了巨大影响。

**二、《惩治通奸罪的优流斯法》的文本还原**

（一）还原文本的材料

《惩治通奸罪的优流斯法》的完整文本今已不存，只在后人的评注中，尤其是在乌尔比安、帕比尼安、保罗的评注中保留了一些片段。在专门研究《惩治通奸罪的优流斯法》的《学说汇纂》第 48 卷第 5 题的范围内，它们直接保存了 5 个条文的内容。即第 1 条、第 2 条、第 5 条、第 7 条以及序数不明的 1 条（其内容关乎把在家中捉到的奸夫放走）。③ 另外，《学说汇纂》和《法典》的一些片段间接介绍了该法的 19 个规定：它们分别关涉以下问题：(1) 丈夫只能杀死在自家行奸的奸夫 [D. 48，5，25（24）pr.]④；(2) 杀死奸夫后的丈夫应立即与妻子离婚 [D. 48，5，25（24），1]⑤；(3) 离婚的宣告必须当着 7 个适婚的罗马市民的面进行（D. 24，2，9)⑥；(4) 禁止 25 岁以下的人提出通奸罪指控 [D. 48，5，16（15），6]⑦；(5) 男通奸者被判无罪的，只要女方处在结婚的状态，他人就不得控告她通奸 [D. 48，5，20（19），3]⑧；(6) 如果已婚妇女可能的男性伴侣在被控告或定罪前已死亡，可不受限制地控告她 [D. 48，5，20（19）pr.]⑨；(7) 禁止娶被判处通奸罪

---

① Cfr. La voce di Zaleuco di Locri, Su http://it.wikipedia.org/wiki/Zaleuco_di_Locri, 2009 年 2 月 18 日访问。
② 参见《格尔蒂法典》，郝标陶译，高等教育出版社 1992 年版。
③ Cfr. C. G. Bruns, Fontes iuris Romani antiqui, I, Tübingen, 1909, p. 112, n. 21; M. H. Crawford et al., Roman Statutes, II, London, 1996, pp. 781—786, n. 60.
④ 参见《〈学说汇纂〉第 48 卷（罗马刑事法）》，薛军译，中国政法大学出版社 2005 年版，第 91 页。
⑤ 同上书，第 93 页。
⑥ Cfr. Otto Lenel, Palingenesia Iuris Civilis, II, Leipzig, 1889, p. 952.
⑦ 参见《〈学说汇纂〉第 48 卷（罗马刑事法）》，薛军译，中国政法大学出版社 2005 年版，第 81 页。
⑧ 同上书，第 87 页。
⑨ 同上书，第 85 页。

的女子为妻［D.48，5，12（11），13］①；（8）处罚违禁娶被判处通奸罪的女子为妻的男子［D.48，5，30（29），1］②；（9）处罚容留在通奸中被当场拿获的妻子的丈夫（D.48，5，2，6）③；（10）处罚把在家里捉到的奸夫放走的丈夫［D.48，5，30（29）pr.］④；（11）惩罚利用妻子的通奸收受财物的丈夫（D.48，5，2，2）⑤；（12）处罚由于丈夫的通奸而接受贿赂的妻子［D.48，5，34（33），2］⑥；（13）处罚为奸淫提供场所者［D.48，5，11（10），1］⑦；（14）允许拷问受通奸罪调查者的奴隶［D.48，5，28（27），6］⑧；（15）如果被指控的男女嫌犯后来被判无罪开释，应由法官估价作为证人的奴隶因拷打受到的损害。如果奴隶已死亡，那么必须确定他们在被拷问前的价金；如果奴隶仍然活着，就应该确定他们受到的损害；（16）获得骑士身份的解放自由人与恩主的亲属通奸时的处理［D.48，5，43（42）］⑨；（17）拷问被控通奸者的程序［D.48，5，28（27），11］⑩；（18）被拷问后的奴隶必须充公［D.48，5，28（27），11］⑪；（19）妻子在被离婚的60天的间内不得解放或转让男奴或女奴或任何处在其仆人地位的人（C.9，9，3）。⑫

（二）前人的还原成果概述

5个直接保留下来的条文片段，外加19个间接保留下来的条文内容，构成还原《惩治通奸罪的优流斯法》条文的比较丰富的资料，所以，先后有法国人布里松（Barnabé Brisson，1531—1592年）、德国人Johann Wilhelm Hoffmann（1710—1739年）、德国人卡尔·格奥尔格·布农斯（Karl Georg Bruns，1816—1880年）、英国人提尔孙（Elizabeth Clare Tilson）、克罗福德

---

① 参见《〈学说汇纂〉第48卷（罗马刑事法）》，薛军译，中国政法大学出版社2005年版，第71页。
② 同上书，第103页。
③ 同上书，第57页。
④ 同上书，第103页。
⑤ 同上书，第55页。
⑥ 同上书，第109页。
⑦ 同上书，第65页。
⑧ 同上书，第97页。
⑨ 同上书，第121页。
⑩ 同上书，第99页。
⑪ 同上。
⑫ Cfr. Codex Iustinianus, Weidmann, Berlin, 1954, p.374.

(M. H. Crawford) 等人根据这些片段进行过还原。

Barnabé Brisson 在其拉丁文专著《惩治通奸罪的优流斯法评注》中进行的还原最为详尽，得出的结果为 29 条，有如下列：

**第 1 条**：本法打击故意的通奸和奸淫。

**第 2 条**：故意的通奸或奸淫者，判处流放小岛。

**第 3 条**：父亲可杀死在自己家里行奸的被当场逮住的女儿。

**第 4 条**：对于那些与其妻子在家中，而不包括在岳父家中通奸被当场捉拿的人，丈夫才可将其杀死。并且被捉拿的人必须是或曾经是拉皮条者、从事魔术表演的人、在舞台上唱歌跳舞的人、在公诉中受判处而未恢复先前的地位的人、或者曾经是丈夫妻子、母亲、儿子或女儿的解放自由人或奴隶。

**第 5 条**：逮住奸夫的丈夫，不愿或不能杀害的，可拘留他 20 小时取证。

**第 6 条**：家父和丈夫必须在 60 天内起诉奸妇；在此期限后家外人可以起诉。

**第 7 条**：对于为国而非为了逃避罪责而不在的人，不得起诉之。

**第 8 条**：不满 25 岁的人不得起诉。

**第 9 条**：如果指控者要求对一个被控通奸的奴隶进行拷问，无论是否愿意到场，法官都得命令对该奴隶进行估价。在对他进行估价之后，他得命令那个在其指控中点出该奴隶名字的人，向该奴隶的所有人交付奴隶估价的两倍数额。

**第 10 条**：在家父和丈夫可以起诉的期间经过后，如果有多数人愿意起诉，由长官确定正当的起诉人选。

**第 11 条**：同一通奸案件中的男女双方不得在同一案件中同时被控告。

**第 12 条**：如果妇女在得到被指控的宣告前已结婚，希望提出控告者应先对男通奸方提出指控；在此之前不得起诉女方。

**第 13 条**：男通奸者被开释的，他人不得对已结婚的并处于婚姻状态的女方提出指控。

**第 14 条**：某人与妻子离婚的，或某一家外人在该妻子结婚前宣告他将控告她通奸的，该妇女在此等宣告后结婚的，可以从她开始指控。

**第 15 条**：如果要起诉的是寡妇，控告人对先起诉男方还是女方，先起诉何方，享有自由裁量权。

**第 16 条**：故意提供其住所，以便某人对另外的人的家母实施奸淫或通奸，或者与另外的男子进行同性奸恋行为的，或者利用其妻子的通奸获利的，行为人无论属于何种地位，都应该作为犯有通奸罪者受处罚。

**第 17 条**：明知他人实施奸淫而为此收取价金的人，以及从妻子的通奸获利的人，处罚之。

**第 18 条**：禁止娶被判处通奸罪的女子为妻，违反这一禁令者，处罚之。

**第 19 条**：丈夫将从家里捉到的奸夫放走的，丈夫容留在通奸中被当场拿获的妻子的，处罚之。

**第 20 条**：对妇女的控告必须在 6 个有用月内为之，过期不许。

**第 21 条**：奸妇奸夫要在连续计算的 5 年内被诉，此等期间从他们实施通奸之日起算，过期不许起诉，此等时效期间按有用日计算。

**第 22 条**：允许拷问受通奸罪调查者的或其父母的奴隶，但以此等父母将此等奴隶交与受通奸罪调查者使用为条件。

**第 23 条**：在进行拷问的时候，男女嫌犯及其恩主、控告人应到场，恩主有权提问。

**第 24 条**：被拷问后的奴隶必须充公。

**第 25 条**：如果被指控的男女嫌犯后来被判无罪开释，而受拷打的男奴或女奴已死亡，法官应判处赔偿他们在受拷打前的估价；如果奴隶仍活着，应判处赔偿他们受到的损害。

**第 26 条**：妻子在被离婚的 60 天的期间内不得解放奴隶。

**第 27 条**：被判罪的男女通奸者不得作证。

**第 28 条**：丈夫必须当着 7 个已适婚的罗马市民的面与通奸的妻子离婚，否则无效。提出离婚者的解放自由人也可当证人。

**第 29 条**：丈夫不得违背妻子的意愿转让其嫁资中的意大利土地。[①]

---

① Cfr. B. Brisson, Opera Minora, Varii Argumenti, 4, Lugduni Batavorum apud Joann. Arnold Langerak, 1747, pp. 183ss.

这一还原不顾保罗关于第 2 条规定家父的杀奸权的报道①，把该条的内容设定为罚则，显得过于武断，而且，第 9 条以后的诸条的顺序安排并无原始文献支撑，故布里松的还原不足采，但布里松对可供还原的材料作了很好的条文化处理，后学者当感念之。

就条文的数目而言，霍夫曼在其拉丁文专著《惩治通奸罪的优流斯法评注》中进行的还原次之，得出的成果为 21 条，有如下列：

**第 1 条**：本法打击故意的通奸和奸淫。

**第 2 条**：父亲可杀死在自己家里行奸的被当场逮住的女儿。

**第 3 条**：丈夫也享有杀死被当场逮住的奸夫的权利。

**第 4 条**：丈夫必须当着 7 个罗马市民的面与通奸的妻子离婚。

**第 5 条**：被丈夫逮住的奸夫，不愿或不能杀害的，可拘留他 20 小时取证。

**第 6 条**：家父和丈夫必须在 60 天内起诉奸妇；在此期限后家外人可以起诉；不满 25 岁的人不得起诉；如果有多数人愿意起诉，由长官确定正当的起诉人选。

**第 7 条**：对于为国而非为了逃避罪责而不在的人，不得起诉之。

**第 8 条**：同一通奸案件中的男女双方不得在同一案件中同时被控告，但以女方已结婚且处于婚姻中为条件，在结婚前已对其提出宣告的，或已对男通奸方提出指控的除外。如果要起诉的对象是寡妇，控告人对先起诉男方还是女方，享有自由裁量权。

**第 9 条**：如果指控者要求对一个被控通奸的奴隶进行拷问，无论是否愿意到场，法官都得命令对该奴隶进行估价。在对他进行估价之后，他得命令那个在其指控中点出该奴隶名字的人，向该奴隶的所有人交付奴隶估价的两倍数额。

**第 10 条**：允许拷问受通奸罪调查者的或其父母的奴隶，但以此等父母将此等奴隶交与受通奸罪调查者使用为条件。

---

① See M. Hyamson, Mosaicarum et Romanarum legum collatio, With Introduction, Facsimile and Transcripti of the Berlin Codex, Translation, Notes and Appendices, Oxford University Press, London, New York, Toronto, Melbourne and Bombay, 1913, p. 75.

**第 11 条**：在进行拷问的时候，男女嫌犯及其恩主、控告人应到场，恩主有权提问。

**第 12 条**：被拷问后的奴隶必须充公。

**第 13 条**：如果被指控的男女嫌犯后来被判无罪开释，而受拷打的男奴或女奴已死亡，法官应判处赔偿他们在受拷打前的估价；如果奴隶仍活着，应判处赔偿他们受到的损害。

**第 14 条**：妻子在被离婚的 60 天的期间内不得解放男奴或女奴或任何处在其仆人地位的人，也不得转让意大利或行省的土地，也不得解放或转让被派来或派给女儿使用或服侍的女奴的父亲、母亲、爷爷、奶奶。

**第 15 条**：故意提供其住所，以便某人对另外的人的家母实施奸淫或通奸，或者与另外的男子进行同性奸恋行为的，或者利用其妻子的通奸获利的，行为人无论属于何种地位，都应该作为犯有通奸罪者受处罚。

**第 16 条**：丈夫容留在通奸中被当场拿获的妻子的，处罚之。丈夫将在家里捉到的奸夫放走的，处罚之。

**第 17 条**：禁止娶被判处通奸罪的女子为妻，违反这一禁令者，处罚之。

**第 18 条**：因为其行为或建议，蓄意使被捉奸的男子或女子用金钱或其他方式来赎买自己的人，应受到拉皮条罪的处罚。

**第 19 条**：与兄弟或姐妹的女儿、父亲的姐妹、母亲的姐妹结婚的人，惩罚之。

**第 20 条**：在通奸案件中做伪证的人，要受到《科尔内流斯遗嘱法》规定的惩罚。

**第 21 条**：丈夫不得违背妻子的意愿转让其嫁资中的意大利土地。①

霍夫曼的还原参考了布里松的还原成果，其特点为不考虑一条有若干款的可能，把每个法律规范都处理成一条。这是一个很好的还原，美中不足的是在第 9 条以后列出 12 个条文，包含臆测的风险。而且，这一还原条文虽多，但唯独不包含制裁条款。霍夫曼可能考虑的是我们目前有的关于制裁条

---

① Cfr. Johann Wilhelm Hoffmann, Ad Legem Juliam de Adulteriis Coercendis Liber Singularis, 1732, pp. 65s.

款的知识都来自3世纪法学家保罗的《论通奸》单卷本，反映的可能是保罗时代的罚则，而奥古斯都时代的罚则可能不一样且不为我们所知。

布农斯和克罗福德的还原大同小异，都只考虑《惩治通奸罪的优流斯法》以直接引语形式被保留的部分，不考虑其他资料。提尔孙的还原则综合考虑两种资料，但只对前一种资料按《惩治通奸罪的优流斯法》的古代评注者留给我们的序数给条文标号，对于古人未标号的材料，则并不标号，只是把它们穿插安排在有标号的各个条文之间，以示尊重历史。①

（三）我对《惩治通奸罪的优流斯法》的还原成果

提尔孙的还原方法比较能满足评注的要求，所以，我对《惩治通奸罪的优流斯法》的还原主要借鉴她的工作方法，同时参考布里松和霍夫曼的工作成果。不过，我把穿插在已标号条文间的规范进行猜测性的标号。为了把此等标号与古代作家留给我们的标号相区别，我在这样的标号后都加"疑似"二字，例如：第3条【疑似】。当然，这样的猜测并非无据，主要依据保罗的《论通奸》（单卷本）的论述顺序进行，因为在此书中，保罗宣称，他喜欢按条文的顺序评注《惩治通奸罪的优流斯法》②，而保罗的《论通奸》（单卷本和三卷本）又都被奥托·勒内尔还原，可以作为参考的依据。③

按这种方式还原，《惩治通奸罪的优流斯法》至少包括9条（Caput，这个拉丁词很容易并经常被误译为"章"，但它确实就是"条"的意思④）。第1条规定立法目的：使得从今以后任何人都不得故意或过失地犯有奸淫或通奸［D.48，5，13（12）］⑤，并废除此前的一切反通奸立法⑥；第2条的规定

---

① See Elizabeth Clare Tilson, Augustus and Law-Making, Thesis for Doctor Degree, University of Edinburgh, 1986, pp. 171ss.

② See M. Hyamson, Mosaicarum et Romanarum legum collatio, With Introduction, Facsimile and Transcripti of the Berlin Codex, Translation, Notes and Appendices, Oxford University Press, London, New York, Toronto, Melbourne and Bombay, 1913, p. 73.

③ Cfr. Otto Lenel, Palingenesia Iuris Civilis, II, Leipzig, 1889, pp. 952s.

④ 英国罗马法学家 Jill Harries 把 Caput 翻译为 Clause，为我的同道。See Jill Harries, Law and Crime in the Roman World, Cambridge University Press, 2007, p. 96. Barnabé Brisson 和 Johann Wilhelm Hoffmann 显然也把 Caput 理解为"条"对此，只要看本文中包含的他们的还原成果就知道了。

⑤ 参见《〈学说汇纂〉第48卷（罗马刑事法）》，薛军译，中国政法大学出版社2005年版，第71页。

⑥ Coll. 4, 2。See M. Hyamson, Mosaicarum et Romanarum legum collatio, With Introduction, Facsimile and Transcripti of the Berlin Codex, Translation, Notes and Appendices, Oxford University Press, London, New York, Toronto, Melbourne and Bombay, 1913, p. 73.

在保罗的《意见集》2，26，1中被提到，其内容为限制家父和丈夫杀害其女儿和妻子外加此等女性的情人的权力。① 过去是家父和丈夫都可杀奸，现在该法限制了父亲的杀奸权，剥夺了丈夫的杀奸妻权。② 第5条规定：捉住与自己的妻子通奸的男子的丈夫，如果不愿或不能杀死此等奸夫，可羁押他20小时查清事实［D.48，5，26（25）pr.］。③ 第7条规定暂停对不是为了逃避处罚，而是为了国家不在的人的通奸罪指控［D.48，5，16（15），1］。第9条规定：如果奴隶被控通奸，指控者打算拷问该奴隶时，要付给奴隶的主人此等奴隶的双倍估价；如果拷问作为证人的奴隶，要付给其主人奴隶的价金［D.48，5，28（27），15］。④ 假设《惩治通奸罪的优流斯法》只有9条，则还有第3条、第4条、第6条、第8条共4条的内容不明。正好还有被后人报道的该法的5个规范群没有找到自己的着落。其一，杀死奸夫的丈夫必须与通奸的妻子离婚［D.48，5，25（24），1］⑤；其二，通奸妇女的丈夫和父亲必须在60天的期限内行使其控告权，否则失效；此时，第三人可以在4个月或6个月的期限内起诉通奸者（D.48，5，4，1）；其三，帕比尼安提到序数不明的"这一条"的内容是以通奸罪处罚为通奸提供场所的人以及收受财物容留妇女公然与人通奸的人［D.48，5，11（10），1］⑥；其四，该法有一条关于妻子财产的安全⑦，其内容是禁止丈夫违背妻子的意愿转让作为嫁资的意大利土地。⑧ 但如果妻子犯通奸罪，此等土地也可没收，成为国库财产；其五，该法规定的制裁为：奸妇被判处没收嫁资的一半以及嫁资以外的财产的1/3。奸夫被判处没收财产的一半。两者要被放逐到不同的小岛上。受判处的妇女禁止再婚。从保罗的论述顺序来看，"其一"应属于第3条，因为他在其

---

① See Jill Harries, *Law and Crime in the Roman World*, Cambridge University Press, 2007, p. 97.
② 参见《〈学说汇纂〉第48卷（罗马刑事法）》，薛军译，中国政法大学出版社2005年版，第88页及以次。
③ 同上书，第93页。
④ 同上书，第101页。
⑤ 同上书，第93页。
⑥ 同上书，第65页。
⑦ Véase Antonio de Puente y Franco y Jose Francisco Diaz, *Historia de Leys, Plebiscitos y Senadoconsultas mas notables, Desde la Fundacion de la Roma hasta Justiniano*, Imprenta de D. Vicente de Lalama, Madrid, 1840, pag. 69.
⑧ 参见〔古罗马〕优士丁尼：《法学阶梯》（第二版），徐国栋译，中国政法大学出版社2005年版，第163页。

《论通奸》（三卷本）中讲完了家父的控告权（第1卷）后就讲离婚程序问题（第2卷开头）。① 非独此也，马切尔在其《论公诉》中援引了丈夫的杀奸权后马上援引《惩治通奸罪的优流斯法》关于杀奸的丈夫的离婚义务的规定，并且用了"同时规定"的状语，这表明两个规定处在一个条文。② "其二"应属于第4条，讲进行公力救济的原告及其追诉时效。"其五"应为第6条的内容，规定通奸者的法律责任。"其三"应为第8条的内容，因为剩下来的内容该属于此条。"其四"是一款还是独立的一条，学界有争议，这里我采纳提尔孙的观点，把它作为单独一条放在最后作为第10条。这样做的后果是冲破了《惩治通奸罪的优流斯法》只有9条的底线，但好处是避免了民刑规定过分混杂。当然，如果"其三"是一款，它应该属于第3条中的一款，是用来处理离婚的前提条件。

在上述还原和推测的基础上，可以用今人的方式把《惩治通奸罪的优流斯法》还原为如下10个条文。

**第1条**：本法禁止故意的通奸和奸淫，并废除此前的一切反通奸立法。

**第2条**：家父在他自己家里或女婿家里抓住与正处在他家父权下的、或虽脱离了他的权力但处于夫权下的女儿通奸的男子的，可以不受法律追究地杀害之，但必须同时立即杀死其女儿。

**第3条【疑似】**：丈夫可合法杀害在他家里与其妻子通奸、被当场拿获的男子。

杀死奸夫的丈夫必须立即休弃通奸的妻子。

休妻的宣告必须当着7个适婚的罗马市民的面进行，宣布离婚者的解放自由人亦可。

**第4条【疑似】**：丈夫和家父要在60天内起诉通奸者。

他们不行使此等权利的，家外人在妻子通奸的情形，要在4个月内起诉通奸者；在寡妇通奸的情形，要在6个月内起诉通奸者。

---

① Cfr. Otto Lenel, Palingenesia Iuris Civilis, II, Leipzig, 1889, p. 952.
② 参见《〈学说汇纂〉第48卷（罗马刑事法）》，薛军译，中国政法大学出版社2005年版，第93页。

通奸罪的起诉权在 5 年后消灭,从诉权人知晓通奸事实之日开始计算。

禁止 25 岁以下的人提出通奸罪指控。

男通奸者被判无罪的,只要女方处在结婚的状态,任何人不得控告她通奸;但男通奸者在被控告前或定罪前已死亡的,除外。

**第 5 条**:捉住与自己的妻子通奸的男子的丈夫,如果不愿或不能杀死他,可羁押他 20 小时查清事实。

**第 6 条【疑似】**:如果通奸罪成立,奸妇将被判处没收嫁资的一半以及嫁资以外财产的 1/3 给国库。

奸夫将被判处没收财产的一半。

奸妇奸夫要被流放到不同的小岛上。

禁止娶被判处通奸罪的女子为妻,违反这一禁令者,处罚之。

**第 7 条**:对不是为了逃避处罚,而是为了国家不在的人的通奸罪指控,暂停之。

**第 8 条【疑似】**:丈夫容留在通奸中被当场拿获的妻子的,处罚之。

丈夫将从家里捉到的奸夫放走的,处罚之。

利用妻子的通奸收受财物的丈夫,惩罚之。

由于丈夫的通奸而接受贿赂的妻子,承担女通奸者的责任。

提供住所供人实施奸淫的,为了收受财物容纳进行公然的奸淫的妇女者,处罚之。

**第 9 条**:允许拷问受通奸罪调查者的或其父母的奴隶,但以此等父母将此等奴隶交与受通奸罪调查者使用为条件。

被拷问后的奴隶必须充公。

欲对被控通奸的奴隶进行拷问的人,应向此等奴隶的主人交付两倍于奴隶估价的金钱。如果只是申请拷问作为证人的奴隶,则只要向奴隶的主人交付其价金即可。

在进行拷问的时候,男女嫌犯及其恩主、控告人应到场,恩主有权提问。

获得骑士身份的解放自由人与恩主的妻子或女恩主本人,或与此等人的父亲的妻子或此等人的母亲或与此等人的儿媳或女儿通奸的,作为解放自由人受罚。

**第10条【疑似】**：禁止丈夫违背妻子的意愿转让作为嫁资的意大利土地。

### 三、对经还原的《惩治通奸罪的优流斯法》的逐条评注

（一）第1条评注

本条首先规定了通奸罪的类型和通奸者的主观状态的类型。前者有狭义的通奸和奸淫，后者有故意和过失。按莫特斯丁的解释，狭义的通奸是已婚妇女犯下的罪行，奸淫是寡妇、处女或男童所犯的罪行［D.48，5，35(34)，1］。[①] 按乌尔比安的解释，拉皮条罪也是《惩治通奸罪的优流斯法》的打击对象（D.48，5，2，2）。[②] 按帕比尼安的解释，乱伦行为作为通奸行为的结合行为受《惩治通奸罪的优流斯法》的惩罚，此时法律的假想犯罪主体主要不是女性，而是男性［D.48，5，39(38) pr.］。[③] 另外，区分不同年龄的男性定他们的性行为是通奸还是奸淫，已适婚的男性，为通奸［D.48，5，37(36)］[④]；未适婚的男童的，为奸淫［D.48，5，35(34)，1］。[⑤]

所以，《惩治通奸罪的优流斯法》的名称不能全面反映其调整对象，故该法在一些历史记载中有不同的名称。罗马语法学家 Marcus Valerius Probus（公元20—105年）在其一部作品中赋予该法的名称是《惩治通奸罪和奸淫罪的优流斯法》；C.9，9，8赋予它的名称是《关于贞操的优流斯法》。[⑥] 后两个名称都比我们常见的名称更确切地反映该法的内容。当然，我们也可以说《惩治通奸罪的优流斯法》的名称用的是举重明轻的方法，但它可能误导非研究性的读者。所以，把《惩治通奸罪的优流斯法》解读成《惩治性犯罪的优

---

[①] 参见《〈学说汇纂〉第48卷（罗马刑事法）》，薛军译，中国政法大学出版社2005年版，第111页。
[②] 同上书，第55页。
[③] 同上书，第111页。
[④] 同上。
[⑤] 同上。
[⑥] Véase Eugenia Maldonado de Lizalde, Lex Iulia de Adulteriis Coercendis. Del Emperador Cesar Augusto (y Otros Delitos. Sexuales Asociados), En Anuario Mexicano de Historia del Derecho, Volumen XVII (2004), pag. 366.

流斯法》是大致不错的。它打击4种性犯罪：通奸、拉皮条、奸淫、乱伦。①在通奸和奸淫的名义下还包括了男子之间的同性奸。富有意味的是，本法并不打击女子间的同性奸。为何如此，可能因为该种行为当时较稀少，基于"法律不理小事情"的原则被忽略掉了。

通奸有严格的定义，其积极主体必须是已婚妇女，如此把通奸和奸淫区别开来，后者的积极主体是未婚妇女或寡妇。她们的滥交行为也应受罚，但要使用奸淫的名义。

已婚包括订婚。女子与人订婚在完婚前与其他男子行奸的，构成通奸，其未婚夫可起诉之［D.48，5，14（13），8］。②这就是把婚姻效力的起点定在订婚而非结婚了。

通奸的积极主体还必须是良家妇女，所以妓女尽管滥交，并不构成通奸。这样的规定导致被捉奸的良家女子声称自己是妓女以图逃脱惩罚。③第二任皇帝提贝留斯（Tiberius，公元前42—公元37年，于公元14—37年在位）对此十分恼火，立法规定属于元老阶级和骑士阶级的妇女不得为娼妓。④相应地，妓女的丈夫也不承担拉皮条罪的责任，乌尔比安是这样描述他们的："听任妻子冒犯并且贬低其婚姻，并且不以这样的玷污为耻辱的人"（D.48，5，2，2）。⑤

良家妇女受人强制成奸的，不构成通奸。⑥对此规则，乌尔比安说：如果妻子被敌人俘虏时被殴打成奸，丈夫不得起诉之。这当然是个人道的安排，也凸显了对通奸者必须有主观要件的要求。当然，被罗马市民强奸的妇女是否可被其丈夫起诉通奸？原始文献未提供回答，从事理之性质来看，应该不可以。

---

① Véase Eukene Lacarra Lanz, Incesto marital en el derecho y en la literatura europea medieval, En Clio & Crimen, N.7 (2010), pag.19.
② 参见《〈学说汇纂〉第48卷（罗马刑事法）》，薛军译，中国政法大学出版社2005年版，第75页。
③ See Elizabeth Clare Tilson, Augustus and Law-Making, Thesis for Doctor Degree, University of Edinburgh, 1986, p.175.
④ 参见〔古罗马〕塔西陀：《编年史》（下册），王以铸，崔妙因译，商务印书馆1981年版，第131页。
⑤ 参见《〈学说汇纂〉第48卷（罗马刑事法）》，薛军译，中国政法大学出版社2005年版，第55页。
⑥ 同上书，第75页。

就通奸者的主观状态而言，有故意的通奸和过失的通奸之分。故意的通奸好懂，过失的通奸费解。帕比尼安提供了这方面的例子：某女听说失踪的丈夫死亡再嫁了，不久丈夫归来，该女是否构成通奸？当然不构成，如果构成，那也是过失通奸，不能处罚，因为她是基于错误与第二个丈夫结婚［D. 48，5，12（11），12］。① 另外，尤里安也举了这方面的例子：某女被丈夫非法休弃，某男不知此事而与之结婚的，不构成通奸［D. 48，5，44（43）］。② 这样就有了诚信通奸的说法。

本条的适用对象不仅包括通奸者，而且包括教唆者［D. 48，5，13（12）］。③

本条其次废除一切在它之前的反通奸立法。那么，有哪些这样的前法？普鲁塔克的《莱桑德尔与苏拉合论》3，2 中的此语让人相信苏拉曾颁布一个反通奸的法律："但正如苏拉所说的，当他颁布一部法律调整婚姻并增进节制时，他自己却沉溺于通奸和各种淫欲"。④ 但现代研究者认为这只不过是一个反对奢侈的法律而已。⑤ 但在共和时期，确实有打击奸淫的法律，即惩治一定范围的男性同性奸的公元前 149 年的《关于惩治渎神的性行为的斯卡提钮斯法》(Lex Scatinia de nefanda venere)，它打击性侵害生来自由的男童的行为以及男性市民自愿在同性交中担当被动角色的行为，因为这样的行为是奴隶性的和屈从性的，威胁他的人格完整。课科处的惩罚是死刑，后来改为 1 万塞斯特斯的罚金。⑥ 它也规定课科处受判处者不得作证的处罚。这个法律中可能有附带性的打击通奸罪条款。⑦

---

① 参见《〈学说汇纂〉第 48 卷（罗马刑事法）》，薛军译，中国政法大学出版社 2005 年版，第 71 页。
② 同上书，第 121 页。
③ 同上书，第 71 页。
④ See *Plutarch' Livies*，Translated into English by John Langhorne and William Langhorne，Volume III，London，1721，p. 167.
⑤ Voir A. Esmein，Le délit d'adultère à Rome et la loi Julia de adulteriis，In Mélanges d'histoire du droit et de critique. Droit romain，Paris，1886，p. 85.
⑥ See M. Gray-Fow，Pederasty，the Scantinian Law，and the Roman Army，In *Journal of Psychohist*，Vol. 13（1986），p. 450.
⑦ Voir A. Esmein，Le délit d'adultère à Rome et la loi Julia de adulteriis，In Mélanges d'histoire du droit et de critique. Droit romain，Paris，1886，p. 86.

由于找不到一个像样的先行立法，本款被怀疑为一个标准的立法套语。①

(二) 第 2 条评注

本条规定家父的杀奸权。首先要说明的是，通奸者有自家的女方和家外的男方，杀奸权针对两者。但杀死两者的理路不同：自家的奸妇是家父权的对象，而外来的奸夫是家庭名誉的侵犯者。杀死前者属于清理门户，杀死后者属于自力救济。

就家父的杀死自家奸妇权而言，远古并无处罚通奸的成文法。按习惯法，妻子的通奸行为要么由丈夫组织的家庭法庭以私刑处理，要么由营造官把奸妇交给人民大会处理，未闻家父有对出嫁女儿的通奸行为的处罚权，尽管不少有对家父处罚通奸的未婚女儿的记载。例如，根据 Valerius Maximus（公元 14—37 年为其鼎盛年）的报道，罗马骑士 Pontius Aufidianus 得知其女儿与其伴读 Fannius Saturninus 通奸后，不仅杀死了这个伴读，而且杀死了其女儿 Pontia，以免他们缔结不名誉的婚姻。② 又如，解放自由人 P. Atilius Philiscus 靠卖淫取得自己的自由。他结婚后生有女儿，当发现她通奸时，就把她杀了以维护贞洁。③ 这两个案例的报道者生活在紧接着奥古斯都时代的提贝留斯时代，不排除他报道的是前奥古斯都时代的事情的可能。在这两个案例中，父亲都是杀死未婚的通奸女儿。结婚是对女儿的管辖权的交接点，女子婚后归丈夫父亲的家父权和丈夫的夫权管辖，其生父没有杀死已婚通奸女儿的法理基础。

但按本条，家父对于出嫁女儿的通奸行为享有优先的处罚权。所以，美国学者 Raymond Westbrook 说奥古斯都的法律把惩罚通奸权从妇女的丈夫移转到了其父亲手中。④ 具体而言，家父可在女儿于自己家或女婿家通奸时杀死此等女儿以及奸夫 [D. 48, 5, 23 (22), 2]。⑤ 在女儿已成为寡妇的情形，家

---

① See Elizabeth Clare Tilson, Augustus and Law-Making, Thesis for Doctor Degree, University of Edinburgh, 1986, p. 174.
② Cfr. Valeri Maximi Factorum et Dictorum Memorabilium Liber VI, 1, 3, Su https://www.thelatinlibrary.com/valmax6.html, 2013 年 2 月 1 日访问。
③ 同上。
④ See Raymond Westbrook, Vitae Necisque Potestas, In *Historia: Zeitschrift für Alte Geschichite*, Bd. 48, H. 2 (2nd Qtr., 1999), p. 215.
⑤ 参见《〈学说汇纂〉第 48 卷（罗马刑事法）》，薛军译，中国政法大学出版社 2005 年版，第 89 页。

父丧失此等权力［D. 48，5，23（22），1］。① 显然的理由是此等女儿已不处在家父权下。自然的父亲不享有杀奸权［D. 48，5，21（20）］。② 所谓自然的父亲，就是自己仍然是家子的父亲，因为杀奸权的基础是家父权，他还没有取得此等权力，所以无杀奸权。

（三）第3条评注

此条首先规定丈夫的杀奸权以及离婚义务。按本条，丈夫只得在发现妻子在自己的家里与人通奸时杀死卑贱的奸夫［D. 48，5，25（24）pr.］。③ 换言之，妻子若携奸夫在其娘家通奸，丈夫不能杀害他们。这样的道理应该是那是其岳父的家父权的管辖范围。而且，丈夫在此等情形只能杀死卑贱的奸夫。何谓卑贱？拉皮条的人、从事魔术表演的人、在舞台上唱歌跳舞的人、在公诉中受判处而未恢复先前的地位的人、自己或妻子、母亲、儿子或女儿的解放自由人、奴隶是也［D. 48，5，25（24）pr.］。④ 最后，丈夫不能杀死正在通奸的妻子，只能在杀死其奸夫后与之离婚［D. 48，5，25（24），1］。⑤ 但作为解放自由人的丈夫可以杀死与自己妻子通奸的恩主［D. 48，5，39（38），9］。⑥ 万一丈夫杀死了被他捉奸的妻子，要承担刑事责任。身份高贵的，有期流放之；身份低贱的，永久流放之（D. 48，8，1，5）。⑦

以上规定是对丈夫权力的限制，因为按古法，他的权力要大得多。那时，如果妻子与人通奸被当场逮住，丈夫可不经审讯，随意将妻子处死。⑧ 或交给仆人和家臣去奸污。对于奸夫，则或鞭打之，或阉割之。⑨

比较一下，家父的杀奸权可以在自家和女婿家行使，丈夫的杀奸权只能在自家行使；家父可以杀双，丈夫只能杀单；家父可以贵贱都杀——保罗提

---

① 参见《〈学说汇纂〉第48卷（罗马刑事法）》，薛军译，中国政法大学出版社2005年版，第89页。
② 同上书，第87页。
③ 参见同上书，第89页。
④ 同上。
⑤ 同上书，第93页。
⑥ 同上书，第115页。
⑦ 同上书，第143页。
⑧ Cfr. Aulo Gellio, Notti Attiche, Traduzione Italiana di Luigi Rusca, Volume Primo, BUR, Milano, 2001, p. 685.
⑨ 参见〔德〕奥托·基弗：《罗马风化史》，姜瑞璋译，辽宁教育出版社2000年版，第31页。

到家父甚至可以杀执政官级别的或作为自己恩主的奸夫①——丈夫却只能杀贱。结论显然是，家父的杀奸权大，丈夫的杀奸权小，之所以丈夫的杀奸权受到比家父的同样权力更严格的限制，乃因为家父处事更周虑，要考虑到子女的利益（例如，要考虑杀死了外孙子的妈妈，孩子们怎么办？），而丈夫更容易冲动、更轻率［D. 48，5，23（22），4］。② 做这一番比较后，奥古斯都把杀奸权从奸妇的丈夫移转到家父手上的理由似乎找到了：赋予不大可能杀奸的父亲优先的杀奸权，是为了贯彻雷声大、雨点小的策略。说父亲不大可能杀奸，除了上述心慈的理由外，还有物理的理由：有几个女儿胆大到在父亲的家里行奸？有几个父亲勤快到至女婿的家里捉奸？而且，父亲通常年高体弱，即使他有心，能否杀得动年轻力壮的奸妇奸夫也是一个极大的问题，法律要求他同时杀两者，不能杀一放一，尤其不能放过自己的女儿，甚至杀一伤一都不行［D. 48，5，33（32）pr.］。③ 通过这样的安排，奥古斯都可能实现了为了人道的理由少杀或不杀通奸者、同时对他们保持强大的制度震慑的目的。当然，在过去的丈夫独揽杀奸权的体制下，妻子的通奸问题只跟丈夫家的荣誉问题相联，而奥古斯都的新政策把它变成一个既关乎夫家，也关乎娘家的荣誉问题，对通奸的制约效果应该更好。

顺便指出，杀奸权包括侮辱权，享有前种权力的人可合法地羞辱通奸者［D. 48，5，23（22），3］。④

要说明的是，本条在男权主义的框架下制定，其中，女子被视为家父和丈夫的所有物，其性的自由被置于他们的控制下，而此等女子对于这两类男子的性自由却无相应的控制。本条允许男性杀害通奸的女性，却未允许女性杀害通奸的男性。

本条其次规定，杀死奸夫的丈夫必须立即休弃通奸的妻子，这是为了维护婚姻的尊严。丈夫杀奸后又不离弃妻子，无非是想保留妻子的嫁资，或许还想保留妻子的服务，此等男子见利忘义，要按第 8 条的规定承担拉皮条罪

---

① D. 40，9，16，2. See *The Digest of Justinian*, Vol. 3, edited by Mommsen and Alan Watson, Philadelphia, University of Pennsylvania Press, 1985, p. 472.
② 参见《〈学说汇纂〉第 48 卷（罗马刑事法）》，薛军译，中国政法大学出版社 2005 年版，第 89 页。
③ 同上书，第 107 页。
④ 同上书，第 89 页。

的责任。

本条最后规定了丈夫的休妻要当着 7 个适婚的罗马市民的面进行，其理由是，结婚（实际上只是买卖婚姻）是当着 7 个证人的面实施的，即 5 个证人，一个司称和一个转让人，那么，离婚要按同样的方式实施，才能起到公示的作用。这 7 个证人还要在作成的离婚书上签名，此等离婚书要寄给对方，用以确定离婚的日期，据此确定丈夫控告妻子通奸的期限，妻子应守的禁婚期，以及决定子女的身份及各种限制独身的规定是否适用等。① 不遵守这一程式的，离婚无效并要处违规者罚金②，并且男方丧失对妻子通奸的追究权。③ 这一规定真是让人纠结：一方面，它逼丈夫离异通奸妻子；另一方面，它又把离异程序搞得如此复杂，叫人望而却步。只有设想该规定主要适用于非通奸的离婚才说得通。真是如此，本款当属于一个本法的非主流规定。如果它适用于因通奸的离婚，只能说它具有让当事人出丑的目的。

（四）第 4 条评注

本条规定了不同主体在不同的情形中可以诉追通奸者的时效以及不同主体的起诉资格。

本条首先规定丈夫和家父 60 天的诉追时效。他们不起诉的，家外人可以起诉，起诉通奸妻子的，必须在 4 个月内为之；起诉为奸淫的寡妇的，必须在 6 个月内为之。在 5 年之后，任何人不得再起诉通奸。对于这几个追诉时效，我在本书的下一篇文章《论〈惩治通奸罪的优流斯法〉秉承的追诉时效制度及其近现代流变》中将有详细论述，此处从略。要补充的是，丈夫如果在 60 天的期限内不告发自己的妻子，元老院可能取而代之为控告。对此，塔西陀为我们留下了案例。裁判官家庭出身的妇女维斯提里娅曾到营造官那里去公开登记卖淫，事发后，元老院颁布法令禁止骑士等级的妇女卖淫。维斯提里娅的丈夫提提狄乌斯·拉贝奥欧也受到质询，为什么在妻子公然犯罪的情况下不为控告。他的理由是给他的 60 天的考虑期尚未届满。但元老院认为

---

① 参见周枏：《罗马法原论》（上册），商务印书馆 1994 年版，第 206 页。
② Cfr. Riccardo Astolfi, Il Matrimonio nel Diritto Romano Classico, CEDAM, Padova, 2006, p. 304., p. 313.
③ Ibid., p. 316. 也参见〔日〕盐野七生：《罗马人的故事 VI：罗马和平》，张丽君译，台湾三民书局 1998 年版，第 135 页。

这足以对维斯提里娅宣布处分,把她流放到塞里波司岛去了。① 在这个案件中,维斯提里娅可能是因为通奸被捉才登记为妓女的,提提狄乌斯·拉贝奥不告他,就要受拉皮条罪的惩罚,但他运用时效尚未完成的抗辩解脱了自己。②

本条其次规定控告人的年龄资格——25 岁,这是罗马法上的行为能力年龄,达到这一年龄的人才明白自己行为的意义。

本条最后规定了对在婚女子的通奸罪指控阻却事项。其一,她可能的男性伴已被判无罪,由于审理男方的通奸要同时审查通奸者双方的行为,这一判决等于说女方也不构成通奸;其二,她处于在婚状态,也就是说,如果允许人们这时控告她通奸,会影响她现在的家庭的稳定,所以,为保护家庭计,不许人们起诉她。换言之,此时的她被推定为未发生通奸行为。但是,如果她可能的男性伴在被控告或定罪前已死亡,可不受限制地控告她〔D. 48,5,20(19)pr.〕。③

(五)第 5 条评注

本条规定了丈夫对于捉到的奸夫的私人羁押权及其限制。值得注意的是,此条中的"羁押"的拉丁语词是 retenere,在罗马私法中,这是一个用来表示留置权的词。④ 其含义是"允许一方扣留他占有的另一方的物,直至对方履行其应履行的与该留置物有关的给付"。⑤ 把这一解释套用于通奸案件,扣留奸夫,可以理解为他被丈夫占有,占有的目的是促使他履行为即将发生的通奸控告提供证据的义务。与私法中扣留的是物不同,此处扣留的是人,但两者的精神是一致的。按本条的规定,丈夫行羁押权的条件是:(1)在通奸现场被当场拿获奸夫。换言之,只有现行通奸犯可以合法羁押,奸夫离开现场后被丈夫拿获的,为非法羁押;(2)丈夫不愿或不能杀奸夫。不愿,指丈夫

---

① 参见〔古罗马〕塔西陀:《编年史》(上册),王以铸,崔妙因译,商务印书馆 1981 年版,第 131 页。
② See T. A. J. Mcginn, The "SC" from Larinum and the Repression of Adultery at Rome, In Zeitschrift für Papyrologie und Epigraphik, Vol. 93(1992), p. 281.
③ 参见《〈学说汇纂〉第 48 卷(罗马刑事法)》,薛军译,中国政法大学出版社 2005 年版,第 85 页。
④ 参见〔意〕马西米利亚诺·芬奇:《论留置制度的历史发展》,李云霞译,载《厦门大学学报(哲学社会科学版)》2013 年第 2 期。
⑤ 同上。

能杀而不杀奸夫的情况，他这样做可能出于怜悯或感恩，例如，尽管丈夫可以合法杀害被当场拿获的与自己妻子通奸的恩主 [D. 48, 5, 39 (38), 9]①，他可能出于感恩不行使此等权利。"不能"，指丈夫想杀奸夫但有物理上或法律上的障碍的情况。"物理上的障碍"，例如丈夫体弱，奸夫人高马大，前者杀不动后者。应该认为，丈夫的杀奸权不能代理行使。"法律上的障碍"，按马切尔的解释，只有可根据家父或丈夫的权利行使控告权的人才可行使杀奸权 [D. 48, 5, 25 (24), 3]②，换言之，凡是在预审程序中要被过滤掉的人都不能行使杀奸权，例如，不能控告在任的长官。而不能行使杀奸权的丈夫皆可行使羁押权。例如，尽管不能控告在任的长官，但可羁押他20小时，以便在他卸任后在时效期间内提出控告。另外，男解放自由人看到恩主与自己的妻子通奸时，不能像生来自由人那样把两人杀死。③

  本条还规定，行使羁押权的期限是20小时。这一期间不长不短，正好是三顿饭的时间和一个睡眠的时间，完全可以说，20小时是人的一天的生理需要的周期。本条未告诉我们羁押人可否对被羁押人实施饿饭或阻睡，从事理之性质来看，他们应该可以如此，通过这些阻断被羁押人生理需要之满足的措施，可以促使他写一份口供承认自己的通奸罪行。

  或问，在羁押期间，可否拷打被羁押人？答案是否定的，因为在罗马法中，只有奴隶可被拷打。到了公元前2世纪，整个社会被分为高尚者和卑贱者两个阶级，后者可以被拷打，前者只有在犯有国事罪时才可以被拷打。④ 这是就司法机关的拷打而言，可看出拷打权受到严格限制。第5条涉及的是私人处置私人的情形，那就更不可能允许拷打了。整个第5条的精神就是对自力救济进行限制，这是我们在思考羁押人是否可以拷打被羁押人时要考虑的。

  本条还告诉我们，20小时的羁押期间连续计算，不分日夜。一旦羁押人

---

  ① 参见《〈学说汇纂〉第48卷（罗马刑事法）》，薛军译，中国政法大学出版社2005年版，第115页。
  ② 参见同上书，第93页。
  ③ 参见〔法〕安德烈·比尔基埃等主编：《家庭史》（上册），1，袁树仁等译，三联书店1998年版，第383页。
  ④ See Edward Peters, *Torture*, Philadelphia, University of Pennsylvania Press, 1996, p. 18.

放走奸夫不得再行羁押［D.48，5，26（25），3］①，但奸夫逃脱的情形除外［D.48，5，26（25），4］。②这样，一旦丈夫心软放走奸夫，不得吃后悔药。而狡猾的奸夫逃脱的，可以抓回再羁押，两个羁押期间连续计算，总计不得超过20小时。换言之，假如第一次羁押持续了9小时，第二次羁押不得超过11小时。

行使羁押权的目的应该是获得通奸罪的证据，此等证据可以是奸夫的口供，也可以是其他人的证言，应该以前者为主，因为通奸活动具有私密性，除非设局捉奸，难得有目击证人存在。既然如此，不得以人身伤害、侮辱的目的为此等羁押，但一定的生理强制对于达到羁押的目的肯定是必要的。是否可以使用戒具？考虑到被羁押者逃跑的可能，以及在民事拘押中允许使用镣铐的先例③，我认为答案可能是肯定的。

那么，被羁押者在羁押期间自杀怎么办？类推为看管的士兵在被羁押者自杀时要承担责任的规定（D.48，3，14，3）④，羁押者要对此等自杀承担责任。所以，羁押者对于被羁押者应承担保障其生命安全的义务。当然，掠夺其随身财物也应不允许。

本条未规定家父的羁押权，乌尔比安对本条进行扩张解释，也赋予家父此等权利［D.48，5，26（25），1］。⑤当然，家父也应遵循为丈夫的羁押权规定的限制。

从以上所述不难看出，丈夫和家父被允许做的，实际上是现代的警察做的事情。在现代国家，警察承担刑事案件的预审，完成这一阶段后通常把案件移送检察院，符合条件的就向法院提起公诉。审判的职能由法院承担。对比一下，可发现罗马的刑事诉讼首先少了检察院这个环节，其现代的职能在通奸罪的情形由受害人本人和社会大众承担；其次少了警察局这个

---

① 参见《〈学说汇纂〉第48卷（罗马刑事法）》，薛军译，中国政法大学出版社2005年版，第95页。
② 同上。
③ 参见《十二表法新译本》，徐国栋、〔意〕阿尔多·贝特鲁奇、〔意〕纪蔚民译，载《河北法学》2005年第11期。
④ 参见《〈学说汇纂〉第48卷（罗马刑事法）》，薛军译，中国政法大学出版社2005年版，第41页。
⑤ 同上书，第93页。

环节。现代警察制度是18—19世纪才有的。在古罗马，宵警队员（Vigiles）承担一些维持治安的工作，但不负责刑事案件的预审，此等预审由私人承担。所以，此等羁押具有国家权力的私人代行的意义，不能简单地理解为自力救济。

羁押20小时为合法，反言之，超过这个时间的羁押就是非法的，侵犯了被羁押者的自由权，超期羁押者应承担法律责任。事实上，是承担《关于公共暴力的优流斯法》规定的责任（D. 48，6，8）。① 行为人要受到禁绝水火的处罚（D. 48，6，10，2）。② 这样，就形成了对私人行使的国家权力的限制，保护了犯罪嫌疑人的人权。这样的保护有可能被奸夫利用，如果他在20小时内拒绝坦白，羁押人又提不出其他的人证，就必须释放他，他的通奸行为也就烟消云散了。

不难看出，本条是现代的警察羁押权时间限制制度的滥觞。1679年英国《人身保护令》（Habeas Corpus）规定，被逮捕和拘留的人应尽快交付审判，以确保被拘留者从非法拘留中得到释放。这种制度有人认为来自英国固有法③，实际的情况可能不是这样的，因为更早的1526年的西班牙的Vizcaya的《新法典》（Fuero Nuevo）曾规定，拘留嫌疑人不得超过24小时。④ 因为西班牙的规定比英国的规定早且更具体（英国人《人身保护令》未规定具体的羁押期限），因为西班牙法更接近罗马法传统且其规定更接近罗马法的规定（罗马法规定的合法拘留时间是20小时，西班牙法规定的是24小时），可认为西班牙的规定是继受《惩治通奸罪的优流斯法》第5条的成果。自从西班牙、英国确立限时拘留制度后，该制度得到了世界上多数国家的继受，包括我国的《刑事诉讼法》第84条规定：公安机关对于被拘留的人，应当在拘留后的24小时以内进行讯问。在发现不应当拘留的时候，必须立即释放，发给释放证明。对需要逮捕而证据还不充足的，可以取保候审或者监视居住。可以看出，这一规定的合法拘留的期限更接近西班牙法和罗马法。

---

① 参见《〈学说汇纂〉第48卷（罗马刑事法）》，薛军译，中国政法大学出版社2005年版，第131页。
② 同上书，第133页。
③ See the entry of Habeas corpus, On http：//en. wikipedia. org/wiki/Habeas_ corpus, 2013年2月6日访问。
④ 同上。

### （六）第 6 条评注

本条规定对被定罪的通奸者的没收财产、流放、禁止结婚等处罚，由此进入了《惩治通奸罪的优流斯法》的实体法阶段以及罚则部分。按本条，奸妇要被没收嫁资的一半以及嫁资外财产的 1/3，奸夫要被没收一半的财产。这是他们就其行为承担的财产责任。他们另外还要承担限制自由的责任，不能再在罗马或罗马外的原籍地居住，而是要被流放（Relegatio）到法庭指定的小岛。奸夫奸妇要被流放到不同的岛上，以免他们再有机会苟合。① 最后，受判处的妇女发生失权，因此不得再婚并不能作证。

以下分述上述三种处罚。

1. 没收财产刑

在保罗《意见集》的文本中，"没收"的拉丁词是 auferre，意思是"拿走"。这不是一个法律术语，表示这个意思的法律术语是 Confiscatio。

在保罗的时代，已用 Confiscatio 的术语表示没收，为何他在其《意见集》的有关片段中不用这个词而用更泛泛的词 auferre？提尔孙（Elizabeth Clare Tilson）对本条的还原似乎对此做了解释。她把没收的一半嫁资的取得人定为奸妇的丈夫，把没收的奸妇的 1/3 的嫁资外财产和奸夫被没收的一半财产的取得人定为国库。② 前者为一种私的取得，后者是一种公的取得。用 auferre 一词，可以涵盖两者。这不失为一种较好的解释。

如果提尔孙的解释为真，奸夫给其丈夫的一半嫁资当是前者对后者蒙受的精神损害的赔偿。但提尔孙认为，剥夺奸妇的这一比例的嫁资是为了让她难以再婚。③ 在罗马私法上，丈夫本来就妻子的嫁资享有扣留权，通奸为进行此等扣留的理由之一（Retentio propter mores），允许扣留的份额是 1/6。④ 两者的差别为何如此之大？前种情形中的奸妇被当场拿获并被定罪，属于情节严重；后种情形中的奸妇可能仅被怀疑通奸，属于情节轻微，所以在嫁资的罚没上有如上区别。当然，奸妇 1/3 的其他财产也要被没收进国库。由此可

---

① 据保罗的《意见集》2，26，14。Su http：//www.intratext.com/IXT/LAT0621/_ P1L.HTM，2013 年 2 月 9 日访问。
② See Elizabeth Clare Tilson, Augustus and Law-Making, Thesis for Doctor Degree, University of Edinburgh, 1986, p. 173.
③ Ibid., p. 205.
④ Cfr. Riccardo Astolfi, Il Matrimonio nel Diritto Romano Classico, CEDAM, Padova, 2006, p. 304.

见,在奥古斯都时代,罗马的已婚妇女通常有两种财产。一种是嫁资,交给丈夫经营管理,另一种是自管财产(要是没收的一半嫁资归国库,直接受害的是丈夫,奸妇只受将来利益的损害)。这表明当时的罗马夫妻实行分别财产制,这种财产制是无夫权婚姻的内容之一。在奥古斯都时代及更早的共和晚期,这是罗马最通行的婚姻形式。

没收奸妇奸夫的一定比例的财产进国库,如何执行?执行的前提是执行者明了被执行者的财产总数,然后再以此为据实施没收。明了此等总数的方法有三。其一,通过国势调查。在奥古斯都时期的公元前 28 年进行过这样的调查[①];其二,通过家庭簿记。罗马人有记账的习惯,贵族家庭都有两本账:流水账和收支账,前者登记日常的收入和支出,如购入土地、接受遗产等;后者专记债权债务。家父一般每月结算流水账一次,将人欠和欠人过入收支账。如有盈余,则为家庭的债权。家父死后,依收支账确定债权债务,用以收账、还账,余额作为继承和分配遗产的依据。该账簿受监察官的检查作为定市民等级和纳税的依据,家父须宣誓证明其记载为真实。[②] 其三,通过抄家,这个手段比较暴力,但抄家的结果也可能是获得家庭账本。所以,"其三"与"其二"有交叉之处。通过这三种方法了解的被执行者财产状况可作为执行的依据。

没收奸夫一半的财产具有政治惩罚意义,因为元老阶级的财产资格在格拉古兄弟时期是 40 万塞斯特斯,后来增加到 80 万、100 万、120 万塞斯特斯[③],达不到此等资格要被逐出元老院。骑士阶级的财产资格是 10 万塞斯特斯。[④] 罚没一半的财产后,一个本来具有元老或骑士的财产资格的人就丧失这个资格了,无异于一种人格或社会地位降等。

2. 流放

首先,在共和时期也有流放,但只是作为一种行政强制措施使用,是奥

---

① 参见〔日〕盐野七生:《罗马人的故事 Ⅵ:罗马和平》,张丽君译,台湾三民书局 1998 年版,第 263 页,第 9 页。

② 参见周枏:《罗马法原论》(下册),商务印书馆 1994 年版,第 670 页。

③ See William Ramsay, *A Manual of Roman Antiquities*, Richard Griffin and Company, London and Glasgow, 1863, p. 215.

④ See Neil Raj Singh-Masuda Ma, Exilium Romanum: Exile, Politics and Personal Experience from 58 BC to AD 68, Thesis for the degree of ph. D in Classics at University of Warwick, 1996, p. 124.

古斯都通过《惩治通奸罪的优流斯法》把它变成了一种刑罚。① 此等流放是终身的②，所以，把流放变成一种法定刑，是《惩治通奸罪的优流斯法》的创新之一。后来，此刑成为许多国家的法定刑，在课加惩罚的同时保全了罪人的性命，显得比较人道主义，减少了死刑的适用空间。遗憾的是，到了君士坦丁时代，除了排除家外人对通奸的控告权外，还把通奸罪的法定刑提高为死刑（至少在主奴通奸的情形如此）③，此举背离了奥古斯都的初衷。

流放不同于放逐，后者的承受者要丧失罗马市民权，前者的受判处者保留市民权。市民权之有无，对于一个罗马人意义重大，丧失市民权的人要丧失通婚权和交易权等能力，发生民事死亡，既有的婚姻消灭，遗产继承开始。保留了市民权，这些能力都能保留下来，所以，相对于放逐，流放是一种薄惩。但对于通奸与乱伦竞合的犯罪人，根据保罗的记载，要处以放逐之刑④，那就严重多了。

按第 6 条的规定，流放的目的地是岛。罗马帝国的内海地中海多岛，大的岛屿有西西里、撒丁、科西嘉，小的岛屿难以计数。大岛人烟稠密，生活设施齐全，小岛的条件相反，所以，流放到什么岛，对受刑人至关重要。依事理之性质来看，流放到哪个岛，应属于裁判官的自由裁量范围。科西嘉是这样的岛屿之一。小塞内加（Lucius Annaeus Seneca，公元前 4 年—公元 65 年）曾因通奸罪被流放到此岛。⑤ 有意思的是，马苏达·马（Neil Raj Singh-Masuda Ma）制作了一个可以作为流放目的地的岛屿的清单⑥，它可在网上免费获得，有进一步研究兴趣的读者可参看。

---

① See James Leigh Strachan-Davidson, *Problems of Roman Criminal Law*, Oxford: At the Clarendon Press, 1912, p. 116.

② See Richard Bauman, *Crime and Punishment in Ancient Rome*, Taylor & Francis e-Library, 2004, London and New York, p. 32. 但对此有争议。

③ See *The Civil Law including The Twelve Tables*, *The Institutes of Gaius*, *The Rules of Ulpian*, *The Opinions of Paulus*, *The Enactments of Justinian*, *and The Constitution of Leo*, Translated and edited by S. P. Scott, Cincinnati, The General Trust Company, 1932, Vol. XV, p. 18.

④ 据保罗的《意见集》2，26，15。Su http://www.intratext.com/IXT/LAT0621/_P1L.HTM，2013 年 2 月 9 日访问。

⑤ See the entry of Seneca the Younger, On http://en.wikipedia.org/wiki/Seneca_the_Younger, 2013 年 2 月 24 日访问。

⑥ See Neil Raj Singh-Masuda Ma, Exilium Romanum: Exile, Politics and Personal Experience from 58 BC to AD 68, Thesis for the degree of Ph. D in Classics at University of Warwick, 1996, pp. 272ss.

要指出的是，也许因为一些被流放者生活得太自由、太奢侈①，奥古斯都在其死前的两年，加大了对流放者的处罚力度，规定他们不得居住在大陆（西西里岛太大，可能被算作大陆，未闻有人被流放到这个地方），居住的小岛离海岸的距离不得小于400斯塔德斯②，但流放到Cos，Rhodes，Lesbos，Samos几个岛的情形除外。③ 而且，流放者携带的财产不得超过12.5万迪纳流斯（等于50万塞斯特斯）④，目的显然是让被流放者不至于过得过分舒服。

3. 能力剥夺

承受通奸定罪的士兵要受破廉耻。⑤ 被定此罪的男性不得服兵役。⑥ 承受通奸定罪的妇女要承受社会唾弃（Probrosa），处在与妓女、演员、被任何刑事法庭定罪的女子同样的地位，不得与生来自由的罗马市民结婚。⑦ 与之结婚者要受处罚，承担拉皮条罪的责任（参见下文）。社会唾弃是监察官认定的破廉耻上标⑧，被处罚者丧失某些能力，例如提起民众之诉（Actio popularis）的能力⑨以及作证能力⑩，尤其不能为遗嘱作证。⑪ 此等妇女还要穿被称为

---

① See Peter Michael Swan, *The Augustan Succession: An Historical Commentary on Cassius Dio's Roman History*, Oxford University Press, 2004, Oxford, New York, p. 288.

② Stades, 希腊长度单位，400斯塔德斯等于50英里。

③ Dio, 56, 27, 2. See Cassius Dio, *The Roman History: The Reign of Augustus*, Penguin Classics, London, 1987, p. 242.

④ See Neil Raj Singh-Masuda Ma, Exilium Romanum: Exile, Politics and Personal Experience from 58 BC to AD 68, Thesis for the degree of Ph. D in Classics at University of Warwick, 1996, p. 124.

⑤ D. 3, 2, 2, 3。See *The Digest of Justinian*, Vol. 1, edited by Mommsen and Alan Watson, University of Pennsylvania Press, Philadelphia, 1985, p. 82.

⑥ Ibid.

⑦ Véase Eugenia Maldonado de Lizalde, Lex Iulia de Adulteriis Coercendis. Del Emperador Cesar Augusto (y Otros Delitos. Sexuales Asociados), En Anuario Mexicano de Historia del Derecho, Volumen XVII (2004), pag. 383.

⑧ See H. J. Greenidge, *Infamia: Its Place in Roman Public and Private Law*, Oxford, Clarendon Press, 1894. p. 52.

⑨ 参见黄风：《罗马法词典》，法律出版社2002年版，第124页。

⑩ D. 22, 5, 18. See *The Digest of Justinian*, Vol. 2, edited by Mommsen and Alan Watson, Philadelphia, University of PennsylvaniaPress, 1985, p. 653..

⑪ D. 22, 5, 14. See *The Digest of Justinian*, Vol. 2, edited by Mommsen and Alan Watson, Philadelphia, University of Pennsylvania Press, 1985, p. 652.

Amarillo 的妓女服①，禁止穿叫做 Stola 的良家妇女衣服。②

（七）第 7 条评注

本条为中断指控条款，中断对不是为了逃避处罚，而是为了国家不在的人的通奸罪指控。本条仅为乌尔比安的《论通奸》第 2 卷所记载，没有其他原始文献支持本条的存在，故有的学者怀疑其真实性。③ 还有的学者怀疑本条中"不是为了逃避处罚"一语的真实性，因为 Detrectatio（拒绝）一语很少出现在法学原始文献中，只为文学家如李维、塔西陀、普林尼等所用。它看起来不是一个后古典时期的通用语汇，更通用的是 Retrectatio。④ 但英国学者提尔孙认为，尽管本条有些古怪，但没有充分的理由排除其真实性。⑤

"为了国家不在的人"是罗马法中的一个术语，在原始文献中多次出现，例如，优士丁尼《法学阶梯》就规定为了国家不在的人可以豁免监护和保佐职务。⑥ 正因为此语经常出现，保罗在其《优流斯和帕皮尤斯法评注》第 3 卷中（D. 4，6，35）对"为了国家不在的人"的类型做了一个列举，兹介绍如下：（1）服兵役的人，正在带兵前进的人，正在引军撤退的人，正在组织军团的人；（2）被派去向元首道贺的人；（3）皇帝的事务经管人，他们或被委任照管一个行省的事务；或被委任照管皇帝的某一事务；（4）埃及长官；（5）在罗马城内服兵役者；（6）被派出抓坏人者；（7）在出征时根据执政官的命令随行的平民；（8）为罗马的公务出差者，尽管他们有权经过罗马，仍维持不在者的身份；（9）行省人离开家乡，或留在家乡从事公务的，从他们离开或从事之时起具有不在者身份；（10）开往军营或返回的军人，具有不在

---

① Véase Eugenia Maldonado de Lizalde, Lex Iulia de Adulteriis Coercendis. Del Emperador Cesar Augusto (y Otros Delitos. Sexuales Asociados), En Anuario Mexicano de Historia del Derecho, Volumen XVII (2004), pag. 384.

② See Mary Alana Deminion, Staging Morality: Studies in the Lex Julia de Adulteriis of 18 BCE, A Thesis for degree of Master of Arts, University of Victoria, 2007, p. 17.

③ 例如，德国学者 F. Ebrard 就是如此。See Elizabeth Clare Tilson, Augustus and Law-Making, Thesis for Doctor Degree, University of Edinburgh, 1986, p. 200.

④ 例如，德国学者 Beseler 就是如此。See Elizabeth Clare Tilson, Augustus and Law-Making, Thesis for Doctor Degree, University of Edinburgh, 1986, p. 200. 该词的意思是拒绝、抗拒。参见谢大任主编：《拉丁语汉语词典》，商务印书馆 1988 年版，第 477 页。

⑤ See Elizabeth Clare Tilson, Augustus and Law-Making, Thesis for Doctor Degree, University of Edinburgh, 1986, p. 200.

⑥ 参见〔古罗马〕优士丁尼：《法学阶梯》（第二版），徐国栋译，中国政法大学出版社 2005 年版，第 93 页。

者的身份;(11)休假的士兵具有不在者的身份。① 从这些类型可以看出,"为了国家不在的人"主要是军人和公务员,他们的工作是为了增进国家利益,而打击通奸也是为了国家利益,但军务和公务比维持健全的道德风尚更紧迫,所以,本着两利相权取其重的原则让打击通奸的要求让路。而且,"为了国家不在的人"的概念具有人为性,有的人物理上是在其住所地的,但法律视为他们不在。

然而,保罗解释的是《优流斯和帕皮尤斯法》中的"为了国家不在的人"的术语,此等解释在适用于《惩治通奸罪的优流斯法》时经过了微调。乌尔比安认为,实际上在本地,通常被视为不在的人可被指控,因为他们出庭受审不是很困难。这些人有宵警队员和禁卫军人 [D. 48,5,16(15),3]。②

"为了国家不在"只是豁免通奸罪指控的一个要件,另一要件是"不是为了逃避处罚"。如果某人实施了通奸,为了逃避惩罚谋得一个公差离开,他不会达到目的 [D. 48,5,16(15),2]。③ 进一步的解释应该是不光人们可照常起诉他,而且他的公差也要被解除掉。

或问,对于"为了国家不在的人"在他结束公务后可否指控他?应该可以,因为乌尔比安告诉我们,为了国家不在的人只有在离开其审判籍行省时,才构成免于指控,如果他们仍然在审判籍行省,则不构成免于指控 [D. 48,5,16(15),4]。④ 这一规定表达了立法者暂时放过而非永久放过通奸者的立场。另外,提贝留斯皇帝补充了这一规则,谓:在职的官吏也不得被指控,要等到他们卸任之后才可。⑤ 依此类推,结束为国家不在状态的人自然要接受控告。

既然如此,为了国家不在的状态对于诉追时效有何影响?保罗解答了这一问题:涉案人员出庭有障碍的,时效期间可以延期(Dilatio) [D. 48,5,

---

① Cfr. Iustiniani Augusti Digesta seu Pandectae, Testo e traduzione (a cura di Sandro Schipani), I, Milano, Giuffrè, 2005, p. 351.
② 参见《〈学说汇纂〉第48卷(罗马刑事法)》,薛军译,中国政法大学出版社2005年版,第79页。
③ 同上。
④ 同上。
⑤ 同上书,第117页。

42（41）]①，也就是加长时效期间。既然为国不在是影响出庭的原因，具有此等原因的人应适用这一规则。

（八）第 8 条评注

本条规定对拉皮条（Lenocinium）者的处罚。拉皮条在中文中的本义是撮合男女发生不正当关系。② 但在本条中，拉皮条一词的含义要广得多。它来源于妓院老鸨的名称 Leno③，指支持、纵容或利用通奸类犯罪牟取利益的行为，不仅包括介绍卖淫，还包括丈夫放任妻子通奸，或者某人与因通奸被判刑的女子结婚。④

本条首先处罚丈夫容留在通奸中被当场拿获的妻子的行为。按第 3 条的要求，丈夫在发现妻子的通奸后应立即休弃后者；按第 4 条的要求，丈夫应在 60 天内起诉通奸的妻子，而此时的丈夫对这两条的规定都置之不理，照样把通奸的妻子留为妻子，是为没有血性。丈夫为何如此？很可能是不愿因为离婚要丧失对于妻子的嫁资的支配 [D.48，5，12（11），3]⑤，因为在离婚时，尽管要经过一定的扣除，丈夫须返还妻子的嫁资。此时的丈夫真是见利忘义了，真是该罚。对于本规定，罗马人留下了维斯提里娅被捉通奸，其夫提提狄乌斯·拉贝奥不予控告，最后由元老院直接处罚维斯提里娅的案例⑥，以及郭尔古斯（Claudius Gorgus）容留被捉通奸的妻子案。⑦ 对于第一个案例，前文已述，此处不赘。第二个案例的情况是这样的：郭尔古斯属于元老阶级，他当场拿获了通奸的妻子，并在法定期间内控告她通奸，但他在此之前没有提出跟通奸妻子离婚，尽管没有人指控他拉皮条，赛埔提谬斯·塞维鲁斯皇帝还是定了他的拉皮条罪（D.48，5，2，6）。

---

① 《〈学说汇纂〉第 48 卷（罗马刑事法）》，薛军译，中国政法大学出版社 2005 年版，第 121 页。
② 参见《在线新华词典》"拉皮条"词条，载 http://xh.5156edu.com/html5/297500.html，2013 年 2 月 28 日访问。
③ 参见〔德〕奥托·基弗：《罗马风化史》，姜瑞璋译，辽宁教育出版社 2000 年版，第 65 页。
④ 参见黄风：《罗马法词典》，法律出版社 2002 年版，第 154 页。
⑤ 参见《〈学说汇纂〉第 48 卷（罗马刑事法）》，薛军译，中国政法大学出版社 2005 年版，第 67 页。
⑥ 参见〔古罗马〕塔西陀：《编年史》（下册），王以铸、崔妙因译，商务印书馆 1981 年版，第 131 页。
⑦ 参见《〈学说汇纂〉第 48 卷（罗马刑事法）》，薛军译，中国政法大学出版社 2005 年版，第 57 页。

本条其次是处罚放走被捉通奸的奸夫的丈夫。按第 3 条的规定，丈夫可合法杀死此等奸夫。丈夫可杀之而不杀，可能因为贪图经济利益（例如被捉奸夫允诺给丈夫好处费）或精神利益（例如被捉奸夫是丈夫的上司，丈夫不敢得罪，有如香港电影《金钱帝国》中的"火麒麟"所为），这样的丈夫丧失了基本的血性，该罚！

本条再次处罚因为妻子的通奸收受财物的丈夫，此等财物可能是被捉通奸的奸夫给予的，以封丈夫之口，而此等丈夫竟然也收了，他真是见利忘义，该罚！否则就是允许开设家庭妓院了。

本条第四处罚因为丈夫的通奸收受贿赂的妻子，这是上一款所涉情况的反情况。此时，被捉通奸的是丈夫，属于丈夫把野女人带回家通奸的情形，此时的妻子享有片面离婚权而已[①]，没有提到妻子对于丈夫的情妇的杀害权，而在同样情形的丈夫却有杀奸权，男女不平等的安排昭然，但本规定暗示妻子对于丈夫的通奸享有捉奸权，以此对应于丈夫的捉奸权，毕竟朝男女平等迈进了一小步。但此时的妻子若为得到来自奸妇的或其丈夫的一点贿赂就放弃自己的片面离婚请求权，也属于见利忘义，该罚！

本条最后处罚提供通奸场所者，他们是提供自己的处所供人实施奸淫的人，以及为了钱财容纳公然的女奸淫者的人。奇怪的是，本条没有处罚为他人通奸提供场所的人，只惩罚为他人的奸淫提供场所的人。对于本款规定的第二种情况，可以这样解释：被处罚者是开设黑妓院的人。罗马并不禁止妓院，原因在于妓院可作为溢洪道保护良家妇女免受通奸的诱惑，罗马作家 Valerius Maximus 记载的一个故事说明了此点。一个小伙子经常访问其有夫的情妇，他父亲为了避免他犯通奸罪，建议他访情妇前先访妓院。结果，小伙子先是对情妇力不从心，后是放弃了她。[②] 这样，父亲靠妓女成功救出了陷入通奸的儿子。但只有在营造官处做了登记的女子才能合法卖淫，没有登记而公然与不确定的男子性交的未婚女子，为公然的女奸淫者，为她们提供卖淫场所的人归本款打击。这样规定的目的可能是为了征税。卡里古拉皇帝于 40

---

① 参见徐国栋：《罗马私法要论——文本与分析》，科学出版社 2007 年版，第 98 页。
② 参见〔法〕维奥莱纳·瓦诺依克：《世界上最古老的行业——古希腊的娼妓与社会》，邵济源译，中国人民大学出版社 2007 年版，第 70 页。

年首开娼妓税①,此税不仅对妓女开征,而且对拉皮条者开征,甚至对男妓开征。

(九)第 9 条评注

本条规定对涉通奸案奴隶的拷打问题,排除了拷打生来自由人的可能。本条涉及罗马刑事诉讼法中的一个重要方面:求得真相与保护人权两项价值之间的调和。

拷打分为针对嫌疑人的和针对证人的,本条规定两者。在前种情形,被拷打的是可能实施了通奸行为的奴隶;在后种情形,被拷打的奴隶是可能证明嫌疑人犯有通奸罪的人。他们可以是嫌疑人的奴隶,也可以是申请拷打者的奴隶,还可以是第三人的奴隶[D.48,5,28(27),14]。②

本条对前种情形的规定具有实体性,也就是说它规定了对奴隶通奸的惩罚。奴隶的性关系可以分为男奴与女奴分别谈。男奴可能的性对象有女主人、其他自由女性、同伴女奴。前者属于通奸,归市长官管辖(D.1,12)。③ 中者不属于通奸,但在奥古斯都时代为人不齿,然不受打击,因为罗马人理想的婚姻是男方的身份高于女方的,这种结合的情形显然相反。到了克劳丢斯皇帝时代的 52 年,颁布了《关于与奴隶同居的克劳丢斯元老院决议》,把与奴隶交合的女自由人贬为奴隶。④ 后者也不属于通奸,因为《惩治通奸罪的优流斯法》旨在保护婚姻的尊严,奴隶之间的交合不构成婚姻,只是同居(Contubernium),侵犯这种同居关系当然不构成通奸。⑤ 就女奴而言,她们可能的性对象有男主人、其他自由男性、同伴男奴。男主人对自己的女奴享有性的利用权,两者间的性关系不构成通奸。她们与其他自由男性的结合属于后者

---

① See A. J. MacGinn. *Prostitution, Sexuality, and Law in Ancient Rome*, Oxford University Press, Oxford, New York, 1998, p. 249.
② 参见《〈学说汇纂〉第 48 卷(罗马刑事法)》,薛军译,中国政法大学出版社 2005 年版,第 101 页。
③ 参见徐国栋:《优士丁尼〈法学阶梯〉评注》,北京大学出版社 2011 年版,第 130 页。
④ See Judith Evans-Grubbs, "Marriage More Shameful Than Adultery": Slave-Mistress Relationships "Mixed Marriages", and Late Roman Law, In *Phoenix* Vol. 47 (1993), No. 2, p. 128
⑤ See Susan Treggiari, Contubernales in CIL 6, In *Phoenix*, Vol. 35, No. 1, (Spring, 1981), p. 43, note 7.

的侵权行为，可对之适用《阿奎流斯法》，也可适用不法侵辱之诉［D.48，5，6pr.］。① 她们与同伴男奴的结合也只是同居，不构成婚姻，因而不构成通奸。按普鲁塔克的记载，在老伽图的时代，在同一权力下的男女奴结合的，男奴要向主人付钱。② 如果未交钱的其他男奴染指这一结合中的女奴，如何处理？可能按习俗处理。③

要言之，本条规定的奴隶通奸实际上仅指男奴与其女主人之间的苟合，男主人与女奴的苟合则放任之，所以，本条的规定具有单向性和阶级性。如果说同阶级的男女之间的苟合尚不可容忍，则低下阶级的男子与高尚阶级的女子的苟合更不可忍，因为它最玷污高尚阶级的血统，最符合拉丁文中 adulterium 一词的含义。

拷打又分为程序性的和实体性的，前者是求得证据的手段，后者是惩罚的手段，例如钉十字架，尽管两者都给人带来痛苦，但有所不同。显然，本条主要规定的是程序性的拷打。

本条只许对奴隶实施侦讯式拷打，换言之，不许拷打自由人。按罗马共和时期的传统，自由人证言的真实性靠宣誓保障。自由人包括罗马市民和外邦人，本法皆禁止拷打之。对自由人证人的拷打，尽管在共和晚期由西西里总督盖尤斯·韦雷斯不法实施过④，到公元前 8 年的《优流斯国事罪法》才采用之，那是在《惩治通奸罪的优流斯法》颁布后 10 年的事情了。这样，为保障自由人的人权牺牲了真相的求得，这样的规定非常先进。此等评价是相对于希腊法而言的，在这种法中，外邦人是可以拷打的。⑤ 拷打奴隶的做法也来自希腊，按希腊法，奴隶的卑贱身份构成他讲出真相的障碍，而且，奴隶倾向于为了自身利益避免讲出不利于主人的真相，因此，只有通过痛苦才能

---

① 参见《〈学说汇纂〉第 48 卷（罗马刑事法）》，薛军译，中国政法大学出版社 2005 年版，第 61 页。
② 参见〔古希腊〕普鲁塔克：《希腊罗马名人传》（上册），吴彭鹏译，商务印书馆 1990 年版，第 367 页。
③ See Susan Treggiari, Contubernales in CIL 6, In Phoenix, Vol. 35, No. 1, (Spring, 1981), p.43.
④ 参见蒋军洲：《由私向公的搜刮钱财罪诉讼程序及西塞罗的革新——以西塞罗第一次控告韦雷斯为中心》，载徐国栋主编：《罗马法与现代民法》第 7 卷，厦门大学出版社 2010 年版，第 113 页。
⑤ See Barbara Ramos et al. Interrogation and Torture, 2, 2, On http://www.cs.washington.edu/education/courses/csep590/05au/whitepaper_turnin/torture_paper.pdf, 2013 年 2 月 17 日访问。

让奴隶讲真话。①

解放自由人是生来自由人和奴隶外的第三种人，按本条，他们可被拷打吗？答案是肯定的，他们不仅可作为被告，而且可作为证人拷打②，只是在这后种情形，他们不能在针对其恩主的案子中被拷打（D. 48，18，1，9）③；以免逼迫他们突破恩主与解放自由人关系的伦理，容隐是此等伦理的一部分。

与解放自由人类似的有待自由人（Statuliber），他们是被主人附条件解放等待条件成就的奴隶。④ 他们维持奴隶的身份，尽管他有被解放的希望。在通奸案件中，仍可要求对其拷问（D. 48，18，8，1）。⑤

拷问的手段有：（1）脱臼刑（Equuleus）。这是最常用的一种拷问手段，因使用马状拷问架（equuleus）得名。其方法是让奴隶在这个拷问架上仰天躺好，用绳索捆好其手脚，用绳子往两边拉其手臂，并拉其脚和手，造成关节脱臼。（2）绳刑（Fidiculae）。此法只用绳子，绑住受刑人的四肢拉伸，造成其痛苦。（3）钩刑（Ungulae）。用铁镊子从受刑人固定好的身体夹住肉并扯破。（4）烙刑（Lamina）。用烧红的铁在受刑人身上滚。⑥ 这些手段都极其残忍！

其次，本条规定了对被作为证人拷打后的奴隶的处理。他们有两种，其一是家父或丈夫控告通奸时被控告人的奴隶（D. 48，18，6pr.）⑦；其二是家外人为通奸控告时被控告人的奴隶（D. 48，18，17pr.）。⑧ 在前种情形，被

---

① See Lisa Hajjar, Does Torture Work? An A Socio-Legal Assessment of the Pract ice in Historical and Global Perspective, p. 14. On http：//www. utexas. edu/law/centers/humanrights/events/speaker-series-papers/Hajjar_ Does%20Torture%20Work. pdf, 2013 年 2 月 17 日访问。
② Voir Alphonse Jouet, Droit Romain de la conditions juridique des affranchise, A. Giard, Henri Jouve, Paris, 1891, p. 24.
③ 参见《〈学说汇纂〉第 48 卷（罗马刑事法）》，薛军译，中国政法大学出版社 2005 年版，第 263 页。
④ See Adolf Berger, *Encyclopedic Dictionary of Roman Law*. Philadelphia：The American Philosophical Society, 1991, p. 714.
⑤ 参见《〈学说汇纂〉第 48 卷（罗马刑事法）》，薛军译，中国政法大学出版社 2005 年版，第 273 页。
⑥ Cfr. F. G. A. Wasserschleben, De quaestionum per tormenta apud Romanos historia commentatio, Berolini：Ferd. Mueller, 1834, pp. 26s.
⑦ 参见《〈学说汇纂〉第 48 卷（罗马刑事法）》，薛军译，中国政法大学出版社 2005 年版，第 271 页。
⑧ 同上书，第 279 页。

告通常就是控告人的女儿或妻子，她们拥有的奴隶，在奥古斯都时期盛行夫妻分别财产制的条件下，不见得是作为控告人的家父或丈夫的奴隶，所以，如果控告人错误控告并错误申请拷打奴隶，被告被证明是无辜的，法官当然要估价被打奴隶受到的损害并赔偿给其主人；奴隶被打死的，要把他在被拷问前确定的价金给主人。如果被告被判有罪，似乎无论奴隶被打残或打死，都不必赔偿。打残的奴隶在审理结束后要充公（D.48，18，6pr.）①，即被国家没收，成为公奴。之所以如此处理，乃是为了让奴隶不害怕回到主人权力下而讲真话，如果奴隶害怕回到主人权力下，就会在拷打中坚不吐实［D.48，5，28（27），11］。② 如果被拷打的奴隶坚不吐实，拷打后也要被充公，因为在他们有可能回到主人权力下接受回报的条件下，他们会倾向于撒谎③，充公的前景可断其此念。当然，如果这种奴隶在拷问中出卖了其主人，则更不能再为其服务了，只能充公处理。

再次，本条要求申请拷打被控通奸奴隶者向被拷打奴隶的主人提供诬告赔偿金。此等赔偿金的数额是奴隶估价的两倍，此等估价要在控告人与奴隶的主人间以要式口约确定（D.48，18，13）。④ 按此等估价进行赔偿，显然具有惩罚性。此举的目的是促进控告人慎重控告并申请拷打他人奴隶，如果被告被判决无罪，控告人构成诬告，要把上述诬告赔偿金交给奴隶的主人。而且他要承担诬告罪的审判（D.3，6，9）。⑤ 后文将述，罗马总共有过 11 个常设刑事法庭，实际上有 12 个，因为每个常设刑事法庭都兼为诬告罪刑事法庭审理涉及本庭专理罪名的诬告案件。即使在家父告错自己女儿的情形下，也要承担诬告的责任［D.48，5，31（30）pr.］。⑥

又次，按本条的要求，对解放自由人的拷打伴随着对质，因为在拷打时，要求男女罪人、他们的恩主、控告人在场，恩主也被授予提问权。这里的罪

---

① 《〈学说汇纂〉第48卷（罗马刑事法）》，薛军译，中国政法大学出版社2005年版，第271页。
② 同上书，第99页。
③ 同上书，第101页。
④ 同上书，第277页。
⑤ See *The Digest of Justinian*, Vol.1, edited by Mommsen and Alan Watson, Philadelphia, University of Pennsylvania Press, 1985, p.111.
⑥ 参见《〈学说汇纂〉第48卷（罗马刑事法）》，薛军译，中国政法大学出版社2005年版，第107页。

人应是解放自由人,所以他们才会有恩主,即解放他们的前主人。另外应有长官在场,在他的主持下,被告按控告人的提问回答问题,如果不招,则大刑伺候。恩主被赋予提问权。此时的恩主有两种可能的身份,其一,是自己的解放自由人的保护人,此时他的提问是为了矫正控告人的诱导性提问①,保护被拷问的解放自由人,起他们的律师的作用。按罗马人的习惯,解放行为发生后,恩主负有保护自己的前奴隶的义务,前奴隶则负有向恩主提供劳务的义务,甚至有义务让恩主继承自己的遗产。其二,是自己的解放自由人的受害人,因为此等人的通奸对象可能是他的妻子[D.48,5,43(42)]②;此时的他就更多地起控告人的助手的作用,不怎么会倾向于保护自己的解放自由人。

最后,本条规定获得骑士身份的解放自由人与恩主的妻子或女恩主本人,或与此等人的父亲的妻子或此等人的母亲、或与此等人的儿媳或女儿通奸的,要作为解放自由人受罚。骑士是罗马的第二贵族阶级,在涉身刑案时有免受拷打的特权③,但解放自由人相对于世代自由的恩主毕竟身份低贱,他与上层社会的女子通奸属于下克上,属于罗马法的习惯性打击对象。按罗马法,上层男子玩弄下层女子是可以的,下层男子玩弄上层女子却不行,这样把性关系搞得阶级性很强。非独此也,解放自由人与其恩主保持准亲属关系,他们勾引一般的上层女子尚可,若勾引自己长辈家的女人,就不可容忍了。于是,本条剥掉他们的骑士身份带来的特权,施以二木,以维持尊卑秩序。但这样做的结果开启了对卑贱者的拷打之风,也就是说,罗马市民身份不再是对抗拷打的有效盾牌。这块牌子后面的人要分为高贵者和卑贱者,前者不可拷打而后者可以,由此,罗马刑法逐渐身份化,同罪依身份异罚成为帝政后期刑法的特色之一。

后文将述,通奸罪常设刑事法庭设在集议场,通奸案件在此审理,那么,拷打也在这里实施吗?Leanne E. Bablitz 告诉我们,拷打用的刑具可能由市长

---

① 例如,"路求斯·蒂丘斯是否通奸了?"是诱导性提问,正常的提问应是"通奸是谁实施的?"。D. 48, 18, 1, 21. 参见同上书,第265页。
② 参见同上书,第121页。
③ See Freda Utley, Trade Guilds of the Later Roman Empire, MA Thesis at the London School of Economics, 1925, On http://www.fredautley.com/thesis6.htm, 2012年10月24日访问。

官管理，此等长官就在集议场东北角的和平神庙工作。① 刑具与拷打的地方不可能相隔很远，所以有理由推测拷打就是在集议场进行。而且，按希腊的方式，拷打要当着公众的面进行②，罗马的刑事诉讼受希腊影响很深，也很可能当众拷打。集议场是个人来人往，甚至接待外国使节的地方，在这样的地方把人打得鬼哭狼嚎、血肉模糊，当极大地损害罗马的国家形象，不过对犯罪分子倒有一定的震慑作用。

但要指出的是，罗马法是慎用哪怕是对奴隶的拷打的。首先，对作为通奸罪被告的奴隶的拷打，只有在有九成把握确定他确有其罪时才可实施（D. 48，18，1，1）③；其次，对于是奴隶还是自由人不确定的人，在确证他是奴隶前，不得拷问，因为有奴隶怕熬刑不过宣称自己是自由人的情形，这时，尽管迟延了诉讼进程，仍推定他为自由人（D. 48，18，12）④；其三，不得为了指证主人奸淫而拷打其奴隶（D. 48，18，17，1）⑤，相反，如前所述，可以为指证主人通奸而拷打其奴隶，这是因为通奸比奸淫更令立法者痛恨；其四，不得在没有任何证据的情形下实施拷问（D. 48，18，18，2）⑥；其五，不得拷问 14 岁以下的未成年人（D. 48，18，10pr. ）。⑦ 所有这些限制措施，都有限制拷打、保障人权的功效。

另外，罗马法对于拷问得来的证词的效力持怀疑态度，不是全信（D. 48，18，1，1）。⑧

当然，如果主奴情深，主人可能采取种种措施让其奴隶逃避拷打，最常用的措施是在家父或丈夫 60 天的起诉时效期间内解放或转让自己的奴隶。他们成为解放自由人后，除非他们自己实施了通奸，就不得作为证人被拷打了。

---

① See Leanne E. Bablitz, *Actors and Audience in the Roman Courtroom*, Routledge, 2007, p. 40.

② Ver Augusto Jambin do Amaral, Discurso Penal e Política da Prova: nos Limites da Governabilidade Inquisitiva do Processo Penal Brasileiro Contemporaneo, Coimbra, 2011, pag. 22. Sobre http: //estudogeral. sib. uc. pt/jspui/bitstream/10316/20164/3/AUGUSTO. JOBIM. DO. AMARAL. pdf, 2013 年 2 月 21 日访问。

③ See *The Digest of Justinian*, Vol. 1, edited by Mommsen and Alan Watson, Philadelphia, University of Pennsylvania Press, 1985, p. 259.

④ 参见《〈学说汇纂〉第 48 卷（罗马刑事法）》，薛军译，中国政法大学出版社 2005 年版，第 267 页。

⑤ 同上书，第 281 页。

⑥ 同上。

⑦ 同上书，第 275 页。

⑧ 同上书，第 267 页。

他们在被转让后，作为非被告的奴隶，就不能被拷问了。但既有对策，便有政策，《惩治通奸罪的优流斯法》禁止可能的奸妇在被离婚起的60天内解放自己的男奴或女奴，否则，解放无效（C.9，9，3）。①

罗马人从奴隶打起，扩展到打解放自由人，再扩展到打生来自由人中的卑贱者，最后扩展到打生来自由人中的高贵者如元老阶级的成员，没有花费多少时间。公元前8年的《优流斯国事罪法》就采用了对自由人的拷打，这种安排体现了国家安全重于人权保护的选择。从此，拷打成为欧洲刑事诉讼中的一个正常内容，直到现代才被从名义上废除。

（十）第10条评注

本条为保护妻子的利益，禁止丈夫违背妻子的意愿转让作为嫁资的意大利土地。这一规定游离于主线之外，是一个刑事立法文件中的民法规范②，导致对它是否属于《惩治通奸罪的优流斯法》的怀疑。③ 所以，一些学者在罗列罗马的立法清单时把《优流斯嫁资土地法》当作一个独立于《惩治通奸罪的优流斯法》的条目。④ 这也跟优士丁尼在提到前者时只说《优流斯法》而不说明其全称的事实有关，而优流斯法众多的事实为把两法并立提供了空间。但进一步研究原始文献可发现，在《学说汇纂》关于嫁资土地的第23卷第5题中，有5个片段来自古代作者对《惩治通奸罪的优流斯法》的评注性作品。⑤ 这导致多数作者认为《优流斯嫁资土地法》是《惩治通奸罪的优流斯法》的一部分，于是问题在于怎样解释一个刑事立法中为何包含民法规范。意大利学者Noailles认为，这样保护妇女的嫁资是为了便于她再婚，因为意大利的土地以及房屋是当时最有价值的财产。⑥ 法国学者A. 爱斯曼则认为，

---

① Cfr. Codex Iustinianus, Berlin, Weidmann, 1954, p. 374.
② Voir A. Esmein, Le délit d'adultère à Rome et la loi Julia de adulteriis, In Mélanges d'histoire du droit et de critique. Paris, Droit romain, 1886, p. 150.
③ See Elizabeth Clare Tilson, Augustus and Law-Making, Thesis for Doctor Degree, University of Edinburgh, 1986, p. 205.
④ 参见黄风、程波：《罗马的法律大全》，载徐国栋主编：《罗马法与现代民法》（第3卷），中国法制出版社2002年版，第450页及以次。
⑤ 它们是乌尔比安的《论通奸》的3个片段，帕比尼安的《论通奸》的一个片段，保罗的《论通奸》的一个片段。
⑥ Cfr. P. Noailles, L'inaliénabilité dotale et la Novelle 61, In Ann. Univ. Grenoble, 30, 1918, pp. 503s.

《惩治通奸罪的优流斯法》以离婚作为女子通奸的后果，既离婚，就有嫁资返还问题，所以，奥古斯都利用这个机会就嫁资问题做了一个有用的改革，顺便就保护妻子的嫁资做了一个规定。这样就造成了规则的混杂化。①

罗马人认为，授予嫁资带给婚姻以尊严，所以，嫁资协议起结婚证书的作用。一旦结婚，嫁资归丈夫管理，解除婚姻时，丈夫应返还嫁资。所以，嫁资是妻子离婚后的生活保障。嫁资财产有动产与不动产之分，当然后者更重要。在嫁资土地中，又分为意大利土地和行省土地。在奥古斯都的时代，前种土地是私人财产，免税；后种土地是国家财产，私人只有使用权且要交税②，所以，还是意大利土地值钱，更对妇女构成保障，所以，非经她同意，丈夫不得处分之，以免妇女的软弱被丈夫滥用。当然，经过她同意的，丈夫的处分有效。

**四、审判通奸罪的常设刑事法庭**

（一）常设刑事法庭制度一般

通奸罪属于公诉罪，此等罪每个都有专门的常设刑事法庭，所以，颁布《惩治通奸罪的优流斯法》就意味着设立专门的常设刑事法庭。此等安排是避免法律成无牙的老虎，甚是有理。

为了理解常设刑事法庭制度的功能，首先要讲此等制度的历史。第一个常设刑事法庭诞生于公元前149年，其时，罗马颁布了《关于搜刮钱财罪的卡尔布尔纽斯法》（Lex Calpurnia de pecuniis repetundis）设立了审理搜刮钱财罪的常设刑事法庭（Quaestio perpetuae）取代了过去的人民审判（Iudicium populi）刑事诉讼程序。③"常设"是相对于"临时"而言的，在人民审判时期，市民大会兼作法院，大会一散，法院不见，此等法院显然具有临时性。现在的法庭无论市民大会开否都存在，故谓"常设"。

常设刑事法庭都依据一个专门的刑事法律设立，每个法庭只审理它依据其设立的法律打击的犯罪案件，不审理其他刑事案件，更谈不上审理民事案

---

① Voir A. Esmein, Le délit d'adultère à Rome et la loi Julia de adulteriis, In Mélanges d'histoire du droit et de critique. Paris, Droit romain, 1886, p. 152.
② 参见徐国栋：《优士丁尼〈法学阶梯〉评注》，北京大学出版社2011年版，第192页。
③ See Catherine Steel, *Roman Oratory*, Cambridge University Press, 2006, p. 14.

件了。这与综合审理各种刑民案件的现代法院不同。在共和时期，罗马共设立了9个刑事法庭。它们是：搜刮钱财罪法庭、杀人和投毒罪法庭、杀亲罪法庭、伪造罪法庭、国事罪法庭、选举舞弊罪法庭、贪污罪法庭、暴力罪法庭、侵辱罪法庭。[①] 到奥古斯都时期，又增加了通奸罪法庭和妨碍粮食供应罪法庭。[②] 反言之，没有专门的刑事法律打击和相应的刑事法庭追究的行为，不可称之为有罪，所以，说常设刑事法庭制度是罪刑法定主义的基床，并不夸张。

常设刑事法庭由裁判官主持，或在他委托的情况下，由侦讯法官（iudex quaestionis）[③] 主持。法庭由30名或更多的陪审员构成，他们投票形成的多数决成为判决结果。主持他们的审理的长官不参与投票。

（二）常设刑事法庭的审判流程

常设刑事法庭的审判包括如下6个流程：

（1）提出诉讼请求（postulatio）。即意图的控告人向裁判官或侦讯法官请求控告权。通奸属于公诉案件。所谓公诉，是人民的成员人人可得控告之诉。在现代，公诉罪由检察院行使控告权，古罗马无此等机构，所以，常设刑事法庭不像现代的法院一样有检察机关配套，它受理的诉讼完全委诸私人发动。此等私人分为出于私益的和出于公益的两种。前者如奸妇的丈夫、父亲，后者有除此之外的任何人。这种安排意味着通奸罪有两种犯罪客体。私的犯罪客体是家族的名誉、血统纯粹的继承人之获得。公的犯罪客体是社会的一般的性秩序和性道德。由于私的犯罪客体的存在，奥古斯都赋予丈夫、父亲优先的控告权，他们间又以丈夫优先，但在丈夫为官的情形，则家父优先［D. 48，5，16（15）pr. ］。[④] 用现代人的眼光看，他们的控告属于自诉。他们在60天内不控告的，社会上的其他人才可控告。当然，他们的控告属于公

---

[①] Cfr. Pietro Cerami, Antonio Metro, Alessandro Corbino, Giafranco Purpura, Roma e il diritto, Jovene, Napoli, 2010, pp. 205ss.

[②] See Olga Tellegen-Couperus, *A Short History of Roman Law*, Routledge, London, 1993, p. 88.

[③] 一种观点认为 iudex quaestionis 是主审裁判官的助手，另一种认为他是一个执法官，有时候专门被任命主持刑事法庭的审判。See William Smith, *A Dictionary of Greek and Roman Antiquities*, John Murray, London, 1875, p. 649.

[④] 参见《〈学说汇纂〉第48卷（罗马刑事法）》，薛军译，中国政法大学出版社2005年版，第77页。

诉。由此可见，奥古斯都既把通奸罪定为自诉罪，又定为公诉罪，前者的诉权人弃权的，案件才转化为公诉性质的。所以，通奸虽号称公诉罪，实际上此罪具有自诉兼公诉罪的性质。无论是自诉者还是公诉者，都要来到裁判官或侦讯法官面前表达他打算控告何人的愿望，他同时要宣誓不会诬告。裁判官会接受他的宣誓，将其诉讼请求在集议场张贴，以此向公众公示控告人和被控者的名字。①

控告必须遵守一定的要求。《惩治通奸罪的优流斯法》规定，如果"奸妇"已出嫁，在控告奸夫前不得控告奸妇〔D.48，5，2pr.〕。② 这样，在奸夫得到有罪判决后才可控告奸妇，后一个控告更可靠。设定这个控告顺位意在保护可能无罪的"奸妇"的名誉以及其家庭的安定，避免无的放矢式的控告。当然，如果"奸夫"已亡故，对"奸妇"的控告不受上述限制。

控告人可通过代理人提出诉讼请求〔D.48，5，18（17），5〕。③ 控告不实的，此等代理人也要反坐（D.49，14，24）。④

或问，家外人哪来兴趣控告不相干的人的通奸？这涉及到罗马的检举制度。此制奖励检举者。他们若告倒富有的通奸者，可得到被告一定比例的财产作为奖励；若告倒有名的通奸者，则可以获得名望。⑤ "重赏之下，必有勇夫。"家外人也有热情去钻山打洞控告他人的通奸行为了。当然，不排除有些道德理想主义者不考虑经济利益，只为了维护道德纯洁控告他人通奸。

（2）预审（divinatio）。预审是裁判官在有数个潜在控告人的情况下在他们中根据一定的标准选定一个适格的控告人的程序，以确保其控告成功。如果只有一个控告人且适格，则不存在适用预审程序的必要。排除潜在控告人的理由有如下列：第一，未达25岁，低于这一年龄的人为自己婚姻雪耻的情

---

① 参见高丰美：《罗马共和时期勒索罪及其审判程序探微——兼评小斯考鲁斯勒索案》，载徐国栋主编：《罗马法与现代民法》（第7卷），厦门大学出版社2010年版，第218页。
② 参见《〈学说汇纂〉第48卷（罗马刑事法）》，薛军译，中国政法大学出版社2005年版，第55页。
③ 同上书，第85页。
④ 参见《民法大全选译·公法》，张礼洪译，中国政法大学出版社2000年版，第23页。
⑤ See Mary Alana Deminion, Staging Morality: Studies in the Lex Julia de Adulteriis of 18 BCE, A Thesis for degree of Master of Arts, University of Victoria, 2007, p.3, note 4.

形除外［D. 48, 5, 16（15）, 6］①。第二，同时指控奸妇奸夫者［D. 48, 5, 16（15）, 9］，但此等缺陷可以通过针对奸妇奸夫之一重新控告得到改正②。第三，不按顺位控告者，前文已述，丈夫的控告权优先于家父的［D. 48, 5, 2, 8］③，如果家父抢在丈夫前控告，自然要被驳回。家外人在时效完成前抢在家父和丈夫前控告的，自然也要被驳回。第四，在丈夫未控告奸妇的情况下的家外控告者［D. 48, 5, 27（26）pr.］④，因为丈夫享有优先的控告权，此时的家外人只能控告丈夫拉皮条。第五，解放自由人控告恩主通奸的，但控告恩主与自己的妻子通奸的除外［D. 48, 5, 39（38）, 9］⑤。第六，控告在任官员的，但他卸任后可合法控告之［D. 48, 5, 39（38）, 10］。⑥ 等等。总之，预审是一个过滤程序。那么，如果所有的潜在控告人都被过滤掉了怎么办？我以为会导致控告程序流产，但此等控告有可能复活，例如，未达25岁的人被排除后经过数年达到了这一年龄而时效期间又未经过的，他当然可合法地再次提起控告。

预审不仅审查潜在的控告人的资格，而且要审查他们控告成功的可能。在现代人看来，审查此等可能，主要应考虑潜在控告人掌握的证据，但古罗马人的考虑可能更多的是潜在控告人与案件的关系，例如，在小斯考鲁斯搜刮钱财案中，普布流斯·瓦莱流斯·特里亚流斯在预审中之所以能成为第一控告人，主要出于三方面的原因：其一，特里亚流斯的父亲曾经是撒丁岛的总督，因此撒丁省人民自然地会选择他的儿子作为他们的恩主庇护人（patronus）。其二，特里亚流斯对于该控诉的个人兴趣主要是因为其刚迈步的政治前途，企图通过攻击重要的公众人物使自己出名。其三，更加重要的是，特里亚流斯和他的母亲与塞尔维里娅（Servilia）即马尔库斯·伽图的同父异母的妹妹有着很深的交往，并且塞尔维里娅与小斯考鲁斯有着私人恩怨。⑦

---

① 参见《〈学说汇纂〉第48卷（罗马刑事法）》，薛军译，中国政法大学出版社2005年版，第81页。
② 同上。
③ 同上书，第57页。
④ 同上书，第95页。
⑤ 同上书，第115页。
⑥ 同上书，第117页。
⑦ See Charles Henderson Jr., The Career of the Younger M. Aemiliu Scaurus, In *The Classical Journal*, Vol. 53, No. 5. (1958), p. 199.

（3）正式控告（nominis delatio）。即适格控告人向裁判官（在罗马）或行省总督（在行省）提交正式的诉讼书状的程序。通过预审确定控诉者后，他来到在裁判官面前，以其名义正式地提起通奸罪控诉，裁判官把它归纳成书面形式，被称作诉讼书状（inscriptio）。此等书状有一定格式。保罗在其《论通奸》第3卷中描述了《优流斯公诉法》（Lex Iulia iudiciorum publicorum）要求的其标题的写法："纪年的执政官①和日期。路求斯·蒂丘斯声明：他根据《惩治通奸罪的优流斯法》把罪人梅维娅交给某某裁判官或某某行省总督，因为她说：她与盖尤斯·塞尤斯在某城、某屋、某月、在某人当执政官时进行了通奸。"（D. 48，2，3pr.）② 换言之，起诉书应包括奸夫及其奸夫的姓名、他们通奸的时间和地点以及原告的姓名。当事人在罗马的，此等起诉书对裁判官提出；当事人在行省的，对行省总督提出。起诉书标题的要求项目隐含了原告的举证责任：他要证明被告及其相奸人实施通奸的时间地点，由于通奸通常隐秘实施，掌握这些资料当属不易。上述标题也隐含了原告的扭送被告到庭的义务："把罪人梅维娅交给某某裁判官或某某行省总督"，似乎非为当场捉奸成功，难以完成上述扭送。

在正式控告前可以有一个宣告，也就是对法官作出的将控告某人的意思表示［D. 48，5，18（17）pr.］。③ 此等宣告对女通奸者是一个重要的时间点，她在宣告前结婚的，享受劣后被起诉利益，也就是必须控告完男通奸者才能控告她。在宣告后结婚的，不享有前述利益。④ 此等宣告还有提前剥夺通奸妻子的结婚能力的效力［D. 48，5，17（16）］。⑤

完成正式控告程序后，如果被告承认其罪行，或者保持沉默，她或他就被判处相应的刑罚。通奸罪的审理程序到此终止。但如果她或他否认有罪，

---

① 在现在的公历被采用之前，罗马人以执政官纪年。执政官一年一任。人们以"某某任执政官时"指他任职的那一年。

② 参见《民法大全选译·债·私犯之债（II）和犯罪》，徐国栋译，中国政法大学出版社1998年版，第188页。

③ 《〈学说汇纂〉第48卷（罗马刑事法）》，薛军译，中国政法大学出版社2005年版，第83页。

④ Cfr. B. Brisson, Opera Minora, Varii Argumenti, 4, Lugduni Batavorum apud Joann. Arnold Langerak, 1747, pp. 184ss.

⑤ 《〈学说汇纂〉第48卷（罗马刑事法）》，薛军译，中国政法大学出版社2005年版，第81页。

则诉讼书状正式生效,法庭正式受理了该控诉,裁判官或行省总督要确定一个审判日期。

(4)法庭审理。在确定的审判日,控告人、被告、陪审员要在裁判官法庭集合起来。到颁布《惩治通奸罪的优流斯法》时,罗马已有10个常设刑事法庭,但它们并非物理上的存在,也就是说,并非每个常设刑事法庭都有自己的开庭场所,它们常常在内事裁判官法庭空闲时借用此等地方开庭。在颁布《惩治通奸罪的优流斯法》时,内事裁判官法庭设在集议场的东南角,靠近奥雷流斯台阶的地方。① 公元前2年,奥古斯都集议场落成,内事裁判官法庭搬到了这个新的集议场。② 具体而言,设在此等集议场西边的一个半圆形拱顶(Exedra)里。③ 集议场处在市中心,人来人往,熙熙攘攘,在这样的地方公开审理男女私情,不像现代法院把此等案件作为涉阴私案件秘密审理,具有羞辱当事人的考虑。

被告的第二次到庭靠出庭担保制度解决④,依据此制,被告以诺言或人保或物保担保他将出庭。如果他缺席,他就被判有罪。如果控告人不出庭,被告可以要求无罪释放。如果双方都出庭,必须组织陪审团。控告人限在450人的陪审员名册(Album)中挑选100人,被告再在这100人中选50人。⑤ 这样可排除他认为对自己不利的陪审员。陪审团确定后,在审判开始前,所有的陪审员被要求宣誓将秉公审判。

在庭审中,首先是控告人或其律师发言,然后是被告或其辩护人发言。然后进行辩论。证人在辩论结束后或者控告人陈述时作证。此前,他们在朱庇特神面前发誓讲真话。由于拷打是获得证据的手段,拷打当在这一阶段行之。

在有些情况下,在第一次听讼后的第三天再对案件进行辩论,即两次听讼(comperendinatio)。

---

① See Eric J. Kondratieff, Reading Rome's Evolving Civic Landscape in Context: Tribunes of the Plebs and the Praetor's Tribunal, In *Phoenix*, Vol. 63, No. 3/4 (Fall-Winter/automne-hiver 2009), p. 329.

② See Mary Alana Deminion, Staging Morality: Studies in the Lex Julia de Adulteriis of 18 BCE, A Thesis for degree of Master of Arts, University of Victoria, 2007, pp. 29s.

③ See Leanne E. Bablitz, *Actors and Audience in the Roman Courtroom*, London, Routledge, 2007, p. 19.

④ 关于这种担保的运作,参见《〈学说汇纂〉第48卷(罗马刑事法)》,薛军译,中国政法大学出版社2005年版,第31页。

⑤ See Mary Alana Deminion, Staging Morality: Studies in the Lex Julia de Adulteriis of 18 BCE, A Thesis for degree of Master of Arts, University of Victoria, 2007, p. 31.

（5）判决。在辩论和举证结束后，裁判官或受他委托的财务官将书板（tabula）分发给陪审团，每个陪审员在书板上秘密地写上 A（absolve 的首字母，意为开释）或者 C（condemno 的首字母，意为判处）或 N.L（non liquet 两词的首字母，意为不清楚）。然后将这些书板放在一个瓮里，裁判官对它们进行分类并点数。如果多数人持无罪态度，则裁判官宣布被告无罪；如果多数人认为是有罪的，则裁判官宣布被告有罪；如果书板上的 N.L 过多以至于无法判定有罪或无罪，将宣布案子延期审理（amplatio）以便收集更多证据。

（6）执行。与现代的刑事诉讼不同，常设刑事法庭的法官——裁判官和陪审团——不负责量刑，一旦裁定被告有罪，即自动适用《惩治通奸罪的优流斯法》第 6 条规定的刑罚。犯罪情节的轻重不导致刑罚的差异。刑罚的执行由裁判官的侍从官（Lictor）负责。裁判官在城界内活动时配有两名侍从官，在城界外活动时配有 6 名，他们充当裁判官的警卫并负责执行其判决。[①] 这一工作分量不轻，把被告放逐到小岛的工作就是如此，小塞内加因为通奸被放逐到科西嘉岛[②]，看来侍从官要押送他去这个地方。当然，他们在完成这一任务时可得到市长官的协助（D.1，12）。

以上是以按《关于搜刮钱财罪的卡尔布尔纽斯法》的规定设立的常设刑事法庭的运作模式谈论通奸罪常设刑事法庭的运作，因为原始文献中极为缺少通奸罪常设刑事法庭的运作情况的记载，基本的预设是所有的常设刑事法庭都遵循一种运作模式。但这个预设能否成立是个问题，因为原始文献中记载的通奸罪审理多是由元老院或皇帝审判，这可能由古代作者的偏见造成，他们只关注元老院或皇帝审判的涉及权贵或富人的案件，对常设刑事法庭审理的涉及普通百姓的案件，则没有兴趣记载。[③] 而且，保罗的那个涉及对起诉书标题内容的描述的片段（D.48，2，3pr.）可以证明在保罗生活的时代

---

[①] See Samuel Hallifax, James William Geldart, *An Analysis of the Civil Law: in which a Comparison is Occasionally Made between the Roman Laws and Those of England*, Printed at The Pitt Press, by J. Smith, Printer to the University, for T. Stevenson, 1836, p.146.

[②] See the entry of Seneca the Younger, On http://en.wikipedia.org/wiki/Seneca_the_Younger, 2013 年 2 月 24 日访问。

[③] See Mary Alana Deminion, *Staging Morality: Studies in the Lex Julia de Adulteriis of 18 BCE*, A Thesis for degree of Master of Arts, University of Victoria, 2007, p.41。Véase tambien Eugenia Maldonado de Lizalde, *Lex Iulia de Adulteriis Coercendis. Del Emperador Cesar Augusto（y O tros Delitos. Sexuales Asociados）*, En Anuario Mexicano de Historia del Derecho, Volumen XVII（2004），pag.386.

（公元210年为其鼎盛期）有通奸罪常设刑事法庭的存在，这已是《惩治通奸罪的优流斯法》颁布二百多年以后了。

但对通奸案件的管辖权并非通奸罪常设刑事法庭独享。市长官的法院也审理通奸案件①，具体而言，审理奴隶与主母的通奸案件（D.1，12）。元老院或皇帝也审理通奸案件。② 这些案件都具有政治性。政治案件总是由元老院或皇帝审理的。③

**五、本法的适用效果和影响**

《惩治通奸罪的优流斯法》的适用效果如何？答案是不好。对此有尼禄时代的讽刺诗人尤维纳尔（Decimus Iunius Iuvenalis，约公元55—138年）的诗句为证：

> 难道你傻到能够相信拉尔迦的女儿
> 不滥淫，如果要数她母亲的情人
> 报报他们的名，别说一口气数不完
> 而且要换三十口气才行？她从小就做
> 她妈的心腹，如今则口授自己的蜡板。
> 派同样的差役去分送给自己的情夫。④

这是一个母女两代的通奸故事，两代人都称得上公共汽车。母亲的故事应该发生在提贝留斯时代，女儿拉尔迦的故事应离尼禄时代不远，它证明奥古斯都的反通奸立法效果欠佳，没有改变拉尔迦母女的通奸癖好。

第二，罗马的一些文人不把《惩治通奸罪的优流斯法》当回事。公元前2年，在《惩治通奸罪的优流斯法》颁布16年后，奥维德（Publius Ovidius Naso，公元前43—公元17或18年）顶风发表了《爱经》（Ars Amatoria），此书鼓励通奸，堪称诲淫之作。其中有这样的文句："邻居家的庄稼总是比自家

---

① See Peter Garnsey, Adultery Trials and the Survival of the Quaestiones in the Severan Age, In *The Journal of Roman Studies*, Vol. 57, No. 1/2 (1967), p. 57.
② Ibid., p. 58.
③ Ibid., p. 60.
④ 参见《古罗马诗选》，飞白译，花城出版社2001年版，第205页。

的丰饶,邻居们的奶牛也总是比自家的多产牛奶"。① 此语鼓励男人觊觎邻家女人。又说:"甚至连结了婚的女人都明白,要恪守只爱一人的誓言有多难,所以,尽情享乐吧!只是在如此行事的同时,要用谨慎的面纱遮住你这些微不足道的罪过。"② 此语鼓励有夫之妇红杏出墙。据说,奥古斯都的女儿大尤利娅、孙女小尤利娅就是被此书教坏的,奥古斯都恼羞成怒,把奥维德流放到黑海边的城市托米(Tomi,今罗马尼亚的城市康斯坦察),并禁止他的著作。这样,奥古斯都在《惩治通奸罪的优流斯法》的过程中开创了书籍出版控制制度,这意味着通过限制出版自由控制意识形态。

一些罗马人不把《惩治通奸罪的优流斯法》当回事有其缘由。据4世纪的修辞学家奥索纽斯(Ausonius)报道,阉人也不喜欢《惩治通奸罪的优流斯法》,因为他们要让自己的妻子借助他人怀孕。③

第三,奥古斯都自己的女儿、孙女带头践踏这一法律。"女儿"是尤利娅。她被奥古斯都作为政治礼物在男人间转来转去,可能出于报复,她把自己变成了一个公共女人。她至少与5个上层男人通奸。④ 更有甚者,她甚至在集议场中的宣讲坛上寻欢作乐。⑤ 这对于罗马人是个神圣的地方,据说它建立在罗马的第一任王罗慕鲁斯的坟墓之上。⑥ 其解放自由人费培揭发了其罪行,奥古斯都没有把自己的女儿根据《惩治通奸罪的优流斯法》交给常设刑事法庭,而是于公元前2年自己行使家父权执行了《惩治通奸罪的优流斯法》规定的一切刑罚:把尤利娅1/3的财产收缴国库,剥夺了他继承父亲的遗产的权利,同时把她放逐小岛——拿波里以西70公里的孤岛Pandateria(现代的Ventotena),5年后改为流放到Reggium,直到她死亡。尤利娅的通奸对象除

---

① 参见〔古罗马〕奥维德:《爱经全书》,曹元勇译,译林出版社2012年版,第18页。
② 同上书,第54页。
③ See Amy Richlin, Not before Homosexuality: The Materiality of the Cinaedus and the Roman Law against Love between Men, In *Journal of the History of Sexuality*, Vol. 3, No. 4, (Apr., 1993), p. 570.
④ See Mary Alana Deminion, Staging Morality: Studies in the Lex Julia de Adulteriis of 18 BCE, A Thesis for degree of Master of Arts, University of Victoria, 2007, p. 71.
⑤ See Catharine Edwards, *The Politics of Immorality in Ancient Rome*, Cambridge University Press, 2002, p. 61.
⑥ See O. C. Crawford, Laudatio Funebris, In *The Classical Journal*, Vol. 37, No. 1 (Oct., 1941), p. 18.

一人被判死刑外，统统被流放。① 奥古斯都的"孙女"也叫尤利娅，是"女儿"尤利娅的女儿，她于公元 9 年被发现有通奸行为，奥古斯都把她流放到阿普利亚沿岸的特里美路斯岛（今天的特列米提岛），20 年后在那里死去。②

第四，《惩治通奸罪的优流斯法》的适用案例较少。从奥古斯都到尼禄的 100 多年间，运用该法的判例只有 21 个，可以说这个法律已被成功架空。③ 但后来这方面的案例增长很快，到政治家和历史学家卡修斯·迪奥（Cassius Dio，公元 150—235 年）当执政官的那年（公元 229 年），已有 3000 个案例。④ 但 200 年来留下 3000 个案例，每年只有 15 个，不多。

第五，该法有时被滥用。首先成为威胁富有家庭的工具以及敲诈钱财的工具，因为公众控告人就是检举人（他们的更难听的名字是告密者），他们或为财产奖励或为名望行控告⑤，并不关心公共道德的纯洁。其次成为皇帝修理政敌的工具，他不喜欢的人往往成为通奸犯。例如在公元 41 年，克劳丢斯皇帝就把小塞内加以与卡里古拉的姐妹 Iulia Livilla 通奸的名义流放到科西嘉岛，直到公元 49 年才被召回当尼禄的家庭教师。至于小塞内加是否与 Iulia Livilla 通过奸，那就只有克劳丢斯知道了。

尽管如此，《惩治通奸罪的优流斯法》对后世产生了不小的影响。奥古斯都之后的历代罗马皇帝（包括优士丁尼）都继承了《惩治通奸罪的优流斯法》，把它当做自己的法律适用，都保留了通奸罪，故《优士丁尼法典》第 9 卷第 9—13 题、第 12、14、77、123、139、141、143、154 题新律都规定通奸罪。同时做了一些改革，例如，对通奸者依身份贵贱定刑罚。对于所谓的高贵者，没收一半财产；对于所谓的卑贱者，处监禁后放逐，但仍允许社会公众起诉。⑥

---

① 参见〔日〕盐野七生：《罗马人的故事 VI：罗马和平》，张丽君译，台湾三民书局 1998 年版，第 263 页，第 265 页。也参见〔古罗马〕塔西陀：《编年史》（上册），王以铸、崔妙因译，商务印书馆 1981 年版，第 44 页。
② 参见〔英〕特威兹穆尔：《奥古斯都》，王以铸译，中国社会科学出版社 1988 年版，第 292 页。
③ 参见〔日〕盐野七生：《罗马人的故事：关于罗马人的二十个问题》，郑维欣译，台湾三民书局 2003 年版，第 159 页。
④ See Mary Alana Deminion, Staging Morality: Studies in the Lex Julia de Adulteriis of 18 BCE, A Thesis for degree of Master of Arts, University of Victoria, 2007, p. 4.
⑤ Ibid., p. 3, note 4.
⑥ 参见〔古罗马〕优士丁尼：《法学阶梯》（第二版），徐国栋译，中国政法大学出版社 2005 年版，第 535 页。

罗马帝国灭亡后，中世纪至近代国家的刑法都惩罚通奸。惩罚此罪多了一个宗教的理由，因为《圣经》把通奸定为犯罪，世俗法对此追随。例如，1940年的《巴西刑法典》第240条曾规定通奸罪，其辞曰：实施通奸者，处15日以上6个月以下监禁。(1) 对同案犯同罚；(2) 刑事诉权仅可由受侵害的配偶在知晓情况后的1个月内提起；(3) 刑事诉权不可由如下人提起：其一，离婚的配偶；其二，以明示或默示方式对通奸表示同意或原谅的配偶；(4) 法官在下列情形，可以不适用刑法：其一，配偶双方已停止共同生活；其二，起诉人已实施《巴西民法典》第317条规定的任意一种行为。① 查旧《巴西民法典》第317条，该条规定的是离婚的理由，把通奸、谋害对方性命、虐待或严重侮辱、在连续两年中故意放弃婚姻住所。② 看来在巴西，离婚导致通奸罪控告权的解销。而且不发动群众打击通奸。

《惩治通奸罪的优流斯法》第217条规定了诱奸罪（Sedução），其辞曰：诱惑14岁以上18岁以下处女，利用其无经验或信任与之发生肉体关系的，处2年以上4年以下徒刑。③

第219条规定了骗奸罪（Rapto de mulher honesta mediante fraude），其辞曰：拐骗14岁以上21岁以下的良家妇女，且拐骗经女方同意的，处1—3年的拘留。④

《惩治通奸罪的优流斯法》第227条规定了拉皮条罪，其辞曰：诱骗某人向另一人提供性服务的，处1—3年的监禁。(1) 如果受害人在14岁以上18岁以下，或犯罪人是其尊亲、卑亲、丈夫或兄弟、监护人、保佐人或为了教育、治疗或看管的目的受托付的人，则处2—5年的监禁。(2) 如果犯罪过程中使用了暴力、威胁或欺诈，则处2—8年的监禁。(3) 如果实施此等犯罪以营利为目的，则同时科处罚金。⑤

---

① Véase Código Penal Federal, Sobre http：//www. diputados. gob. mx/LeyesBiblio/pdf/9. pdf, 2012年6月24日访问。
② See *The Civil Code of Brazil*, Translated in English by Joseph Wheless, The Thomas Law Book Co. New York, 1920, p. 80.
③ Véase Código Penal Federal, Sobre http：//www. diputados. gob. mx/LeyesBiblio/pdf/9. pdf, 2012年6月24日访问。
④ 同上。
⑤ 同上。

由上可见，现代刑法把《惩治通奸罪的优流斯法》采用的大通奸概念细化为各种具体的性犯罪，通奸的概念小化，只包括已婚者与婚外人相奸的情形。同时，排除了对通奸犯罪的经济制裁，原则上只适用自由刑处罚。当然，《惩治通奸罪的优流斯法》是不处罚卖淫的，但作为比较样本的《巴西刑法典》处罚卖淫，第 228 条规定了容留他人卖淫罪。非独此也，第 229 条规定了提供卖淫用的房屋罪。此条跟《惩治通奸罪的优流斯法》对提供通奸用房屋罪的处罚很接近。

到了 20 世纪下半叶，全世界发生了通奸的除罪化运动，这场运动进行得如此彻底，以至于在现代国家的刑法典中再找到有效的处理通奸罪的规范成了难事。①

让我从意大利说起。1930 年的《意大利刑法典》第 559 条曾规定通奸罪，其辞曰：通奸的妻子处 1 年以下徒刑，通奸者的共犯处同样的刑罚。男人有通奸关系的，处 2 年以下徒刑。通奸罪丈夫告诉才理。② 可以看出，这是一个完全男权主义的通奸罪规范，只考虑到了妻子的通奸，不考虑丈夫的通奸。但它已脱去通奸罪的公诉性质，把它改造为一种自诉罪，减少了国家对通奸行为的干预强度。非独此也，它还把奥古斯都立法采用的大通奸概念改成了小通奸概念，只惩罚妻子的通奸行为本身，不惩罚所有通奸的牵连行为。

在上述规定遭到了挑战，意大利宪法法院先后于 1961 年、1968 年、1969 年宣告该条违反宪法第 3 条和第 29 条，该条因而被废除。③ 这两个《意大利宪法》条文前者的第 1 款规定：全体公民，不问其性别、种族、语言、宗教、政治信仰、个人地位及社会地位如何，均有同等的社会身份，并在法律面前一律平等。④ 后者规定：（1）共和国承认以婚姻为基础的自然结合——家庭——的各项权利；（2）婚姻应以夫妻双方在道德上和法律上的平等为基础，并应遵守法定的各种限制，以保证家庭的团结。⑤ 这两个条文击中了过去的通奸罪规定的男权主义要害：只打击女性通奸，不打击男性通奸，歧视女性，

---

① 韩国刑法仍保留通奸罪，但韩国人正在讨论废除此罪。参见李海军：《从韩国刑法通奸罪考察刑法伦理性价值》，载《延边党校学报》2012 年第 8 期，第 98 页及以次。台湾的情况类此。
② Cfr. La Voce di adulterio, Su http://it.wikipedia.org/wiki/Adulterio, 2012 年 7 月 4 日访问。
③ 参见黄风译注：《最新意大利刑法典》，法律出版社 2007 年版，第 190 页注释 1。
④ 参见姜士林、陈玮主编：《世界宪法大全》（上卷），中国广播电视出版社 1989 年版，第 1111 页。
⑤ 同上书，第 1112 页。

偏惠男性。

巴西的上述条涉奸条文被2005年3月28日的第11106号法律废除。

1931年的《墨西哥刑法典》第273—276条规定过通奸罪，后被废除。①

1937年《瑞士刑法典》第214条曾规定通奸罪，但被1989年6月23日的瑞士联邦法律第1条废除。②

1974年的《奥地利刑法典》第194条规定过通奸罪，该条被1996年第762号法律废除，从1997年3月1日起失效。③

通奸在当代绝大多数国家已被除罪化，奥古斯都的"再使风俗淳"的努力归零，通奸回到了由道德调整的阶段。这点在中国也不例外，尽管民国时期的刑法典也有通奸罪之设，并维持在台湾地区刑法典第239条中，但中华人民共和国的刑法没有规定一般的通奸罪。这正好迎合了当时世界上通奸除罪化的潮流。尽管学界有个别人主张恢复通奸入罪④，但应者寥寥，人们普通认为通奸应由道德和行政规章处理。作为例外的是我国刑法规定了破坏军婚罪，这是对通奸罪在一定范围内的承认。

### 六、结论

《惩治通奸罪的优流斯法》是难得的基本完好留给我们的一个罗马刑事单行法样本，其特点一是民刑合一，既有刑法规范，也有民法规范；二是刑法与刑诉法合一，其刑诉法部分确立了正当程序的理念，例如控告的正当程序、拷打的正当程序等。

从制度建设的角度看，《惩治通奸罪的优流斯法》有如下贡献：（1）创立了追诉时效制度，当今的刑法学界无不把本法当做追诉时效制度的滥觞，尽管我在下文中也把这一制度的历史追溯到希腊；（2）创立了限期羁押制度，以此保障自由权；（3）第一次把流放列为法定刑，以此减少杀戮；（4）第一次把刑罚精确化。如前所述，本法第6条明确规定了广义通奸罪的罚则。而

---

① Véase Código Penal Federal, Sobre http://www.diputados.gob.mx/LeyesBiblio/pdf/9.pdf, 2012年6月24日访问。
② 参见《瑞士联邦刑法典》（2003年修订），徐久生、庄敬华译，中国方正出版社2004年版，第68页。
③ 参见《奥地利联邦共和国刑法典》（2002年修订），徐久生译，中国方正出版社2004年版，第79页。
④ 参见林亨元、朱育瑆：《在刑法中增补"通奸罪"的建议》，载《群言》1988年第8期，第31页及以下；也参见师宗正：《我国刑法应增设通奸罪》，载《政法学刊》1990年第3期，第37页及以下。

在民众审判时代，对判罪者的刑罚由为控告的长官提议，交民众表决确定。此等长官进行上述提议时只受习俗和他的个人感情支配，不具有确定性。① 所以，说本法包含一定的保护人权的观念、推动了罗马刑法的进步，应该是不错的。

但《惩治通奸罪的优流斯法》也留下了一些糟粕。除了把道德问题人为拔高为法律问题交群众解决的唐吉珂德性外，它没有赋予法院对于量刑的自由裁量权。在现代人看来，通奸、奸淫、乱伦、拉皮条、鸡奸等行为的社会危害性是不同的，实施上述行为的主犯、教唆犯、从犯的社会危害性也不同，应轻重有别地惩罚之，如同前引《巴西刑法典》所做过的，才符合分配正义的要求，但《惩治通奸罪的优流斯法》除了对乱伦加重打击外，并不认可上述区分，"一刀切"地对他们施以流放刑和没收财产刑，显得眉毛胡子一把抓，使人想到山东军阀韩复榘的刑罚的单一性：要么枪毙，要么放人。这种做法已为现代刑法放弃，此等刑法对于相类而不同的罪行也课加不同的刑罚，并在每个罪名的法定刑上设一个幅度，让法官在这方面享有自由裁量权。其次，它还第一次确立了拷打奴隶制度，尽管为此设立了种种限制，但毕竟开放了拷打自由人之路，因此大大减损了本法的人权保护色彩。而且，只许拷打奴隶而不许拷打自由人的做法为后世罗马刑法依身份定刑罚的恶劣做法埋下了伏笔。最后，本法表现了立法者的男权主义立场，因为其惩罚对象主要是奸妇，对于奸夫的惩罚力度小得多。不惩罚丈夫的通奸。

---

① Voir A. Esmein, Le délit d'adultère à Rome et la loi Julia de adulteriis, In Mélanges d'histoire du droit et de critique. Droit romain, Paris, 1886, p. 72.

# 论《惩治通奸罪的优流斯法》秉承的追诉时效制度及其近现代流变

**一、《惩治通奸罪的优流斯法》关于追诉时效的规定**

公元前18年，奥古斯都运用保民官的权力颁布了《惩治通奸罪的优流斯法》，该法有两个创举：第一是首次把通奸公罪化；第二是首创刑法上的追诉时效制度。本文只研究后者。因为国内外刑法学者往往把《惩治通奸罪的优流斯法》定为现代的追诉时效制度的滥觞①，但都一句话而已，语焉不详，现在的资料条件已使我详细说明《惩治通奸罪的优流斯法》的这方面规定成为可能。

首先要说明的是，在罗马的刑事诉讼法进化史上，从审判组织的角度来讲，奥古斯都时期属于常设刑事法庭时期。所以，从程序法的角度看，《惩治通奸罪的优流斯法》的颁布，意味着要设立专门的审理通奸罪的法庭。

常设刑事法庭受理的诉讼完全委诸私人发动。此等私人分为出于私益的和出于公益的两种。前者如奸妇的丈夫、父亲，后者有除此之外的任何人。

在有妇之夫通奸的情形，如果丈夫、父亲迟迟不行使起诉权，第二顺位的诉权人将处于无限期等待地位，如此，无异于姑息养奸。为绝此弊，《惩治

---

① 参见于志刚：《追诉时效制度研究》，中国方正出版社1999年版，第25页；肖扬主编：《中国新刑法学》，中国人民公安大学出版社1997年版，第277页；蔡红莲：《刑法时效制度研究》，河南大学2007年硕士学位论文，第2页；李昳周：《刑法时效制度探究》，中国政法大学2005年硕士学位论文，第5页；〔德〕弗兰茨·冯·李斯特：《德国刑法教科书》，徐久生译，法律出版社2000年版，第501页。

通奸罪的优流斯法》为他们的权利行使规定了诉讼时效：各自为 60 个有用日①，丈夫的诉权行使期从离婚之日起算。② 丈夫过期不行使诉权的，父亲的诉权行使时效开始计算，也是 60 天（D. 48，5，4pr.）。③ 丈夫或父亲的诉权行使期间按自然时间算，有 2 个月以上。这么长时间的沉默意味着通奸行为的私的受害人已原谅了加害人，如果执行息事宁人的政策，没有必要让第二顺位的诉权人提出控告，但奥古斯都显然采取了禁绝私了公罪的立场；在私的受害人沉默的情况下放出公的受害人，也就是不特定的公众来控告通奸者，这是一种发动群众的制度安排。但由于通奸是一种隐秘的犯罪，起诉者实际上是告密者（他们的比较好听的名称是检举者），这就使奥古斯都对通奸罪开放的公诉制度具有一定的道德风险。告密者若把被告告翻，可以得到后者一定比例的财产（通常是 1/4 或一半）作为奖励。④ 此等奖品会刺激人们钻山打洞地获得通奸信息，以此发财致富。

但告密者或检举者也必须在 4 个有用月内行使诉权。如果有许多人都想控告通奸者，如何准入便成为一个问题，应该是先告者优先。他告后其他人的诉权处于休眠状态，只有在前者败诉且 5 年的时效未过的情况下，后者才可以再告。

若寡妇通奸，无上述意义上的第一顺位的诉权人。寡妇无丈夫，故他作为第一顺位的诉权人阙如非常自然。而寡妇可能有在世的父亲，为何不赋予他诉权？帕比尼安说，寡妇通奸的，其父亲不享有优先控告权［D. 48，5，23（22），1］。⑤ 也就是说，若此等父亲想控告自己的女儿，他只能作为公众的一员如此行。这样安排的理由可能是随着丈夫的故去，妇女成了自权人，不

---

① 即法院工作日，换言之，节假日不算在内。这样，60 个有用日意味的期间远远长于 60 个自然日意味的期间。

② Cfr. Aldo Franceschini, La Prescrizione del Reato: Profili di Diritto Sostanziale e Riflessi Processuali, Tesi di Dottorato di Ricerca di Università degli Studi di Napoli Federico II, Anno Accademico 2007—2008, p. 48.

③ 参见《〈学说汇纂〉第 48 卷（罗马刑事法）》，薛军译，中国政法大学出版社 2005 年版，第 59 页。

④ 参见〔日〕盐野七生：《罗马人的故事 VII：恶名昭著的皇帝》，彭士晃译，台湾三民书局 2002 年版，第 148 页；〔意〕桑德罗·斯奇巴尼选编：《民法大全选译·公法》，张礼洪译，中国政法大学出版社 2000 年版，第 15 页。

⑤ 参见《〈学说汇纂〉第 48 卷（罗马刑事法）》，薛军译，中国政法大学出版社 2005 年版，第 89 页，译文有改动。

再受他人的辖制。既然第一顺位的诉权人阙如，就只有公众作为诉权人了。他们必须在6个有用月内起诉，此等期间从通奸行为实施之日起算。① 这样，此等情形中的公众的时效期间比上种情形中的公众的时效期间多了两个月，因为阙如的第一顺位的诉权人的两个月的时效期间被增加给第二顺位的诉权人了。

在上列各种时效期间之外，《惩治通奸罪的优流斯法》还为通奸者、奸淫者及其协助犯的潜在控告人规定了一个5年的诉讼时效。这个时效有点难解，既然为第一顺位的诉权人设置了两个月的诉讼时效，为第二顺位的诉权人提供了4个月（对于有妇之夫）或6个月（对于寡妇）的诉讼时效，时效完成，诉权消灭，何必要规定5年的诉讼时效？保罗对此困惑作出了自己的解答：这种时效至少可适用于两种情形。其一，如果男女相奸，女方先被控通奸罪，但诉讼旷日持久，不经意间，从起诉开始已过去了5年，这个时间的经过救了男方，因为除非是乱伦的情形［D.48，5，9（7，1）］②，对他的起诉必须在对女方的诉讼终结之后③，既然5年已过，对女方的诉讼尚未终结，也就不可再起诉她了。其二，有多人享有诉权，其中一人起诉，但他没有将诉讼坚持到底而过去了5年，或他伪装指控，让被告得到无罪宣告，让其他人因为一事不再理的原则不得以同样的理由指控。④ 如此，其他诉权人的诉权就被时效消耗掉了［D.48，5，32（31）］。⑤ 总之，5年是一个兜底的诉讼时效期间，不适用于正常情况，只适用于例外情况。由于5年时效较长，它是一个自然期间，而非有用期间，这使它与众不同。

或问，上述期间，尤其是2个月、4个月和6个月的较短期间，是诉讼时

---

① Cfr. Aldo Franceschini, La Prescrizione del Reato: Profili di Diritto Sostanziale e Riflessi Processuali, Tesi di Dottorato di Ricerca di Università degli Studi di Napoli Federico II, Anno Accademico 2007—2008, p. 48.

② 参见《〈学说汇纂〉第48卷（罗马刑事法）》，薛军译，中国政法大学出版社2005年版，第63页。

③ Voir Theodore Mommsen, Le droit penal romain, traduit de L'Allemand par J. Duquesne, Tome Deuxieme, Paris, Albert Fontemoing Editeur, 1917, p. 424.

④ 这在罗马法中构成无故放弃控告罪（Tergiversatio）。在共和时期，法律对这种行为的惩罚是让控告人不得继续提出控告。在帝政时期，对这一犯罪的刑罚改为不确定的，但更为严厉。

⑤ 参见《〈学说汇纂〉第48卷（罗马刑事法）》，薛军译，中国政法大学出版社2005年版，第107页。

效还是除斥期间？之所以提出这一问题，乃因为这 3 个期间都较短，很像除斥期间，但众所周知，除斥期间是固定期间，无中止、中断、延长等问题①，而上述 3 个期间外加 5 年的期间，都有中止、中断、延长问题，例如，控告人如果被羁押，此等羁押期间要被扣除［D. 48，5，12（11），4］。② 通奸者彼此结婚的，中止时效期间的计算［D. 48，5，12（11），10］。③ 所以，上述期间都是时效期间。

又或问，由于丈夫是第一顺位的诉权人，是否 5 年的追诉时效只针对第二顺位的诉权人，与丈夫无涉？答案是否定的，乌尔比安告诉我们，如果社会大众控告失败，妻子无罪开释，丈夫可以接着指控妻子（D. 48，5，4，2）。④ 这个时候，他就变成第二顺位的诉权人了。但如果妻子无罪开释之时通奸之发生已过 5 年，丈夫的诉权也要失效。

为何此等期间经过后不得再起诉？乌尔比安给出的理由很简单："不应唤醒一个已连续沉睡了 5 年的犯罪"［ne crimen quinquennio continuo sopitum excitetur, D. 48，5，30（29），5］。⑤ 此语揭示了时效制度的"毋搅扰已静之水"的本质，但年深月久造成的举证困难也是一个重要的考虑。⑥

但有些事由的重要性让 5 年时效有例外情形：第一，强奸⑦；第二，通奸与乱伦竞合。⑧ 这些案型中的罪犯罪不可赦，对他们的诉权是永久性的。这样的安排体现了追诉时效制度的政策性。

### 二、追诉时效的希腊法渊源和宗教基础

追诉时效制度真的是奥古斯都原创的吗？中国刑法学者和德国刑法学者

---

① 参见黄立：《民法总则》，中国政法大学出版社 2002 年版，第 498 页。
② 参见《〈学说汇纂〉第 48 卷（罗马刑事法）》，薛军译，中国政法大学出版社 2005 年版，第 67 页。
③ 同上书，第 69 页。
④ 同上书，第 59 页。
⑤ 参见同上书，第 105 页。
⑥ Cfr. Aldo Franceschini, La Prescrizione del Reato: Profili di Diritto Sostanziale e Riflessi Processuali, Tesi di Dottorato di Ricerca di Università degli Studi di Napoli Federico II, Anno Accademico 2007—2008, p. 67.
⑦ 参见《〈学说汇纂〉第 48 卷（罗马刑事法）》，薛军译，中国政法大学出版社 2005 年版，第 117 页。
⑧ 同上书，第 119 页。

李斯特都如此认为,已见前述。但意大利学者泽尔柏辽(Adolfo Zerboglio)和弗朗切斯基尼(Aldo Franceschini)、法国学者达耐(Jean Danet)告诉我们,从希腊法庭演说家李西亚斯(Lysias,公元前 445 年—公元前 380 年)和德摩斯梯尼(Demosthenes,公元前 384—公元前 322 年)的文本来看,希腊人承认刑事诉权的消灭时效,这样的安排与他们对民事诉权的安排是一样的,但对有些罪行的诉权不因时效经过而消灭。希腊人这样做的理由是经过一定时间后举证困难。[①] 这是一个重要的异见,若它成立,则我国刑法学者和德国刑法学者李斯特关于追诉时效起源论的观点就要改写。而它是否成立,取决于我们对李西亚斯和德摩斯梯尼就诉追时效发表之言论的识别。

他们到底就追诉时效说了什么?就李西亚斯而言,他似乎未直接谈论过追诉时效制度,只在其两个法庭演说中谈到了雅典于公元前 403 年颁布的《大赦法》——大赦制度是追诉时效制度的基础制度。[②] 是年,伯罗奔尼撒战争结束、内战结束、30 僭主时代结束,民主恢复。为了结束过去,开创未来,团结社会,雅典颁布这个法律规定雅典人不得就过去发生的过犯相互控告(原话是"我将不记得任何公民做的坏事"),法律有专门规定的除外。该法的立法目的是确保新政府的稳定。[③] 这个法律后来在雅典的诉讼法上开创了一个被告可用以拒斥原告的诉权的"旁批"(παραγραφη,转写成拉丁字母是 Paragraphe,富有意味的是,该词与表示消灭时效的拉丁词 praescriptio 具有类似的构词法:前者是"旁书",后者是"前书")制度,它类似于罗马法中的抗辩。其理路是,原告既然已发誓不控告被告的过犯,现在却来控告了,被告可以已宣誓弃诉的抗辩驳回之。[④] 李西亚斯在其保留下来的法庭演说《批

---

[①] Cfr. Adolfo Zerboglio, Della prescrizione penale: studio giuridico, Fratelli Bocca Editori, Torino, 1893, p. 26. Cfr. Aldo Franceschini, La Prescrizione del Reato: Profili di Diritto Sostanziale e Riflessi Processuali, Tesi di Dottorato di Ricerca di Università degli Studi di Napoli Federico II, Anno Accademico 2007—2008, p. 40. Voir Jean Danet et al., Prescription, Amnistie et Grace en France, 2006, Sur http://s224563854.onlinehome.fr/catalogue/PDF/rapports/149-RF_Danet-Grunvald_Prescription.pdf, p. 16. 实际上,在其法庭演说中提到消灭时效的作家不仅这两人,至少还可以举出 Isaeus(约公元前 415—约公元前 340 年),他在其《论 Pyrrhus》中谈到了请求遗产的 5 年时效。

[②] 亚里士多德也报道了这一大赦。参见〔古希腊〕亚里士多德:《雅典政制》,日知、力野译,商务印书馆 1973 年版,第 44 页。

[③] See John J. Bateman, Lysias and Law, In Transactions and Proceedings of the American Philological Association, Vol. 89 (1958), Baltimore, Johns Hopkins University Press, p. 280.

[④] Cfr. Alnardo Biscardi, Diritto Greco Antico, Giuffrè, Milano, 1982, p. 253.

驳颠覆民主的指控》中,他赞成这一大赦,认为它有利于国家的和谐。但在其《论对 Evandros 的审查》法庭演说中,他又攻击其对手援引《大赦法》。① 看来,他对新生的大赦制度采取机会主义的态度。总之,李西亚斯尽管未在其法庭演说中谈论过追诉时效,但他见证了支撑追诉时效制度的大赦制度的产生和运用,后者为追诉时效制度的产生打开了道路。李西亚斯对追诉时效制度的沉默可能因为这一制度当时尚未产生。

就德摩斯梯尼而言,他的生存年代离《大赦法》的颁布远一些,其时,以该法为基础产生的 παραγραφη 制度已发展出许多新案型,其中包括消灭时效(προθεσμια)② 案型,所以,他至少在4篇法庭演说中援引消灭时效。

第一篇是《为 Phormio 辩护》于 36,26—27 中他提到一个明确规定了时效的法律,并把这一法律的制定者归之于梭伦(公元前 638—公元前 559 年)。梭伦认为 5 年的时间足以让债权人向债务人追偿债务,这样可以让债务人免受恶意的、无根据的诉讼,因为时间的流逝可最好地用于确证哪些人提出了虚假的诉讼。梭伦这样规定,还因为他认为无论是合同当事人还是证人都不会长生不死。③

第二篇是《控 Nausimachus 和 Xenopeithes》于 38,17—18 中他指出,根据法律,如果已过去 5 年,孤儿不得就其监护提起诉讼。④ 这样,曾经的监护人得到解脱。

第三篇是《控 Magartatus》于 43,16 中他援引雅典的法律说:如果任何人在遗产分完后主张此等遗产或继承人地位,他应传唤分得遗产的人到执政官面前来……如果取得被分配的遗产的人已死,则以同样的方式传唤其继承

---

① See John J. Bateman, Lysias and Law, In *Transactions and Proceedings of the American Philological Association*, Vol. 89 (1958), p. 280.
② 这个希腊词的意思是"期间"、"限制"。See Karl Feyerabend, *Pocket Greek Dictionary*, Classical Greek-English, Langenscheidt KG, Berlin and Munich, w/y, p. 321.
③ See Demosthenes. Demosthenes with an English translation by A. T. Murray, Ph. D., LL. D. Cambridge, MA, Harvard University Press; London, William Heinemann Ltd. 1939. 引文的电子文档见 http://www.perseus.tufts.edu/hopper/text?doc=Perseus%3Atext%3A1999.01.0076%3Aspeech%3D36%3Asection%3D26, 2012 年 7 月 18 日访问。
④ Ibid.

人，但以他的诉权的消灭时效尚未届至为条件。① 根据雅典的法律，和平占有分得的遗产 5 年者，取得对此等遗产的完全权利。② 换言之，即使后来发现他取得遗产的权源有问题，也不得攻击他对遗产的所有权，因为他已以取得时效的名义取得了遗产，此等时效涤除了他之取得的权源的缺陷。当然，此等取得时效期间对于意图攻击其取得遗产资格的人来说，就是诉讼时效。换言之，5 年之后，他攻击遗产取得合法性的诉权消灭。当然，这是民法上的消灭时效。

第四篇是《控 Apatourius》于 33，27 中他援引关于主债权人对保证人的诉权的法律，说明此等诉权的时效期间是 1 年。③ 这样，时效过后保证人得到解脱。要想让他承担责任，要早些动手。

由上可见，德摩斯梯尼确实留下了反映雅典的时效制度的文本，它们分别涉及合同法、监护法、继承法和担保法，并且有 5 年和 1 年两个时效期间，但用现代人的眼光看，它们都是私法上的消灭时效。看来，德摩斯梯尼的文本涉及刑法上的追诉时效的尚待发现。

这方面的可能是唯一的文本保留在德摩斯梯尼的《论王冠》的著名演说中，他提到，埃斯基内斯（Aeschines，公元前 389—公元前 314 年）在他未被法律宣告为清白的时候不告他，此等清白乃因为时效的完成、法院的判定等，而是在他因为良好的公共服务要取得荣誉（被授予王冠）的时候告他的支持者斯特西丰（提议授予德摩斯梯尼王冠的人），这样，如果 Aeschines 不是国家的敌人，就是他自己的敌人了。④ 此语中与追诉时效有关的内容是：德摩斯梯尼在 Aeschines 控告 Ctesiphon 时，他先前被诉的案件在被宣告无罪后已经过时效期间，基于一事不再理的原则，此等案件不得再被提起，这样，无论此等案件审得是否正确，德摩斯梯尼在法律上都是清白的。因为公职行

---

① See *The Oration of Demosthenes*, Vol. V, Translated by Charles Rann Kennedy, H. G. Bohn, London, 1863, p. 7.

② Ibid., p. 2.

③ See Demosthenes, Demosthenes with an English translation by A. T. Murray, Harvard University Press; London, William Heinemann Ltd. 1939. 引文的电子文档见 http://www.perseus.tufts.edu/hopper/text?doc = Dem. +38 +18&fromdoc = Perseus%3Atext%3A1999.01.0076，2012 年 7 月 18 日访问。

④ See *The Oration of Demosthenes*, Vol. V, Translated by Charles Rann Kennedy, London, 1863, pp. 85s. See also *The Crown: the Philippics and Ten Other Orations of Demosthenes*, Translated by Charles Rann Kennedy, J. M. Dent & sons, Ltd., 1911, p. 63.

为被诉，显然是刑事案件，所以此语是关于追诉时效的。遗憾的是，此语中未讲明这样的时效期间有多长。按希腊人的刑事时效与民事时效等长的惯例，应该是5年。

至此可以说，希腊人很早就有了诉讼时效制度，但这样的创制可能并没有早到可以归之于梭伦的程度，无论是意大利学者还是英国学者，都怀疑德摩斯梯尼的这种"归及"。用英国学者A. T. Murray的话来说，德摩斯梯尼是为了强调时效法的神圣不可侵犯才把它归之于梭伦的。斯巴达人有同样的需求时，也把相应的法律归之于莱库古。① 但这样的创制也没有迟到德摩斯梯尼的时代的程度，因为在他活动于法庭之上时，雅典就有了时效法，尤其是民事时效法。② 这样的时效之设出于避免举证困难的目的。现在，探究民事时效法具体产生于何年已不重要，重要的是它是何时及如何被移植到刑法中的？因为不能说追诉时效制度之设没有避免举证困难的考虑，但它更重要的考虑在于"原谅"，所以，必须为追诉时效制度寻找新的存在理由。我认为这样的理由在于公元前403年的《大赦法》，在这个法律之后，民事时效制度被移入刑法中，成为为了团结社会实行必要的遗忘的工具。这一过程可从李西亚斯的演说无只言片语提及追诉时效，但晚于他出生61年的德摩斯梯尼的演说中就偶有提及中反映出来。可以说，刑事追诉时效是大赦制度与民法上的消灭时效相结合的产物，两者的效果都是免除责任，但免除责任的理由不一样，这是由被免除的责任的性质不同决定的。

但在德摩斯梯尼的演说反映的希腊时效制度中，一点都没有关于中止、中断和延长时效期间的规定，使人怀疑它们到底是时效期间还是除斥期间。但无论是5年还是1年，作为除斥期间似乎都过长，所以，众多西方学者都

---

① See Demosthenes, Demosthenes with an English translation by A. T. Murray, Ph. D., LL. D. Cambridge, MA, Harvard University Press; London, William Heinemann Ltd. 1939. 引文的电子文档见 http://www.perseus.tufts.edu/hopper/text?doc=Perseus%3Atext%3A1999.01.0076%3Aspeech%3D36%3Asection%3D26，2012年7月18日访问。意大利学者的怀疑，见 Arnaldo Biscardi, Diritto Greco Antico, Giuffrè, Milano, 1982, p. 168.

② 其中包括取得时效法。对这一问题的说明，参见〔古希腊〕柏拉图：《法律篇》，张智仁、何勤华译，上海人民出版社2001年版，第407页及以次；徐国栋：《优士丁尼〈法学阶梯〉评注》，北京大学出版社2011年版，第210页及以次。

把它们认定为时效期间。①

无论怎样给 προθεσμια 定性,都改变不了它被希腊人纳入"旁批"制度作为其中一种案型的现实。被告可用 προθεσμια 来破除原告的诉权,相当于提出时效已完成的抗辩。据说法官也可主动援引时效。②

当然,作为追诉时效制度基础的《大赦法》具有 κάθαρσις(转写成拉丁字母是 Catharsis,意思是"净化")的宗教基础,它是消除个人或团体的犯罪行为的仪式。③ 希腊人有两个观念。其一,一个人在与神甚至与人联合前必须净化自己的罪;其二,罪必须依据神指示的某种程序自愿赎回。净化的方法是用水、火、空气、土或圣树枝(尤其是月桂树枝)进行的仪式,间有献祭,猪为祭品。火炬和硫磺是重要的净化手段。有时整个城市被作为净化的对象,例如雅典在 Cylon 屠杀④之后(公元前 600 年),Delos 在伯罗奔尼撒战争后(公元前 426 年),都实施过净化以避免瘟疫,并消弭阿波罗的愤怒。⑤《大赦法》没有一定的宗教仪式作为基础,但它与净化仪式的精神是一致的,那就是除去责任,重新开始。⑥ 而大赦制度又成为了追诉时效制度的基础。

让我们回到罗马来!显然,希腊的 5 年时效期间与奥古斯都规定的时效期间同长不是偶然的,应该认为后者受到了前者的影响。继受者总是可免去

---

① 例如,法国学者 E. Caillemer 在其 La prescription a Athènes 中;美国学者 John Fredrick Charles 在其 Statutes of Limitations at Athens(Private edition, distributed by University of Chicago Libraries, 1938)中;意大利学者 Arnaldo Biscardi 在其 Diritto Greco Antico(Giuffrè, Milano, 1982)中;德国学者 Hans Julius Wolff 在其 Verjährung Ansprüchen nach Attischen Recht 中,英国学者 Douglas M. MacDowell 在其 The Law in Classical Athens(Cornell University Press, Ithaca, New York, 1986)中,都是如此。
② Cfr. Arnaldo Biscardi, Diritto Greco Antico, Giuffrè, Milano, 1982, p. 254, nota 7.
③ See William Smith, *A Dictionary of Greek and Roman Antiquities*, John Murray, London, 1875, p. 719.
④ Cylon 是一个雅典的贵族,于公元前 632 年曾试图发动政变,遭到镇压。Cylon 及其支持者逃到雅典娜神庙中避难。Cylon 及其兄弟逃脱。雅典的执政官劝其支持者离开神庙接受审判,得到同意,但在路上杀死了他们。负责的执政官 Megacles 及其氏族因为杀害恳求者被放逐,此等氏族及其后代被视为受到了污染。公元前 600 年,雅典举行了对于此罪的涤除仪式,其中一位贵族青年自愿奉上自己的生命除罪。
⑤ 参见《不列颠百科全书》中的 lustration 词条,On http://gluedideas.com/content-collection/Encyclopedia-Britannica-Volume-14-Part-1-Libido-Hans-Luther/Lustration.html, 2012 年 7 月 18 日访问。
⑥ 据法国学者考证,大赦的希腊词由表示否定的前缀 a 和表示"想起"的动词 mimnêskein 构成,意思是"不想起",换言之,遗忘,所以罗马人把大赦法叫做"忘却法"(Lex Oblivionis)。Voir Jean Danet et al., Prescription, Amnistie et Grace en France, 2006, Sur http://s224563854.onlinehome.fr/catalogue/PDF/rapports/149-RF_Danet-Grunvald_Prescription.pdf, p. 187.

许多重复劳动。对于公元前18年的奥古斯都来说，他统治的罗马帝国并无消灭时效制度，无论是民事的还是刑事的，都是如此，对被告的诉权都是永久性的。而且当时也无大赦制度。所以，奥古斯都继受希腊的消灭时效法，把统合这些因素的过程都节省了，一步到位地迈入了追诉时效阶段。

这种继受完成得如此顺当，乃因为罗马宗教文化中早就有宜于追诉时效制度存在的思想基础，那就是相当于希腊的 κάθαρσις 的 Lustrum 制度。两者的差异在于希腊的 κάθαρσις 用于除罪，而罗马人的 Lustrum 用于祈福。[1] 此言不甚恰当，因为罗马人的 Lustrum 也有涤除污秽的功能。在古罗马，有土地涤除（Lustratio agri）、村落涤除（Lustratio pagi）、军队涤除（Lustratio exercitus）、监察官涤除（Lustrum censorio）等多种涤除。[2] 土地涤除是农场的净化仪式，祈祷者要向门神、朱庇特神和战神奉献公羊、公猪、公牛以及祭饼，祈祷他们福佑家屋和家人，远离看得见和看不见的疾病、远离不孕和毁灭，让果树、麦子、葡萄藤、灌木繁盛，让农夫、其家人、其牧人、其牲口健康良好。祈祷后让公羊、公猪、公牛围绕被祈祷的土地走一圈。[3] 此等涤除在播种后进行，也在开镰前进行。[4] 村落涤除的方式与土地涤除同，不过它是半公共的涤除，与土地涤除的私人性质不同。[5] 军队的涤除在战场进行，仪式是用公羊、公猪、公牛各一只，戴以花冠，绕行战场一周，然后献祭，以消除军队对战争迷信性的恐惧。不光对陆军，而且对海军也实施此等涤除。[6] 军队的涤除伴随阅兵。[7] 监察官涤除始于公元前566年的图流斯·塞尔维尤斯王时代，从那时开始，卸任的监察官举办一个赎罪和净化的献祭，表示消除前罪，

---

[1] See William Smith, *A Dictionary of Greek and Roman Antiquities*, John Murray, London, 1875, p. 719.

[2] Cfr. Marko Petrak, La Lustrazione nel diritto pubblico romano e nel diritto dei paesi post-socialisti, 第9届中东欧国家和亚洲国家罗马法学者研讨会论文（2002年10月24日至26日，诺维萨德）。

[3] See Daniel P. Harmon, Religion in the Latin Elegists, In Aufstieg und Niedergang der Römischen Welt: 2.16.3, Berlin, New York, De Gruyter, 1986, p. 1947.

[4] See William Smith, *A Dictionary of Greek and Roman Antiquities*, London, John Murray, 1875, p. 719.

[5] See the Entry of Lustratio, On http://nl.wikipedia.org/wiki/Lustratio, 2012年7月9日访问。

[6] See William Kendrick Pritchett, *The Greek State at War*, Vol. III, Berkeley and Los Angeles, California University Press, 1979, p. 196.

[7] See William Smith, *A Dictionary of Greek and Roman Antiquities*, London, John Murray, 1875, p. 719.

开始新时期。① 这一仪式在战神广场进行，因而具有军事意义，其间，编制新的市民名单，把刚成年（17 岁）的市民编入百人团，把行为恶劣的市民开除，所以，这个仪式具有形成了新的共同体的含义。② 不难看出，罗马式涤除的对象有物，也有人，只有军队的涤除和监察官涤除以人为涤除对象。不论何种涤除，都有告别过去，面向未来的性质。在涤除以人为对象的情形，这一仪式都有消除既有的不好的东西，祈祷未来的好的东西的性质，其效果是在吐故纳新的基础上重建团体。但军队的涤除具有随机性，随战争的发生而发生，而监察官的涤除具有周期性，5 年一次，这一期间正好与最早的追诉时效期间同长，导致德国学者贝尔纳（Berner）认为罗马人的 5 年追诉时效是根据其涤除的古老传统而来。③ 不论这种判断的真假如何，可以肯定地说，涤除的理念与追诉时效的理念是完全一致的，都是吐故纳新，团结一致向前看，这种一致性让早期的追诉时效制度带上了宗教色彩。不过，监察官涤除是涤除坏市民于市民名册，追诉时效则是涤除市民的劣行而把此等市民保留在市民队伍中，前者是物理性的，后者是精神性的。

追诉时效制度与涤除制度的一致性即使在现代也可得到证明。东欧剧变后，东欧国家由"社"变"资"，社会主义时期的秘密警察和线人等面临被新生的资本主义社会接纳的问题，这个时候涤除制度复活，通过这一制度完成人的转型。④ 许多东欧国家甚至制定了专门的《涤除法》（Lustration Law，也有人译为"除垢法"）。⑤ 涤除制度在南非也有运用，这个国家在结束种族隔离制度后，新生的曼德拉政府面临如何整合社会的问题。采取的方法是在各地建立"真相与和解委员会"（Truth and Reconciliation Commission），曾经作恶搞种族歧视甚至屠杀黑人的白人官吏面对过去的受害人或其家属讲述发生过的事件，取得后者的宽恕，双方痛哭流涕达成和解，在此基础上结束仇

---

① 参见维基百科 Lustrum 词条，On http：//en. wikipedia. org/wiki/Lustrum，2012 年 7 月 6 日访问。
② See H. S. Versnel, Apollo and Mars one Hundred Years after Roscher, In *Visibile Religion*, *Annual For Religious Iconography*, Vol. 4-6, Approaches to Iconology, Leiden and E. J. Brill, 1985—1986, p. 146.
③ Cfr. Adolfo Zerboglio, Della prescrizione penale：studio giuridico, Fratelli Bocca Editori, Torino, 1893, p. 26.
④ Cfr. Marko Petrak, La Lustrazione nel diritto pubblico romano e nel diritto dei paesi post-socialisti, 第 9 届中东欧国家和亚洲国家罗马法学者研讨会（2002 年 10 月 24 日至 26 日，诺维萨德）论文。对秘密警察的涤除包括取消其养老金。对线人的涤除可能导致其家庭关系崩溃。对此，可参看波兰电影《鼹鼠》。
⑤ See The entry of Lustration, On http：//en. wikipedia. org/wiki/Lustration，2012 年 7 月 9 日访问。

恨，建成黑白和谐共处的新社会。① 应该说，南非的经验很成功。这是一种不用涤除名称的涤除程序。另外，现代发达国家对非法移民不定期实施的大赦也是一种不用涤除名称的涤除。现代的涤除与追诉时效制度的共性在于忘却过去的不好的事情，开始新的期间，由此达成社会的团结。

　　希腊的蓝本尽管为奥古斯都的班子创立追诉时效制度提供了基本的模式，但奥古斯都的规定还是具有相当的原创性。这首先表现在时效期间的计算区分"有用"和"自然"上。如前所述，两个月和4个月的时效期间是有用期间，5年的时效期间是自然期间，后一种期间更容易经过。其次，奥古斯都的立法创立了完整的时效期间的中止、中断和延长制度。中止的事由有：（1）丈夫起诉导致奸妇父亲的时效期间中止（D.48，5，4pr.）②；（2）诉权人被羁押导致时效期间中止［D.48，5，12（11），4］③；（3）数个诉权人中一人起诉导致其他诉权人的追诉时效期间中止［D.48，5，33（32），1］④；（4）诉权人对潜在被告中一人的控告导致他对另一潜在被告的追诉时效中止［D.48，5，14（13），9］⑤；（5）通奸被告为官员的，对他的追诉时效在他任职期间中止［D.48，5，39（38），10］⑥；（6）已婚妇女，在其奸夫被判罪之前，对她的追诉时效中止［D.48，5，40（39），3］。⑦ 就中断而言，有以下事由：（1）一对男女离婚后复婚的，如果女方在第一次婚姻中有通奸行为，第二次婚姻的缔结导致此等通奸行为的追诉时效的中断［D.48，5，33（32），1］⑧；（2）某人作为公众的一员起诉某女奸淫后来又把她纳为妻子的，他的追诉时效中断［D.48，5，14（13），10］。⑨ 就延长而言，原则上不许之，但法官可根据案情的性质对延期的原因进行调查后作出允许［D.48，5，42

---

① 2004年的南非电影《颅骨国家》（Country of My Skull）对此做了很好的描述。
② 参见《〈学说汇纂〉第48卷（罗马刑事法）》，薛军译，中国政法大学出版社2005年版，第59页。
③ 同上书，第67页。
④ 同上书，第105页。
⑤ 参见同上书，第109页。
⑥ 同上书，第117页。
⑦ 同上。
⑧ 同上书，第75页。
⑨ 同上书，第77页。

(41)]。① 未尝闻雅典的消灭时效制度中有这么多精巧的安排。通过这些创新，奥古斯都把追诉时效制度打造得非常具有技术性，此等技术性因素保留了政策考虑之运用的空间。

### 三、追诉时效制度在罗马法中向通奸法以外领域的扩张

作为一项制度创新的成果，追诉时效制度确立后就由点到面地扩张。公元前8年，奥古斯都通过《关于贪污罪和渎神罪的优流斯法》为贪污公款罪规定了5年的追诉时效。② 公元11年，《埃米流斯元老院决议》（Senatusconsultum Aemilianum）对《希拉努斯元老院决议》（Senatusconsultum Silanianum）作出补充规定，它对违反《希拉努斯元老院决议》拆开被害者的遗嘱的人的追诉规定了5年的时效期间（D.29，5，13），同时规定对杀亲者的追诉不受时效限制。③ 至此，所有的公诉案件的追诉时效期间都是5年，它们与雅典的消灭时效期间的契合是显而易见的。但到了293年，这一期间被增加了4倍，其时，戴克里先帝和马克西米利安帝为伪造罪规定了20年的追诉时效，同时他们把这一时效定为所有犯罪的时效④，只对国事罪和叛教罪不适用。⑤

为何追诉时效被延长如此之多？我认为是把皇库法⑥中的消灭时效与刑法中的追诉时效打通的结果。马尔库斯·奥勒留皇帝在位期间曾规定，如果皇库出于错误把不属于自己的物售给第三人，该人遭到物的原所有人的追夺，

---

① 《〈学说汇纂〉第48卷（罗马刑事法）》，薛军译，中国政法大学出版社2005年版，第121页。

② Cfr. Aldo Franceschini, La Prescrizione del Reato: Profili di Diritto Sostanziale e Riflessi Processuali, Tesi di Dottorato di Ricerca di Università degli Studi di Napoli Federico II, Anno Accademico 2007—2008, p. 48.

③ See *The Digest of Justinian*, Vol. 2, edited by Mommsen and Alan Watson, Philadelphia, University of Pennsylvania Press, 1985, p. 901.

④ Cfr. Aldo Franceschini, La Prescrizione del Reato: Profili di Diritto Sostanziale e Riflessi Processuali, Tesi di Dottorato di Ricerca di Università degli Studi di Napoli Federico II, Anno Accademico 2007—2008, p. 48. nota 184.

⑤ 参见〔德〕弗兰茨·冯·李斯特：《德国刑法教科书》，徐久生译，法律出版社2000年版，第501页。

⑥ 原文为 Ius fisci，即以皇库为中心的法律体系，主要涉及皇库的征税权以及皇库财产的买卖。

第三人（买受人）不论诚信与否，都可以时效已完成的抗辩对抗原所有人。① 请注意，这里的时效期间也是5年，受奥古斯都的反通奸法的影响痕迹显然。但到了赫尔摩格尼的时代［3世纪末，斯人与戴克里先为同代人，可能当过戴克里先的文书事务总管（magister libellorum）②］，这个时效期间延长到了20年，因为皇库的账目过了这个期间后就由经手人签名后注销了，不能为了起诉第三人（买受人）重启此等账目。③ 这样，皇库法中的消灭时效开始脱离了与希腊蓝本的关联，建立了与账目管理制度的关联（严格说来是建立了与证据保存制度的关联）。到了戴克里先时代，把受奥古斯都反通奸法影响形成的皇库法消灭时效制度反过来类推适用于刑事追诉，造成了4倍拉长的20年追诉时效。这样的结果，也可从戴克里先时期罗马国家的职能强化、共和时期监察官制度留下的涤除期制度的式微中得到解释。期间越长，忘性越小，这是可以肯定的。

以上所述都是消灭时效制度在刑法和皇库法内的扩张，事实上，该制度后来也扩张到了民法中。在法律诉讼时期，法律诉权都是永久性的，但到了程式诉讼时期，民事诉权具有时间性，尤其是裁判官（包括营造官）授予的诉权，随发布诉权的裁判官的解职而作废。而裁判官的任职期只有1年。这样的诉权效力1年制据说是公元30年的执政官卡修斯·隆基努斯（Lucius Cassius Longinus）创立的，但只限于罚金诉权，索回物的诉权还是永久性的。④ 不排除他受奥古斯都立法的影响才这样做的可能。由此，说《惩治通奸罪的优流斯法》加强了罗马人的诉权的时间性，应该没有什么问题。

如此，在罗马法中形成了取得时效形成于私法⑤，消灭时效形成于刑法的格局，但这两种时效真的彼此无干吗？我不这么看，在我看来，罗马法中的

---

① 参见徐国栋：《优士丁尼时效法研究——优士丁尼〈法学阶梯〉第2卷第6题"取得时效和长期占有"评注》，载《河北法学》2011年第1期，第41页。

② See Hermogenianus Aurelius, On http：//www.highbeam.com/doc/1O10-HermogenianusAurelius.html，2009年5月26日访问。

③ See *The Digest of Justinian*, Vol. 4, edited by Mommsen and Alan Watson, Philadelphia, University of Pennsylvania Press, 1985, p. 630.

④ Cfr. Aldo Franceschini, La Prescrizione del Reato: Profili di Diritto Sostanziale e Riflessi Processuali, Tesi di Dottorato di Ricerca di Università degli Studi di Napoli Federico II, Anno Accademico 2007—2008, p. 44.

⑤ 公元前450年的《十二表法》第六表第3条就有了关于取得时效的规定。

身份占有制度是打通两者的中介。还是让我以20年追诉时效的创立者戴克里先和马克西米利安帝的立法来说明问题。他们于公元302年7月初一在安条克对卡尔奇努斯（Carcinus）发布了一个敕答，宣称："从一开始就合法获得的占有经过长期时效可以成为自由坚实的保障。因此，根据应有的有利于自由权原则和健全的理性早已劝说，那些诚信地占有了自由生活了20年且未遭受质疑之人，应能利用取得时效对抗针对他们的身份提出的质疑，他们因此成为自由人和罗马市民"。① 这个敕答确立了奴隶诚信地以自由人行事达20年的，允许其取得自由人身份的规则，但不允许以诈欺方式取得自由的奴隶取得自由人身份，因为戴克里先和马克西米利安在给穆奇安努斯（Mutianus）的另一个敕答中做出了此等禁止（C.7, 22, 1）。这样，奴隶的脱逃罪因为20年的时效的经过而涤除。这是从追诉时效角度作出的观察，但从取得时效的角度看，被免责的奴隶是因为诚信占有了自由人身份20年而取得了此等身份。最有意味的是，同一个作者（戴克里先和马克西米利安帝）既从消灭时效的角度作出了规定，又从取得时效的角度作出了规定，让人能感悟出这两种时效之间的关联。

**四、后世立法和学说对罗马法的追诉时效制度的继承和发展**

希腊—罗马的追诉时效制度首先在近代欧美得到了立法上的继受。

首先，通奸者家属的追诉权的时效限制制度被现代法律继受，例如，1890年的《意大利刑法典》第356条第2款规定：自知晓通奸之日起3个月后，受侵犯的配偶不得再提起通奸诉讼。② 法国1808年的《刑事治罪法典》（Code d'Instruction Criminelle）第105条有相应的规定。③ 1940年的《巴西刑法典》第240条也规定配偶要在知情通奸后的一个月内起诉。④

其次，国家追诉权的时间限制制度被更广泛地继受。继受似乎首先发生

---

① C. 7, 22, 2. Cfr. Codex Iustianusus, Weidmann, Berlin, 1954, p. 305.
② Voir Code Penal Italiaen promulgué le 1 janvier 1890, Traduit par Edmond Turrel, Paris, A. Durand Pedone-Lauriel, Editeurs, 1890, pp. 140s.
③ Voir Code d'Instruction Criminelle de 1808, Sur http://ledroitcriminel.free.fr/la_legislation_criminelle/anciens_textes/code_instruction_criminelle_1808/code_instruction_criminelle_3.htm, 2012年7月20日访问。
④ Ver Código Penal Brasileiro, Sobre http://edutec.net/Leis/Gerais/cpb.htm, 2012年6月24日访问。

在德语地区。巴伐利亚于 1616 年就规定了追诉时效，普鲁士于 1620 年继之，1656 年下奥地利又继之。① 在法国，1670 年由路易十四颁布的《刑事条例》（L'Ordonnance criminelle）规定所有刑事诉权的消灭时效都是 20 年。② 这显然是对戴克里先的遗产的继承。在英国，威廉三世（1850—1702 年）于 1696 年制定了一个《叛国罪审判法》（UK Treason Trials Act），其第 5 条规定，对犯罪的追诉权在 3 年后消灭，针对国王生命的犯罪除外。③ 在晚近一些的奥地利，1768 年的女大公 Maria Teresa 的《特蕾莎刑事敕令》（Constitutio Criminalis Theresiana）规定了 20 年的追诉时效，但适用条件是犯人不曾逃到国外。④ 在意大利，1786 年由彼得罗·列奥博尔德制定的《托斯卡纳法典》规定了 10 年、5 年和 1 年的追诉时效。⑤ 当然，针对这个罗马遗产也有个别反对者存在，例如同样属于奥地利的 1787 年《约瑟夫二世法典》，它明示排除追诉时效制度，规定：不论从实施犯罪到此等犯罪被发现之间的时间有多长，对于罪犯都要按照法律的规定处理。⑥ 这样的规定与以下将谈到的一些学者反对追诉时效制度的观点是一致的。

到了法国革命以后的欧美各国刑事法，找不出一部不规定追诉时效制度的刑事法典。例如，1791 年制定的《法国刑法典》第一部第六题第 1 条规定了追诉时效。其辞曰：3 年期满后，不得以犯罪的理由提起任何刑事诉讼，但以在此等期间未进行过任何起诉为条件。⑦ 这一规定缩短了时效期间，同时增加了时效期间若检察机关曾进行追诉时效不进行的条件（这是对罗马法规定的发展）。1808 年，拿破仑制定了《刑事治罪法典》（实际上是刑事诉讼法典），仍然规定追诉时效制度。其第 637 条第 1 款规定：犯罪可能导致死刑、

---

① 参见〔德〕弗兰茨·冯·李斯特：《德国刑法教科书》，徐久生译，法律出版社 2000 年版，第 501 页。
② Voir Nouveau Commentaire sur L'Ordonnance Criminelle de Mois d'Aout 1670, Paris, 1793, p. XXIX.
③ Voir Jean Danet et al., Prescription, Amnistie et Grace en France, 2006, Sur http://s224563854. onlinehome. fr/catalogue/PDF/rapports/149-RF_ Danet-Grunvald_ Prescription. pdf, p. 52.
④ Cfr. Aldo Franceschini, La Prescrizione del Reato: Profili di Diritto Sostanziale e Riflessi Processuali, Tesi di Dottorato di Ricerca di Università degli Studi di Napoli Federico II, Anno Accademico 2007—2008, p. 52.
⑤ Ibid.
⑥ Vgl. Allgemeines Gesetz über Verbrechen und derselben Bestrafung, Rezensionen, 1787, Seit. 78.
⑦ Voir Code Pénal du 25 septembre-6 octobre 1791, Sur http://ledroitcriminel. free. fr/la_ legislation _ criminelle/anciens_ textes/code_ penal_ 25_ 09_ 1791. htm，2012 年 7 月 20 日访问。

无期徒刑或所有其他导致身体刑或名誉刑的刑罚的,针对它的公诉或民事诉讼在 10 年的期间经过后消灭,此等期间从犯罪之日起算,但以在此等期间未遭受过任何刑事追诉为条件。其第 640 条规定:对违警罪的公诉和民事诉讼,因 1 年的时效期间届满消灭。① 这些规定的特点一是对追诉时效的期间分门别类化或去统一化,区分的标准是犯罪行为可能导致的刑罚的轻重;二是在有些情形回到希腊祖本,为刑事诉权和民事诉权规定统一的时效期间。在下文中读者将看到,第一个特点为所有的刑法典所遵循。这一特点的来源很可能是 1764 年出版的贝卡里亚(Cesare Beccaria,1738—1794 年)的《论犯罪与刑罚》,其中,贝卡里亚把犯罪分为罪大恶极的凶残犯罪与较轻的犯罪两类,主张为它们规定前长后短的时效期间(但他未说明每种时效期间具体有多长)。②

以这些立法成果为基础,如下几个学者在理论上探讨了追诉时效问题,他们的学说对后来的有关法典产生了影响。他们的著述也让我们能直接了解法学家对追诉时效制度的思想基础的说明,与我们只能从"希腊—罗马"的追诉时效规定反推其思想基础不同。

普芬道夫(1632—1694 年)可能是近代第一个触及追诉时效制度的法学家。他在其《论自然法与万民法》一书中专门从民法的角度论述了取得时效和消灭时效。对于消灭时效,他采取了莫特斯丁的定义:由于占有达到法律规定的期间而取得财产。③ 这样,消灭时效就成了对取得时效的法律效果的描述。富有意味的是,法国法学家也从取得时效的角度看待刑法上的追诉时效。取得时效在民法上是由于一定的期间的经过占有人取得占有物的所有权,追诉时效是犯罪人由于一定期间的经过取得免罪。④ 两种时效的这种因果性关联由来有自,取得时效(Usucapio)是罗马市民法固有的制度,Praescriptio 是帝政时期从讲希腊语的东方行省继受的制度,前者的法律效果是所有权的取得;

---

① Voir Code d'Instruction Criminelle de 1808, Sur http://ledroitcriminel.free.fr/la_legislation_criminelle/anciens_textes/code_instruction_criminelle_1808/code_instruction_criminelle_3.htm, 2012 年 7 月 20 日访问。

② 参见〔意〕贝卡里亚:《论犯罪和刑罚》,黄风译,中国大百科全书出版社 1993 年版,第 38 页。

③ See S. Pufendorf, *Of Law of Nature and Nations Eight Books*, Translated into English by Mr. Carew, London, printed [by S. Aris] for J. Walthoe, R. Wilkin, J. and J. Bonwicke, S. Birt, T. Ward, and T. Osborne, 1729, p. 439.

④ Voir J. M. Le Granverend, Traite de la Legislation Crimminell en France, Tomo premiere, De Imprimerie Royal, Paris, 1816, p. 63.

后者的法律效果则是对原所有人的抗辩权之发生。优士丁尼于531年把这两个制度合并以后，为了合理使用术语，把 Usucapio 专用于描述动产时效取得，把 Praescriptio 专用于描述不动产时效取得。① 所以，今人用来表示消灭时效的 Praescriptio 一语，在优士丁尼法中也是用来表示取得时效的。这导致人们用取得时效的眼光来看待刑法上的追诉时效制度。普芬道夫附带地（在谈到罗马人作为民事问题对待的盗窃和抢劫的时候）谈到了刑法上的追诉时效的存在理由：Praescriptio 有时也适用于刑事案件，似乎不必把久远时代实施的犯罪诉之于法院，因为时间足以涤清和抹去此等恶行，由此，惩罚的真正目的显得多余。② 这一论断的特点有二。其一，把追诉时效理解为取得时效；其二，把追诉时效与整合社会的"希腊—罗马"目的论脱钩，采取了自然惩罚论，也就是说，时效期间中犯罪人的焦虑和惧怕已构成对他的惩罚，无需再对他课加国家惩罚。当然，普芬道夫没有谈论追诉时效的细节问题，例如期间的非统一化、时效的中止和中断等。

贝卡里亚可能是第二个触及追诉时效问题，第一个专门研究这一问题的法学家，尽管他的论述并不长。如前所述，他首先倡导依罪行轻重定时效期间长短论，打破了罗马法的统一公诉时效期间的传统。对于凶残的犯罪，只要此等犯罪被人长久记忆，他认为不必给罪犯任何时效，时效只给予较轻和隐秘的犯罪的实施者。这样就为后种犯罪人保留了弃旧图新的权利，他们的自我监禁和自我流放构成自然的刑罚。凶残的犯罪由于稀少，应延长时效期间，这样可使人们抛开免责的幻想。而对于较轻和隐秘的犯罪，应缩短时效期间。③ 在贝卡里亚的上述言论中，有两种凶残犯罪人，第一种不适用追诉时效，第二种适用之，前者之所以如此，是因为他的犯罪无法让人忘怀；后者之所以能如此，是因为他的犯罪不为人所记忆。第二种又分为较轻和隐秘的以及凶残的，前者的时效期间长而后者的时效期间短。这样，贝卡里亚就回到了对追诉时效性质的希腊式的遗忘说解释：能忘的则忘之，忘不了的则仍

---

① 参见徐国栋：《优士丁尼〈法学阶梯〉评注》，北京大学出版社2011年版，第219页。
② See S. Pufendorf, *Of Law of Nature and Nations Eight Books*, Translated into English by Mr. Carew, London, printed [by S. Aris] for J. Walthoe, R. Wilkin, J. and J. Bonwicke, S. Birt, T. Ward, and T. Osborne, 1729, p.441.
③ Cfr. C. Beccaria, Dei Dilitti e delle Pene, Edizione quinta, Harlem, 1766, pp.141s.

处罚之。

意大利学者菲兰杰里（Gaetano Filangieri, 1752—1788 年）在追诉时效领域卓有建树。他在其 1780 年出版的《立法科学》中提出了自己的追诉时效理论。他认为民事时效是确保公民的财产安全的，为了确保公民的生命、荣誉和自由，确立了追诉时效。在年深月久之后，人们难以反驳控告，因为时间已删除了人们对犯罪情境的记忆，由此取消了被控告者的辩护手段，为处心积虑的诽谤者提供了面纱来遮掩其深思熟虑的谎言。[1] 他认为罗马人的 20 年时效太长，因为英国的追诉时效只有 3 年，20 年后对抗一个诽谤比在 3 年后对抗它要难，因此应学习英国模式。据说，法国 1791 年刑法典关于追诉时效的规定就接受了他的建议。[2] 菲兰杰里关于追诉时效的论述毫无自然惩罚论的色彩，而是假定被告是无辜的，他们面对的控告人是邪恶的，从保护前者，限制后者出发立论，很有雅典遗风。

边沁也是一个追诉时效制度研究者。他的研究具有本土的制定法基础，如前所述，威廉三世很早就为英国人规定了 3 年的追诉时效。边沁认为，对于轻率和疏忽犯罪、非恶意过错导致的犯罪、未完成的犯罪、已失败的未遂罪，都可以因为时间的经过获得赦免，因为在时效期间内，罪犯已承受了部分刑罚——因怕被发现而充满恐惧。此外，他已戒除犯罪，成为一个有用的社会成员。但对于更严重的犯罪，例如以诈欺获取大量金钱、纳妾、强奸、抢劫等，不应规定追诉时效，否则是对作奸犯科者的鼓励。[3] 显然，边沁不赞成对一切犯罪都适用追诉时效，只赞成对轻罪如此，他采取的理由是自然惩罚说。而且他让追诉时效和大赦两个制度互证。但具有讽刺意味的是，追诉时效制度在很大程度上起源于对通奸罪的宽宥，边沁恰恰把通奸排除在可因时效免责的犯罪类型之外。

在"希腊—罗马"遗产和上述立法经验的基础上，现代刑事法还对刑事

---

[1] Cfr. G. Filangieri, La scienza della legislazione e gli Opuscoli Scelti di Gaetano Filangieri, Tomo Secondo, Livorno, 1827, p. 172.

[2] Voir Jean Danet et al., Prescription, Amnistie et Grace en France, 2006, Sur http://s224563854.onlinehome.fr/catalogue/PDF/rapports/149-RF_Danet-Grunvald_Prescription.pdf, p. 56, 2014 年 2 月 26 日访问。

[3] 参见〔英〕边沁：《立法理论——刑法典原理》，孙力等译，中国人民公安大学出版社 1993 年版，第 70 页。

时效制度还有以下发展。

其一，法国人打造了罗马人所不知的行刑时效制度。它是1642年4月29日由巴黎高等法院创立的，其时，该院颁布命令承认刑罚的时效期间为30年，换言之，一切犯罪经过判决后，如果在30年内未执行刑罚，以后就不再执行。① 1791年的《法国刑法典》确认了这一制度。其第一部第6题第3条规定：刑事法院作出的任何有罪判决，规定的刑罚在20年过去后尚未执行的，不得执行之，此等期间自上述判决作出之日起算。② 相较于巴黎高等法院创下的先例，这一行刑时效的期间缩短了10年，显然更有利于受刑人。在大革命过去后，拿破仑主持的1808年的《刑事治罪法典》也规定了行刑时效制度。其第635条第1款规定：判决就刑事问题规定的刑罚因20年的经过而消灭，此等期间从判决作出之日起算。其第636条第1款规定：就矫正事项经判决课加的刑罚因5年的经过而消灭，此等期间从判决作出之日起算。其第639条规定：因违警事项经判决课加的刑罚因2年的经过而消灭。③ 我们看到，在行刑时效上，拿破仑的立法班子也采取了时效期间的长度与犯罪严重性程度成正比的方略。

行刑时效与追诉时效的共同点在于都导致刑事责任消灭，但两者的差别在于，后者从犯罪之日起算，前者从判决之日起算。如果已开始执行刑罚，从行刑中断之日起算。所以，在适用追诉时效的情形，犯罪人都未受审判。在适用行刑时效的情形，犯罪人都受过审判。

那么，既有追诉时效，为何要另立行刑时效？因为有被告被判刑但未被执行的情况发生，例如，安徽省灵璧县的李建民犯贪污罪于1992年被法院判刑7年，但无任何司法人员对他执行刑罚，李建民径自回家了，刑期过后于2000年才发现李建民未服刑，于是收监重新执行刑罚。④

---

① Véase Nestor A. Oroño, La Prescripción de la Accion en el Código Penal. Reforma Según Ley 25.990. Sobre http：//www.naoabogado.com.ar/descargar.php?file=contenidos/documentos/0_09_11_45prescripcion.doc&nombre=0_09_11_45prescripcion.doc，2012年6月24日访问。

② Voir Code Pénal du 25 septembre-6 octobre 1791, Sur http：//ledroitcriminel.free.fr/la_legislation_criminelle/anciens_textes/code_penal_25_09_1791.htm，2012年7月20日访问。

③ Voir Code D'Instruction Criminelle de 1808, Sur http：//ledroitcriminel.free.fr/la_legislation_criminelle/anciens_textes/code_instruction_criminelle_1808/code_instruction_criminelle_3.htm，2012年7月20日访问。

④ 参见赖德亮：《我国应当设立行刑时效制度》，载《人民检察》2003年第1期，第53页。

其二，现代人对于追诉时效的客体进行了广泛的讨论，形成了不同的学说，各国根据自己认为正确的学说制定自己的刑事时效制度。

第一种学说最古老，因为"希腊—罗马"人采用此说，那就是公诉权说。按照此说，追诉时效完成后消灭的是公诉权，反过来讲，时效未完成就是公诉权成立的一个条件。① 这样，追诉时效就被理解为是一个诉讼法上的制度。法国人过去的学说认为追诉时效客体是犯罪，故把追诉时效规定在实体法中，从 1808 年颁布《刑事治罪法典》起，改认为此等客体是公诉权，故把追诉时效制度规定在程序法中。相反，行刑时效的客体被认为是刑罚，故此种时效被理解为实体法上的制度，因而把它规定在刑法典中。② 目前的法国仍坚持这种学说。故其 2012 年的《刑事诉讼法典》第 7 条第 1 款规定了追诉时效。其辞曰：公诉因为 10 年的经过而消灭，此等期间从实施犯罪之日起算，在此等期间，应无任何预审或追诉行为，《刑法典》第 213—215 条保留的情形除外。③ 同时，1994 年的《法国刑法典》第 133 条规定：因重罪宣告之刑的时效为 20 年；因轻罪宣告之刑的时效为 5 年；因违警罪宣告之刑的时效为 2 年。④

法国开创的这种两种刑事时效处在两个不同的法典的模式影响了如下国家：(1) 巴西。其 1832 年《刑事诉讼法典》第 54—57 条规定追诉时效⑤；其 1940 年刑法典第 109 条及以下数条规定行刑时效。⑥ (2) 日本。其现行《刑事诉讼法典》第 250 条规定追诉时效，现行《刑法典》第 32 条及以下数条规定行刑时效。⑦ 据说土耳其、埃及和比利时也采用这种两分制。⑧

---

① 参见彭勃：《日本刑事诉讼法通论》，中国政法大学出版社 2002 年版，第 180 页。
② Cfr. Aldo Franceschini, La Prescrizione del Reato：Profili di Diritto Sostanziale e Riflessi Processuali, Tesi di Dottorato di Ricerca di Università degli Studi di Napoli Federico II, Anno Accademico 2007—2008, pp. 244s.
③ Voir Code de procédure pénale, Sur http：//www. legifrance. gouv. fr/affichCode. do；jsessionid = 73D568157E669 EC4337910C68EF36EBE. tpdjo05v_ 1？idSectionTA = LEGISCTA000024458641&cidTexte = LEGITEXT000006071154&dateTexte = 20120722，2012 年 7 月 22 日访问。
④ 参见《法国刑法典》，罗结珍译，中国人民公安大学出版社 1995 年版，第 44 页。
⑤ Ver o Codigo do Processo Criminal, Sobre https：//www. planalto. gov. br/ccivil_ 03/leis/lim/lim-29-11-1832. htm，2012 年 7 月 22 日访问。
⑥ Ver o Codigo Penal, Sobre http：//www. amperj. org. br/store/legislacao/codigos/cp_ DL2848. pdf，2012 年 7 月 22 日访问。
⑦ 参见判例六法编修委员编：《判例六法》(2004)，日本三省堂 2004 年版，第 1521 页、第 1391 页。
⑧ 参见于志刚：《追诉时效制度研究》，中国方正出版社 1999 年版，第 17 页。

第二种学说是犯罪说，认为追诉时效完成的效果是消灭犯罪人已实施的犯罪。这种学说为现行的1930年《意大利刑法典》的作者罗科（Alfredo Rocco，1875—1935年）所采。他在《刑法典》的第157条第1款规定：在相当于最高法定刑期的时间经过后，时效使犯罪消灭；在任何情况下，对于重罪在不少于6年的时间经过后，对于违警罪在不少于4年的时间经过后，即使对这些犯罪已单处罚金刑，时效使犯罪消灭。① 这样，追诉时效完成的效果是一个犯罪从未发生的拟制，被涤除的犯罪不能作为判断曾经的犯罪人是否为常业犯和职业犯的依据。② 这样的观点当然更有利于犯罪人，也更符合追诉时效制度固有的涤除理念。如此，追诉时效的客体是一个实体法问题，所以，他把这一制度安排追诉时效制度又被拉回了刑法典。

但已发生的犯罪是一个不可消灭的历史事实，所以，犯罪的消灭的表达不过是一个转喻，立法者实际上想表达的是"犯罪的刑事效果的消灭"，更正确地说，采用的是刑事主观法律情势消灭说。③

第三是刑事责任说。1944年的《西班牙刑法典》第130条第1款第5项明确把超过追诉时效作为消灭刑事责任的原因之一。④ 不难看出西班牙采取的这种立场与罗科立场的关联：既然犯罪不能消灭，只能消灭其刑事效果，不如抛弃转喻直面现实，把追诉时效的客体定位为刑事责任。从逻辑上看，刑事责任一语的外延应宽于刑罚一语的外延，可以把作为判断是否为常业犯和职业犯的依据包括在内。

第四是部分刑事责任说。1998年的《德国刑法典》采此说。其第78条第1款规定：对犯罪行为的惩罚和处分因时效届满而取消。第76条a第2款第一句第1项的规定不受影响。⑤ 该款第二句所指是刑事处分中的充公、没收和查封。没收的对象包括财产和文书。此等财产必须具有危害公共安全之使

---

① 参见《最新意大利刑法典》，黄风译注，法律出版社2007年版，第56页及以次。
② 参见〔德〕弗兰茨·冯·李斯特：《德国刑法教科书》，徐久生译，法律出版社2000年版，第501页。
③ Cfr. Aldo Franceschini, La Prescrizione del Reato: Profili di Diritto Sostanziale e Riflessi Processuali, Tesi di Dottorato di Ricerca di Università degli Studi di Napoli Federico II, Anno Accademico 2007—2008, p.93.
④ 参见《西班牙刑法典》，潘灯译，中国政法大学出版社2004年版，第50页。
⑤ 参见《德国刑法典》，徐久生、庄敬华译，中国法制出版社2000年版，第91页。

用的可能。此等文书必须具有其传播违法的属性。这样，追诉时效的完成只消灭部分刑事责任而非全部刑事责任，设定除外的考虑在于不让犯罪人在被除罪后保留犯罪带来的经济利益、犯罪手段和可以继续有害他人的资料。相对于前三种学说，这种学说的考虑显然更周详。

以上四种学说显然存在层层递进的关系。第一种学说最早出现，实际上它隐含着不利于被告的因子，因为公诉的结果分有罪和无罪两种可能，后种可能利于被告。[①] 公诉权消灭了，后种可能也消灭了。为了避免以追诉时效完成的名义消灭后种可能，产生了第二种学说，它追求对犯罪事实的彻底遗忘，最有利于犯罪人，但它在逻辑上存在做不可能之事的困境，于是产生了第三种学说补救之，这样达到了名实相副的结果，但失之过宽。于是产生了第四种学说补救之，该说满足于部分遗忘，要求不让曾经的犯罪人得到犯罪利益并保留犯罪手段。应该说，它的考虑最周全，所以，最值得效仿。

在以上四种学说中，第一种属于程序法说，把追诉时效制度定位为诉讼制度。其他三说都属于实体法说，把同一制度定位为实体法制度。当然，还有混合说，认为追诉时效制度既有程序法的内容，也有实体法的内容。应该说，采用实体法说的国家占绝大多数。它们面对的少数我在前文中都列举出来了。

其三，现代人完成了追诉时效期间的去统一化并建立了时效期间与刑期的对应理论。如前所述，罗马人的追诉时效期间，无论是 5 年还是 20 年，都是统一的，不论是重罪还是轻罪，其时效期间同一。有些近代法典沿袭了这一体制，例如法国 1670 年的《刑事条例》、英国 1696 年的《叛国罪审判法》、奥地利 1768 年的 Maria Teresa 法典。自贝卡里亚提出依罪行的轻重定相应的追诉时效期间的长短的学说后，不少现代法典都采用长短不一的时效期间体制。例如意大利 1786 年的《托斯卡纳法典》、法国 1808 年的《刑事治罪条例》、意大利 1819 年的《两西西里王国刑法典》（其第 613 条及以下数条规定了追诉时效，对于要判死刑和无期徒刑的犯罪，时效是 20 年；对于轻罪，时效是 10 年。对于将课加矫正性刑罚的犯罪，时效是 2 年；对于违警罪，时效

---

① Cfr. Aldo Franceschini, La Prescrizione del Reato: Profili di Diritto Sostanziale e Riflessi Processuali, Tesi di Dottorato di Ricerca di Università degli Studi di Napoli Federico II, Anno Accademico 2007—2008, p. 99；彭勃：《日本刑事诉讼法通论》，中国政法大学出版社 2002 年版，第 174 页。

是3个月①)、教皇国1832年的《格里高里刑事条例》(对于要判死刑和终生监禁的犯罪规定了30年的时效期间;对于要判从5年到20年徒刑的犯罪规定了10年的时效期间;对于要判公共劳役的犯罪以及奸淫和通奸犯罪,规定了5年的时效期间。对于其他要以各种刑罚处罚的犯罪,规定了3年的时效期间②)、1853年的《托斯卡纳刑法典》(规定了4种时效期间。对于要判死刑的犯罪,20年;对于要判无期徒刑的犯罪,15年;对于其他公诉罪,10年;对于自诉罪,3年③)、1855年的《摩德纳刑法典》(Codice penale estense),规定了6种时效期间。对于要判死刑或终身苦役的犯罪,30年;对于要判有期苦役(Ergastolo a tempo)的犯罪,20年;对于要判强制劳动的犯罪,15年;对于要判监禁的犯罪,10年;对于要判罚金刑的犯罪,2年。对于自诉罪,1年④]、1859年的《撒丁刑法典》(规定了4种追诉时效。对于要判死刑或终身强制劳动的犯罪,20年;对于轻罪,10年;对于要判处矫正刑的犯罪,5年;对于违警罪,1年⑤)、统一后的意大利于1889年制定的《Zanardelli 刑法典》(1865年的刑法典的取代者。规定了7种时效期间。对于要判无期徒刑的犯罪,20年;对于要判20年以上有期徒刑的犯罪,15年;对于要判5年以上20年以下有期徒刑的犯罪,以及要判5年以上拘留以及终身禁止担任公职的犯罪,10年;对于要判5年以下监禁的犯罪,以及对有期禁止担任公职的犯罪、处罚金刑的犯罪,5年;对于拘留1个月以上的犯罪,对于要判300里拉以上罚金的犯罪,2年;对于要判300里拉以下罚金的犯罪,以及对禁止从事某一职业或行当的犯罪,6个月⑥)。在当今世界,已找不到一部规定统一的追诉时效期间的刑法典或刑事诉讼法典。

---

    ① Cfr. Aldo Franceschini, La Prescrizione del Reato: Profili di Diritto Sostanziale e Riflessi Processuali, Tesi di Dottorato di Ricerca di Università degli Studi di Napoli Federico II, Anno Accademico 2007—2008, p. 53.

    ② Ibid., p. 53.

    ③ Cfr. Codice penale per il Grandducato di Toscana, Nella Stamperia Granducale, Firenze, 1853, pp. 35s.

    ④ Cfr. Codice Criminale e di Procedura Criminale per gli Stati Estensi, Per gli Eredi Soliani Tipografi Reali, Modena, 1855, pp. 22s.

    ⑤ Cfr. Codice penale per gli Stati di S. M. il Re di Sardegna, Stampa Reale, Torino, 1859, pp. 17ss.

    ⑥ Cfr. Aldo Franceschini, La Prescrizione del Reato: Profili di Diritto Sostanziale e Riflessi Processuali, Tesi di Dottorato di Ricerca di Università degli Studi di Napoli Federico II, Anno Accademico 2007—2008, p. 56.

如果仔细琢磨，可发现追诉时效期间并非任意确定的，而是与刑期存在比例关系。按现行《意大利刑法典》第 157 条在 2005 年前的规定，在判 5 年以上有期徒刑的情形，追诉时效期间等于法定刑期加 5 年。也就是说，法定刑是 10 年以上的，时效期间是 15 年；法定刑是 5 年以上的，时效期间是 10 年。这一规则只有两个例外：一是法定刑为 24 年以上的情形，时效期间是 20 年。这一例外的特点是时效期间小于刑期。二是法定刑为 5 年以下有期徒刑的情形，时效期间是 5 年，这样，时效期间就大致与刑期等长了。① 这样的安排体现了一种严厉的自然惩罚论，基本的理论思路是犯罪人在监外的自我放逐应抵消他应在监内服的刑期，但毕竟监外比监内舒服，所以"自然惩罚"的期间要比"法律惩罚"的期间长一些。但意大利 2005 年 12 月 5 日的第 251 号法律《关于普通减轻情节、累犯、对累犯犯罪情节的比较评判、高利贷和时效问题的规定》对这一时效期间体制作出了重大修改，基本取消了分别列举不同刑期犯罪的追诉时效期间的规定方式，改采概括式规定：有关犯罪的最高法定刑期与其追诉时效期间相等。② 这种安排符合温和的自然惩罚论——犯罪人在监外的自我放逐抵消了他应在监内服的刑期。看来，在当今之世的意大利，"自然惩罚"的烈度跟"法律惩罚"的烈度变得一样了，所以两者的期间也可以等长。

顺便指出，按《意大利刑法典》第 172 条第 2 款的规定，行刑时效期间与有期徒刑刑期的关系也并非任意的，前者通常是后者的两倍。③

上述种种，让我们看到刑法中数学的一面：比例的一面，这是"希腊—罗马"人未让我们看到的。

**五、我国刑法中的追诉时效**

我国古代刑法无追诉时效制度，类似的只有大赦制度。④ 这在提倡恕道的儒家文化传统中有些突兀。不过，恕的方式有多种，既有大赦，也算恕了。鸦片战争后，西法东渐，1911 年的《大清新刑律》、1928 年的《中华民国刑

---

① 参见《最新意大利刑法典》，黄风译注，法律出版社 2007 年版，第 56 页注释 2。
② 同上书，第 56 页。
③ 参见同上书，第 65 页。
④ 参见戴炎辉：《中国法制史》，台湾三民书局 1979 年版，第 132 页及以次。

法》和 1935 年的《中华民国刑法》都继受了西方的追诉时效制度。① 1928 年的《中华民国刑法》的第 97 条规定了追诉时效，分别为死刑、无期徒刑或 10 年以上有期徒刑者、1 年以上 10 年以下有期徒刑者、1 年以下徒刑、拘役或罚金者规定了 20 年、10 年和 3 年的时效期间。明定时效的客体为追诉权。第 101 条规定了行刑时效，分别为死刑、无期徒刑或 10 年以上有期徒刑者、1 年以上 10 年以下有期徒刑者、1 年以下徒刑、拘役、罚金或专科没收者规定了 30 年、15 年、5 年的时效期间。② 1935 年的《中华民国刑法》保留了同时规定两种刑事时效的体制以及关于追诉效的客体的追诉权说。台湾地区新刑法（2006 年 7 月 1 日生效）中第 80 条规定了追诉时效：定死刑、无期徒刑或 10 年以上有期徒刑者，时效期间是 30 年；3 年以上 10 年以下有期徒刑者，时效期间是 20 年；1 年以上 3 年以下有期徒刑者，时效期间是 10 年；1 年以下有期徒刑者、拘役或罚金者，时效期间是 5 年。其第 84 条规定了行刑时效：定死刑、无期徒刑或 10 年以上有期徒刑者，时效期间是 40 年；3 年以上 10 年以下有期徒刑者，时效期间是 30 年；1 年以上 3 年以下有期徒刑者，时效期间是 15 年；1 年以下有期徒刑者、拘役、罚金或专科没收者，时效期间是 7 年。③ 可以看出，上述刑法典的立法者将两种刑事时效平行规定，以行刑时效长于追诉时效为原则。这一刑法典在台湾仍有效，它引进西方追诉时效制度于中华之功，增加落实恕道的手段于儒家文明之功，不可没也！

取代民国的中华人民共和国并不排斥追诉时效制度。在 1949 年前，一些根据地的刑事立法就有该制度之设，例如 1931 年的《赣东北特区苏维埃暂行刑律》第 13 章、1942 年的《陕甘宁边区违警罚暂行条例》第 21 条。④ 1949 年后，全国人大组织起草的历次刑法草案都规定了追诉时效制度。⑤ 1979 年的《中华人民共和国刑法》，其第 87 条规定了追诉时效，定 5 年以下有期徒刑的时效期间为 5 年；5 年以上 10 年以下有期徒刑的时效期间为 10 年；10 年以上有期徒刑的时效期间为 15 年；无期徒刑、死刑的时效期间为 20 年。此

---

① 参见于志刚：《追诉时效制度研究》，中国方正出版社 1999 年版，第 6 页。
② 参见王宠惠：《中华民国刑法典》，中国方正出版社 2006 年版，第 49 页。
③ 参见吴庚等编纂：《月旦六法全书》，台湾元照出版公司 2000 年版，第 3—31 页及以次，并参考网上获得的 2006 年 7 月 1 日版更正。
④ 参见于志刚：《追诉时效制度研究》，中国方正出版社 1999 年版，第 9 页及以次。
⑤ 同上书，第 12 页及以次。

规定的特点有四。其一，由轻向重规定，迥异于其他国家的相反规定方式。其二，未规定要承担管制、拘役、罚金、没收财产刑的犯罪人的追诉时效，以及治安违法行为者的追诉时效，尽管我国《刑法》第33条和第34条列举了管制、拘役、罚金、没收财产的刑罚。其三，在刑期与时效期间的比例关系上，基本采取意大利式的两者等长论。所以，时效期间比台湾的短得多，显得大陆的立法者更有宽恕精神。其四，追诉时效的客体问题采用刑事责任说，第87条采用了"不再追诉"的表达，学说上认为采用的是刑事责任说。① 但美中不足的是未规定行刑时效制度。我国学界为此举提出的理由是如果采用，会鼓励服刑人脱监。另外实践中未出现有关案例，故不值得规定。② 但有关的案例很快出现了。前文已提到2000年的安徽省灵璧县的李建民案；2004年又发现了在河南省固始县发生的周某拐卖人口案③；最后是2004年的牛玉强案。前两个案例已被学界作为我国刑法应承认行刑时效制度的例子得到广泛的讨论④，牛玉强案却未得到过这样的待遇，所以我拟对此案进行分析论证我国刑法承认行刑时效制度的必要。

  此案的主人公北京人牛玉强在1984年"严打"时，因"抢帽子"等行为被以流氓罪判处死缓，后服刑期改至18年。1990年，牛玉强保外就医，其间结婚生子，无任何新罪，2004年4月被收监。新疆生产建设兵团农八师监狱管理局（简称农八师监狱局）表示，牛玉强保外就医逾期近12年未归，其刑期顺延至2020年。这样的处理引起了强烈的社会反响，原因首先是对小事（抢帽子）重判（死缓）的反思；其次是对导致小事重判的1984年"严打"运动的反思；最后还是人们心中内含的行刑时效的自然法理念：出狱时间这

---

① 于志刚：《追诉时效制度研究》，中国方正出版社1999年版，第25页。
② 参见赖德亮：《我国应当设立行刑时效制度》，载《人民检察》2003年第1期。
③ 周某因拐卖人口于1991年1月26日被收押，同年6月28日生子，对她的收押改为取保候审。同年10月24日她被判刑6年，二审改判4年。周某的哺乳期在1992年6月28日结束，从此以后的12年，一直无人将她收押服刑。2004年7月，此等事实被发现。参见李郁军：《一个脱管6年，一个12年未收监》，载 http://www.jcrb.com/n1/jcrb495/ca265669.htm，2012年8月20日访问。
④ 例见黄伯青：《从"执行迟到"谈我国行刑时效的设立》，载《社会观察》2004年第4期，第15页；徐澜波：《明确国家机关的责任——论设立行刑时效的根本兼与黄伯青商榷》，载《社会观察》2004年第5期，第17页。

么久了，牛玉强在监狱外娶妻生子，遵纪守法，再关押他已无意义。① 在牛玉强案中，他的实际刑期是 24 年，按照行刑时效期间是刑期的两倍的公式，他的行刑时效应该是 48 年。但他的刑罚从 1990 年开始中断执行，中断期间只有 12 年，还差 36 年才完成行刑时效。但这样的安排已与时效制度对于人并非长生不死的假定冲突。所以，牛玉强案尽管可以作为行刑时效制度必要性的一个例证，但更可以作为小事重判做法之可恶的一个例证。假设他按抢夺罪论处，他属于情节轻微的类型，只可判 3 年以下有期徒刑（我国《刑法》第 267 条）。就算判 3 年，他在 1987 年就该出狱了。假设他在从 1984 年到 1987 年的期间保外就医，其刑罚中断执行达 12 年。按行刑时效是刑期的两倍计，他在中断执行 6 年后就不该再对他执行所谓的余刑。

就我国的澳门地区而言，其刑法典第 110 条规定了追诉时效：最高刑为 15 年以上的犯罪的时效期间为 20 年；最高刑为 10 年以上、15 年以下的犯罪的时效期间为 15 年；最高刑为 5 年以上 10 年以下的犯罪的时效期间为 10 年；最高刑为 1 年以上 5 年以下的犯罪的时效期间为 5 年，其他情形的犯罪的时效期间为 2 年。并且定追诉时效的客体为追诉权。另第 114 条和第 116 条规定了行刑时效：15 年以上有期徒刑的时效期间为 25 年；10 年以上有期徒刑的时效时间为 20 年；5 年以上有期徒刑的时效期间为 15 年；两年以上有期徒刑的时效期间为 10 年。保安处分的时效期间为 15 年或 10 年。前者适用于被处分人被剥夺了自由的情形，后者适用于被处分人未被剥夺自由的情形。②

就我国的香港地区而言，其《刑事条例》采用 1696 年英国的《叛国罪审判法》的模式，规定所有犯罪的追诉时效期间是 3 年，但谋害国王的犯罪除外。③ 此等追诉时效的客体应是追诉权。但香港似乎无行刑时效制度之设。

富有意味的是，我国两岸四地的刑事法都以直接或间接的方式把追诉时效的客体确定为追诉权，但都把追诉时效制度安排在实体法中规定，与法国模式不同。4 个追诉时效立法例血统多元，澳门和香港的规定明确来自葡萄

---

① 参见刘珏欣：《牛玉强：中国最后的"流氓"》，载《南方人物周刊》2010 年第 43 期，第 50 页及以下。
② 参见赵秉志总编：《澳门刑法典·澳门刑事诉讼法典》，中国人民大学出版社 1999 年版，第 45 页及以下。
③ See Hong Kong Ordinances, On http://www.hklii.hk/eng/hk/legis/ord/200/s4.html, 2012 年 8 月 19 日访问。

牙和英国，台湾地区和祖国大陆的规定分别或有日本和苏联的因子。4个立法例的时效期间长短殊异。最长的是台湾地区，最短的是香港特别行政区。台湾地区、澳门特别行政区还规定了行刑时效，祖国大陆和香港特别行政区则只有追诉时效制度之设。

### 六、简短的结论

在我国的刑法教科书中，人们通常都只讲奥古斯都的法律创立了5年的时效，实际上他创立了多种时效，有通奸妇女之丈夫和父亲的60天时效，还有公众追诉通奸之有妇之夫的4个月时效和追诉通奸之寡妇的6个月时效。5年时效只用来处理特殊情况。

刑法学界把追诉时效的起源定在奥古斯都颁布的《惩治通奸罪的优流斯法》上，其实这种说法并不精确，因为在希腊，更早地存在相应的制度。在那里，民法上的消灭时效制度和刑法上的追诉时效制度是一致的，后者起源于前者，但两者的主旨不一。民法上的消灭时效制度之设主要出于证据学的考虑，刑法上的消灭时效制度主要出于团结社会、制约国家刑罚权的考虑。在我国，该制度还有因为犯罪人长期不犯罪，表明其不再有社会危害性，故不再需要追究其刑事责任的考虑。

希腊的追诉时效制度发源于大赦制度，源流两制度都以必要的遗忘为自己的主旨，表现了一定的恕道，具有浓厚的宗教意味。富有意味的是，在现代刑法中，这两个制度并列，都是消灭刑事责任的原由，但它们都已脱去宗教色彩完全世俗化。

追诉时效制度本从属于诉讼法。人们对其客体的认识经历了从追诉权到犯罪再到刑事责任的过程，认识的深化导致追诉时效被多数国家承认为实体法的制度。

我国古代刑法中无追诉时效制度之设，表明当时践行恕道的途径的单一。鸦片战争后至今，我国两岸四地都有自己的追诉时效制度。就祖国大陆地区而言，几个案例已提出了补立行刑时效制度的要求，以及补充要课加管制、拘役、罚金、没收财产刑的犯罪以及治安违法行为的追诉时效期间的要求，甚至还有补立具有类似旨趣的大赦制度的要求，我国立法机关到了考虑这些问题的时候。

# 罗马刑法中的死刑及其控制

进化论是统治我国法制史研究的主流哲学。按这种观点，古代刑法残忍，现代刑法人道，从残忍到人道，完成一个进化。罗马刑法当然属于古代刑法，我在研究它的过程中，发现进化论的解释力不足。毋庸讳言，罗马刑法中有一些残忍的规定，但也有一些相当人道的规定，它是最早对死刑进行限制的法律体系，一些规定仍值得当代立法者学习。为此，我以此文展现罗马刑法中死刑制度的某些方面，将其限制死刑的思想呈现给大家。

"某些方面"的意思一是只谈对平民的死刑，不谈军刑法中的死刑。二是只谈罗马城的刑法中适用的死刑，不谈行省刑法中适用的死刑。如此，或可避免议论过泛。

## 一、罗马刑法中的死刑

(一) 可以适用死刑的罪名

在罗马法史上，可以适用死刑的罪名因时代不同而不同。下面按《十二表法》时期、常设刑事法庭时期和非常诉讼时期考察罗马法中可以适用死刑的罪名。

《十二表法》共有8个条文规定死刑。集中在第八表和第九表。

第八表规定死刑的条文如下：

第1b条：如果某人念侮辱人或致人不名誉的歌谣，应处死刑。

第9条：夜间在快要熟的庄稼地放牧的，或收割此等庄稼的，如为适婚人，则判死刑，吊在树上祭谷神；如为未适婚人，则按长官的决定鞭打，处以加倍于损害的罚金或投偿于受害人。

第10条：烧毁房屋或堆放在房屋附近的谷物堆的，如属故意，则捆绑而鞭打之，然后把他烧死；如为过失，则赔偿损失；如属能力有欠缺者①，则从轻处罚。

第 12 条：夜间行窃，如被处死，应视为合法。

第 14 条：现行盗窃，白天行窃的窃贼不用武器自卫的，如为自由人，处鞭打后交给被窃者；如为奴隶，处鞭打后投塔尔贝雅岩下摔死。

第 21 条：恩主欺诈门客的，让他做牺牲。

第 23 条：因作伪证受判处者，投于塔尔贝雅岩下。

第九表规定死刑的条文如下：

第 3 条：依法委任的承审员或仲裁员，被确认在判案过程中收受金钱的，处死刑。

第 5 条：凡煽动敌人或把市民交给敌人的，处死刑。

第八表规定的死刑罪名都是侵犯私人利益的，第九表规定的死刑罪名都是侵犯公共利益的，所以，十人委员会把不同性质的死刑罪名安排在不同的表中。

归纳一下，按《十二表法》，侮辱罪、夜盗庄稼罪、一般夜盗罪、纵火罪、现行盗窃的奴隶、恩主欺诈门客罪、伪证罪、司法腐败罪和通敌罪处死刑。以现代人的眼光看，对侮辱罪和盗窃罪适用死刑，过于严苛，故后来它们都被其他刑罚取代。例如，在优士丁尼法中，侮辱罪、盗窃罪都以罚金制裁。对于伪证者，只有奴隶处死刑，自由人处放逐。② 比较后可以说，《十二表法》采用重刑主义，让侵犯他人财产的人付出生命的代价。

现在让我们来看常设刑事法庭时期罗马的死刑罪名。常设刑事法庭的特点是一法一庭、一庭一罪。反言之，没有专门的刑事法律打击和相应的刑事法庭追究的行为，不可称之为有罪，所以说，常设刑事法庭制度体现了罪刑法定主义。③ 既然如此，在常设刑事法庭时期，罗马刑法只有 11 个罪名，判断它们中何者适用死刑就很容易。它们中，国事罪、公开出售毒药罪（杀人罪的

---

① 如年龄不到或精神有问题等情况。
② I.4, 18, 7。参见徐国栋：《优士丁尼〈法学阶梯〉评注》，北京大学出版社 2011 年版，第 582 页。
③ 参见〔意〕阿尔多·贝特鲁奇：《意大利刑事实体法与程序法的若干罗马法基础》，薛军译，载〔意〕罗伯特·隆波里、阿尔多·贝特鲁奇等：《意大利法概要》，中国法制出版社 2007 年版，第 242 页及以次。

一种）、杀亲罪、贪污罪、伪造罪、强奸罪（暴力罪的一种）适用死刑。① 相较于《十二表法》规定的死刑罪名，私人性减少，公共性增强，罪与罚比较相当。

最后让我们来看非常诉讼时期罗马刑法中的死刑罪名。非常诉讼从戴克里先在位时期开始全面实行，这意味着不再实行一法一庭、一庭一罪制，而是一个法院民刑案件皆审。此时，皇帝敕令成为主要的法律渊源，如此，死刑的法律依据主要是皇帝立法。这样就在常设刑事法庭时期留下的死刑罪名的基础上增加了一些适用死刑的新罪名。例如，《关于拐带人口罪的法比尤斯法》本未规定死刑，现在根据皇帝的敕令用刑，有时处以死刑；有时处以较轻的刑罚。② 又如，马尔库斯·奥勒留皇帝规定对越狱者处死刑③；亚历山大·塞维鲁斯皇帝（公元208—235年）规定对武装洗劫坟墓者处死刑④；君士坦丁皇帝（公元272—337年）规定了对阉人为宦官者处死刑。⑤ 君士坦求斯（公元337—361年）对于舅舅与外甥女之间的结合处以死刑（C. Th. 3，12，1，342年）；对堂表兄弟姐妹之间的结合适用火刑⑥，等等。

（二）执行死刑的方式

（1）吊在树上晒死或冻死。这是《十二表法》第八表第9条对夜盗庄稼者规定的刑罚。按罗马人的观念，吊死是一种受诅咒的死法，被吊死者的灵魂在彼岸得不到安息，继续在活人间游荡，永远处在无法克服的恐惧中。⑦

（2）授权受害人或公众杀死。前种可能体现在第八表第12条中：夜间行窃，如被处死，应视为合法。后种可能体现在第八表第21条中：恩主欺诈门

---

① 参见徐国栋：《优士丁尼罗马法中的公诉犯罪及其惩治——优士丁尼〈法学阶梯〉中的"公诉"题评注》，载《甘肃政法学院学报》2010年第6期。
② I. 4，18，10。参见徐国栋：《优士丁尼〈法学阶梯〉评注》，北京大学出版社2011年版，第586页。
③ D. 47，18，1pr.。参见〔意〕桑德罗·斯奇巴尼选编：《民法大全选译·债·私犯之债（II）和犯罪》，徐国栋译，中国政法大学出版社1998年版，第179页。
④ D. 47，12，3，7。参见同上书，第114页。
⑤ See Aelius Lampridius, The Life of Severus Alexander, XXIII, Translated by David Magie, On http: //www. severusalexander. com/historia. htm, 2009年11月5日访问。
⑥ Cfr. Mario Talamanca（sotto la direzione di）, Lineamenti di Storia del Diritto Romano, Giuffrè, Milano, 1989, p. 587.
⑦ Cfr. Eva Cantarella, I Supplizi capitali in Grecia e a Roma, Origine e funzioni delle pene di morte nell'Antichità classica, BUR, Milano, 1996, p. 179.

客的,让他做牺牲。"做牺牲"就是放逐法外,人人可得而诛之。①

(3) 十字架刑。这种罗马刑罚因曾适用于耶稣,大家比较熟悉,它只适用于奴隶,②但可能是从波斯引进的。在被悬吊十字架前,犯人要被鞭打并被打断手脚。他们可能要吊几天才死,故相当于中国古代的凌迟。执行在人来人往的地方进行,以达到震慑的效果。③ 这种执行方式出现很早。君士坦丁皇帝后来废除了十字架刑,不是出于仁慈,而是出于虔诚。

(4) 摔死。《十二表法》第八表第 14 条规定:现行盗窃,白天行窃的窃贼不用武器自卫的,如为自由人,处鞭打后交给被窃者;如为奴隶,处鞭打后投塔尔贝雅岩下摔死。同表第 23 条规定:因作伪证受判处者,投于塔尔贝雅岩下。这种死法具有宗教意义,意思是把罪犯发派给神祇。④

(5) 烧死。《十二表法》第八表第 10 条规定了对纵火者适用此刑,反映了立法者的报复论刑法观。后来,君士坦丁乌斯皇帝对于一定范围的乱伦者也课处火刑。在此等情形,用火烧,可能是为了根绝犯罪人在此世的痕迹。

(6) 投放野兽。是把罪人投入斗兽场与野兽相斗,通常的结果是被后者吞食。⑤

(7) 袋刑。其方法是在定罪后把受刑人的头围上狼皮,在其脚底绑上木鞋底,用血红色的木棒或特别灌木做成的棍棒殴打后绑入袋中,让黑公牛拉入大海或最近的河流。⑥ 有海的地方入海,无海的地方入河。⑦

(8) 拷打致死。这是一种延长执行死刑过程的方法。把拷打和杀戮结合起来。从公元前 509 年颁布《瓦雷流斯申诉法》起,罗马市民不受拷打,所以,在共和时期,此种执行方式应不适用于罗马市民。有记载的适用是高卢

---

① See Carl Ludwig von Bar, *History of Continental Criminal Law*, Little, Brown, and Company, Boston, 1916, p. 9.

② Cfr. Eva Cantarella, I Supplizi capitali in Grecia e a Roma, Origine e funzioni delle pene di morte nell'Antichità classica, BUR, Milano, 1996, p. 187.

③ See Bobby Kelly, The Roman Death Penalty, In *Biblical Illustrator*, Vol. 7, Spring, 2012, pp. 6s.

④ Cfr. Eva Cantarella, I Supplizi capitali in Grecia e a Roma, Origine e funzioni delle pene di morte nell'Antichità classica, BUR, Milano, 1996, p. 181.

⑤ 参见〔日〕盐野七生:《罗马人的故事 XI:结局的开始》,郑维欣译,台湾三民书局 2005 年版,第 195 页。

⑥ See Max Radin, The Lex Pompeia and the Poena Cullei, In *The Journal of Roman Studies*, Vol. 10 (1920), pp. 121s.

⑦ Ibid., p. 125.

反叛者维钦托利（Vercingetorix，约公元前82—前46年）被用这种方法处死。到赛埔提谬斯·塞维鲁斯皇帝时代，此刑用来处死杀亲者。这时，看来罗马市民不受拷打的规定已被突破了。

（9）绞死。西塞罗在担任执政官时安排死刑三吏刑事组把5名卡提林纳分子在他的亲自监督下在罗马的国家监狱图利亚努姆（Tullianum）绞死。① 所以，绞死应该是共和时期执行死刑的方式之一。

（10）斩首。《关于侵辱罪的科尔内流斯法》规定治死病人的医生要放逐或斩首。② 这种执行方式特别属于优士丁尼时代。

（11）活埋。维斯塔贞女在退休前（此前须服务30年）有守贞义务，违反此等义务与男子交合的，处活埋之刑。

真是五花八门，犯人遭受的痛苦差别甚大。执行者有公家的和私人的。十字架刑当然由公家执行，但允许受害人或公众杀死夜盗者或背信的恩主，前者就是私的死刑执行人了。这在某种意义上属于私刑。

（三）死刑的阶级性

（1）适用的阶级性。身份性是罗马刑法的特点之一，表现为同罪异罚。例如，《关于伪造的科尔内流斯法》对犯罪人依身份定刑罚。奴隶犯此罪的，处死刑；自由人犯此罪的，放逐之。③ 这样的规定在其他刑事单行法中普遍存在。

（2）执行方式的阶级性。即使刑罚相同，但执行方式依犯人的身份不同而不同。如前所述，对罗马市民不适用十字架刑，这种刑罚只适用于奴隶和身份卑贱的人，以及外国人。④

（四）死刑的附加刑

当代中国的受死刑者通常附加被判剥夺政治权利。罗马人有类似的处置，对于被判国事罪者，附加判处记录抹煞刑（Damnatio memoriae），此刑又称死后社会唾弃（Ignominia post mortem）或除忆诅咒，是课加给被判死刑并被处

---

① See H. J. Haskell, *This was Cicero*, Alfred A. Knopf, New York, 1942, p.199.
② 参见〔意〕卡斯蒂廖尼：《医学史》（上册），程之范主译，广西师范大学出版社2003年版，第181页。
③ 参见徐国栋：《优士丁尼〈法学阶梯〉评注》，北京大学出版社2011年版，第583页。
④ See Eddie Clark, *Capital Punishment in Ancient Rome*, These of Xavier University, 2005, p.2.

决者的名誉刑。被判处者的名字要从有关文件和纪念碑中取消，他所为之遗嘱和死因赠予失效。①

另外，到了帝政时期，被判死刑者的财产要判归皇库所有。

**二、对死刑的刑法控制**

在刑法范围内，罗马人对死刑的控制尺度有四。容分述之。

（1）对未适婚人不适用死刑。《十二表法》第八表第9条规定：夜间在快要熟的庄稼地放牧的，或收割此等庄稼的……如为未适婚人，则按长官的决定鞭打，处以加倍于损害的罚金或投偿于受害人。如此，对适婚人适用死刑的罪名对于未适婚人只适用罚金，伴以鞭打。其家父不愿支付此等罚金的，他可将犯罪子女交给受害人为临时奴隶，受害人将强制他劳动直到其损失得到填补。

要注意的是，未适婚人不等于未成年人，他们是12（女）或14岁（男）以下的罗马人，因此，罗马人的刑事责任年龄较低，不到成年（17岁，这是可以参加百人团会议的年龄）年龄即要承担刑事责任。

（2）对过失犯罪不适用死刑。例如，按照《十二表法》第八表第10条的规定，故意纵火者处死刑，但对过失失火者只课处赔偿的民事责任。

（3）对孕妇不适用死刑，此等刑罚要等到孕妇分娩后才执行。对此可见乌尔比安在其《萨宾评注》第14卷中的论述：被判处剥夺生命刑的怀孕妇女的刑罚，被延缓到她生产之后。我确实也知道这样的规则被遵守着：只要她怀孕，就不对她进行审讯。②

（4）允许以禁绝水火刑取代死刑。禁绝水火是剥夺受处罚者的保护和供养的意思③，它是对死刑的取代，因此可称为假死刑。这样，得知自己被判死刑的人可以选择接受执行，也可选择流亡。如果他选择后者，判处他死刑的机构会随后宣布他禁绝水火。受禁绝水火者丧失市民权并被没收财产。④ 他必

---

① 参见徐国栋：《罗马私法要论——文本与分析》，科学出版社2007年版，第54页。
② 参见〔意〕桑德罗·斯奇巴尼选编：《民法大全选译·债·私犯之债（Ⅱ）和犯罪》，徐国栋译，中国政法大学出版社1998年版，第204页。
③ 但瓦罗的《论拉丁语》说：水和火是人类生命中包含的两个最重要的元素。See William Smith, *A Dictionary of Greek and Roman Antiquities*, John Murray, London, 1875, p. 1293.
④ Cfr. Bernardo Santalucia, La Giustizia penale in Roma antica, Il Mulino, Bologna, 2013, p. 75.

须在卡皮托尔山（朱庇特神庙的所在地）以外500罗马里（1罗马里等于1英里）的地方活动，如果在这一区域内被发现，必须被处死，任何供给他食物和眠床的人都必须受死刑。①

### 三、对死刑的宪法控制

卢梭把社会契约论当作死刑正当性的基础。缔结社会契约的目的是为了保护缔结者的生命、自由和财产。所有的社会成员都被假定参与了此等契约的订立，尽管不能取得完全的一致，多数人的意见被视同一切人的意见。如果反对派不愿妥协，可以选择流亡表明自己的选择。在此等框架下，如果按照社会契约的规定行事，即使受死刑，被判罚者也被假定事先对此表示了同意②，但缔结此约移交的公权力行使者反过来破坏这些缔结社会契约的目的因素的，则构成违法行使权力，必须通过宪法预防和解决。在这方面，罗马人为我们留下了宝贵的经验。

(一)《瓦雷流斯申诉诸法》的基本内容

罗马共和国共颁布了三个《瓦雷流斯申诉法》直接或间接限制死刑，以下分述。

第一个《瓦雷流斯申诉法》(Lex Valeria de provocatione) 颁布于公元前509年，它由执政官普布流斯·瓦雷流斯·普梯图斯（P. Valerius Putitus，于公元前503年去世，别名普布利科拉，意为"为人民所喜者"）提议。该法允许每个罗马市民可以通过诉诸对人民的申诉（Provocatio ad Populum）在罗马城之内限制长官的谕令权，换言之，在长官希望行使自己的谕令权的情况下要求在百人团大会前接受审判。为了表征长官谕令权的这一改变，普布利科拉下令去掉了长官身后侍从官手持的法西斯束棒上的斧头。这样就有了城内谕令权（Imperium domi）和城外谕令权（Imperium militiae，也称军事谕令权）的区分，在罗马城外，长官的法西斯束棒上仍有斧头，他们可以在这里

---

① See William Forsyth, *Life of Marcus Tullius Cicero*, Vol. I, Charles Scribner and Company, New York, 1865, Vol. I, p. 247.

② 参见〔法〕卢梭：《社会契约论》，何兆武译，商务印书馆1980年版，第46页。这样的观点似乎来自苏格拉底。他解释自己在被雅典法院不当判罪后可逃而不逃之选择的言论反映他心目中有一个统治契约。参见〔古希腊〕柏拉图：《游叙弗伦·苏格拉底的申辩·克力同》，严群译，商务印书馆1983年版，第109页。

对罗马市民行使强制权而不受申诉权的限制。① 总之，这一法律让罗马市民身份有尊严；限制了长官极端处置市民的生命、身体和财产的行为；把谕令权装进了笼子，以百人团大会限制此等权力。

第二个《瓦雷流斯申诉法》实际上是《瓦雷流斯与奥拉求斯申诉法》（Lex Valeria Horatia de provocatione），它颁布于公元前449年，它禁止创设新的免受申诉权限制的长官。这显然指10人委员会②，为了起草《十二表法》，罗马于公元前451年进入非常状态，形成十人独裁，对他们的决定不得申诉。取消了保民官。结果10人委员会演变成10个暴君，被罗马人民赶下台，公元前449年正是10人委员会被驱逐的那年。③ 该法通过限制设定享有不受控制的死刑权的长官的方式间接地限制了死刑。

第三个《瓦雷流斯申诉法》颁布于公元前300年，它由执政官瓦雷流斯·马克西姆斯·科尔沃斯（M. Valerius Maximus Corvus）提起，它禁止长官鞭打并斩首已向人民申诉的市民，对违反者没有规定刑罚，只是宣告此等违反为"劣行"。因为那时的人们自尊并有羞耻感，李维相信这样的宣告足以成为违反该法的障碍。④ 意大利学者卡尔洛·文都里尼认为，从李维记载的"斩首"一词来看，该法适用于兵营，也就是罗马城界以外的地方，因为在城界之内，长官的法西斯束棒上面是不能插斧头的，此等斧头是从王政以来罗马当局执行死刑的工具。⑤ 城界以外是保民官的权力不及的地方，也是受判处的市民远离百人团会议的地方，所以，这个《瓦雷流斯法》扩张了第一个《瓦雷流斯法》的适用范围，如此限制了独裁官在罗马城界外的杀戮权。⑥

那么，《瓦雷流斯申诉法》中的"申诉"（Provocatio）一词何意？在我国

---

① Cfr. La voce di Lex Valeria de provocatione，Su http：//it. wikipedia. org/wiki/Lex_ Valeria_ de_ provocatione，2013年11月12日访问。

② 这10人是：Appius Claudius，Genucius，Veterius，Iulius，Manlius，Sulpicius，Sextius，Curatius，Romilius，Postumius。

③ Cfr. Eva Cantarella，I Supplizi capitali in Grecia e a Roma，Origine e funzioni delle pene di morte nell'Antichità classica，BUR，Milano，1996，p. 156.

④ Cfr. Tito Livio，Storia di Roma，Libro X，Su www. sanniti. info/livio10. html，2013年10月10日访问。

⑤ Cfr. Eva Cantarella，I Supplizi capitali in Grecia e a Roma，Origine e funzioni delle pene di morte nell'Antichità classica，BUR，Milano，1996，p. 154.

⑥ Cfr. Carlo Venturini，Per una riconsiderazione della provocation ad populum，A proposito della Lex Valeria del 300 a. C. ，In Index，Vol. 36（2008），Jovene，Napoli，p. 347，p. 350.

的法律术语中,"申诉"指引起审判监督审的当事人告诉,《瓦雷流斯申诉法》中用的"申诉"是这个意思吗?非也!德国学者特奥多尔·蒙森(Theodor Mommsen,1817—1903年)认为,市民在遭受长官的死刑或鞭打(这是执行死刑的前奏)判处后向百人团会议做出的 Provocatio 相当于第二审,是上诉。但昆克尔(W. Kunkel,1902—1981年)认为,长官做出死刑或鞭打的判处,不是行使审判权,而是行使强制权(Coercitio),罗马宪法把审判权保留在民会的手中,因此,Provocatio 涉及的是第一审。行使此等权利的人相当于向法院起诉一个他认为违宪的行政决定。昆克尔的观点显然更有道理,因为按后来体现《瓦雷流斯申诉法》精神的《十二表法》第九表第 2 条的规定,处市民死刑的判决,非经百人团会议不得为之。① 如此,长官并无死刑权,此等权力属于百人团大会。但由于"向人民的申诉"的表达历时已久,不宜轻改,故我保留"申诉"的表达,但它指的应该是"起诉",这是要提请读者注意的。

(二)申诉权的例外

从上文可见,申诉权有三种例外。第一种是由于空间的例外,在颁布第一个《瓦雷流斯申诉法》时,长官对于罗马城界外的罗马市民行使强制权不受申诉权的限制,这一例外直到颁布第三个《瓦雷流斯申诉法》时才消除。第二种例外是由于职官的例外,特定职官例如独裁官或相当于独裁官的 10 人委员会的强制权行使不受申诉权限制,因为独裁官通常因为战争而设,西塞罗说:战争期间不得对行使职权的官员的决定提出申诉,战争指挥官发布的一切命令都是合法的、有效的。② 这个例外因为第二个《瓦雷流斯申诉法》而消除。第三种例外是因为被告行为性质的例外,对于叛国者,罗马人认为他们是敌人,被剥夺了罗马市民权,故不赋予他们申诉权。元老院对于卡提林纳党人的处分就是基于这种"敌人不复为市民"理论。③ 前两个例外都与军事活动有关,后两个例外都与紧急状态有关,由此可以证明,"申诉"是平时法,它与非常

---

① 参见《十二表法新译本》,徐国栋、〔意〕阿尔多·贝特鲁奇、〔意〕纪慰民译,载《河北法学》2005 年第 11 期。

② 参见〔古罗马〕西塞罗:《论共和国·论法律》,王焕生译,中国政法大学出版社 1997 年版,第 256 页。

③ Cfr. Francesco De Martino, Storia della Costituzione Romana, Vol. III, Jovene, Napoli, 1972, p. 163.

法是对立的。为了保障市民权并限制长官的权力,罗马人逐渐减少申诉权的例外,但从未完全消除它们。

**四、申诉权的扩张**

(一)《兑流斯申诉法》

该法的拉丁文名称是 Lex Duilia de provocatione,颁布于公元前 449 年,由保民官兑流斯(Marcus Duilius,公元前 471 年和公元前 449 年分别担任保民官)提议,是一个平民会决议。它规定:如果任何人意图设立一个其决定不可申诉的官职,或者取消平民保民官一职,应鞭打并处死之。① 此法站在平民的立场重复了《瓦雷流斯与奥拉求斯申诉法》关于禁止设立不受申诉权限制的长官的规定,但新增了禁止取消平民保民官的规定,因为 10 人委员会曾废除保民官制度,形成了积极权力无消极权力制约的不利局面。兑流斯是解除 10 人委员会权力后保民官制度恢复后被选出的保民官,就任后引导平民通过了处死提议颁布取消保民官制度者的法律。② 因此,该法是与《瓦雷流斯与奥拉求斯申诉法》配合,进一步消除不受控制的权力产生的可能。

(二)《波尔求斯·雷加法》

该法的拉丁文名称是 Lex Porcia,颁布于公元前 199 年,由保民官 P. 波尔求斯·雷加(P. Porcius Laeca)提议,因而是一个平民会决议。它把申诉权扩展到离罗马城界以外,以保护在意大利和行省的罗马市民免受总督的几乎不受限制的谕令权的危害。③ 其内容与第三个《瓦雷流斯申诉法》接近。这种重复与《兑流斯申诉法》对《瓦雷流斯与奥拉求斯申诉法》的部分重复一样,可以从不同的立法机关(百人团大会和平民会)代表不同的阶级(贵族阶级和平民阶级)提出同样的诉求解释。

---

① Véase Antonio de Puente y Franco y Jose Francisco Diaz, Historia de Leys, Plebiscitos y Senadoconsultas mas notables, Desde la Fundacion de la Roma hasta Justiniano, Imprenta de D. Vicente de Lalama, Madrid, 1840, pag. 46.

② Cfr. La Voce di Marco Duilo, Su http://www.treccani.it/enciclopedia/marco-duilio/, 2013 年 11 月 12 日访问。

③ See H. H. Scullard, *A Histroy of the Roman World*, 753 to 146 BC, New York, Routledge, 1991, pp. 322s.

### (三)《关于鞭打市民的波尔求斯法》

该法的拉丁文名称是 Lex Porcia de tergo civium，由执政官老伽图提议，颁布于公元前 195 年。对于把鞭打作为独立处罚的长官决定，它允许人民申诉。可能就此废除了针对罗马市民的鞭刑。这样就扩大了申诉对象的范围，但似乎允许作为执法措施的鞭打。[①]

### (四)《波尔求斯法》

该法的拉丁文名称也是 Lex Porcia，颁布于公元前 154 年，对不遵守申诉权规定的长官处以新的更严厉的惩罚，可能是死刑。[②]"新"当是相对于第三个《瓦雷流斯申诉法》的"无处罚"规定而言的，所以，这个《波尔求斯法》完善了第三个《瓦雷流斯申诉法》，把它从"软法"变成了"硬法"。

## 五、违反申诉权的死刑案例及其法律应对

既然有限制死刑的上述立法，在有人违法适用死刑时，法律会有何应对呢？以下通过一些罗马法史上的著名死刑案件说明这一问题。

### (一) 提贝留斯·格拉古之死及其法律反应

提贝留斯·格拉古（公元前 163 年或 162 年—公元前 133 年）于公元前 134 年当选为保民官，在任期间，提出土地法案，规定每人占有的公地不得超过 500 尤格，超过的部分由国家没收分给穷人。[③] 这个劫富济贫的法律由于触犯了寡头的利益遭到其强烈的反弹，提贝留斯·格拉古最终被暴民杀害。

公元前 123 年，提贝留斯·格拉古的弟弟盖尤斯·格拉古当选为保民官，他为哥哥伸张正义，颁布了《森普罗纽斯市民死刑法》，禁止在未经人民授权的情况下审理市民的死刑案件，授权此等人民裁定对违法者的处罚。[④] 此法的目的是废除在百人团大会审理死刑案件前此等案件经历的预审，并打击"人民公敌"的概念，即在一个人依法被定罪前可把他当做敌人、剥夺其市民权

---

① See H. H. Scullard, *A Histroy of the Roman World*, 753 to 146 BC, New York, Routledge, 1991, pp. 322s.
② Ibid.
③ 参见吴于廑:《格拉古改革》，载《历史教学》1964 年第 3 期，第 26 页。
④ Véase Antonio de Puente y Franco y Jose Francisco Diaz, Historia de Leys, Plebiscitos y Senadoconsultas mas notables, Desde la Fundacion de la Roma hasta Justiniano, Imprenta de D. Vicente de Lalama, Madrid, 1840, pag. 145

的观念。它包括溯及力条款，规定任何未经审判流放或处决一个市民的长官自身将受国事罪的追究。据说，此等溯及力条款针对的是公元前 132 年的执政官伯比流斯·雷纳斯（Popillius Laenas），此人在提贝留斯·格拉古改革失败后曾流放或处决其追随者。此法颁布后，雷纳斯自我流放以逃避公审。所以，《森普罗纽斯市民死刑法》构成对市民权的强有力保护。①

（二）盖尤斯·格拉古之死及其法律反应

公元前 124 年，提贝留斯的弟弟盖尤斯·格拉古（公元前 159—公元前 121 年）当选为保民官，在位两年。他继续其兄长的改革路线，提出了一系列改革方案。首先是土地法，旨在完善其兄提出的土地法案；其次是打破元老阶级的司法垄断，允许骑士阶级的成员进审理搜刮钱财罪的常设刑事法庭。它们共同服务于贬抑过去的高位者，提升过去的低位者的目的。由于触犯了元老阶级的既得利益，盖尤斯像他的哥哥一样最终在卸任后被谋杀。②

具体的经过是这样的：公元前 122 年，执政官路求斯·欧皮缪斯发布元老院最后决议（相当于紧急状态，其中，对于谋反者，执政官可不经审判处死之）后，悬赏以等量黄金取盖尤斯·格拉古的人头。在绝望中，后者的奴隶杀死盖尤斯·格拉古后自杀，欧皮缪斯还不经审判杀害格拉古党人 3000 多人。③

公元前 120 年，欧皮缪斯因为上述暴行受审，却由于盖尤斯·卡尔博的出色的辩护逃脱了惩罚，他说是为了国家安全这样做的。④

（三）撒图尔尼努斯之死及其法律反应

撒图尔尼努斯（Lucius Appuleius Saturninus）是公元前 103 年和公元前 100 年的保民官，民众派领袖。公元前 100 年，为了第三次当上保民官，他雇人打死了竞争对手盖尤斯·梅姆纽斯（Gaius Memmnius），由此激发民变。撒图尔尼努斯率党人逃到卡皮托尔山上避难，由于断水投降。当时的执政官马略（Gaius Marius，公元前 157—前 76 年）允诺保障他们的人身安全，准备按

---

① See Marco Tulio Cicerón, Susan Olfson Shapiro, O Tempora! O Mores!: Cicero's Catilinarian Orations; With Historical Essays, University of Oklahoma Press, 2005, p. 132.
② 参见杨共乐：《罗马史纲要》，东方出版社 1994 年版，第 132 页。
③ 参见〔日〕盐野七生：《罗马人的故事 III：胜者的迷思》，林雪婷译，台湾三民书局 1998 年版，第 48 页。
④ 参见〔古罗马〕西塞罗：《论演说家》，王焕生译，中国政法大学出版社 2003 年版，第 287 页。

法律程序审判他们，把他们安置在元老院会所（Curia Hostilia）。但更激进的贵族派人士等不得审判，揭开会所的瓦把他打死。①

由于保民官的人身神圣不可侵犯，所以杀害他的人的罪行很严重。② 公元前63年，在杀害事件发生37年后，保民官阿提尤斯·拉比耶努斯（Attius Labienus）在恺撒的支持下发动了以当时的行凶者腊比里乌斯（Gaius Rabirius）为被告的诉讼，意在打击元老院寡头集团，不承认元老院有实施紧急状态的权力，为此恢复了几乎已被废止了的关于极为严重的叛国罪（Perduellio）的法庭审理程序，结果导致腊比里乌斯的案件由一个两人团审理，被告被判在十字架上钉死。但他向人民提出申诉，案件转给百人团会议审理。西塞罗为他辩护，主张腊比里乌斯是服从了执政官的召唤镇压叛乱。此案遂无疾而终。③

（四）卡提林纳党人之死及其法律反应

卡提林纳（Lucius Sergius Catilina，公元前108—前62年）出身于没落贵族。公元前64年和公元前63年两度竞选执政官失败，遂纠集同党（裁判官林德鲁等），准备组织没落贵族和苏拉的前部下发动武装政变。公元前63年，当时任执政官的西塞罗在元老院发表演说，主张镇压卡提林纳分子。卡提林纳出逃，直到次年才战败被杀，但当时他的许多同党都落在西塞罗手里。据费希特的评论，这些人罪当流放，如果要处死他们，则第一，必须把他们提交给民众法庭；第二，死刑必须公开执行。但西塞罗迫于情急，两样都未做到：他未将被告交给百人团会议，而是交由元老院审判；另外，他在监狱中执行被告们的死刑，甚至把一些"坏蛋"［例如奥鲁斯·福尔维尤斯（Aulus Fulvius）］交给其家父作诛杀处理。更有甚者，他没有给予被告以申诉权。

针对西塞罗的这些过犯，保民官克洛丢斯（P. Clodius Pulcher）于公元前58年提出《克洛丢斯罗马市民死刑法》，它规定对不遵守申诉权规定的长官

---

① 参见〔古罗马〕阿庇安：《罗马史》（下卷），谢德风译，商务印书馆1976年版，第26页及以次。

② 根据罗马刑法，杀害保民官的人要被沦为牺牲，即处在人人可得而诛之的地位，还要剥夺其全部财产奉献给平民的神。Cfr. Bernardo Santalucia, Diritto e processo penale nell'antica Roma, Giuffrè, Milano, 1998, p.42.

③ 参见〔苏联〕谢·勒·乌特琴科：《恺撒评传》，王以铸译，中国社会科学出版社1986年版，第84页及以次。

处流放之刑。① 特别反对以紧急状态的名义践踏人权。在此法的压力下，西塞罗只好自我流放到希腊。②

（五）恺撒之死及其军事反应

公元前 44 年 3 月 15 日，恺撒被马尔库斯·布鲁图斯（公元前 85—公元前 42 年）等人在元老院会议场所刺杀。此等处置违反了非经百人团审判不得处罗马市民死刑的原则，但非常有意思的是，恺撒的继承人屋大维不像以前的罗马人一样通过诉讼或立法解决谋杀问题并儆效尤，而是采取军事行动的方式解决。最后在战场上诛杀凶手。真是枪炮作响法无声。但凶手们有自己的抗辩理由：第二个《瓦雷流斯申诉法》规定不得创设不受向人民的申诉权制约的官职。任何创设此等官职的人，任何人可得而诛之而不受死刑的惩罚。这样就开启了诛戮暴君合法论。按照这样的理路，恺撒符合暴君的条件，因为他于公元前 44 年担任终身独裁官，而独裁官的决定是不受申诉权限制的。

（六）帝政时期的替代物：《关于公暴力的优流斯法》

到了帝政时代，百人团会议逐渐消亡，向百人团会议的申诉不能为继，产生了打造替代制度的需要。为此，奥古斯都于公元前 17 年颁布了《关于公暴力的优流斯法》（Lex Iulia de vi publica），打击侵犯市民的申诉权处死或鞭打罗马市民，以及在他们颈上套扭拷打他们的长官。这样的安排合乎传统，因为在不给市民申诉机会的情况下杀害他们，等于杀人，犯了暴力罪（Crimen vis）。③ 请注意，这是 3 世纪的法学家乌尔比安在其《论行省总督的职责》一书中留下的论述④，证明在那个时代，申诉制度还是有的。那么，向谁申诉？向皇帝申诉。

---

① Cfr. Luca Fezzi, Il Tribuno Clodio, Laterza, Roms-Bari, 2008, p. 67.

② 参见梁志学主编：《费希特选集·以知识学为基础的自然法权基础》（第 2 卷），商务印书馆 1994 年版，第 541 页；卢梭：《社会契约论》，何兆武译，商务印书馆 1980 年版，第 166—167 页；〔苏联〕谢·勒·乌特琴科：《恺撒评传》，王以铸译，中国社会科学出版社 1986 年版，第 14 页及以下。

③ Cfr. Carlo Venturini, Per una riconsiderazione della provocation ad populum, A proposito della Lex Valeria del 300 a. C., In Index, Vol. 36（2008），Jovene, Napoli, p. 351.

④ See *The Digest of Justinian*, Vol. 4, edited by Mommsen and Alan Watson, Philadelphia, University of Pennsylvania Press, 1985, p. 817.

### 六、结论与推论

人们通常认为限制死刑是一个近代的举措,一般都把贝卡里亚作为废除死刑思想的先祖。确实,他在《论犯罪与刑罚》中,以社会契约论为依据反对死刑。认为人们在订立社会契约时,虽让渡了部分权利,但未让渡生命权。因为人们订立社会契约是以小舍换大得,如果以生命换安全,那就得不偿失了。① 洛克提出了类似的观点,认为人不能让渡自己不曾有的东西。在他看来,生命属于上帝,个人不过是生命的受托人,在订立社会契约时他无权把生命让渡给当权者。② 这种观点与前文援引的苏格拉底和卢梭以社会契约论为依据证成死刑的观点形成对立。后来,奥地利以上述思想为基础搁置了死刑。俄国也一度废除死刑。美国宾夕法尼亚州也废除针对一级谋杀罪以外的死刑。③ 由此出发,越来越多的国家废除了死刑,形成一场遍及全世界的废除死刑运动。

实际上,这种对待死刑的立法态度历史悠久,罗马法就是限制死刑的古代法律体系。不仅从刑法的角度进行限制,而且从宪法的角度进行限制。在这一框架内,很早就孕育了对幼年人和孕妇不适用死刑的制度,以及允许以自我流放取代死刑的制度,所有这些都表达了对人命的爱惜,表达了古代的人权观念。但这些好的规定不能构成对其坏的规定的辩护,例如那些关于残酷执行死刑方式的规定。

或问,罗马法为何限制死刑?我认为原因有三。其一,维护人权;其二,保持人口;其三,为受死刑者的复出留下转圜余地。容分述之。

尽管人们通常认为人权是近代才有的概念④,但古典世界也有人权观念的

---

① 参见周振想:《贝卡里亚的死刑思想评述》,载《法学家》1994 年第 3 期,第 83 页。
② 参见〔英〕《政府论》(下篇),叶启芳、瞿菊农译,商务印书馆 1964 年版,第 17 页。
③ 参见苗延波:《20 世纪各国死刑废除运动的回顾及评述》,载《法学论坛》2005 年第 6 期,第 134 页。
④ "古代和中世纪不存在人权观念,这是因为古代和中世纪的社会经济基础——奴隶制度和封建制度是以广大劳动者被剥夺人身自由和其他权利为其存在前提的,因而同人权是不相容的"。参见赖元晋、王景琭:《试论人权的历史演变》,载《世界历史》1990 年第 3 期,第 2 页。

观点得到了越来越多的人承认。① 确实，罗马哲学家塞内加（公元前4—65年）拒斥不人道的和卑劣的刑罚，例如十字架刑。西塞罗也认为，十字架刑是君主制时期的遗物，而拷打是不自然的对待，是亵渎神明的。② 这些言论虽未提到废除死刑，但倡导取消严酷的死刑执行方式，具有人权思想的特征。罗马刑法中限制死刑的实践应是对这一思想的展开。

其次，限制死刑是罗马人口法的配套措施。罗马法一直以人口为国家之本，采取鼓励生育政策，把生育定为市民的义务。为了敦促罗马人履行生育义务，国家首先采取奖励的方略。以上措施是为了增加人口，限制死刑的刑法则属于问题的消极方面，也即避免由于国家行使刑罚权减少人口。

最后，罗马的死刑具有阶级性，针对上层社会成员的死刑允许受刑者以流亡代死，则保留了政治转圜的机会，例如针对西塞罗的死刑就是如此。受刑人都是作为罗马社会精英的前高官，他们也许将来对国家有用，所以不杀他们，是考虑到了国家未来的需要。果然，西塞罗在被取消死刑后都对罗马国家做出了很大的贡献。

然而，《瓦雷流斯申诉诸法》及其衍生法是限制死刑的宪法性法律。它们治理官杀，始终把公权力看做危险源而防范之。它开创了刑事重判复议制度，

---

① 关于古典世界的人权，文献众多，英文的有：(1) R. A. Bauman, *Human Right in Ancient Rome*, London-New York, 2000. (2) M. C. Nussbaum, *The World of Human Dignity*: *Two Tension in Stoic Cosmopolitanism*, in G. Clarke, T. Rajak (a cura di), Philosophy and Power in the Graeco-Roman World, Essays in Honour of Miriam Griffin, Oxford, 2002, pp. 31—49. 意大利语的有：(1) G. Grifò, Per una prospettiva romanistica dei diritto dell'uomo, in K. M. Girardet, U. Nortmann (a cura di) Menschenrechte und europäische Identität, Stuttgart, 2005, pp. 240—269. (2) A. Facchi, Breve storia dei diritto umani, Bologna, 2007. (3) G. Giliberti, Omnium una libertas. Alle origini dell'idea di diritto umani, in Labruna (diretto da), 2006, 2, pp. 1881—1916. (3) M. Talamanca, L'antichità e i "diritto dell'uomo", in AA. VV., Convenzione del consiglio d'Europa per la protezione dei diritti umani e delle libertà fondamentali, in onore di Paolo Barile (Acc. Lincei, Roma, nov. 2000), Roma, 2001, pp. 41—89. (4) G. Pugliese, Appunti per una storia della protezione dei diritto umani, "Rivista di diritto processuale civile" 43, 1989, pp. 619—639. 法语的有：(1) J. Gaudemet, Des "droits de l'homme" ont-ils ete reconnus dans l'Empire Romain? In Labeo 33, 1987, pp. 7—23. (2) J. Gaudemet, Des "droits de l'homme" dans l'Antiquite, in R. Feenstra et alii (a cura di), Etudes dedies à Hans Ankum, I, Amsterdam, 1995, pp. 105—115. (3) J. Gaudemet, Le monde antique et les droits de l'homme. Quelques observations, in Jones (a cura di), 1998, pp. 175—183. (4) G. Haarscher, Le monde antique antique et les droits de l'homme, in Jones (a cura di), 1998, pp. 197—208. (5) H. Jones (a cura di), Le monde antique et les droits de l'Homme, Bruxelles, 1998. (6) M. Villey, Le droit et les droits de l'homme, Paris, 1990.

② Cfr. Giuseppe Giliberti, Omnium una libertas, Alle Origine dell'idea di diritti umani, In Luigi Labruna (diretto da), Tradizione Romanistica e costituzione, Edizioni Scientifiche Italiane, 2006, p. 1898.

借此对长官行为的合宪性进行审查,故有人认为它是违宪审查制度的起源。①

从实践来看,《瓦雷流斯申诉法》的适用状况不错,从提贝留斯·格拉古被杀案到卡提林纳党人被杀案,都是凡有滥杀,必有清算性法律或审判的结局,但滥杀者并不总是承担滥杀的责任,因为紧急状态而滥杀是他们最常用的辩护理由,如此揭示了市民生命权保护与紧急状态制度之间的紧张关系。恺撒的被杀没有导致清算性的立法或审判,而是引发了诛戮暴君合法论与武装惩罚滥杀论之间的较力,最后以后者的胜利告终。尽管如此,此等胜利的赢得者奥古斯都仍把申诉权制度转入了帝政时期的法律中,由此完成了这一方面共和与帝政两个时期法统的贯通。

《瓦雷流斯申诉法》确定的这一原则在当今仍有影响,兹以限制无人机杀人为例说明之。

无人机是以无线电遥控或由自身程序控制的不载人飞机。1914 年由英国人发明,先是用作靶机,近 10 年以来用作攻击性武器,其特点在于操作员通过无人机在几千公里外杀人,杀戮对象是敌对方的武装人员。在 3000 英尺的上空,无人机操作员可看清目标的衣服是什么牌子,根据指挥官的命令像操作游戏机一样释放导弹杀人。在 6000 小时(持续 5 年)的操作期间,操作员布兰登·布莱恩特(Brandon Bryant)所属的中队共杀死了 1626 人。② 无人机杀人的特点之一是杀人者感受不到现场的血腥,因而对杀戮没有或少有心理负担;特点之二是未审先杀,未经正当程序杀人,如此很有可能误杀或不分罪行轻重一概杀,导致惩罚没有梯度。在击杀本拉登都被俄罗斯谴责为未审先杀的当代,无人机杀人没有道德正当性。而且,尽管到目前为止美国都只是用无人机诛杀外国人,但不排除美国当局用它诛杀美国公民的可能。所以,在民众的强大压力下,2013 年 3 月 8 日,美国国会作出决议,不得用无人机杀戮在美国本土的美国公民,但此等决议并不排除用无人机杀戮在美国本土以外的美国人以及外国公民。尽管如此,《瓦雷流斯申诉法》的原则毕竟在一定的空间针对一定的主体得到了实现。

---

① Cfr. Gaetano Mancuso, Alle origini del sindacato di costituzionalità, Su http://www.unipa.it/~dip-stdir/pub/mancuso/annaliXLVII.htm,2013 年 3 月 7 日访问。

② 参见储信艳:《美无人机操作员:遥控飞机阿富汗杀人像打游戏》,On http://mil.sohu.com/20131103/n389453526.shtml,2013 年 11 月 3 日访问。

# 诉讼法论

# 论罗马法中的公益诉讼

## 一、公益诉讼西文文献概览

在研究公益诉讼的著作中，人们往往要研究其罗马法起源，但由于论者的知识局限，利用的都是陈旧的中文资料，故论述中有许多错误，例如，说罗马法中的公益诉讼不能为私人利益提起①，说美国是现代最早创立公益诉讼的国家②，等等。而在西语世界，对罗马法中的公益诉讼研究的专著积累颇多，我把我知晓的按年代顺序排列如下：德国学者布农斯（Karl Georg Bruns，1816—1880年）的《罗马的民众诉权》（Die römischen Popularklagen，1864年）③；德国学者马希克（Richard Maschke，1862—1926年）的《民众诉权的理论与历史》（Zur Theorie und Geschichte der Popularklagen，1886年）；意大利学者科达齐—皮萨内利（Alfredo Codacci-Pisanelli，1861—1929年）的《民众诉权》（Le Azioni popolari，1887年）；法国学者科罗涅乌（Victor Colonieu）的《罗马法中的民众诉权》（Les actions populaires en droit romain，1888年）；德国学者H. 巴尔祖（Hans Paalzow，1862—1945年）的《关于罗马民众诉权的学说》（Zur Lehre von den römischen Popularklagen，1890年）；意大利学者埃米留略·科斯塔（Emilio Costa，1866—1926年）的《论罗马的民众诉权——关于新近的研究》（Sulle azioni popolari Romane, a proposito di recenti studi，1891年）；意大利学者法达（Carlo Fadda，1853—1931年）的《民众诉权》（L'Azioni popolare，1894年）；意大利学者阿尔巴内泽·阿尔杜伊诺（Albanese

---

① 参见吴小隆：《公益诉讼研究》，中国政法大学2003年博士学位论文，第7页。
② 参见张艳蕊：《民事公益诉讼制度研究》，中国政法大学2005年博士学位论文，第25页。
③ In ZRG. 3 (1864).

Arduino）的《民众诉权：从罗马到我们》（L'azione popolare da Roma a noi, 1955年）；意大利学者卡萨沃拉（Francesco Casavola）的《罗马的民众诉权研究》（Studi sulle azioni popolari Romane，1958年）；南斯拉夫学者J. 丹尼洛维奇（J. Danilovic）的《民众诉权：从罗马法到现代法》（Popolarne tuzbe od rimskog do savremenih prava，1968年）；巴西学者何塞·阿尔方索·达·希尔瓦（José Afonso da Silva）的《宪法上的民众诉权：学说与程序》（Ação Popular Cosntitucional. Doutrina e Processo，1968年）；西班牙学者恩里科·洛桑洛·科尔比（Enrique Lozano Corbi）的《古典时期罗马诉讼法中的民众原告》（La Legitimacion popular en el processo romano clasico，1992年）；哥伦比亚学者胡里奥·塞萨尔·罗达斯（Julio Cesar Rodas）的《民众诉讼中的集体权利的宪法框架：供讨论的文献。人民的保护》（Marco Costitucional de los derecho colectivos en Acciones Populares；Documentos para dabate，Defensoria del Pueblo，1994年）；巴西学者罗道尔夫·卡马尔虢·曼库索（Rodolfo Camargo Mancuso）的《民众诉权》（Ação Popular，1996年）；哥伦比亚学者哈维尔·塔玛育·哈拉米约（Javier Tamayo Jaramillo）的《民众诉权与民事责任中的团体》（Las acciones populares y de grupo en la responsabilidad civil，2001年）；哥伦比亚学者胡安·卡洛斯·瓜亚坎·奥尔提斯（Juan Carlos Guayacan Ortiz）的《在罗马—拉美法系中民众诉权的程序方面》（Aspectos Procesales de la Accion Polulare en el Sistema Juridico Romano-Latinoamericano，2004年），德国学者阿克塞尔·哈尔夫迈尔（Axel Halfmeier）的《私法中的民众诉权：兼论集团诉讼理论》（Popularklagen im Privatrecht：Zugleich Ein Beitrag Zur Theorie Der Verbandsklage，2005—2006年），中国学者罗智敏的《罗马法系中的民众诉权与普遍利益保护之诉》（L'azioni Popolare e L'azione per tutela degli interessi diffusi nel sistema giuridico romanistico，2007年）等等。至于专题论文更多，不及细列。

所有这些专著和论文表达的值得注意的观点都沉积在晚近的这方面专著中，我占有它们并获得较多的关于民众诉权的历史和发展的知识，本文拟利用这些知识比较详细地说明罗马法中的民众诉权的方方面面，同时研究民众令状、人民控告、检举3个民众发动程序以作比较，形成一个对罗马法中的民众发动程序群的研究。

## 二、罗马法中的民众诉权

### （一）民众诉权的阶级性

民众诉权的拉丁文形式为 Actio popularis。周枬先生翻译为"公益诉讼"①，其他作者多有翻译为"民众诉讼"者。范怀俊先生首创"众有诉权"译法，揭示了其人人可得行使的性质，多为在他之后的学者采用。② 正确的翻译取决于对 Actio 和 Popularis 两个词的正确理解。下面我分别探讨这两个词。

Actio 为诉讼、诉权之意，把 Actio popularis 中的 Actio 翻译成"诉讼"，表面看来不会导致误解。然而，有的作者把民众令状（Interdictum Popularis）当作民众诉权的一种类型③，如此，继续把 Actio 仅仅理解为诉权就成问题了。我们知道，令状是一种临时性的司法处置，其采用毋需经过证讼程序（Litis contestatio）④；而诉讼是一种正式的司法程序，两者并不相同，应用不同的名词表示，但两者后来用一个词来表示，是因为民众诉权和民众令状在非常诉讼时期发生了混合，导致广义的民众诉权包括了民众令状。⑤ 故哥伦比亚学者胡安·卡洛斯·瓜亚坎·奥尔提斯就把民众令状当作民众诉讼的一种类型研究。尽管如此，促进名实相副仍然是学者的职责。我认为，以"民众发动程序"的属概念涵盖民众诉权和民众令状较好，该概念揭示了两者的不确定的人可以发动相关的法律程序的特性，并另可涵盖下文要论及的人民控告和检举两项制度，基于四者的共性组建一个制度群。

Popularis 一词的含义如何？对于确定 Actio popularis 的译名乃至性质都至为重要。在生活在民众诉权盛行时期的西塞罗的用语中，Popularis 有多种含

---

① 参见周枬：《罗马法原论》（下册），商务印书馆 1994 年版，第 886 页。好的翻译基于研究，从下文可见，对 Actio popularis 的公益诉讼的译法是错误的，事实上，部分 Actio popularis 兼有利他和自利的性质，贯彻着给公益心之火浇上利益之油的原则。众有诉讼的译法不太妥贴，因为它忽视了这种诉权倾向于对人民中的草根阶级开放的性质。民众诉权的译法可以保留，因为这一译法可以揭示 Actio popularis 的性质。

② 参见黄风：《罗马法词典》，法律出版社 2002 年版，第 15 页。

③ Véase Juan Carlos Guayacan Ortiz, Aspectos Procesales de la Accion Polulare en el Sistema Juridico Romano-Latinoamericano, Roma, 2004, pag. 16.

④ Cfr. Federico del Giudice e Sergio Beltrani, Nuovo Dizionario Giuridico Romano, Edizione Simone, Napoli, 1995, pp257s.

⑤ 参见〔意〕乔万尼·罗布兰诺：《水的利用与地中海法——历史—体系角度的简释及新法的塑造》，齐云译，载徐国栋主编：《罗马法与现代民法》第 6 卷，厦门大学出版社 2008 年版，第 90 页。

义,它有时是元老院的反义词;有时是贵族派(Optimates)的反义词;有时是"好人"(Bonus vir)的反义词①(换言之,是"刁民",正犹如王海曾被称为,也许现在还有许多人认为他是"刁民"),实际上,这种用法与作为 Optimates 的反义词的用法差不多,因为 Optimates 不过是 Bonus 的最高级而已。在上述诸用法中,Popularis 都有人民中的一部分人,即被统治的下层人民的含义。② 即使在中文的拉汉词典中,Popularis 也被揭明有"大众的"、"平民的"意思。③ 当然,下层人民总占多数,他们是民主政治的参与者,无论他们身份如何低贱,照样投票选举,所以,取悦民众是罗马政治家的行为特征之一。如果某个政治家通过一定的政治举措做了民众欢迎的事情,他就被形容为 Popularis。④ 由此引申开来,为人民的利益所做的事情就是 Popularis。⑤ 根据 Popularis 一词的这些用法,我们可做这样的推演:人民由统治阶级和被统治阶级共同构成,因此,Actio popularis 的名称暗含着社会的分裂,而这种分裂恰恰是共和时期的罗马经常的现实。Actio popularis 仅仅是被统治阶级运用的诉权,而非全体人民都可以运用的诉权。这里似乎存在一种阶级监督关系:统治阶级基于其社会治理责任应做好人们通过民众诉权督促他们做好的那些事情,如果失职,则被统治阶级的成员通过运用民众诉权提醒他们把这些事情做好。在共和时期罗马的政治史上,早就有保民官承担类似的阶级"监督—合作"功能,不妨说,民众诉权制度与保民官制度具有同样的精神,不过前者的阶级对立色彩没有后者那么强而已。

由上可见,Popularis 一词并无"公益"、"众有"之意思,显然,出于意译,周枏先生和范怀俊先生采用这两个译法,不足为怪。考量起来,民众诉讼的译法与 Popularis 的含义是匹配的,因为在翻译罗马政治史文献的过程中,

---

① See Robin Seager, Cicero and the Word Popularis, In *The Classical Quarterly*, New Series, Vol. 22, No. 2 (Nov., 1972), p. 338.
② Cfr. Francesco Casavola, Studi sulle azioni popolari Romane, Fondazione Nuove Proposte Martina Franca, Napoli, 1958, p. 9.
③ 参见谢大任主编:《拉丁语汉语词典》,商务印书馆1988年版,第425页。
④ See Robin Seager, Cicero and the Word Popularis, In *The Classical Quarterly*, New Series, Vol. 22, No. 2 (Nov. 1972), p. 331.
⑤ Ibid., p. 333.

都把 Popularis 翻译为民众派，把与之对立的 Optimates 翻译为贵族派①，因而，民众诉讼的译法揭示了该诉权至少在制度设计上只设想了人民中的一部分作为其主体的现实，是正确的，本文采用之，但必须小心地使用这一译法，因为对于不了解罗马政治史有关术语的人来说，它等于是人民诉权。这是极大的误解，这样的误解就发生在对 Actio popularis 的 People's legal action 的英译上②，也发生在某些中国译者关于"人民之诉"的译名上。③ 事实上，Populus 一词的形容词不是 Popularis，而是 Publicus。④ 故"人民诉讼"的拉丁语形式应为 Actio Publica，而该词是"公诉"的意思，属于我在下文讲谈到的另外的制度。

但有人认为 Popularis 一词在目前的语境中不过是"个人的"的意思。按公元 2 世纪的语法学家费斯都斯（Sextus Pompeius Festus）在其作品《论词语的意思》中的记载，古罗马有三种祭祀：第一种是公的祭祀，它是为人民实施的；第二种是私的祭祀，它是为单个人、一个家庭、一个氏族实施的；第三种是个人祭祀（Sacra popularis），它从私的祭祀脱离出来，为个人的利益实施。这种祭祀的三分法开创了把 popularis 一词指个人的用法。⑤ 弗朗切斯科·卡萨沃拉认为，Actio popularis 中的 popularis 正是"个人的"之意。如此，Actio popularis 恰恰是罗马市民从家族中解放出来之过程的见证。直译出来，就是"个人之诉"。但在我看来，这种译法与"民众诉讼"的译法并不矛盾，不过这进一步说明了它是由民众阶级中的个人行使的诉权而已。

然而，"个人之诉"中的"个人"，并非包括一切民众的成员，而是必须做一定的排除。首先排除此等成员中的女性和未成年人。秉持其一贯的排斥

---

① 参见徐国栋：《罗马法与现代意识形态》，北京大学出版社 2008 年版，第 281 页。

② 参见 John E. Bonine, Standing to sue, the First Step in Access to Justice, note 3, On http://www.law.mercer.edu/elaw/standingtalk.html, 2008 年 11 月 6 日访问。

③ 参见〔意〕A. 迪·波尔多：《罗马法和现行意大利〈民法典〉中的公用物及其保护》，丁玫、聂延玲译，载杨振山、〔意〕斯奇巴尼主编：《罗马法·中国法与民法法典化》，中国政法大学出版社 1995 年版，第 232 页注释 2。

④ 西塞罗有 Res publica res populi 一语。Cfr. Francesco Casavola, Studi sulle azioni popolari Romane, Fondazione Nuove Proposte Martina Franca, Napoli, 1958, p.9. 也有人认为，Publicus 是 Pubes（青年人、男人）这个名词的形容词。

⑤ Cfr. Francesco Casavola, Studi sulle azioni popolari Romane, Fondazione Nuove Proposte Martina Franca, Napoli, 1958, p.15.

女性的立场，罗马法不允许女性充当民众诉讼的原告（D.47，23，6）；其次，不允许受社会唾弃（Ignominia）① 者提起这种诉讼。②

## （二）民众诉权的定义和起源

保罗的《告示评注》第8卷中保留了一个民众诉讼的定义："我们把保护人民自己法的诉权叫作民众诉权"③ （Eam popularem actionem dicimus, quae suum ius populi tuetur）。首先，这一定义的关键词是"法"。在罗马法的用语中，"法"与"习俗"（Mos）和"神法"（Fas）相对，习俗（Mos）是调整家庭内部的关系的，神法（Fas）是调整人与神之间的关系的，只有法（Ius）是调整家庭之间的关系的④，由此可见，民众诉讼不适用于家庭内部的事项，也不适用于人神关系的事项，仅适用于世俗生活的事项。因此，民众诉权是维护罗马人民的世俗法律制度的工具。其次，这一定义中包含"人民"（Populus）与"民众"（Popularis）两个词的并用，既然诉权是维护人民的法律的，它应该叫作公共的诉权（Actio publica）才是，但却被叫作民众的诉权，这样构成名词和形容词的不对应，导致民众诉权具有低下阶级的诉权的色彩，形成低下阶级维护两个阶级共有的法律的格局。这是统治阶级对被统治阶级做出的让步，通过表示接受他们的监督和补充性的护法对他们开放参与国政的机会，换言之，让他们当现代意义上的反对党。最后，这个定义由于没有界定原告的利益状况以及民众诉权所涉的法律领域，可以兼包民众诉权和下文要讲到的人民控告。

尽管保罗的民众诉权定义信息量丰富，但它未揭示起诉人的利益状况和运作环节，故近代意大利学者法达对它并不满足，重新下了一个这样的定义："民众诉权是每个公民尽管带来公共利益，但为了他自己的好处并作为他自己的诉讼提起的诉讼"。⑤ 这一定义首先揭示了民众诉权的起诉人主观自利客观

---

① 关于社会唾弃的含义，参见徐国栋：《罗马私法要论——文本与分析》，科学出版社2007年版，第53页及以次。
② 参见黄风：《罗马法词典》，法律出版社2002年版，第124页。
③ See *The Digest of Justinian*, Vol. 4, edited by Mommsen and Alan Watson, Philadelphia, University of Pennsylvania Press, 1985, p. 793.
④ Véase Juan Carlos Guayacan Ortiz, Aspectos Procesales de la Accion Polulare en el Sistema Juridico Romano-Latinoamericano, Roma, 2004, pag. 44.
⑤ Cfr. Francesco Casavola, Studi sulle azioni popolari Romane, Fondazione Nuove Proposte Martina Franca, Napoli, 1958, p. 12.

他利的性质；其次，从运作环节的角度揭示了原告作为他自己的诉讼提起民众诉讼的性质，民众诉权盛行于法律诉讼时期（公元前 2 世纪—公元前 17 年）。法律诉讼包括传唤、法律审理、证讼、事实审理、执行 5 个环节，民众诉讼的原告要以自己的名义全部参加这些环节，他甚至不得使用代理人（Procurator）（D. 3, 3, 43, 2），这跟公民义务（例如兵役义务）不得由他人代行的道理是一样的。

民众诉讼的起源问题与对民众诉权本身的认识相关。不区分民众诉权与下面要谈到的人民控告，是一个说法①；区分这两者，又是一个说法。我们处在已分清两者的时代，自应采用另外的说法：民众诉讼起源于公元前 1 世纪中叶形成的侵犯坟墓之诉。在公元前 1 世纪中叶之前，原始文献中无关于保护普通人坟墓的法律规定的记载。大概在苏拉统治罗马的时代（公元前 82—前 79 年），裁判官颁布了禁止在埃斯奎流斯区——这是一个平民的坟地——倾倒粪便和尸体的告示，差不多同时，颁布了《帕虢·蒙塔诺元老院决议》（S. C. de Pago Montano），做出了类似的禁止，并规定平民营造官可以对违禁者提起拘禁之诉（Manus iniectio）和扣押之诉（Pignoris capio）②，由此开创了保护普通人的坟墓之立法的先河。非独此也，这两种诉权都是民众性的，人人可得行使，换言之，人人可逮捕违禁者并迫使其偿付罚金③，由此更开创了民众诉权的先河。当然，最早的这种民众诉权旨在保护采用土葬的平民的墓地（贵族采用火葬），并由平民营造官掌管，奠定了这种诉权的民众色彩。社会大众对这种诉权的运用伴随着平民营造官自己的运用，表明民众诉权是综合利用民众的主动性与官员的主动性的诉权，前者作为辅助警力补后者之

---

① 例如，意大利学者马罗内（Matteo Marrone）基于这种不分这样谈论民众诉权的起源：公元前 191 年，颁布了一个平民保民官马尔库斯·雷托流斯·普兰求斯（Marcus Laetorius Plancius）提议的《关于欺骗青少年的普雷托流斯法》（Lex Laetoria de circumscriptione adulescentium）。该法针对以欺骗手段与不满 25 岁的未成年人（无论是自权人还是他权人）缔结契约的人规定了惩罚措施，允许上述未成年人为维护自己的权益对有关适法行为的有效性提出抗辩。可以诉请追回已交付的物件，如尚未履行给付，他可拒不履行。它引起了普雷托流斯诉权，这是罚金之诉和破廉耻之诉，可由任何公民行使，他认为这是共和末期所说的民众诉权之始。Cfr. Matteo Marrone, Istituzioni di Diritto Romano, Palumbo, Palermo, 1994, p. 270.

② Cfr. Francesco Casavola, Studi sulle azioni popolari Romane, Fondazione Nuove Proposte Martina Franca, Napoli, 1958, pp. 59s.

③ Ibid., p. 61.

不足，两者形成合作。为保护坟墓提起的拘禁之诉和扣押之诉逐渐发展为侵犯坟墓之诉，其特点如下：（1）诉权由裁判官告示创立；（2）原告取得罚金作为对其维护公益行为的奖励；（3）妇女和未成年人不得起诉，但在她们是被侵害物的属主的情形除外；（4）如果有数人愿意起诉，长官要在他们中选择适任者；（5）民众诉讼不得代理；（6）起诉人起诉前要宣誓依诚信行事①；（7）一经起诉并判决，案件具有既判力，已起诉的原告和其他人不得再起诉②；（8）具有非财产性，换言之，民众诉权从来只针对人身损害而非财产损害，故不得移转。③ 这些特点构成一个范式，为其他民众诉权所遵循。

（三）民众诉讼的类型

通说认为罗马法中的民众诉权适用于如下案型：

（1）侵犯坟墓之诉（Actio de sepulchro violato）。经过历史的发展，这一诉权后来针对故意侵犯坟墓（包括盗墓行为）、以在坟墓中居住、在坟墓上建造房屋等方式侵犯坟墓的人。它首先被授与坟墓所属的人，此时，诉讼的性质是判定根据案情看来公平的金额之诉（quantum ob eam rem aequum videbitur）；如果没有墓主或虽有但他们不愿起诉，诉权对任何愿意的人开放，胜诉故意侵犯坟墓行为者，得到 100 金币的罚金；胜诉在坟墓中居住行为或在坟墓上建造房屋行为者，得到 200 金币的罚金（D. 47, 12, 3pr. 。乌尔比安：《告示评注》第 25 卷）。之所以把诉权授与墓主以外的人，乃因为他们对自己坟墓的安全也享有利益，为了自己未来的坟墓不受侵犯，他们可以对侵犯他人坟墓的人起诉。④ 这种诉权的分配体制说明民众诉权并非无限制地对任何人开放，而是先对墓主开放，在没有墓主时才对公众开放；其次，说明民众诉权并非完全为维护公益而设，在墓主行使这种诉权的情况下，很难说他们是为了公益才这样做。故有人把这一片段中涉及的诉权分为两个部分，只认后

---

① Véase Juan Carlos Guayacan Ortiz, Aspectos Procesales de la Accion Polulare en el Sistema Juridico Romano-Latinoamericano, Roma, 2004, pag. 63.

② Cfr. Francesco Casavola, Studi sulle azioni popolari Romane, Fondazione Nuove Proposte Martina Franca, Napoli, 1958, p. 56.

③ Cfr. Feliciano Serrao, Impresa e responsabilità a Roma nell'età commerciale, Pacini Editore, Pisa 1989, p. 131.

④ Cfr. Francesco Casavola, Studi sulle azioni popolari Romane, Fondazione Nuove Proposte Martina Franca, Napoli, 1958, p. 52.

一部分为民众诉权。①

（2）倒泼与投掷之诉（Actio de effuses et deiectis）。这是古罗马的侵权法规范，即因从建筑物中落下或投掷的物品在公共场所对人造成损害引起的诉讼。如果引起自由人死亡，其利害关系人或与他有姻亲或血亲关系的人可以起诉；没有这些人或虽有但他们不愿起诉时转化为民众诉讼，胜诉的结果是判处加害人 50 金币的罚金（D. 9，3，5，5。乌尔比安：《告示评注》第 23 卷）。如果后果只是受伤，只要受害人还活着，诉权就属于他。在他死后 1 年内，任何其他人都可以起诉。② 如果只是损害了物，授与两倍罚金之诉（D. 9，3，1pr.。乌尔比安：《告示评注》第 23 卷）。倒泼与投掷之诉的存在反映了从公元前 2 世纪开始的罗马普遍修建公寓楼解决人口剧增带来的住房问题、楼宇之间的通道逼仄的现实，也反映了这种诉权与民众更直接的关联：因为只有他们更多地住在这样环境不好的居民区，而贵族通常住在独立的房院（Domus）中，这种房子四面外墙一律封闭，通风采光靠房子内的天井，故少有机会受这种恶劣环境带来的损害的侵扰。③ 此等诉权的授予遵循侵犯坟墓之诉之授与的顺序：最先应授予更有利害关系的人。

倒泼与投掷之诉与现代的交通事故之诉较为接近，两者维护的都是公共道路的安全性，尽管有前者的致害物来自"天上"，后者的致害物来自路面的非实质性差别。更为类似的是两者的追诉者顺位：有利害关系人则由他们追诉之；没有他们或虽有但丧失行为能力，或虽有但不愿出面起诉，则由民政局追诉之。实际上，民政局只是民众诉权的行使者之一，谁能说在民政局由于各种原因不愿出面的情况下，其他的自然人或法人不能出面起诉呢？

（3）放置物或悬挂物之诉（Actio de positis et suspensis）。即因从建筑物的滴水檐（In suggrunda）或雨阳篷（Protecto）上放置物，其坠落致人损害引起的诉讼（D. 9，3，5，6。乌尔比安：《告示评注》第 23 卷）。如果导致自

---

① Cfr. Francesco Casavola, Studi sulle azioni popolari Romane, Fondazione Nuove Proposte Martina Franca, Napoli, 1958, p. 26.
② Cfr. Feliciano Serrao, Impresa e responsabilità a Roma nell'età commerciale, Pacini Editore, Pisa 1989, p. 134.
③ Cfr. Francesco Casavola, Studi sulle azioni popolari Romane, Fondazione Nuove Proposte Martina Franca, Napoli, 1958, pp. 157s.

由人死亡，罚金是50金币。如果他只是受伤，法官将判处他认为是善良与公平的金额。就其他物的损害，判处所受损害两倍的罚金（I. 4，5，1）。这种诉权的产生条件和阶级背景与倒泼与投掷之诉一致。继承人和受遗赠人可提起此诉。没有这种人或虽有但不愿起诉的，任何其他人均可提起此诉，胜诉者获得10个金币的罚金。

（4）追究在人们经常来往的地方携带猛兽者之诉（Actio de feris）。这是出自市政官告示的诉权。此等告示禁止在人们经常通行的地方携带狗、种猪、野猪、熊或狮子。如果违背这一规定行为，人人可以起诉。造成自由人死亡的，罚金是200金币；如果自由人受伤，法官将判处他认为是善良与公平的金额；就其他物的损害，判处所受损害两倍的罚金（D. 21，1，40，1，42。乌尔比安：《市政官告示评注》第2卷）。

（5）追究破坏告示牌者之诉（Actio de albo corrupto）。[①] 即因故意破坏有永久管辖权的长官在告示牌、纸张或其他材料上发布的告示引起的诉讼，任何人皆可提起，以保护长官的尊严，也保护法律的可接近性。胜诉者可得到500金币的罚金（D. 2，1，7pr.）。

还有如下一些所谓的民众诉权类型：（1）违例开启遗嘱之诉（Actio de tabulis apertis）。当被继承人遭遇暴力攻击并死亡，其身边的奴隶未救援而自己逃跑的，继承人在起诉此等奴隶的程序完结前不得开启遗嘱并继承遗产，违者受民众诉权的追究，国库和原告分享100金币的罚金。（2）确认自由身份之诉（Actio de assertio in libertatem）。任何人看到某个自由人被误认为奴隶的，都可以通过此诉要求承认该人为自由人。（3）发现通谋之诉（Actio de collusione detegenda），用来对抗奴隶或解放自由人通过与其前主人通谋获得生来自由人宣告的行为，胜诉者取得此等奴隶作为奖品。（4）保持为慈善团体做出的遗赠之诉（Actio per legato ad piae causae），此诉为优士丁尼创立，在主教和大主教由于漫不经心要丧失给教堂的遗赠时行使。[②] （5）追究移动界

---

[①] Véase Jose Ovafalle Favela, Las Acciones Populares, En Nuria Gonzalez, Martin（Coordinadora）, Estudios Juridicos, En Homenaje A. Marta Morineau, T. I：Derecho Romano. Historia Del Derecho, UNAM, 2006, pag. 401.

[②] Ver Weversion Viegas, A evolução histórica da ação popular, Sobre http：//jus2. uol. com. br /doutrina /texto. asp？id＝4200, 2008年11月13日访问。

石者之诉（Actio de termine moto）。即针对移动私人土地之间的界石者提起的诉讼。按照尤流斯·恺撒提议制定的土地法的规定，每移动一块界石罚50金币（D. 47，21，3）。此等罚款归国库。阿德里亚努斯皇帝规定根据犯罪人的身份处罚这种犯罪，主人犯此罪的，要遭受流放小岛的处罚，年龄轻的，流放的时间长，年龄长的，流放的时间短。奴隶犯此罪的要处死，主人愿意出罚金的除外。代理他人并为该他人提供某种服务的人犯此罪的，要受鞭打并受两年的矿坑苦役（D. 47，21，2）。追究移动界石者之诉是法律创立的，并且被用来对付犯罪行为，与上列5种民众诉权有异。总之，这些所谓的民众诉权未受通说承认，有的甚至被通说排除出民众诉权的行列（例如，违例开启遗嘱之诉）[①]，故本文存而不论。

上述五种受通说承认的民众之诉可分为两组，前四种为第一组，后一种为第二组。第一组的特点为：（1）都规制侵权行为而非犯罪行为，其中的第二、三、四种都是针对违反公共安全的行为，基于公共安全公众维护的考虑，裁判官把诉权开放给公众；（2）都有苦主型和外人型两种原告；（3）除了第一种外，都有自由人的死亡、受伤和物的损害三种损害情形，法律对它们做出不同的处理。第一组反对的都是直接侵犯私人利益，间接侵犯公共利益的行为，只有第五种针对直接侵犯公共利益的行为。从第一组到第二组，公共利益因素递增。五种民众诉权，多数针对侵权行为，少数针对犯罪行为，例如破坏告示牌的行为。由于第五种类型的存在，民众诉权与人民控告的界线模糊起来。为了维持它与其他四种民众诉权的同一性，可以找出两点理由：第一，它也有作为私人的直接受害人，一个欲了解告示的内容，由于他人的破坏不能达到这一目的的人属此；第二，它也是裁判官告示的结果。这种同一性寻找有一定的道理，但无论如何，追究破坏告示牌者之诉的出现导致了民众诉权与人民控告之间界线的模糊化。

---

[①] Véase Juan Carlos Guayacan Ortiz, Aspectos Procesales de la Accion Polulare en el Sistema Juridico Romano-Latinoamericano, Roma, 2004, pag. 16. 理由为此诉是法律创立的，而非裁判官创立的，故不算民众诉权。

### 三、罗马法中的民众令状

(一) 民众令状的类型

如前所述，在罗马法中，令状（Interdictum）是长官在紧急情况下根据一方当事人的请求发布的做或不做某事的命令①，其目的是保护公共利益和公共秩序；令状分为出示性的（Interdictum exhibitoria）、禁止性的（Interdictum prohibitoria）和恢复原状性的（Interdictum restitutoria），前者为保卫某人的权利要求另一人出示前者的子女或解放自由人；中者禁止人们做某种危害公共利益的事情；后者命令已做危害公共利益事情的人恢复原状。对于令状，还可分为保护私人利益的令状和保护公共利益的令状，后者人人可得申请，故称为民众令状（Interdictum popularis）。

在罗马法中，民众令状适用于利用公用物（Res in uso publico）的诉求。公用物的概念不同于公物的概念，后者是罗马的国家财产，前者是后者的特定部分。它们有两个特征。第一，可以被公民直接利用，例如，国库的财产属于公物，但不能为公民直接利用（D.43，8，2，4）；第二，法律将保护它们的责任通过民众令状的途径赋予公民个人。有些物，例如海洋和海岸，也是公用的，但保障其公用的手段不是民众令状，而是侵辱之诉，所以两者不是公用物。② 实际上，民众禁令状仅以罗马公民为主体，侵辱之诉的主体可以是人类的任意成员。具体而言，公用物包括以下四类：（1）公共的地方；（2）公路；（3）公共河流及其河岸；（4）公共下水道。③ 可以看到，民众令状反映了 Res publica 人人可得用之并得维护之的观念。

(二) 关于民众令状的原始文献及其解释

下面是关于四种公用物的民众令状的原始文献以及本人的分析。

---

① Cfr. Federico del Giudice e Sergio Beltrani, Nuovo Dizionario Giuridico Romano, Edizione Simone, Napoli, 1995, p.257.

② 参见〔意〕A. 迪. 波尔多：《罗马法和现行意大利〈民法典〉中的公用物及其保护》，丁玫、聂延玲译，载杨振山、〔意〕斯奇巴尼主编：《罗马法·中国法与民法法典化》，中国政法大学出版社1995年版，第227页。

③ Véase Andrea Di Porto, Interdictos populares y protecccione de las Res in usu publico. Lineas de una investigacion, En Sandro Schipani ( a cura di ), Roma e America. Diritto Romano Comune, 17/2004, Modena: Mucchi Editore, 2004, pag. 310s.

其一，关于公共地方的民众令状的原始文献。包括三个片段。

第一，乌尔比安（《告示评注》第 67 卷）：……适用于公共物的令状，涉及到公共的地方、道路和公共河流……这一片段中的"公共的地方"，按拉贝奥的界定，包括公共地基、公寓楼、土地、公路和公共小径（D. 43，8，2，3）。公共地基是用于公共建设的土地；公寓楼是国家营建的出租房产；土地指罗马的公地，人人可通过一定的途径取得其占有，为此需要能接近它们；公共的道路即有名的罗马大道，从公元前 312 年罗马人修建第一条大道阿庇尤斯大道开始，罗马人总共建造了 85004 公里大道，统统免费使用；公共小径依城乡而不同。在城市，为建筑物之间应留的 2 罗尺半宽的空地（Ambitus）；在乡村，为土地之间应留的 5 罗尺空地（《十二表法》第 7 表第 1 条，第 4 条）。公元前 109 年的《马米流斯法》（Lex Mamilia）为了落实《十二表法》的上述规定，为侵害此等公路的人准备了民众令状以及民众诉权。①

第二，彭波尼（《萨宾评注》第 30 卷）：必须允许任何人要求那些归全体人使用的物，例如公路、公共小径的公共使用。因此，任何要求这些物的人，都被发放令状。显然，这一片段为上述公用物的主要类型实现其用途规定了民众令状的保障手段。"任何要求这些物的人"，应解释为"任何要求这些物的公民"，由此维持民众令状的属人性质。事实上，民众令状只是保障公用物名副其实的手段之一，就其中的公路而言，罗马城道路环卫四吏（Quattuorviri viis in urbe purgandis）在无人申请民众令状的情况下也要保障道路的公共使用。②

第三，乌尔比安（《告示评注》第 68 卷）：裁判官说："你不得在公共地方做任何可能给他人造成损害的工程，或在这样的地方堆放可能造成他人损害的物，由法律、元老院决议、元首的告示或命令认可你做的事情，不在此限。对已经这样做了的事情，我将不发布令状。"这一片段与前两个片段配套，为了保障公共地方的公共使用，限制人们在其中进行有害施工或堆物，

---

① Véase Juan Carlos Guayacan Ortiz, Aspectos Procesales de la Accion Polulare en el Sistema Juridico Romano-Latinoamericano, Roma, 2004, pag. 39.

② 参见〔意〕A. 迪. 波尔多：《罗马法和现行意大利〈民法典〉中的公用物及其保护》，丁玫、聂延玲译，载杨振山、〔意〕斯奇巴尼主编：《罗马法·中国法与民法法典化》，中国政法大学出版社 1995 年版，第 228 页；陈可风：《罗马共和宪政研究》，法律出版社 2004 年版，第 89 页。

但法律允许的除外。

其二，关于公路的民众令状的原始文献。只举一个片段。保罗（《告示评注》第63卷）：事实上，令状之适用……或者涉及到公共福利。为公共福利适用的令状，有如"允许使用公路"和"公共河流"，或"不得在公路上做某事"的令状……。这一片段涉及令状的分类，首先分为私益令状和公益令状，民众令状属于后者。当然，"公益"的定语是否恰当可以争议。例如，某人阻止我使用公路，我申请令状排除了干扰，主观利己，客观利人，这是一种情形。另一种情形是路见不平，拔刀相助，即不关己，也要干预，那就是完全出于公益了。看来，把 Interdictum popularis 译为公益令状，就像把 Actio popularis 译为公益诉讼一样不确切；其次以不明确的方式分为允许令状（令状中有"允许"的字样）和禁止令状（令状中有"不得"字样）。另外，这一片段从正反两方面规定了所有的罗马公民都可使用公路和公共河流（这一客体在下面分析 D. 43, 12, 1pr. 时说明）。公路曾包括在公共地方的大类中，在这个片段中，它获得了独立，这也许由于罗马公路事业的发展使然。

其三，关于公共河流及其河岸的民众令状的原始文献：包括两个片段。D. 43, 12, 1pr.。乌尔比安（《告示评注》第68卷）：裁判官说："你不得在公共河流或其河岸上做某种使停泊地或纤道、航道状况恶化或将变得恶化的施工；你也不得在公共河流或其河岸上堆放某种使停泊地或纤道、航道状况恶化或将变得恶化的物"。

D. 43, 12, 1, 19。乌尔比安（《告示评注》第68卷）：裁判官又说："你让人在公共河流或其河岸上所做的施工，或你让人在这样的河流或其河岸上堆放的物，使停泊地或纤道、航道的状况恶化或将变得恶化的，你要恢复原状。"

这两个片段涉及公共河流及其河岸的公共使用问题。公共河流是常年有水的河流，相反的河流属于非公共河流（D. 43, 12, 1, 3），只有前者是民众令状的适用对象。由于两者的关联性，河岸的性质追随河流的性质，是公用物。许多利用河流的作业都要在河岸上进行，因此，利用河岸是利用河流的条件，法律必须赋予河岸公用物的地位，才能确保河流的公用物的地位。例如，以禁止性令状的方式确保河流及其河岸的公共使用；D. 43, 12, 1, 19 以恢复原状令状的方式做同样的事。

其四，关于私人下水道民众令状的原始文献。只举一个片段。乌尔比安（《告示评注》第71卷）：裁判官说："我禁止使用暴力，不许你清扫、修理系争的、从他人的房子通到你的房子的下水道，对工程的缺陷造成的潜在损害，我将命令提供担保。"这一片段涉及对城市私人下水道的公共使用的保障。从埃特鲁斯王塔克文·普利斯库斯开始建立了罗马的下水道系统，最终形成了一个在罗马城内纵横交错的体系，构成令人惊叹的罗马文明的靓丽部分。下水道有公共的和私人的两类，后者是有钱人购买许可证把自己的家的下水道与前者连接起来，甚至把厕所建于其上的装置。但一家下面的下水道遭堵，原因往往在另一家。所以，如果每人划地为牢，不许他人进入自己的家疏通清淤，则下水道的功能就大为减损。为免此弊，裁判官发布令状允许需要的人到他人家中检修下水道。此等作业可能损害他人家的财产，为求利益平衡，裁判官又令令状申请人以要式口约保证，如果造成损害，愿意赔偿，由此保障下水道的公用性。

（三）民众令状与环境保护

上述令状保障罗马共同体的成员对公用物的使用，但未达到保护环境的层次，通过法学家的创造性解释才达到这一层次。对此，意大利学者约勒·法略莉做了很好的研究，值得参考。[①] 在这一升华中，拉贝奥和内尔瓦两个法学家起了重要作用。前者把上述禁止在公路上施工或堆放物品的令状（D. 43，8，2pr.）的适用范围扩大到因下水道排放污水而造成公路污染的情况。说："如果任何人把下水道通到公路，由此道路变得不适于使用……他要承担责任，因为他已堆放可能造成他人损害的物"（D. 43，8，2，26）。这是一个创造性的解释，裁判官考虑的固体废物被拉贝奥扩张到液体废物。内尔瓦走得更远，扩张到气体废物。[②] 他说："如果此等地方仅仅因为难闻的气味变得不适于健康，这是求诸这一告示的正当理由"（D. 43，8，2，29）。[③] 拉贝奥和内尔瓦的扩张意义非凡，等于把清洁的环境和适于健康的空气当作了

---

① 参见〔意〕约勒·法略莉：《古罗马的环境保护》，李飞译，载《厦门大学学报（哲学社会科学版）》2012年第4期，第123页及以次。

② Véase Andrea Di Porto, Inquinamento Res publicae e interditti popolare, En El Derecho Romano y los Derecho Indigenas: Sintesis de America Latina, Tomo I, Xalapa-Equez, 1996, pag. 385.

③ 拉丁文本中的"这是"为"这并非"，这与迪·波尔多的解释有矛盾，该教授可能对文本进行了疏正，才反非为是。

公用物以民众禁令状保护之，由此开创了人类历史上或许是最早的环保法或曰民众环保法。

### 四、罗马法中的人民控告

(一) 人民控告的起源

与民众诉权接近甚至曾混为一谈的还有人民控告（Accusa publica）制度，它又称为公诉，是允许任何公民就犯罪提出控诉的制度，起源于恩主（Patronus）制度。恩主是解放自由人的前主人，对后者承担保护义务，由此出发，"恩主"一词在西塞罗的时代可用来指罗马元老中的充当某个外国城市或整个国家的保护人者。这种恩主首先在搜刮钱财罪（Repetundae）审判中使用。在审判前，任何人都可申请担任这样的"恩主"——由于对搜刮钱财罪的打击旨在保护行省居民，而作为殖民地的行省处在准外国的地位，这样的称呼是恰当的——裁判官可在申请者中指派一人担任被侵害的行省的诉讼代理人。

公元前149年，颁布了《关于搜刮钱财罪的卡尔布尔纽斯法》，该法设立了审理搜刮钱财罪的常设刑事法庭取代了过去的人民审判（Iudicium populi）的刑事诉讼程序，这种法庭成为人民控告制度的依托，因为这种法庭采用控告制，其时纠问制尚未问世，故人民控告是发动程序的唯一依据。

必须指出的是，上面谈到的是作为常设刑事法庭制度有机构成部分之一的人民控告的起源，不作为这样的部分之一的人民控告早已有之。例如，追究移动界石者之诉在公元前7世纪即已产生[1]；即使按意大利学者马代奥·马罗内提供的资料把人民控告的历史追溯到公元前191年的《关于欺骗青少年的普雷托流斯法》，人民控告的起点也要提前，所以，凡过去被误认为民众诉权的制度，一旦被剔除出来，就要归入某种意义上的人民控告，但它们从属于常设刑事法庭产生之前的人民审判刑事诉讼制度。由此可以说，人民控告的零星体现早就存在，只是在常设刑事法庭产生后才被制度化。另外要指出的是，人民控告是从国家主义的刑诉发动方式向非国家主义的刑诉发动方式"倒退"的一种制度，因为在人民审判时期，至少对于特定重罪的控告不是委诸私人的积极性的。在那种体制下，财务官（Quaestor）承担向人民大会控告

---

[1] Cfr. Leonid Kofanov, Vindication nel diritto pubblico romano, Manoscrito inedito, p. 9.

叛国罪（Perduellio）的职能。在贵族与平民通过公元前367年的《李其纽斯和塞克斯求斯法》实现政治上的平等后，保民官的政治对抗的主角职能开始转变，承担起敌对行为的控告人的角色，尤其成为死刑案件的公诉机关。① 而在常设刑事法庭时期，连卡提林纳案件这样的国事罪案件的发动也要委诸私人了。② 为何发生这种"倒退"？是一个值得研究的问题。是新时期人们的公益精神增强了吗？是激烈的党争为这种体制提供了源源不断的控告人吗？是律师制度已经成熟，而此等律师只能通过控告大的国贼作为提升自己政治地位的手段吗？这些都是可能的原因，但每一种原因的证实都需要专门的论证。

（二）适用人民控告的案型

人民控告制度后来被扩展适用于其他方面。到共和末期到帝政初期的时代，国事罪（Maiestas）、通奸罪、杀人罪、杀亲罪（Parricidium）、伪造遗嘱罪、暴力罪（公暴力与私暴力）、贪污罪、贩卖人口罪（Plagiarius）、选举舞弊罪（Ambitus）、监护人诈欺罪等，都适用公诉，即人民中的任何一员都可提起的诉讼（I.4,18）。当然，那些在民众诉权与人民控告不分的时代被归人民众诉权的程序，在被清除出来后，自然也都构成适用人民控告的案型。

显然，当人民控告被扩展适用于针对罗马人民的犯罪时，再把控告人叫作恩主无异于把罗马人民当作解放自由人，于是，过去的"恩主"一词换成了不会引起误解的控告人（Accusator）一词。他要出席法庭向长官请求控告权，在有数人请求的情况下，长官要进行一种预审以确定谁更可能获胜，考量的因素有案由、控告人的身份以及对案件的利益、他们的年龄、威望、德行以及其他的正当理由。③ 被选定的人继续下面的刑事审判程序④，淘汰下来的请求人可充当证人。

---

① Cfr. Roberto Pesaresi, Studi sul processo penale in età repubblicana: Dal tribunali rivoluzionari alla difesa della legalità democratica, Jovene, Napoli, 2005, pp.189s.

② Lucius Aemilius Paulus曾试图以犯暴力罪起诉卡提林纳，为此曾传讯他。但诉讼尚未终结，卡提林纳就起事了。参见〔古罗马〕盖尤斯·撒路斯提乌斯：《喀提林阴谋·朱古达战争》，王以铸、崔妙因译，商务印书馆1995年版，第118页注4。

③ 参见《〈学说汇纂〉第48卷（罗马刑事法）》，薛军译，中国政法大学出版社2005年版，第25页。

④ 参见〔意〕朱塞佩·格罗索：《罗马法史》，黄风译，中国政法大学出版社1994年版，第270页及以次。

### （三）人民控告的道德风险

从制度设计的角度看，人民控告当然应为了公共利益做出，但实践中并不完全如此。西塞罗在其《义务论》中列举了为人民控告者的动机类型：为了国家利益、为报复、为保护一定的人——例如，西塞罗本人为了帮助西西里人曾亲自控告该行省的总督韦雷斯并成功，一举成名——在这三种动机中，报复是不可取的。西塞罗没有明列的一个动机——获得包括金钱、身份升等、市民权等奖励——似乎也是不可取的，故西塞罗说，辩护比控告好（这等于说栽花比栽刺好），后者做一次就可金盘洗手，如果不得已要经常做，要心念国家。[①] 无论如何，生活于人民控告盛行时代的西塞罗看出了这一制度内含的道德风险，这种风险也是后世限制或摒弃它的重要原因。例如，公元前17年的《优流斯公诉法》就规定，一个人除非自己是受害人，不得同时提出两个控告，这是为了减少出现职业控告人的机会。在学说上，也是把人民控告限缩到受害人控告，这样就造就了所谓的人民控告的私人化。[②]

### 五、罗马法中的检举制度

#### （一）检举制度的起源

检举制度与民众诉权无直接关联，它只是由于是人民控告的一种变体才与民众诉权有间接的关联。如果说人民控告是附属于常设刑事法庭的制度，那么，检举制度（Delatio）是从属于非常诉讼程序（Cognitio）的制度。非常诉讼起源于奥古斯都时期创立的皇帝法院和元老院法院，以及行省总督的审判实践，它们在程序上不拘一格，所以被称为"非常的"。新的程序确立后，有一段与常设刑事法庭并存的时期，前者对后者的完全取代似乎是在戴克里先在位时期（约243—313年）完成的，他颁布敕令废除了民事诉讼方面的程式诉讼制度——这似乎是一个与刑事诉讼中的常设刑事法庭制度相同时的制度——全面采用非常诉讼制度。非常程序的主要特点为：第一，由控告制改为纠问制，承审法官的主动性大为加强。不妨说，此前的 Iudex 不过是陪审

---

[①] 参见〔古罗马〕西塞罗：《论义务》，王焕生译，中国政法大学出版社1999年版，第204页及以次。

[②] Cfr. Stefania Pietrini, Sull'Iniziativa del processo criminale romano (IV-V Secolo), Giuffrè, Milano, 1996, p. 37.

员，现在 Iudex 成为现在我们理解的法官了。第二，常设刑事法庭是一罪一庭，一庭是根据一法设立的制度，而非常法院是一院审所有的罪，民刑案件兼审的制度，由此便于并案审理，大大节约司法成本。① 第三，事实审与法律审合一，而在常设刑事法庭中，事实审和法律审是分离的。特别要指出的是，非常诉讼取代常设刑事法庭的时期，罗马帝国的官僚体制已建立。戴克里先创立四头制，造成了官口的极大膨胀，自然造成了百姓税负的极大加重②，尽管如此，罗马帝国更接近现代通过科层制官僚体系治理的现代国家了。这样的体制使依赖私人积极性保护公共利益的必要性大大降低。只有在这种背景下，才能理解曾作为人民控告的同义词的检举制度的功能的极大萎缩。

按塔西陀的记载，检举制度最早由比提尼亚行省的财务官切皮尤斯·克里斯皮努斯（Caepius Crispinus）发明，用于控告其上司犯有国事罪③，后广泛适用于检举应向国库缴纳财产而不缴者，成功的检举导致检举人取得被告1/4 甚至一半的财产作为奖励④，奖励可由其继承人继承。⑤ 可能这一制度给公益之心浇的利益之油太多，最后演变为皇帝鼓励告密、消灭政敌的工具，成为一个名声不好的制度。⑥ 塔西陀明确地把它定性为"注定要使共和国的命脉受到折磨的罪恶制度"。⑦

（二）检举制度的运作

（1）检举人要制作起诉书，长官据此启动审判，正因如此，检举人尽管不是原告，本文也把检举制度纳入民众发动程序的一种。与常设刑事法庭的程序不同的是，由于非常法院的程序实行纠问制，不需要控告人，也不需要

---

① Cfr. Bernardo Santalucia, Diritto e processo penale nell'antica Roma, Giuffrè, Milano, 1998, p. 213.
② 参见〔英〕吉本：《罗马帝国衰亡史》（上册），黄宜思、黄雨石译，商务印书馆1997年版，第216页。
③ 参见〔古罗马〕塔西陀：《编年史》（上册），王以铸、崔妙因译，商务印书馆1983年版，第61页。
④ 参见〔日〕盐野七生：《罗马人的故事 VII: 恶名昭著的皇帝》，彭士晃译，台湾三民书局2002年版，第148页；〔意〕桑德罗·斯奇巴尼选编：《民法大全选译·公法》，张礼洪译，中国政法大学出版社2000年版，第15页。
⑤ 参见〔意〕桑德罗·斯奇巴尼选编：《民法大全选译·公法》，张礼洪译，中国政法大学出版社2000年版，第17页。See W. W. Flint, The Delatores in the Reign of Tiberius, as Described by Tacitus, In *The Classical Journal*, Vol. 8, No. 1 (Oct., 1912), p. 37.
⑥ See W. W. Flint, The Delatores in the Reign of Tiberius, as Described by Tacitus, In *The Classical Journal*, Vol. 8, No. 1 (Oct., 1912), p. 37.
⑦ 参见〔古罗马〕塔西陀：《编年史》（上册），王以铸、崔妙因译，商务印书馆1983年版，第66页。

任何控告来启动程序。君主委托的人自行承担追诉工作，当然是在做了适当的调查后或根据可以利用的警察机关的报告这么做。他们收集证据并做出判决。他们当然可以利用检举人，但此等人只承担单纯的情报员的角色，而非控告人。① 负责审判的"君主委托的人"有大区长官、供粮官、市长官和宵警官②，他们审判在各自职掌范围内的案件。

（2）检举人的资格要求。未成年人可以为检举，妇女不可以为检举，但她们可以为自我检举（D. 49, 14, 16）。③ 检举也是一个向低下阶级开放的机会，因为最高贵的人不能为此等检举（D. 49, 14, 18, 1）。但检举人必须具有起码的名誉身份，故被判刑人和服过矿坑苦役的人也不得为此等检举。检举者的动机如同西塞罗概括的提起人民公诉者的动机：为了获得奖赏、为了报复被检举者、为了国家（D. 49, 14, 2pr.）。④ 这种动机罗列排除了检举制度的完全公益性，证明它也是给公益之心浇上利益之油的制度。

（3）检举者在非常法院中的活动。检举者要出庭，否则要承担国库因为他不出庭丧失的财产的赔偿责任（D. 49, 14, 15, 4）。⑤ 检举者要有出庭担保人（D. 49, 14, 2, 3）。⑥ 在出庭过程中，检举者负举证责任（D. 49, 14, 25）。⑦ 检举者可以有代理人——这点也民众诉权不同——未能证实其检举的，此等代理人也要反坐（D. 49, 14, 24）。⑧ 发现自己的检举错误的，如果法院认可这种错误成立，检举人可以撤销其检举（D. 49, 14, 15pr.）。⑨ 检举者诬告的，要被反诉或反坐（D. 49, 14, 24）。⑩ 这显然是限制检举制度的道德风险的措施。

---

① Cfr. Bernardo Santalucia, Diritto e processo penale nell'antica Roma, Giuffrè, Milano, 1998, p. 242.
② 参见〔意〕朱塞佩·格罗索：《罗马法史》，黄风译，中国政法大学出版社1994年版，第370页。
③ 参见〔意〕桑德罗·斯奇巴尼选编：《民法大全选译·公法》，张礼洪译，中国政法大学出版社2000年版，第26页。
④ 同上书，第20页。
⑤ 同上书，第22页。
⑥ 同上书，第8页，第21页。
⑦ 同上书，第27页。
⑧ 同上书，第23页。
⑨ 同上书，第20页。
⑩ 同上书，第21页，第23页。

### （三）检举制度的公益性

检举制度尽管存在道德风险，它毕竟是一项利用私人的积极性维护公益的制度。其公益性就其在维护国库财产的权利方面的适用而言，体现在保障国库收入从而保障国家的运作上。至少，国库可依如下途径通过检举取得私人的财产：第一，罗马法要求继承人或受遗赠人根据明示的遗嘱取得遗产，他们根据默示的遗嘱取得遗产的（这样的原因包括遗嘱或小遗嘱丢失），损害了国库取得无人继承的遗产的权利，知情人可检举之（D. 49, 14, 1pr.）；第二，不适格的继承人（例如图谋杀害被继承人的继承人）取得遗产的，有同样之损害并可为同样之检举；第三，按阿德里亚努斯皇帝的规定，在公共的地方或国库的地方发现财宝的，一半归发现人，一半归国库（I. 2, 1, 39）。但在发现过程中，可能因为无国库的人在场，发现人全吞发现的财宝，由此侵犯国库的权利，此时的知情人也可为检举，等等。这些规定当然具有公益性质，它们也显露出国库与民争利的嘴脸，表露出它的空虚。这似乎是个讽刺：官僚制度的建立使人民控告蜕化为检举制度，为了维持此等官僚体系，检举制度又特别服务于增益国库的有限目的。

## 六、结论

### （一）四大民众发动程序比较

民众诉权和民众令状、人民控告、检举制度四者显然具有共性，它们都是可由不特定的人发动的程序，前三者的发动者是原告，后者的发动者实际上只是证人，它们的递嬗见证了罗马国家机器的进化史：现代意义的官僚体系从无到有，与此相应，其诉讼法从很大地依赖于私人的积极性到仅仅是利用这种积极性，由此完成了从常设刑事法庭到非常法院的转变，往下走，就是现代的国家主义的法院—诉讼体制了。这一过程以龙种开头，以跳蚤结尾，反映了事物的衰变规律。

作为龙种的民众诉权和民众令状、人民控告的共同的理论基础何在？罗马共和时期，没有现代科层制意义上的官僚系统，国家与人民的界线不分，所以有民众诉权、民众令状和人民控告。通过它们，人民自己来做官僚不知做或来不及做的公益事情，因此，上述三项制度都体现了人民主权原则。按共和（Res publica）的观念，国家之事即为人民之事，人民之事人人可得为之，也不妨说，民众诉权、民众令状和人民控告都是共和观念的产儿。人民把自己的部分权利交给官员行使，是为间接行使，在必要时，可以自己行使，是为直接行使。但许多时候，人民和官僚共同做公益的事，形成竞合。① 这种竞合也可能是不愉快的，例如，在官员对涉及公共利益的事项故意或被迫置之不理，民众诉权、民众令状和人民控告取而代之的情形就是如此。②

在四大民众发动程序中，民、行、刑有所分工。民众诉权主要属于私法；民众令状属于行政法；人民控告和检举制度则属于刑事诉讼法。它们都具有公益性质，所以，它们共同构成罗马的公益诉讼。今人只把现代的公益诉讼的源头追溯到民众诉讼的做法，是不全面的，应追溯到本文论及的四大民众发动程序才做到了全面。

从现代民法的角度看，在众有利益事项的司法程序对公众的开放度的设计上，立法者有检举、替代诉讼、民众诉权三个选择项。前者对公众的开放度最小，不承认民众的诉讼发动权；中者在我看来是一种小型的民众诉权，对公众开放度增加，但以法律明定者为限；后者因不以法律明定者为限对公众的开放度最大。立法者可以根据自己对国家职能的看法以及需要民众参与的程度，在不同的条件下选择不同的制度工具。意大利就发生过在环保事项上允许公众检举演变为允许公众控告的事例。③

这里顺便述及学者间关于民众诉权的性质的争议。有人认为它是一种私法诉讼而非刑事诉讼。西班牙学者噶里多（Manuel Jesus Carcia Garrido）持此说，他认为民众诉权不针对重国事罪以及直接危害罗马人民、被确认为犯罪的行为，而只针对属于私法范围的私犯行为。④ 但蒙森等学者认为民众诉讼是一种公法诉讼，它与人民控告只有量的区别，前者针对小的私犯，后者针对严重的犯罪。从优士丁尼《学说汇纂》的编排来看，民众诉权被放在私犯之

---

① 参见〔意〕A. 迪·波尔多：《罗马法和现行意大利〈民法典〉中的公用物及其保护》，丁玫、聂延玲译，载杨振山、〔意〕斯奇巴尼主编：《罗马法·中国法与民法法典化》，中国政法大学出版社1995年版，第228页。

② Voir Paul Frederic Girard, Manuel elementaire de droit romain, Dalloz, Paris, 2003, p. 1077.

③ 参见罗智敏：《意大利对普遍利益的司法保护及对我国的借鉴意义——以原告资格为中心》，载《比较法研究》2006年第1期，第94页

④ Cfr. Manuel Jesus Carcia Garrido, Diritto privato romano, CEDAM, Padova, 1996, pp. 84s

后，公诉之前，这表明了它与公诉的紧密关联。① 我认为，结论应从材料出发，从上列五种众所公认的民众诉讼的对象来看，民众诉权针对私犯和一些轻罪（例如侵犯坟墓和裁判官的告示牌），与人民控告针对重罪不同。

这里还顺便述及学界对民众诉权和人民控告的厘清过程。长期以来人们把两者混同，直到德国学者布农斯于1864年出版其《罗马的民众诉权》后，人们才把两者分开，认为个人把公共利益作为自己的权利保护的属于民众诉权，个人作为国家的代表保护公共利益的属于人民控告。② 申言之，从起源来看，民众诉权被创立出来是为了保护罗马人民的利益，人民控告是为了保护外邦人的利益。可能出自其起源与外邦的关联，人民控告对外邦人开放，胜诉的外邦人可得到罗马公民权奖励。③ 事实上有人得此奖，蒂布尔人路求斯·科西纽斯（Lucius Cossinius）、提图斯·科柏纽斯（Titus Coponius）分别因成功地控告了提图斯·切流斯（Titus Caelius）、盖尤斯·马梭（Gaius Masso）取得了罗马公民身份。④ 而民众诉讼不能由外邦人提起。民众诉权适用于私犯和轻罪，人民控告适用于重罪。但两者有一些相同，例如，任何罗马公民都可提起（从品词的角度看，民众诉权只对人民中的草根阶级开放，而人民控告对全体人民开放），不允许妇女和未成年人提起；如果有多数人愿意提起，只有经过长官筛选的人才可提起，等等。

然而，民众诉权与人民控告的界限不是绝对的，前者打击的私犯行为可以转化为后者打击的犯罪。例如，侵犯坟墓之诉只存在了50多年，到奥古斯都时代，它就转化为公元前17年的《关于公共暴力和私暴力的优流斯法》（Lex Iulia de vi publica et privata）打击的犯罪，服从人民控告程序了。⑤

---

① Cfr. Francesco Casavola, Studi sulle azioni popolari Romane, Fondazione Nuove Proposte Martina Franca, Napoli, 1958, p. 6.
② Véase Juan Carlos Guayacan Ortiz, Aspectos Procesales de la Accion Polulare en el Sistema Juridico Romano-Latinoamericano, Roma, 2004, pag. 11.
③ 参见〔意〕朱塞佩·格罗索：《罗马法史》，黄风译，中国政法大学出版社1994年版，第269页。
④ See *The Orations of Marcus Tullius Cicero*, Translated by C. D. Yonge, London: G. Bell and Sons, 1913—1921, Vol. II1, p. 336（Pro Balbo 23）.
⑤ Cfr. Francesco Casavola, Studi sulle azioni popolari Romane, Fondazione Nuove Proposte Martina Franca, Napoli, 1958, p. 31.

## (二) 民众诉权与当代

把我国《消费者权益保护法》第 55 条[①]与上述罗马法的制度比较一下，可发现它尽管有罗马法意义上的民众诉权的样子，但还不是真正的民众诉讼，因为该条赋予的诉权仅对利害关系人开放，没有设定罗马式的第二种原告，以维持受害人才可当原告的要求，在这种安排下，王海不买假货就不能起诉。当然，法律强迫王海买假货，对他造成的损害并不大，但法律强迫一个打算控告使用光量子假针剂医院的女医生陈晓兰接受这种假针剂注射来满足原告资格要件，则未免过于残酷和可笑[②]，因此，放宽原告资格要件到一般的利害关系，在此基础上为我国《消费者权益保护法》第 55 条的规定增设非直接受害人意义上的原告，是把我国的公益诉讼研究成果转化为立法实践的紧迫任务。在这个问题上存在国外的良好先例。为了打破个人主义的诉讼法课加的原告必须与案件具有直接的利害关系的要件，意大利学者型构了众有利益（Interessi diffusi）的概念，它与个人利益和集体利益相对立。与集体利益的区别是这种利益有其"表达者"，例如协会、工会、政党，而普遍利益没有自己的"表达者"，尽管它是多数人同时和毫无区别地享有的利益，例如环境利益。表达者自可起诉保护某种集体利益，而无表达者的众有利益按个人主义的诉讼法不能享受司法保护。但经过激烈的争论，民众诉权研究方面的大国意大利的通说已承认司法保护众有利益的必要，采取的途径就是民众诉权。[③]看来，以众有利益理论为依据放宽对原告资格的要求，是我国公益诉讼立法的重要课题。实际上，南京市高淳县民政局为交通事故的无名受害人追诉死亡赔偿金案已开创了这方面的实践。

在民众诉权立法的过程中，还需要把民众诉权的规定类型化，例如，类型化为消费者保护民众诉权、交通事故民众诉权、环境保护民众诉权、反垄

---

[①] 我国《消费者权益保护法》第 55 条第 1 款规定："经营者提供商品或者服务有欺诈行为的，应当按照消费者的要求增加赔偿其受到的损失，增加赔偿的金额为消费者购买商品的价款或者接受服务的费用的 3 倍；增加赔偿的金额不足 500 元的，为 500 元。法律另有规定的，依照其规定。"

[②] 2007 年中央电视台评选的感动中国十大人物之一的陈晓兰于 2004 年在揭发光纤针的伪劣性时曾有这方面的经历。

[③] 参见罗智敏：《意大利对普遍利益的司法保护及对我国的借鉴意义——以原告资格为中心》，载《比较法研究》2006 年第 1 期，第 91 页。此文中，罗智敏博士把 Interessi diffusi 翻译为"普遍利益"。该词的本意为"弥散性的利益"，我认为把该词翻译为"众有利益"更符合这一本意。

断民众诉权、人权保护民众诉权（可以针对刑讯逼供等侵犯人权的行为行使）等，以便于民众行使。民众中的某人愿意自己行使此等诉权的，构成公益诉讼。愿意提供情报让国家有权机关提起相应的诉讼的，构成检举。涉及民事事项的，构成民众诉讼。涉及刑事事项的，构成人民控告。

我们应看到，罗马法并非个人主义的①，这种法实际上提倡通过个人的行动增进集体利益，形成了民众诉讼、民众令状和人民控告三位一体的人民直接行使自己手中的主权的形式。以天下之事为自己之事的共和精神是罗马法留给我们的宝贵的精神遗产，它在现代在民众诉讼和众有利益的名目下终于得到了复活。相反，现代的诉讼法是个人主义的，它贯彻了"个人自扫门前雪，休管他人瓦上霜"的观念，以必须与诉讼具有直接利害关系的要件排除共和精神的运用。在这一对比中，我又一次发现了罗马法的高贵。作为例外的是意大利民事诉讼法中的替代诉讼制度，它超越了利害关系人的原告资格限制，为路见不平、拔刀相助者提供了行动空间，尽管立法者受传统观念的束缚，把这一制度的适用限定在法定的范围内，并且法律只规定了代位权诉讼——即债权人为了保障自己债权的安全代行债务人权利和诉权的诉讼——一种案型②，但它开启了拓宽原告资格的道路，不妨说它是古代民众诉权的现代限缩形式。它具有服务于公益诉讼的充分潜力。

民众诉权产生在不发达的现代官僚系统以及国家与人民界线不分的环境中，它在现代国家体制下还有意义吗？因为现在有官僚系统了，国家和人民的界线划清了，民众诉权从表面上看失去了必要，但仍有不少国家承认民众诉权，理由为何？我认为是因为人民主权原则，官员怠于行使人民委托给他们的权利时，人民可以自己行使此等权利，此时他们运用的是补充性的民众诉权。而且，人民与官员的利益不见得总是一致，这种不一致是统治者与被统治者之间的不一致，它恰恰是罗马法中的民众诉权产生的基础。现代仍有这种不一致，故民众诉权仍有必要，此时运用的是纠正性的民众诉权。后种民众诉权的运作有赖于分权制度，换言之，受理诉讼的国家机关在对诉讼事

---

① 关于罗马法具有个人主义特性的诬蔑及其反驳，参见〔意〕弗朗切斯科·德·马尔蒂诺：《个人主义与罗马私法》，薛军译，载徐国栋主编：《罗马法与现代民法》（第4卷），中国人民大学出版社2004年版，第2页及以次。

② Cfr. Federico del Giudice, Nuovo Dizionario Giuridico, Edizione Simone, Napoli, 1998, p.1181.

由的看法上可以诉讼所针对的国家机关不一致,并可以做出独立的有约束力的判决。

当然,国家万能主义尽管未消灭民众诉权,但基本上消灭了人民控告,检察制度成了其替代品,只有美国的《谢尔曼法》对人民控告做了一定保留,并把可以为此等控告的主体从自然人扩展到法人。这种转变可能与人民控告制度在罗马法史上后来被恶用的经历有关,看来,对于重罪,现代国家已不怎么寄望于个人积极性加以镇压,以防止假公济私的可能,如果人们希望干预,只能通过向检察院和其他执法机关进行举报来达到这一目的了。这个时候,我们看到了检举制度在现代法中的存活。

# 罗马破产法初论

## 一、罗马破产法的先驱

古代的阶级关系往往体现为债权人与债务人的关系,在共和罗马的头 200 年,贵族与平民的激烈阶级斗争就是如此。这种关系的悲剧性结果体现在破产程序上,基此,古代立法往往都有自己的破产制度。

在美索不达米亚,苏美尔的城邦国家埃什南纳(Eshnunna)① 公元前 1900 年许的法律第 6 条和第 22—25 条对破产的债务人既规定了金钱处罚,也规定了死刑。②

后来的《汉穆拉比法典》第 117 条规定:"订立借贷契约后,以妻、子、女交与债主以代银或从事工作者,其工作期限以 3 年为限;第 4 年应恢复其原状"。③ 第 119 条规定:"如果一个人负有债务,因而卖掉了他的为他生有儿子的女奴,那么奴主可向塔木卡交出塔木卡(原来)给他的银子,赎回他的女奴"。④ 这两条规定的是在债务人破产的情形以债务人的家属的劳务和准家属的人身承担责任。

在埃及,可能规定了对债务人的迫害,表现为强制他劳动直到债务获得清偿。⑤

---

① 现今伊拉克的 Tell Asmar。
② Véase Doña Patricia Zambrana Moral, Historia Legislativa y Doctrinal de La *Cessio Bonorum* y de La Cesión de Bienes, Tesis para aspirar al grado de Doctora en Derecho, Málaga, 1999, pag. 71.
③ 参见〔英〕爱德华兹英译:《汉穆拉比法典》,沈大鉟汉译,曾尔恕校勘,中国政法大学出版社 2005 年版,第 42 页。
④ 参见《汉穆拉比法典》,杨炽译,高等教育出版社 1992 年版,第 66 页。
⑤ Véase Doña Patricia Zambrana Moral, Historia Legislativa y Doctrinal de La *Cessio Bonorum* y de La Cesión de Bienes, Tesis para aspirar al grado de Doctora en Derecho, Málaga, 1999, pag. 72.

在希腊，德拉古的破产法很残酷，允许把欠债不还的债务人及其家属卖至国外或变成奴隶。后来梭伦做了温和化的改革，颁布了《解负令》。① 内容为拔除立在债务人份地上的记债碑，作为债务抵押品的土地无偿归还原主；禁止人身奴役和买卖奴隶。②

最早的罗马破产法比德拉古立法还要残酷，因为对债务人实行死刑。罗马法中的破产分为普通破产和特殊破产，它们都是都是自然人破产。容分述之。

### 二、远古罗马的人身性破产法

破产的本质是到期不履行债，所以，有什么样的债的概念，就有什么样的破产法。远古罗马采用 Nexus（债务口约）的债的概念，在债务口约的订立过程中，当事人要说这样的套语："若某某债务人到期不将某款项归还，应将他收为奴隶，使役之、出卖之、杀戮之"。③ 此等套语中规定的"三之"违约后果叫做拘禁（Manus iniectio），其内容体现在《十二表法》第三表的规定中：

1. 对于自己承认的债务或对法院判决的事情，授予 30 天的宽限期。
2. 此后，实行拘禁。将他带到长官前。
3. 此时如债务人仍不执行判决，或无人在长官前为他担保，则原告将他押至家中，拴以重量不轻于 15 磅的铁链或脚镣，如果愿意，可以加重份量。
4. 债务人在拘禁期间，可自备伙食，如不自备伙食，则束缚他的人应每日供给其二粒小麦一磅，如果愿意，可以加量。
5. 双方有权达成和解，如果未达成和解，受判处者要受 60 天的羁押。在此期间，他应在 3 个连续的集市日被牵至大会场执政官面前，并被当众宣布所判定的金额。在第三个集市日，对其实行死刑，或把他卖

---

① See William H. Hotchkiss, Bankruptcy Laws, Past and Present, In *The North America Review*, Vol. 167 (1898), p. 580. 参见何勤华、李秀清主编：《外国法制史》，复旦大学出版社 2002 年版，第 30 页。
② 参见顾准：《顾准文稿》，中国青年出版社 2002 年版，第 582 页。
③ 参见周枏：《罗马法原论》（下册），商务印书馆 1994 年版，第 664 页。

与台伯河对岸的外邦。

6. 到了第三个集市日，应将之切成块，块多或块少，都不算诈欺。

由上可知，拘禁程序的第一步为催告还债，30 天的恩惠期过后债权人可将债务人带到长官前，此时后者有机会提出推迟应诉保证人（Vindex）。如不能提出此等保证人，债权人可监禁债务人 60 天，其间，让他戴上枷锁强制劳动，此为"使役之"，此时的债务人成为 Addictus（债奴）。60 天的监禁期过后，债权人有杀死或出卖债务人两个选择，此为"出卖之、杀戮之"。① 如此，债务人是以他的人身作为债的担保，尽管很残酷，但相较于《汉穆拉比法典》第 117 条的规定，《十二表法》尚未把债务人的家属的人身作为债的担保，属于残酷中的"人道"。

《十二表法》第三表的规定属于强制执行法还是破产法？值得探讨。两者的区分在于前者要有多个债权人，所以在意大利语和西班牙语中，破产程序又称竞合程序（procedura concorsuale），后者有一个债权人即可。前 5 条都可以看做强制执行法的内容，第 6 条是典型的破产法条文，因为它隐含多个债权人对破产人尸体的分配以及债权人平等原则。

富有意味的是，《十二表法》并不排斥仅以债务人的财产作为其履行债务的担保，为此在第十二表第 1 条中设立了扣押之诉。② 其中，允许债权人采取法定形式扣押债务人的财产用以清偿债务，但这种诉讼只适用于债务人与国家间的财产关系，例如他对国家欠税的情况。③ 这样的安排更接近现代破产法的原则，但显然不是主流。扣押财产的威慑力不及扣押人身的大，这种对比让我们得出《十二表法》对于私人债权的保护甚于对国家债权的保护的结论。

《十二表法》的上述严酷规定为公元前 326 年的《关于债奴的佩特流斯和帕皮流斯法》（Lex Poetelia Papiria de nexis）缓和。该法废除了债奴制度，并且解放了所有的债奴，从而使罗马法中的债不再以债务人的躯体作为承担责任的保证。这是平民与贵族斗争胜利的成果。李维评论说，对于罗马平民来

---

① 参见黄风：《罗马法词典》，法律出版社 2002 年版，第 153 页。
② 其辞曰：对购买供祭神之用的动物不付价金的人，在出租牲畜以租金购买祭神用的动物的情况下不付租金的承租人，设立扣押财产之诉对抗之。
③ 参见黄风：《罗马法词典》，法律出版社 2002 年版，第 153 页。

说，这像是自由的开端，因为除了犯了某些罪行、仍在服刑的人外，任何人不应受到束缚或监禁，所欠的钱款应当用债务人的财产而不是躯体来偿还。（8，2，8）[①] 李维的话是对罗马人用财产执行取代人身执行的转变的描述。现代意大利作者贝贝分析道：市民的身体是市民自由权的客体，身体自由市民才是自由的。[②] 至此，人格利益优先于经济利益的规则，终于确立起来。

但这样的转变抽空了 Nexus 制度的基础，所以，《关于债奴的佩特流斯和帕皮流斯法》的颁布必然要导致新的债的概念的出现。Obligatio 因运而生，它最早由盖尤斯在其 161 年前的《论日常事物》或《金言集》中使用[③]，只有约束人们依据城邦的法律为给付的含义，已经没有人身责任的内涵了。这样的债的概念是新的破产法的基础。

### 三、公元前 2 世纪财产性破产制度的产生和发展

（一）商业时代拍卖财产制度的现身

新的财产性的破产制度包含在拍卖财产（Bonorum venditio）制度中，该制度由裁判官在公元前 2 世纪在财产占取（Missio in bona）制度的基础上发展而来。在财产占取制度中，裁判官授权原告对逃跑的未履行债务的被告的全部财产实行占有，以督促被告参加证讼程序，以便诉讼能继续进行。为占有的原告并不具有出售财产的权利。[④] 拍卖财产制度就给了为占有的原告这个权利。它是在有多数债权人的情形下，裁判官应一个或多个取得占有的债权人的请求授权他们占有债务人财产到一定期限，期满后，授权债权人会议选出一个财产托管人负责编制拍卖计划、债权和债务的状况以及拍卖的条件，然后拍卖财产给出价最高者。买受人接替债务人的法律地位，在规定的期间内对债权人履行债务的制度。[⑤] 裁判官要为待拍卖的财产任命一个保佐人

---

[①] 参见〔意〕彭梵得：《罗马法教科书》，黄风译，中国政法大学出版社 2005 年修订版，第 270 页及以次，译文有改动。

[②] Cfr. Leo Pepe, Riflessioni intorno all'esecuzione personale in diritto romano, In Annali del Seminario Giuridico dell'Università di Palermo, Vol. 53 (2009), p. 130.

[③] 参见〔意〕朱塞佩·法尔科内：《义务和法锁：追溯债的经典定义之起源》，齐云译，载徐国栋主编：《罗马法与现代民法》第 6 卷，厦门大学出版社 2008 年版，第 96 页。

[④] 参见黄风：《罗马法辞典》，法律出版社 2002 年版，第 178 页。

[⑤] 同上书，第 43 页。

(Curator bonorum)。他代表债权人的利益，可以提出撤销诈害行为之诉。①

那么，到底哪个裁判官创立了拍卖财产制度呢？盖尤斯认为，它是由裁判官普布流斯·路提流斯·路福斯（Publius Rutilius Rufus）于公元前118年创立的。② 有人根据李维的记载认为，是裁判官卡尔乌斯（P. Rutilius Calvus）于公元前168年创立的。③ 创立者在程序上做文章，当针对破产人的债务人起诉时，在原告请求栏目中填破产人的名字。在判决程式中就填财产买受人的名字了。④ 还有人认为，在Rutilius裁判官之前，这种制度即已存在，裁判官Rutilius不过为它制作了程序而已。⑤ 或者说，不过把它扩展适用于活人的财产而已。⑥ 这种观点不无道理，我在前文中已指出，远古罗马法中就有扣押之诉起到类似财产拍卖制度起到的作用。

无论是哪个裁判官创立了拍卖财产制度，他们都是在罗马史上的商业时代（公元前2—3世纪中叶）创立的，其时，以交换为基础的市场经济形成和发展，营业（negotiatio）和企业（taberna instructa）的概念得到了法律承认，并且与商业、金融、运输和服务以及小规模的生产门类的企业活动相联的制度和诉权得到了创立。⑦ 所以，不能排除拍卖财产制度与新的经济条件之间的关联。如此，财产拍卖制度中涉及破产的部分，有可能被用来处理企业经营失败的善后问题。所以，财产拍卖制度在有的时候名义上是个人破产的法律形式，实际上可能构成对企业破产的法律调整。

根据德国学者奥托·勒内尔（Otto Lenel）对《永久告示》的还原，拍卖财产制度适用于如下八种案型。

(1) 被判处为将来的审判提供证据却不为自己辩护的人（Qui iudicatus

---

① Cfr. Fabio de Carvalho Groff, Contribuição ao studio da curadoria de bens na execução o curator bonorum da bonorum venditio, Dissertação de Mestrado, Universidade de São Paulo, 2010.
② 参见〔古罗马〕盖尤斯：《法学阶梯》，黄风译，中国政法大学出版社1996年版，第304页。
③ Cfr. M. Del Pilar Pérez Alvarez, Origine e Presupposti del Concorso dei Creditori a Roma, In Teoria e storia del diritto privato, Numero IV, 2011, p. 20.
④ 参见黄风：《罗马法辞典》，法律出版社2002年版，第17页及以次。
⑤ Cfr. M. Del Pilar Pérez Alvarez, Origine e Presupposti del Concorso dei Creditori a Roma, In Teoria e storia del diritto privato, Numero IV, 2011, p. 22.
⑥ Ibid., p. 26.
⑦ 参见〔意〕阿尔多·贝特鲁奇：《保护与企业主缔约的第三人制度的起源——对古典时期罗马法的一些规范的观察》，徐国栋译，载徐国栋主编《罗马法与现代民法》（第3卷），中国法制出版社2002年版，第31页。

prove iudicatus erit quive ita ut oporte defensus non fuerit)。

（2）依据《关于财产让与的优流斯法》让与财产的人。

（3）与未成年人订立合同，不以自己的名义为自己辩护的人。

（4）为诈欺目的隐藏起来的人。戴克里先和马克西米利安给特伦求斯（Terencius）发布的一个敕答（C. 7, 47, 9）提供了这方面的一个案例。某人因为管理Terencius的事务对其负债，官司闹到行政总督那里，但债务人藏匿。戴克里先和马克西米利安告诫Terencius可根据裁判官告示占有其债务人的财产，经过法律规定的期间后将之出卖。①

（5）不出面应诉的人以及远离罗马或诉讼地又无代理人的人②。

（6）没有继承人的人。

（7）继承人被怀疑不能遵从裁判官的提供保证的命令的情形；提供了出庭担保但后来未出庭的人③；被自权收养的人和归顺夫权的人的财产。④ 就该大类中的第二小类而言，西塞罗留下辩护词的塞克斯求斯·内维尤斯（Sextius Naevius）诉普布流斯·昆克求斯（Publius Quinctius）一案提供了例子。普布流斯·昆克求斯的兄弟盖尤斯·昆克求斯曾与内维尤斯在以纳尔波为首府的高卢合伙经营，盖尤斯·昆克求斯去世时指定其兄弟为其继承人。普布流斯赶来继承遗产，与内维尤斯就合伙财产的划分产生了争议。盖尤斯·昆克求斯留下了一些债务，普布流斯提出出卖其兄弟的一些土地偿债，但内维尤斯提出他有种种困难不能这么做。最后双方在罗马涉讼，都提出了出庭担保，但普布流斯在开庭时间没有到庭，这就构成了"提供了出庭担保但后来未出庭的"的拍卖财产制度适用理由。裁判官多拉贝拉（Publius Cornelius Dolabela）应内维尤斯的请求，判定他占有昆克求斯在纳尔波为首府的高卢的涉案财产30天，此后将拍卖此等财产，内维尤斯已为此张贴了拍卖公告。昆克求斯被从争议财产中逐出。一个阿尔芬努斯（Alfenus）阻止了此等行动，他

---

① See *The Civil Law including The Twelve Tables*, *The Institutes of Gaius*, *The Rules of Ulpian*, *The Opinions of Paulus*, *The Enactments of Justinian*, *and The Constitution of Leo*, Translated and edited by S. P. Scott, Cincinnati, The General Trust Company, 1932, Vol. XIV, p. 231.

② Cfr. M. Del Pilar Pérez Alvarez, Origine e Presupposti del Concorso dei Creditori a Roma, In Teoria e storia del diritto privato, Numero IV, 2011, p. 61.

③ Ibid., p. 63.

④ 参见〔古罗马〕盖尤斯：《法学阶梯》，黄风译，中国政法大学出版社1996年版，第224页。

自称当过昆克求斯家族的代理人，当时不在罗马。内维尤斯在与阿尔芬努斯谈过几次后，由于不明的原因，把案件推迟了1年半。尔后他请求裁判官继续进行没收财产程序。但昆克求斯得到了保民官的帮助，后者威胁要否决没收程序，除非让当事人对簿公堂。于是，内维尤斯和昆克求斯商定采用一种叫做协商（Sponsio）的程序。两造共同出现于法官盖尤斯·阿奎流斯（Gaius Aquilius）面前。西塞罗出庭为昆克求斯辩护，内维尤斯的辩护人则是当时最著名的律师沃霍尔腾修斯。① 最终昆克求斯胜诉。这个案例展示了拍卖财产的程序，同时，它也表示拍卖财产制度并不只是属于破产法。

（8）受死刑判处的人。② 其实可能还要包括受剥夺市民权或自由权判处的人，因为伽里斯特拉杜斯在其《论皇库的权利和人民的权利》第1卷中说：被判罪的人如果丧失生命或市民权，或被判处沦为奴隶状态，其财产要被充公（D.48，20，1pr.）。③ 此等财产此前就有债权和债务，而且上述判处从法律上看是自然的或民事的死亡，都导致继承，婚生子女被允许在这样的继承程序中继承父亲一定份额的遗产（D.48，20，1—2）。④ 他们当处在被罚没财产的债权人的地位。对于此等财产，当然要经过清算程序后才能把拍卖的所得上缴皇库。

顺便指出，受罚金判处也可能导致被判处人破产。例如，搜刮钱财罪的被告受被判处后，要支付4倍于搜刮额的罚金，这可能导致被判处者破产。⑤

上述八种案型的顺序不见得是按各案型产生时间的先后排列的，而是按合理性排列。西班牙研究者阿尔瓦雷斯（M. Del Pilar Pérez Alvarez）相信，最早的是没有继承人的案型。⑥ 买受人被视为债务人的继承人⑦，这两者加上概

---

① See Shane Butler，*The Hand of Cicero*，London and New York，Routledge，2002，p.9.
② Cfr. M. Del Pilar Pérez Alvarez，Origine e Presupposti del Concorso dei Creditori a Roma，In Teoria e storia del diritto privato，Numero IV，2011，p.39.
③ 参见〔意〕桑德罗·斯奇巴尼选编：《私犯之债（II）和犯罪》，徐国栋译，中国政法大学出版社1998年版，第209页。
④ 同上。
⑤ 参见蒋军洲：《由私向公的搜刮钱财罪诉讼程序及西塞罗的革新——以西塞罗第一次控告韦雷斯为中心》，载徐国栋主编：《罗马法与现代民法》（第7卷），厦门大学出版社2010年版，第124页。
⑥ Cfr. M. Del Pilar Pérez Alvarez，Origine e Presupposti del Concorso dei Creditori a Roma，In Teoria e storia del diritto privato，Numero IV，2011，p.41.
⑦ Ibid.，p.22.

括财产的移转因素，共同构成罗马人将此程序列为继承的原因。①

这八种案型并非都为了解决破产问题，只有第二种和第三种肯定是，第六种可能是，即在遗产破产的情形是。所以，拍卖财产制度与破产制度只是相交而不重合。

不幸的是，财产拍卖制度消解涉案人的总体财产，从而导致其人格破灭。且发生破廉耻，也就是从社会中开除，被排斥担任许多公职的可能。西塞罗更形象地说，破廉耻就是从人的清单上被擦掉。② 对于有身份的人来说，遭受破廉耻者要去掉金指环（骑士阶级的标志）和其他一切等级标记。③

拍卖财产制度可能伴随犯罪。按照优士丁尼的《法学阶梯》I. 4, 4, 1 的规定，在明知他人不负欠自己任何东西的情况下，冒充其债权人占有其财产的人，实施了侵辱。这构成破坏他人信用罪。

（二）财产零卖（Bonorum distractio）制度对于财产拍卖制度的改进

这一制度可能由奥古斯都时期的《关于财产零卖的元老院决议》（Senatusconsultum de distractione bonorum）确立。顾名思义，它不要求拍卖涉案人的全部财产，而只拍卖其中的一部分，应该是能满足债权的部分。这样，债务人的总体财产没有丧失，其人格得以保留，没有破廉耻的结果。财产零卖最初是原则中的例外，它意味着一项特权，适用于元老阶级成员和未成年人。④ 这样，尊者和未成年人得到了保护。后来，其适用范围逐步扩张，最后取代了财产拍卖制度。财产零卖制度对未成年人的保护蕴含着允许跌倒的人重新开始的理念，以及不把破产看做犯罪行为的理念，这些恰恰是现代破产法的理念。

财产零卖制度在优士丁尼法中被废除。

（三）自愿性破产程序的产生和推广

在破产法的范围内说话，无论是财产拍卖还是财产零卖程序，都属于强

---

① 无论是盖尤斯的《法学阶梯》还是优士丁尼的《法学阶梯》，其中都把财产拍卖制度当做继承法的一部分论述。

② Cfr. Cicero, Pro Quinctio, 49-51, Su https：//www.thelatinlibrary.com/cicero/quinc.shtml, 2013 年 6 月 10 日访问。

③ See J. A. Crook, *Law and Life of Rome*, 97 BC. 212 AD, Cornell University Press, 1967, p. 177.

④ Cfr. M. Del Pilar Pérez Alvarez, Origine e Presupposti del Concorso dei Creditori a Roma, In Teoria e storia del diritto privato, Numero IV, 2011, p. 29.

制性的破产程序。直到恺撒于公元前46—45年提议的《关于财产让与的优流斯法》的颁布，罗马法才进入了自愿破产程序的阶段。

《关于财产让与的优流斯法》（Lex Iulia de bonis cedendis）允许债务人自愿将其全部财产让与债权人，从而避免任何人身性措施（如强制执行）并避免破廉耻。如前所述，拍卖财产制度是导致债务人破廉耻的。该法还允许破产债务人在能够证明自己遭受不可抗力事件而财产毁损时，减少其财产让与的额度。①

恺撒是在特殊的条件下颁布《关于财产让与的优流斯法》的。内战中，债务关系就极为紧张。公元前48年，爆发了路福斯（Marcus Caelius Rufus）骚动。公元前47年，又爆发了多拉贝拉（Publius Cornelius Dolabela）骚动。两个骚动都是债务关系紧张造成的，导致国家陷入紧急状态。对于它们，本书收录的《罗马共和混合宪法诸元论》一文已经介绍，此处不赘。

恺撒历来被作为民众派的代表，所以，战胜庞培结束内战后，人民希望他废除债务。②而且，由于整个意大利的信贷都比较紧张，不再有人清偿债务。③所谓的"信贷紧张"，指现金供应不足，这样，债务人不仅借不到钱，而且即使有不动产可以还债，也找不到买家。④在债权人方面，由于战争和兵变，需要大量的金钱，他们运用了最严厉的手段对付债务人。这样，双方都用了许多歪招来对付对方，债务人不得不抛弃他们被抵押的财产。恺撒的任务是平衡双方的利益。⑤首先，他一般地缓和债权人与债务人的关系，为此他复活了一个古老的法律，禁止人们持有价值超过6万塞斯特斯的金币或银币，以此解决市面上通货不足的问题。同时规定，年房租超过2000塞斯特斯的，一律减为2000塞斯特斯。内战开始后累计的利息，一律取消。⑥其次，他以有利于弱者的方式具体解决债务人破产问题。为此，他命仲裁人估价被抵押

---

① Cfr. Oronzo Milella, Casus e vis maior in SEN., Ben. 4. 39. 3-4. In Labeo, Vol. 33 (1987), p. 281.
② 参见〔古罗马〕阿庇安：《罗马史》（下卷），谢德风译，商务印书馆1976年版，第142页。
③ 参见〔古罗马〕恺撒：《内战记》，任炳湘、王世俊译，商务印书馆1986年版，第93页。
④ See Cassius Dio, Roman History, XLI, 37, On http://penelope.uchicago.edu/Thayer/E/Roman/Texts/Cassius_Dio/41*.html, 2013年6月10日访问。
⑤ 同上。
⑥ See Theodor C. Albert, The Insolvency Law of Ancient Rome, In *California Bankruptcy Journal*, Vol. 28 (2006), No. 3, p. 382.

财产在内战前的价值并宣告之。内战后,由于大量的财产被没收,所有的东西都变得便宜,按战前的价值还债①,加上从本金中扣除已付的利息和抵押品的价值②,债务人减少了 1/4 的负担,当然,债权人被保留手中的财产涨价到战前水平甚至超过的希望。③

把上述文学性的原始文献记载还原成法律程式,可得出如下的描述:为了避免债务人和债权人两败俱伤,恺撒颁布法律命令债务人通过让与自己的全部财产满足债权人。由于采用实物抵债,避免了债务人由于通货紧缩不能还债的困境。这样也打造了罗马破产法之破产标准的起源性标记:采用支付不能的标准而非资不抵债的标准。一些债务人的不动产价值高昂,完全可以偿债,但由于不能变现无法成为有效的支付手段。恺撒通过把这些实物在观念上货币化解决了这一问题:仲裁人按战前物价水平估定的实物价值债权人应当接受,估价额与债额相当的,债权人和债务人两清,构成最好的破产结局;估价额与债额间有差额的,此等差额应作为债权人的损失。作为让与全部财产的回报,债务人免受破廉耻的后果。

实际上,恺撒这样做有先例可循。公元前 216 年,保民官米努求斯(M. Minucius)提议制定了《关于银行 3 人委员会的米努求斯法》(Lex Minucia de Triumviris Mensariis),此法任命了 3 个财务方面的官员管制短缺通货引起的危机。他们有可能建立一个公共银行解决私人的债务。对可以提供良好担保的债务人,先用公共基金代他们还债。不能提供担保的债务人可以实物抵债。④ 该法具有破产重整程序的色彩。要点之一是国家暂时代私人还债;要点之二是允许实物抵债。恺撒的立法与该法共同的背景是通货短缺危机,它继承了实物抵债的危机处置方法。两个立法共同证明了共和罗马采取措施干预经济危机的传统。

---

① See Cassius Dio, Roman History, XLII, 51, On http://penelope.uchicago.edu/Thayer/E/Roman/Texts/Cassius_ Dio/42 *. html, 2013 年 6 月 10 日访问。
② 参见〔古罗马〕苏维托尼乌斯:《罗马十二帝王传》,张竹明译,商务印书馆 1995 年版,第 36 页。
③ See Theodor C. Albert, The Insolvency Law of Ancient Rome, In *California Bankruptcy Journal*, Vol. 28(2006), No. 3, p. 382.
④ See Piotr Niczyporuk, MENSARII, Bankers Acting for Public and Private Benefit, *Studies in Logic, Grammar and Rhetoric* 24(37)2011.

无论如何，恺撒就这样完成了罗马破产法的创新。创新点之一是把强制破产的旁边发展出自愿破产。创新点之二是放弃破产惩罚论，宁愿把破产看做一种解决危机的手段，由此免除了对破产人的破廉耻处罚。创新点之三是把破产法独立化。我们知道，财产拍卖是破产法与其他法共用的一个程序，而财产让与制度是专门的破产程序。由于这些创新以及它与现代破产法极为接近，把恺撒的《关于财产让与的优流斯法》看做现代破产法的始祖，并不夸张。

恺撒的这一立法原创性如何？此制来源于 cessio bonorum extra ius，这是一种法庭外程序，其间，债务人坦承破产，与债权人达成让与财产简约，后者保证不再诉追债务人。① 此制也可能来源于 decoxit creditoribus suis 制度。该词组中的 decoxit 的意思是"他宣告"。整个词组的意思是"他向债权人宣告自己的财产"，也就是宣告破产，这是让与财产的前奏。如果债务人的全部财产不能满足债权人，他自己要被出卖。② 无论如何，恺撒的立法把这些先前存在的法外制度法律化、人道化了。

让与财产制度最初只适用于罗马，后来被一位其名字已不可考的皇帝推广到行省（C. 7, 71, 4）。③

让与财产制度最初只适用于私人之间的债务，后来戴克里先和马克西米利安把这一制度推广到对公家的债务（C. 7, 71, 5）。④ 而且，在私人因为欠国家的债受法院判处因而让与自己财产的情形，在财产未被出售的前提下，让与人可以撤销其让与（C. 7, 71, 2）。⑤

## 四、财产让与制度的适用

（一）财产让与制度的适用条件

（1）债务人为诚信，也就是说，债务人必须让与其全部财产，并且不能

---

① See Theodor C. Albert, The Insolvency Law of Ancient Rome, In *California Bankruptcy Journal*, Vol. 28 (2006), No. 3, p. 383.
② See J. A. Crook, *Law and Life of Rome*, 97 BC. 212 AD, Cornell University Press, 1967, p. 176.
③ See The *Civil Law including The Twelve Tables*, *The Institutes of Gaius*, *The Rules of Ulpian*, *The Opinions of Paulus*, *The Enactments of Justinian*, *and The Constitution of Leo*, Translated and edited by S. P. Scott, Cincinnati, The General Trust Company, 1932, Vol. XIV, p. 228.
④ Ibid.
⑤ Ibid.

以诈欺手段获得贷款。① 一旦被查实破产人实施了诈欺，财产让与失效。②

（2）债务人遭受了灾厄，也就是遭遇了船难、抢劫、火灾等情形。③ 换言之，没有遭遇灾厄而支付不能的债务人不得利用这一制度。

（3）让与人按照程式制作一个申明（Professio），表明自己让与自己的全部财产给债权人的意愿。这是财产让与制度的自愿性的体现。可能要在法院进行此等意思表示。本来有程式要求，狄奥多西皇帝废除了程式要求，只要作出让与的单纯意思表示即可（C. 7，71，6）。④

（二）让与的效力

一旦债务人让与其全部财产，发生如下效力：

（1）对债权人的效力。债权人取得对让与人财产的占有（Missio in posse-sionem）。此等占有的安宁受裁判官令状的保护，具体说来是"不得对被置于占有的人实施暴力"（Ne vis fiat ei qui possesionem missus erit）的令状的保护。⑤ 裁判官说，如果任何人故意阻止根据我的权威的人获得占有或阻止享有管辖权的人的权威，我将授予事实诉权对抗他，被对抗者要支付等于被占有的物的价值的金钱（D. 43，4，1pr.。乌尔比安：《告示评注》第72卷）。⑥ 在此等保护下，债权人可以占有并出卖债务人的财产。但此等占有不能作为时效取得的依据。为了保存和看管被占有的财产，必须建立起对此等财产的管理权。此等管理权可以由债权人自己行使，也可由债权人或长官委托保佐人行使，后种可能发生于有必要行使债务人的诉权的情形。管理权的行使者对于自己的疏忽造成的被占有财产的损害承担责任。⑦

进入让与财产程序的债权人取得裁判官法上的质权（Pignus praetorium），

---

① See Theodor C. Albert, The Insolvency Law of Ancient Rome, In *California Bankruptcy Journal*, Vol. 28（2006），No. 3，p. 384.

② Ibid.

③ Ibid.，p. 386.

④ See *The Civil Law including The Twelve Tables*，*The Institutes of Gaius*，*The Rules of Ulpian*，*The Opinions of Paulus*，*The Enactments of Justinian*，*and The Constitution of Leo*，Translated and edited by S. P. Scott, Cincinnati, The General Trust Company, 1932, Vol. XIV, p. 228.

⑤ Voir Paul Bachmannn, De la cession de biens en droit romain, Nancy, 1894, pp. 35ss.

⑥ See *The Digest of Justinian*，Vol. 4，edited by Mommsen and Alan Watson, Philadelphia, University of Pennsylvania Press, 1985, p. 570.

⑦ Voir Paul Bachmannn, De la cession de biens en droit romain, Nancy, 1894, p. 38.

此等权利保障他们优先于一切后来的债权人得到满足。① 由于自己的过失丧失了对财产的占有的,可以依据此等裁判官法上的质权得到占有之回复。②

(2)对债务人的效力。进入让与财产程序后,债务人丧失对其财产的管理和享有。但他可保留一定的豁免财产,奴隶、牛、农具豁免执行。③ 这样的豁免尺度够仁慈的,不限于为破产人保留基本的生活资料,而是为他保留昂贵的生产资料,此举看来出于小农经济是国本的观念。破产人不得担任自治市的官员。他还要提供"偿付判决额的担保"(Cautio iudicatum solvi),承诺在所有以他为被告的诉讼中偿付判决额。④

需要指出的是,破产并不导致债务消灭。公元224年亚历山大·塞维鲁斯皇帝致伊雷内乌斯(Irenaeus)的敕答规定,让与财产的债务人未全额偿付债权人的,并不免除责任,他们让与财产的唯一好处是免坐牢(C.7,71,1)。⑤ 莫特斯丁也主张不断出售债务人的财产直到债权人获得全额满足(D.42,3,7)。⑥ 这跟一些现代国家的规定不同,它们要么规定债务消灭,要么规定债务成为自然债务,不可执行,例如加拿大就是如此。⑦

然而,乌尔比安对此问题持比较宽容的见解。他说,交出了其财产的人,如果后来得到了一些小财,不会发生第二次出售,因为不能剥夺一个人每日的面包(D.42,3,6)。罗马破产法 I.4,6,40 也规定:即使已对债权人作了其全部财产之让与的人,如果后来取得了他享有适当之收益的某物,重新对他起诉的债权人只能在债务人所能的范围内获得清偿。因为对被剥夺了其全部财产的人,如果仍就全额作出判决,则不人道。

---

① Voir Paul Bachmannn, De la cession de biens en droit romain, Nancy, 1894, p. 38.
② Ibid., p. 39.
③ See RG Evans, A Critical Analysis of Problem Areas in Respect of Assets of Insolvent Estates of Individuals, p. 35. On http://upetd.up.ac.za/thesis/available/etd-05242009-143134/unrestricted/02part2.pdf, 2013 年 6 月 10 日访问。
④ 参见〔古罗马〕盖尤斯:《法学阶梯》,黄风译,中国政法大学出版社1996年版,第338页。
⑤ See The Civil Law including The Twelve Tables, The Institutes of Gaius, The Rules of Ulpian, The Opinions of Paulus, The Enactments of Justinian, and The Constitution of Leo, Translated and edited by S. P. Scott, Cincinnati, The General Trust Company, 1932, Vol. XIV, p. 227.
⑥ See The Digest of Justinian, Vol. 4, edited by Mommsen and Alan Watson, Philadelphia, University of Pennsylvania Press, 1985, p. 545.
⑦ See Paul J. Omar (edited by), International Insolvency Law, Themes and Prospectives, Ashgate Publishing Company, 2008, p. 11.

（3）对第三人的效力。让与财产程序还有对第三人的效力。首先，破产人的保证人的责任不解除。事实上，如果债务人已将其全部财产让与，而债权人对他起诉，他可借助于他已让与全部财产"之抗辩为自己辩护。但这种抗辩不授予保证人，不消说，这乃是因为，使他人为债务人受债之约束的人，尤其注意在债务人失去其财产的情况下，能够从他使其为债务人受债之约束的人处获得其财产"。其次，合伙人之一的破产导致合伙消灭。如果合伙人中的某人受大量债务的压迫，让与了其财产，并因此因公的或私的债务出卖其财产，合伙解散。但在这种情况下，如果合伙人们仍同意保持合伙，视为开始了一个新合伙。

（三）破产财团的确定

为了进行破产程序，必须确定可向债权人分配的破产财产的范围，这是一个划清破产人的财产与他人财产的界限的过程。罗马破产法有如下举措完成这一过程。

（1）债权人享有对债务人的诈害行为的撤销权。如果某人为诈欺债权人将其物交付给他人，根据省长的判决获得了其财产之占有的债权人，可以自己通过撤销交付要求该物，换言之，断言从未交付该物，因此它仍在债务人的财产内。这种诉权被称为保利安诉权，由优士丁尼法创立。[1]

（2）债权人享有代位权，可代位行使债务人的债权充盈破产财团。此等代位权由破产财团的保佐人行使。[2]

（3）债权人享有归入权，刺破特有产的面纱从主人取得特有产的转化物。债务人的金钱转化为其他人的物的，此等"其他人"要在得利的范围内对债权人承担责任。例如，在奴隶经营特有产的情形，他就主人的物所作的任何必要花费，主人被认为获得了利润，例如，如果用借得的金钱对其债权人作了偿付、支撑了要倒塌的房屋、为奴隶购买了粮食或甚至购买了土地或任何其他必要之物。

（4）以穆丘斯推定厘清破产丈夫与其妻子财产的界限。罗马法中的法定夫妻财产制是分别财产制。由于嫁资是妻子在失去丈夫后生活的保障，

---

[1] 参见黄凤：《罗马法辞典》，法律出版社2002年版，第14页及以次。
[2] Voir Paul Bachmannn, De la cession de biens en droit romain, Nancy, 1894, p. 38.

尽管丈夫对妻子的嫁资享有经营管理权，在他破产时，妻子的嫁资应不在丈夫的破产财团内。所以，在丈夫濒临破产的情况下，时有把自己的财产转移到妻子名下诈欺债权人之举。① 债权人当然可行使撤销权解决此等诈害行为。但在夫妻财产制不明的情况下如何适用破产制度于家庭？为此产生了穆丘斯推定（Praesumptio Muciana）：推定已婚妇女占有的所有的财产在归属存疑的情形下属于其丈夫，可由后者的债权人执行。② 当然，这样的推定允许以反证推翻。

（5）划清破产父亲与其被解放的儿子的财产的界限。父亲让与财产的，被解放的儿子的财产不受影响（C.7，71，3）。③ 反过来讲，未被解放的儿子的财产与父亲的财产一体，要承受父亲破产的后果。但是，优士丁尼规定，儿子的特有产、军营特有产和父亲同意他拥有的其他财产，不属于父亲的破产财团（C.7，71，7）。④ 这样的规定体现了不株连原则。

（四）和解的可能与债权人会议

债务人提出让与其全部财产的申明后，债权人可以给他5年的额外偿债期，此时发生偿债期限上的和解。在此等情形，尽管债务被推迟偿还，但可能得到全额偿还，这对于部分债权人来说是值得的结果。当然，债权人也可接受让与。到底采取哪种解决方案，通过召开债权人会议解决。在此等会议上，最终决定可以取决于债权人的人数，也可取决于债权额的大小。优士丁尼兼采两种表决方法。在一个债权人的债权额大于其他债权人的债权额之总和的情形，采用债权额多数表决原则，此等债权人的决定就是整个债权人会议的决定。但如果各债权人的债权额相等，则以人数多的一方的决定为决定。在此等程序中，有担保的债权人与无担保的债权人地位一致，前者不享有任何特权。⑤

---

① See J. A. Crook, *Law and Life of Rome*, 97 BC. 212 AD, Cornell University Press, 1967, p. 175.
② See Adolf Berger, *Encyclopedic Dictionary of Roman Law*, Philadelphia: The American Philosophical Society, 1991, p. 647.
③ See *The Civil Law including The Twelve Tables*, *The Institutes of Gaius*, *The Rules of Ulpian*, *The Opinions of Paulus*, *The Enactments of Justinian*, *and The Constitution of Leo*, Translated and edited by S. P. Scott, Cincinnati, The General Trust Company, 1932, Vol. XIV, p. 228.
④ Ibid., p. 229.
⑤ Ibid.

**五、特殊破产**

特殊破产包括遗产破产、银行破产、特有产破产、返还嫁资的丈夫破产、受敬畏者破产等情形,其共同特点是具有特别要素。例如,在遗产破产的情形,就采用债务超过而非支付不能的破产标准。在银行破产的情形,有刑事责任的后果。在特有产破产的情形,涉及到资本运作者与出资者的关系。在返还嫁资的丈夫破产的情形以及在受敬畏者破产的情形,都有基于亲密关系的能力利益制度保护破产人。容分述之。

(一)遗产破产

1. 遗产破产的定义和类型

遗产破产是在继承过程中消极财产大于积极财产造成的破产。所以,遗产破产的标准是资不抵债,不同于普通破产的支付不能标准。分为法定继承中的遗产破产和遗嘱继承中的遗产破产两类。要注意,破产的是死者而非继承人。

现代各国家和地区规定遗产破产者甚多,例如德国、英国、瑞士、日本以及我国台湾地区和香港地区,它们都是罗马法中的遗产破产制度的继受者。[1]

2. 法定继承中的遗产破产

法定继承中的遗产破产可能发生在拍卖财产的如下案型中:

(6)没有继承人的人;

(7)继承人被怀疑不能满足债务人的情形。

第(7)种情形与破产的关联度更高。

由此可见,法定继承中的遗产破产也适用财产拍卖程序,与普通破产在程序上并无本质区别。

由于死者已死,法定继承中的遗产破产的后果,在阿德里亚努斯皇帝之前,大都发生在第一顺位的继承人身上,因为其他顺位的继承人有犹豫权,通常可以避免遭遇遗产破产。如果判断有错,25岁以下的人可以得到救济。

---

[1] 参见廖显堂:《有关遗产破产的几个问题的探讨》,载《贵阳学院学报(社会科学版)》2009年第3期,第22页。

25 岁以上的人则要以自己的财产承担死者的债务以避免遗产破产。当然，如果实行有限继承，则各个顺位的法定继承人都不会遭遇遗产破产。阿德里亚努斯皇帝颁布法律达成了这一结果，这首先是未成年人的特权，后来哥尔迪亚努斯皇帝让士兵也分享了这一特权，优士丁尼则让所有人都拥有这个权利。(I. 2, 19, 6)。

3. 遗嘱继承中的遗产破产

遗嘱继承中的遗产破产是被继承人或继承人明了遗产资不抵债的情况，通过遗嘱或简约安排破产后果的破产。

第一种情形是被继承人安排破产后果。公元 4 年的《艾流斯和森求斯法》(Lex Aelia Sentia) 允许此等人以遗嘱指定其奴隶为继承人，同时给予他自由，让他成为自由人和其唯一和必要的继承人，只要其他人不根据该遗嘱成为继承人，这或由于没有其他人被指定为继承人；或由于被指定的人因为任何原因未成为继承人。如此，没有其他人将成为其继承人的穷人，至少让其奴隶作为必要继承人满足债权人；或在奴隶不这样做的情况下，由债权人以奴隶的名义出卖遗产物，以免死者遭受凌辱 (I. 1, 6, 1)。

第二种情形是继承人安排破产后果。Decoction 也适用于遗产破产的情形。① 继承人坦承遗产破产，为此，他可与遗产的债权人达成减额还债的简约，例如，只偿付债权额的 50%。此等简约有效，但以债权人全体同意为条件。如果他们达不成一致，裁判官将干预，依据多数人的意见为决定（D. 2, 14, 7; D. 2, 14, 19)。②

4. 遗产信托继承过程中的遗产破产

遗产信托是罗马人的第三种死因继承方式，其间同样存在遗产破产问题。在此等情形，如果继承人因为害怕遗产资不抵债而拒绝接受遗产，信托受益人将一无所得。为此，他可申请裁判官命令继承人接受遗产并交付给信托受益人，同时，有利于遗产和不利于遗产的诉权都移转给他。在期限届满或条件成就后，如果继承人在扣除自己应得的 1/4 的特留份后把被信托的全部遗产转交信托受益人，就与后者订立了一个双分要式口约。按此约，继承人与

---

① See J. A. Crook, *Law and Life of Rome*, 97 BC. 212 AD, Cornell University Press, 1967, p. 176.
② See *The Digest of Justinian*, Vol. 1, edited by Mommsen and Alan Watson, Philadelphia, University of Pennsylvania Press, 1985, p. 65.

信托受益人一方面分担遗产的债务，另一方面分享遗产的债权。由于双方当事人一方面分担债务，另一方面分享债权，故他们的协议被称为"双分"。这实际上是一个和解程序，信托受益人放弃自己的单纯受益地位换取继承人接受遗产，以此避免遗产破产以及自己的期待权落空。但如果继承人放弃行使留置权把遗产全部交付给信托受益人，按照此约，遗产的全部债务和债权一并移转给信托受益人，这样，遗产破产的后果完全由信托受益人承担（I.2, 23, 6）。① 由此可见，在遗产信托程序中遗产破产的情形，罗马法中存在由继承人和信托受益人分担破产后果和由信托受益人单独承担破产后果两种解决模式。

（二）银行破产

罗马在公元前4世纪出现了银行。② 作为企业的一种类型，银行也有破产问题。此等问题按财产拍卖程序处理，而非按让与财产程序处理。③ 乌尔比安在其《告示评注》第30卷中研究了银行破产问题。他说，如果银行家破产，通常储户的账户应得到第一位的考虑，但只有无息存款者享有此等利益，他们优先于有息存款者、与银行家共同投资者、通过银行家投资者。在拍卖银行家的财产后，此等储户的请求权优先于有担保的债权人（D.16, 3, 7, 2—3）。④ 这些片段告诉我们，在罗马破产法中已有了债权人的顺位的概念，储蓄型的用户优先于投机型的用户。⑤ 有担保的债权人居于优先地位，他们是享有抵押权或质权的债权人。按帕比尼安的见解，他们的优先权不仅针对在银行家的财产中寻获的他们的存款行使，而且针对实施了诈欺的银行家的全部财产行使（D.16, 3, 8）。⑥

---

① 参见徐国栋：《优士丁尼〈法学阶梯〉评注》，北京大学出版社2011年版，第319页。
② 参见〔意〕阿尔多·贝特鲁奇：《罗马银行法探析——兼论商法起源问题》，徐铁英译，载《厦门大学学报（哲学社会科学版）》2013年第2期，第89页。
③ Cfr. Pietro Cerami, Andrea Di Porto, Aldo Petrucci, Diritto Commerciale Romano. Profilo Storico, Seconda Edzione, Giappichelli, Torino, 2004, p.197.
④ Cfr. Iustiniani Augusti Digesta seu Pandectae, Testo e traduzione（a cura di Sandro Schipani）III, Milano, Giuffrè, 2007, p.250.
⑤ Cfr. Pietro Cerami, Andrea Di Porto, Aldo Petrucci, Diritto Commerciale Romano. Profilo Storico, Seconda Edzione, Giappichelli, Torino, 2004, p.197.
⑥ Cfr. Iustiniani Augusti Digesta seu Pandectae, Testo e traduzione（a cura di Sandro Schipani）III, Milano, Giuffrè, 2007, p.250.

富有意味的是,在罗马破产法 D.16,3,7,2 中,未使用"支付不能"(solvendo non est)的概念,而是用了"离开集议场"(Foro cedunt)的表达,这一方面证明一个城市的银行往往设立在该城的集议场,也即市中心,另一方面证明了银行破产的物理形式——不再在集议场占有店面。

银行家破产后有什么法律后果?后来成了教皇卡利克斯图斯(Callixtus)一世(公元 217—222 年在位)的希波里图斯(Hippolytus)在其《驳斥一切异端》(Refutatio omnium Hearesium)中为我们留下了如下自身经历。公元 188 年,希波里图斯作为卡尔波夫鲁斯(Carpophorus)的奴隶被交付一大笔钱,后者要求前者用这笔钱经营银行取利。希波里图斯在公共水池(Piscina Publica)区(即罗马的第十二区)开了一家银行并取得成功,许多人由于信任卡尔波夫鲁斯来存款,其中有不少孤儿和寡妇。但后来希波里图斯不能返还存款,出于畏惧不能向主人交账而逃之夭夭。后被抓回并被投入磨坊—面包房服苦役。希波里图斯承认债权人债权的存在,应他们的请求,卡尔波夫鲁斯把卡利克斯图斯解脱,以便他能进行活动补偿储户银行要还给他们的金额。但希波里图斯还是还不了账,他在安息日跑到一家犹太会堂讨债或借钱,干扰了礼拜,被犹太人作为基督徒扭送市长官福西亚努斯,后者判处他在撒丁岛服矿坑苦役。① 看来,银行家破产的人身后果是在磨坊—面包房②或矿坑服苦役。

(三)特有产破产

特有产是父亲或主人交给家子或奴隶经营的财产,它相对独立于父亲或主人的财产。前文中讲到的卡尔波夫鲁斯出资让自己的奴隶希波里图斯经营银行案即为特有产以及特有产破产的实例。特有产首先可能相对于特有产的债权人破产,此时,特有产可能本身不足以满足债权人,他们要刺破特有产的面纱追究父亲或主人的财产的责任,父亲或主人仅在转化物的范围内承担责任。这点已见前述,此处不赘。

---

① Cfr. Aldo Petrucci, Mensa Exercere. Studi sull'Impresa Finanziaria Romana (II secolo a. C. -Metà del III secolo d. C.), Jovene, Napoli, 1991, p. 366.

② See Jan Theo Bakker (edited by), The Mills-Bakeries of Ostia: Description and Interpretation, Amsterdam, J. C. Gieben, 1999, p. 4. See also Freda Utley, Trade Guilds of the Latter Roman Empire, MA Thesis at the London School of Economics, 1925, On http://www.fredautley.com/thesis6.htm, 2012 年 10 月 24 日访问。

特有产其次可能相对于父亲或主人破产，如果他们就儿子或奴隶的特有产起诉而特有产中有不少于他们追究的财产，父亲或主人将被就全额作出判决。但如果发现它少于他们追究的金额，法官将在特有产的范围内作出判决（I. 4，6，36）。如此保障了被告的能力利益。所谓能力利益，就是被告在其能力允许的范围内承担责任，超过部分免除，这实际上是一种有限责任，它起到保护被告的作用，包含现代破产法中的破产导致免责制度的萌芽。

特有产最后可能同时相对于父亲和主人以及债权人破产。这时产生两种债权人何者优先的问题，裁判官提出了两种债权人平等的解决。对此可见I.4，7，3的规定：如果奴隶在主人知情的情况下，以特有产中的商品进行交易，就它们订立了契约，裁判官规定：任何这些商品以及由此产生的任何利润，将在对特有产享有债权的主人与奴隶的其他债权人之间按份额的比例分割。这样就剥夺了主人对特有产及其利润的优先分配权，要他和其他债权人一起按比例受偿，承受一定的损失。

(四) 返还嫁资的丈夫破产

嫁资是妻子带入夫家的财产，所有权归妻，经营权归夫。离婚后，丈夫应在3年内分3个期次返还妻子的嫁资，在这个过程中，丈夫的经济状况可能发生变动。如果资产充盈，当然很好，要全额返还妻子的嫁资，但如果资不抵债，则在能力所及的范围内返还，也就是还不了的就不还。对此罗马破产法I. 4，6，37的规定：如果妇女提起嫁资之诉，已决定：丈夫应在他能力所及的范围内，换言之，在其财产允许的范围内受到判处。因此，如果嫁资的数量与其财产的数量一致，将判处他返还全部嫁资。如果其财产较少，将只判决他返还他能力所及的数量。这样的安排维持了夫妻过去的情分并保护了子女，因为丈夫还是要用自己的财力扶养夫妻共同的孩子的。

(五) 受敬畏者破产

受敬畏者是地位在上者或关系亲密者。在他们破产的情形，如果债权人是地位在下者，他们享有能力利益。对此可见罗马破产法I. 4，6，38的规定：但如果某人对其尊亲或恩主起诉，同样，如果合伙人以合伙之诉对其他合伙人起诉，原告得不到超过其相对人之所能的判决。如果某人因其作出的赠予被诉，则适用同样的法。

按上述规定，由于存在亲密关系，在家父负债的情形，家子不能穷追猛打，必须得饶人处且饶人。在解放自由人与恩主之间，也有起诉方面的障碍，在私法上，解放自由人不得对恩主提起一些导致严重后果的诉讼，例如诈欺之诉（D.4，3，11，1。乌尔比安：《告示评注》第11卷）和侵辱之诉（D.47，10，11，7。乌尔比安：《告示评注》第57卷），其他诉讼仍然可以提起。即使解放自由人在法律允许的情形下起诉自己的恩主，也应遵循家子同样的规则。在第三种情形，只有全产合伙人享有这种利益，其他类型的合伙人只有在合伙之诉中才能享有这种利益。[①] 第四种情形是受赠人起诉赠予人，后者由于财务状况变化，无法完全兑现过去的赠予允诺，在这种情况下，也是让受赠人能得到多少就是多少，不能过分求索，因为他毕竟是单纯从他人处获利，没有付出任何代价。

### 六、结论

罗马破产法由财产拍卖程序和让与财产程序两个部分组成，后者是破产专用程序，前者是破产法与其他法律分支共用的程序。前者存在在先。

最早的让与财产程序是因通货紧缺造成，由此奠定了在罗马破产法中广泛适用的支付不能的破产标准。所谓支付不能，就是不能清偿到期债务，至于债务人的积极财产是否大于消极财产，在所不问，因为，支付不能可能是债务人资金周转不灵的结果。在此等情形下宣告破产，债权人受到大比例清偿甚至全额清偿的可能性很大，因此这一标准有利于债权人。但在遗产破产领域，罗马人也采用债务超过的破产标准。这两个标准都流传到现代破产法中。

在长期的发展中，罗马破产法变得非常技术化，确立了债权人的诈害行为撤销权、债权人对于债务人债权的代位权，确立了破产管理人制度、破产财团制度、豁免财产制度、债权人会议制度以及相应的按人数和按债额的表决制度、和解制度、重整制度、能力利益制度、破产失权制度（破产人不得担任自治市的官员），等等，并在普通破产的旁边发展起特殊破产的制度体系，现代破产法有的，罗马破产法差不多都有了，如此，能说后者不是前者

---

① Véase Pedro Gómez de la Serna, D. Justiniani Institutionum Libri IV, Tomo II, Libreria de Sanchez, Madrid, 1856, pag. 607.

的先祖吗?! 确实，罗马法中的财产让与制度是流行于欧美的为了债权人利益的全部财产让与（assignment for the benefits of creditor）制度的蓝本，以这个蓝本为基础，发展出了现代破产法。

罗马破产法发展的总的趋势是变得更有利于债务人。经历了从破命到破产、从一味保护债权人到也考虑债务人利益、从经济利益压倒人格利益到作出相反的安排的进化，裁判官法对市民法的修正是这种进化的推手。但罗马破产法对破产人的态度仍嫌严峻：基本上不承认破产人免责，给予他一个重新开始的机会，而是让他还债不息，直到债权人获得全部满足。这跟现代破产法（尤其是美国破产法）对于破产人的宽容态度形成对比。

罗马破产法不搞株连，这是其优点，但也成为其被人利用的弱点，借此转移财产于自己的亲属，但罗马人创立了保利安诉权应对之。现代破产法继承了罗马破产法的这一制度。

意大利学者巴干诺（G. Pagano）认为古代不存在破产程序，因为它们基本上是私人性的，没有公权力的干预。[①] 这一观点值得商榷。我们已看到，罗马的让与财产程序以法院为依托进行，破产人在法院为申明，破产财团管理人有可能由法官任命，等等，难道这些不是公权力的干预吗？

---

① Cfr. G. Pagano, Teoria del Fallimento, Roma, 1889, p. 9.

# 社 会 法 论

# 作为福利国家实践的《格拉古小麦法》及其后继者研究

**一、论题的意义以及文献综述**

在古罗马，从共和中期到元首制时期，存在国家承担责任向贫穷的市民低价或无偿供应小麦的制度，该制度的存在证明相应时期的罗马国家承担一定的社会保障的职能，为实现此等职能，又承担干预市场价格的职能。为落实此等职能，罗马国家又要建立一套采买、运输、储存粮食的国家机器并设立相应的官员，由此形成了一整套的粮食立法。研究古罗马的平价粮食供应制度以及相应的粮食立法，对于我们理解福利国家制度开始的时间、积极国家开始的时间等问题，都具有启发意义。

尽管这一问题很重要，但在中文期刊文献中基本无正面论述，只有吴于廑的《格拉古改革》一文涉及这一方面。《粜谷法》诞生于西西里奴隶起义和遭受蝗灾，粮食歉收、估价飙升的条件，意在利好穷人。[①] 另外，温智勇的硕士论文《共和后期到帝国前期罗马城的粮食供应》在几十年后再次触碰这一问题，论及盖尤斯·格拉古的小麦法对于罗马国库造成的巨大负担，以及低价供应小麦对意大利农业造成的不利影响。更可贵者，温智勇还论及了《格拉古小麦法》以后的历个类似法律。[②]

在中文的期刊文献之外，台湾三民书局出版的日本学者盐野七生的《罗马人的故事》对罗马的平价粮食供应制度做了比较详细的介绍。她把维持

---

① 参见吴于廑：《格拉古改革》，载《历史教学》1964年第3期，第28页。
② 参见温智勇：《共和后期到帝国前期罗马城的粮食供应》，湖南师范大学2009年硕士学位论文，第36页及以次。

《小麦法》实施的费用看做罗马国家的社会福利支出,并描绘了领取者的资格和领取的过程。她认为制定《小麦法》是政治家笼络人心的手段。①

在西文中,涉及本文主题的专著不少,我按出版的时间顺序介绍。首先有荷兰学者贝尔歇姆(Denis van Berchem)的《罗马帝国对平民的小麦和钱币分配》,②如题所示,该书只研究帝政时期皇帝们对平民进行的钱粮分配,不涉及共和时期的相应制度。作者认为家住罗马的平民当然有权获得小麦券。③其次有美国学者汉兹(Arthur Robinson Hands)的《希腊和罗马的慈善和社会救助》,④如题所示,此书不仅讲罗马,也不仅讲平价小麦供应,而是在更大的背景下讲更大的问题,其重要价值在于让我们思考罗马的社会保障制度与希腊的相应制度的关联,很有可能在这方面希腊是罗马之师。第三有英国学者里克曼(G. Rickman)的《古罗马的谷物供应》⑤,该书探讨从罗马的起源时代到帝政晚期的粮食供应问题,研究了此等供应的政府因素、粮食的产地、运输、贮存、价格、分配,另有 11 个附录深入研究一些具体的问题。⑥第四有波兰学者斯坦尼斯拉夫·姆洛泽克的《罗马帝国早期在意大利城市进行的钱币分配和食物供应》⑦,该书研究罗马帝国早期的个人施舍,其中包括食物施舍等帮助穷人的机制。⑧第五有瑞士学者乔万尼尼(A. Giovannini)编的《供养平民》⑨,这是一本研究罗马的平民食物保障制度的会议论

---

① 参见〔日〕盐野七生:《罗马人的故事 VIII:危机与克服》,郑维欣译,台湾三民书局 2002 年版,第 246 页及以次。〔日〕盐野七生:《罗马人的故事:关于罗马人的二十个问题》,郑维欣译,台湾三民书局 2003 年版,第 115 页及以次。

② See Denis van Berchem, Les distributions de blé et d'argent à la plèbe romaine sous l'empire, Georg & cie s. a., 1939.

③ See Michael Ginsburg, Les distributions de blé et d'argent à la plèbe romaine sous l'empire by Demos Van Berchem, In The American Historical Review, Vol. 47, No. 1 (Oct., 1941), p. 98.

④ See Arthur Robinson Hands, *Charities and Social Aid in Greece and Rome*, Aspects of Greek and Roman Life, Cornell University Press, 1968.

⑤ See G. Rickman, *The Corn Supply of Ancient Rome*, Oxford, Clarendon Press, 1980.

⑥ See David Stockton, Ruperunt Horrea Messes, The Corn Supply of Ancient Rome by Geoffrey Rickman, In *Classical Review*, New Series, Vol. 31, No. 1 (1981), p. 92.

⑦ See Stanislaw Mrozek, Les distributions d'argent et de nourriture dans les villes italiennes du Haut-Empire romain, Latomus, 1987.

⑧ See R. P. Duncan-Jones, Les Distributions d'argent et de nourriture dans les villes italiennes du Haut-Empire romainby Stanislaw Mrozek Review, In The Classical Review, New Series, Vol. 40, No. 1 (1990), p. 181.

⑨ Voir Nourrir la plèbe: actes du colloque tenu a Genève les 28 et 29. IX. 1989 en hommage à Denis van Berchem.

文集，包括 8 篇论文，它们围绕着供应平民粮食的运输、分配、储存、经费筹集等问题展开。① 第六有荷兰学者希尔克斯（Adriaan Johan Boudewijn Sirks）的《为罗马供粮：罗马和君士坦丁堡皇帝分配之粮食的运输和加工的法律结构》②，该书探讨罗马的粮食分配体制，尤其注重承担粮食运输的船主和公司的法律地位问题，它们在公元 100 年左右形成，享有一定的特权和豁免权。它们先是与国家订立合同运粮，到了公元 200 年许，运粮成为其成员的公役。到公元 5 世纪，合同制又被重新采用。从公元 3 世纪末开始，皇帝实质上掌管了所有粮食的进口与分配活动，通过产粮的殖民地、地方议会议员、船东、磨工—面包师进行，但有关的规则只为满足两个首都的需要而设。国家创立了专门的行会（Collegium）为公共福利活动的组织提供一个框架。③ 第七有德国学者威西-克莱因（Gabriele Wesch-Klein）的《为国家所为的慷慨行为：至公元 284 年罗马统治下的阿非利加的施惠乡镇的私人基金会》④，该书为作者于 1986 年在奥斯纳布吕克大学申请博士学位的论文，如题所示，它研究帝政早期阿非利加行省的私人基金会进行的慈善活动，此等活动当然包括了分配小麦，尽管不是经常如此。该书的特点是利用了很多碑铭资料。⑤

西文中的有关期刊论文首先有英国学者冈塞（P. Garnsey）和拉斯伯内（D. Rathbone）的《盖尤斯·〈格拉古小麦法〉的制定背景》，对于《格拉古小麦法》的制定原因像吴于廑先生一样持控制自然灾害后果说⑥，不同于盐野七生采取的政治家笼络人心手段说。

接下来有加拿大学者肖凡内克（J. G. Schovánek）的《M. 屋大维的生存

---

① See Miriam Griffin, Nourrir la Plèbe: Actes du Colloque Tenu a Genève les 28 et 29 ix. 1989 en Hommage a Denis van Berchemby A. Giovannini, In The Journal of Roman Studies, Vol. 83（1993），pp. 225s.

② See Adriaan Johan Boudewijn Sirks, *Food for Rome: the Legal Structure of the Transportation and Processing of Supplies for the Imperial Distributions in Rome and Constantinople*, J. C. Giegen, Amsterdam, 1991.

③ See Mark Whittow'Book Review, B. Sirks, Food for Rome: the Legal Structure of the Transportation and Processing of Supplies for the Imperial Distributions in Rome and Constantinople, On http://journals.cambridge.org/action/displayAbstract?fromPage=online&aid=8395049，2012 年 10 月 20 日访问。

④ Vgl. Gabriele Wesch-Klein, Liberalitas in rem publicam. Private Aufwendungen zugunsten von Gemeinden im römischen Afrika bis 284 n. Chr. , Bonn, 1990.

⑤ Voir Jacques Gascou, Liberalitas in rem publicam. Private Aufwendungen zugunsten von Gemeinden im römischen Afrika bis 284 n. Chr. by Gabriele Wesch-Klein Review, In Gnomon, 64. Bd. , H. 8（1992），pp. 703s.

⑥ See P. Garnsey and D. Rathbone, The Background to the Grain Law of Gaius Gracchus, In *Journal of Roman Studies*, Vol. 75（1985），pp. 20-25.

年代及其小麦法的制定时间》和《〈屋大维小麦法〉的条款》两文。前者研究了罗马第二部小麦法的颁布时间问题,把它定位在公元前99年至公元前93年。① 这样就拉大了《格拉古小麦法》与这部小麦法之间的时间间隔,因为相反的至少有王焕生先生援引的说法,《屋大维小麦法》的颁布时间是公元前120年。② 后者研究了《屋大维小麦法》对《格拉古小麦法》以降低国库负担为目的进行的修改。

第三有英国学者汉兹(A. R. Hands)的《〈萨图尔尼努斯小麦法〉的制定时间》以及英国学者H. 马廷利的《〈萨图尔尼努斯小麦法〉以及他倒台的环境》。前者研究了在第一部小麦法与第二部小麦法之间的流产的《萨图尔尼努斯小麦法》草案的制定时间,把它定位在公元前100年。后者如其标题所示,研究了《萨图尔尼努斯小麦法》草案流产的原因。③ 法国学者尼科莱(Claude Nicolet)的《共和罗马的公民世界》一书也详细地描述了这个过程。④

第四有荷兰学者埃德坎普(P. Erdkamp)的《供养罗马还是供养战神——C. 格拉古小麦法的长期效果》。其主要观点是:在共和初期和中期,分配食物并非政府的第一要务,只有供养军队(即所谓的战神)才是这样的要务⑤,等等。

总之,关于古罗马的平价粮食供应制度,中文文献诚然不多,西文文献却不少。研究队伍具有国际性,论题受关注的持续时间长,差不多达一百年,这证明该论题本身具有研究价值并且有当代意义。这些研究成果具有技术性,逐渐把视野从罗马国家的福利立法转到私人慈善活动,为我们展示了一幅官

---

① See J. G. Schovánek, The Date of M. Octavius and his Lex Frumentaria, In *Historia*: *Zeitschrift für Alte Geschichite*, Bd. 21 (1972), pp. 235ss; The Provisions of the Lex Octavia Frumentaria, In *Historia*: *Zeitschrift für Alte Geschichite*, Bd. 26 (1977), pp. 378ss.

② 参见〔古罗马〕西塞罗:《论义务》,王焕生译,中国政法大学出版社1999年版,第229页注释2。

③ See A. R. Hands, The Date of Saturninus' Corn Bill, In *The Classical Review*, Vol. 22 (1972), p. 12.; H. B. Mattingly, Saturninus' Corn Bill and the Circumstances of His Fall, In *The Classical Review*, Vol. 19 (1969), pp. 267ss.

④ See Claude Nicolet, *The World of Citizen in Republican Rome*, University of California Press, Berkeley and Los Angeles, 1989, p. 192.

⑤ See P. Erdkamp, Feeding Rome or Feeding Mars? A Long-Term Approach to C. Gracchus' Lex Frumentaria, In *Ancient Society*, Vol. 30 (2000), pp. 53ss.

民合作救助弱者的图景。但令人遗憾的是,上述文献大多聚焦于格拉古之后的罗马小麦法研究,对《格拉古小麦法》本身进行研究的却很少。看来,无论中西文,研究这一论题的文献都不丰富,因此有必要研究这一主题丰富的文献。本文是这方面的尝试。

本文与收录在本书中的我研究罗马财税法的3篇论文配套,后者研究罗马国库的进项,本文研究其出项。

## 二、盖尤斯·格拉古小麦法面面观

盖尤斯·格拉古(公元前153年—公元前121年)是提贝留斯·格拉古(公元前163年—公元前132年)的弟弟。提贝留斯于公元前134年当选为保民官,在职期间,提出土地法案,规定每人占有的公地不得超过500尤格,超过的部分由国家没收分给穷人。① 这个劫富济贫的法案由于触犯了寡头的利益被提贝留斯·格拉古的同僚保民官马尔库斯·屋大维否决。提贝留斯·格拉古最终被杀害。公元前124年,提贝留斯的弟弟盖尤斯·格拉古当选为保民官,在位两年。他继续其兄长的改革路线,提出了一系列改革方案。首先是土地法,旨在完善其兄提出的土地法案;其次是建立新殖民地以扩大公地的范围,并疏散耗粮人口;第三是颁布小麦法平抑高昂的小麦价格;第四是建立公共谷仓与颁布的小数法配套;第五是打破元老阶级的司法垄断,允许骑士阶级的成员进审理搜刮钱财罪的常设刑事法庭当陪审员。由于触犯了元老阶级的既得利益,盖尤斯也像他的哥哥一样最终在卸任后被谋杀。② 尽管如此,格拉古兄弟的改革触及了罗马共和国的基本弊端,他们死后,其改革措施仍然被后人继续。

在盖尤斯·格拉古提出的五大改革措施中,第三项措施是本文的研究对象。其内容是这样的:对所有在首都的罗马市民低价售卖小麦:每个罗马市民每月有权以每莫迪③$6\frac{1}{3}$阿斯的价格购买5莫迪的小麦。它是一项平民会决议,其有利于平民的色彩不言自明,也与盖尤斯·格拉古的平民保民官身份对应。

---

① 参见吴于廑:《格拉古改革》,载《历史教学》1964年第3期,第26页。
② 参见杨共乐:《罗马史纲要》,东方出版社1994年版,第132页。
③ 古罗马的容积单位,约等于8.75公升,即6.5公斤。

该法包括先驱者、受益人的范围、低价小麦与市场价小麦的价格比、5个莫迪的小麦对于领取人的意义、为了提供低价小麦罗马国家要做的配套工作等五个方面,容分述之。

(一)先驱者

雅典市民从伯里克利时代到公元前5世纪享受国家的观剧补贴(Theorikon),数额从2欧博尔(obol,等于1/6德拉克马)提高到5德拉克马。雅典市民人人可领来买戏票,但实际的受惠者是穷人。雅典人按德莫①领取,在戏院里按德莫落座观剧,这样就保证了穷人对公共事务的参与。雅典国家的这种开支被称为"民主的粘合剂"。② 雅典演说家德摩斯梯尼为这种政府补贴提出的理由是每个人都有自己的父母,作为集体的市民也要以国家作为自己的父母。③ 显然,《格拉古小麦法》与伯里克利的观剧补贴有神似之处:都是针对任何市民,实际的受益者却是穷人。两者的前提都是民主制度。差别在于,伯里克利的补贴是针对"心"的,格拉古的补贴是针对"腹"的。伯里克利的措施考虑的是增强城邦的团结,格拉古的措施也有这种考虑,但更多考虑的是领取补贴者的选票。可以说,看了一部好戏的人投票给出戏票钱者的愿望不是没有,但是不强,因为他得到的是精神需要的满足。但吃了一个月甚至多年饱饭的人投予给他饭吃者的票的欲望可能很强,因为他得到的是生存需要的满足。

雅典国家也关心其市民的果腹问题。亚里士多德在其《雅典政制》中指出,议事会也检查失能之人,凡财产不足查明那又体力衰弱不能从事任何工作者,应由议事会审查,并由议事会从公众开支中供他粮食津贴,每人每日以两个欧博尔为度。有一个为这些人专设的司库官,由抽签选出。④ 亚里士多德的此语揭示的是国家对弱者的救助义务,与《格拉古小麦法》有所不同,后者是施惠于全体市民的,无分强弱。

以上讲的是《格拉古小麦法》的雅典先驱者,实际上,在罗马历史上,

---

① 雅典的选举单位。
② See David Kawalko Roselli, Theater of People, Austin, University of Texas Press, 2011, p. 90.
③ See Claude Nicolet, *The World of Citizen in Republican Rome*, Berkeley and Los Angeles, University of California Press, 1989, p. 186.
④ 参见〔古希腊〕亚里士多德:《雅典政制》,日知、力野译,商务印书馆1999年版,第53页。译文有改动。

这样的先驱者也是有的。公元前439年，富人（也许是粮商）梅流斯（Spurius Maelius）自费从埃特鲁斯购买了小麦以低价或免费的方式分配给正在遭遇饥荒的平民。结果好心得不到好报，此人被控有收揽人心当暴君的野心，遭到元老院逮捕。①

公元前203年，罗马发生饥荒，营造官法尔托（Marcus Valerius Falto）和布维奥（Marcus Fabius Buteo）按4阿斯一莫迪的价格分区向民众发放小麦。② 到底发放了多少小麦，不详。

公元前196年，罗马又发生饥荒，营造官马尔库斯·福尔维尤斯·诺比利奥尔（Marcus Fulvius Nobilior）和盖尤斯·弗拉米纽斯（Gaius Flaminius）按2阿斯一莫迪的价格向民众发放了100万莫迪小麦。③ 这次史家为我们留下了小麦发放总数，顺便向我们透露了政府小麦价格走低的趋势。

对比上述先例，《格拉古小麦法》不过是把灾荒情况下的处置常态化而已。④

（二）受益人的资格

对于《格拉古小麦法》的受益人的资格，从来就有全体在京市民说和穷人说两种观点。普鲁塔克持后说⑤，如前所述，吴于廑也是如此，但近代研究者持前说⑥，因为有反对《格拉古小麦法》的皮索（L. Calpurnius Piso Frugi，公元前149年担任保民官，公元前139年担任裁判官，公元前133年担任执政官，公元前120年担任监察官）领取此等低价小麦的事例。格拉古要他站到人群中去，听罗马人民评判他根据自己反对的法律的条款领取小麦的言行不一，皮索回答道：我并不喜欢你在全体市民中瓜分我的财产，但如果你非要

---

① Cfr. Livio, Storia di Roma, IV-VI, A cura di Guido Vitali, Oscar Mondadori, Bologna, 1989, pp. 43s.

② See *The History of Rome by Titus Livy*, Translated into English by George Baker, Vol. IV, London, 1814, p. 197.

③ Ibid., p. 415.

④ See Claude Nicolet, *The World of Citizen in Republican Rome*, University of California Press, Berkeley and Los Angeles, 1989, p. 191.

⑤ 参见〔古希腊〕普鲁塔克：《希腊罗马名人传·格拉古传》（第三册），席代岳译，吉林出版集团有限公司2009年版，第1494页。其辞曰：粮食"应该用较低的价格卖给贫民"。

⑥ 参见吴于廑：《格拉古改革》，载《历史教学》1964年第3期，第28页。

如此，我要来取我的一份。① 此语揭示了《格拉古小麦法》对国库的伤害以及皮索本人的国库所有人意识，同时证明了领取政治价小麦并不以贫穷为条件，导致前说为通说。这一确认非常重要，因为国家按政治价供应的小麦与市民身份的勾连说明前者是后者的内容，换言之，罗马人已经有了市民食物权的概念。这属于市民权的内容，但不属于人权，因为当时的解放自由人和外邦人并不能享有这一福利。

然而，到公元前 123 年，罗马已有了 9 个行省②，外加已彻底罗马化的意大利，罗马已经有了 10 个城外行政区。其中每个都有罗马市民。只给在罗马的罗马市民提供政治价小麦，意味着对居住在其他地方的罗马市民的歧视。为何格拉古如此偏惠在罗马的罗马市民？是因为罗马城处在宗主国地位，其他行政区都处在深浅不同的殖民地地位。罗马城因此享有特权，其居民享有国家提供平价食物的特权。所以，格拉古无意间创立了首都特权制，这是一种我们中国人外加朝鲜人熟悉的制度。

问题在于格拉古时代没有户口制度，人们可以自由迁徙，如何保障只有常住罗马城的罗马市民能领到政治价小麦，让那些偶尔来罗马的罗马市民领不到，便成为一个实际的问题。格拉古时代解决这一问题的方法已不可考。但格拉古的先驱者法尔托（Marcus Valerius Falto）和布推奥（Marcus Fabius Buteo）采用的是分区发放的解决方法，不排除格拉古沿用这一方法的可能。又考虑到在早期罗马，各个市民对共同体的贡献是通过部落征收体现的③，而领取平价小麦是享受贡献之回报的逆过程，所以也不排除通过部落发放解决这一问题的可能。由于同一部落的人容易彼此认识，罗马城以外的市民和外邦人冒领的可能性就被排除了。

日本学者盐野七生认为，年满 17 岁才能成为罗马市民，所以，女性、儿

---

① See Cicero, *Marcus Tullius*, *Tusculan Disputations*, Translated into English by Andrew P Peabody, Boston, Little Brown, 1886, p. 170.
② 它们是西西里（公元前 241 年）、科西嘉和撒丁（公元前 238 年）、近西班牙（公元前 197 年，后来以其领土为主组建为塔拉科行省）、远西班牙（公元前 197 年）、马其顿（Macedonia, 公元前 148 年）、埃皮鲁斯（Epirus, 公元前 148 年）、阿非利加（公元前 146 年）、亚细亚（公元前 133 年）、以纳尔波为首府的高卢（公元前 121 年）。
③ Cfr. Massimiliano Madio, Il tributum: aspetti e funzioni del diritto romano, Manoscritto inedito, p. 3.

童、奴隶没有领取平价小麦权。① 看来，此等食物权还是具有性别资格、年龄资格和自由人身份资格要求的。只把平价小麦提供于成年市民，因为他们都是战士，供养他们就是供养战神。所以，这个资格要求具有军事意义。

那么，是什么官员发放此等平价小麦？这也是挑战性的问题，因为盖尤斯·格拉古作为有产阶级眼中的"害群之马"尽管未受到记录抹煞刑②的待遇，但他所做的政治改革的细节都被后来得胜的被改革者有意地委诸沉默，所以，关于他的小麦法的记载都属于后人，其同代人不着一字，造成后世研究者资料的匮乏，对于许多事情的判断只能委诸猜测。从盖尤斯·格拉古之前在灾年向罗马市民发放低价小麦的操作来看，负责此等发放的官员很可能是营造官，严格说来是平民营造官。③ 我们知道，罗马的营造官有平民营造官（aediles plebis）与贵族营造官（aediles curulis）之分，前者早于后者，随保民官的设立而设立，是保民官的助手，有两人之数，负责看管存放在谷神庙中的平民会决议，与保民官一样被宣布为神圣不可侵犯。公元前 367 年，才增设了两名贵族营造官，其地位高于平民营造官，后来两者合流，共同督理一些公益事业，例如负责粮食供应（Cura annonae）。承担者称粮食督办官（Curator annonae）。④ 之所以认为低价小麦的发放由平民营造官承担，可能因为格拉古的小麦法是一个平民会决议，从历史传统来看，此等恩惠的接受者主要是平民。

（三）低价小麦与市场价小麦的价格比

那么，低价小麦的价格到底比市场价低多少？历史文献未留给我们这方面的记载，后世史家只能凭猜测回答这一问题。有人认为这一价格远低于市场价，不到后者的一半。也有人认为，它只相当于低的市场价格。⑤ 但有资料表明，公元前 241 年罗马征服西西里后不久，当地的小麦价格就达到每莫迪 15 塞斯特斯。塞斯特斯是罗马从公元前 268 年开始采用的银币，阿斯是铜币，

---

① 参见〔日〕盐野七生：《罗马人的故事：关于罗马人的二十个问题》，郑维欣译，台湾三民书局 2003 年版，第 119 页。
② 关于此刑，参见徐国栋：《罗马私法要论——文本与分析》，科学出版社 2007 年版，第 54 页。
③ Cfr. Theodor Mommsen, Disegno del diritto pubblico romano, CELUC, Milano, 1973, p. 218.
④ 参见陈可风：《罗马共和宪政研究》，法律出版社 2004 年版，第 73 页。
⑤ 参见〔苏联〕科瓦略夫：《古代罗马史》，王以铸译，上海书店出版社 2007 年版，第 422 页。

一个塞斯特斯等于2.5阿斯。① 把西西里的小麦价格换成阿斯表示，达到37.5阿斯一莫迪，可谓昂贵！从西塞罗对格拉古的小麦法耗尽国家财力的描述来看，这个价格意味着国家补贴比例应该很大。② 假设格拉古时代小麦的市价就是每莫迪37.5阿斯，则格拉古每莫迪小麦补贴了31.17阿斯，向领取人收的价款连市价的尾数都不到。在这一前提下，让我们看到实施此法时罗马国家的财政负担情况。历史学家告诉我们，距离公元前123年最近的公元前136年的罗马市民有317933人③，按贫困人口占总人口的比例15%—20%计④，可能实际领取格拉古政治价小麦的有47,689—635,86人。每人领取一次国家补贴155.85阿斯，一年领取12次，国家共补贴每人每年1870.2阿斯。以此数乘以可能的贫困市民人数，罗马国家年支出的补贴总额是89187967.8阿斯或118918537.2阿斯。加上皮索那样的富人领取者，实际的补贴总额还要超过此数。我们知道，在第三次布匿战争后的公元前146年，拥有100万塞斯特斯是成为第一等级的罗马市民的财产资格⑤，用阿斯作单位，第一等级的市民的财产资格是250万阿斯，两个数目相除，罗马国库的小麦补贴支出相当于约36名至48名罗马富人的私财，而第一等级的市民构成98个百人团⑥，也就是说，他们应至少有5880至7840人（按每百人团中有60—80人计），换言之，小麦补贴只荡尽0.06037%—0.6058%的第一等级的市民的私财，应该说是九牛一毛。不过要说明的是，从公元前167年起，罗马人已不用纳税，这种免税状况一直维持了差不多200年。⑦《格拉古小麦法》正是颁布在这一免税时期，其时，罗马国库靠掠夺外邦的收入充实。如前所述，在盖尤斯·格拉古的时代，罗马已有了西西里、科西嘉和撒丁、近西班牙、远西班牙、

---

① 参见陈可风：《罗马共和宪政研究》，法律出版社2004年版，第254页。
② Cfr. Cicero, Pro Sestio, 48, 103, On http://www.thelatinlibrary.com/cicero/sestio.shtml, 2012年10月21日访问。
③ 参见〔日〕盐野七生：《罗马人的故事III：胜者的迷思》，林雪婷译，台湾三民书局1998年版，第13页。
④ Cfr. Andrea Giardina (a cura di), L'uomo romano, Laterza, Roma-Bari, 1989, p. 312.
⑤ 参见〔日〕盐野七生：《罗马人的故事III：胜者的迷思》，林雪婷译，台湾三民书局1998年版，第12页。
⑥ 参见〔日〕盐野七生：《罗马人的故事I：罗马不是一天造成的》，徐幸娟译，台湾三民书局1998年版，第44页。
⑦ Véase Antonio Mateo, Manceps, Redemptor, Publicanus: Contribucion al studio de los contratistas publicos en Roma, Universidad Cantabria, Santander, 1999, pag. 96.

马其顿、埃皮鲁斯、阿非利加、亚细亚、以纳尔波为首府的高卢9个行省，其中的西西里、西班牙、阿非利加特别产粮，是罗马平价小麦的主要供应地。以相当于现代9个中等大小国家的小麦生产能力供应4—6万罗马市民的日用小麦，应该是很轻松的事情。而且，罗马对这些行省以实物的方式征收什一税保障对罗马的此等供应。以西西里为例，行省民除了以实物交第一个什一税外，还要以固定的每莫迪3塞斯特斯的价格把另外1/10的小麦卖给罗马①，换算成阿斯，是每莫迪7.5阿斯。罗马把这个价格收购来的小麦以 $6\frac{1}{3}$ 阿斯的价格卖给罗马市民，每莫迪只补贴了1.17阿斯。当然，这样的计算未考虑罗马把收购的小麦从西西里运输到罗马的费用以及相应的储存费用。无妨说，为了维持平价小麦供应，罗马国库的负担并不重，因为罗马把这一负担转嫁到行省民身上去了。而行省是罗马历次征服战争的战利品，领取平价小麦的市民都是罗马市民军的成员，他们享受平价小麦不过是享受自己的胜利成果而已，而且这种胜利成果消费是进行进一步的征服的条件。从公元前123年的9个行省起步，罗马最终取得了55个行省，这其中难道没有平价小麦供应制度的功劳？

（四）5莫迪的小麦对于领取人的意义

要回答这个问题，首先要解决盖尤斯·格拉古立法的正确译名问题。多数人把它翻译成"粮食供给法"②，而粮食的种类五花八门，各有其卡洛里含量，其烹调方法。不确定格拉古立法平价提供的是何种粮食，此等粮食对于领取人的意义就不确定。

此等确定要从罗马人吃的"粮食"的历史谈起。粮食是供食用的谷物、豆类和薯类的统称。③ 薯类产于美洲，由哥伦布于16世纪带到欧洲，所以，罗马人与薯类无缘。事实上，罗马人是吃豆类的，"西塞罗"（Cicero）就是

---

① Cfr. Niccolò Palmeri, Compendio della storia di Sicilia, Vol. I, Stamperia Francesco Spampintato, Palermo, 1834, pp. 287s.

② 例如，〔意〕格罗索：《罗马法史》，黄风译，中国政法大学出版社1994年版，第300页就有该法的如此译名。

③ 参见《辞海·语词分册》（下），上海辞书出版社1977年版，第2091页"粮食"条。

"豌豆"的意思。① 但豆类通常作为菜而非主食食用。② 用于主食的只有谷物，其中包括以小麦挂帅的麦类、稻类和粗粮类（玉米、高粱、小米等）。稻类产于亚洲（印度和中国），未闻罗马人有食用稻谷的记载。粗粮类中的玉米也产于美洲，此类因此与罗马人无缘，所以，罗马人的主食就是小麦。公元前450年的《十二表法》对此有所反映。③ 公元前3世纪以前，罗马人吃以水和奶煮成的麦粥，此后吃经发酵的面包。④ 格拉古时代已经是面包时代。所以，盖尤斯·格拉古谋求向罗马市民平价供应的，不是一般的粮食，而是特定类型的粮食——小麦。所以，还是把其法律的名称翻译为"小麦法"比较合适。这样，该法要求的国家行动的对象就清楚了。

既然如此，《格拉古小麦法》的目的不是为罗马市民供应一般的食物，例如主食、辅食、水果等，而是只供应制作其主食的原料：32.5公斤原小麦，也就是去壳了的麦粒，领取者要自费把它们磨成面粉，或加上蔬菜和奶酪煮成浓汤食用，或烤成面包食用。两种食用方式都要求领取人额外花钱，如给面包店的烤制费、汤料费和燃料费。所以，平价供应的小麦并不是自来食，领取者不能靠它维持全部生计，还得出门做工赚钱，不然只能吃生麦粒了。而且，平价小麦不供应给妇女和儿童。假设一家有5口，夫妻外有两男一女3个小孩，长子满了20岁，幼子未满10岁。这样，只有爸爸和长子可每月买到65公斤小麦粒，实际上这些粮食由5个人消费，每人才合13公斤，根本不够吃，只能保证这个家庭无人饿死而已。⑤ 所以，西塞罗对《格拉古小麦法》培养懒汉的批评⑥只是政敌的看法。格拉古的平价小麦供应很类似于我国厦门大学从2008年开始实施的对学生免费供应米饭的制度，据此，学生只

---

① 参见谢大任主编：《拉丁语汉语词典》，商务印书馆1988年版，第95页。
② 参见〔意〕阿尔贝托·安杰拉：《原来古罗马人这样过日子！》，廖素珊译，商周出版社2011年版，第266页。
③ 其第三表第4条规定：债务人在拘禁期间，可自备伙食，如不自备伙食，则束缚他的人应每日供给2粒小麦1磅，如果愿意，可以加量。
④ Cfr. Anonimo, Pane Simbolo del Cittadino Romano, Su http：//www. taccuinistorici. it/ita/news/antica/usi—curiosita/Pane-simbolo-del-cittadino-romano. html，2012年10月21日访问。
⑤ 参见〔日〕盐野七生：《罗马人的故事：关于罗马人的二十个问题》，郑维欣译，台湾三民书局2003年版，第120页。
⑥ Cfr. Cicero, Pro Sestio, 48, 103. On http：//www. thelatinlibrary. com/cicero/sestio. shtml，2012年10月21日访问。

有吃米饭不要钱，吃馒头都要钱，吃菜更要钱了。实施这样的制度，不会把学生培养成懒汉，倒是可避免一些极度贫困学生一天少吃一餐，或从泔水桶里拣馒头吃①，悄悄地维护了人的尊严。盐野七生说得好，也许是依靠这个法律及其后继者，偌大的罗马帝国未曾发生集体饿死人的事件，而在当今之世，非洲和亚洲却经常传来发生饥荒的消息。②如果贵州毕节有低价小麦供应，说不定那 5 名闷死在垃圾箱里的孩子的父母就不会抛下他们远走深圳去打工，从而造成如此惨剧了。

（五）为提供低价小麦罗马国家要做的配套工作

前文已述，公元前 123 年罗马市民数为 317933 人，不分贫富，都有权购买平价小麦，尽管实际需要者约为此数的 15%—20%，但立法者只能按 317933 人的基准准备小麦。按每人每年 60 莫迪计，共需要准备 19075988 莫迪的小麦（相当于 123993922 公斤，即 123993.922 吨），这个数字对于此前从未实施过此等任务的罗马国家机器是个考验。如果这一机器在这方面有过什么基础，那就是供应军队的经验了。但在市民中，可服兵役者（17 岁到 45 岁者）只有从一半到 2/3 左右③，也就是从 158966 人到 211955 人，供应这个数目的人口小麦的任务小于供应全体市民平价小麦的任务，但大于供应 15%—20% 的贫困市民小麦的任务。然而，在格拉古时代，罗马国家从未承担过供应 15 万到 21 万军人的任务。事实上，理论上的兵役人口总是大于现实中的服役人口，因为格拉古时代的罗马，只设 4 个罗马市民军团，每个军团有 4500 人，军团兵的总数也就是 1.8 万人左右，其中骑兵 1200 名，其他为步兵。④步兵每人每月配军粮 6 莫迪，骑兵 18 莫迪，外加 63 莫迪的马用大麦。⑤照此推算，罗马每月要为步兵供应 10.8 万莫迪小麦，为骑兵供应 21.6 万莫迪小麦，74.6 万莫迪大麦，总计 204.2 万莫迪粮食。如果战事持续一年，

---

① 几年前，在中南财经政法大学，发生了贫困女生从泔水桶里拣馒头吃的事件，轰动全国，拷问我国的社会保障制度和国家亲权。

② 参见〔日〕盐野七生：《罗马人的故事：关于罗马人的二十个问题》，郑维欣译，台湾三民书局 2003 年版，第 121 页。

③ 参见〔日〕盐野七生：《罗马人的故事 VI：罗马和平》，张丽君译，台湾三民书局 1998 年版，第 174 页。

④ 参见〔日〕盐野七生：《罗马人的故事 II：汉尼拔战记》，张惠君译，台湾三民书局 1998 年版，第 64 页。

⑤ 同上书，第 74 页。

要供应245.04万莫迪粮食。在一年的向度内看问题,这一供应任务只达供应市民平价小麦任务的12.8%强。即使加上对同盟国军队的供应任务,也还是供应市民平价小麦的任务要重。按白滇(E. Badian)的研究,就是承担这一较轻的供应任务,也超出了罗马国家机器的能力,所以,从公元前3世纪以来,对军队的供应一直由私人企业承担。① 现在要罗马国家承担更重的供应任务,构成对既有的供应硬件和软件的严重挑战,必须进行系统改造,才能保证这一立法不至于成为空话。当然,罗马国家还是选择与私人企业合作的途径完成供应任务,这样可减轻自己的负担,但如何保障公私合作有效顺利进行,则构成新课题。

盖尤斯·格拉古在制定其法律时就预见到了这一点,据学者考证,他在其小麦法中同时规定了建仓和筑路问题。建仓是建立国家粮食仓库,丰进歉出;筑路是为了提高物流效率,所有这些都服务于降低成本,保障粮食的廉价供应的目的。② 总之,格拉古把建仓和修路当做实施其法律的硬件设施来建设。

盖尤斯·格拉古并非罗马建立国家粮仓的第一人,因为在公元前2世纪末,罗马已建立了第一个国家粮仓Horreum③,但他是建立第一个知名的公仓的人。④ 他建的公仓按其族名被称为森普罗纽斯公仓(horreum sempronia)。⑤ 此等公仓建在何处(是建在罗马城还是罗马外的港口城市奥斯提亚)?怎样设计?规模如何?已不可考。我只能通过其后继者建的公仓来推测这些问题的答案。以最有名的伽尔巴公仓(horrea Galbae)为例,它的第一层就有140个仓室,2.1万平方米。⑥ 可谓大矣!到了帝政末期,罗马共有近300个

---

① See P. Erdkamp, The Corn Supply of the Roman Armies During the Third and Second Centuries B. C., In *Historia*: *Zeitschrift für Alte Geschichite* Band XLIV/2(1995), p. 2.
② 参见吴于廑:《格拉古改革》,载《历史教学》1964年第3期,第28页。
③ See Joseph Patrich, *Warehouses and Granaries in Caesarea Maritima*, In Caesarea Maritima: A Retrospective after Two Millenia, In BRILL, 1996, p. 149. 要指出的是,这里的粮仓要做广义的理解,因为它们不光用来存放粮食,而且用来存放橄榄油等食料。
④ See Guy P. R. Métreaux, Villa rustica alimentaria et annonaria, In The Roman Villa: Villa Urbana, ed. by Alfred Frazer, University of Pennsylvania Museum of Archaeology, 1998, pp. 14s.
⑤ Cfr. Cicero, Pro Sestio, 44. On http://www.thelatinlibrary.com/cicero/sestio.shtml, 2012年10月21日访问。
⑥ See David Stone Potter, D. J. Mattingly, *Life*, *Death*, *and Entertainment in the Roman Empire*, University of Michigan Press, 1999, p. 180.

公仓解决其供给问题。① 可见，《格拉古小麦法》较早地推动了罗马的公仓制度的发展。

当然，盖尤斯·格拉古也不是第一个建造罗马大道的人，这样的第一属于"百手"阿庇尤斯·克劳丢斯，他于公元前312年主持修建了著名的阿庇尤斯大道的第一段，止于加普亚，长达212公里。第二段于公元前244年建成，长达370公里，把罗马与通往阿非利加的主要港口布林迪西贯通。从布林迪西登船，顺风的话，一夜的航行就可到达阿非利加。这样，阿庇尤斯大道就把粮食消费地与主要供应地联系起来了。但来自阿非利加的粮食如果从布林迪西登岸，再走500多公里的陆路到罗马，成本过于昂贵，罗马人通常是把阿非利加或其他海外领地产的粮食从海路运到离罗马仅20多公里的港口城市奥斯提亚或拿波里附近的离海边80英里②的港口城市波佐利（pozzuoli，古罗马时名Puteoli），再在奥斯提亚换小船溯台伯河运至罗马，或从波佐利弃舟换车运至罗马。从奥斯提亚至罗马走的是水路，并无修路的问题。只有可能是修从波佐利通向阿庇尤斯大道的支路。当然，这些都是推测，确有实据的是盖尤斯·格拉古公元前123年的《森普罗纽斯道路养护法》（Lex sempronia de viis muniendis）对罗马公路的里程碑制度的创设，它要求每一罗马里（合1.85公里）设立一个石柱。此等柱子与人同高，直径37厘米。③ 并要求建造必要的桥梁，并规定了罗马大道建造的样式。该法与《格拉古小麦法》同年颁布，说不定还是在同一个平民会上通过的，它与小麦运送有何关系？我想是为了方便小麦运输，尤其是方便计算运费吧！

格拉古为保障罗马粮食供应进行硬件建设的做法有其后继者，首先有克劳丢斯皇帝（公元前10年—公元54年），他建造了奥斯提亚新港，在此之前，冬天如果能运来小麦到罗马，简直是奇迹。④ 具体而言，他在台伯河口建

---

① See Peter Lampe, *Christians at Rome in the First Two Centuries*: *From Paul to Valentinus*, Continuum International Publishing Group, 2006, p. 61.
② See David Stockton, Ruperunt Horrea Messes, The Corn Supply of Ancient Rome by Geoffrey Rickman, In *Classical Review*, New Series, Vol. 31, No. 1 (1981), p. 91.
③ 参见〔日〕盐野七生：《罗马人的故事 X：条条道路通罗马》，郑维欣译，台湾三民书局2004年版，第19页。
④ 参见〔法〕维奥莱纳·瓦诺依克：《世界上最古老的行业——古希腊的娼妓与社会》，邵济源译，中国人民大学出版社2007年版，第65页。

造了新奥斯提亚港，取代了过去的运作不良的自然港口，其码头长度达 2500 米，可以让 300 艘货船同时卸货，并建有大型防波堤阻隔风浪①，故其码头的建成解决了冬季海运粮食的到岸问题。其次有图拉真皇帝（公元 53—117 年），他专门为了供粮建造了一个港口②，因为克劳丢斯留下的港口只能出入 70 吨左右载重量的小船，到了图拉真的时代，造船技术进步，运粮船的载重量翻番，达到 1200—1300 吨，因此必须建造大港进大船。图拉真港在克劳丢斯港旁边建成，两者共称为皇帝港。③ 非独此也，图拉真还在 Centum Cellae 地方（现在的 civitavecchia）建造了一个新港，它接受从撒丁和科西嘉运来的粮食，由此缩短了航程。④ 当然，港口的四周建有大量的公仓。

### 三、与格拉古式小麦法配套的罗马粮食立法

平价粮食供应是一项系统工程，国家一旦接下这一任务，就像接下承办奥运会的任务一样，要求做软硬许多方面的配套建设。这些配套建设涉及保障运输、完善加工、加强组织、稳定价格等方面，对它们的落实都有相应的法律体现，容分述之。

（一）保障运输

前文已述，罗马的小麦依赖输入，为了保障供应，海运任务很重。在元首制时期，罗马市民已有百万之数，按每个人年均消费 300 公斤小麦计，全罗马年均消费小麦 3 亿公斤。当时罗马船舶的平均载重量是 7 万公斤，为完成上述运输任务，需要 2000—3000 千个航次的运输。⑤ 而海运是冒险事业，承担的风险包括自然的和人为的，前者如风暴造成的船难，后者如海盗的抢劫，两者一旦导致粮道出现问题，将危及国家安全和政治稳定。所以，罗马统治者从正反两方面确保自己粮道的安全。

---

① 参见〔日〕盐野七生：《罗马人的故事 VII：恶名昭著的皇帝》，彭士晃译，台湾三民书局 2002 年版，第 326 页。

② Vgl. M. Rostowzew, Römisch Bleitesserae: Ein Beitrag zur Sozial und Wirtschaftsgeschichte der Römischen Kaserzeit, Leipzig, 1905, Seit 23.

③ See Julian Bennett, Trajan, *Optimus Princeps*, Routledge, London and New York, 1997, pp. 139s.

④ 参见〔日〕盐野七生：《罗马人的故事 IX：贤君的世纪》，林韩菁译，台湾三民书局 2003 年版，第 120 页。

⑤ See David Kessler and Peter Temin, The Organization of the Grain Trade in the Early Roman Empire, In *Economy History Review*, Vol. 60 (2007), No. 2, p. 315.

正面措施就是采取种种手段鼓励人们往罗马运粮。盖尤斯于公元161年出版的《法学阶梯》报道，克劳丢斯皇帝对参与为罗马运粮的拉丁人奖励罗马人身份：设定的条件是建造了一艘能载1万莫迪（相当于65吨）小麦的海船并为罗马人运了6年的小麦。① 前文已述，克劳丢斯已建造新奥斯提亚港，现在他需要这个港里有多多的船在跑。苏维托尼乌斯在其《罗马十二帝王传》中还就克劳丢斯这样做的其他原因进行了说明：由于数年收成都不好，罗马缺粮，饥民们把克劳丢斯皇帝堵在集议场责骂他，用面包块扔他，他好不容易才逃脱，从此，他采取一切可能的措施增加对罗马城的供应，哪怕在冬季，其中包括为运输商提供利好：赔偿他们由于海上风暴承受的损失、对造船者授予特权。对于罗马市民，则豁免《帕皮尤斯和波培乌斯法》（Lex Iulia et Papia Poppaea）课加的惩罚。② 对于拉丁人，则授予罗马市民权。对于女性，则授予四子权。③ 此举真可谓无分老内老外、无分男女，动员一切力量运粮食。

阿德里亚努斯皇帝的一个敕答授予加入运输商行会的运输商（navicularius）豁免公役权④，因为为国运粮本身就是在履行公役。运输商行会是一种卡特尔，其成员从19人到250人不等。⑤ 行会的成员还可豁免缴纳皇冠金、涤除税（Lustralis collatia）、土地税（glebalis）、军装与战马税等。君士坦丁（公元274—306年）皇帝允许他们独身而不承受上述《帕皮尤斯和波培乌斯法》课加的惩罚。他们还被豁免担任监护人。除了这些消极的"免除"，还有积极的"授予"，他们被授予骑士阶级的身份，所以在涉身刑案时有免受拷打的特权。⑥

但运输商豁免公役的条件是他们致力于海运或把他们财产的最大部分投

---

① 参见〔古罗马〕盖尤斯：《法学阶梯》，黄风译，中国政法大学出版社1996年版，第12页。
② 此等惩罚的内容是剥夺独身者和不生育者继承他人遗产的能力。
③ 参见〔古罗马〕苏维托尼乌斯：《罗马十二帝王传》，张竹明译，商务印书馆1995年版，第204页。四子权是生了4个孩子的解放自由妇女享有的可继承无遗嘱而死的儿子或女儿的财产的权利。
④ D. 50，6，6（5），5. 伽里斯特拉杜斯：《论审理》第1卷。See *The Digest of Justinian*, Vol. 4, edited by Mommsen and Alan Watson, Philadelphia, University of Pennsylvania Press, 1985, p. 919.
⑤ See David Kessler and Peter Temin, The Organization of the Grain Trade in the Early Roman Empire, In *Economy History Review*, Vol. 60（2007），2，p. 326.
⑥ See Freda Utley, Trade Guilds of the Later Roman Empire, MA Thesis at the London School of Economics，1925，On http：//www. fredautley. com/thesis6. htm，2012年10月24日访问。

入海运,如果他们不再如此,马尔库斯·奥勒留(公元121—180年)皇帝及其兄弟的敕答规定他们将被剥夺此等豁免权。如果某人加入运输商行会只是为了逃避公役,他不会得逞;如果一个极富的人把自己的小部分财产投入购船以逃避公役,他也不会得逞。①

运输商行会不具有中世纪行会的保障成员具有职业技能的功能,其功能首先在于避免粮食运输过程中的道德风险。此等风险之最大者为伪报船难,也就是船主谎称发生海上失事,把国家的船货非法卖掉,把船藏起来或毁掉。此时,有关地方的供粮官要审理此类案件以查明真相,为此可拷打水手,并调查船主的亲戚。处理此类案件不力的法官自己要赔偿一半损失,其工作单位赔偿另一半。② 所以,运输商行会的首要功能是把道德不可靠的运输商过滤出去;其次限制每个运输商可以承运的粮食的数量,从而控制他们承担的道德风险;最后为他们提供辅助服务,让他们专心于海上运输,至于卸船、储藏、把粮食从奥斯提亚码头转运到罗马等工作,则由行会承担。行会监督其成员的行为,成员之间也互相监督,因为一个成员的恶劣行为会影响整个行会的声誉。③ 行会还以其自己的财产为成员履行合同承担保证责任,并以罚金惩罚其成员的犯罪活动。④ 通过上述种种措施,设立运输商行会成为罗马统治者改善运输的重要正面手段。

反面手段是排除影响粮道安全的不利因素,其中海盗占据首位。地中海曾是一个海盗横行的地方。米特拉达梯曾派出海盗骚扰罗马人,阻隔海运,造成了罗马的饥荒,罗马人为此头疼,不得不以非常手段解决。⑤ 公元前67年,保民官奥鲁斯·伽比钮斯(Aulus Gabinius)提议颁布了《关于设立一个统帅对抗海盗的伽比钮斯法》(Lex Gabinia de uno imperatore contra praedones constituendo),这个平民会决议指定庞培为统帅,授予他3年的谕令权,招募

---

① D. 50, 6, 6 (5), 4-6。伽里斯特拉杜斯:《论审理》第1卷。See *The Digest of Justinian*, Vol. 4, edited by Mommsen and Alan Watson, University of Pennsylvania Press, Philadelphia, 1985, p.919.

② See Freda Utley, Trade Guilds of the Later Roman Empire, MA Thesis at the London School of Economics, 1925, On http://www.fredautley.com/thesis6.htm, 2012年10月24日访问。

③ See David Kessler and Peter Temin, The Organization of the Grain Trade in the Early Roman Empire, In *Economy History Review*, Vol. 60 (2007), No. 2, pp. 326s.

④ Ibid., p. 328.

⑤ 参见〔古罗马〕阿庇安:《罗马史》(上卷),谢德风译,商务印书馆1976年版,第488页。

并指挥一支最多可由 15 个军团和 200 条船舰组成的军队剿灭地中海上的海盗,保障罗马从阿非利加获得粮食供应。① 该法证明罗马的平价小麦供应已成为一个政治问题,关系到国家的稳定,在此等供应因为海盗受到挑战的情况下必须以非常手段解决。庞培利用手中的大权把这个问题解决得不错,由此得到了"伟大的"称号。②

(二) 完善加工

如前所述,罗马市民获得的政治价小麦只是麦粒,要想食用它们必须加工。最主要的加工方式是磨成面粉。公元前 3 世纪罗马就有 Pistrina,它们不光磨面粉,而且做面包,因为拉丁文中的这个词既有磨坊之意,又有面包房之意,以前者为重,因为 Pistrina 来自动词 Pistare,即"磨"、"捣碎"的意思。③ 由于这一因缘,不论是荷兰作者还是英国作者,都把 Pistare 的实施者 Pistore 翻译成"面包师暨磨工"(Baker and Miller)。④ 在古罗马,磨面是极苦极累之事,古罗马作家阿普列尤斯的《金驴记》对此做了描述:磨坊里有好几盘磨由牲畜拉着转动,磨大小不一,各转各的。所有的磨一直不停地转着,从来不能歇息,不仅白天把谷粒磨成面粉,夜里也通宵达旦地磨个不停。如果停下,旁边有持木棒者打击。⑤ 所以,磨面通常是牲口和奴隶做的事情。⑥ 老普林尼报道,在公元前 171 年之前,做面包只是奴隶和妇女的工作。⑦ 正因为磨面不是自由人干的活,而麦粒又不能直接食用,所以要以法律手段鼓励或强制人们从事这一行业。就鼓励而言,图拉真皇帝规定:在罗马城经营了 3 年磨坊—面包房并每天至少加工 100 莫迪小麦的拉丁人,可以

---

① See Anna Tarwacka, Romans and Pirates: Legal Perspective, Wydawnictwo, Uniwersytetu Kardynala Stefana Wyszynskiego, Warzawa, 2009.
② 参见〔古罗马〕阿庇安:《罗马史》(上卷),谢德风译,商务印书馆 1976 年版,第 494 页。
③ 参见谢大任主编:《拉丁语汉语词典》,商务印书馆 1988 年版,第 419 页。
④ See Freda Utley, Trade Guilds of the Later Roman Empire, MA Thesis at the London School of Economics, 1925, On http://www.fredautley.com/thesis6.htm, 2012 年 10 月 24 日访问。
⑤ 参见〔古罗马〕阿普列尤斯:《金驴记》,谷启珍、青羊译,北方文艺出版社 2000 年版,第 198 页及以次。
⑥ See Fergus Millar, Government, Society & Culture in the Roman Empire, University of North Carolina Press, 2004, p.146.
⑦ See Jan Theo Bakker (edited by), The Mills-Bakeries of Ostia: Description and Interpretation, Amsterdam, J.C. Gieben, 1999, p.4. See also Freda Utley, Trade Guilds of the Latter Roman Empire, MA Thesis at the London School of Economics, 1925, On http://www.fredautley.com/thesis6.htm, 2012 年 10 月 24 日访问。

授予罗马市民权。① 实际上，如此奖励他们还另有理由，因为此等磨坊—面包房代国家分发粮食，它们生产两种面包，一种是免费的（Panis gratis），另一种是廉价的（Panis fiscalis）。它们从国家公仓无偿领取小麦生产免费的面包并分发给有资格领取的人，从国家公仓领取低价小麦生产廉价的面包。② 所以他们差不多是国家雇员，国家还为他们配备牲口、奴隶等推磨动力，但他们领不到报酬，他们得到国家提供磨坊—面包房以及相应的设备、动力（包括人力和畜力）的酬报。就强制而言，有以下措施：（1）把磨工—面包师职业设定为世袭，代代相传；（2）把在行省被判有罪的自由人送到罗马的磨坊—面包房工作；（3）娶磨工—面包师女儿的男子被强制从事与其岳父相同的行当；（4）劫掠自由人做磨工—面包师。磨工—面包师的地位跟佃户差不多。③

（三）加强组织

组织分为公的组织和私的组织，前者表现为设立相关的职官，后者表现为建立相关的社团从事个人难以完成的运粮任务。容分述之。

就公的组织而言，奥古斯都于公元前 22 年设立了小麦发放长官（Praefecti frumenti dandi，也称 Curator frumenti），他们由 4 名前裁判官组成，负责向罗马人民分配食物，营造官则继续负责供应。小麦发放长官有自己的工作班子，他们由秘书、抄写员、保管员、传令员等组成。④

奥古斯都还于公元前 7 年设立供粮官（Praefectus Annonae）取代营造官。他们由两名前裁判官担任。他们是骑士阶级的成员，可以配备助手。在帝国晚期，在埃及的亚历山大和阿非利加行省也各设立一名供粮官。他们对与供粮有关的事项享有民事和刑事司法权。⑤ 例如，审理在运粮船航往罗马途中发生的船难案件；为罗马招募磨工—面包师并监管他们。⑥ 罗马的最重要粮运港

---

① 参见〔古罗马〕盖尤斯：《法学阶梯》，黄风译，中国政法大学出版社 1996 年版，第 12 页。
② See Freda Utley, Trade Guilds of the Later Roman Empire, MA Thesis at the London School of Economics, 1925, On http://www.fredautley.com/thesis6.htm, 2012 年 10 月 24 日访问。
③ 同上。
④ See O. F. Robinson, *Ancient Rome, City Planning and Administration*, London, Routledge, 1994, pp. 132ss.
⑤ See George Mousourakis, *The Historical and Institutional Context of Roman Law*, Ashgate Publishing, 2003, p. 246.
⑥ See Freda Utley, Trade Guilds of the Later Roman Empire, MA Thesis at the London School of Economics, 1925, On http://www.fredautley.com/thesis6.htm, 2012 年 10 月 24 日访问。

口奥斯提亚归供粮官管辖,他们通过奥斯提亚粮秣经管人(Procurator Annonae Ostis)实施此等管理。①

就私的组织而言,是允许成立康孟达运粮。按康孟达协议,一方出资而不经营。另一方利用自己的设备条件进行经营活动,双方根据出资的比例分派盈亏。普鲁塔克的《伽图传》记载了传主投资海运的康孟达做法:老伽图在被要求借款的情形下,他要借款的人以50人和50条船集合在一起,才予以借款,并且他本人也作为其中一员,由一名为昆求斯的解放自由人作为代表,和他的借款人一起从事各种冒险。②这样他的收益是合伙人的收益,而非借款人的收益。经他要求的借款人自然组成了一个公司。此等公司的所有权与经营权分离,股东只负责出资,经营交给船东负责。这样可实现社会游资与专业技术的结合,更有规模地发展海运。

(四)稳定价格

公元18年,奥古斯都颁布了《关于粮食供应的优流斯法》(Lex Iulia de annona),该法首先针对以投机为目的囤积食品的行为规定了20金币的罚金刑。③后人把该法看做反垄断法或竞争法的先祖。④看来,奥古斯都时期罗马粮食供应还是采取的自由市场的模式,国家只为私人供粮者提供无障碍的交易环境。同时,该法还禁止滞留船舶或水手,允许奴隶举报主人的粮食诈欺行为。但也不容许地方议会议员以低于法定的价格向其属下出卖粮食,从而保障供粮者的利益,使供粮可以持续。⑤

## 四、《格拉古小麦法》的诸后继及发展者

格拉古开创了国家供养市民的范式,尽管当时遭到一些人的反对,他被

---

① See Jan Theo Bakker (edited by), *The Mills-Bakeries of Ostia*: *Description and Interpretation*, Amsterdam, J. C. Gieben, 1999, pp. 126s.

② 参见〔古希腊〕普鲁塔克、黄宏熙主编:《希腊罗马名人传》,吴彭鹏译,上册,商务印书馆1990年版,第368页,译文有改动。

③ 参见《〈学说汇纂〉第48卷(罗马刑事法)》,薛军译,中国政法大学出版社2005年版,第205页。

④ See DV. Cowen, The Ancient Origins of Competition Law, A Survey of the Law Relating to the Control of Monopoly in South Africa, On http://www.sabar.co.za/law-journals/2007/august/2007-august-vol020-no2-pp38-41.pdf, 2012年10月21日访问。

⑤ 参见《〈学说汇纂〉第48卷(罗马刑事法)》,薛军译,中国政法大学出版社2005年版,第205页。

杀害，但他死后，罗马国家继续作为一项福利措施为市民提供低价小麦，此举一直持续到公元前 93 年。① 是年，《格拉古小麦法》被废除，但由于此法反映了民意，它也就在以后不断地"复活"。

公元前 93 年许，曾与格拉古同僚的保民官马尔库斯·屋大维颁布了自己的小麦法，废除了《格拉古小麦法》，提高了小麦的出售价格，减少向每个市民分配的小麦数量以减轻国库的负担。② 它提供的还是政治价小麦，不过此政治价高于彼政治价，受惠者的人数减少而已。

公元前 91 年，德鲁苏斯（M. Livius Drusus）当选为保民官，他像格拉古一样力图进行一场全面的改革，改革的内容包括取消骑士阶级对司法权的独占，让元老阶级分享这一权力；增加元老的数目（从 300 人增加到 600 人）；授予意大利同盟者市民权等。为了取得平民阶级对他的支持，他设立委员会向平民分配土地，并提议颁布了《李维尤斯小麦法》（Lex Livia frumentaria），规定降低向平民供应的粮食的价格，其方法是用贬值了的货币支付小麦价金。但他授予意大利同盟者市民权的计划得不到元老院的支持，遂被谋杀。他死后，元老院废除该法以及他提议颁布的其他法律。③ 在此案中，小麦法被作为赢得政治支持的诱饵使用。

公元前 78 年，雷必达（Aemilius Lepidus）担任执政官，他提议制定了《艾米流斯小麦法》（Lex Aemilia frumentaria），恢复了小麦供给制度，规定每个市民每月可获得 5 莫迪小麦。④ 这显然是对格拉古制度的恢复。

公元前 73 年，隆基努斯（Gaius Cassius Longinus）和卢库鲁斯（Marcus Terentius Varro Lucullus）担任执政官，他们提议颁布了《卡修斯和特伦求斯小麦法》（Lex Cassia Terentia frumentaria），规定对贫穷的市民分配小麦。该法的目的是限制领取小麦的市民的数目。此等限制于公元前 63 年由伽图提议

---

① See Claude Nicolet, *The World of Citizen in Republican Rome*, Berkeley and Los Angeles, University of California Press, 1989, p. 192.
② See William Smith, *A Dictionary of Greek and Roman Antiquities*, London, John Murray, 1875, pp. 548ss.
③ See P. A. Seymour, The Policy of Livius Drusus the Younger, In *The English Historical Review*, Vol. 29, No. 115 (Jul. 1914), pp. 417ss.
④ Cfr. La Voce di Frumento di Treccani, Su http：//www.treccani.it/enciclopedia/frumento/，2012 年 10 月 21 日访问。

的一个元老院决议废除。① 尽管如此，该法仍有 4 万受益人，加上他们的妻子和子女，有 12—16 万受益人。②

公元前 58 年，保民官克洛丢斯·普尔克尔提议制定了《克洛丢斯小麦法》（Lex Clodia frumentaria），将以前向贫穷的市民低价出售谷物的做法改为向他们免费供应。③ 该法还设立了粮食督办官，他负责编制有权领取小麦者的名单；不对受益人的数目设定限制。④ 克洛丢斯同时编制解放自由人的名单，因为他们很容易成为免费小麦的受益人。通过这种方法，克洛丢斯取得对他们的控制。⑤

尽管小麦供应制度专属于首都，但也在罗马之外推广，例如，在埃及行省的 Oxyrhynchus 城，在公元 3 世纪就曾实行这一制度。其受益人的父母必须是自由人，受益人必须证明自己在承担公役者的名单中才有权领取。⑥

到了拜占庭帝国，也在作为另一个首都的君士坦丁堡维持对居民的小麦供应制度，采用供应券的形式。⑦ 小麦产地对两个首都的供应有所分工，西班牙和阿非利加供应罗马，亚历山大和黑海地区供应君士坦丁堡。⑧

非独"复活"，而且《格拉古小麦法》在后世还得到了发展。

第一个发展是把小麦领取券与免费剧院门票结合，奥古斯都完成了此举，他创立了发放小麦领取证（Tesserae frumentariae）的方法。这是一种相当于一元人民币（硬币）大小的铅饼，人们用它购买或领取政治价的小麦。由于它具有低价购买特权凭证的功能，说它是现代的优惠券的滥觞，似无不可。富有意味的是，为了让人们不忽略它与其希腊先祖的关联，此等小麦领取证

---

① Cfr. La Voce di Frumento di Treccani, Su http：//www.treccani.it/enciclopedia/frumento/, 2012 年 10 月 21 日访问。
② Cfr. Andrea Giardina (a cura di), L'uomo romano, Laterza, Roma-Bari, 1989, p. 312.
③ Cfr. La Voce di Frumento di Treccani, Su http：//www.treccani.it/enciclopedia/frumento/, 2012 年 10 月 21 日访问。
④ Cfr. Francesco De Martino, Storia della costituzione romana, Vol. III, Napoli, Jovene, 1973, p. 174.
⑤ Cfr. La voce di Lex Clodia frumentaria, Su http：//it.wikipedia.org/wiki/Lex_frumentaria#Lex_Clodia_frumentaria, 2012 年 10 月 21 日访问。
⑥ Cfr. Andrea Giardina (a cura di), L'uomo romano, Laterza, Roma-Bari, 1989, p. 328.
⑦ Vgl. M. Rostowzew, Römische Bleitesserae：Ein Beitrag zur Sozial-und Wirtschaftsgeschichte der Römischen Kaserzeit, Leipzig, 1905, Seit, . 28.
⑧ See Freda Utley, Trade Guilds of the Later Roman Empire, MA Thesis at the London School of Economics, 1925, On http：//www.fredautley.com/thesis6.htm, 2012 年 10 月 24 日访问。

还具有剧院免费门票的功能。① "小麦"是"面包","剧院"是"马戏",这样,在一张比大拇指甲略大的铅饼上,把罗马人的饱受后世诟病的福利"面包和马戏"(panem et circenses)都占全了,由此改正了格拉古的重腹轻心倾向。

第二个发展是把供应原麦改为供应可直接食用的面包。亚历山大·塞维鲁斯皇帝完成此举,面包每日供应之,供应券由此成为多余,"面包和马戏"中的真正意义上的"面包"(此前是原麦)形成了。② 并开始供应面包以外的其他福利:水、看戏、现金、油等。③ 国家从此多了一事。此时,面包师的地位变得更重要,他们与国家订立合同完成后者的粮食供应职能。

### 五、结论

《格拉古小麦法》是最早的社会主义实践,它证明了当时的罗马国家是积极国家,由此证明"积极国家晚近产生说"是错误的。它受希腊先例的启发确立,基于共和的观念把国家看做所有市民的物,让所有的市民都能分享此等物的收益。事实上,社会主义一词来自于Socius,罗马人在公法的意义上用该词指称"同盟者",例如拉丁同盟和罗马同盟的参加国,在私法上用该词指称"合伙人",并把他们构成的共同体称为"合伙"(Societas)。无论是共和时期还是帝政时期的罗马人,都把罗马国家看做市民们的一个合伙,作为合伙人,他们有权享受此等合伙的收益,其方式之一就是从国家取得平价的或免费的小麦或面包。当然还有其他分配物,例如戏剧和其他竞技表演、清洁的水——著名的罗马水道承担这一供应工作——沐浴——罗马的诸多浴场提供这一公共产品,以及油、肉、零花钱。这些产品大多是物质性的,也有精神性的。前者可类称为"面包";后者可类称为"马戏"。当然,如果合伙亏损,合伙人也要分担,但幸运的罗马人很少遇到这种情况,所以他们总是享受良好的公共福利,这使他们的国家成为最早的福利国家之一。

也令人遗憾的是,在众多的《社会主义思想史》类的著作中,并不提及格

---

① Vgl. M. Rostowzew, Römisch Bleitesserae: Ein Beitrag zur Sozialund Wirtschaftsgeschichte der Römischen Kaserzeit, Leipzig, 1905, Seit, .24.
② Ibid., Seit, .28.
③ See O. F. Robinson, *Ancient Rome, City Planning and Administration*, London, Routledge, 1994, pp. 133s.

拉古①，人们未注意到他的社会主义者角色以及罗马国家的福利国家形象，对于其改革成果，更愿意用"面包与马戏"的词组来贬斥，只有社会主义者马克思本能地看出了格拉古是自己的同道和先驱者，把他列为自己最崇拜的人。

就像社会主义思想一直有赞成者与支持者的对立一样，对《格拉古小麦法》以及后世的类似法律，从来不乏反对者。西塞罗就有腐蚀人民、耗尽国库的反对意见，但该法的不断复活证明了赞成意见力量的强大。尤其要注意的是，罗马的小麦供应与戏剧供应是伴随的，证明当时国家的"实腹"兼"实心"的民主统治方略。这样的做法在现代美国能找到其痕迹。在那里，图书馆和戏院被作为一项民主设施看待，凭一个有地址的信封就可办公共图书馆的借书证，免费大巴把人们从华盛顿市中心运到肯尼迪艺术中心看戏，等等。② 这样的安排与我国景点门票昂贵以及多收税、少公共开支的做法，甚至于把一些本来属于人民的东西圈起来收钱的恶劣做法形成对照，后者把共和的内容虚化了。"共和"（Res publica）一词可以有两种解读：政治的解读是天下为公，不能搞一人之天下；经济的解读是"为天下用"，国家财政收入必须用在老百姓身上才是共和。

尽管如此，福利国家也有其阴暗面，罗马民众的确受到了平价或免费面包的一定腐蚀，吃这样的面包的罗马市民经常成为罗马暴民，成为面包提供者的私人工具。而且坐吃导致山空，福利国家制度的开创者希腊目前面临的深度债务危机或国家破产的现状可证明这一点。

更有甚者，罗马的福利制度是靠牺牲他人来维持的。这个"他人"首先包括殖民地，其人民承担一个甚至两个什一税为罗马提供供给；其次包括粮食供应产业链各个环节的从业者，他们多数被禁锢在自己的职业上，没有职业自由，尤其是磨工—面包师，他们从事奴隶性的劳动维持粮食供应制度的运转，罗马闲人每日吃的面包上都有他们的斑斑血泪；最后包括两个首都以外的市民，他们不能享受罗马和君士坦丁堡市民的面包和马戏福利，尽管他们也是罗马市民，这样就出现了中国人熟悉的首都市民权与其他城市市民权含金量的差异。当然，也有个别非首都城市搞自己的粮食供应制度的记载，那可能是该市市民自筹资

---

① 参见〔美〕雷岱尔：《社会主义思想史》，郑学稼译，黎明书局1934年版。
② 我在2002—2003年的美国居留中获得这些观察。

金搞的，而首都市民权中包含的食物权等福利权是利用国库搞的。为何如此？答案很简单：尽管共和时期和帝政时期的罗马都是民主国家，一年内选举不断，但在国家最高领导人不是全民普选，而是由首都居民，尤其是在其中的禁卫军决定的情况下，优待首都市民的财政政策是必然的。

尽管如此，"面包与马戏"中的"面包"仍是值得称许的，因为它体现了真正的共和精神，体现了最早的社会保障制度，以它的名义，罗马国家有担当，配得上积极国家的称号，对贫者和弱者行使了国家亲权。① 按日本学者盐野七生的研究，罗马皇帝只有两大责任，那就是粮食和安全。诚哉斯言！② 所以，现在到了为"面包和马戏"中的"面包"脱污的时候。饶有兴味的是，上述盐野七生甚至已开始为"马戏"辩护，她认为竞技场是表达民意的场所。在竞技场里进行欢呼或鼓倒掌行民主，真鼓励了一些皇帝做好事，遏制了他们做坏事，总比没有任何民意表达渠道强吧！

最后要说的是，罗马国家虽然承担了为全体市民供粮的重担，但没有通过建立国有甚至国营企业完成这一任务，而是通过与私人企业合作达到目标。这当然是一种明智的选择。罗马国家善于利用法律手段对供粮产业链的各个参与企业进行奖励或惩罚，而不单纯地求诸物质刺激，也值得称道。

---

① 参见〔日〕盐野七生：《罗马人的故事 VIII：危机与克服》，郑维欣译，台湾三民书局2002年版，第233页。
② 同上书，第15页。

# 法 律 索 引

（按首字的汉语拼音字母顺序排列）

### A

阿尔蒂库勒尤斯元老院决议　155
阿奎流斯法　58，206，258，300
阿梯流斯法　155，184
埃流斯和富菲流斯法　51
艾流斯和森求斯法　411
艾米流斯小麦法　440
安东纽斯候选人法　107
奥地利刑法典　319
奥古斯都关于维纳弗鲁姆水道的告示　196
奥皮乌斯法　141

### B

巴西刑法典　317，318，320，335
波尔求斯·雷加法　359
波尔求斯法　63，65，360

### C

惩治通奸罪的优流斯法　241，267—272，277—279，281，287，291—294，297，300，301，306，307，309，311—321，323，334，349

### D

大赦法　325，326，328，329
狄奥多西法典　203，239，255
涤除法　331
兑流斯申诉法　359

### E

2005年12月5日的第251号法律《关于普通减轻情节、累犯、对累犯犯罪情节的比较评判、高利贷和时效问题的规定》　345

### F

《法典》　78—80，93，184，255，271

### G

格尔蒂法典　6，271
格拉古小麦法＝粜谷法　419，421—426，428，430，433，439—443
关于1/20的解放奴隶税的曼流斯法　221
关于1/20的遗产税的优流斯法　154，222，223

关于保民官权力的瓦雷流斯与奥拉求
　　斯法　37，41，42
关于鞭打市民的波尔求斯法　359
关于财产零卖的元老院决议　402
关于财产让与的优流斯法　400，403，405
关于惩治渎神的性行为的斯卡提钮
　　斯法　283
关于刺杀和投毒罪的科尔内流斯法　130
关于等级结婚的优流斯法　77，105，112，
　　236，267
关于放债的格努求斯法　39，41
关于夫妻间赠予的安东尼努斯元老院
　　决议　81
关于妇女监护的克劳丢斯法　105
关于公暴力和私暴力的优流斯法＝
　　关于公暴力的优流斯法　241，363
关于拐带人口罪的法比尤斯法　352
关于贵族与平民结婚的卡努勒尤斯法　37，41
关于国事罪的科尔内流斯法　130
关于婚姻的帕皮尤斯和波培乌斯法　77，
　　112，236
关于监护的优流斯法和提求斯法　155
关于粮食供应的优流斯法　439
关于平民保民官的普布里流斯·沃勒
　　罗法　51
关于平民会决议的沃尔滕修斯法　40—
　　42，58
关于欺骗青少年的普雷托流斯法
　　375，384
关于侵辱罪的科尔内流斯法　206，354
关于山南高卢的鲁布流斯法　219
关于设立一个统帅对抗海盗的伽比钮
　　斯法　436
关于水道的奎茵克求斯法　197
关于水道的元老院决议　196

关于搜刮钱财罪的卡尔布尔纽斯法　130，
　　307，313，384
关于贪污罪和渎神罪的优流斯法
　　130，333
关于伪造罪的科尔内流斯法　130
关于诬告者的雷姆缪斯法　246
关于洗染店的梅特流斯法　201
关于行省管理的科尔内流斯法　128，149
关于选举舞弊罪的奥勒流斯法　130
关于银行3人委员会的米努求斯法　404
关于永久废除独裁制的安东纽斯法
　　62，241
关于与奴隶同居的克劳丢斯元老院
　　决议　105，300
关于元老批准的普布里流斯和菲罗法　47
关于债奴的佩特流斯和帕皮流斯法
　　397，398

## H

汉穆拉比法典　395，397
赫巴铜表　107，112

## K

卡拉卡拉敕令　148
卡修斯和特伦求斯小麦法　440
克洛丢斯罗马市民死刑法　362
克洛丢斯小麦法　441

## L

李其纽斯和塞克斯求斯法　125，385
李维尤斯小麦法　440
鲁皮流斯法　145，155
马米流斯法　381

## M

墨西哥刑法典　319

## P

帕虢·蒙塔诺元老院决议　375

## R

人身保护令　291
日本刑事诉讼法典　341，344
瑞士刑法典　319

## S

萨图尔尼努斯小麦法　422
森普罗纽斯道路养护法　433
森普罗纽斯市民死刑法　65，360，361
神圣约法　35，41，42，55，57，58
十二表法＝十二铜表法　17，35，57，58，
　98，112，123—126，156，204，240，
　334，350—353，355，357，358，381，
　396，397，430

## T

特蕾莎刑事敕令　336
图尔皮流斯元老院决议　246

## W

瓦雷流斯申诉法＝瓦雷流斯与奥拉求斯申
　诉法　46，63，65，353，356—360，
　363，366
韦斯巴芗谕令权法　6，72
沃科纽斯法　222
屋大维小麦法　422

## X

希拉努斯元老院决议　237，333
香港地区《刑事条例》　348

谢尔曼法　394
《新法典》　291

## Y

1696 年英国《叛国罪审判法》　343，348
1791 年《法国刑法典》　336，340
1853 年《托斯卡纳刑法典》　344
1855 年《摩德纳刑法典》　344
1859 年《撒丁刑法典》　344
1889 年意大利《Zanardelli 刑法典》　344
1890 年《意大利刑法典》　335
1911 年《大清新刑律》　345
1928 年《中华民国刑法》　345，346
1931 年《赣东北特区苏维埃暂行
　刑律》　346
1935 年《中华民国刑法》　345，346
1942 年《陕甘宁边区违警罚暂行
　条例》　346
1944 年《西班牙刑法典》　342
1979 年《中华人民共和国刑法》　346
1994 年《法国刑法典》　341
1998 年《德国刑法典》　342
1786 年《托斯卡纳法典》　336，343
1819 年《两西西里王国刑法典》　343
1696 年《叛国罪审判法》　336
1808 年《刑事治罪法典》　335，336，
　340，341
1808 年《刑事治罪条例》　343
1832 年《格里高里刑事条例》　344
1787 年《约瑟夫二世法典》　336
1832 年《刑事诉讼法典》　341
1670 年《刑事条例》　336，343
《意大利宪法》　318
《意大利刑法典》　318，342，345

《优流斯公诉法》 311, 386
《优流斯国事罪法》 301, 306

中国《刑事诉讼法》 291, 390
《中华民国宪法》 160

## Z

中国《刑法》 270, 347, 348

# 人 名 索 引

（按首字的汉语拼音字母顺序排列）

## A

A. 爱斯曼 306
阿庇尤斯·克劳丢斯 17, 34—36, 56
阿德里亚努斯 79—81, 157, 199, 204, 205, 234, 240, 254, 256, 379, 389, 410, 411, 435
阿尔巴内泽·阿尔杜伊诺 369
阿尔多·贝特鲁奇 48, 112, 124, 210, 290, 351, 358, 399, 412
阿尔芬努斯（非法学家） 400, 401
阿尔瓦雷斯 401
阿格里帕 77, 236
阿卡丢 175
阿克曼 28, 30
阿克塞尔·哈尔夫迈尔 370
阿里斯托 203
阿列克斯·托克维尔 90
阿纳斯塔修斯 225, 255
阿普列尤斯 437
阿斯克雷皮阿德斯 205
阿塔罗斯三世 148
阿提纽斯·拉贝奥 59
阿提尤斯·拉比耶努斯 362

埃德坎普 422
埃德瓦多·鲁伊兹·费尔南德斯 186
埃拉·赫尔蒙 187
埃流斯·兰普里丢斯 72
埃流斯·斯巴尔齐亚努斯 232
埃米留·科斯塔 369
埃米流斯 201
埃斯基内斯 327
艾蕾娜·塔西·斯坎多内 95
艾伦·切斯特·约翰逊 95
艾伦·沃森 70
艾罗迪亚鲁斯 72
爱德华·屈克 82
安德雷阿·迪波尔多 187, 188
安东尼 62, 65, 73
安东尼努斯 78, 79, 81, 148, 152, 157, 195, 220, 237
安东尼努斯·皮尤斯 79, 205, 237, 238
安东纽斯·穆萨 199
安库斯·马尔求斯 38, 84, 249
安提过努斯 78
安提拉斯 63, 65
安提斯丘斯 145
安托略·马岱奥 251

奥多弗雷多·德纳里 97, 98
奥多亚克 179
奥古斯都 74, 77, 82, 84, 95, 96, 102—105, 108, 109, 111—113, 128, 132, 133, 148—150, 154, 161, 189—191, 196, 199—201, 204, 208, 222, 224, 229, 230, 232, 235, 236, 240, 254, 267—271, 277, 284, 286, 293—295, 300, 303, 307—309, 312, 314—316, 318, 319, 321, 322, 324, 329, 330, 332—334, 349, 363, 366, 386, 391, 402, 438, 439, 441
奥鲁斯·福尔维尤斯 362
奥鲁斯·伽比钮斯 436
奥鲁斯·杰流斯 16
奥鲁斯·维尔吉纽斯 34, 57
奥索纽斯 315
奥托 100
奥维德 314, 315

## B

巴干诺 416
巴特农 31
巴托鲁斯 21, 87
白滇 432
白里安·提尔内 89
"百手"阿庇尤斯·克劳丢斯 433
柏拉图 7, 8, 10—12, 16, 44, 328, 356
邦雅曼·贡斯当 229
保卢斯·埃米流斯 239
保罗·菲德利 186
保罗·科尔曼-诺顿 95
保罗·马达雷纳 187
贝尔纳 331
贝尔歇姆 420

贝格 70, 76
贝卡里亚 337, 338, 343, 363, 364
贝利撒留 177, 179
背教者尤里安 224
本拉登 366
彼得罗·列奥博尔德 336
边沁 223, 339
宾得 30
波利比阿 5, 26, 44, 45, 116, 252
伯比流斯·雷纳斯 361
伯里克利 6, 7, 424
伯夷 29, 30
布拉克顿 87—89
布莱克斯通 89—91
布兰登·布莱恩特 366
布里松 267, 272, 275—277
布农特 112
布推奥 426

## C

查尔斯·亚当 251
陈可风 50—52, 104, 108, 121, 122, 124, 127, 134, 194, 381, 427
陈晓兰 392
程汉大 91

## D

达耐 325
大流士 159
大尤利娅 315
戴克里先 74, 128, 129, 135, 160—166, 168, 169, 171—174, 177, 181—185, 204, 215, 221, 222, 228, 232, 263, 333—336, 352, 386, 387, 400, 405
德拉古 396

德鲁苏斯　440
德摩斯梯尼　325—328，424
德丘斯·苏布洛　65
狄奥多西二世　225
狄奥多西一世　171，172，174—176
杜平　207
杜瓦尔　28，30
多拉贝拉　64，65，400，403

### E

厄内斯特·斯坦　169
恩格斯　215
恩里科·洛桑洛·科尔比　370

### F

法达　369，374
法尔托　425，426
范怀俊　115，371，372
方新军　53
菲兰杰里　339
费边·马克西姆斯　61
费培　315
费斯都斯　373
费希特　53，362，363
费扬　23
封丹钮斯　132
佛罗伦丁　18
弗拉维奥·布鲁诺　187
弗兰克·卡德—博内　95
弗朗切斯基尼　325
弗朗切斯科·德·马尔蒂诺　393
弗朗切斯科·法索里诺　187
弗朗西斯·培根　11
弗里茨·舒尔兹　71，77—79
弗伦迪努斯　191

伏尔泰　23
福卡斯　179
福西亚努斯　413

### G

G. H. 萨拜因　90
GN. 福尔维尤斯　56，64
伽尔巴　100，223，432
伽里斯特拉杜斯　242，256，401，435，436
伽利艾努斯　135
噶里多　390
尕利埃努斯　234
盖尤斯·阿尔撒　57
盖尤斯·阿奎流斯　401
盖尤斯·弗拉米纽斯　201，425
盖尤斯·噶勒流斯·瓦雷流斯　161
盖尤斯·格拉古　63，255，360，361，419，423，427—429，432，433
盖尤斯·卡尔博　361
盖尤斯·卡努雷尤斯　37
盖尤斯·克劳丢斯　40
盖尤斯·昆克求斯　400
盖尤斯（罗马法学家）　34，81，99，127，140，253，255，257，398，399，435
盖尤斯·马尔求斯·鲁提鲁斯　38
盖尤斯·马梭　391
盖尤斯·曼流斯　38
盖尤斯·梅姆纽斯　361
盖尤斯·瑙求斯·鲁提鲁斯＝盖尤斯·瑙求斯　39
盖尤斯·帕皮里乌斯·卡尔博　65
盖尤斯·塞尤斯　238
盖尤斯·韦雷斯　145，190，252，301

盖尤斯·西奇纽斯·贝鲁图斯 41
甘地 28—30,41,157
甘塔内利 94
冈塞 421
高傲者塔克文 84,125
哥尔迪亚努斯 411
哥伦布 429
格拉齐安 204
格里高利十三世 93
格内奥·马尔求斯 58
格内乌斯·希求斯 56
古德伦·弗格勒 186
郭尔古斯 298

## H

H. M. 琼斯 231
H. 巴尔祖 369
哈维尔·杜普雷—拉文托斯 186
哈维尔·塔玛育·哈拉米约 370
韩复榘 320
汉尼拔 61,127,143,216,217,238,251,431
汉兹 420,422
何立波 230—233
何勤华 6—8,131,328,396,445
何塞·阿尔方索·达·希尔瓦 370
何塞·路易斯·萨莫拉·曼萨诺 187,188,204
和诺留 175,176,178,179
荷拉迦巴尔 72,73
荷马 3
贺拉斯 77,190,236,268
贺马高拉斯 14
赫尔摩格尼 334
赫尔施菲尔德 232,233

赫勒姆斯 94
胡安·卡洛斯·瓜亚坎·奥尔提斯 370
胡长明 29
胡里奥·塞萨尔·罗达斯 370
黄莺雯 446
霍夫曼 267,275—277

## J

J. M. 凯利 70,72,84,89
J. 丹尼洛维奇 370
吉本 72,73,76,80,90,148,165,173,175,208,387
简·安德雷阿·帕略尼 187
简弗朗科·普尔普拉 97,100,103
杰尔苏斯 199,205
居鲁士 45
君士坦丁 160,161,165,168,169,171—176,181—185,188,203,209,210,225,245,294,352,353,421,435,441,443
君士坦求斯·克罗鲁斯 161
君斯坦斯二世 179

## K

卡尔波夫鲁斯 413
卡尔·格奥尔格·布农斯 272
卡洛·文都里尼 357
卡尔皮纳求斯 145
卡尔奇努斯(Carcinus) 335
卡尔·施米特 23,25,61
卡尔维尤斯 57
卡尔乌斯 399
卡拉卡拉 72,73,81,148,199
卡里古拉 100,102,223—225,227,236,299,316

卡利克斯图斯一世 413

卡皮托 33，57，63，77，93，101，114，236，356，361

卡萨沃拉 370

卡斯蒂廖尼 15，203，205—207，211，354

卡提林纳 60

卡图卢斯 268

卡西约多路斯 11

卡修斯·迪奥 72，103，104，316

卡修斯·隆基努斯 334

恺撒 42，62，64，65，80，99，100，107，108，123，126—128，135，138，139，146，148，150—152，161，163，164，171，205，227，231，254，269，362，363，366，379，403—405

康茂德 72，73

科达齐—皮萨内利 369

科尔内流斯 128，130，132，149，206，276，354

科拉·迪·李恩佐 93

科罗那 21

科罗涅乌 369

科瓦略夫 35，55，164，166，215，251，254，261，427

克劳丢斯 100—103，111，116

克里斯特·布农 97，99，209

克利斯提尼 6

克鲁恩求斯 130，132

克罗福德 272

克洛丢斯·普尔克尔 441

库伯 70

昆克尔 358

昆克求斯·卡皮托利努斯 37

昆克求斯·辛辛那图斯 57

昆求斯 439

昆体良 14

昆图斯·福流斯 37

昆图斯·康西丢斯 56

昆图斯·马尔求斯·希拉 57

昆图斯·梅特鲁斯 59

昆图斯·沃尔滕修斯 39

# L

L. 卡努雷尤斯 129，145，154

L. 欧皮缪斯 63，65，66，361

拉贝奥 59，187，381，383

拉尔迦 314

拉斯伯内 421

拉斯特 94

腊比里乌斯 362

莱库古 5，328

莱桑德尔 283

劳拉·索利多罗·玛罗蒂 187

老伽图 10，11，301，359，439

老普林尼 199，201，437

老伊拉克略 179

勒内·达维德 67，131

雷必达 440

雷勇 25

蕾娜塔·卡敏斯卡 187

李飞 187，383

李可波诺 95，100

李斯特 321，325，333，336，342

李维 30—32，34，36，37，39，55，57，58，61，66，139，250，255，296，357，397—399，440

李西亚斯 325，326，328

里克曼 420

列奥六世 203

林德鲁 362
隆基努斯 440
卢库鲁斯 440
卢梭 23，24，53，54，356，363，364
鲁布流斯 151，219
鲁皮流斯 145，155
路德维希·米太伊斯 233
路福斯 64，403
路加的托罗梅奥 21
路恰·莫纳哥 187
路求斯·蒂丘斯 304，311
路求斯·格努求斯 39
路求斯·科西纽斯 391
路求斯·欧皮缪斯 361
路求斯·切蒂丘斯 56
路求斯·塔克文 61
路求斯·瓦雷流斯 36，37
路求斯·维尔吉钮斯 59
路求斯·维鲁斯 208
路求斯·伊其流斯 35
路易吉·拉布鲁纳 66
路易十四 336
罗伯特·贝顿 186
罗道尔夫·卡马尔虢·曼库索 370
罗科 178
罗密流斯·罗库斯·瓦提坎努斯 57
罗慕鲁斯 30，31，109，315
罗斯托夫采夫 229
罗智敏 17，70，234，370，390，392
洛克 364

## M

马代奥·马罗内 384
马丁·路德·金 28
马丁内斯 28，29

马尔蒂诺 37，83，90，92，111
马尔库斯·奥拉求斯 36，37
马尔库斯·奥勒留 72—74，81，133，157，194，208，209，240，333，352，436
马尔库斯·布鲁图斯 269，363
马尔库斯·兑流斯 56
马尔库斯·福尔维尤斯·诺比利奥尔 425
马尔库斯·伽图 310
马尔库斯·克劳丢斯 35
马尔库斯·克劳丢斯·马尔切鲁斯 39
马尔库斯·马尔求斯·塞尔莫 57
马尔库斯·曼流斯 33
马尔库斯·瓦雷流斯 38
马尔库斯·瓦雷流斯·科尔乌斯 38，39
马尔库斯·屋大维 423，440
马尔西安 115，242，257
马基雅维里 22，139
马科斯 29
马克利努斯 72，73
马克森求斯 168
马克思 215，443
马克西米利安 161，162，168，204，333，335，400，405
马拉沃尔塔 111
马里奥·菲奥伦蒂尼 187，188，204
马略 361
马切尔 279，289
马苏达·马 294
马提亚利斯 202
马廷利 228，422
马西米利亚诺·卡尔蒂尼 186
马希克 369
马喜阿斯 50，58
玛尔塔·娜塔莉亚·洛佩斯·加尔贝斯 187

玛尔塔·索尔蒂 97, 98
麦基文 70, 87—91
曼流斯·卡皮托利努斯 221, 222
曼纽斯·瓦雷流斯 34
毛泽东 29, 91
梅尔贝克 19
梅流斯 425
梅切纳斯 77, 191, 236
梅维娅 311
梅夏英 67
美伽比佐斯 3
蒙森 34, 55, 103—105, 111, 116, 139, 229, 232, 358, 390
孟德斯鸠 23, 24, 263
米罗 130
米努求斯 404
米特拉达悌 147, 254
莫里斯 178, 179
莫伊尔 70
穆奇安努斯 335
穆恰努斯 101, 106, 113, 114, 165

## N

拿破仑 336, 340
纳尔逊·曼德拉 28
内尔瓦（法学家） 79, 107, 383
内尔瓦（皇帝） 107, 132, 233, 244
尼布尔 31
尼科莱 422
尼科美得斯 269
尼禄 100, 102, 151, 174, 192, 207, 224, 225, 254, 314, 316
努马 84, 116

## O

欧塔涅斯 3

## P

P. 波尔求斯·雷加 359
P. 塞尔维流斯 145
帕比尼安 72, 73, 195, 198, 269, 271, 278, 281, 283, 306, 322, 412
帕皮利乌斯 33
庞培 269, 403, 436, 437
庞培娅 269
佩里·安德森 89
彭波尼 17, 18, 381
彭梵得 233, 398
皮噶尼奥尔 30
皮兰杰罗·卡塔兰诺 42, 53, 54
皮索 425, 426, 428
皮尤斯皇帝 77, 112, 236, 267, 296, 297, 435
珀尔提那克斯 232
普布利科拉 46, 356
普布利乌斯 33
普布流斯·安纽斯·弗洛鲁斯 37
普布流斯·昆克求斯 400
普布流斯·路提流斯·路福斯 399
普布流斯·塞尔维流斯 34
普布流斯·瓦莱流斯·特里亚流斯 310
普布流斯·瓦雷流斯·普梯图斯 356
普芬道夫 337, 338
普林尼 296
普鲁塔克 10, 31, 148, 283, 301, 425, 439
普罗科皮乌斯 209, 210

## Q

齐云 81, 90, 128, 371, 398
乔万尼·罗布兰诺 90, 371

乔万尼尼　420

乔万尼·维兰尼　22

切勒流斯·维塔利斯　203

切皮尤斯·克里斯皮努斯　242，387

切索·昆克求斯　57

秦纳　77，147，236

丘汉平　123，124，127

## R

日耳曼尼库斯　95，96，102，112

## S

撒图尔尼努斯　361

萨维尼　233

塞尔维里娅　310

塞尔维尤斯·图流斯　31，48，50，84，107，215，249

塞克斯求斯　124，125，385

塞克斯求斯·内维尤斯　400

塞内加　191，365

塞斯图斯·曼流斯　36

塞维利娅　269

赛埔提谬斯·塞维鲁斯　72，73，81，298，354

桑达尔斯　70

色诺芬　7，10

森普罗纽斯·布雷索　56

圣保罗　151，174

史志磊　446

叔齐　29，30

斯蒂芬·拉特里奇　242

斯普流斯·卡修斯　189

斯普流斯·塞尔维流斯　56

斯坦尼斯拉夫·姆洛泽克　420

斯特凡·文克　186

斯特拉波　3

斯特西丰　327

苏格拉底　10，356，364

苏拉　51，128，130，132，134，149，194，203，254，283，362，375

苏维托尼乌斯　199，404，435

苏亚雷斯　235

梭伦　6，326，328，396

索尔兹伯里的约翰　87

## T

塔克文·普里斯库斯　84

塔西陀　122，132，153，207，242，245，254，387

谭启平　445

特雷巴求斯　201，202

特雷贝流斯　64

特林　187

特伦齐娅　64

特伦求斯　400，440

提贝留斯　77，99，102，103，105，107—109，111—113，153，179，224，236，242，254，282，284，297，314，361，423

提贝留斯·格拉古　360，361，366，423

提尔孙　272，277，279，292，296

提提狄乌斯·拉贝奥　287，288，298

提图斯　101，113

提图斯·格伦求斯　56

提图斯·科柏纽斯　391

提图斯·梅内纽斯　56

提图斯·切流斯　391

提图斯·维都修斯　34

图拉真　79，189，195，233，434，437

图流斯·奥斯提流斯　31，84

图密善 99,101
托勒密 241
托马斯·阿奎那 18,27

## V

V. 德门蒂耶娃 187

## W

瓦雷里努斯 234
瓦雷流斯·雷文努斯 140
瓦雷流斯·马克西姆斯 250
瓦雷流斯·马克西姆斯·科尔沃斯 357
瓦伦丁尼亚努斯 204
瓦罗 105,355
瓦特尔 25—27
汪磊 446
王海 372,392
王焕生 3,12,14,16,30,31,34,36,37,39,45,47,55,57,60,61,65,66,84,109,110,124,131,152,203,204,226,358,361,386,422
威廉三世（1850—1702 年） 336,339
威西·克莱因 421
韦斯巴芗 6,9,13,72,84,85,93,94,96—103,106—109,111—117,224,225
维布尤斯 145
维都流斯·齐古流斯 57
维尔科纽斯·图利努斯 86
维哥丽塔 242
维吉尔 77,236
维吉尼娅 17,35,36,59
维钦托利 354
维求斯 145
维斯提里娅 287,288,298

维特尔博的乔万尼 21
维特流斯 100,101,113
魏努勒尤斯 198
温智勇 419
文森特·斯克拉姆查 145
沃尔腾修斯（律师） 40
乌尔比安 17,18,70—83,85—87,89—91,198,201,203,211,232,233,251,258,259,271,281,282,290,296,297,306,324,355,363,376—378,381—383,406,407,412,415
屋大维 363,421,422
吴于廑 360,419,421,423,425,432

## X

西庇阿 184
西德尼 9
西普塞利德斯 5
西塞罗 7,10—20,23—26,39,45—47,59,60,64—66,75,84,109,110,116,124,125,127,130—132,152,153,203,204,226,301,354,358,361—363,365,371,373,384,386,388,400—402,422,428—430,443
西耶斯 21
希波克拉底 15,210
希波里图斯 413
希尔克斯 421
希尔维奥·潘切拉 186
希罗多德 3
希耶罗 138—140,145,220
小普林尼 128,132
小塞内加 294,313,316
小斯考鲁斯 309,310
小尤利娅 315

肖凡内克 421
徐涤宇 42，53，54
薛军 37，68，83，90，92，110，269，271，277—279，281—284，286，288—291，297，298，300，302，303，305，308，309，311，312，322—324，332，351，385，393，439

## Y

雅克·埃吕尔 54
亚里士多德 5—10，13，14，18—23，27，44，92，152，222，325，424
亚历克斯·斯考比 186
亚历山大（埃及总督） 64，74，78，101，113，164，165，438，441
亚历山大·塞维鲁斯 72，73，78，79，81，82，85，86，149，198，205，223，226，227，352，407，442
盐野七生 61，72—74，77，79，82，85，99，101，103，105，106，112，113，115，122，124，126—130，135，141，143，148，149，152，153，157，162，164，168，172，189，192，195，199，204，205，216，217，222—226，230，231，235，236，239，240，243，245，251，269，287，293，315，316，322，353，361，387，419—421，426，428，430，431，433，434，444
耶律内克 23
耶罗克勒斯 168，176
耶稣 242，353

耶稣斯·佩雷斯·洛佩斯 94
叶海 446
伊拉克略一世 180
伊雷内乌斯 407
伊西多勒 14，15，193
优流斯·毛里西安 244
优士丁尼 17，24，68，70—72，76，78—80，83，85—89，93，99，104，112，131—133，155，156，166—168，174—179，184，205—207，209，210，227，234，239，255，278，296，300，306，307，316，328，333，338，351，352，354，378，390，401，402，408，409，411，412
尤里安（法学家） 283
尤流斯 379
尤维纳尔 314
犹大 113，242
雨果·多诺 18
约勒·法略莉 187，383
约瑟普·安东·雷莫拉 186

## Z

泽尔柏辽 325
扎雷乌科 270
赵毅 210，446
周枏 67，86，121，133，174，223，287，293，371，372，396
周启迪 159
朱塞佩·格罗索 42，46，58，217，385，388，391

# 专 名 索 引

（按首字的汉语拼音字母顺序排列）

## A

阿波罗　329

阿尔巴　30，369

阿尔卑斯山　146，150，163，171，172，231

阿非利加　100，128，147，149—151，155，162，163，169—171，175—178，231，421，426，429，433，437，438，441

阿拉伯人　179

阿拉特里人　137

阿纳尼人　137

阿普利亚　56，163，171，316

《阿提卡之夜》　16

阿文丁山　34，36，37，40，54，63，190

埃尔尼基人　137，238

埃及　101，113，114，146，150，155，161，162，164—166，168—171，175—177，208，224，225，231，241，341，395，441

埃及长官　296

埃及的亚历山大　64，164，438

埃魁人　61

埃皮鲁斯　47，146，150，163，164，170，175，176，231，426，429

埃什南纳　395

埃斯奎流斯山　34，190，191，194

埃特鲁斯人　56，137

《爱经》　314

安东尼王朝　73，81，147

安东尼瘟疫　207，208

安条克　164，335

奥古斯都集议场　312

奥古斯都（职官）　161

奥雷流斯台阶　312

奥斯曼帝国　182

奥斯提亚　192，249，432—436，439

澳门　190，348，349

## B

巴伐利亚　336

巴勒斯坦　161，166，170，176

巴黎高等法院　22，340

巴黎公社　263

罢工　28—30，40，42，54

罢市　40，54

百人队长　33

百人团 35，48—50，52，66，107，124，127，217，331，356—360，363，428

百人团会议 46，49，51，52，57，58，84，106，107，152，222，267，355，357，358，362，363

柏柏尔人 179

拜占庭帝国 168，176—181，184，185，209，210，441

邦联制 161

帮助权 55

包税公司 145，156，253，254，260—263

包税合伙 260

包税合同 156，248，255，256，260，261

包税人 145，227，239，241，248—263

包税制 144，166，248—251，253—255，262，263

保持为慈善团体做出的遗赠之诉 378

保管神圣赠与的伯爵 232

保护公共利益的令状 380

保护私人利益的令状 380

保加利亚共和国 134

保利安诉权 408，416

保民官 31，34—37，39，41，42，47，50—59，64—66，84，93，104，108，134，151，155，221，267，321，357，359—362，372，385，401，404，423，425，427，436，440，441

保民官的插话权 48

保民官特权 99，103，104，113，116

保外就医 347，348

保证能力 256，261

保证人 248，249，256，257，261，327，397，408

保佐 81，194—196，218，243，296，317，398，406，408

暴君 357，363，425

暴君制 21

暴力革命 29

暴力抢夺财物之诉 257

暴力罪 351，363，385

暴力罪法庭 308

暴民制 21

卑贱者 42，289，304，306，316

贝鲁特 101

备位执政官 100

背教者 224

背信 354

被稽征人 230

被通缉者 246

被征服地 31，149，159，160

本城法 145

彼利尼人 137

《编年史》（无名罗马人的） 97

变例寄托 262

殡葬卫生立法 203

兵变 38—40，110，403

兵营 129，221，357

波斯 3，45，149，159，175，177，353

波斯战争 177

波伊人 137，238

波佐利 433

伯爵 178，180，185

伯罗奔尼撒战争 7，45，325，329

《驳斥一切异端》 413

博斯普鲁斯海峡 170

补充性的民众诉权 393

补选制 73

不法侵辱之诉 300

不列颠 147，150，155，157，158，162—164，166，168，169，171，176，

231，329
不列颠战役 100，109
不满 25 岁的人 273，275
不配 237
布林迪西 433
部分刑事责任说 342
部落会议 51，52，58，84，106，107，222

# C

Castor 神庙 262
Cos 295
Cylon 屠杀 329
财产公役 218，219
财产零卖制度 402
财产拍卖制度 399，401，402
财产让与制度 405，406，416
财产占取 398
财团法人 233，247
财务官 24，52，56，57，85，100，108，127，132，134，139，142—144，197，217，240，242，250，313，384，387
财政委员会 249
裁判官 51，56，79，84，100，105—108，122，123，125，129，133，136，139，140，143，149，150，153—155，198，200，201，211，232，233，244，254，258，259，263，287，294，308，309，311—313，334，362，375，376，379，381—384，391，398—401，406，411，414，416，425，438
裁判官法上的质权 406，407
查封 342
娼妓税 225，227，299
长官 4，6，19，21，24，37，40，46，47，52，53，56—58，60—63，67，79，80，83—85，96，99，104—108，110，114—116，122，125，127，128，134，135，141，153，165，166，224，232，244，251，260，261，273，275，289，304，308，320，350，355—363，365，376，378，380，385，387，391，396，397，406
长期占有 156，333
常设刑事法庭 130，154，303，304，307，308，312—315，321，350—352，361，384—387，389，423
常业犯 342
偿付判决额的担保 407
撤离运动 30，33，40，42，59，63
撤销诈害行为之诉 398
成文法 22，35，284
诚信 243，333，335，376，405
诚信通奸 283
承包人 240，252，260，261
承审员 351
承宣布政使司 160
城界 84，96，108，109，313，357—359
城界外推权 84，108，109
城市保佐人 195
城市部落 51，189
程序法说 343
惩罚通奸权 284
《惩治通奸罪的优流斯法评注》 273，275
迟延偿付 234
敕裁 86
敕答 24，73，85，86，184，205，237，256，335，400，407，435，436
敕令 71，78，80—83，85—87，104，105，111，148，152，157，177，209，

220，237，336，352，386
敕谕 86
充公 272，274，276，280，303，342，401
冲突规则 155
出庭担保 312，400
出庭担保人 244，388
出资人 261，262
除斥期间 254，324，328
传唤 244，326，375
船难 406，434，438
船主 258，421，436
窗户税 226
垂臂罢工 29，40
《词源》 14，193
《从马尔库斯·奥勒留时代开始的帝国史》 72
村长 167
村落 167
村落涤除 330

## D

大部制改革 136
大长官 46，84，124
大法官 121，133
大革命 21，90，340
大皇帝 78，162
大名鼎鼎的人 165
大区 129，160，165，168—174，177，178，181—184，226
大区长官 126，129，166，168，169，174，184，388
大赦制度 325，326，328—330，345，349
大下水道 199，200
代理人 87，150，244，254，261，309，375，384，388，400，401
代位继承人 237
代位权诉讼 393
待自由人 302
袋刑 353
戴安娜神庙 63
戴克里先—君士坦丁改革 160，174，182，183
担保法 327
单纯价值之诉 258，259
单向利息权 234
单一国 159—161，173
导弹 366
倒泼与投掷之诉 211，377，378
盗窃 18，86，258，259，338，351，353
道德风险 245，322，385，386，388，436
道路保佐人 194，195
德莫 6，424
登基税 223，224，235
登记簿 239
"敌人不复为市民"理论 358
《涤除法》 331
涤除税 435
涤除制度 331
抵抗权 29，43
地方税吏 254
地税 226，227，254
地缘政治 22
地中海 3，7，44，67，90，126，137，147，157，163，164，170，171，176，177，181，183，215，294，371，436，437
帝国 67，73，74，76，82，90，109，128，134，135，147—149，152—157，159—163，165—185，187，188，203，

207—209，216，220，223—226，228—233，235，246，254，270，294，299，317，330，387，419，420，431，438

帝国主义 109，138，139，143，152，153，157，161，222，256

帝政分权时期 68，74，80，230

帝政专权时期 74

第二次布匿战争 126，127，140，198，207

第二十人委员会 35，59

第三次布匿战争 428

第三等级 21，31，49

第一次布匿战争 126，127，137—139，143，151，157，222

第一次犹太战争 223

佃户 139，238，438

店铺税 227

吊死 352

订婚 236，282

定界权 98

东欧剧变 331

董事 260，261

董事长 145

动员制度 67

冻死 352

斗兽场 101，353

独裁 3，12，28，29，35，61，62，67，74，241，357

独裁官 34，38—40，57，60—62，65—67，84，105，107，121，124，133，357，358，363

独立顺位 237

独立住宅 189

独身税 226

对法的诈欺 97

多利安人 5

多米纳特制 74，117

## E

恶法 86

恩主 107，272，274，276，280，285，289，302—304，310，351，352，354，384，385，414，415

恩主欺诈门客罪 351

尔发院 5，7

二元君主制 91

二元制宪法 153

## F

发现财宝 389

发现财宝收入 240

发现通谋之诉 378

罚金 18，56，57，86，115，184，196，197，201，209，211，223，240，241，258，283，287，317，344，346，347，349—351，355，375—379，401，436

罚金诉权 334

罚金刑 342，344，439

法定代表人 132，234

法定夫妻财产制 408

法定主义 86

《法律篇》 8，12，328

法律审理 375

法律诉权 334

法律诉讼 375

法律诉讼时期 334，375

法乃善良公正之术 246

法人 233，234，261，262，340，350，377，394

法人制度 247，263

法务官　122

法学家　17，21，23，25，58，66，72，75—77，80，82，86，90，98，104，147，198，201，202，206，233，236，242，244，246，260，277，281，337，338，363，364，373，383

《法学阶梯》　18，68，71，74，78，79，81，83，86，93，99，131—133，155，184，227，255，257，278，296，316，399—402，407，435，437

法域　122，157，173，184

法院　73，79，110，130，141，144，154，173，174，205，206，244，290，307，308，312，314，320，321，327，338，340，352，356，358，386—389，396，405，406，416

反垄断法　439

反垄断民众诉权　393

反诉　245，388

反坐　245，246，309，388

返还嫁资的丈夫破产　409，410，414

犯罪说　342

妨碍粮食供应罪法庭　308

放置物或悬挂物之诉　377

放逐法外　352

非暴力不合作运动　28—30，41，42

非常法　358，387—389

非常诉讼　86，154，352，386，387

非常诉讼时期　350，352，371

非同盟的免税和自由城市　143

腓尼基人　7

废除死刑运动　364

费伦塔尼人　137

分别财产制　293，303，408

分部董事长　156，260

分配正义　320

封建制度　180，364

否决权　37，46，47，53，55，56，99，105，125

弗拉米纽斯竞技场　51，190

弗拉维王朝　94，101，111，116，232

福利国家　419，442，443

福利立法　422

附带侵权行为　259

复仇　244，247

复合国　161

复婚　332

副帝　135，161，168，169

副执政　123

副执政官　123，126，127，136

## G

高利贷　32，33，35，40，345

高卢　135，146—151，155，157，161—163，166，169，170，172，182，209，210，219，228，231，353，400，426，429

高卢人　33，101，114

《高卢战记》　135

高薪养廉　154

告密者　242，316，322

《告示评注》　18，79，198，201，203，211，251，258，259，374，376，377，381—383，406，412，415

哥萨克军区　183，184

哥斯漠　6

哥特战争　177，179

革命　21，27，46，54，84，87，93，336

个人主义　90，392，393

《各国宪法》　8

工厂排污立法　201
公暴力　241, 363, 385
公仓制度　433
公地　32, 40, 63, 139, 144, 169, 217, 218, 238—240, 252, 360, 381, 423
公共财产　217, 232, 252
公共工程　48, 240, 252, 255
公共供应　252
公共合同　240, 252
公共牧场的使用费　238, 251
公共卫生法　209—212
公共下水道　192, 200
公共下水道　380
公共浴场　194, 196, 198, 199, 207, 226
公爵　179, 180, 185
公开出售毒药罪　351
公库　132, 144, 150, 244
公民大会　6, 7, 14, 44, 46—48, 52, 53, 56, 67, 255
公民社会　90
公民团体　9, 16, 19, 22
公奴　303
公司　29, 156, 248, 254, 260—263, 421, 439
公诉　131, 141, 154, 244, 246, 273, 279, 285, 290, 308, 309, 311, 318, 322, 333, 337, 338, 341, 343, 351, 373, 384—386, 388, 390
公诉权说　341
公诉罪　307—309, 344
公务代理人　251
公物　96, 106, 380
公役　205, 218, 228, 421, 435, 436, 441
公益诉讼　211, 369, 371, 382, 390,
392, 393
公用物　373, 380—384, 390
公寓楼　64, 189, 190, 192, 196, 377, 381
公证人　93, 131
供应券　441, 442
共和　125, 263, 393, 442, 444
贡赋　223, 224
钩刑　302
《古代人的自由与现代人的自由之比较》　229
《古今宪政》　70, 88, 89
谷神　350
谷神庙　427
股份　261, 262
股票　156, 262
鼓励生育政策　365
故意　69, 73, 90, 91, 115, 197, 237, 273—277, 279, 281, 283, 317, 350, 355, 376, 378, 390, 406
雇佣军　38, 138
寡妇　49, 218, 250, 274, 275, 279, 281, 282, 284, 287, 322, 323, 349, 413
寡头　3—6, 8, 9, 26, 44, 52, 360, 362, 423
寡头政治　8
寡头制　4, 5, 20, 21
关闭运动　29
关税　144, 154, 217, 225, 228, 235, 248—251, 254, 257, 258
关税区　154, 155
观剧补贴　424
官口　135, 263, 387
官吏推荐权　106, 112

官僚制度 136,154,247,263,389
官民比 133,134
官杀 365
官选监护人 155,184
官员无给制 153
官员薪给制 153
官灾 153
管制 347,349,404
归入权 408
《规则集》 115
规则体系 20
贵族阶级 21,304,359
贵族派 42,267,362,372
贵族营造官 52,427
贵族制 4,6,12,16,20,21,45,47,152
贵族制宪法 16
国际非暴力冲突中心 28
国际私法 155
国家财产 13,106,110,234,240,251,253,307,380
国家财产神圣不可侵犯原则 234
国家财产优先保护原则 246
国家财政 248,443
国家法 23,25—27
国家粮仓 432
国家破产 443
国家亲权 431,444
国家水道 198
国家所有权 156,252
国家万能主义 394
国家元首司法豁免权 79
国家主义 253,384,389
国库 48,49,57,132,136,150,197,209,221—223,227,230—232,234,238,242,244—246,255,280,292,293,315,378—380,387—389,419,422,423,426,428,429,440,443,444
国库财产 278,389
国库长官 244
国库官 144,250
《国事诏书》 177
国事罪 60,130,132,234,242,243,289,301,306,333,351,354,361,385,387,390
国事罪法庭 308
国势调查 49,50,249,293
国税 226,227,254
国营企业 263,444
国债 216
过渡条款 113,115
过失 12,45,206,237,259,277,281,283,350,355,407
过失通奸 283

## H

海盗 434,436,437
海关进出口执法权 258
合法卖淫 299
合同法 327
和解 123,223,331,356,396,409,412,415
和平神庙 190,304
黑妓院 299
黑劳士 5
红利 261
户口制度 426
华尔街 262
环保法 188,384

环境保护　187，188，211，383
环境保护民众诉权　392
环境利益　392
皇帝　24，45，68，70—87，89，90，96，97，99—114，116，117，128，132—135，141，142，148—151，153，157，159，161，162，165，168，169，174，175，178，179，184，189，192，194—196，198—200，204—206，208，210，220，223—227，229，231—242，244，245，255，256，282，296—300，313，314，316，322，333，352—354，363，379，386，387，389，405—407，410，411，420，421，433—437，442，444
皇帝敕令　24—26，86，173，352
皇帝崇拜　150
皇帝的事务经管人　296
皇帝的受赠物金库　232
皇帝行省　106，128，129，149，150，154，162，172，220，231，235，237，244
皇冠金　223，235，435
皇库　77—79，112，132，150，227，228，230—238，240—247，256—258，333，334，355，401
皇库裁判官　244
皇库代理人　234，241，244
皇库的权利　233，242，256，401
皇库法　243，333，334
皇库管理人　241
皇库律师　234，246
混合公役　218，219
混合说　343
混合宪法　3，12，13，16，24—26，41，44，46，52，53，59，67，116，153，403
混合政体　9，44
混合制　4，5，13，45，152
豁免兵役　249
豁免财产　407，415
豁免公役权　435
豁免权　78—80，85，112，421，436
活埋　354
火刑　352，353，355
火灾　192，203，406

## J

积极财产　410，415
积极国家　419，442，444
积极权力　44，58，67，359
基本法　22，23，26，27
基督教徒　41
稽查　230
汲水役权　198
集议场　33，35，36，61，64，65，130，141，190，199，255，262，304，305，309，312，315，413，435
记录抹煞刑　354，427
妓　女　225，268，282，288，295，299，300
妓女服　295
妓院　299
妓院老鸨　298
既判力　233，376
继承法　112，237，246，327，401
继承人　18，69，77，78，112，155，161，223，232，235—238，241，245，247，259，269，308，326，363，378，387，389，400，401，410—412
祭祀　152，373

寄寓者　108
加普亚　38，126，238，433
伽尔巴公仓　432
迦太基　7，10，126，137—140，151，163，171，178，179，184
迦太基人　7，137—140，145
迦太基—希耶罗体制　138
迦太基总督区　179
家父　18，204，269，273—275，278，279，284—287，289，290，293，302，303，305，308，310，355，362，414
家父权　36，279，284，285，315
家母　274，276
家庭法庭　284
家庭妓院　299
家外人　273，275，279，287，294，302，309，310
价金　224，227，272，274，278，280，303，397，440
假死刑　355
嫁资　241，274，276，278，280，281，286，292，293，298，306，307，408，409，414
奸淫　270，272—277，279—283，287，299，305，320，323，332，344
间接税　219—222，224—226，228，254
监察官　48，59，84，106，108，134，194，196，197，201，217，239，249，250，252，255—257，293，295，330，331，334，425
监察官涤除　330，331
监护法　327
监护公役　205
监视居住　291
检察院　290，308，394

检举　228，230，236，241—247，257，263，309，316，322，370，371，386—390，393，394
简约　156，405，411
僭主　4，5，48，62
僭主政治　8
交通事故民众诉权　392
交通事故之诉　377
交易权　189，294
绞死　354
教区　181，182，184
阶级分权　41，58，67
阶级监督关系　372
阶级平等　42
阶级宪法　27
阶级性　256，301，304，354，365，371
劫富济贫　360，423
劫掠自由人　438
结合契约　24
结婚证书　307
解放　33，62，63，65，76，90，106，131，155，221，222，272，274，276，302，304—306，373，397，409，435
解放奴隶税　220，221
解放自由人　51，134，189，259，272—274，279—281，284，285，289，302—306，310，315，378，380，384，385，415，426，439，441
解严　67
戒具　290
戒严　67
金指环　402
紧急状态　35，48，59，60，62，66，67，111，358，361—363，366，403
紧急状态法　66

进出口税 225，227
进化论 350
禁婚期 287
禁绝水火 291，355
禁卫军长官 73，168
禁卫军队长 165
禁卫军人 129，297
禁止结婚 291
禁止性令状 382
经济斗争 40
经济利益 299，309，343，398
《经济论》 222
经济人 251
经营权 414，439
精兵简政 133，135，136，165
精神损害的赔偿 292
警察 290，291，388
警察法 24
净化 186，329，330
竞合程序 397
竞争法 439
纠问制 384，386，387
纠正性的民众诉权 393
拘禁之诉 375，376
拘押 290
拘役 346，347，349
举证困难 324，325，328
举证责任 245，311，388
绝对君主制 74，116，162
军队涤除 330
军区 159，180，181，183，184
军区制 178，180，181，183，184
军事保民官 36—38，125，126，129
军事国库 224，231，235
军事民主制 48，50，229

军事权 98，124，126，178
军事谕令权 61，153，356
军事殖民地 151
军团 48，52，100，127，135，143，150，168，169，208，247，296，431，437
军团司令官 100
军刑法 350
军政分离 165，178
军装与战马税 435
君权民授 85，90
君权民授说 87
君权无限说 87
君士坦丁堡 165，169，188，203，209，210，225，421，441，443
《君主论》 22
君主式独裁 61
君主制 8，11，12，21，22，44，72，80，365
郡 159，168，174—176，179，182，184

# K

κάθαρσις 制度 330
卡拉卡拉浴场 199
卡皮托尔山 33，57，63，93，101，114，356，361
卡皮托尔山博物馆 93
卡特尔 435
卡提林纳党人 60，358，362，366
卡提林纳分子 354，362
卡修斯·迪奥（Cassius Dio）的《罗马史》 72
凯旋式 61，269
恺撒（职官） 161
康孟达协议 439
康帕尼亚人 137

抗辩 156，288，325，329，333，338，363，375，408
拷打致死 353
拷问 272—276，278，280，302—306，431
科层制官僚系统 253
《科林斯政制》 5，8
克劳丢斯港 434
克里特 4，5，100，146，163，170，176，231，271
克里特宪法 6
客体主义 13，23
肯尼迪艺术中心 443
空白委任状 103
《控 Nausimachus 和 Xenopeithes》 326
控告权 85，278，279，289，294，308，310，317，322，385
控告人 131，142，242—244，274—276，280，288，302—304，308—312，316，323，324，339，385—388
控告制 384—386，394
口供 174，289，290
扣留权 292
扣押权 250，257—259
扣押之诉 375，376，397，399
苦主 379
库里亚大会 50，51，84
库里亚法 84
库里亚会场 33
跨国公司 156
矿场经管人 239
矿坑苦役 243，379，388，413
扩用诉权 258

## L

Lesbos 295

Lustrum 制度 330
拉丁法族 262
拉丁权 155
拉丁人 15，30，50，90，155，189，255，435，437
拉丁同盟 188，442
拉丁宪政 67
拉古萨 209
拉皮条者 225，273，300
拉文纳 169，178，179
拉文纳总督区 179
滥权行为 258，259
老兵殖民地 151
烙刑 302
勒索罪 309
累犯 345
离婚 271—276，278，279，285，287，298，299，306，307，317，322，332，414
离婚书 287
离开集议场 413
《理想国》 7，8
立法会 51
《立法科学》 339
立法院 249
立宪君主制 68，91，116
立宪政体 9
利利贝乌姆行省 140
联邦制 161
娈童 270
良家妇女衣服 295
粮秣经管人 439
粮食督办官 427，441
粮食分配体制 421
粮食供给法 429

粮食立法 419，434

两倍罚金之诉 211，258，259，377

两合公司 262

两头半制 104

量刑 313，320

列提 100

临时法 74

凌迟 353

领地省 149，150

令状 198，200，201，232，371，380—384，406

留置权 288，412

流放 86，240，252，280，287，291—295，315，316，319，320，361，362，379

流放小岛 273，379

流氓罪 347

流亡 29，43，54，355，356，365

卢比孔河 219

卢坎尼亚 137，163，171，179，239

旅馆税 248

律师 131，132，142，218，304，312，385，401

乱伦 270，281，294，320，323，324，353

略式移转物 156

《论长官的统治》 21

《论城邦的统治》 21

《论对 Evandros 的审查》 326

《论法的精神》 23，24，263

《论法律》 12，39，60，124

《论犯罪与刑罚》 337，364

《论感悟》 10，11

《论共和国》 12，14，16，39，45，84，152

《论人性》 15

《论王冠》 327

《论王国》 21

《论寻找》 14

《论医药》 199，205

《论政府原理》 87

《论自然法与万民法》 337

罗克里 270

罗马城道路环卫四吏 194，381

罗马城外道路环卫二吏 194

《罗马帝国百官志》 165，167

《罗马帝国衰亡史》 72，73，76，80，90，148，165，173，175，208，387

《罗马法百科全书词典》 76

《罗马法史》 46，58，107，124，126，217，385，388，391，429

罗马公法不存在论 67，116

罗马公共卫生法 186，188，207，210，211

罗马和平 77，105，143，148，153，223，225，226，230，231，236，287，293，315，431

罗马环保法 188

《罗马人的故事》 72，122，419

罗马人口法 365

罗马人螺丝钉论 229

罗马市民 31，33，40，106，109，126，139，142，151—153，223，226，229，249，271，274，275，279，282，287，295，301，304，335，337，353，354，356—360，362，363，373，423，426—431，434，435，437，443

罗马市民权 60，148，151，152，205，219，220，294，358，435，437

罗马税制史 250

罗马同盟　148，442
罗马宪法　17，44，48，60，66，83，85，90，92—94，98，100，116，129，133，152，358
《罗马政制史》　37，83，92
落空遗产份额　77，112，236，237

## M

马尔西人　137
马耳他　140
马鲁奇尼人　137
迈锡尼人　3
麦撒纳　139，143
曼德拉政府　331
没收　39，62，139，197，228，234，235，238，241，246，249，257，258，278，280，292，293，303，316，342，346，360，401，404，423
没收财产　206，241，278，280，291，292，320，347，349，355，401
没收权　258
门客　35，51，107，351，352
门神　330
门税　226
米兰　162，169，187，219
米塞努姆　165
米塞努姆舰队　165
秘密警察　331
免受法律约束权　85，111
免税　98，143—145，150，154，159，181，220，222，229，254，307，428
免税城市　140，144
面包和马戏　109，442—444
民法　7，105，143，246，306，319，327，328，334，337，349，390

民告官　246
民决法　97，106，114，115
民权运动　28
民事民主制　50
民事死亡　294
民事诉权　325，334，337
民事谕令权　61
民众令状　370，371，380—383，389，390，393
民众派　42，64，267，361，372，403
民众诉权　211，237，369—372，374—379，381，384—386，388—394
民主之父　6
民主制　4—6，8—10，12，16，20，21，44—46，50，152，229，424
民主制宪法　16
民主主义　53，89
名誉　243，270，284，308，309，350
名誉身份　388
名誉刑　337，355
命令　18，49，60，61，63，69—71，83，86，87，93，95，97，110，114，159，184，192，200，201，204，273，275，296，340，358，366，380，381，383，400，404，411
磨坊—面包房　413，437，438
默示遗产信托　237
目击证人　290
穆丘斯推定　408，409
穆斯林　41

## N

纳税城市　140
奶酪厂　193，203
奈图姆　139，143

专名索引 473

男权主义 13, 269, 286, 318, 320
内阁 82
内乱 60, 62, 66
内事裁判官 64, 143, 184
内事裁判官法庭 312
内战 38, 100, 101, 113, 114, 168, 224, 325, 403, 404
能力利益 410, 414, 415
拟诉弃权 156
拟制 220, 342
尿液 101, 192, 193, 225
农兵 178, 180, 181, 183

## P

帕加马王国 148
帕提亚 208
拍卖财产 398—403, 410
拍卖法 256
拍卖税 224
叛国罪 336, 343, 348, 362, 385
叛教罪 333
旁批制度 329
陪审员 130, 131, 142, 308, 312, 313, 386, 423
陪审员名册 312
陪席法官 73
配偶 270, 317, 335
《批驳颠覆民主的指控》 326
皮革厂 191—193, 202
皮切尼人 137
皮琴蒂尼人 137
片面离婚权 299
偏称公民 9
骗奸罪 317
平价粮食供应制度 419, 422

平价小麦 420, 426, 427, 429—432, 437
平民 5, 8, 15, 28, 30—43, 49, 51, 52, 54—59, 63—65, 67, 97, 114, 124—126, 189, 190, 194, 201, 203, 226, 267, 296, 350, 359, 362, 372, 375, 385, 395, 397, 420, 421, 423, 425, 427, 433, 440
平民保民官 51, 58, 105, 184, 359, 375, 423
平民部落大会 48, 51, 57, 58
平民会决议 39, 40, 42, 51, 57, 58, 96, 97, 106, 115, 145, 267, 359, 423, 427, 436
平民阶级 359, 440
平民人头税 250
平民营造官 51, 52, 58, 239, 375, 427
平民政治 8
平民殖民地 151
平时状态 59, 66, 67
破产财团 408, 409, 415, 416
破产程序 395, 397, 402, 403, 405, 408, 416
破产惩罚论 405
破产法 395—398, 401, 402, 404, 405, 407, 408, 412—416
破产管理人 415
破产失权 415
破产重整程序 404
破坏军婚罪 270, 319
破坏他人信用罪 402
破廉耻 39, 246, 249, 295, 375, 402—405
葡萄牙 25, 230, 348
普遍性 71, 83, 86
普鲁士 336

普通法 91，158
普通破产 396，410，415

## Q

期待权 412
耆那教徒 41
骑兵长官 61，133
骑士阶级 63，100，150，256，261，282，293，361，402，423，435，438，440
千人寡头制 4
迁徙自由 189
铅管厂 192，193
前裁判官行省 149
前任政治权力继承权 85，111，113
前执政官行省 149
强奸 282，324，339
强奸罪 174，351
强制破产 405
强制执行法 397
抢夺罪 348
抢劫 252，253，258，338，339，406，434
侵犯坟墓之诉 375—377，391
侵辱之诉 380，415
侵辱罪法庭 308
轻率和疏忽犯罪 339
区 6，7，19，20，28，31，49，52，53，67，71，82，83，86，89，108，122，135，138，140，142，149，152，156，159—162，164—168，171，173，174，178，180—186，189—194，197，199，200，202，204，208，209，211，216，217，220，221，226，227，232，233，238—240，246，253，262，277，281，282，292，319，320，332，336，337，346，348，349，356，375，377，390，392，397，410，413，425，426，441
区长 165
取保候审 291，347
取得时效 156，184，327，328，333—335，337，338
权源 327
全称公民 9，10，13，38，40，43
全民撤离 38，40，43
全民直选 46，53
《全舆志》 168，176
确认自由身份之诉 378

## R

Rhodes 295
燃料税 226
人格 259，261，262，283，293，402
人格利益 398，416
人口密度 189，190，207
人民公敌 360
人民公敌理论 60
人民控告 154，244，370，371，374，375，379，384—387，389—391，393，394
人民控告的私人化 386
人民审判 307，384
人民之诉 373
人民主权 54
人民主权原则 389，393
人权保护民众诉权 393
人身公役 218
人头税 166，223，231，232，250
日本 82，99，106，122，157，164，222，251，341，343，349，410，419，426，444

日本人 41, 157
日耳曼 90, 95, 96, 100—102, 112, 114, 146, 150, 157, 161, 163, 164, 166, 171, 175, 231
荣誉制 154
容隐 243, 247, 302
儒家文明 346
入市税 225, 227
弱者 11, 403, 423, 424, 444

## S

30 僭主时代 325
40 天隔离制 209, 212
Samnium 238
Samos 295
Simium 161
Suessula 人 38
萨宾人 30, 39, 50, 61, 137
萨漠尼安 38, 238
萨漠尼安战争 128
萨桑王国 149
塞琉古王国 138
塞农人 137
塞维鲁斯王朝 73, 90, 149
森普罗纽斯公仓 432
僧侣阶级 21
杀奸权 274, 278, 279, 284—286, 289, 299
杀亲罪 351, 385
杀亲罪法庭 308
杀人和投毒罪法庭 308
晒死 352
商业时代 398, 399
上帝 209, 237, 364
上诉 35, 56, 131, 142, 143, 167, 173, 174, 358
尚书省 159
社会保障制度 420, 431, 444
《社会契约论》 23, 356, 363
社会契约论 23, 24, 43, 54, 68, 356, 364
社会唾弃 295, 374
社会主义 253, 331, 442, 443
社团法人 247
社员 260—262
社员大会 260
赦免 35, 39, 55, 62, 339
摄政 105
申诉 36, 37, 46, 57, 59, 60, 63, 65, 353, 356—360, 362, 363, 365, 366
身份占有 335
身体刑 337
神法 115, 374
神君 95, 96, 157
神庙 58, 101, 110, 114, 150, 224, 252, 262, 329, 356
神庙暨公共工程和公共地方保佐人 194
神圣罗马帝国 68
《神学大全》 20, 69
审级 121, 122, 174
审判籍行省 297
审判区 141, 145
生理强制 290
生命权 364, 366
生杀权 142
生育义务 365
《圣经》 317
圣乔万尼拉特兰诺大教堂 93, 98
圣山 34, 36, 40, 54, 55
省 95, 115, 122, 127, 129, 134, 139,

145, 147, 149, 150, 153, 159, 160, 162—165, 167—185, 226, 260, 310, 330, 340, 341, 347
省长　129, 134, 164, 165, 167, 174, 179, 408
失能之人　424
十人委员会　17, 35—37, 57, 351
十字架刑　353, 354, 365
什一税　138, 144, 220, 235, 251, 260, 429, 443
时效　156, 246, 274, 287—289, 297, 298, 305, 310, 321—329, 332—349, 406
时效法　156, 328, 330, 333
实体法说　343
实物抵债　404
实物税　215, 217
食品厂　192, 193, 203
食物税　227
世家　108
世袭君主制　8
市长官　105, 195, 300, 304, 313, 314, 388, 413
市场价小麦　424, 427
市场经济　399
市场主义　253
市民保卫人　166, 167
市民法　18, 75, 78, 79, 155, 416
市民冠　153
市民名册　331
市民权　31, 205, 241, 294, 355, 359—361, 386, 401, 426, 440, 443
市民食物权　426
市议员　165
事实审理　375

事实诉权　406
事实之诉　206
侍从官　124, 141, 144, 196, 313, 356
首都人特权　109
首都市民权　443, 444
首都特权制　426
受敬畏者破产　410, 414
受判处者的财产　241, 246
书籍出版控制制度　315
恕道　30, 345, 346, 349
摔死　57, 351, 353
双分要式口约　411
双头制　104, 116, 117
双性恋者　269
水保佐人　194, 196, 197
水道　98, 99, 167, 193, 195—200, 207, 208, 210, 211, 217, 229, 252, 442
税法律师　230
税警　254
税收制度　230
税务承包人　252
税务处　223
司法腐败罪　351
私法　13, 17, 18, 52, 75, 91, 93, 104—106, 110, 114, 148, 155, 187, 189, 210, 220, 250, 288, 292, 299, 327, 334, 355, 370, 374, 390, 393, 415, 427, 442
私奸　270
私人财产　13, 150, 232, 233, 307
私人基金会　421
私人羁押权　288
私人企业　432, 444
私人水道　198, 211
私人下水道　383

私人下水道　192，200，210，383
私生子　51，166，189
私刑　284，354
私有化　263
《斯巴达的宪法》　7
斯塔德斯　295
死后社会唾弃　354
死刑　56—58，62，63，65，124，141，221，241，258，283，294，315，336，343，344，346，350—358，360—365，385，395，396，401
死刑三吏　56，127，354
死因赠予　355
四级三审制　174
四头制　128，161，162，168，228，387
四子权　435
讼务执行人　261
搜刮钱财罪　129，130，132，153，154，301，307，308，313，361，384，401，423
苏联　349
诉权人　280，309，321—324，332
诉讼时效　246，321，323，327，328
诉讼书状　311，312
诉讼税　223
诉追时效　287，297，325
溯及力　113，361
损害投偿　258，259
唆使检举　245
所得税　225，228，229
所有权　64，110，138，156，188，198，201，227，239，257，327，337，414，439
索回物的诉权　334

## T

他已让与全部财产的抗辨　408
塔尔贝雅悬崖　57
塔兰托人　137
塔木卡　395
台伯河河床和河岸暨罗马城下水道保佐人　194
贪污公款罪　333
贪污罪　130，333，340，351，385
贪污罪法庭　308
逃税　248，249
逃税人　249
陶罗美纳　139，143
陶器山　191
特别税　241
特别行省　149，150
特拉西梅诺战役　61
特殊破产　396，409，415
特业合伙　262
特有产　18，408，409，413，414
特有产破产　409，410，413
提贝利纳小岛　204
提供通奸用房屋罪　318
提洛斯　72
提问权　303，304
体制法　25，27
体质说　15
替代诉讼　390，393
天谴论　209
添加　72，83，197
通敌罪　351
通婚权　189，294
通奸　174，241，267—324，332—335，339，344，349，385

通奸罪法庭　308
通行税　219，225，227
通讯投票　107
同居　105，300，301
同僚保民官　423
同僚执政官　124
同僚制　61，125
同盟城市　140，143
同盟国　137，148，172，173，189，432
同盟者战争　189
同盟制　137，139，140，146，153，155
同性奸　274，276，282，283
同执政官　164
同罪异罚　354
统帅设立与罢黜权　98
统治关系　20，109
统治契约　24，356
投放野兽　353
投资者　412
图拉真港　434
图利亚努姆监狱　354
土地涤除　330
土地法　56，107，196，306，360，361，379，423
土地分配权　98
土地税　166，219，220，250，255，435
土耳其人　181
土葬　203，375
团结工会运动　28
团体主义　90
推定　288，305，409
退席表决　104
脱白刑　302
脱逃罪　335

## W

瓦税　226
外邦人　126，155，254，258，301，391，426
外患　66
外交权　47，84，103
外事裁判官　64，127，155，197
外务执政官　123，127
万民法　18，75，155，157
《万民法或自然法原理》　25
汪达尔人　175，177
汪达尔战争　177
王法　22
王权法　68，71，83—85，88，99，100
王制　5，16
王制宪法　16
危机政府　61
威权　96，109，110，139
《威斯特伐利亚和约》　23
《为Phormio辩护》　326
为了国家不在的人　278，280，296，297
为了债权人利益的全部财产让与　416
违禁物　243
违警罪　337，341—344
违例开启遗嘱之诉　378，379
违宪审查制度　365
维爱　50，56，250
维洛里人　137
维斯提奈人　137
未成年人　256，305，355，373，375，376，388，391，400，402，411
未审先杀　366
未适婚人　350，355
伪报船难　436

伪造罪 130，333，351
伪造罪法庭 308
伪证 276，351，353
委任式独裁 61
温和反抗权 54
瘟疫 207—212，245，249，329
文官系统 251
文艺复兴时期 89
翁布里人 137
沃尔喜人 58，59，137
诬告 245，246，303，309，388
诬告赔偿金 303
无产者 49，107
无夫权婚姻 293
无故放弃控告罪 244，246，323
无期徒刑 337，343，344，346
无人机 366
无人继承的遗产 233，237，246，389
无先例条款 102，108
无限责任 261
无子女者 250
五级三审制 174
五贤帝时代 101
武装撤离 40
武装斗争 42
武装洗劫坟墓 352
武装政变 362
侮辱权 286
侮辱罪 351

## X

西班牙 22，25，29，69，70，94，100，127—129，146，147，149，150，154，155，157，162，163，169，171，176，180，182，184，188，193，204，219，231，235，240，251，268，291，342，370，390，397，401，426，428，429，441
西哥特王国 179
西西里奴隶起义 419
西西里行省 137，140，143，146，230
锡克教徒 41
习俗 47，83，203，236，301，320，374
洗染店 191—193，201，202
下奥地利 336
下水道 191，192，194，199—201，383
先例条款 102，108，109
现代文官制度 247
限期羁押制度 319
线人 331
宪法 3—27，35，41，42，44，45，52，61，63，64，66，67，85，88，90—92，94，102，106，113，114，116，117，140，145，152，153，160，169，248，251，318，356，364，365，370
宪法思想史 27
宪法现象 3
宪法主体 9，15，26
宪法组织 3
宪章 26，27
宪政 26，27，44，46，48，52，54，59，67，68，70，87—89，91，92，116，121，122，124，127，134，381，427
宪政式独裁 61
宪政体制 52，116
宪政英国起源论 67
宪政主义 88
乡村部落 51，189
相续人 18，236
香港 299，348，349，410

向人民的申诉权 35，59，63，66，142，363

象牙座椅 64

橡皮图章 80，104

消费者保护民众诉权 392

消极财产 410，415

消极权力 42，44，53，67，359

消极遗嘱能力 236

消灭时效 325—328，330，333—338，349

宵警队员 291，297

宵警团 205，224

销售税 224，248

小便税 101，225

小长官 84

小麦发放长官 438

小麦领取证 441

小麦券 420

小农经济 407

小斯考鲁斯搜刮钱财案 310

小亚细亚 149，161，166，172，180

小执政官 123，126

协和神殿 35

协商官 125

写手 239

写手之地 239

新疆生产建设兵团 347

新罗马 169，185

新市民法 157

《新英汉辞典》 122

薪（Stipendium） 154

信托受益人 238，411，412

刑法 112，154，242，270，304，317—321，324，325，327，328，333—355，362，364，365

刑事审判 241，385

刑事责任 206，285，340，342，343，349，355，410

刑事责任年龄 355

刑事责任说 342，347

刑事重判复议制度 365

刑事主观法律情势消灭说 342

刑事追诉 328，334，337

刑讯逼供 393

行会 167，421，435，436

行尚书省 159

行省 47，57，84，100，106，126—128，134，136，139，140，142—164，168，171—173，177，178，183，184，188，205，208，218—220，223—225，227，228，230—232，242，251，254，255，260，276，296，311，337，359，384，386，387，405，421，426，429，438，441

行省法 143，145，151，155

行省告示 127，143，253，259

行省皇库 228

行省税 156，160，220，228，231，235，251

行省土地 156，307

行省刑法 350

行省议会 150，151

行省制 128，136，137，140，146，149，152—160，180，230

行省总督 47，48，86，108，122，127，128，134—136，141，143，149，154，155，165，174，179，184，228，254，

311，312，363，386

《行述》 77

行为能力年龄 288

行刑时效 340，341，345—349

行刑时效制度 340，347—349

行政长官 46，88，116，122，123，140

行政法 26，153，210，270，390

行政区 129，135，141，142，158，162—164，169—174，176—178，180—182，184，190，226，349，426

行政区划 128，145，159—161，164，171，172，174，181—184

行政区区长 174

行中书省 159

性自由 286

休妻 279，287

虚意控告罪 246

叙拉古人 137，138

叙拉古行省 140

叙利亚 73，101，113，146，147，150，161—163，166，170，175—177，208，231

宣讲坛 64，315

宣战权 66

旋转门 135

选举会 51

选举舞弊罪法庭 308

选区 6，50

《学说汇纂》 17，24，70，72，75—77，87，93，122，184，198，234，255，271，306，390

巡回法官 168

巡回审判制度 141

训示 86

## Y

1945年波恩《基本法》 23

鸦片战争 345，349

雅典 4—6，9，10，20，45，138，172，225，248，249，253，254，256，263，325—329，333，339，356，424

《雅典政制》 8，92，325，424

雅尼库鲁斯山 40，54，56

雅皮吉人 137

亚该亚人 5

《亚历山大·塞维鲁斯传》 72

亚平宁半岛 67，183，238

烟囱税 226

烟税 226

阉人 206，315

阉人为宦官 352

延期审理 313

严打 347

《演说术阶梯》 14

羊毛厂 191

养廉制 154

要式口约 156，201，303，383

要式买卖 156

要式移转物 156

耶路撒冷 100，224

夜盗庄稼罪 351

一般夜盗罪 351

一级谋杀罪 364

一事不再理 233，323，327

《一种更强大的力量——非暴力抗争一百年》 28

《伊利亚特》 3

医疗卫生立法 204

医药之神 204

遗产 48，77—79，92，93，112，141，158，184，206，222，223，235—238，241，243，246，247，293，294，304，315，325—327，336，339，378，389，393，400，401，411，412，435

遗产破产 402，409—412，415

遗产税 154，220—223，235，240

遗产信托 133，155，238，411，412

遗嘱 78，79，167，184，223，236—238，269，276，295，333，355，378，385，389，410，411，435

遗嘱继承人 237

议长 165，166

议事会 6，424

役使人 258，259，262

意大利 18，22，23，25，42，43，51，53，58，61，66，69，70，83，84，90，91，93—95，97，98，101，107，109，113，122，126，130，134，137—139，145，148，149，151，154—157，159，160，162—166，169—173，176—179，182—184，186—188，203，204，208，210，211，215，216，219，220，227，231，235，238，239，251，252，257，276，306，318，325，328，335，336，339，342—345，347，351，357，359，364，369，370，373—375，380，381，383，384，390，392，393，397，398，403，416，419，420，426，440

意大利权 154，219，220

意大利土地 156，274，276，278，281，306，307

意大利宪法法院 318

银行破产 409，410，412，413

印度独立运动 28

印度教 30

印度教徒 41

应诉保证人 397

《英格兰的法律与习惯》 88

英国 87，90—92，94，112，131，157，158，173，228，277，291，296，328，336，339，343，348，349，410，420—422，437

《英国法释义》 89，90

英国人 28，29，41，91，272，291，339，366

英国宪政优越论 89

英美法系 131

营业税 228，235

营造官 56，100，108，124，133，187，194，196，197，217，284，287，299，334，425，427，438

《永久告示》 399

永久流放 285

《优流斯和波培乌斯法评注》 76，77，79，244

优流斯—克劳丢斯王朝 100—103，111，116

优士丁尼瘟疫 207，209

邮政 167

犹太皇库 231

犹太祭司阶级 224

犹太人起义 100

犹太税　223

犹太税征收代理人　224

犹豫权　410

游行示威　40

有产阶级　427

有利于被告原则　145

有期流放　285

有限合伙　262

有限继承　411

有限责任制度　263

有用日　274，321

有用月　274，322，323

诱奸罪　317

雨水排放之诉　202

预审　290，291，309—311，341，360，385

预审程序　289，309

谕令权　46，52，61，71，72，78，79，83—85，88，93，94，96—102，106，108，110，113—115，117，124，128，142，149，152，356，357，359，436

谕令权起始日　114

御前会议　24，85

元老等级　243

元老院　5—7，33—40，44，47，48，52，53，55，56，58—67，73，74，80—82，84，87，90，91，95，96，100—107，113—117，125，126，129，145，150—154，217，221，230，231，250，269，287，293，298，313，314，358，362，363，372，386，425，440

元老院会所　362

元老院决议　47，63，65，80—82，95，97，102，104，105，113—115，155，196，237，246，300，333，375，381，402，440

元老院行省　106，128，129，149，150，154，162，172，220，231，244

元老院最后决议　60，62—67，361

元首　46，68—79，81—85，88，89，94，109，110，125，132，133，194，230—233，296，381

元首代理人　254

元首的演说　80，81

元首顾问委员会　73，74，82，85，91，103—105

元首制　74，125，187

元首制时期　80，84，94，102—104，115—117，128，133—135，149，194，239，242，244，246，256，419，434

圆柱税　226

远古时期　3，204

越狱　352

运输商　435，436

运输商行会　167，435，436

## Z

《杂录》　11

《在其与政治的关系中考虑的基本法》　23

诈欺　197，237，257，335，339，385，397，400，405，408，409，412，415，439

债奴　33，259，397，398

债权额多数表决原则　409

债权人会议　398，409，415

债券　156

债务口约　396

债务奴隶制　32

债务危机　443

斩首　206，354，357

占卜权　46，52

战利品　127，139，147，154，189，219，220，238，240，250，429

战神　330，422，427

战神广场　61，112，200，331

战争法　240

战争税　154，217，249，250

丈夫的羁押权　290

丈夫的离婚义务　279

《哲学辞典》　23

侦讯法官　308，309

真相与和解委员会　331

镇守使　164，176

征兵　34，37，50，55，139

征收权　248

征税　50，56，98，139，145，153，156，166，167，216，221，222，225，226，229，230，248，250，253，255—260，262，263，299，333

征税区　145

征税人　215，255，263

正当程序　319，366

证券制度　263

证讼程序　371，398

证言　290，301

政府财产　13

政府征税制　248

政体　3，8，9，12，46，74，89，91，173，184

政体理论　8

政治案件　314

政治代理人　105

政治斗争　40，62

政治法　22—24，26，27

《政治家篇》　8，44

政治价小麦　426，428，437，440

政治社会　90

政治宪法　24

《政治学》　6—9，19，23，44，152

支付不能　233，404，406，410，413，415

执法官　122，126，308

执法两人团　174

执行　6，9，34，47，84，106，117，143，159，179，209，241，249，257，260，262，293，313，315，322，340，347，348，352—355，357，358，362，364，365，375，396，398，403，407，409

执政官　6，33—35，37—40，44，46，47，51，53，55—57，61，63，64，66，67，77，80，84，101，103—108，114，116，122—128，133，140，145，147，149—153，165，171，175，176，189，221，222，236，255，267，285，296，311，316，326，329，334，354，356，357，359，361，362，396，425，440

直接民主　104，152，153

直接税　138，154，219—223，225，226，228，229，240，249，254

直接征收制　250

职业犯　342

职业自由　443

殖民地　35，55，98，107，126，127，

138,139,148,149,151,152,157,160,172,173,183,188,196,220,230,238,384,421,423,426,443
殖民地事务副执政官　136
指导官　164
质权人　252,257
治安违法行为　347,349
智慧女神　58,152
中断指控　296
中书省　159
终身保民官　103,104
终身独裁官　62,363
种族隔离制度　331
种族歧视　331
仲裁　137,142,252,403,404
仲裁员　351
众有利益　390,392,393
众有诉权　371
重税主义　230
重刑主义　351
重装步兵　4,48,218
朱庇特　58,101,114,152,224,312,330,356
朱诺　152
诛戮暴君合法论　363,366
株连　409,416
主权　9,71,88,91,151,160,216,253,393
主体际关系　14,26,27
主体资格　233
主席团　249
助审官　174
注释法学家　97,98

专政理论　67
专制主义　88,91
转包　256
转化物　408,413
转让人　287
追究破坏告示牌者之诉　378,379
追究移动界石者之诉　379,384
追诉时效　279,287,319,321,324—349
追诉时效的客体　341,342,347,348
准据法　145
准正　166
资不抵债　404,410,411,414
自发侨民殖民地　151
自力救济　284,289,291
自然惩罚论　338,339,345
自然法　11,75,347,363
自然期间　323,332
自然人破产　396
自然时间　322
《自然史》　201
自然债务　407
自杀　59,100,241,290,361
自诉　308,309
自诉罪　309,318,344
自我监禁　338
自我检举　243,388
自我流放　338,361,363,364
自由裁量权　109,110,117,240,274,275,320
自由的免税城市　140
自由女神　58
自由权　291,319,335,398,401
自由人　6,133,148,152,166,211,

220，259，260，262，263，289，300—302，305，306，320，335，351，353，354，377—379，411，427，437，438，441

自由身份　133，136

自由市　172，173，222，398，439

自愿破产　403，405

自治市　150，172，173，182，188，228，252，407，415

自治市法　142

纵火罪　351

宗主国　148，149，152，154，157，160，161，173，183，220，426

总包税人　254

总部董事长　156，260，261

总裁　123，260

总　督　47，100，101，106，113，127，128，140—145，149—151，153，154，157，159，178，179，184，190，199，218，252，301，310，359，386，400

总督区制　184

总体财产　402

走私者　249

最高裁判官　121

最高法院　53

最高检察长　133

最高强制权　58

最后顺位　237

罪刑法定主义　308

罪刑法定主义　351

作证能力　295

# 后　　记

本书入选国家哲学社会科学文库，得益于北大出版社蒋浩先生的认可，白丽丽编辑的辛勤整理书稿，我才能获得这个荣誉。当然，何勤华教授、谭启平教授等评委的大力支持，也是值得特别感谢的。

入选之际，我正在米兰大学访学。此前我正在兴致勃勃地安排旅游，发愿要把米兰及其附近的好地方看个遍。接到入选通知后，我游兴全无，一心放在本书2013年12月20日的交稿最终期限上。文章千古事，不能马虎。入选"文库"的文章，更是不能马虎。为了对得起文库的名头，我开始裁撤文章。首先是去掉了将来可能以其他书的一部分的形式出版的单元；其次是去掉了一些被收入我的其他文集的篇什。算起来，总共去掉6篇，共计5.7万余字。

为了篇幅的适当和体系的周全，我同时开始了增写工作。入选以来，增写如下文章：（1）《罗马刑法中的死刑及其控制》；（2）《罗马公共卫生法初探》；（3）《行省→省（郡）→总督区→军区——罗马帝国行政区划的变迁及其意义》。共计约5.7万字。由此实现了增删平衡。

交稿时间已到，但尚有几篇涉及重要主题的论文未完成，只能期待将来补充进本书。它们是：（1）《罗马民主政治中的商议大会（Contio）》；（2）《优士丁尼罗马法对滥诉的制裁》；（3）《罗马的法院及其运作》；（4）《罗马刑法概览》；（5）《罗马法中的选举舞弊罪研究》；（6）《罗马经济法研究》。它们已被写成草稿，尚不完善，故在本后记中存目，以志完整写完它们的决心。

本书与我接触的西方作者写的罗马公法著作都不一样。它们大都写的是罗马宪法史，我写的则是罗马人的日常公法史。本书描述的罗马公法，许多涉及普通罗马人的日常生活，通过观察这些公法规定，可以看到那时候罗马人的生存形态。

临近交稿时间时，出版社提出要制作索引，我指导的研究生史志磊、童航、汪磊、叶海、黄莺雯以及慕道友刘璐帮我完成了这一工作的前期部分，在此致谢。

还要致谢的学生是我指导的博士生赵毅（贵州师范大学教师），他一直催促我开设罗马公法课，因此，本书多数篇什是本课的讲稿。他像我的其他学生一样，一直是我的创作活动的动力。希望本书在出版后能再次与教学结合，成为我所在的大学和其他大学的罗马公法课的教材。

特别感谢米兰大学的 Iole Fargnoli 教授邀请我访问米兰大学一个月，使我得以完成《罗马公共卫生法初探》，其间，我获得了 Erasmus Mundus 项目提供的奖学金。在此一并致谢。

徐国栋

2013 年 12 月 20 日于胡里山炮台之侧

图书在版编目(CIP)数据

罗马公法要论/徐国栋著. —北京:北京大学出版社,2014.3
(国家哲学社会科学成果文库)
ISBN 978-7-301-23986-5

Ⅰ. ①罗… Ⅱ. ①徐… Ⅲ. ①公法-研究-古罗马 Ⅳ. ①D904.1

中国版本图书馆 CIP 数据核字(2014)第 037610 号

| | |
|---|---|
| 书　　　名: | 罗马公法要论 |
| 著作责任者: | 徐国栋　著 |
| 责 任 编 辑: | 周　菲　李　倩 |
| 标 准 书 号: | ISBN 978-7-301-23986-5/D·3536 |
| 出 版 发 行: | 北京大学出版社 |
| 地　　　址: | 北京市海淀区成府路 205 号　100871 |
| 网　　　址: | http://www.pup.cn |
| 新 浪 微 博: | @北京大学出版社 |
| 电 子 信 箱: | law@pup.pku.edu.cn |
| 电　　　话: | 邮购部 62752015　发行部 62750672　编辑部 62752027 |
| | 出版部 62754962 |
| 印　刷　者: | 北京中科印刷有限公司 |
| 经　销　者: | 新华书店 |
| | 730 毫米×1020 毫米　16 开本　32 印张　530 千字 |
| | 2014 年 3 月第 1 版　2014 年 3 月第 1 次印刷 |
| 定　　　价: | 86.00 元 |

未经许可,不得以任何方式复制或抄袭本书之部分或全部内容。
版权所有,侵权必究
举报电话: 010-62752024　电子信箱: fd@pup.pku.edu.cn